U0737907

金融教材译丛

投资银行、对冲基金和私募股权投资

（原书第3版）

[美] 戴维·斯托厄尔 (David P.Stowell) 西北大学凯洛格商学院 著

马晓军 南开大学 黄嵩 北京大学 等译

Investment Banks, Hedge Funds, and Private Equity (3rd Edition)

机械工业出版社
CHINA MACHINE PRESS

图书在版编目（CIP）数据

投资银行、对冲基金和私募股权投资（原书第 3 版）/（美）戴维 · 斯托厄尔（David P. Stowell）著；马晓军等译．—北京：机械工业出版社，2019.3（2024.11 重印）
（金融教材译丛）
书名原文：Investment Banks, Hedge Funds, and Private Equity

ISBN 978-7-111-62106-5

I. 投…　II. ① 戴…　② 马…　III. ① 投资银行 - 研究　② 对冲基金 - 研究　③ 投资基金 - 研究
IV. ① F830.33　② F830.45

中国版本图书馆 CIP 数据核字（2019）第 036579 号

北京市版权局著作权合同登记　图字：01-2019-0270 号。

Investment Banks, Hedge Funds, and Private Equity, 3rd Edition.
David P. Stowell
ISBN 978-0-12-804723-1

《投资银行、对冲基金和私募股权投资》（原书第 3 版）（马晓军 黄嵩 等译）
ISBN: 978-7-111-62106-5

出版发行：机械工业出版社（北京市西城区百万庄大街 22 号　邮政编码：100037）
责任编辑：王宇晴　　责任校对：殷　虹
印　　刷：北京富资园科技发展有限公司　　版　　次：2024 年 11 月第 1 版第 2 次印刷
开　　本：185mm×260mm　1/16　　印　　张：34
书　　号：ISBN 978-7-111-62106-5　　定　　价：129.00 元

客服电话：（010）88361066　68326294

赞誉

PRAISE

投资银行、对冲基金、私募股权投资是金融皇冠上的三颗明珠，如今由戴维·斯托厄尔教授呈献给大家，实乃一大幸事。

——北京大学经济学院金融学系教授、博士生导师　何小锋

本书系统地阐述了投资银行、对冲基金与私募股权投资的内在运作方式及其相互关系，对于读者熟悉这些重要的金融产品与金融服务并了解中国金融市场的未来走向具有积极的意义。

——春华资本集团主席　胡祖六

本书对投资银行及相关金融行业的赢利模式和风险管理提供了详尽的介绍和丰富的案例，有助于读者更好地把握全球金融监管体系改革大环境下，金融行业发展和金融创新业务的新方向。

——清华大学五道口金融学院教授　朱宁

这是一本全面介绍投资银行和私募股权投资的著作。书中充满了复杂的细节，但是全书拥有一套独特的关于这两大领域最佳实践参考的框架。本书用清晰、简明的语言对各个概念进行了定义。这些卓越的见解必能使读者受益匪浅，并使读者掌握在风险和收益的目标下研判机遇的方法。

——维内·索尼（Viney Sawhney），波士顿国家资本、哈佛大学（美国）

在 15 年的教学生涯中，本书是我找到的该领域最好的著作。只要戴维·斯托厄尔教授不断保持更新，他的书将会是这三个领域富有价值的信息来源。

——查尔斯·墨菲（Charles Murphy），纽约大学（美国）

关于投资银行的著作本就寥寥无几，且大多数内容陈旧。这些书往往学院气太重，或是由律师而非理解商业的人士编写。而这本由一位曾经的实务界人士撰写的著作，能帮助学习投资银行的学生深入了解投资银行、私募股权投资和对冲基金之间纵横交织的关系。

——布赖恩·斯科特－奎因（Brian Scott-Quinn），雷丁大学亨利商学院（英国）

投资银行业永远处于变化之中。这本关于投资银行的新书正描述了这个行业的最新趋势，特别是投资银行、对冲基金和私募股权投资之间的相互影响，堪称是对投资银行主要业务最及时、最详尽的指南。作者通过引人入胜的实际案例来阐释书中所涉及的各种主题。戴维·斯托厄尔的这本著作将成为全新的投资银行参考书。

——皮埃尔·伊利翁（Pierre Hillion），欧洲工商管理学院（法国）

本书对全球金融服务行业中的热门领域进行了清晰描述。对那些希望深入了解银行体系的学生而言，阅读本书将会获益良多。

——桑贾伊·古普塔（Sanjay Gupta），瑞士金融学院（瑞士）

作者简介

ABOUT THE AUTHOR

戴维·斯托厄尔

西北大学凯洛格商学院金融学教授。在加入凯洛格商学院之前，作为投资银行家在高盛、摩根大通和瑞银工作了 20 年，并在奥康纳（已被瑞银收购的一家大型对冲基金）工作了 4 年。2005 年至今，担任西北大学凯洛格商学院的金融学教授。斯托厄尔教授曾任摩根大通董事总经理及美国中西部投资银行主管，他也曾任瑞银董事总经理及权益资本市场部联合主管、高盛企业融资部副总裁和奥康纳对冲基金负责权益衍生品的董事总经理。他在私募股权投资和风险投资方面与凯洛格商学院海泽（Heizer）中心有着教学合作。

教育背景　1978 年，哥伦比亚大学，金融学 MBA；1976 年，犹他州立大学，经济学学士。

译者简介

ABOUT THE TRANSLATORS

马晓军

南开大学金融学院副教授、经济学博士、硕士生导师，金融学院学术发展中心副主任，主讲投资银行学、公司并购与战略重组、项目融资、微观银行学等课程，著有《投资银行学：理论与案例》《证券设计理论及融资工具创新问题研究》《风险投资与风险资本市场》等教材和学术专著，译著有查尔斯·琼斯的《投资学：原理与概念（原书第12版）》，并在《金融研究》《国际金融研究》等期刊上发表过多篇学术论文。

黄嵩

经济学博士，北京大学金融学副教授，北京大学金融与产业发展研究中心秘书长。

本科至博士皆就读于北京大学经济学院。主要研究方向为私募股权投资、资本市场与投资银行学，出版过《资本的逻辑》《投资银行学》《资产证券化理论与案例》等8部著作，并在《金融研究》《学术研究》等核心刊物上发表学术论文数十篇。在私募股权投资、资本市场与投资银行领域有着丰富的实践经验，操作过数十个私募股权投资、兼并与收购、企业上市等项目，并担任多家公司的顾问或董事。

致出版社

LETTER TO PUBLISHER

我是贵社出版的《投资银行、对冲基金和私募股权投资》一书的作者。在此，我对工作人员在出版这本书的过程中所付出的辛勤工作表示衷心的感谢。贵社有良好的信誉与声望，非常幸运能够和你们一起工作。我也非常荣幸，能够和你们分享这本书中呈现的教育成果，并希望它能帮助中国的学生深入了解投资银行、对冲基金和私募股权投资的世界。

祝好！

戴维·斯托厄尔

西北大学凯洛格商学院金融学教授

I am the author of *Investment Banks, Hedge Funds, and Private Equity*, the book your firm is publishing. I am writing to express my great appreciation for your diligence and commitment to publishing this book. I am very fortunate that a publisher with such strong credentials and excellent reputation has worked on this project. I am honored to share the educational product represented by this book with you and hope it will bring good insights and understanding of the world of investment banks, hedge funds and private equity to Chinese students.

Best regards,

David P. Stowell

Professor of Finance

Kellogg School of Management

Northwestern University

致译者

LETTER TO TRANSLATORS

我是你们所翻译的《投资银行、对冲基金和私募股权投资》一书的作者。在此，我对你们在翻译过程中所付出的勤奋工作表示衷心的感谢。翻译本书一定是一件辛苦的工作，花费了你们大量的时间。有你们这样具有杰出学术能力和教育水平的人参与到此项目中是我的幸运。我也非常荣幸，能够和你们分享这本书中呈现的教育成果，并希望它能帮助中国的学生深入了解投资银行、对冲基金和私募股权投资的世界。

如学术上需要帮助，请告知。

祝好!

戴维·斯托厄尔

西北大学凯洛格商学院金融学教授

I am the author of *Investment Banks, Hedge Funds, and Private Equity*, the book you are translating I am writing to express my great appreciation for your diligence and commitment to translating this book I am sure it has been a very difficult task and has taken considerable time I am very fortunate that someone of your excellent academic qualifications and education has worked on this project I am honored to share the educational product represented by this book with you and hope it will bring good insights and understanding of the world of investment banks, hedge funds and private equity to Chinese students

I hope you will let me know if I can ever be helpful to you in your academic pursuits

Best regards,

David P Stowell

Professor of Finance

Kellogg School of Management

Northwestern University

译者序

THE TRANSLATOR'S WORDS

戴维·斯托厄尔教授所著的《投资银行、对冲基金和私募股权投资》（第3版）一书，在西方被誉为是“华尔街从业人员人人必备的案头书”，该书第1版的中文版由北京大学的黄嵩副教授和平安信托的赵鹏博士翻译而成，于2013年由机械工业出版社出版，从而在国内也成了投资银行、对冲基金和私募股权投资这三个方面的学习宝典，一直高居同类书籍排行榜顶端。我在南开大学讲授投资银行学的这些年里，也一直推荐学生学习这本“宝典”，它是我授课时第一重要的参考教材，我从中受益良多。

2018年年初，机械工业出版社华章公司的王洪波编辑联系我，征询我关于翻译本书的意向。出于对这本书的熟悉和崇拜，我自然是迫不及待地答应了。于是，2018年春节之后开工翻译，在7月1日完成中耕，在9月1日完成初稿。之后，稿件在编辑的审读之下被反复修改。盼望着，盼望着，第3版教材终于就要和读者见面了。希望我们认真的态度和精良的译作，不负原著的精彩，不负读者的期待。

1995年，当我还在南开大学读硕士研究生时，我在图书馆发现了罗伯特·库恩所著的七大卷《投资银行文库》(*Library of Investment Banking*)，在序言中读到：“投资银行是以市场为主导的资本主义的动力，是国内与国际经济发展的催化剂。投资银行业的精髓是它对经济的推动力、它永远使人充满激情的复杂性和创新性。”信哉斯言！国内经济发展日新月异，投资银行业永远在寻找最合适的方式来完成投融资、并购、交易、资产管理，在追求自身利益最大化的同时，助推了社会经济效率的提升。投资银行业的复杂性、创新性和盈利性，年复一年地吸引着一批批聪明的学子投身其中。

斯托厄尔教授曾在高盛、摩根大通和瑞银作为投资银行家工作了20年，又在大型对冲基金工作了4年，然后从2005年开始，作为西北大学凯洛格商学院的金融学教授讲授投资银行及相关课程至今。身兼学界和业界的双重背景，毫无疑问，他是最合适的教材作者。更为可贵的是，他愿意在繁忙的教学科研之余，把华尔街的诸多“know-how”（诀窍）付诸笔端，分享出来，并用丰富的案例“手把手”教读者学习。

本书的翻译初稿由陆晔勍、安一平、戴莹莹、刘美惠和我共同完成，而对初稿的校对、修改、润色、统稿工作均由我完成。她们四个都是我的硕士研究生。在翻译过程中，我们往往为了一个名词、一段意思而讨论很多，在微信里留下了长长的记录。感谢她们的辛勤投入和聪明才智。

由于原书第3版整体保留了第1版中第1个到第10个案例，所以我们在这个部分沿用了第1版的译稿，在翻译其他部分的过程中，我们也研读和参考了第1版的译稿，感谢黄嵩副教授和赵鹏博士，以及他们的团队在第1版中精彩的翻译。

机械工业出版社华章公司的王洪波和王宇晴两位编辑，以及我所不知的更多幕后工作人员，为本书的出版做了大量高效率、高水准的工作，在此谨向他们表示衷心的感谢！

对于译文中存在的错误和不足，恳请读者批评指正。

马晓军

2019年3月3日

前言

PREFACE

在 2007～2009 年的全球金融危机之后，金融体系发生了巨变，即便在 2016 年英国脱欧以及 2017 年美国新一届政府上台之后，这种变化还在继续。这些重大事件促使各国政府和金融业重新审视投资银行、对冲基金及私募股权。市场参与者受到重大冲击之后，对风险、透明度、监管和薪酬的态度也发生了变化。投资银行、对冲基金和私募股权投资机构正处在金融格局转型的中心，它们在风险程度降低和监管力度加强的模式下，扮演着新的角色，并寻求创造价值的新途径。本书概述了投资银行、对冲基金和私募股权机构，并描述了这些组织之间的关系：它们如何相互竞争并彼此提供重要服务，以及它们对公司、政府、机构投资者和个人产生了何种重大影响。它们一起重塑了全球的融资和投资模式，令人羡慕与敬畏，但也招致了批评和担忧。它们占据着金融媒体的头条，为许多基金经理和投资客户创造财富。本书有助于读者更好地了解这些紧密联系的机构，以及它们的发展历史、主要业务、监管环境、风险和机遇，以及对全球金融市场的影响。

从根本上说，本书致力于揭开投资银行、对冲基金和私募股权的神秘面纱，介绍它们的关键职能、薪酬体系、在财富创造和风险管理中的独特角色，以及为管理好投资者的资金和提高公司影响力而付出的不懈努力。通过阅读本书，读者应该能够更好地理解财经头条，这些报道覆盖了大型企业并购、公司股东积极主义行动、大型资本市场融资以及金融市场中各种令人眼花缭乱的策略、风险和冲突。本书包含了案例研究和电子表格模型，提供了一个分析框架，使得读者能够将本书的经验教训应用到实际的融资、投资和咨询活动中去。

目标读者

本书的目标读者包括 MBA、MSF（金融学硕士）和 EMBA 的学生，以及专注于金融和投资的高级本科生。本书可以作为投资银行课程的主要教材，作为公司金融课程和投资学课程的次要教材，也可以作为对冲基金和私募股权课程的主要教材。此外，在投资银行、对冲基金和私募股权机构工作的专业人士也可以通过本书来拓宽对所处行业和竞争对手的了解。最后本书也有助于律师事务所、会计师事务所和其他为投资银行、对冲基金和私募股权机构提供咨询服务的组织中工作的专业人士去更好地理解和帮助他们的客户。

突出特点

本书有两大独特之处。首先，它是我为投资银行、对冲基金以及私募股权机构工作并与之合作的长期职业生涯的产物，也是 12 年来讲授这些机构业务的教学生涯的产物。其次，通过在一本书中介绍上述三种机构以及它们之间既竞争又合作的关系，本书提供了一个比以前更全面的视角，以便观察这些机构不断变化的边界以及它们对现实世界的冲击。

在写作本书之前，我作为投资银行家曾在高盛、摩根大通和瑞银工作了 20 年，并在奥康纳（已被瑞银收购的一家大型对冲基金）工作了 4 年。作为一名投资银行家，在完成了企业客户众多的并购、债务 / 权益投资、权益衍生品以及可转换交易后，我亦与私募股权投资机构（金融发起人）合作，帮助他们通过资本重组、并购和首次公开发行进行公司收购并寻求退出策略。从 2005 年开始，我作为西北大学凯洛格商学院的金融学教授工作至今，在那里，我有幸教授我在开始学术生涯之前的职业生涯中学到的知识，同时对投资银行、对冲基金和私募股权这一日新月异的领域展开研究。在课堂上讲授这些内容能够获得更为客观的视角和更加精炼的概念，并使内容更适合学生学习。因此，本书是实践和学术双重经验的结合，它提供了一种教育途径，更加充分地打开了理解全球金融市场和咨询市场中关键参与者的大门。

案例

本书包含 12 个独立的案例，这有助于读者更好地理解章节中所描述的概念。这些案例聚焦真实发生的金融和咨询交易，包含了与章节内容相关的风险、收益、政治考量、对公司和投资者的影响、竞争、监管障碍等主题。这些案例包含电子表格模型，有助于读者创建一个分析框架来思考案例中描述的选择、机遇和风险。案例也为读者提供了学生思考题、案例笔记以及给教师的教学建议。[⊖]这些案例虽然汇集在教材的最后，但都与之前的章节有关。总之，案例被设计成结合相关章节进行阅读的形式，从而强化概念并利于学习。

⊖ 学生思考题、案例笔记以及给教师的教学建议这些教辅材料由原书出版方提供，如果想了解材料详情，请与原书出版方 Elsevier 联系获取。——编者注

世界已然改变

2008年，贝尔斯登按照清仓价卖给了摩根大通，雷曼兄弟宣告破产，房利美和房地美进入了政府监控状态，美国政府对AIG注入了1 000多亿美元以使其存活，由此获得了AIG的多数控制权，美国国家金融服务公司（Countrywide）和美林证券都被迫出售给了美国银行，富国银行买入了濒临破产的美联银行，华盛顿互助银行进入破产清算状态而其分支机构被摩根大通吸收，高盛和摩根士丹利转变成银行控股公司，而全球各地的银行都必须要由各自的政府施以援手。在美国，政府援救包括由美国财政部迅速向银行体系注入的超过2 000亿美元的权益资本，而这只是高达7 000亿美元的援救计划的一部分；联邦存款保险公司提供了总计好几千亿美元的债务担保和资产池；美联储接受几乎任何抵押品来提供信用支持，从而启动了前所未有的万亿美元级别的资产负债表扩张。以上所有事情的发生，是因为全球经济遭遇到自20世纪30年代大萧条以来最为严重的、全球性的衰退。2008～2017年，投资银行、对冲基金、私募股权机构都面临了力度日渐上升的监管和审查。它们必须将其资产负债表解除风险，并且变得更加透明。加强与政府和媒体关系的必要性已经不言而喻。很多公司都缩小了规模，改变了它们的商业模式，因为新的竞争已然侵入它们的领地，更多的资本要求降低了利润率，也降低了对投资者的回报。很多金融机构高管的注意力持续集中在争论政府在降低波动性和风险方面到底是管得太多还是太少。

在许多方面，投资银行业务再也回不到从前了。杠杆率降低了，一些结构性金融产品退出了市场，监管加强了。然而，投资银行的基本业务没有改变：为公司和投资者提供咨询、募集资本、进行投资、作为经纪商或者交易商执行交易、研究、做市、为客户提供建议乃至直接提供资本。投资银行学习在杠杆降低、监管增加的环境下生存，创新了一些业务，新的机会正在涌现，不过对于诸如公众认知、薪酬激励、风险管理这些问题必须谨慎对待。

2008年，对冲基金和私募股权基金遭受了巨大的挫折，对冲基金的投资损失率平均超过19%，私募股权机构也向其投资者宣布了相似程度的潜在损失。尽管这个结果使人不悦，甚至有些投资者退出了基金，但是全球股权市场的表现更加糟糕，美国股票市场的主要指数下跌超过38%，全球其他一些国家的股票指数和非政府债券指数下跌程度也相似，甚至更惨。

对冲基金和私募股权基金必须一边调整适应新的形势，重新解释其价值取向，一边在管理资产规模增速下滑、回报降低的困境中艰难求生。尽管自全球金融危机以来，对冲基金管理资产的规模已经大幅增加，但对于该行业而言，2016年仍是其投资回报率非常令人失望的一年，而且一些大型投资者交付给对冲基金经理管理的资产规模已较历史水平有所回撤。私募股权基金在过去 8 年中显示了可观的回报，但是许多规模较小的基金已经离开了这个行业，因为它们的有限合伙人选择去寻找不同的平台甚至是直接投资。

投资银行、对冲基金和私募股权机构重新定义了它们的角色，开发新的业务模式和商业计划，从而维持其历史地位和影响力。世界已然改变，但这些机构依然会在全球资本市场和并购交易中保持重要的影响力。这本教材会预测它们如何达到这个目标，以及由此而对公司、政府、机构投资者乃至个人产生的影响。

本书结构

全书分为三篇。第一篇有 10 章，聚焦于投资银行。第二篇有 10 章，其中 5 章讲述了对冲基金，另 5 章揭示了私募股权基金的业务。第三篇是 12 个案例，聚焦于近期的交易和金融市场的发展变化。这些案例在前面的章节中会有提及，用于说明相关概念，这些概念借由案例细致的分析会更加简明易懂。此外，第 4 章包含一个并购案例。

第一篇　投资银行

第一篇包括 10 章，概括介绍了行业状况以及大型投资银行常见的三个核心部门：负责并购和融资活动的投资银行部，中介、做市等核心活动的交易部，以及资金募集和投资管理的资产管理部。此外，本书也介绍了大型投资银行的其他业务，以及精品投资银行的业务活动。其他章节介绍了融资的更多细节，包括资本市场参与者和承销功能，以及首次公开发行、后续股票发行、可转换证券和债券交易。另外还介绍了信用评级机构和大宗经纪商的角色、研究、衍生品和外汇等知识。最后，讨论了监管、杠杆率、风险管理、清算与结算、国际投资银行、职业机会以及投资银行、对冲基金与私募股权投资之间的关系。在本篇中，综合性的一章深入挖掘了并购、可转换证券和投资银行创新的内容。

第一篇被设计为可用作投资银行学课程的教材，这一篇的内容需要与第三篇的案例相互参照，结合使用。第二篇关于对冲基金和私募股权投资的章节可以作为补充材料。

第二篇　对冲基金与私募股权投资

第二篇中的第一部分由 5 章组成，介绍了对冲基金。内容包括：行业概述，投资策略，股东积极主义和对冲基金对公司治理的影响，对冲基金的风险、监管和组织结构，对冲基金的业绩、风险、挑战、机遇以及向有限合伙人提供价值的定位，最后概括了对冲基金与投资银行、私募股权投资机构的竞争以及三方的合作关系。

第二篇的第二部分由 5 章组成，介绍了私募股权投资，包括专注于杠杆收购（LBO）

的机构和其他投资成熟公司的私募股权机构。这几章内容包括对私募股权投资的概述，杠杆收购模式及其决策思路，私募股权投资对公司的影响（包括十多个杠杆收购的案例），私募股权机构的组织结构、薪酬、监管以及有限合伙制，以及对私募股权投资的机遇与挑战、多元化努力、IPO、历史业绩、与对冲基金和投资银行的关系等的讨论。

第二篇被设计为可用作对冲基金和私募股权投资全部课程的教材，各章中都专门指出了相关案例，可与第三篇的案例一起使用。第一篇关于投资银行的章节也可以用作补充材料。

第三篇　案例

这一篇包括 12 个案例，它们在第一篇和第二篇的各章中都有被提及。这些案例有助于学生深入挖掘各章中所阐述的内容，将概念应用到真实交易和市场发展中去。本书提供了案例习题（以及教师手册），还有一些电子表格模型，学生可以动手操作数据。这些案例具体包括：2008 年金融危机期间全球投资银行业的巨大变化；保时捷、大众汽车和 CSX 通过使用权益衍生品，以及与投资银行和对冲基金的互动，显著改变了公司治理；博龙在克莱斯勒和 GMAC（通用汽车下属的金融子公司）上的投资；两只对冲基金在担保债务凭证投资上分别得到超额盈利和破产的不同结果；自由港麦克莫伦铜金矿公司收购菲尔普斯·道奇公司，主要关注其中的并购、风险承担和融资活动；世界最大的对冲基金之一 ESL 通过破产法院收购凯马特和西尔斯以及随后的管理过程；宝洁收购吉列，投资银行家在此过程中的顾问作用以及关于公司治理和监管问题的讨论；玩具反斗城杠杆收购及私募股权投资基金和投资银行在其中的作用；对冲基金投资者潘兴广场对麦当劳公司资本和组织结构的影响；伯克希尔 - 哈撒韦和 3G 对亨氏的收购；全球最大合同研发公司昆泰的 IPO。

第 3 版的新内容

第 3 版反映了 2012～2017 年投资银行、对冲基金和私募股权基金伴随着监管、税收方面的改革所发生的显著变化，这些都是全球金融改革的一部分。另外，第 3 版增加了关于全球竞争格局变化的部分，许多章节中都加入了国际市场的新内容。所有具有时效性的图表都进行了更新，以反映当前的信息和观点。基本上，第 3 版为读者提供了截至 2017 年影响投资银行、对冲基金和私募股权基金的所有主要论题和观点，而这些机构是全球金融市场的关键参与者。

更多内容可在本书所附网站下载[⊖]：https://www.elsevier.com/books-and-journals/book-companion/9780128143520。

⊖ 本书电子文件需付费购买后下载。——编者注

致谢

ACKNOWLEDGEMENTS

我非常感谢为此书出版做出贡献的所有人士。我的妻子 Janet 和孩子（Paul、Laurey、Audrey、Julia 和 Peter）在我研究和写作此书的过程中，给予了我极大的耐心和支持。当初我做投资银行家时，每周工作 70 小时以上，当我转到学术领域后，他们以为我的工作时间会减半。但结果并非如此，我发现学术领域也需要长时间的工作，而这本书更是在我的日程中增加了很多小时。我也感谢西北大学凯洛格商学院金融系的同事和行政人员在我写作这本书的过程中，以及我从实务界转战学术界的 12 年里一直给予我的支持。其间，他们非常耐心，不断鼓励我。

我对来自投资银行、对冲基金和私募股权基金的很多同事和朋友深表谢意，当然还有很多来自律师事务所、会计师事务所、数据供应商、评级机构、交易所和监管机构的专业人士。由于我在之前的版本中已经提及过他们，所以在此不再重复。我还要感谢我的学生，他们在我使用这本书开展数百课时的教学过程中，给了我非常好的反馈，他们还帮助我更新了表格，改善了章节结构。最后，我要感谢 Elsevier 联系人的耐心指点，以及这些年来不断的鼓励和支持。

简明目录

CONTENTS

第三篇　案例

目录

CONTENTS

第一篇

PART1

投 资 银 行

第 1 章　投资银行概述

第 2 章　证券行业监管

第 3 章　融资

第 4 章　并购

第 5 章　交易

第 6 章　资产管理、财富管理和研究

第 7 章　信用评级机构、交易所、清算和结算

第 8 章　国际投资银行业务

第 9 章　可转换证券与华尔街创新

第 10 章　投资银行业的职业、机遇与挑战

第 1 章　投资银行概述

本章内容可与以下案例互为参考："2008 年的投资银行业（上）：贝尔斯登的兴衰"和"2008 年的投资银行业（下）：美丽新世界"。

全球金融危机的爆发始于 2007 年年中，在此前的 20 年间，投资银行业发生了翻天覆地的变化。在市场力量的推动下，投资银行从扮演传统的顾问和中介这种仅承担低风险的角色，转变为代表自身和客户承担大量风险的角色。这种高风险承担和高杠杆的结合，在 2008 年改变了整个投资银行业，若干大型金融机构的倒闭以及创纪录的交易损失，促使所有大型金融机构不得不重新架构自身的业务。

由于住房抵押贷款类资产和坏账产生的巨额损失以及金融危机引起的整体收入减少，投资银行承担的风险业务锐减。这导致了整个行业都致力于降低杠杆比率，并且新发行一系列权益资本。在 2008 年年末，总部设在美国的五大"纯粹"投资银行（即不经营吸收存款业务的机构，它区别于摩根大通这种既经营投资银行业务，又经营吸收存款和其他业务的"综合型"银行）经历了一场重要变革：高盛和摩根士丹利转型为银行控股公司；为了避免贝尔斯登破产，美国联邦储备委员会（以下简称美联储）将其出售给摩根大通；美联储和美国财政部拒绝了雷曼兄弟提出的政府援助请求，雷曼兄弟最终申请了破产保护；美林证券为了避免类似的破产，同意以历史性的折价出售给美国银行（详见专栏 1-1）。

专栏 1-1　　纯粹 / 不吸收存款的投资银行的转变

- 贝尔斯登：2008 年 3 月 16 日出售给摩根大通。①
- 雷曼兄弟：2008 年 9 月 14 日申请破产保护。
  - 2008 年 9 月 16 日将美国业务出售给巴克莱。
  - 2008 年 9 月 22 日将部分欧洲和亚洲业务出售给野村证券。
- 美林：2008 年 9 月 14 日出售给美国银行。②
- 高盛：2008 年 9 月 21 日转型为银行控股公司。
- 摩根士丹利：2008 年 9 月 21 日转型为银行控股公司。

① 在 2008 年 3 月 24 日修订了协议后，价格由原来每股 2 美元提高到了每股 10 美元。

② 该日期为公告日期，交易于 2009 年 1 月 1 日完成。

历史上，直到 1999 年，经营吸收存款业务的美国银行（商业 / 零售银行）依然被禁止从事投资银行业务。该项规定源自《格拉斯－斯蒂格尔银行法》，该法案于 1929 年的股市暴跌之后出台，用于保护存款人的资产。1999 年，《格雷姆－里奇－比利雷法案》推翻了投资银行和商业银行分业经营的要求，推动了总部设在美国的综合型投资银行的形成，具体包括摩根大通、花旗银行和美国银行等。赞同合并两种银行业务的理由有以下两点：①能够为这些银行提供一个更加稳定和反周期的商业模式；②能够使美国的银行更好地与不受《格拉斯－斯蒂格尔银行法》限制的国际银行（如瑞士联合银行、瑞士信贷银行和德意志银行等）开展竞争。因此，在 1998 年，由花旗银行和旅行者公司（拥有所罗门兄弟投资银行）合并而成的花旗集团，不必再因为联邦法规的限制而剥离所罗门兄弟的业务。摩根大通和美国银行也紧随花旗集团的步伐开展业务合并，陆续转型为综合型投资银行。这些综合型银行快速地发展范围广泛的投资银行业务，从"纯粹"的投资银行中雇用很多专业人士，并且策略性地将其卓越的贷款能力发展为拓展业务的有效平台，由此获取了投资银行的市场份额。

1.1　后危机时代的全球投资银行机构

截至 2017 年，幸存下来并在全世界范围内同时经营投资银行业务和吸收存款业务的有九大全球性机构，包括：摩根大通、美国银行、花旗集团、瑞士信贷银行（以下简称瑞信）、瑞士联合银行（以下简称瑞银）、德意志银行、巴克莱、高盛和摩根士丹利。表 1-1 ～表 1-4 总结了这九大机构的财务业绩、财务状况和市值情况。

表 1-1　财务业绩

公　司	2015 年净收入（单位：100 万美元）	2015 年净利润（单位：100 万美元）	2015 年净资产收益率（%）	2015 年市价 / 有形资产账面价值
美国银行	79 346	15 888	6.4	1.10x
巴克莱①	32 909	（73）	0.9	0.76x
花旗集团	69 246	17 242	8.0	0.86x
瑞信②	23 757	（2 980）	−6.5	0.98x
德意志银行③	35 609	（7 428）	−9.5	0.53x
高盛	33 820	6 083	7.1	1.11x
摩根大通	89 716	24 442	10.2	1.42x
摩根士丹利	35 226	6 127	8.5	1.06x
瑞银③	30 973	6 278	11.4	1.54x

① 计算时间为 2015 年 9 月 30 日，英镑 / 美元的汇率为 1.4819。
② 计算时间为 2015 年 12 月 31 日，瑞士法郎 / 美元的汇率为 1.0121。
③ 计算时间为 2015 年 12 月 31 日，美元 / 欧元的汇率为 0.9146。
资料来源：Capital IQ.

表 1-2　信用评级、资产、风险价值和员工数量

公　司	信用评级	2015 年总资产（单位：100 万美元）	平均日风险价值（单位：100 万美元）	员工总数
美国银行	BBB+	2 144 316	61	210 516
巴克莱	A−	1 120 012	17	129 400

（续）

公 司	信用评级	2015 年总资产（单位：100 万美元）	平均日风险价值（单位：100 万美元）	员工总数
花旗集团	A–	1 731 210	86	239 000
瑞信	A–	820 805	51	48 200
德意志银行	BBB+	1 629 130	43	101 104
高盛	BBB+	861 395	71	34 800
摩根大通	A–	2 351 698	47	235 678
摩根士丹利	BBB+	787 465	46	55 802
瑞银	A–	942 819	15	60 099

注：1. 信用评级为标准普尔对 2016 年各金融机构年报中的长期负债进行的评级。

2. 巴克莱、高盛、摩根大通、摩根士丹利和瑞银的平均日风险价值（VaR）基于 95% 的置信度水平计算。摩根士丹利估计其平均日 VaR 在 99% 的置信水平以下。瑞信采用 98% 的置信区间，而美国银行、花旗集团和德意志银行平均日 VaR 则基于 99% 的置信水平计算。

3. 平均日 VaR 和总资产数据基于各公司 2015 年发表的年报。

表 1-3 杠杆率和净资产收益率（ROE）

公 司	杠杆率（资产 / 权益）%				平均净资产收益率（%）
	2012	2013	2014	2015	
美国银行	9.33	9.03	8.64	8.37	3.472 5
巴克莱	25.21	21.01	20.59	17	–0.417 5
花旗集团	9.76	9.12	8.69	7.75	5.635
瑞信	26.04	20.7	20.96	18.23	1.892 5
德意志银行	37.44	29.45	24.99	24.09	–1.587 5
高盛	12.4	11.62	10.34	9.88	10.065
摩根大通	12.99	11.44	11.1	9.5	9.802 5
摩根士丹利	11.94	12.06	11.12	10.34	4.44
瑞银	25.66	20.29	19.54	16.45	5.042 5

注：1. ROE 由基于来自可持续经营业务获得的净收入除以平均普通股股东权益得出。

2. 巴克莱、德意志银行和瑞银的财务报告是根据国际财务报告准则编制的。而其他所有的银行则按照美国通用会计准则编制。两者间最主要的区别在于其对于衍生品、非衍生品交易资产和逆回购 / 借入有价证券的会计记录方式。国际财务报告准则体现的是暴露总额，而美国通用会计准则体现的是净值。

表 1-4 股价和市值

公 司	2014 年年末每股价格（单位：美元）	2015 年年末每股价格（单位：美元）	变化（%）	2014 年年末总市值（单位：10 亿美元）	2015 年年末总市值（单位：10 亿美元）
美国银行	17.89	16.83	–5.93	175.24	173.47
巴克莱	324.08	376.03	16.03	55.60	62.52
花旗集团	54.11	51.75	–4.36	154.16	158.03
瑞信	25.08	21.69	–13.52	35.86	41.75

（续）

公　　司	2014 年年末 每股价格 （单位：美元）	2015 年年末 每股价格 （单位：美元）	变化（%）	2014 年年末 总市值 （单位：10 亿美元）	2015 年年末 总市值 （单位：10 亿美元）
德意志银行	30.02	24.15	−19.55	30.45	35.83
高盛	193.83	180.23	−7.02	62.41	81.88
摩根大通	62.58	66.03	5.51	205.57	225.90
摩根士丹利	38.80	31.81	−18.02	46.48	71.63
瑞银	17.05	19.37	13.61	71.89	63.51

注：1. 计算时间为 2014 年 12 月 30 日，英镑 / 美元的汇率为 1.5569，且 2015 年 12 月 30 日英镑 / 美元的汇率为 1.4819。

2. 计算时间为 2014 年 12 月 31 日，瑞士法郎 / 美元的汇率为 1.0116，且 2015 年 12 月 31 日瑞士法郎 / 美元的汇率为 1.0121。

3. 计算时间为 2014 年 12 月 31 日，美元 / 欧元的汇率为 0.8222，且 2015 年 12 月 30 日美元 / 欧元的汇率为 0.9146。

资料来源：Capital IQ.

1.2　其他投资银行机构

除了这九大全球性投资银行以外，其他大型银行在全球的区域市场上也进行着激烈的竞争，甚至在某些国家比九大投资银行拥有更高的市场占有率。这些大型区域性投资银行包括汇丰、法国兴业银行、法国巴黎银行、加拿大帝国银行、三菱日联金融集团、三井住友银行、瑞穗金融集团、野村证券和麦格理等。其他经营投资银行业务的小型机构被称为精品投资银行。精品投资银行主要经营并购业务，尽管有些也提供如收费的财务重组咨询和资产管理等业务。那些不参与并购业务，主要致力于从事零售客户股票债券投资业务的投行被称为零售经纪行。表 1-5 列出了一些在各个不同领域竞争的投资银行。

表 1-5　投资银行

全球性投资银行	大型区域性投资银行	精品投资银行	零售经纪公司①
• 美国银行	• 法国巴黎银行	• 布莱尔公司	• 嘉信理财
• 巴克莱	• 加拿大帝国银行	• 艾维克合伙公司	• 联邦金融网络
• 花旗集团	• 汇丰	• 格林希尔	• E*Trade
• 瑞信	• 麦格理	• 华利安诺基	• 爱德华琼斯
• 德意志银行	• 瑞穗金融集团	• 杰富瑞	• 美国利普乐金融集团
• 高盛	• 三菱日联金融集团	• Keefe, Bruyette & Woods	• 皇家保险
• 摩根大通	• 野村证券	• 拉扎德	• 史考特证券
• 摩根士丹利	• 加拿大皇家银行	• Moelis & Co	• 道明美国交易公司
• 瑞银	• 苏格兰皇家银行	• Perella Weinberg 合伙公司	
	• 法国兴业银行	• Robert W. Baird & Co	
	• 渣打银行	• 罗斯柴尔德	
	• 三井住友银行		
	• 富国银行		

① 零售经纪公司一般不提供全套的投资银行产品和服务。

1.3 投资银行业务

虽然每家投资银行的经营策略不尽相同，但大部分的大型投资银行的基础业务都由以下三个部分组成：①由投资银行部负责的投资银行业务，主要负责为企业客户提供融资和并购顾问服务，以及为政府客户提供融资服务；②由交易部负责的销售与交易业务，主要负责为机构投资者提供投资、经纪和风险管理服务、研究，同时也参与特定的直接投资和借贷业务；③由资产管理部负责的资产管理业务，主要负责为个人和机构投资者管理资金（详见专栏 1-2）。

专栏 1-2　投资银行的主要业务

投资银行业务

- 为企业和政府安排融资：债务、权益、可转换证券。
- 为并购交易提供咨询。

交易业务

- 作为中介代表机构投资者出售交易证券及其他金融资产。
- 经营两种业务单元：权益类以及固定收益、货币和大宗商品类。
- 为投资客户提供研究。

资产管理业务

- 主要为个人投资客户提供权益、固定收益、另类投资和货币市场投资产品和服务。
- 公司与客户共同投资于对冲基金、私募股权投资和房地产基金等另类投资产品。

在这九家大型全球投资银行中，高盛和摩根士丹利是两家更专注于投资银行业务的典型。这两家公司除了经营上述业务之外，同时也提供有限的吸收存款及贷款业务。然而，这两家银行并不参与其他全球投资银行经营的非投资银行业务。摩根大通（其投资银行业务拥有一个独立的品牌，叫作摩根大通）和花旗集团则拥有更广泛的业务范围，他们不仅经营投资银行业务，而且也经营许多非投资银行业务。详见表 1-6 和表 1-7——高盛和摩根大通各自的主要业务概览。值得注意的是，高盛已经将其销售和交易业务部分离为两个独立的业务单元——机构客户服务部和投资贷款部，前者为机构客户提供投资、中介和风险管理服务，后者为客户提供股权和债券投资，同时使用自有资本和来自投资管理部中客户的资金向其他客户提供借款。高盛将其“资产管理部”称为“投资管理部”。摩根大通则通过它的投资银行部和资产管理部一起与高盛直接竞争，同时摩根大通也经营零售业务、商业银行业务、信用卡、财务管理以及证券服务。

表 1-6　高盛的主要业务

单位（100 万美元）	年末			占 2015 年净收入比例
	2015	2014	2013	
投资银行部				21%
净收入	7 027.00	6 464.00	6 004.00	
营业费用	3 713.00	3 688.00	3 479.00	
税前收入	3 314.00	2 776.00	2 525.00	
机构客户服务部				45%

（续）

单位 （100 万美元）	年末			占 2015 年 净收入比例
	2015	2014	2013	
净收入	15 151.00	15 197.00	15 721.00	
营业费用	13 938.00	10 880.00	11 792.00	
税前收入	1 213.00	4 317.00	3 929.00	
投资贷款部				16%
净收入	5 436.00	6 825.00	7 018.00	
营业费用	2 402.00	2 819.00	2 686.00	
税前收入	3 034.00	4 006.00	4 332.00	
投资管理部				18%
净收入	6 206.00	6 042.00	5 463.00	
营业费用	4 841.00	4 647.00	4 357.00	
税前收入	1 365.00	1 395.00	1 106.00	

高盛的业务部门
（占2015年净收入的百分比）

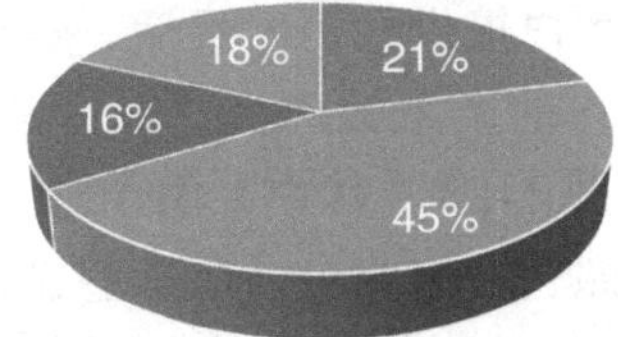

投资银行部	机构客户服务部
投资银行部旨在服务于全球的公共部门和私人部门客户。我们提供财务顾问服务并帮助公司融资来巩固和发展其业务。我们寻找并维系各类全球机构客户，包括国家政府、州政府和市政府，与其维持长期的合作伙伴关系。我们的目标是以投资银行业务作为与高盛业务联系的起始点，源源不断地为机构客户提供全部的资源	机构客户服务部为客户提供金融产品买卖、募集资金和管理风险等业务。我们采用做市商的模式，并提供全球性的专家指导。机构客户服务部开展做市业务，并促成客户进行固定收益证券、权益、货币以及大宗商品的交易。此外，我们还在全球各大股票、期货、期权交易所提供做市以及清算业务。做市商为市场提供流动性，并在价格发现上扮演重要的角色，这有助于提高整个资本市场的效率。同时，我们乐意为种类繁多的产品提供做市、承诺资本并承担风险，这对我们的客户关系是至关重要的
投资贷款部	**投资管理部**
我们的投资和贷款业务，是指公司自己的投资以及关系贷款，一般都较为长期，涉及的资产类别主要包括债务证券、贷款、公开上市和非公开上市的权益证券、房地产。这些业务包括直接投资于公开交易或者非公开交易的证券、贷款，也可以投资于一些我们管理的基金和独立投资账户，还可以投资于公司以外的基金。同时，我们也为我们的客户提供融资服务	投资管理部提供投资和财富顾问服务来帮助客户进行资产增值或保值。我们的客户包括机构投资者、高净值客户和零售投资者，零售投资者主要通过全球范围内的第三方分销商获得我们的产品

表 1-7 摩根大通的主要业务

<table>
<tr><th colspan="7">摩根大通</th></tr>
<tr><th colspan="3">消费者业务</th><th colspan="4">批发业务</th></tr>
<tr><th colspan="3">消费者和社区银行业务</th><th colspan="2">公司和投资银行业务</th><th>商业银行业务</th><th>资产管理业务</th></tr>
<tr><td>消费者与
商业银行业务</td><td>住房抵押
银行业务</td><td>银行卡、商业
解决方案和
汽车业务</td><td>银行服务</td><td>市场和
投资者服务</td><td rowspan="2">• 中型市场银行业务
• 企业客户银行业务
• 商业定期贷款业务
• 房地产银行业务</td><td rowspan="2">• 全球投资管理业务
• 全球财富管理业务</td></tr>
<tr><td>• 消费者银行/大通财富管理
• 商业银行业务</td><td>• 发起住房抵押贷款
• 住房抵押贷款服务
• 房地产投资组合业务</td><td>• 银行卡服务
　○ 信用卡业务
　○ 商业解决方案
• 汽车贷款和学生贷款业务</td><td>• 投资银行业务
• 证券交易服务
• 贷款</td><td>• 固定收益市场
• 权益市场
• 证券服务
• 信贷调整及其他</td></tr>
</table>

1.4 投资银行部

投资银行的投资银行部主要负责帮助在公开资本市场或私募资本市场融资，对已有资金进行风险管理或完成与并购相关的交易。此外，某些机构的投资银行部门通过直接投资于企业权益、债券、贷款而直接给企业客户提供融资。最后，这个部门还可以帮助政府相关部门融资和管理风险。在投资银行部工作的个人被称为“银行家”，他们会被分配到某个产品团队或某个客户关系团队中工作（见图 1-1）。其中，两个最主要的产品团队是并购组和资本市场组。在并购组，银行家一般按照行业来划分（在有些投资银行，他们会和客户关系部门协同工作）。在资本市场组中，银行家的工作分为债务资本市场（DCM）或者权益资本市场（ECM）。负责客户关系的银行家通常会按行业划分，主要集中在以下行业：医疗保健、消费、工业、零售、能源、化工、金融机构、房地产、金融发起人、传媒电信，科技和大众金融以及其他行业（见表 1-8）。专栏 1-3 提供了摩根士丹利投资银行部门产品群组的概要。

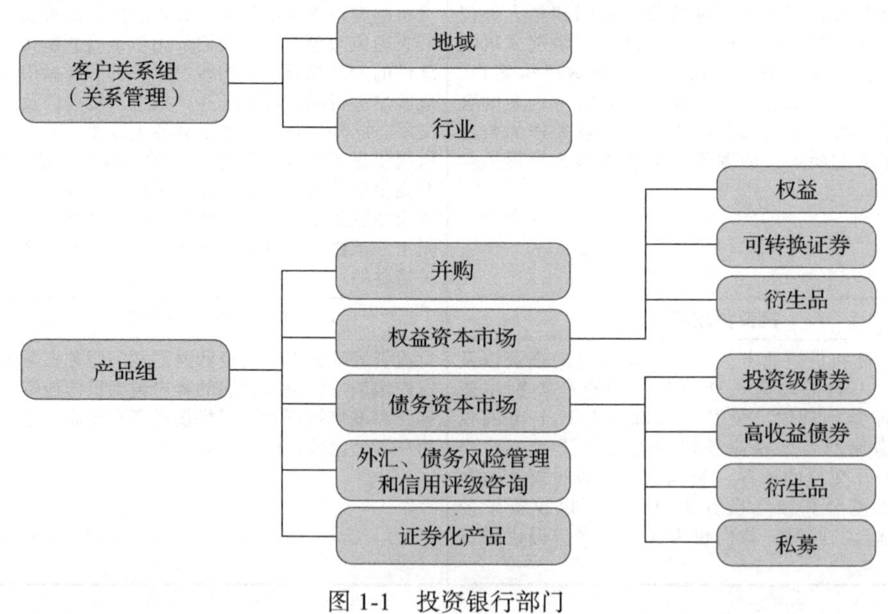

图 1-1 投资银行部门

表 1-8　摩根士丹利的行业群组

基础材料	制造业
通信	电力和公用设施
消费零售	房地产
能源	服务业
金融机构	科技
金融发起人	交通
医疗保健	

资料来源：*Investment Banking and Capital Markets*. Morgan Stanley. Web.17 Jul. 2015.

专栏 1-3　摩根士丹利的产品群组

并购部

摩根士丹利的并购部门为客户最具挑战性的业务去设计创新的、个性化的解决方案，并将其实施。并购团队在国内外业务中表现得都很卓越，这些业务具体包括收购、资产剥离、兼并、合资、企业重组、资本重组、资产分拆、交换要约、杠杆收购、收购防御和股东关系处理。摩根士丹利利用其在全球行业、地区和银行产品方面的丰富经验帮助客户实现其短期和长期的战略目标。

全球资本市场部

摩根士丹利全球资本市场部（GCM）对客户的资本需求提供独创的并且符合市场判断的解决方案。无论是首次公开发行、债务发行还是杠杆收购，全球资本市场部都能汇集销售、交易和投资银行部门的专家，为客户提供无缝对接的建议和完善的解决方案。我们发起、设计并发行各类公募和私募证券，包括股票、投资级债务和非投资级债务以及其他一些相关产品。

资料来源：2015 年 7 月 17 日摩根士丹利网页上的“我们的服务”。

1.4.1　客户关系银行家

被派到行业组中的银行家们必须成为该行业的全球性专家，而且还必须了解被指派公司的战略目标和融资目标。他们帮助公司的首席执行官（CEO）和首席财务官（CFO）解决诸如如何提高股东价值和降低公司风险等问题。这有可能会带来客户出售公司或收购其他公司的并购交易。银行家们也会通过平衡资产负债表上的现金和负债，来帮助企业达到最优资本结构。在此过程中经常会引起资本市场交易，企业可能会发行权益或者债务，或回购发行在外的证券。简而言之，客户关系银行家在深入了解客户企业存在的问题和目标（根据企业自身行业背景）后，充分利用投资银行的资源来帮助客户。他们是客户关系管理的关键人物，同时也为投资银行的企业客户提供了一站式的沟通集中点。

当为一家公司客户提供融资或者并购服务时，客户关系银行家和产品银行家通常会进行合作。客户关系银行家还会为企业客户介绍其他投资银行服务，包括风险管理、与利率相关的对冲咨询、能源或者外汇风险管理、信用评级顾问和公司重组顾问等。在这些细分的领域中，都有相应的产品银行家（与资本市场和并购项目领域对比而言，这一领域收入相对小得多）。有时，如果一项交易与客户利益最大化相悖，客户关系银行家则应鼓励客户放弃这项交易。客户关系银行家的使命就是成为一个值得信任的顾问，促成客户股东价值最大化和企业风险最小化的交易。

为了给企业客户带来帮助，客户关系银行家应先与企业的 CEO 和 CFO 建立起良好的关系，继而与企业的发展部门和财务部门建立起关系。企业的发展部门通常向 CFO 汇报工作，但有时也直接向 CEO 汇报工作。他们的职能是去识别、分析和执行诸如并购、资产剥离等战略性交易。企业的财务部门向 CFO 汇报工作，致力于达到并保持合适的现金存量，使企业的资本结构达到最优，并对企业的资产负债表进行风险管理。这个部门同时也负责维系企业与信用评级公司之间的关系。图 1-2 总结了客户关系银行家为企业客户提供投资银行产品和服务的模板。

有时，投资银行的客户更喜欢工作地点距离他们近的银行家为其服务，由此导致在分配客户关系银行家时依据的是地域关系而非行业。每家投资银行都会协调行业关系和地缘关系银行家，从而满足客户的偏好并提高银行的运营效率。

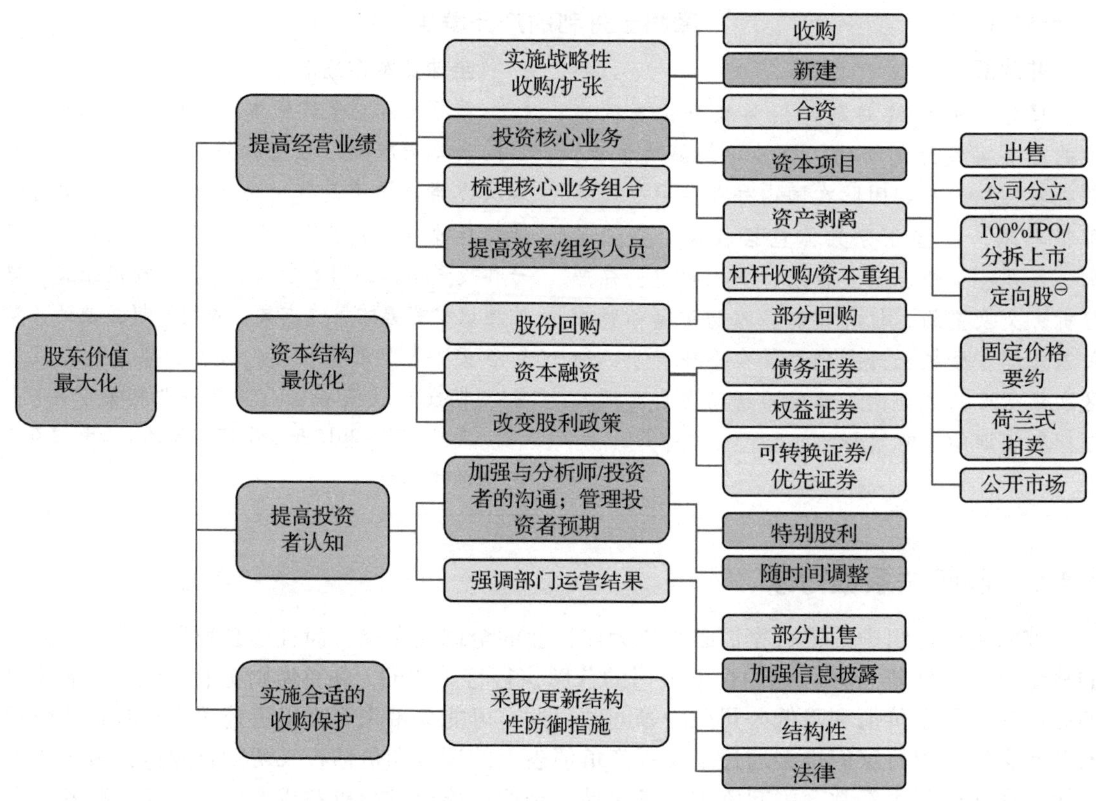

图 1-2 投资银行家的模板[①]

① 有些投资银行与其公司客户共同投资，从而便利其并购交易。

1.4.2 资本市场组

资本市场组由专注于权益资本市场部和债务资本市场部的银行家组成[⊜]。在一些投资银

⊖ 定向股（tracking stock）是一种专门跟踪公司内部某一特定部分或某一特定附属子公司的经营业绩的公开发行上市的股票，持有定向股的投资者不需要关心公司的整体业绩。——译者注

⊜ 银行可能会将资本市场组进一步细分。例如，通常会从债务资本市场组中分离出一个杠杆融资组。

行里，这两个团队在工作上会相互合作，并且向同一位管理全部资本市场业务的专业人士汇报工作。在其他的一些银行中，这两个团队分别向不同的人汇报工作，并且保留团队内部的管理控制权。资本市场组要么是投资银行部和交易部组成的联合部门，要么直属于投资银行部旗下。当发行人需要融资时，通常会与一个由客户关系银行家和资本市场银行家组成的团队合作。资本市场银行家联合交易部门的专业销售员和交易员通过决定交易价格、交易时间、交易规模和其他方面的事项进行融资活动，并且由销售和交易人员负责设计出符合投资客户需求的产品（详见图 1-3）。

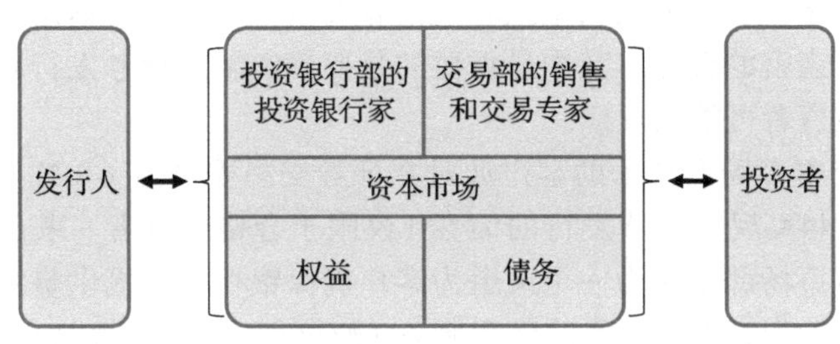

图 1-3 资本市场组

1. 权益资本市场

权益资本市场部的银行家专门从事于普通股发行、可转换证券发行和权益衍生工具。普通股发行包括：首次公开发行（IPO)、首次公开发行后重返资本市场的再融资、为希望“大宗”出售普通股的主要股东进行的私募配售（无须在监管机构注册），其获得的售股收入归股东所有而不归公司所有。可转换证券（参见第 3 章和第 9 章）通常以一种可以转换（强制转换或者投资者选择性转换）成一定数量普通股或者优先股的形式存在。权益衍生品是指企业通过期权或者远期合约来筹集或赎回权益资本或对冲权益风险的金融工具。

权益资本市场部的银行家们与客户关系银行家们通常会展开亲密的合作，从而找到这些权益相关产品适合的企业客户目标。在帮助企业客户决定进行权益融资后，权益资本市场部会承担执行交易的主要职责。这其中就包括与销售和交易部门合作来帮助确定客户群体（其中包含了机构投资者和个人投资者）的投资需求。实际上，投资银行部客户期望以最高价出售证券，交易部客户期望以最低价买入证券，而权益资本市场部则起到协调满足两类客户需求的作用，这是资本市场组的一个很大的挑战，他们要灵活地平衡利益上的冲突，并且设计出一个最优的权益相关证券。

在开始一项交易之前，资本市场组和客户关系银行家们必须和他们的企业客户共同考虑很多可能存在的问题，包括信用评级的影响、投资银行是否会“包销”发行的证券（银行承担再次出售的价格风险），以及通过“代销”出售（发行人承担价格变动风险）。此外，他们关注资本结构的影响（包括资本成本）、每股收益的稀释、对股价的可能影响、股东的感受、募集资金的用途等。同时，如果是“公开发行”那么就要按照证券监管机构的要求注册、办理其他的相关事宜。完成这个过程可能需要几周或者几个月，时间的长短取决于市场动态和监管者可能提出的一些问题。

2. 债务资本市场

债务资本市场的银行家主要为企业和政府部门提供债务融资服务。他们的客户群体可以分为两大类：投资级别和非投资级别的发行者。投资级别的发行者至少要经过一家主要信用评级机构评级并授予较高的信用等级（穆迪 Baa 或更高级别；标准普尔 BBB- 或更高级别）。非投资级别发行者相对而言信用等级较低，因此，他们发行的债券有时被称为“垃圾债券”或者“高收益债券”。

债务资本市场银行家处于企业或政府发行者（与投资银行部的银行家们保持关系）和投资者（由交易部的销售员提供服务）之间。他们的职能就是在发行者和投资者相矛盾的目标价格之间寻找平衡点，从而使沟通和交易的执行更顺畅。

为了给企业和政府发行者制定一个合适的目标，同时也为了帮助客户拟定发行的时间、到期日、规模、协议条款、提前赎回条款和其他有关事项，债务资本市场的银行家们与客户关系银行家们会展开亲密的合作。其中最重要的是要确定新的债务发行对发行者信用评级可能带来的影响以及投资者可能的反应。

在美国，债务资本市场部会帮助客户通过在证券交易委员会（SEC）注册过的公开发行的债券，或者通过 144A 规则私募发行的债券（仅限于合格投资者）来在公开资本市场上借贷。同时，债务资本市场部会作为一个渠道为客户确保银行方面提供贷款，并针对债务发行对信用评级的潜在影响为客户提供风险管理服务（通过衍生产品）和咨询服务。

1.4.3 并购产品组

在一些投资银行中，并购团队独立于客户关系团队而存在。然而，也有些投资银行的这两者是混合存在的。然而，不管是独立的还是混合的，大部分银行家都是一个或者多个行业的专家。并购组通常单独对投资银行部负责，不像在一些银行里，资本市场组往往由投资银行部和交易部联合运营。

并购组提供的主要产品包括：①“卖方”交易，包括整个公司的出售及合并，或某个部门（或某些资产）的处置；②“买方”交易，包括购买整个公司或公司的某个部门；③重构和重组交易，有时为了增加股东价值而对公司业务进行分拆上市，有时为了避免公司破产或者促进卖方交易而对资本结构进行重大调整；④恶意收购的防御咨询服务（详见表 1-9）。

表 1-9 并购产品

卖方	• 公司的出售、合并或结构调整 • 完成的可能性较高，因而拥有最高的优先权
买方	• 公司收购 • 完成的可能性较低，导致拥有较低的优先权
对等兼并	• 市值对等公司之间进行的兼并
合资	• 两家公司共同出资成立一个新的实体公司，并共同经营业务
公开市场分拆	• 包括分拆上市、公司分立和定向股 • 与权益资本市场组合作完成
恶意收购防御	• 袭击防御：对特定的恶意收购提案进行防御 • 恶意收购的防范：为阻止未来可能的恶意收购做好准备 • 针对恶意收购方的建议：针对不请自来的收购提供战略性和战术性的建议

注：见第 4 章关于这些产品的详细描述。

并购银行家拥有强大的估值分析和谈判技巧，他们经常直接与公司的 CEO、CFO 和企业研发团队共同工作。但是，只有在一项交易成功完成之后，并购银行家才能取得相应的收入（虽然在为买方服务、提供重组服务和恶意收购防御咨询服务时，并购组可能会在服务期间向客户收取一定的前期费用)。

1.5　交易部

交易部主要负责：①与包括金融机构、投资基金、政府机构和企业的资金管理部门在内的机构投资者进行的全部与投资相关的交易；②交易所的做市和清算活动；③在监管部门限定的范围内进行自营投资，投资标的包括债务、房地产、权益，同时也会直接给客户提供贷款或者通过所管理的基金间接给客户贷款。该部门主要在三个不同的业务领域运营：固定收益证券、货币和大宗商品，权益，自营投资和贷款。在某些投资银行，自营投资和贷款活动是由不同部门执行的。交易部门同时还为客户提供宏观经济以及固定收益证券、大宗商品和权益方面的研究服务（详见第 6 章有关研究职能和其监管历史的内容）。

1.5.1　固定收益、货币和大宗商品

固定收益证券、货币和大宗商品部门（Fixed Income, Currencies, and Commodities，缩写为 FICC）提供政府债券、公司债券、抵押相关证券、资产支持证券、货币和大宗商品（以及所有与这些产品相关的衍生品）的做市和交易。在一些机构里，FICC 部门也参与制定特定企业和政府借款客户的贷款条款（与投资银行部门合作）。在监管部门限定的范围内，也会在 FICC 这一产品领域内开展自营（非客户）交易。在 FICC 客户相关领域的工作人员一般是为产品定价并且持有风险头寸的交易员，或者是为了促进产品购买和销售而向投资者提供交易建议并告知投资者交易价格的销售人员。

1.5.2　权益

权益部门进行权益、权益相关产品和衍生品的做市、交易等与客户相关的业务活动。这些业务通过在全球的股票、期权和期货交易所执行和清算客户的交易获取佣金收入。受到监管部门制约，权益部同样只能在权益这类产品领域参与自营（非客户）交易。类似于 FICC 部门，在权益部门客户相关领域工作的个人均为交易员或者销售人员。

一般而言，大型投资银行还拥有一项重要的经纪业务（Prime Brokerage)，这项业务主要是为对冲基金客户和其他现金管理者提供综合服务，其中包括融资融券（方便客户提高杠杆)、资产托管和交易清算与结算等。虽然最初此项综合经纪业务是以权益业务为中心，但现在也逐渐将其业务服务能力拓展到其他资产类别当中（这与对冲基金采用多元化策略的道理是一致的)。经纪业务的一部分收入来自于权益销售和交易人员为客户执行交易和清算而获取的佣金。其他收入来源包括收益分配、融资费用和证券借贷等活动。第 5 章对综合经纪业务及其服务进行了更为详尽的讨论。

1.5.3　直接投资以及和客户一起投资私募股权和对冲基金

过去，大型投资银行直接投资于私募股权基金和对冲基金，也可以与客户共同投资一些基金。例如，过去，高盛的直接投资部和资产管理部通过发起私募股权基金来投资于上市公司和非上市公司，这一做法类似于 KKR 这家大型私募股权投资机构。高盛也采用类似于奥氏资本（Och-Ziff）这家全球大型对冲基金的投资方式来投资一些对冲基金（参见表 1-10）。

然而，目前许多国家的监管机构对投资银行在私募股权和对冲基金的投资额度上有所限制。例如，美国于2010年通过的《多德－弗兰克法案》，要求投资银行不能持有任何私募股权和对冲基金超过3%的股份，同时也要求投资银行在私募股权和对冲基金上的投资不超过核心资本的3%。

表 1-10 高盛的直接投资（Principal Investments）

高盛的直接投资（截至 2015 年 12 月）(单位：100 万美元)		
投　资	投资的公允价值	已承诺未投入资金
私募股权基金	5 414	2 057
信用基金	611	344
对冲基金	560	—
房地产基金	1 172	296
合计	7 757	2 697
高盛的直接投资（截至 2014 年 12 月）(单位：100 万美元)		
投　资	投资的公允价值	已承诺未投入资金
私募股权基金	6 307	2 157
信用基金	1 008	383
对冲基金	863	—
房地产基金	1 432	310
合计	9 610	2 868
高盛的直接投资（截至 2013 年 12 月）(单位：100 万美元)		
投　资	投资的公允价值	已承诺未投入资金
私募股权基金	7 446	2 575
信用基金	3 624	2 515
对冲基金	1 394	—
房地产基金	1 908	471
合计	14 372	5 561

资料来源：Goldman Sachs 2015 and 2014 Annual Report.

1.5.4 自营交易

除了上述的直接投资或者与客户一起投资以外，过去，大部分主要的投资银行还会运用自身账户在证券、大宗商品和衍生品等产品上进行短期、非客户相关的投资活动。这种自营性质的投资活动与对冲基金的投资方式十分类似。实际上，投资银行的自营性投资已经在全球范围内与对冲基金在投资和寻求对冲机会上展开直接竞争。

2005～2006 年，投资银行的自营投资为交易部的收入增长做出了很大的贡献。然而，在 2007～2008 年，很多投资银行的自营交易带来了巨大的亏损。在截至 2008 年 4 月份之前的一年中，投资银行自营交易业务遭受了 2 300 亿美元的损失，而且在 2008 年剩余的时间里，这些损失进一步扩大，为此，投资银行不得不大规模缩减自营交易。与此同时，诸如魔鬼交易员在开展自营交易时损失巨额资金此类的丑闻，在投资银行中甚嚣尘上。比如，法国兴业银行的交易员杰洛米·科维尔，在 2008 年 1 月份损失了将近 70 亿美元。同样的不幸也发生在瑞银集团，一个交易员在远期合约上亏损了将近 23 亿美元。其中的风险被交易员创建的虚拟对冲头寸隐藏起来。美国在 2010 年通过的《多德 - 弗兰克法案》大幅缩减了投资银行自营交易的规模，同时其他许多国家也同样对自营交易采取了限制措施。

1.6　资产管理部

资产管理业务为个人和机构在权益、固定收益、货币和大宗商品、另类资产（私募股权投资、对冲基金和房地产）和货币市场方面提供投资产品和服务。提供给客户的投资项目通常包括共同基金、私募股权投资基金或者独立账户管理，有时也会与银行自己的投资一起进行。收入主要来源于对投资者受管理的资产总额（AUM）提取一定比例的管理费用，提取比例依据资产类别而存在差异。当收益超过了预先约定的基准收益率时，投资者会支付给投资银行一笔激励费用。大部分投资银行在设立资产管理部门的时候，会同时开展私人财富管理业务，并向同一个主管汇报工作（见图 1-4）。私人财富管理业务的专家担当投资者的顾问，帮助投资者决定如何运用其现金资产进行投资。在大部分情况下（但不是全部情况），投资顾问会建议投资者将资产投资于这家投资银行的资产管理团队所管理的基金当中。当然，投资顾问有受托义务为投资者选择最能满足其风险和收益目标的基金（无论内部基金还是外部基金）。第 6 章对资产管理业务进行了更为详尽的讨论。

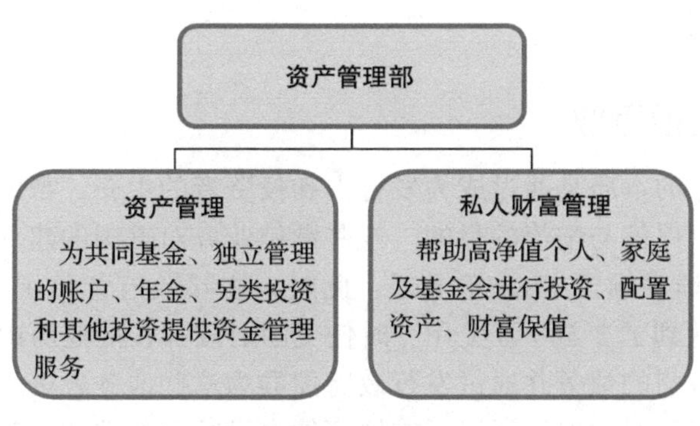

图 1-4　资产管理

共同投资于资产管理部门的基金

投资银行会对其资产管理部门管理的某些基金进行直接投资。这类投资的大部分资金会投向“另类资产”领域，包括：①私募股权投资（杠杆收购以及其他控股投资）；②对冲基金类型投资；③房地产。通常情况下，投资银行也会将自己的资金一起投资于这些高净值个人和机构客户投资的基金中（他们会根据投资客户的资产管理总额来收取相应的管理费和业绩费）。但如前文所述，这种共同投资活动投资金额不能超过任意一只基金总额的 3%，且投资总额不能超过核心资本的 3%。

第 2 章　证券行业监管

2.1　引言

投资银行的活动影响着全球经济，同时对资本市场的平稳运行起到了非常重要的作用。鉴于其重要性，投资银行业受到政府部门的大力监管也就不足为奇了。本章着重讨论投资银行业的监管环境。第一部分，探讨美国投资银行的监管历史。第二部分，讨论近期发生的事件及其监管政策。第三部分，主要对英国、日本和中国的监管环境进行总结。

2.2　美国的监管

2.2.1　早期的投资银行业

投资银行承销业务的本质是通过成为发行人和投资者的中介，帮助发行人募集资本，同时也使投资者达到财富保值与增值的目的。这些承销业务对美国的建立和发展至关重要，美国第一任总统乔治·华盛顿于 1789 年上任，此时，联邦政府背负了 2 700 万美元的债务，州政府的债务总额也达到了 2 500 万美元。时任美国财政部长的亚历山大·汉密尔顿说服国会和华盛顿总统承担各州的债务并通过发行政府债券为这些债务融资，尽管这项建议受到了托马斯·杰斐逊的极力反对，但投资银行在协商债券发行的条件和条款过程中仍起到了重要作用。

承销业务在美国革命后得到了迅速发展。这些从事早期投资银行业务的公司被称为“贷款合约商”。他们的服务内容即保证发行人的证券能够成功发行并且将其出售给投资者，以期获得丰厚的利润。贷款合约商的业务主要由投机者、商人和一些商业银行共同完成。此外，拍卖专家担任投资产品的销售中介，接受来自买卖双方的报价。最后，一些私人银行家和股票经纪商也扮演了现代投资银行的角色。

随着这个新成立国家的版图扩张，科技创新逐渐融入工业革命中。规模经济带来经济收益的增加使得大型项目建设成为必然并且有利可图。新技术的大规模运用使自然资源的大量获取成为可能，火车在城市间输送人力和自然资源的需求大量增加。所有这些活动都需要大量的资本作为支撑，然而，没有哪一个个人或者公司能够独立承担这些资本。基于这些需求，现代意义上的投资银行发展了起来，成为连接需要资本的企业和渴望创造财富的个人的中介机构。通过证券承销，投资银行汇集了众多投资者的财富来满足一个正在发展中的国家的巨额资本需求。

工业的发展催生了一批新的实业家和帮助其融资的银行家。在这个时期，投资银行家的业务处于监管的真空地带，并且可以视其需要自由地改变市场驱动力。长此以往形成的这种操作方式给投资银行家们带来了权力和影响力。1879～1893 年，美国铁路总里程翻了 3 倍，同时，铁路债券和股票的融资额也由 48 亿美元上升到 99 亿美元，高速的发展使投资银行家们不断忙于承销新发行的证券。与此同时，其他工业的快速发展使得拥有有限资源的家族企业需要与其他企业合作来获得更多的资金，这使得使用投资银行服务的企业数目得到了前所未有的增长。资本的需求与供给相伴增长，1870～1890 年，包括国外投资者投入的资本在内，资本供给总额由 14 亿美元增长至 33 亿美元。

2.2.2 投资银行业的发展

1890～1925 年，投资银行业得到进一步扩张。在此期间，银行业发展高度集中，且主要由包括摩根大通、库恩 - 洛布、布朗兄弟和基德 - 皮博迪在内的几个大寡头所垄断。当时，美国并没有要求商业银行和投资银行分业经营，这就导致了商业银行吸收的存款常常以资金内部供给的方式来支持投资银行的承销业务。

1926～1929 年，越来越多的企业利用股票市场可以无限上涨的特点而进行权益融资，证券发行额由 6 亿美元激增到 44 亿美元，而债券发行额则开始下滑。

2.2.3 有限监管

在 20 世纪前 30 年间，投资银行的发展缺乏监管，但证券需求旺盛，而且竞争激烈，这些因素导致了投资银行的内部控制体系十分薄弱。虽然在之前也尝试过内控，但并不能阻止丑闻的发生。因此，为了应对日益增长的批判以及社会行业监管的需求，银行业在 1912 年成立了美国投资银行家协会（IBAA)，作为美国银行家协会的分支。IBAA 成立的一个重要理念是，无论投资者的身份高低以及交易的规模大小，都不能实行价格歧视。尽管在 1929 年大萧条之前，美国联邦政府对投资银行业的监管十分有限，但是投资银行业也必须遵守各州的证券法案，即所谓的“蓝天法”。1911 年，第一部蓝天法在堪萨斯州被制定。除了其他一些规定之外，蓝天法规定任何证券的发行都需要获得州银行委员会的批准。1911～1933 年，已有 47 个州制定了相似的州法律来监管新证券的发行（除内华达州以外）。20 世纪 30 年代到 40 年代联邦法规制定实施后，蓝天法仍然有效，而当时的联邦监管法规主要是对蓝天法的复制和拓展。除了反欺诈调查之外，1996 年国会通过的《全美证券市场促进法案》收回了州政府对投资银行监管权力。

1929 年 10 月 28 日，史称“黑色星期一”，这一天股市大跌。尽管发生了 1929 年的大崩盘以及随之到来的经济大萧条，但总统赫伯特·胡佛并没有实施任何对金融市场有帮助的监管措施。与之形成鲜明对比，1933 年富兰克林·罗斯福上台，采取了一系列积极措施主动应对经济困难，并颁布了大量规范金融部门尤其是投资银行的监管法律。在罗斯福的推动下，国会通过了 7 项对投资银行业产生重要影响的法案。

其中的 3 项法案，即《1933 年证券法》《格拉斯 - 斯蒂格尔法案》和《1934 年证券交易法》，彻底改变了投资银行业的经营环境。本节接下来将继续详细介绍这三项法案中的监管要求，另外 4 项对投资银行业务影响较小的法案也将稍作提及。本节最后也将讨论最近出台的法案，包括《格雷姆 - 里奇 - 比利雷法案》和《萨班斯 - 奥克斯利法案》，以及应对贝尔斯登、雷曼兄弟倒闭和 2007～2009 年的金融危机而出台的监管措施，尤其将着重讨论于

2010 年出台的《多德 - 弗兰克法案》。

2.2.4 《1933 年证券法》

《1933 年证券法》的出台主要是为了稳定资本市场的秩序并防止证券销售和交易过程中出现的操纵和欺诈行为。美国证券交易委员会声称，出台《1933 年证券法》主要有以下两个目的："满足投资者获悉公开发行证券财务以及其他方面重要信息的需求；禁止证券销售中发生欺诈、信息误导以及其他欺诈行为"。为了实现这些目标，《1933 年证券法》要求投资银行披露其所承销证券和企业的大量重要相关信息。在此法案执行之前，很少有投资者能够获得他们所投资证券的基本信息。新的法案规定了所提供的信息底线，并且确保了所有潜在投资者都能够获得发行人的相关信息记录。

《1933 年证券法》主要有以下四部分监管内容对投资银行业造成了影响，分别为：向美国证券交易委员会提交注册申请书；向潜在投资者提供招股说明书；承担信息披露的民事和刑事责任；在公开销售前有一段时间的等待期。

1. 注册申请书

在美国，证券销售之前必须在美国证券交易委员会注册，以此来向监管部门和潜在投资者提供发行者和证券的相关信息。专栏 2-1 简要列述了监管部门要求披露的关于发行人和发行的基本信息。

法案对注册要求也有一些豁免和例外，包括：当证券仅在某一个州内发行，那么该发行只需要遵守该州法律即可；当该证券由市政府、州政府或者联邦政府发行；发行额低于某一额度；开展的是私募发行或者仅出售给少数投资者。总体来说，《1933 年证券法》的豁免情况主要基于发行的证券类型（即：基于证券类型的例外）和发行方式（即：基于交易方式的例外）。

专栏 2-1　1933 年法案规定的注册要求提供的信息

- 摘要信息、风险因素、固定费用收益比率
- 募集资金的用途
- 股份稀释
- 原持股股东售股（如果有）
- 分销计划
- 对准备注册的证券进行描述
- 聘请专家和法律顾问的利益
- 注册公司的相关信息
  - 业务描述
  - 经审计的财务信息
  - 产权描述
  - 法律诉讼
  - 普通股的市价、股息及股东相关事宜
  - 管理层对财务情况和经营成果的讨论
  - 会计和财务信息披露后的变化以及与会计师的分歧
  - 市场风险的定性和定量披露
  - 董事会和执行层
  - 执行层薪酬
  - 公司治理
  - 特定受益人和管理层的证券持有情况
  - 关联交易
- 重大变化
- 披露佣金模式以明确证券法规定责任的赔偿方式

资料来源：美国证券交易委员会。

---

2. 招股说明书

公司要求向投资者提供招股说明书，其中包含了注册申请书的部分内容。只有在美国证券交易委员会注册后的证券才能发行销售。任何对重大信息的误导性陈述和刻意隐瞒都构成犯罪行为，投资者可因此对发行人和承销商提起诉讼。

3. 新的责任

在 1933 年法案颁布之前，并没有专门用于约束投资银行家的额外法律要求。在 1933 年法案出台之后，如果在注册过程中投资银行家隐瞒了“重大事项”且因此给投资者带来损失，那么投资银行家应为其行为承担法律责任。如果这种情况发生，投资者有权起诉投资银行，并要求按原价回购股份，并且撤销交易。相较于普通投资者而言，投资银行对发行公司了解得更多，因此作为发行人和投资者的中介，承销商要承担比投资者更多的责任。为了减轻自己的责任，如果发行人提供的材料中存在误导性陈述或隐瞒等，投资银行则会要求发行人对其进行赔偿。因此，向投资者提供准确而完善的信息的责任由双方共同承担。参见专栏 2-2 中给出的承销协议中常见赔偿条款示例。

专栏 2-2　承销协议中赔偿条款示例

赔偿条款

公司同意对承销商以及证券法第 15 条或者交易法第 20（a）条条款所规定情形下的任何人进行赔偿，使其免遭损失，赔偿范围包括任何发生（包括但不限于在诉讼过程中发生的合理的律师费；任何所有已开始或扬言、宣告将发生的诉讼过程中的调查、准备或者辩护的合理费用；根据本条款项下子条款的任何索偿，所有或部分已支付的用于解决索偿或者诉讼的费用）的损失、责任、索偿、损害以及开支；赔偿将分别或者合并给予那些根据证券法、交易法或其他任何联邦或州的法律法规，根据普通法或者其他法规定的受害者，他们所受的损失、责任、索偿、损害以及开支源于或基于对招股说明书及任何修订及补充材料中的重要事实存在任何虚假陈述或者推定虚假陈述，或者源于或基于对需要陈述的或者不陈述将会导致误导的重要事实的遗漏或者推定遗漏；除非有承销商对发行人提出明确要求，并且这些虚假或者推定虚假陈述、遗漏或者推定遗漏均依赖于此要求且与此要求一致，发行人才能在此情形下且只能在此情形下免于赔偿由此引起的损失、责任、索偿、损害以及开支。本项赔偿协议将附加在发行人在本协议中所承担的其他任何责任之中。

资料来源：Jenner & Block LLP.

该法案的影响之一是严格区分了承销商和经销商或销售团队成员。通常，承销商是指直接与发行人接触，并同意购买新发行证券的一方。经销商是指与最终投资者接触并销售承销商名下证券的一方。这些职能最初相互交织在一起，但是由于 1933 年法案规定经销商并不承担责任，所以从某种程度上来讲，将承销与分销这两种职能分开，是为了进一步明确机构承担责任的界限，并减少发生民事责任诉讼的可能性。

4. 尽职调查

尽职调查是通过审查发行人的信息来减少风险的行为。尽职调查在大多数证券发行、并购和许多其他交易中都会开展。为了避免在注册申请书中由于错误或误导性披露信息而承担责任，承销商必须进行调查并“合理地测算并披露一个合理的谨慎投资者所需了解的全部事实”。至于披露是否恰当则取决于每只即将发行的证券的实际情况，且事后才可判定。专栏 2-3 总结了纳入尽职调查工作中的六个事项。专栏 2-4 总结了法院在审查承销商尽职调查活动时考虑的因素。

专栏 2-3　　尽职调查工作中的六个事项

- 承销商是否收到注册申请书且对其中任何可能引起正常人质疑的事实和情形进行了合理的调查。这些调查包括：注册申请书中是否存在对重大事实有不真实陈述，是否缺省了要求陈述的或者必要的重大事实因而导致申请书存在误导性陈述。
- 承销商是否与公司的管理人员（最少包括公司的首席财务官）商讨过注册申请书中的信息，首席财务官（或其指定人）是否证明已经核实注册申请说明书中不包含任何对重大事项的不真实陈述，或者缺省了要求陈述的或者必要的重大事实而导致误导性陈述。
- 承销商是否收到来自发行人审计师的 SAS 100 安慰信函。
- 承销商是否收到来自发行人法律顾问的 10b-5 消极保证。
- 承销商是否在审核发行人注册申请书、《交易法》注册文件和其他信息后，聘请了法律顾问且提供 10b-5 消极保证。
- 承销商是否聘请了研究分析师并向其咨询：
  - 是否在开始发行前对发行人或发行人所在行业连续进行长达 6 个月的跟踪；
  - 是否在开始发行前 12 个月内，对发行人或其所在行业发表过研究报告。

资料来源：美富律师事务所。

专栏 2-4　　法院审查承销商尽职调查时考虑的因素

- 注册申请书专业内容的合理依据（如经审计的财务报表）。
- 对包括独立审核意见在内的关键信息进行调查（管理层访谈，实地调查，客户电话访谈，来自发行人、发行人法律顾问、承销商法律顾问和审计师书面证明的收据，对发行人所在行业的熟悉程度，发行人内部文件审查，独立审计师访谈）。
- 在发行过程中及时更新信息，包括《交易法》中要求发行人所做的报告（最终尽职调查）。
- 尽职调查的文件。

资料来源：美富律师事务所。

5. 抢跑规则

在 1993 年法案中，证券发行可分为三个阶段。

（1）提交注册前：从开始决定发行证券到提交注册申请书。

（2）等待期：从提交完注册申请书到注册生效。

（3）注册生效后：美国证券交易委员会宣布注册申请书生效之后（在此阶段，可以销售证券）。

2005 年颁布改革政策之前，在等待期间（也被称为“静默期”），发行人任何口头和书面报价都是被禁止的。如今，在静默期内可以做出口头或书面报价，但是不能销售，而且任何书面报价只能依据 1933 年法案的要求通过招股说明书的方式发布。这类招股说明书通常被称为“红鲱鱼招股说明书”（因为第一页有红色的图标提醒投资者此说明书的内容只是初步公布）。违背这些基本限制被称为“抢跑”，且可能会导致美国证券交易委员会施加“冷却期”措施，取消认购人公开发行时的权利、集体诉讼和其他诉讼的权利。

2005 年施行的证券发行改革为提交注册申请书前的沟通提供了超过 30 天的安全港，在此期间，可以正常发布“真实商业信息”，而对于已经在报告信息的发行人则可发布“前瞻性信息”，但均不可提及证券发行。对于某些满足最低规模要求，且被成熟投资者和研究分析师追踪的大型发行人（被称为知名发行人或“WKSI”），允许他们在提交注册申请书之前进行口头或书面报价，并且不被认定为“抢跑”行为。对于所有的发行人，可在提交注册申请书之后使用补充招股说明书，允许其披露在招股说明书中未涉及的信息（但不能互相冲突）。这避免了在披露新信息时，发行人需要对注册申请书中的招股说明书进行更正式、更耗时的补充修订。总之，自 1933 年以来，虽然给予 WKSI 优惠的例外处理待遇，发行过程也由于科技进步和资本市场的变化而趋向于简单化，但是对信息传播的监管制度基本保持不变，所以发行人在发行之前和发行过程中必须谨慎沟通，避免其行为被认为是操控市场。参见专栏 2-5 对 1933 年法案的总结。

专栏 2-5　《1933 年交易法》

《1933 年交易法》通常被称为“证券真相”法，它主要有两个基本目标：

- 满足投资者获得公开发行证券的财务和其他重要信息的要求；
- 禁止销售证券过程中的欺骗、误导性陈述以及其他欺诈行为。

注册目的

- 完成上述目标的一个主要方法是通过证券注册来披露重要的财务信息。这些信息能够使投资者而非政府做出是否购买该公司证券的决策，虽然美国证券交易委员会要求提供的信息准确，但这并不能保证该信息的精确性。投资者如果购买该证券而遭受损失，且其可以证明是由于信息披露不完全或不准确所导致的，那么投资者就有权挽回损失。

注册过程

- 一般来说，在美国出售的证券必须经过注册。注册表格中公司提供的必要信息能够最小化其遵守法律的负担和开支。通常，注册表格要求披露以下信息：
  - 对公司资产和业务的描述；
  - 对即将发行出售证券的描述；
  - 公司管理人员信息；
  - 由独立会计师审计的财务报告。
- 注册说明书和招股说明书在向美国证券交易委员会提交不久后即公开。

美国国内公司提交的注册材料，可以在 www.sec.gov 网站的“电子信息收集、分析和检索数据库”（EDGAR 数据库）中查到。注册申请书需经审查是否满足披露要求。并非所有证券发行都要在美国证券交易委员会注册，其中豁免注册的情况包括：

- 对有限数量的个人或机构的私募发行；
- 发行金额在一定规模之内；
- 州内发行；
- 市、州和联邦政府证券。

资料来源：美国证券交易委员会。

2.2.5 《格拉斯 - 斯蒂格尔法案》

另一个应对 1929 年股市崩盘和大批银行倒闭的立法是 1933 年 6 月 16 日签署的《格拉斯 - 斯蒂格尔法案》（正式名称为《1933 年银行法》）。《格拉斯 - 斯蒂格尔法案》中有大量针对商业银行与投资银行分业经营的规定，并诞生了联邦存款保险公司（FDIC），在银行违约时保证存款人的资产不受损失（最初保险金额为 2 500 美元，现在为 250 000 美元）。该法案对投资银行业有着极为重要的影响，因为它要求整个行业改变业务操作模式以及公司内部结构，改变分销和承销证券的过程，并切断承销新证券的关键资金来源。

在大萧条期间，超过 11 000 家银行倒闭或被合并，1929 年存在的银行有超过 1 / 4 在 1934 年不再存续。在《格拉斯 - 斯蒂格尔法案》颁布之前，法律并没有要求承销、投资和储蓄业务的分离。银行可以（实际也是这样做）从支票账户持有人处吸收存款并将这些资金投资于银行正在承销的证券，作为其内部投资活动。在这种情况下，存款人资产的安全性受到质疑，尤其在没有联邦存款保险公司担保的情况下。《格拉斯 - 斯蒂格尔法案》的出台正好可以应对这种不稳定的环境。

1. 私有银行分离为储蓄和投资银行

在《格拉斯 - 斯蒂格尔法案》之前，私有银行同时具有接受存款和从事投资银行业务的职能。而该法案颁布后要求私有银行只能选择成为私有储蓄银行或者投资银行。

2. 商业银行与投资银行的分离

与私有银行类似，商业银行接受存款并从事投资银行业务。然而在《格拉斯 - 斯蒂格尔法案》通过之后，商业银行可以从事的投资银行业务大量减少，且其承销能力也被严格限制。商业银行只允许承销或者“代理”市、州和联邦政府机构的证券发行。那些选择保留商业银行业务的机构要么把投资银行业务分离出去（例如，在 1935 年摩根大通决定经营商业银行业务，将其投资银行业务分离并成立了摩根士丹利），要么关闭投行业务，大量裁员。此外，商业银行从证券交易业务中获得的利润被限制在总利润的 10% 以内，但不包括承销政府债券的利润。

3. 商业银行和证券公司的董事和高管分离

《格拉斯 - 斯蒂格尔法案》规定，证券投资相关机构的合伙人和高管不能担任商业银行的董事和高管。

这些变化都有一个共同目标：确保存款人的资金不会在本人不知情的情况下暴露在风险中。然而，也正如在后续章节将要提到的，1999 年颁布的《格雷姆 - 里奇 - 比利雷法案》推翻了《格拉斯 - 斯蒂格尔法案》，该法案允许银行在控股公司架构下，同时从事商业银行和投资银行业务。

2.2.6 《1934 年证券交易法》

作为对《1933 年证券法》的补充，《1934 年证券交易法》是罗斯福任职总统期间重塑投资银行业的第三部也是最后一部法案。这部法案有时也被称作《交易法》。该法案于 1934 年 6 月 6 日通过，主要涉及对新发行证券、持续披露要求以及对交易行为的监管。该法案通过了最低披露要求和编制交易规则，从而极大地改变了证券二级市场。此外，该法案也要求证券交易被自律组织（SRO）约束。纽约泛欧交易所和纳斯达克是美国目前两个最大的交易所，他们都是自律组织。

《1934 年证券交易法》也催生了美国证券交易委员会，它负责对包括投资银行在内的整个资本市场的监管。为了执行其使命，美国证券交易委员会被赋予对交易所、投资银行、经纪商或做市商、交易商制定并实施相关条例的广泛权力，以保障证券业安全稳健运行。美国证券交易委员会负责《1933 年证券法》的执行，监管交易所的活动并制定交易的规则和程序，禁止诸如洗售和对敲等市场操纵行为，并针对卖空和止损交易制定了严格的标准。美国证券交易委员会在资本市场中的作用不能被夸大。美国证券交易委员会在不断调整以前的规则和条例，从而最小化不公平现象发生的可能性并提高资本市场的有效性。此外，美国证券交易委员会也会保持灵活性，紧随新型证券和金融产品变革的步伐。参见专栏 2-6 对证券交易法的总结。

专栏 2-6　《1934 年证券交易法》

根据该法案，国会成立了美国证券交易委员会。这部法案为美国证券交易委员会监管整个证券行业提供了广泛的授权。具体包括：注册；制定法规；监督经纪商、过户登记机构、清算机构和包括纽约泛欧交易所和纳斯达克在内的美国的自律组织。

该法案确定并禁止市场上的某些特定行为，授予美国证券交易委员会对受监管的机构及个人执行纪律的权力。

该法案也授予美国证券交易委员会要求公开交易证券的公司定期提供公司信息报告的权力。

- 公司报告

资产超过 1 000 万美元且股东超过 500 人的公司，必须提交年报或者其他定期报告。这些报告通过美国证券交易委员会的 EDGAR 数据库向公众提供。其他公司可以自愿选择是否提交定期报告。

- 代理请求

证券交易法也对为征集股东投票来选举公司董事或批准其他公司事项而举办的年度或临时会议所用材料的披露进行监管。这些代理材料中的信息，必须事先在美国证券交易委员会注册并保证遵照披露规则。无论是管理层还是股东大会的征集表决活动，都必须披露关于股东投票表决事项的所有重要事实。

- 重大股权和要约收购

证券交易法要求任何企图通过直接购买或要约收购获得超过 5% 公司股份的人，都必须披露重要信息。这种收购通常都是期望获得公司的控制权。在使用代理规则的情况下，应允许股东在公司这些关键事件中事先获取信息并做出决策。法案同时也要求持有一定数量公开发行股票的股东提交定期报告，使无关联股东知晓可能出现的所有权变化。

- 内幕交易

证券法禁止任何与证券发行、购买或销售相关的欺诈行为。这些规定是许多惩罚行为的基础，包括对欺诈性内幕交易的惩处。内幕交易是指利用重大非公开信息进行证券交易的违法行为，该行为违反了不透露信息或不参与交易的职责。

资料来源：美国证券交易委员会。

2.2.7 《1940 年投资公司法》

《1940 年投资公司法》规定了投资公司的设立模式（其中包括共同基金这种最著名的形式），它区分了投资银行与投资公司的不同职能。该法案规定了可作为投资公司董事的投资银行家数量，并且限制了投资银行和投资公司之间的交易（参见专栏 2-7 对该法案的总结）。

专栏 2-7　《1940 年投资公司法》

该法案主要监管那些主要从事投资、再投资、证券交易并且将自己的证券向公众投资者发行的公司组织，其中包括共同基金。监管的目的主要是将这些复杂操作产生的利益冲突最小化。该法案要求公司在首次发售公司股票时向投资者披露财务状况和投资政策，并在发行后进行常规性的披露。该法案的目的是向公众披露基金信息、投资标的以及投资公司的结构和经营状况。有一点需要注意的是，该法案并未允许美国证券交易委员会直接监管其投资决策、公司经营活动或者评判其投资活动的价值。

资料来源：美国证券交易委员会。

2.3 证券监管的最新发展

在第二次世界大战后的60多年里，美国主要立法中涉及投资银行的部分几乎没有变化。本节主要探讨近几年来监管的变化，包括《格雷姆－里奇－比利雷法案》《萨班斯－奥克斯利法案》以及《多德－弗兰克法案》。

2.3.1 《格雷姆－里奇－比利雷法案》

1999年11月12日，美国国会通过了《格雷姆－里奇－比利雷法案》，推翻了1933年通过的《格拉斯－斯蒂格尔法案》中要求商业银行与投资银行分业经营的强制性规定。该法案又被称为《金融服务现代化法案》。此前要求分业经营的主要原因是投资银行方将存款人的存款大量用于高风险投资。支持将两种业务合业经营的观点认为，合业经营能够产生一个不受经济环境影响且更加稳定的业务模式。一方面，当经济不景气时，人们更倾向于持有现金，这会使商业银行的存款收入上升，因而在一定程度上能够平衡新证券发行市场的低迷；另一方面，当经济繁荣时，现金存款下降，但是新的发行业务蓬勃发展。

另一个支持商业银行与投资银行业务合业经营的观点认为：德意志银行、瑞银及瑞信这些总部不在美国的全能银行不受《格拉斯－斯蒂格尔法案》的约束。这些银行可以同时从事商业银行和投资银行业务，因此相比总部设在美国的商业银行，例如花旗集团、摩根大通、美国银行以及独立出来的投资银行，如高盛和摩根士丹利，拥有更大的竞争优势。

商业银行与投资银行的分业经营随着时间的推移已逐渐弱化，《格雷姆－里奇－比利雷法案》是实现合业经营的最后一步。早在1986年，美联储就允许银行控股公司承销公司债券，然而之前只允许承销政府债券。美联储要求非政府债券承销业务收入不能超过总收入的10%。1996年这个数字由10%提高到25%。最后，1999年通过的《格雷姆－里奇－比利雷法案》进一步放开其他限制。该法案允许花旗集团（1998年由花旗银行和旅行者集团合并而成）保留旅行者集团的投资银行业务。该法案也批准了2000年大通曼哈顿银行（商业银行）与摩根大通（投资银行）的合并。

银行的监管环境随着该法案的出台也发生了变化。商业银行受美联储监管（也存在其他监管者，主要看商业银行的具体类型）。然而，该法案并没有授予美国证券交易委员会（或其他机构）直接监管投资银行控股公司的权力。由于对这些机构没有明确的法律监管权力，美国证券交易委员会于2004年推出“并表监管实体”计划（consolidated supervised entities，CSE），使投资银行控股公司自愿接受美国证券交易委员会的监管，填补了这一监管缺口。2008年秋季金融危机的爆发，导致美国存活的纯粹投资银行转为银行控股公司，并使监管实体项目没有继续存在的必要，因此在2008年9月份终止。如今，美国的投资银行的活动由美联储与美国证券交易委员会共同监管。

2.3.2 《萨班斯 – 奥克斯利法案》

2002 年出台的《萨班斯 – 奥克斯利法案》彻底改变了对公司治理、信息披露以及利益冲突的监管。虽然影响广泛，但是其对投资银行的影响不如对审计师、上市公司及其董事会的影响大。

该法案对投资银行的影响主要表现在研究和尽职调查方面。该法案要求美国证券交易委员会通过将股票研究部门从承销业务中分离出去，尽可能减少投资银行家对股票分析师研究报告的影响。例如，分析师的薪酬不再与承销业务收入关联，且研究员如果对承销的公司提供负面报告，将保护其免于被负责承销的投资银行家报复。

《萨班斯 – 奥克斯利法案》对证券市场环境还有其他一些方面的影响。该法案规定成立美国上市公司会计监督委员会来制定会计规则和标准，减少了审计师对公司决策的影响。为了避免发生利益冲突，法案对外部审计师的独立性做了更加细致的规定。公司高管须每季度、每年签署声明，保证提供给投资者的信息是准确的。该法案严格限制为内部人员（员工或其他关联人员）贷款，发行人需要披露额外信息，包括资产负债表外交易。此外，该法案将某些活动判定为犯罪，要求董事会的审计委员承担更多责任，并增加了一些新的成本以保证对该法案的遵守。详见专栏 2-8《萨班斯 – 奥克斯利法案》概要。

专栏 2-8　2002 年《萨班斯 – 奥克斯利法案》概要

- 恢复对会计职业的信心
  - 成立了上市公司会计监督委员会。
  - 第 108（b）条规定：美国证券交易委员会确认财务会计准则委员会为会计标准的制定者。
  - 第二章规定：美国证券交易委员会要求提高外部审计师的独立性。
  - 第 303 条规定：美国证券交易委员会要求禁止对外部审计师有不适当的影响。
- 提高“高层的基调”
  - 第 302 条规定：美国证券交易委员会要求首席执行官和首席财务官保证在公司季报和年报中公开的财务和其他信息的真实性。
  - 第 306 条规定：美国证券交易委员会禁止公司高级职员在养老金锁定期进行交易。
  - 第 402 条规定：禁止公司向内部人员提供贷款。
  - 第 406 条规定：美国证券交易委员会要求公司披露是否对首席执行官、首席财务官和高级会计人员有职业道德标准规定。
- 提高信息披露和财务报告质量
  - 第 401（a）条规定：美国证券交易委员会要求披露所有表外交易。
  - 第 401（b）条规定：美国证券交易委员会采用 G 规则对所有包括披露和核对要求在内的非公认会计原则的金融措施进行监管。
  - 第 404 条规定：美国证券交易委员会要求每年公司财务报告中需要有管理层对内部控制情况的报告和审计师的证词。
- 改善“金融看门人”的表现
  - 第 407 条规定：美国证券交易委员会要求披露审计委员会的财务专家信息。
  - 第 501 条规定：美国证券交易委员会同意采用新的自律组织规章来监管分析师的利益冲突。
- 强化执行工具
  - 第 305 条规定：为管理层和董事行为的禁止和处罚设立标准。
  - 第 704 条规定：美国证券交易委员会

发布有关违反披露要求和再次陈述的强制执行的研究报告。

◦ 第1105条规定：美国证券交易委员会有权通过行政诉讼程序禁止相关人士担任管理层或董事会成员。

资料来源：美国证券交易委员会。

2.3.3 对分析师保证的监管

美国证券交易委员会于2003年采用新的法规给研究分析师带来了更多的责任。对分析师保证的监管（regulation analyst certification，Regulation AC）要求分析师“保证其在权益和债务证券研究报告中以及公开发表观点的真实性，并披露其是否因为特别推荐或是否因为在研究报告或公开发表了观点而收取相关的薪酬”。对于提供给美国公民的研究报告，分析师必须保证：①研究报告中所表达的观点应准确表达分析师个人对标的证券及其发行人的意见；②研究员未因特别推荐或发表研究报告中的观点而收取任何薪酬，如果收取了相关薪酬，则应提供相应的声明，内容包括薪酬来源、金额、获取薪酬的目的以及可能影响分析师在研究报告中推荐的警示语。

2.3.4 全球研究和解

2003年4月28日，美国证券交易委员会及其他监管机构针对10家大型投资银行采取强制执行诉讼，控诉这些投资银行的投资银行部门过度影响股票研究分析师，从而影响其投资观点的客观性。此外，监管机构还控诉这些利益冲突并没有被较好地控制，或者向投资者披露。

这些投资银行没有承认也没有否认该控告，并同意用近14亿美元与监管机构达成和解。此外，投资银行也同意进行下列改革：

（1）结构改革：投资银行需严格遵守对投资银行部门与股票研究部门之间交流的限制性规定。

（2）加强披露：需要对研究报告的使用者额外披露投资银行活动可能造成的利益冲突。

（3）独立研究：投资银行需与独立第三方机构签订协议，为美国投资者提供独立的研究报告。

最后，除了针对研究，投资银行还自愿同意在“热销”的IPO（即开始在二级市场交易时会有溢价）中限制分配证券给某些公司的高管及董事。第6章将进一步讨论该诉讼以及股票研究的作用。

2.3.5 《多德－弗兰克法案》

在2007～2008年金融危机后掀起的立法改革热潮中，《多德－弗兰克华尔街改革和消费者保护法》于2010年7月21日被纳入美国法律体系中。这是自1934年以来金融服务行业最为广泛的监管变革法案。该法案包括16项条款和“沃尔克法则”，这些规定主要专注于以下问题：保护消费者权益；结束“大而不倒”的经济救助模式；提高监管机构间的协调性；尽早识别出系统性风险；提高复杂金融工具的透明度；以及提高管理层薪酬的透明度。以下将作详细叙述。

1. 金融监管的变化

通常来说，一些政府机构负责监管金融机构，由此导致了监管鸿沟的产生。新成立的金融稳定监管委员会（Financial Stability Oversight Council）则肩负着改善这种情况的使命。委员会的主要任务之一是对可能出现的系统性风险提供早期预警系统。此外，委员会也负责鉴别监管鸿沟，监督涉足监管金融行业的各类政府机构，对金融市场监管的重点提出建议，加强市场纪律。

2. 消费者保护

消费者保护的核心机构是消费金融保护局（Consumer Financial Protection Bureau）。消费金融保护局拥有独立的规章制定权来管理银行和非银行机构，只要这些机构向消费者提供金融产品，为了保护消费者，消费金融保护局可以在无须国会通过新法律的情况下采取行动，但首先要与其他监管者协调。

3. 证券化

金融机构参与证券化并销售抵押贷款证券化产品或住房抵押贷款证券化产品这类产品的，必须至少每档自留其发行债务的 5%。对这种存留债务的风险，公司不允许进行对冲，由此促使金融机构在发起证券化债务产品的过程中对风险进行更仔细的评估。此外，证券化机构必须披露包括资产级别的数据，包括每类证券，从而使这些证券与证券化的发起人及其发起人的保留风险联系起来。由于信用评级机构为证券化产品提供评级服务，所以机构必须出具详细的报告来阐明评级决定的依据。

4. 场外衍生品

在 2007～2008 年的金融危机之前，许多场外交易的衍生品例如信用违约互换，是完全不受监管控制的。在《多德 - 弗兰克法案》推动下，美国证券交易委员会和商品期货交易委员会设立了专门机构来监管场外衍生品。该法案对场外衍生品的监管新规主要针对“互换”和“基于证券的互换”。互换的定义非常广泛，基本上覆盖了全部场外衍生品，包括看跌期权、看涨期权、利率上限期权、利率下限期权以及其他类似期权，也包括了总收益互换、信用违约互换在内的风险转移工具。

《多德 - 弗兰克法案》试图降低场外衍生品的双边交易及清算风险。监管者担心交易对手会违约，由此引起买方机构不清楚在给定时刻他们确切的风险暴露金额。该法案旨在增加交易的透明度以及流动性，降低卖方交易操作的不透明以及减少交易对手的集中度。虽然该法案对卖方影响很大，但随着互换执行平台（swap execution facility，SEF）以及中央对手方（central counterparty，CCP）清算制度的执行，买方也同样会受到影响。场外衍生品在交易方面发生的最大变化是由双边担保交易转变为基于保证金的交易体系。新的模式将使用互换执行平台进行交易以及价格发现，使用交易所模式的中央对手方清算制度来集中进行保证金结算。监管机构必须确定需要经过中央对手方制度清算的具体互换品种及衍生工具类型，然后通过互换执行平台进行交易，从而满足《多德 - 弗兰克法案》要求的透明性。在场外衍生品中，中央清算制度最初只应用于信用违约互换和利率互换。进行新改革的目的是为了减少交易中内在的且不受监管层控制的系统性风险，同时也为了保护资产管理者免受来自交易对手方的风险。然而，在新改革后，这些衍生品具体如何交易、清算和结算，仍然没有明确规定。虽然《多德 - 弗兰克法案》并未详细说明互换执行平台的执行方法与价格发现机制，但随着互换执行平台管理规则的进一步阐明，这些细节也会变得更加清晰。这些规则将对证券机构如何连接互换执行平台以及投资管理系统要求的功能性产生直接影响。该规定也将推动进行更多的卖方清算，而不是现存的双边经销商对经销商的安排。任何场外衍生品交易都包含着对手方风险，利润及损失的支付都受其支付能力的影响。一般而言，交易对手方风险暴露的估算首先需要汇总交易活动的暴露头寸，然后进行期望收益的压力测试，进而评估某一方是否过度暴露。现在，要达到对透明度更高的要求，需要对衍生品的公允价值进行直接的信用价值调整。这意味着所有的公允市场价值或者出售价值必须明确体现交易对手方信用风险的货币价值。

5. 终止援助

《多德－弗兰克法案》的主要焦点之一是结束"大而不倒"的现象。为了避免银行积累过多风险，监管机构采取了所谓的"沃尔克法则"(采用前美联储主席保罗·沃尔克的名字命名)。在沃尔克法则的限制下，银行不再被允许从事自营交易。然而，关于自营交易的定义过于模糊，引发了不断的纷争。此外，沃尔克法则规定银行投资于对冲基金和私募股权基金的资金总额不得超过该基金总额的 3%，且银行投资于这些基金的资金总额不得超过核心资本的 3%。《多德－弗兰克法案》也包含一项"葬礼计划"，要求大型金融公司定期提交关于未来一旦破产如何有序停止业务的计划书。此外，该法案在出现重大系统性风险时允许金融机构优先清算。

6. 更多规定

《多德－弗兰克法案》对信用评级机构、私募股权基金和对冲基金也实施了新规定。目前，信用评级机构受美国证券交易委员会内部的信用评级办公室监督。而且，如果信用评级机构没有对信用风险进行合理的调查，那么他们将承担责任。若评级机构连续提供不准确的评级建议，美国证券交易委员会有权撤销这些评级机构的注册资格。对冲基金和私募股权基金被认定为"影子银行"的组成部分之一。《多德－弗兰克法案》旨在从本质上结束这种体系，并要求大部分的对冲基金和私募股权基金顾问在美国证券交易委员会注册。此外，这些对冲基金与私募股权基金需要向美国证券交易委员会披露其投资活动，这样因其活动而可能产生的系统性风险就能够在早期得到关注。在该法案中，股东的权利也被强化，尤其在高管薪酬、"金色降落伞"[⊖]（golden parachute）以及提名董事等事项上股东拥有了投票权。如果高管薪酬是以不准确的财务报表为基础的，那么该法案允许追回薪酬，从而提高企业报告的准确性。

2.3.6 对投资银行的影响

《多德－弗兰克法案》对美国的投资银行产生了重大影响。该法案要求投资银行至少有 5% 的权益对应其资产，这意味着每 1 单位的权益对应 20 单位的资产。在这些投资银行的投保联邦保险的子公司中，股权对资产的比率需要达到 6%，且监管机构有权要求这个比例提高到 8.5%。对于超大型投资银行，该法案授权美联储根据每家投资银行的风险加权资产规模再增加一层资本。这些附加资本会随着投资银行的规模、与其他公司的纠纷以及内部复杂性而发生变化，目前附加资本的规模为摩根大通 3.5%；花旗集团 3.5%；美国银行 3%；高盛 3%；摩根士丹利 3%。对于欧元区的投资银行，大型投资银行需要维持 9.9% 的一级核心资本比率，对系统性重要银行则需要额外再增加 0.2%。一些批判者认为这种权益资本缓冲尚不足以预防未来银行的破产风险，而另一些批判者则认为，通过强迫投资银行持有如此

⊖ 金色降落伞，指合同中所规定的按照公司控制权变动条款，对失去工作的高管进行补偿的规定。

大规模的权益资本，将有损公司利润并使股东价值减少。此外，权益要求的提高使投资银行的竞争力下降，并将越来越多传统投资银行的风险业务（包括借出资金）推向监管较少的非银行金融机构，如金融公司和对冲基金。具有讽刺意味的是，这种做法可能反而增加全球系统性金融风险而不是减少风险。

《多德 - 弗兰克法案》对投资银行的另一个重要要求是保持高流动性，这意味着投资银行需要保留更多高质量的流动资产，以便在需要维持偿付力时能够及时将这些资产转化为现金。然而，迫使投资银行保持更高流动性的要求可能导致受监管较少的机构，如对冲基金，捡拾流动性较差的资产。因此，全球总体的系统性金融风险反而将会增加，而不是减少。对于投资银行而言，进行一年一度的压力测试也同样重要。测试中将模拟与 2008 年同等严重程度的经济危机，考察投资银行在没有政府援助的情况下能否生存下来。然而，对于这种测试有人仍然存在顾虑，认为投资银行可能不会提供正确的信息给监管机构，从而产生不可靠的结果。反对的观点则认为投资银行并不能充分理解压力测试如何运作，以至于投资银行不知道如何提高通过测试的能力，因此这是一个没有明确收益却又增加不必要开支的规定。

从投资银行的角度来看，沃尔克法则是《多德 - 弗兰克法案》中尤其存在问题的部分，因为它禁止内部的对冲基金和私募股权基金活动，这导致了投资银行大幅缩减交易规模以及直接投资活动。其结果是限制投资银行进行更多投机活动，以缓和投保政府保险的存款机构的偿付能力问题。沃尔克法则的批判者认为，很难区分为客户增加流动性而进行的风险活动与仅仅为投资银行增加收益而进行的投机活动。为了遵守沃尔克法则，投资银行不再愿意通过存货方式持有证券而帮助客户进行买卖，这可能导致流动性整体下降，进而导致金融市场更加昂贵、风险更高。

专栏 2-9 总结了影响银行业的主要立法。

专栏 2-9　综述：影响美国投资银行的主要法律与协议

- 《1933 年证券法》
  - 通常被称为“证券真相”法，该法案有两个主要目标：满足投资者获得公开发行出售证券的财务以及其他重要信息的要求；禁止在证券销售中的欺骗、信息误导以及其他欺诈行为。
  - 通常来说，在美国出售的证券必须在美国证券交易委员会注册（除非获得免除资格），且提供该证券的必要信息。在注册申请书向美国证券交易委员会提交不久后，招股说明书也必须向潜在投资者公开。
- 《格拉斯 - 斯蒂格尔法案》(1933 年)
  - 该法案规定商业银行与投资银行须分业经营，且限制了商业银行证券承销的能力。证券投资相关机构的合伙人和高管不能担任商业银行的董事和高管。
  - 设立了联邦存款保险公司，确保银行存款的安全。
- 《1934 年证券交易法》
  - 该法案主要监管新证券发行、持续报告要求以及交易行为。资产超过 1 000 万美元且股东超过 500 人的公司必须将年报及其他定期报告通过美国证券交易委员会的 EDGAR 数据库向公众提供。召集股东投票以及收购重大所有权（超过 5%）也都必须提交披露文件。
  - 该法案要求交易所的活动由自律组织监管。
  - 该法案设立了美国证券交易委员会，负责监管整个资本市场，监管对象包括投资银行、交易所、经纪人或经销商，以及交易员。
  - 该法案禁止内幕交易。
- 《格雷姆－里奇－比利雷法案》(1999年)
  - 也称《金融服务现代化法案》，该法案推翻了《格拉斯－斯蒂格尔法案》要求商业银行与投资银行分业经营的规定。
- 全球研究和解协议（2003年）
  - 投资银行必须遵照规定，对投资银行部门与股票研究部门之间的交互活动进行严格的约束限制。研究报告的读者会看到研究报告受投资银行活动而导致潜在利益冲突（或其他事项）的额外信息披露。
  - "热销"股票首次公开发行时限制对高管及董事分配证券。
- 《多德－弗兰克法案》(2010年)
  - 针对系统性风险建立了早期预警系统，要求大型金融机构执行清算计划以及结束"大而不倒"的紧急援助方案。
  - 设立了独立的消费金融保护局以增加对消费者和投资者权益的保障，对信用评级机构执行更加严格的规定。
  - 监管场外衍生品，如信用违约互换及其他信用衍生工具。
  - 限制投资银行开展自营交易并对对冲基金和私募股权基金实施新的监管要求。

2.4 其他国家的证券业监管

接下来将讨论美国以外的三个主要市场的监管环境：日本、英国和中国。

2.4.1 日本

目前，日本的监管体系与美国的监管体系有一些相似之处。第二次世界大战之后，美国指导日本进行战后重建，导致日本许多监管机构最初是模仿美国的监管机构而创建的。正如在本章"美国的监管"这一小节所述，对美国投资银行业影响最大的监管法规包括：《1933年证券法》《1934年证券交易法》和《格拉斯－斯蒂格尔法案》。当1948年日本国会批准其《证券交易法》时，这些法则几乎原封不动地融入了日本的体系中。不过，即便如此，考虑到国家之间的差异，日本的监管体系还是逐步形成了一些不同的监管环境。

日本监管的不同主要体现在对银行类别的区分和所有权结构上。与美国的《格拉斯－斯蒂格尔法案》类似，日本的监管机构依据业务的不同来区分银行。1999年以前，日本禁止商业银行（也叫"城市银行"）承销证券（吸收储户存款以及发放贷款的银行不得承销除政府债券以及政府担保债券外的其他证券）。在第二次世界大战以前，日本的银行主要由"财阀"控制，财阀是指由单一控股公司拥有的大型联合企业。虽然在第二次世界大战后财阀被禁止，但之后，它们被允许合并（通过股权收购的方式）以加快完成战后日本经济重建工作。由财阀组成的银行被称为"经连会"，与财阀有相似的结构，但所有者更多。由于银行不允许持有其贷款企业超过5%的股权，因此"经连会"被许多家不同的银行所控制。城市银行通过"经连会"在日本的金融和工业活动中发挥了极大的影响力。然而，由于限制城市银行进行承销业务，日本的证券市场仍然发展缓慢。由此导致了日本大多数公司通过中短期贷款，而不是证券市场为其业务融资。

在美国帮助重建下，日本的监管环境主要经历了三个重要阶段：1947～1992年、1992～1998

年、1998 年至今。

1. 1947～1992 年

日本财务省成立于 1947 年，负责监管日本金融系统。日本财务省被授权监管银行，同时与日本银行共同负责制定财政政策与货币政策。在 1971 年之前，国外的证券机构禁止在日本开展业务。1971 年通过的《外国证券公司法》允许外国机构进入日本金融市场开展投资银行业务。

2. 1992～1998 年

和美国一样，日本也解除了投资银行与商业银行分业经营的规定。随着 1992 年《金融机构改革法案》的颁布，政府允许商业银行、投资银行和保险公司通过设立子公司的形式交叉开展业务。该法案也设立了证券交易与监督委员会，承担了许多原本是日本财务省的监管职责。

3. 1998 年至今

1998 年，日本启动“金融大爆炸”（Big Bang），由此开始解除对金融业的管制。金融大爆炸的一个重要部分就是将证券交易与监督委员会从财务省中分离出来，并成立了金融监督厅（于 2000 年变为日本金融厅），是目前日本证券业的监管机构。1999 年颁布的《金融系统改革法案》允许商业银行经营经纪公司来开展股票和债券承销业务。此外，通过了一部新的法律——《金融产品销售法》来管理承销活动。

2006 年通过的《金融工具与交易法》，成为监管日本证券行业和证券公司的主要法律。该法案对经纪自营商的注册和监管、上市公司合理披露信息的义务、要约收购规则、上市公司大股东合理披露信息的义务以及上市公司内控制度（与美国的《萨班斯 - 奥克斯利法案》提出的内控制度类似）做出规定。

与美国和欧洲的银行相比，日本的银行进行次贷按揭投资的风险非常低，因而在 2007～2008 年的金融危机中并未受到严重打击。尽管美国和欧洲对金融机构采取了积极的监管政策，然而日本并未跟随采取同样的措施，因为日本的立法机构考虑到，如果过度监管将削弱日本银行的竞争力。

2.4.2　英国

英格兰银行成立于 1694 年，在 1997 年之前一直是英国的主要监管机构。与日本一样，英国监管体系的发展可以分为三个阶段：1986 年以前、1986～1997 年、1997 年至今。

1. 1986 年之前

在 1986 年之前，英国都是依靠自律（比如由伦敦股票交易所的会员来管理）。在 1986 年，英国开始了“金融大爆炸”，将自律体系纳入法律框架内。日本金融大爆炸是对英国的借鉴，两者都旨在对监管体系进行调整。

2. 1986～1997 年

英国投资银行业监管的彻底改革始于《1986 年金融服务法案》，此法案产生了一个综合性的政府监管者——证券与投资管理局（Security and Investment Board，SIB）。金融机构需要在证券与投资管理局注册，自律组织的成员除外。此次，自律组织被赋予强制执行权力

（罚款、谴责以及禁令）。在《1986 年金融服务法案》下，任何未经证券与投资管理局批准的金融机构都是非法的。

3. 1997 年至今

1997 年，金融监管系统开始彻底变革，证券与投资管理局更名为英国金融服务局（Financial Services Authority，FSA）。金融服务局合并了九个监管机构，且不受自律组织的影响，成为整个金融行业的唯一监管者。在此过程中，金融服务局从英格兰银行手中获得了监管银行的权力。这与美国同时存在几个金融监管机构有所不同。金融服务局与美国证券交易委员会类似，拥有制定法规的权力，且无须国会批准即具备约束力。2001 年，《2000 年金融服务和市场法案》取代了《1986 年金融服务法案》。

在随后爆发的 2007 年全球金融危机中，金融服务局与英格兰银行和英国财政部（合称“三驾马车”）联合改革来强化英国现有的监管体系。由此，金融服务局不再单独实行金融监管。金融监管被拆分为审慎监管局（Prudential Regulation Authority，PRA）和金融行为监管局（Financial Conduct Authority，FCA）。前者是英格兰银行的子公司，主要负责监管吸收存款机构、保险公司以及投资银行。金融行为监管局主要负责监管零售及批发金融市场，以及促进金融市场发展的基础设施。

2010 年年中，英国财政部部长宣布成立银行业独立委员会，就如何改革英国金融体系为政府出谋划策。该委员会的主要建议是“围栏”政策，即隔开零售银行业务和投资银行业务，那么当一项业务出问题的时候，就不需要政府救助另一项业务。此外，该委员会也建议提高银行的资本充足率以及加强英国银行市场的竞争程度。

2007～2008 年金融危机的发生让英国政府意识到了对银行业监管的不足，于是，英国政府决定重建金融监管体系并废除金融服务局。2013 年 4 月开始实施的《金融服务业法》废除了金融服务局并将其之前的职责分派给两个新的机构：金融行为监管局（负责监管伦敦金融城以及银行系统的金融活动）和英格兰银行下属的审慎监管局（负责监管金融机构，包括银行、投资银行、建房协会和保险公司）。该法案赋予英格兰银行维护金融稳定、汇集宏观审慎与微观审慎监管政策的权力，并创建了由英格兰银行的金融政策委员会、审慎监管局以及金融行为监管局组成的新的监管架构。

4. 欧盟监管的影响

作为欧盟的一员，英国也必须遵守欧盟一系列关于银行和证券的法律法规，这些法律法规寻求公平的欧盟金融市场监管，尤其体现在批发金融市场上。

在接下来发生的 2007～2008 年金融危机中，欧盟的监管机构发起了一系列影响金融服务行业的监管项目，如《另类投资基金经理指令》（AIFMD）、《欧洲市场基础设施监管规则》（EMIR）以及《金融工具市场指令》（MiFID）。这些项目引起的主要变化包括加强对对冲基金和私募股权基金的监管、对衍生工具的交易和清算执行更严格的规定、成立新的监管机构以及要求更高的资本充足率。

《欧洲市场基础设施监管规则》是一部旨在减少由衍生品交易带来的金融系统风险暴露的欧盟法案，主要通过以下三种方式进行监管：将衍生品交易报告呈交给有授权资格的交易资料库；将衍生品交易限制在某一阈值之上；减少与衍生品交易的相关风险，例如通过定期调整投资组合并通过争议解决程序解决交易对手之间的争议。《欧洲市场基础设施监管规则》对欧洲经济区（EEA）成员以及与欧洲经济区成员有经济往来的其他市场参与者都产生了影响。

2.4.3　中国

尽管中国香港受中国内地法律法规约束，但是由于其受英国管辖直至 1997 年，因此它还是与中国内地在对投资银行的监管规则上有很大不同。本部分讨论不包括中国香港，主要讨论中国内地的金融监管环境。中国内地对投资银行的金融监管体系最近才开始通过效仿发达金融市场进行现代化改革。中国内地监管体系的发展可以分为四个阶段：1992 年以前、1992～1998 年、1998～2005 年、2005 年至今。

1. 1992 年之前

在 1992 年以前，中国内地的投资银行业务基本上是关闭的。然而，中国政府开始了经济改革，实行市场经济体制，并打开国门允许对外贸易和外国投资。

2. 1992～1998 年

1992 年，中国政府建立了两个委员会：国务院证券委员会和中国证券监督管理委员会。国务院证券委员会主要负责集中的市场调节，而中国证券监督管理委员会是其执行机构，并负责监管证券市场。1995 年，摩根士丹利成为第一家也是当时唯一一家在中国内地开展业务的国际投资银行。

3. 1998～2005 年

1998 年的《中华人民共和国证券法》(以下简称《证券法》) 是中国监管投资银行的主要法律。国务院证券委员会与中国证券监督管理委员会合并，新的中国证券监督管理委员会是国务院直属政府机构。在《证券法》的规定下，银行的存款业务和证券业务分业经营。

4. 2005 年至今

2005 年中国修订了《证券法》和《中华人民共和国公司法》。这两部法律都发生了较大变化：超过 40% 的章节被修订，增加了 53 条新法规，删减了 27 条旧法规。在 2005 年《证券法》修订之后，法律放宽了对银行及其附属机构开展证券业务的限制，同时允许成立衍生品市场，而此前中国内地的金融市场被限制为现金市场。此外，修订后的《证券法》进一步采取措施保护投资者在新证券发行中的利益。例如，第五条规定："证券的发行、交易活动，必须遵守法律、行政法规；禁止欺诈、内幕交易和操纵证券市场的行为。"最后，新的法律赋予了证券监管机构调查和搜集信息的额外权力，在必要情况下，还可以控制证券机构的资产。中国加入了世界贸易组织，这为外国银行进入中国内地市场提供了机会。正如向世界贸易组织做出的承诺，中国政府允许符合中国要求的外国金融机构从事本币零售银行业务。2010 年，中国银行业监督管理委员会提高了对这些外国银行的资本充足率要求。

第3章　融　　资

本章内容可以与以下案例互为参考："自由港麦克莫伦铜金矿公司、并购融资和昆泰 IPO"。

本章的关注重点为企业和政府客户融资业务，这是投资银行部的两项关键业务之一。

3.1　资本市场融资

资本市场融资是指通过在受监管的市场上发行证券所进行的长期性融资。证券是一种可交换、可转让、代表了一定金融价值的工具。证券的形式可以是债务（债券、信用债券或票据）、权益（普通股）或混合形式（同时具备债务和权益相应特征的证券，诸如优先股和可转换证券）。资本市场融资一般由投资银行承销，这意味着投资银行在向发行方购入证券然后将这些证券转售给投资者的过程中承担了风险。这一融资过程必须符合证券法对信息披露、营销限制、承销商报酬以及其他事宜的规定。投资银行以一个折扣价格从证券发行方购入证券，然后转售给投资者，这样的资本市场发行称为初次发行。通过资本市场出售证券，所得资金不是由证券发行方获得，而是由当前的证券持有人获得，这样的发行称为存量发行。

通过初次发行或存量发行在资本市场出售的证券，随后的交易称为二级市场交易，在证券交易所或场外市场进行。在二级市场交易中，出售方收取现金，购买方获得所购买的证券，而证券的初始发行人并不获得任何现金收益，也无须发行新的证券。

在美国，一级市场上的证券发行必须以下列两种方式之一进行：通过向美国证券交易委员会提交注册文件（其中一部分被称为招股说明书）进行注册；或者依据注册要求中的豁免条款进行发售。最常用的豁免条款是 144A 条款，该条款允许限售证券在合格机构买方（这些机构通常被称为合格机构投资者，即 QIB，管理的可投资资产在 1 亿美元以上）之间直接转售。美国大多数债券及大部分可转换证券的发行都是在 144A 条款的基础上完成的。不在公开市场上发行或出售的证券，可以免除注册程序，这种证券交易方式被称为"私募发行"，在私募发行过程中，不得利用一般询价或公告的形式与投资者接触（参见专栏 3-1）。在美国证券交易委员会注册的一级市场发行被称为"公开发行"。

专栏 3-1　　私募发行

如果债券首次出售（给承销商）以及后续出售的对象都是成熟投资者，即合格机构投资者，那么私募发行的债券（与交易所挂牌证券不属于同一类别）可以免于向美国证券交易委员会注册。对于借款人而言，私募发行的往往限制条款更多，或者因为流动性不足而成本更高；当投资者将债券再出售时受到限制而只能出售给其他合格机构投资者，因而相对于拥有更为广泛投资者基础的公开市场证券而言，其转售价格通常更低。大部分债券和可转换证券的交易（不包括强制可转换证券）都是在144A条款豁免基础上完成的，而非在美国证券交易委员会注册完成。

一家公司以向美国证券交易委员会注册发行的方式首次向公众发售股票，即为首次公开发行（IPO）。该公司后续向公众发售股票称为“增发”。如果公司的主要股东根据公司的协议想要出售自己的股份，为了达到广泛销售的目的，这些股份的出售可以使用公司的注册文件。这种股东销售称为存量股东发行（或二次发行，如上文所述），同时使用公司注册文件的协议称为“注册权协议”。

大部分在公开市场发行的证券都由投资银行进行承销，投资银行以折扣价购入发行的全部证券并尽量以高价转售这些证券。买价和卖价之间的价差被称为“承销价差”，作为投资银行承担分销工作以及特定法律风险的补偿。根据发行方和银行之间的协议（称为“承销协议”），承销方式可分为两种：第一种是投资银行代销（best-effort），由发行方承担价格风险；另一种是投资银行包销（firm-commitment），由投资银行承担价格风险。然而不论是哪一种承销方式，投资银行始终承担清算和结算的风险。

在通常情况下，由一个投资银行集团（也称为“辛迪加”）对证券的发行进行承销。在这种情况下，发行方必须确定哪些银行是交易的主承销商。主承销商负责确定交易的承销方法和定价，因此获得最高的承销分配份额和相应更高比例的承销差价。在有些情况下，由一家银行作为主承销商，但在另外一些情况下，所有的承销商在平等的基础上运作。加入辛迪加的其他银行称为“联席承销商”，在承销分配中占据较小的份额。联席承销商在经销和定价方面的投入相对于主承销商来说较小，且不对这一过程进行控制，同时承担较低的风险和较少的工作量。因此，它们获得的报酬较低。在一个承销辛迪加组织中可以有1～7个联席承销商。在一些证券的发行中，可能有另外一个投资银行集团作为“销售集团”参与到证券发行中来，这些银行不承担任何金融风险，不过获取的报酬也更低。

投资银行业持续跟踪所有银行参与的承销活动，由此形成比较各家银行承销能力的基础。该记录被称为排行榜，并且各种证券类型（以及地理区域）都有各自的排行榜。其中最重要的是记录银行在承销活动中担任簿记行的排行榜。在该排行榜中，簿记行获得发行总额的全部得分（如果有多家簿记行，则发行总额除以簿记行数目），该得分与簿记行实际所承销的份额无关（权益以及债务排行榜分别参见表3-1和表3-2）。

表3-1　2016年1月1日至2016年9月30日全球权益及相关发行排行榜

簿记行	2016年排名	2015年排名	发行金额（单位：100万美元㊀）	发行次数	承销费（单位：100万美元㊁）
摩根大通	1	3	41 812.00	247	779.1
摩根士丹利	2	2	34 024.00	191	612.4
高盛	3	1	33 779.90	195	573.8
美银美林	4	5	25 415.50	169	540.4

㊀ 原文单位为美元，似应为100万美元。——译者注

㊁ 原文单位为美元，似应为100万美元。——译者注

（续）

簿记行	2016年排名	2015年排名	发行金额（单位：100万美元）	发行次数	承销费（单位：100万美元）
花旗	5	6	23 029.80	164	376.9
德意志银行	6	8	21 091.00	116	260.6
瑞信	7	7	20 752.40	156	374.9
瑞银	8	4	17 046.20	125	270.7
巴克莱	9	9	14 763.40	103	246.4
中信集团	10	12	9 599.60	41	138.5
加拿大皇家银行	11	11	9 241.10	105	225
富国银行	12	13	7 482.20	86	160.2
野村证券	13	10	7 028.40	63	215.3
中金	14	19	5 684.60	25	70.6
道明证券	15	43	5 484.40	41	136.7
国泰君安	16	27	5 207.30	42	84.2
中信建投	17	24	5 158.90	29	103
巴黎银行	18	18	5 104.30	40	93.8
海通证券	19	28	5 082.60	35	59.1
蒙特利尔银行	20	22	4 987.10	73	161.3
行业加总			**479 131.10**		**9 871.80**

资料来源：http://dmi.thomsonreuters.com/Content/Files/3Q2016_Global_Equity_Capital_Markets_Review.pdf.

表3-2 2016年1月1日至2016年9月30日全球债务发行排行榜

簿记行	2016年排名	2015年排名	发行金额（单位：100万美元[⊖]）	发行次数	承销费（单位：100万美元[⊜]）
摩根大通	1	1	349 260.50	1 296	1 305.50
花旗	2	4	310 475.70	1 137	1 157.30
美银美林	3	3	299 178.00	1 157	1 229.90
巴克莱	4	2	279 534.10	924	860.6
汇丰	5	8	236 947.40	970	570.4
高盛	6	7	223 418.20	707	883.3
德意志银行	7	5	219 317.30	857	801.9
摩根士丹利	8	6	208 406.80	952	871.9
富国银行	9	10	168 726.10	787	694
巴黎银行	10	11	136 517.30	538	413
瑞信	11	9	136 363.60	543	629.1
野村证券	12	13	119 237.20	518	182.3
中国银行	13	38	107 211.30	735	152.4

⊖ 原文单位为美元，似应为100万美元。——译者注

⊜ 原文单位为美元，似应为100万美元。——译者注

（续）

簿记行	2016 年排名	2015 年排名	发行金额（单位：100 万美元）	发行次数	承销费（单位：100 万美元）
瑞穗	14	18	104 138.00	586	410.7
中国工商银行	15	31	104 128.50	730	127.2
中国建设银行	16	39	103 143.50	723	117.6
加拿大皇家银行	17	12	96 134.30	510	414
中国农业银行	18	56	91 266.60	587	100.2
道明证券	19	17	89 817.80	425	188.2
法国农业信贷银行	20	15	88 093.80	405	207.1
中国交通银行	21	51	87 714.20	601	94.3
兴业银行	22	16	77 965.20	306	205.6
瑞银	23	14	77 245.90	409	344.8
意大利联合信贷银行	24	20	56 771.20	246	127.2
三菱日联	25	22	46 871.20	236	220.6
行业加总			**5 517 966.60**	**15 521**	**18 123.20**

资料来源：http://dmi.thomsonreuters.com/Content/Files/3Q2016_Global_Equity_Capital_Markets_Review.pdf.

投资银行的资本市场部主要负责发起和执行资本市场交易，同时与客户关系银行家合作寻找潜在证券发起人，并配合辛迪加组织的专家确定合适的定价。在客户关系银行家的配合下，资本市场部为获取融资发行人的委托与其他竞争者展开激烈竞争。有时，竞争压力会迫使投资银行承担相当大的风险，诸如同意包销——以特定价格从发行人处购入全部证券，然后尝试以一个更高的价格将证券转售给投资者。有时候，投资银行会承担另一个风险，为并购交易客户提供被称为“过桥”的巨额贷款。这种贷款是一种或有贷款，只有当市场条件恶化、资本市场中的承销银行无法按照原先谈好的条件为并购交易提供“收购”融资的时候，投资银行才需要实际提供资金。

3.2 融资考虑

当投资银行就潜在融资交易向发行方提出建议时，通常会重点关注其流动性（现金余额、有价证券及可用信用额度）、现金流对利息保障倍数、负债收入比、资本成本以及信用评级机构关注事项等方面，由此决定是否建议该客户进行融资，如果进行融资，应选择债务、权益还是类似可转换证券的混合证券。同时，投资银行对客户的流动资产占其市值、总负债、年应付利息以及资产负债表和利润表其他指标的比率进行分析，然后将这些指标与同行业其他企业相比较，以确定该客户是否比其竞争者拥有相对更多或更少的流动资产。这种分析是讨论公司是否需要增加或减少流动资产的基础（见表 3-3）。如果认为该公司需要增加流动资产，银行家将会起草一系列融资选择方案（如图 3-1 所示）。

表 3-3 公司资本结构

公司关注增加现金或减少现金：

增加现金途径	减少现金途径
债务发行	股份回购
• 公募或私募债券、贷款或资产证券化	• 公开市场、拍卖或衍生品
权益类发行	资产收购
• 公募或私募，可转换证券或优先股	• 并购
资产出售	偿付债务、可转换证券或优先股
• 并购	增加资本性支出
减少资本性支出	股息支付
减少股息支付或取消股票回购	• 按季度进行小额支付或一次性支付大额特别股息

与资本结构相关的应关注关键领域包括：每股收益（EPS）、信用评级、财务弹性、对冲资产和负债、税务影响以及同主要竞争对手保持资本结构一致。

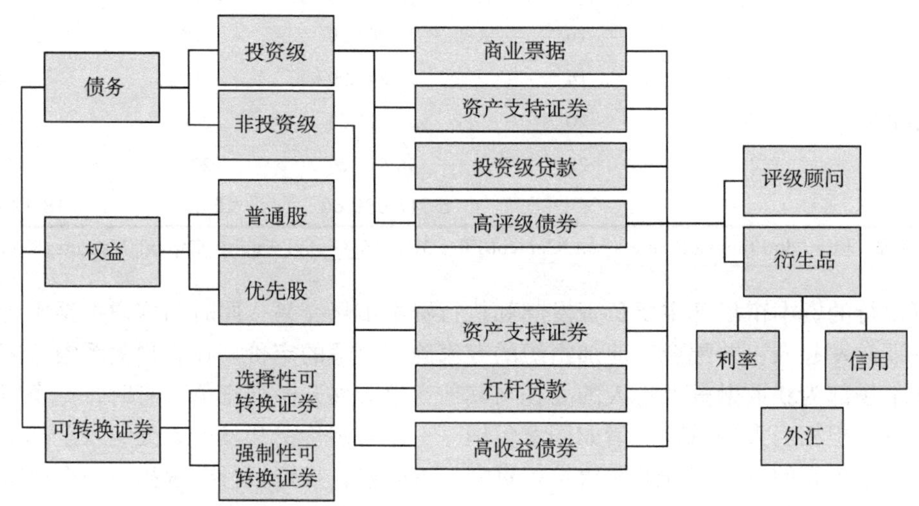

图 3-1 融资选择方案

在公司和投资银行对新的融资需求意见达成一致后，首先必须确定是发行债务证券还是权益证券。一般而言，发行权益证券的成本要高于发行债务证券，并且很可能降低发行人的每股收益，对公司股价产生负面影响。然而，权益证券能够强化公司的资产负债表，并可能因此从信用评级机构获得更高的信用评级，从而获得较低的未来债券融资成本。债务融资通常具有较低的成本，但可能会削弱公司的资产负债表并降低财务弹性。因此，在对债务融资方式与权益融资方式进行比较时，公司和其聘请的投资银行必须对债务融资风险调整后的成本进行考虑。在发行新的债务之前，投资银行及其客户必须考虑债务对现金利息保障倍数（确定现金流能否完全覆盖新增的利息费用）的影响以及对信用评级的可能影响。同时，投资银行还需要确定公司管理层是否具备管理一个更高杠杆公司所需的能力。归根结底，风险调整后资本成本、信用评级、与同类公司的比较、权益和债务研究员的意见以及管理层对最终资产负债表的满意度等，都是确定公司以债务、权益还是可转换证券来融资需要考虑的因素。

3.3 融资选择

在确定融资类型（债务、权益或混合证券）后，客户和投资银行要考虑一系列融资方案以确定最佳的融资产品。

3.3.1 债务融资

如果公司决定发行债券，并由信用评级机构对其进行评级，该债券将被划分为投资级债券或非投资级债券。投资级债券要求债券级别在标准普尔或惠誉评级中达到BBB–及以上，或者在穆迪评级中达到Baa3及以上级别（见表3-4）。投资级表明发债人拥有较优秀的资产负债表以及更好地应对大量现金需求方面的能力。非投资级别评级低于或等于BB+或Ba1，意味着债务发行人的偿债能力相对较弱。债务融资选择包括投资级（高级别）债券、非投资级债券（高收益债券或垃圾债券）、投资级贷款、低评级（杠杆）贷款、资产支持证券以及商业票据（见图3-1）。

表3-4 信用评级

投资级		投资级以下	
穆迪	标准普尔和惠誉	穆迪	标准普尔和惠誉
Aaa	AAA	Ba1	BB+
Aa1	AA+	Ba2	BB
Aa2	AA	Ba3	BB–
Aa3	AA–	B1	B+
A1	A+	B2	B
A2	A	B3	B–
A3	A–	Caa	CCC
Baa1	BBB+		
Baa2	BBB		
Baa3	BBB–		

资料来源：Standard & Poor's,Moody's and Fitch.

1. 债券

债券是以证券形式表现的债务，借款人以附有特定到期日和票面利率的方式发行债券并承担长期性义务。债券按照注册公募发行或者按照144A条款发行，投资银行的债务资本市场部从发行人手中购入债券并将其转售给机构投资者或者个人投资者。承销一般以下列三种方式进行：代销（发行人承担价格风险）、包销（投资银行承担价格风险）和保底承销（投资银行承诺一个最差情况下的价格）。这些债券承销类型详见表3-5。债券通常以投资级债券或垃圾债券的形式发行，并分别由投资银行债务资本市场部的两个不同团队负责。

表3-5 债券承销的不同类型

代销	
• 涵盖大部分交易 • 发行人承担价格风险	• 费用最低 • 市场交易
包销	
• 投资银行以确定价格购买债券 • 通常出现在竞争性市场中	• 投资银行承担价格风险
保底承销	
• 对价格进行了"保底"或承诺，但是如果发行人出清市场，则其将会得到较低的价格	• 投资银行对最坏情况下的价格进行了承诺

2. 贷款

从监管角度来说，贷款在美国并非证券，不必在美国证券交易委员会注册。相对于债券而言，银行及其他成熟贷款人对借款人施加更为繁多的限制（贷款合同的限制性条款）。贷款与债券之间的主要区别见专栏 3-2。

专栏 3-2　　公司如何在贷款和债券之间进行选择

- 可提前偿付和不可提前偿付债务。
  - 贷款一般可在任意时刻按照面值提前偿付。
  - 债券在一段特定时期内不可赎回，一般为 4～5 年。
- 债券通常没有约定事项。
  - 发生约定和持续约定。
  - 一般在产生新债务方面约束较少。
- 贷款需要分期偿还。
- 债券投资者一般承受更高的风险，因此可以获得更高的收益。
- 债券到期日更长。
- 债券往往成本更高。

3. 资产支持证券

资产支持证券的价值和用于支付的收入来自于基础资产组成的特殊资产池并以其作为抵押，基础资产包括：一手抵押贷款、房屋净值贷款、汽车消费贷款、信用卡应收款、助学贷款和设备租赁，这些资产会经过证券化的处理。投资银行购买基础资产并设定特殊目的载体（SPV）从投资银行购买这些基础资产，由此完成证券化，然后将证券出售，所得的现金流用于偿还发起交易的投资银行。SPV 将资产打包成符合投资者风险偏好的特定资产池，当基础资产的信用风险转移到购买证券的投资者时，银行就可以把这些基础资产的信用风险删除出表。SPV 设立的目的就是将银行的信用风险与投资者隔离开来，因为资产池中的贷款出售给信托机构，信托机构发行附息证券，这些证券基于资产所产生的现金流可以获得独立的信用评级（关于资产支持证券的进一步分析，请参见案例：“两只对冲基金的故事：磁星和培洛顿”）。

担保债务凭证（CDOs）作为一种资产支持证券，将资产划分为不同的等级：优先档（评级为 AAA）、夹层档（AA 至 BB 级）以及权益档（无评级）。损失的可能与各档优先顺序相反，因此档位较低的债券将支付更高的利率以弥补较高的违约风险。同时，每个级别所支付的利息都稍高于同等评级公司债券的利息。这种“收益率提升”是担保债务凭证发行量迅速增长的主要原因，为投资银行创造了可观的承销业务额。担保贷款凭证（CLOs）是由杠杆贷款支持的担保债务凭证；担保债券凭证（CBOs）是由高收益债券支持的担保债务凭证。2007 年年中开始的信贷危机大幅度地减少了 CDO 的发行，也使因参与承销或投资而持有大量 CDO 的投资银行损失惨重。国际货币基金组织估算，2007 年年中到 2008 年年末，全球金融机构所有与 CDO 相关的损失大致达到了 1 万亿美元。2009 年，担保债务凭证的发行量降至可忽略不计的水平，此后整个市场恢复得十分缓慢。（见图 3-2）

造成债务担保凭证损失的主要原因是因为其结构过于复杂且缺乏足够的透明度，导致投资者不能完全理解其中风险。因此，针对美国资本市场的《多德 - 弗兰克法案》以及针对欧洲市场的《金融市场工具指令》均规定：除了豁免申请，投资银行在发起类似于 CDO 这样的资产证券化交易时，必须自留至少每项发行金额的 5%。而且，该规定不允许投资银行对其资产证券化自留部分进行风险对冲，因为监管者希望投资银行“风险共担”。同时，对披露的要求也大大提高，以增加透明度。

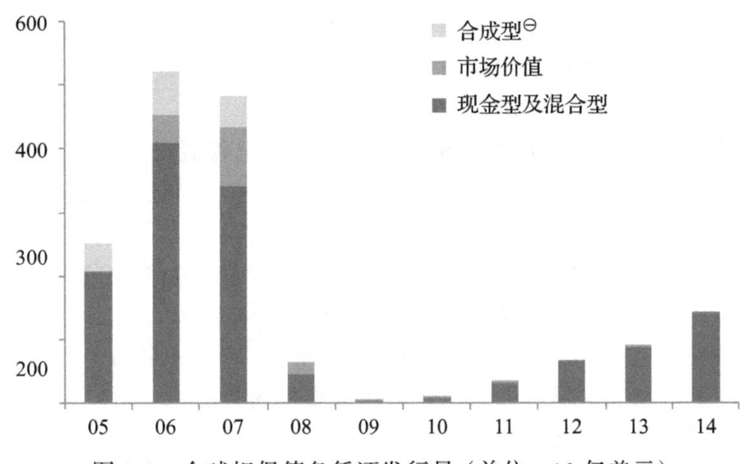

图 3-2 全球担保债务凭证发行量（单位：10 亿美元）

注释：2014 年的数据是根据至 9 月份的数据年化而来。未投放的合成型 CDO 金额不包括在此分析中。

资料来源：国际货币基金组织工作人员计算；证券业与金融市场协会。

4. 商业票据

商业票据是一种短期美国期票，期限不超过 270 日。金融机构发行了全部商业票据中的 3 / 4。商业票据无须向美国证券交易委员会注册并且可以广泛销售，是一种成本非常低廉的短期融资工具。

3.3.2 权益融资

1. 首次公开发行

首先，投资银行的权益资本市场部会根据利弊分析进行逻辑判断，从而帮助私人企业确定是否需要首次公开发行（详见下文）。接下来，由投资银行确定是否存在充足的投资者购买公司新发行的股票。假设投资者有足够的兴趣，投资银行将通过与公开交易的可比公司进行比较或通过其他方法（包括现金流量折现法）得出的价值来确定公司的期望价值。这是一个不完善的过程，因为需要对历史营业利润及收入进行分析以及对未来利润和收入进行预测。由于在某些情况下很难找到合适的可比公司，同时做出的预测也可能存在问题，所以，对一些首次公开发行候选人的估价过程与其说是科学，不如说是艺术。第 4 章中的可比公司法对这一估值方法的过程进行了更深入的探讨。

公开发行的好处包括以下几个方面：

（1）获得公开市场资金：对于在美国发行股票，在美国证券交易委员会进行注册后，可以向众多的投资者进行融资，这不仅针对首次公开发行，增发也是如此。这使得公司可以形成广泛的、多元化的所有权结构（包括个人所有以及机构所有），这种所有权结构在市场衰退期有利于稳定股票价格。美国证券交易委员会所要求的严格的信息披露制度能够树立投资者信心并且能够带来对股票更强劲的潜在需求。

（2）增加知名度和营销优势：上市公司能够得到来自大众媒体更多的关注，这可以提升公众对公司产品的兴趣并提高其市场份额。

⊖ 按证券化的方法划分，CDO 可分为现金型 CDO（Cash CDO）、合成型 CDO（Synthetic CDO）和混合型 CDO（Hybrid CDO）。——译者注

（3）创造收购货币及薪酬机制：未来的收购可以使用股票来代替现金，这对于高成长型公司非常重要。另外，股票和股票期权可以用于员工激励和薪酬机制。这种做法可以保留现金、提高员工忠诚度并促进员工招聘。

（4）股东的流动性：首次公开发行允许创始人通过出售股份的方式来减少公司的风险。然而，创始人及其他关键员工（献售股东）出售的股份一般不超过首次公开发行股份总额的25%，以保持较大的风险头寸（根据献售股东持有该股的时间以及发行总规模，该比例可能会更高）。该规定能够刺激创始人以及管理层增加股东价值，为首次公开发行的投资者树立信心。此外，公司经营和发展业务需要初次发行资本（primary capital），初次发行资本由公司出售股份并获得现金，而存量股份（secondary shares）是由献售股东出售并获得现金，首次公开发行时初次发行和二次发行的比例是一个重要的考虑。

公开发行的劣势包括以下几个方面：

（1）报告要求：在美国证券交易委员会注册后不仅需要按照美国证券交易委员会的要求编制前期会计报表以及其他报告，还需要分别制作 10-Qs、10-Ks 以及 8-Ks 表格来提交季度、年度以及其他相关事项报告。此外，还需要高管、董事及主要股东签署投票表决所需文件和个人的报告。2002 年颁布的《萨班斯 - 奥克斯利法案》对上市公司合规要求的规定也同样重要，该法案要求上市公司须提供一大批耗时的报告以及对上市公司及其高管必须履行一系列程序性义务。

（2）成本：完成上述要求的报告会产生非常高的年度成本，包括法律、会计和税务申报成本。此外，首次公开发行的前期成本也非常高。例如，支付给投资银行的承销费用占到首次公开发行总收入的 7%（这一比例随着交易规模的扩大而下降），至少 3% 的收入则用于支付法律、印刷、会计以及其他费用，比例大小取决于交易规模的大小。因此，发行人通常只能获得不足 90% 的发行收入。大部分公司还需更换或大幅升级其公司信息系统，这项支出同样非常昂贵。最后，首次公开发行所耗费的管理层的时间也是一项成本。管理层需要花费大量时间来检查用于向美国证券交易委员会注册的文档，并需要在“路演”期间前往多个城市会见潜在机构投资者。

（3）信息披露：美国证券交易委员会要求公司在注册过程中公开大量信息，其中可能存在有利于竞争者的敏感性信息。

（4）过度关注短期管理：通过制作 10-Q 表格向投资者提供季度信息的要求，通常会将管理者的注意力从管理创造长期价值的业务转移到管理能够实现市场所期望的季度业绩业务上来。股东通常期望季度收入稳定增长，如果这一目标没有达到，公司的股价则可能下跌。这种情况可能迫使管理层在管理过程中注重短期利益，而牺牲长期价值的创造。

首次公开发行过程始于公司从众多投资银行中选择与自己合作的主承销商。入选的投资银行将建立估值模型以确定每股发行的定价范围并对拟发行股票数量提出建议。同时，公司也会选择其他投资银行作为发行的联合管理者，决定募集资金的用途以及股票上市的证券交易所。然后公司会同审计机构编写符合美国证券交易委员会要求的会计报表。公司和投资银行双方的法律顾问将和公司高管及投资银行家一起准备向美国证券交易委员会注册的文件（通常为“S-1”表格）。该文件被称为“注册申请书”，其中一部分被称为“招股说明书”。这些文件告知公众未来首次公开发行事宜并提供有关发行人的大量信息。在收到美国证券交易委员会的反馈后，注册申请书需要进行一次或多次修改。在完成这些修改要求且主承销商和公司就股票定价范围达成一致意见后，注册申请书将进行最后一次修改并将价格范围补充在内。

接下来，公司以及主承销商确定路演日程安排，路演安排在参与承销的投资银行举行完宣讲会（teach-in）后，且可能持续两个星期。在宣讲会上，每家银行的研究人员可以借此机会向交易部的销售员提出自己对该公司的看法。主承销商的权益资本市场部门和销售团队将联合公司管理层在发行宣传期间使用“红鲱鱼”招股说明书，与潜在投资者进行会谈，该招股说明书使用向美国证券交易委员会注册的最近一次修改的 S-1 版本。

路演主要聚焦于公司目前经营的健康状况、管理层对公司未来的发展计划，同其他公司的比较以及投资者对股票价格范围的反馈和发行规模的预期（尽管可能根据业务现金需求的不同而有所差异，但是通常少于私人持有股份的 25%）。路演期间，投资者向主承销商透露其购买意向或可能购买股票的特定数量以及具体价格。一旦簿记建档完成，且主承销商认为购买方具有充足的购买力，公司将要求美国证券交易委员会准备宣布其注册生效，交易价格也随之确定下来（通常来说，交易价格确定在最近一次拟定的范围内，但大概有 1 / 4 首次公开发行的股票最终的定价超出了这个范围）。此时，美国证券交易委员会宣布注册申请生效，主承销商将股票“分配”给投资者（首次公开发行时间表范例见图 3-3）

尽职调查
准备财务报表
起草招股书
向美国证券交易委员会递交注册申请书①
研究员简报会议
研究员撰写研究报告
权益承诺委员会
销售员简报会议（宣讲会）
上市前推介
路演及簿记建档
美国证券交易委员会宣布注册生效②
定价及股票分配
后市交易

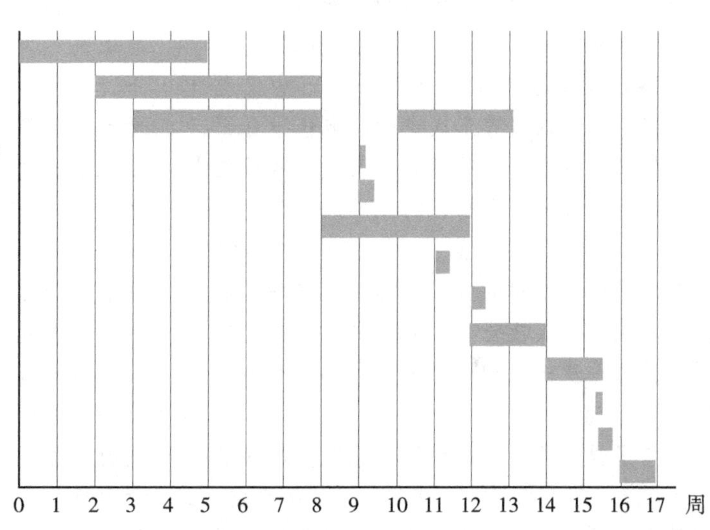

图 3-3 首次公开发行时间表范例

① 注册申请书包含定价范围。

② 最终注册申请书包含了股票向投资者发行的价格。美国证券交易委员会对发行人在“静默期”的交流活动进行限制，静默期自公司向美国证券交易委员会提交注册申请书开始，至注册生效时止。

资料来源：Morgan Stanley.

从注册（该过程从发行人向美国证券交易委员会递交 S-1 招股说明书开始）开始直到美国证券交易委员会宣布注册生效这一段时期被称为“静默期”。在静默期间，美国证券交易委员会只允许公司通过初步拟定的“红鲱鱼”招股说明书（因封面由红色字印制，且包含了初步信息而得名）向投资者透露其进行首次公开发行的意向。2005 年，美国证券交易委员会进行了改革，允许公司在提交注册申请书后，提供“自由书写招股说明书”（Free-Writing Prospectus）（必须写明是出售证券还是购买证券），前提是此前提交过或者附带一份招股说明书副件。另外，如果自由书写招股说明书为电子文件形式，发行人只需提供法定招股说明书的超链接。除此之外，静默期不允许出现“出售要约”，且禁止引起“操纵市场”作用的唤起性宣传或其他激发公众兴趣的宣传。如果不遵守这些规定，将被认定为触犯“抢跑规则”，美国证券交易委员会可能会要求发行人撤回其注册申请。专栏 3-3 描述了 2004 年谷歌在其“荷兰式拍卖”首次公开发行中存在的“抢跑”问题。参见第 2 章关于“抢跑”以及美国证券交易委员会关于首次公开发行相关问题的详细解释。

专栏 3-3 谷歌的首次公开发行

交易规模：17 亿美元 宣布日期：2004 年 4 月 29 日 完成日期：2004 年 8 月 18 日

当谷歌着手为其首次公开发行选择投资银行时，公司组建了一个工作组负责鉴别有资质的投资银行。该工作组最初选择了 20 家投资银行，并要求所有投资银行在进一步接触之前签订保密协议。然后给每家投资银行一份共有 21 个问题的调查问卷，调查投资银行的资格以及对谷歌实施公开发行最佳方式的想法。

谷歌开始与来自 12 家投资银行的代表进行面谈。会议以问答形式进行，取代投资银行传统的展示模式。谷歌计划采用改良的荷兰式拍卖进行首次公开发行，因而谷歌就此对每家投资银行提问，并从他们的答案中进行判断。谷歌希望通过拍卖的方式，确保股票分配最大限度地流向个人投资者。面谈之后，谷歌选择了瑞信第一波士顿和摩根士丹利作为联席主承销商。

许多投资银行试图说服谷歌采用路演基础上的传统“累积订单”方式进行首次公开发行，这种方式可以让投资银行从大型机构投资者处获取定价信息。他们质疑荷兰式拍卖方式，觉得这种方式可能会疏远这些机构投资者，因为这种方式剥夺了其定价权利，而且让他们失去了通过簿记行而分配得到大量股份的机会。然而，谷歌坚持己见，因为他们想要一个更加平等的过程。同时，谷歌希望避免发生在一些大型首次公开发行中的暴涨现象，特别是交易首日股价大幅上涨的情况。

在荷兰式拍卖下，投资者通过出价参与，列出他们想要获得的股份数量以及愿意为这些股份所支付的价格。最高的报价放在最上面，然后所有报价由高到低排列，当排到所有待售股票能够全部售出时，此时价格确定为最终的市场价格。所有竞价者均获得这一确定的最低价格。这种体系高度依赖于个人投资者的参与，因而在华尔街并不流行。

谷歌的首次公开发行给投资银行出了个难题。投资银行既想通过承销史上最大金额的股票发行提高声望，但是它们又被拍卖模式以及谷歌低于平均水平的付费而困扰。

在传统的首次公开发行中，投资银行一般收取高达发行总收入 7% 的佣金。在这种安排下，谷歌的承销商可以赚取 2.5 亿美元的收入。然而，谷歌提出仅支付 9 780 万美元的佣金及承销费，也就是约占首次公开发行筹集的 36 亿美元中 2.7% 的金额。

美国证券交易委员会在 8 月初宣布谷歌的注册生效后，投资银行发现它们不仅面临着在一个月内就要完成新股发行定价过程，这一过程一般是漫长的，而且此时纳斯达克指数也接近一年中的最低点。大部分发行人即使不撤销发行计划，也都调低了发行价，新的发行价低于目标价格。但是谷歌决定继续前进，同意将目标价格区间由最初希望的每股 108～135 美元调低至每股 85～95 美元。同时，谷歌将发售股份数量由 2 570 万股削减至 1 960 万股。

在确定定价的前几周，谷歌又面临另一个麻烦。由于谷歌拒绝向机构投资者提供其业务的深度财务指引，而大多数发行人一般都会向机构投资者提供，谷歌公平对待机构和个人投资者的这项努力受到了密切的关注。

所有这些保密措施，连同允许谷歌雇员在首次公开发行 15 天之后出售股票这一非同一般的、极短的锁定期吓住了机构投资者。接着《花花公子》杂志对谷歌创始人的采访惹怒了美国证券交易委员会，引起了人们对交易可能造成静默期违规的猜测。

谷歌的管理层以及投资银行同意抓紧推进，最终将交易定价于每股85美元，其电子竞拍相当成功，竞价位于该价格或以上的投资者至少可以得到其申购量的74%。尽管受到了批评，但谷歌的股票迅速取得了成功。交易第一天结束时股票收盘价为100.34美元。2004年度末，股票收盘于192.79美元，比发行价格高出了127%。

注释：该交易并未完全满足谷歌的目标，因为几乎没有零售投资者参与（原因是谷歌不允许向零售经纪商支付销售折扣），同时上市首日股价上涨过高，上涨了18%，导致了荷兰式拍卖的初衷失效（把钱留在了桌子上）⊖。

资料来源：Tunick, Britt Erica. "Google goes its own way: Novel Dutch auction had twists and turns all the way to IPO." *IDD*. January 17, 2005.

2. 增发

在首次公开发行完成之后，上市公司后续再向美国证券交易委员会注册发行股票的行为被称为增发（follow-on offering）。增发通常被称为“二次发行”（secondary offering），以区分首次公开发行。为进行此类融资，公司会组建一个投资银行承销团，承销团由一个或多个主承销商和一些选定的联席承销商组成。对于在美国进行的增发，公司将制作S-1或S-3注册申请书向美国证券交易委员会注册（根据要求进行，其中一项要求为在注册时公司至少已上市一年），该申请表的作用是使公司在营销时，像首次公开发行路演期间使用“红鲱鱼”招股说明书一样，使用申请表来进行广泛营销。由美国证券交易委员会宣布有效的最终招股说明书是用来确认投资者申购情况的基础。然而，与首次公开发行不同的是，增发并不设置价格范围，因为增发的股价是根据其在交易所上市的股票的市场价格决定的。因此，对于增发交易，投资银行无须同公司通过估价来确定发行价格范围。相反，增发重点关注的是其他因素，比如，对发行最有效的营销计划，包括合适的发行规模、目标投资者群体以及根据已发行股票的价格设定合适的发行价。

增发的规模很重要，因为新股发行会稀释当前股东的每股收益。如果公司预计未来收入将快速增长，能够弥补新股发行引起的稀释效应，则可以缓解对每股收益方面的顾虑。如果发行规模相对于预期收入增长过大，下滑的每股收益可能对公司的股价产生负面影响（受到募集资金用途以及其他考虑因素的影响）。因此，投资银行及其发行客户必须谨慎考虑增发规模。一般而言，增发金额超过发行公司当前股票市场价值（市值）的25%是很少见的。

进行增发的标的公司应具备专栏3-4所描述的特征。这些公司必须始终考虑与股票发行相关的资本成本。对于大部分公司而言，发行股票的资本成本比发行债务证券的成本要高。因此，除非发行收入可以带来可观的增长机会，并在未来一段时间内提高而不是稀释每股收益，否则许多公司都不愿意实施增发。然而，即使考虑到了稀释，有些公司依然会决定增发融资，因为它们认为自己急需资本，而债务发行会严重削弱其资产负债表。公司资本结构中包含过多的债务可能导致信用评级机构降低公司评级，这很有可能将提高公司的债务融资成本。因此，公司和投资银行关注的重点在于公司资本结构中债务和权益之间的平衡。投资银行经常就债务以及权益融资方案可能对信用评级造成的影响向公司提出建议，并建立模型以指导公司做出最优融资决策。

⊖ 荷兰式拍卖的目的是尽可能获得最好的价格，但是谷歌发行上市涨幅过高，说明发行定价低了，有违初衷。——译者注

专栏 3-4　　潜在权益发行人的特征

- 强劲的股价表现或者有支持性的股票研究
- 大量的内部持股或者小规模浮动/流动性交易
- 资本结构的杠杆过大
- 战略性事件：并购融资或者大的资本开支
- 分类价值加总分析发现存在隐藏价值
    - 分拆上市
    - 分立
    - 定向股
- 投资者关注
    - 路演引导投资者关注被误解的估值
    - 额外增加个股研究

3. 可转换证券

尽管大部分可转换证券最初以债券或优先股这类偏债的方式发行，但可转换证券其实是一种以权益方式发行的证券。大部分可转换债券或可转换优先股可以根据投资者的选择在任意时刻（在发行3个月之后）转换为发行人预定数量的普通股，这称为选择性可转换证券。另一种可转换证券为强制可转换证券，投资者必须在到期日接受可变数量（基于浮动转股价格）的普通股（强制性接受而非选择性接受）。

发行人对可转换证券包含的权益内容的偏好，决定了可转换证券是以选择性转换证券还是以强制性可转换证券的方式发行。从信用评级机构的角度来看，选择性可转换证券由于并未保证债券将转换为普通股，并且存在固定息票的支付义务，因而被认为具有债券特征。因此，选择性可转换证券一经发行就会与相同规模、相同到期日的普通债券一样，以同样的方式削弱公司的资产负债表（尽管可转换证券如果最终转换为普通股，公司的资产负债表会得到强化）。相比之下，从信用评级机构的角度来看，强制可转换证券被认为具有权益特征。这是因为强制转换证券转换为普通股存在确定性（不存在到期日未转换而必须偿还现金的义务）。此外，大部分强制可转换证券以优先股的形式发行，可转换优先股的股息支付不算作契约义务（而可转换证券则需要承担支付利息的契约义务）。因此，强制可转换证券和同规模普通股发行以几乎相同的方式强化了公司的资产负债表。根据强制可转换证券的结构，评级机构一般对其赋予50%～95%的权益性质。

4. 发行可转换证券的理由

如果公司想要发行债务，可能会考虑可转换证券而不是普通债券，以降低与债券发行相关的息票利率。例如，如果公司可以发行7年期、票面利率为6%且总金额为1亿美元的债券，则该公司也能够发行相同数量和到期日的可转换证券，但票面利率仅为3%。能让可转换证券投资者接受3%这一低于普通债券息票利率的原因是：可转换证券赋予投资者选择权，凭此选择权他们可以按照事先约定的转换比例而获得发行人普通股，以替代现金偿还。这种选择权对投资者来说是有价值的，因为股票的未来价值可能明显高于可转换证券1亿美元的偿还金额。从根本上来说，可转换证券嵌入了以发行人普通股为标的的看涨期权，投资者通过接受较低的息票利率来为这一期权付费。

在可转换证券持有期间，如果可转换证券的投资者有权获得的普通股价值不超过1亿美元，他们一般不会将债券转换为股票，而是将在7年之后的到期日获得1亿美元现金。如果股票的价值在到期日或之前的任意时刻超过1亿美元，投资者可能会选择将债券转换为股票（图3-4为投资者确定了实现盈亏平衡的股价，投资者可以凭此做出从同一家公司购买可转换证券还是债券的经济决策）。

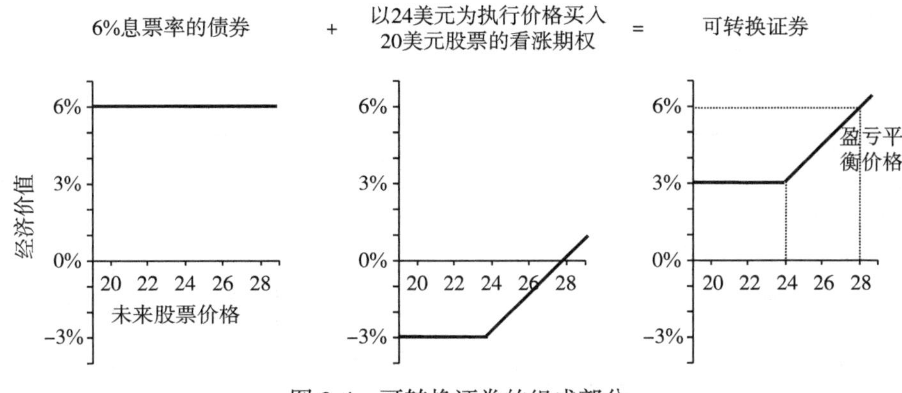

图 3-4 可转换证券的组成部分

5. 可转换证券示例

某公司发行了 7 年期、年息票率为 3%、总金额为 1 亿美元的可转换证券。投资者有权在到期日获得 1 亿美元，或者自主选择放弃接受这笔现金而获取事先决定数量的发行人普通股。在可转换证券发行日，公司股价为 25 美元，同时公司同意投资者以 31.25 美元的“转换价格”将证券转换为股票，这一价格比 25 美元高出 25%。这一比率称为转换溢价。因为转换价格相对于公司在可转换证券发行日的股票价格设定在一个溢价（在该案例中，溢价水平为 25%）的水平上。转换价格决定了投资者有权转换的股票数量。这一数量是通过用发行总收入除以转换价格来确定的。在这一案例中，可转换股份数量：1 亿美元 / 31.25 美元 =320 万股。因此，可转换证券的投资者可以做出两种选择：在到期日获得 1 亿美元现金，或者放弃获得现金的权利以换取在到期日或到期日之前的任意时点获得 320 万股股票。例如，如果发行人的每股价格在 7 年后的到期日上涨至 45 美元，可转换证券投资者可能选择放弃获得 1 亿美元转而选择得到 320 万股股票，因为这些股票的总价值为 320 万股 ×45 美元 =1.44 亿美元。在实际情况中，大部分投资者考虑到可转换证券中内藏的期权价值，会等到到期日才做出转换决策，但是他们有权提前转换。

6. 可转换证券市场

全球可转换证券市场历来表现强劲，融资金额大致相当于通过普通股增发融资金额的 20%～50%（见图 3-5）。2008 年 9 月，美国证券交易委员会发布了一项禁止卖空美国上市金融股的指令。可转换证券的主要投资者，包括可转换套利对冲基金在内，他们卖空可转换证券的基础股票，以对冲他们在可转换证券上的多头头寸，所以卖空禁令实际上使得这种操作不再可行。由于这一措施的施行以及雷曼兄弟破产之后信贷市场所经历的严重混乱，在 2008 年下半年开始，可转换证券市场的大部分交易被关闭，直到 2013 年都未见较大起色。

可转换证券的两大主要投资者是“直接购买者”和“套利购买者”。直接购买者购入可转换证券期望公司股票的价格超过转换价格（转换价格超出图 3-4 中所示盈亏平衡价格一定幅度）。套利购买者则重点关注对冲掉股价风险，并通过“得耳塔对冲”其头寸获得超过息票利息的收益。第 9 章将进一步详细阐述这个问题。套利购买者主要是对冲基金，这些基金购入可转换证券并以此作为担保进行杠杆投资，可以借入相当大比例的资金。历史数据表明，70% 以上的可转换证券是由对冲基金购买的。

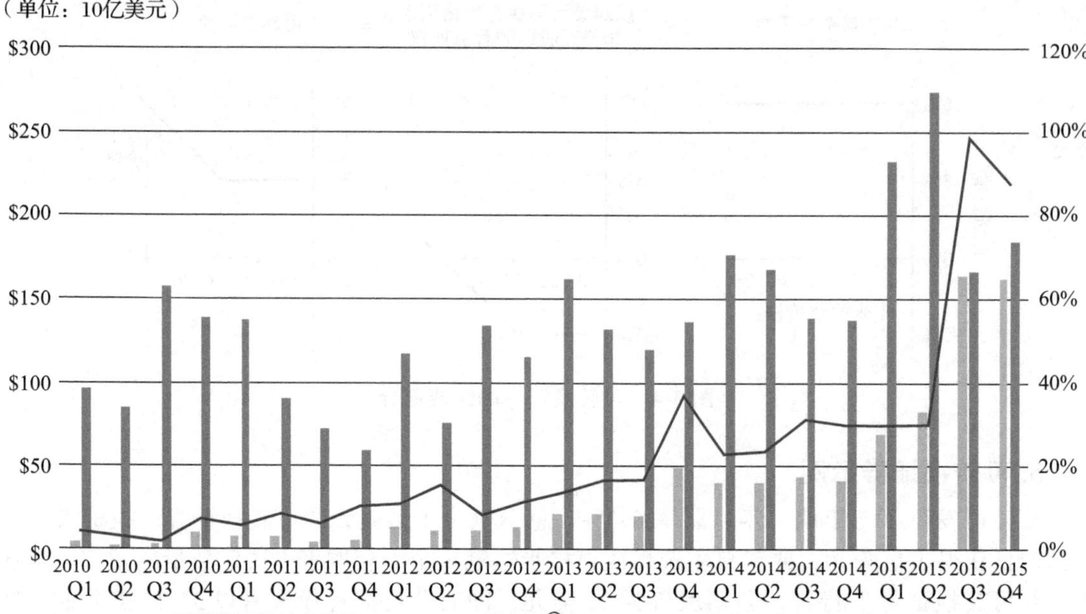

图 3-5 可转换证券与普通股增发对比图

资料来源：Bloomberg.

3.4 支付给银行的费用

投资银行承销资本市场交易通过总差价（总差价是发行总额与发行人在支付法律、会计、印刷以及其他发行费用之前收到的现金之间的差价）的方式收费。费用分为三个部分：

（1）管理费（一般占总费用的 20%）：这项费用用于回报融资经理在准备发行过程中所起的作用。该项费用不按比例支付，主账簿管理人获得较多。

（2）承销费（一般占总费用的 20%）：这项费用用于弥补承销风险。该项费用在承销人之间按照每家投资银行的实际承销数量按比例分配。

（3）销售特许佣金（一般占总费用的 60%）：一般按照每家投资银行的承销比例分配，这项费用用于补偿承销商的销售努力。有时（虽然现在不常见），存在一种“争球”（jump ball）的销售结构，在这种销售结构中，由投资者决定销售特许佣金的分配。

对于全球范围内首次公开发行和可转换证券承销费用的汇总见表 3-6。

表 3-6 权益承销总差价（费用）

（单位：100 万美元）

	2014 年 全球发行总量	2014 年 全球发行总费用	2015 年 全球发行总量	2015 年 全球发行总费用
首次公开发行	249 019.2	7 957.8	188 406.7	5 636.5
可转换证券	103 581.5	2 057.9	90 146.1	1 672.4

资料来源：Thompson Reuters.

⊖ 原文为“convertible：Follow-on”，似应为“Follow-on”。——译者注

可转换证券的融资费用取决于可转换证券的类型（例如，可转换债券、可转换优先股或强制可转换证券）、到期日以及结构因素。在美国，可转换证券融资费用的范围一般从可转换债券融资收入的1.5%至强制可转换证券收入的3%。强制可转换证券的费用远远高于可转换债券，因为从投资者股票价格波动的角度来看强制可转换证券与普通股类似，并且一般是比可转换债券更为复杂的证券。相比之下，债券的费用占比范围从高评级债券的0.5%～0.875%到高收益债券（垃圾债券）的1.5%～2%，而权益费用占比范围从股票增发的2%～6%到首次公开发行的3%～7%。对于权益发行来说，费用占比通常是发行规模的反函数。在美国以外的其他地方，可转换证券、首次公开发行、增发以及债券的发行费用要低一些。

3.5 分销选择

公司及其投资银行必须对如何进行分销做出决策。一般来说，由于市场已经熟悉了增发的公司，因此投资银行只需为增发举行3～5天的路演（而首次公开发行路演需要7～10天）。然而，为了限制发行人的价格风险，目前路演的时间被缩短了。在为增发而举行路演期间，公司的股价容易发生变化，如果股价下跌，公司还不如不路演而立刻增发。因此在某些情况下，发行人通过1～2天较短的路演来加速发行（accelerated offering），或通过实施大宗交易来缓解股价风险，大宗交易中，投资银行无须经过路演即可购入股票，并承担全部价格风险（见表3-7）

表3-7 历史分售选择

完全市场分销	• 发行人承担价格风险 • 3～5天时间的管理层路演 • 提交“红鲱鱼”招股书 • 进入最广泛的投资者需求市场
加速分销	• 发行人承担较小的股价风险 • 1～2天时间的管理层路演 • 提交“红鲱鱼”招股书 • 进入较窄的投资者需求市场
大宗交易	• 投资银行承担股价风险 • 营销范围局限在晚上向潜在投资者进行电话销售，并在第二天早晨开市前由银行做出购买承诺 • 无须“红鲱鱼”招股书 • 消除了发行人的市场风险 • 需要在市场价格基础上打折以弥补银行承担的风险

注：1. 近期几乎所有的分销都是在加速分销的基础上完成的。
2. 无论采用哪种分销，投资银行都承担结算风险：如果投资者做出了购买股票的口头承诺之后，第二天一早又改变了想法，投资银行必须以发行价格购入证券。

由于2007～2008年的信贷危机引起市场波动幅度加大，发行的营销时间明显缩短以帮助发行人最小化其定价风险。目前，全套市场交易可在1～2天内完成，而一些增发通过电话就可以完成交易。最近又出现了一种称为“密室”的创新交易形式，交易中投资银行代表匿名的发行人，在保密的基础上与选定的机构投资者进行接触。感兴趣的各方被带到密室，并向他们提供有关发行人的机密信息（在这之后，不管这些机构投资者是否决定购买发行人股票，在发行完成前他们都不能再交易该公司股票)。

3.6 储架注册申请

许多经常在美国公开资本市场进行权益、债务和可转换证券融资的大型公司，会在完成首次公开发行至少 1 年后的某个时点，向美国证券交易委员会提交储架注册申请（S-3 表格)。储架注册申请允许公司提交一份涵盖各种不同类型证券的注册申请书（根据美国证券交易委员会的 415 条款)。与首次公开发行注册一样，储架注册也需向美国证券交易委员会提供会计、信息披露以及描述性信息，且一旦被美国证券交易委员会宣布注册生效，只要公司在季度财务报告以及其他相关要求更新的文件中对注册申请进行更新，那么公司在 3 年内就可以发行各种类型的证券。这样能使公司适时地使用注册申请，无须分别为每次融资进行申请并等待美国证券交易委员会核准。采用储架注册申请的方式进行的融资被称为“储架融资”(shelf take-down)。

2005 年，美国证券交易委员会为“知名成熟发行人”（well-known seasoned issuers, WKSI）创建了新的规则，允许满足若干要求（其中有一条是最低市值达到 7 亿美元）的公司实施储架注册申请，无须美国证券交易委员会审核即可立即生效且可用于证券发行。由此，之前为了“以防万一”而进行储架注册的方式不再被知名成熟发行人广泛使用。

3.7 “绿鞋”超额配售权

“绿鞋”期权是一种超额配售权，赋予投资银行卖空为公司客户所承销证券数量的 15% 的权利。之所以使用“超额配售”这一术语，是因为投资银行向投资者发售了基本交易数量 115% 的股票，而从发行人手中只得到基本交易数量 100% 的股票，因此产生了完全的空头头寸。在首次公开发行之后，投资银行需要购入等于 15% 超额配售部分的股票。为此，投资银行或以发行价从发行人手中购入股票（如果股票价格在未来几天或数周内上涨)，或在市场上以市价购入股票，以创造股票购买需求并支持股价（如果股价在此期间下跌)。美国证券交易委员会批准这种做法，主要是因为这种做法能够使股票在完成初始募资后稳定其股价。当发行人股票在发行后下跌，通过允许承销银行从公开市场上购买股票来回补其空头头寸，以实现缓解股价下跌的目标。该举措在股票发行后股价下跌的情况下，增加了在二级市场上对股票的需求量，减少新股不稳定、不受欢迎的成见（这种观点可能引起股价进一步下跌)，因此这有利于股东、公司以及承销银行。由于对发行人有利，大部分公司决定在其证券发行中采用绿鞋期权。专栏 3-5 对绿鞋期权如何运作进行了详细的描述。

“绿鞋”这一术语来源于 1919 年成立的一家名为绿鞋制造的公司（现在称为莱德公司)，该公司在 1971 年的股票发行中成为首次被允许使用这种期权的公司。

专栏 3-5　　绿鞋期权（超额配售权）

为了缓解在美国证券交易委员会注册发行股票股价下跌的风险，以及满足更多潜在投资者对购买更多证券的需求，投资银行以及发行人可以在发行之前引入超额配售权。超额配售权允许投资银行卖空相当于公司在公开发行股票中所出售股票的 15%。下列的案例说明了超额配售权给公司及投资银行带来的结果。假设某公司同意：①通过投资银行以每股100美元的价格销售100股普通股；②给予比例为15%的超额配售权；③将发行总收入的2%作为收费（承销总差价）支付给投资银行。

结果

投资银行代表公司以每股100美元的价格出售100股股票多头，得到10 000美元的收入。同时投资银行以每股100美元的价格卖空15股股票，得到1 500美元的收入。

在发行之后，如果公司的股价上涨，投资银行则以100美元每股的价格从公司买入15股股票，并将这些股票分配给初始卖空的买方。在这种情况下，公司将收到11 500美元的总收入，并发行115股股票。由此，满足了投资者115股的需求，而非100股，同时公司也获得了比仅发行100股股票更多的收入。投资银行的空头头寸得到对冲（没有带来收益或损失），且获得了占11 500美元总收入2%的收费，即230美元。

在发行之后，如果公司的股价下跌，投资银行则以99美元每股的价格从市场上买入15股股票（支付99美元/股×15=1 485美元），并将这些股票分配给初始卖空的买方。在这种情况下，公司将收到10 000美元的发行总收入，且仅发行100股股票。投资银行所持有的空头头寸为其创造了1 500美元 -1 485美元 =15美元的收益。投资银行从市场上购买的15股股票缓解了公司股票价格的下行压力（如果没有这种购买行为，股价可能下跌到95美元乃至更低，这一情况是公司和投资者都不愿见到的）。投资银行获得了占10 000美元总收入2%的收费，即200美元。因此，投资银行在公司股价上涨的情况下情况更好，因为能够赚取更多收费（230美元的收费比200美元收费加上15美元的空头头寸收益更好）。

公司、投资银行以及投资者都希望股票发行后股价上涨。然而，这意味着公司必须就100～115股的股票发行范围取得董事会的批准（接受发行更多的股票对每股收益带来的负面影响）。每股收益下跌风险的权衡因素就是稳定效应，即股票发行之后，如果公司股价下跌，投资银行从市场购入股票会稳定股价。

注：在这个例子中，如果股价只是轻微下跌，投资银行买入的股票可能少于15股。

3.8 国际融资

金融市场现在变得越来越国际一体化，公司和政府能够通过在国外市场发行证券进行多渠道融资。投资银行及其法律顾问会帮助发行人考虑在哪个国家发行证券、用哪种法律实体作为发行人、市场流动性、外国法律（包括投资者保护法）、会计标准、税务问题、外汇风险以及投资者需求。

由于资本市场细分，在外国市场发行证券可以作为对国内发行证券的替代或补充（参见第8章关于国际证券发行的描述），因此可能有利于公司。一家公司在本国以外发行的债券被称为欧洲债券。非美国公司能够以美国存托凭证的方式在美国的交易所上市，这种存托凭证由公司在本国存托账户中的股票所支持。

第4章　并　　购

本章内容可以与以下案例互为参考："吉列最好的交易：宝洁收购吉列"和"亨氏食品公司并购"。

公司发生的所有权变更交易或诸如兼并、收购、资产剥离以及合资（统称为并购）等，都是为增加股东价值或者减少股东风险所做的重要战略考虑。投资银行在并购交易的发起、估值以及实施阶段都发挥着关键作用。在大型投资银行的投资银行部所创造的收入中，并购业务占很大比例，对于某些精品投资银行而言，绝大部分收入来自于并购业务。

并购是全球性的业务，全球交易大约一半在美国完成（见表4-1）。实际上，几乎全球所有的大公司和主要行业都受到并购交易影响。

表4-1　美国已完成的并购交易

并购 顾问	2016年 排名	2015年 排名	总值 （单位：100万美元）	交易 数量	收费 （单位：100万美元）
高盛	1	1	532 089.80	98	1 236.80
美银美林	2	3	405 221.30	66	571.1
花旗	3	5	395 394.00	49	399.1
摩根士丹利	4	6	390 090.30	87	1 004.30
巴克莱	5	7	355 801.10	76	461.7
摩根大通	6	2	353 605.10	101	971.7
瑞信	7	10	323 448.00	52	354.8
Centerview合伙	8	8	258 518.50	32	398.4
德意志银行	9	9	224 771.30	35	175.8
拉扎德	10	4	311 627.80	44	297.3
艾维克	11	12	200 008.90	69	355.4
狮子树咨询	12	38	157 482.50	7	72.9
古根海姆证券	13	18	155 799.00	13	132.2
瑞银	14	11	117 250.30	26	148
加拿大皇家银行	15	14	104 530.40	41	172.5
美驰	16	28	101 015.80	56	210.3
亚伦	17	13	89 007.80	6	68

（续）

并购顾问	2016 年排名	2015 年排名	总值（单位：100 万美元）	交易数量	收费（单位：100 万美元）
尼德姆	18	79	68 628.60	8	12.2
富国银行	19	16	64 415.40	34	163
格林希尔	20	20	57 188.00	18	114.9
罗斯柴尔德	21	40	43 122.80	20	75.1
PJT 合伙	22	19	32 616.60	24	106.8
巴黎银行	23	31	31 988.90	4	27.5
杰富瑞	24	17	30 357.90	64	263.2
桑德奥尼尔	25	43	26 469.70	47	118
行业总计			1 154 484.20	6 078	11 311.10

4.1　并购的核心

并购的核心是通过买卖企业资产来实现一个或多个战略目标。公司在收购前，通常会将收购与公司的内生成长进行比较，将两者的成本、风险以及收益同有机机会进行比较（通常称为“绿地分析”，greenfield analysis）。对于公司而言，当它开始考虑收购的相关事宜时，选择购买还是创建新公司是一个重要的出发点。是应该创建一个配备产品和服务基地以及关系网，且具有品牌、地域覆盖及分销网络的公司，还是去收购一家这样的公司呢？显然，时间、成本以及风险评估在制定决策的过程中成为考虑的关键因素。

但分析从来不是静态不变的。在新的情况下，战略决策必须重新评估。竞争对手的成功或失败、资本成本以及公共和个人资产定价的变化都会在制定决策的过程中发挥作用，并会不断改变决策结果。

相反地，如果决定是否出售，就要分析持续经营（对自身或股东的受托人）与出售资产（变现）或其他对价方式（例如收购方的股票）相比，是否是一个更好的风险调节选择。通常，为了股东的利益，公司董事会愿意将公司以一个能够弥补投资溢价的价格卖掉，进行套现。

做出上述决定最重要的方面在于充分理解待售或待收购资产的含义。以基本的运作方案作为起点。投资银行必须审视之前的管理层预测，以了解管理层的预测能力，进而帮助其如实地对资产进行评估。

4.2　创造价值

每年成千上万的并购业务对全球资本市场有着重要影响。投资银行、律师、会计师、管理顾问、公共关系公司、经济咨询专家以及商业杂志都是这一业务的参与者。然而，并购除了能为实施交易的投资银行和其他专业人士带来大量收入外，能否使投资者受惠呢？进一步来看，即使并购交易能够使投资者受惠，也还要考虑是否会对消费者（产生垄断企业）、员工（造成失业）以及企业（税基遭到破坏）带来潜在危害。

讨论并购交易是否对股东有利后，重要的是还要考虑与同时期同行业的其他公司的股票相比，并购后的公司价值的变化。例如，2000 年 1 月，美国在线以总额高达 1 820 亿美元的股票和债务收购时代华纳。合并后的新公司称为“美国在线时代华纳”，在音乐、出版、新闻、娱乐、有线电视和互联网产业占据统治地位，在媒体和网络公司中拥有无可比拟的资产优势。这宗交易在当时也是最大的并购交易，甚至被研究员称为“伟大的交易”、“前所未有的成功”、“无敌联盟”。美国在线和时代华纳的股东分别在新公司中占有 55% 和 45% 的股份。然而，随着两年后网络泡沫的破灭，新公司的股价跌逾 55%，之前夸赞的研究员此时称其为“前所未有的失败”。

虽然美国在线时代华纳的股票跌幅巨大，让股东大失所望，但该交易到底是提高还是降低公司价值要与同时期同行业的公司股价进行比较后才能做出论断。看看美国在线时代华纳的同时期主要行业竞争对手的股价表现，就会发现对此次并购的抨击并不合理。例如，在这两年时间里，美国在线时代华纳的主要竞争对手之一——新闻集团股价跌幅超过 50%，很多纯技术公司在这段时间的跌幅甚至更大。

收购方的收益因收购方的特点、收购目的以及支付方式而异。根据研究发现，小型收购方能实现较高的并购收益，收购方在收购以私人所有公司或者附属公司时，相当小的规模却能产生很高的收益。另外，支付方式也会影响收购方的收益（见表 4-2）。

表 4-2 收购方的收益

特　　点	实证支持
目标类型：收购方收益	
• 在美国，当收购目标是私人公司（或者私人公司的子公司）时，收购方往往能得到较高收益；而当目标是一家大型上市公司时，那么无论在哪个国家，收购收益都会是微小的负收益	Jansen et al. (2014) Netter et al. (2011) Capron and Shen (2007) Faccio et al. (2006) Draper and Paudydyal (2006)
• 跨国交易通常能提供较高的收益，除非收购方中包括了大型上市公司	Moeller et al. (2005)
支付方式：收购方收益	
• 在美国，大型上市企业采用股权支付收购对价获得的收益小于全现金融资支付的收益	Fu et al. (2013) Shleifer and Vishny (2003) Megginson et al. (2003)
• 在欧盟国家，以股权支付对上市公司或者私人企业的收购获得的收益通常比进行全现金融资收购的收益要好	Heron and Lie (2002) Linn and Switzer (2001) Martynova and
• 收购私人企业（或上市公司的子公司）时，采用权益融资收购的收益通常会远超现金收购的收益	Renneboog (2008) Netter et al. (2011) Officer et al. (2009)
• 进行跨国收购时，若采用股权融资的方式，收益是负收益	
收购方 / 标的规模：收购方收益	
• 小型收购方获得的收益通常高于大型收购方	Vijh et al. (2013) Offenberg (2009)
• 规模相对较小的交易能够获得比大型交易更高的回报	Gorton et al. (2009) Moeller et al. (2005)
• 如果收购规模对于收购方来说过大（例如，超过收购方市值的 30%），则获得的收益将较低	Moeller et al. (2003) Hackbarth et al. (2008) Rehm et al. (2012)

资料来源：Donald DePamphilis, Mergers, acquisitions, and other restructuring activities: 2015.

4.3 战略依据

公司在完成一项并购交易时必须制定战略依据，包括通过共享中心的法律、会计、财务、管理等服务，或者通过减少房地产持有、公司自有喷气飞机和其他冗余资产，由此实现规模经济，同时达到减少开支的目的。投资银行与公司高级管理层应开展紧密合作，为并购交易制定战略依据并确定由此对股东产生的好处。最终，并购交易的目标是使股东价值立刻或者在短期内得到提升。为了确定并购方案是否能够成功，投资银行和客户要一起预测并购对每股收益（EPS，增加或稀释）、交易后的资本成本、净资产收益率（ROE）、投资资本收益率（ROIC），以及交易乘数扩张或收缩的影响。

4.4 协同效应和控股权溢价

在判断并购交易是否具备战略合理性时，对交易可能产生的预期协同效应的分析是关键的考量因素。这种情况下的协同效应是指预计的成本下降和收入增加。其中，成本协同效应最为重要，可以通过消除冗余的活动、提高经营水平以及规模经济来提高其企业经营效率，从而带来成本协同效应。收入协同效应的比重通常较低，它是指合并后的企业所创造的收入比合并前各个公司收入之和要大。公司应召集买卖双方的公司代表，一起全面、可靠地预测企业合并后的协同效应，分析该做哪些工作来获取协同，以及协同能够带来多少价值。

成本协同效应产生于以下领域：管理（利用集中办公及后台功能来实现规模效应）；制造（消除产能过剩）；采购（通过集中采购产生购买议价能力）；营销及分销（交叉销售、共同使用销售渠道及仓储设施）；研发（消除研发人员项目重叠）。投资银行负责确保所预测的协同效应是真实可靠的，而且交易后的价值计算中应包括成本节约的金额。由于收入协同效应较难辨认，所以在多数情况下，收入协同效应来自管理层的预测。根据麦肯锡研究，88% 的并购交易至少会产生 70% 的成本节约，而只有一半的并购交易能产生 70% 以上的收入协同效应。

控股权溢价是指收购方为了获得标的公司的决策权和现金流的控制权而愿意支付的价格。控制权溢价金额等于基于控制权的收购价与少量（非控制）股份收购价之间的差额。在许多收购中，考虑到预期的协同效应以及控股后所带来的其他收益，收购方愿意以高于该上市公司市场价的价格支付收购款。

4.5 信用评级和收购支付方式

公司必须考虑并购交易对信用评级的影响：交易可能带来评级上升、下降或保持不变。评级下降会导致风险调整后资本成本上升，这将影响交易带来的收益以及公司未来的经营模式。因此，公司和其投资银行有时会在交易发生之前同评级机构私下商讨，以确定该并购交易对评级的影响，而这种商讨会对究竟使用股权还是现金作为收购支付方式产生影响。与现金收购相比，股权收购可以对收购方的资产负债表产生积极作用，而且对评级带来的负面影响较小。

在考虑使用何种方式进行收购时，收购方应着重关注交易对其每股收益、资产负债表、现金流、财务灵活性以及税收等方面的影响。相比使用现金收购，虽然股权收购能够减少在评级方面的负面影响，但是会降低每股收益。此外，如果在并购中发行的股票超过上市公司流通股总数的 20%，则需经过股东投票才能通过该方案。通常，市盈率高的公司比市盈率低的公司更喜欢通过发行股票来进行收购。不过，在决定使用现金还是股权进行收购时，应该考虑发行股票的成本与税后债务资本成本孰低。如果标的公司出于税负原因更倾向于接受收购方的股票（因为资本利得税可以在股票出售时递延支付），则收购方需要考虑使用股票收购。此外，标的公司股东可能更倾向于接受股权收购，以便分享并购后股价上涨带来的收益。（参见案例“吉列最好的交易：宝洁收购吉列”来分析收购支付方式的选择问题。）

当进行股权收购时，收购方与卖方都必须考虑由该种支付方法带来的股价风险。因为从宣布收购到收购完成，通常历时 3～9 个月，期间股价可能会大幅变动。因此，如果使用股权收购方式，必须进行结构化设计，要么采用固定的股票交换比例得到浮动的经济价值，要么采用浮动的股票交换比例得到固定的经济价值。交换比例是指收购方公司股票数交换成标的公司股票数的比例，计算方法如下：交换比例 = 标的公司的竞购价格 / 收购方公司在宣布收购前一个交易日的收盘价。例如，使用股权收购的交换比例为 2，在收购结束的时候（可能是宣布收购后的 3～9 个月），对于每一份标的公司的流通股股份，收购方必须向标的公司股东支付两份公司股份。这就是固定交换比例交易，它可能导致经济价值的变动，变动值取决于收购方股价的变动情况。在浮动交换比例交易中，交换比例可以在交易结束前随着收购方股价的变化而上下波动。这种方式使得无论收购方的股价上涨还是下跌，最后的经济价值都不变（从等价现金角度衡量）。

一般会对固定交换比例所做的一个调整是在交换比例中加入一个双限期权：当收购方公司股价低于设定的最低价格（地板价），则提高交换比例；如果收购方公司股价高于设定的最高价（天花板价），则降低交换比例。这种双限期权安排为交易结束时创造了一个具有浮动界限的现金等价经济结果，比如根据交易宣布当日所公布的交换比例给出 10% 的上下浮动。

4.6 监管考虑

公司及其法律顾问、投资银行顾问必须从本地、区域、国家和国际几个维度对监管审批进行分析，这对完成并购交易非常必要。并购交易的批准取决于交易的规模、主要业务的区域、行业以及行业监管主体（如果存在监管主体）。在美国，大多数公开的并购交易需要通过《哈特 - 斯科特 - 罗迪诺法案》，以及联邦贸易委员会和司法部的批准。公司提交并购交易申请后有一个 30 天的等待期，在此期间，联邦贸易委员会和司法部可能会要求公司提供更多的信息。如果有国际参与者，公司可能还需要向欧盟委员会或其他相关国家的反垄断监管机构提交申请。其他美国监管的考虑因素还包括：申请合并代理或美国证券交易委员会出示的融资注册申请，是否应该向养老金福利担保公司提供申请报告（如果交易影响公司养老金计划），税务机关备案（如美国国家税务署）。

4.7 社会和利益涉及方的考虑

任何潜在的并购交易都需要考虑诸多社会因素，例如：标的公司的管理层素质如何，是否应该留任？两个不同的团队在一起会不会扰乱业务整合？董事会应该有多少人，由谁出任？是否存在必须支付的金色降落伞？是否会产生大量失业？是否存在必须解决的环境和政治问题？公司的税基是否会受影响？是否存在重大的搬迁问题？这些问题在换股并购中尤其重要。

在任何潜在的并购交易中，必须考虑以下主要利益涉及方：

（1）股东，关注公司估值、控制权、风险以及税收问题；

（2）员工，关注薪酬、离职风险以及员工福利问题；

（3）监管者，关注交易是否符合反垄断法、税法和证券法；

（4）工会领导，关心工作保留及资历问题；

（5）信用评级机构，关注信贷质量问题；

（6）权益研究员，关注成长性、利润率、市场份额、每股收益以及其他事项；

（7）债务持有人，关注债务是否会增加或减少、债务价值是否可能变动；

（8）社群，他们的税基以及房地产市场可能会受到影响。

上述每个利益涉及方的利益都需要考虑，但是由于其中很多因素是相互冲突的，因此不是所有利益（监管者除外）都能被满足。

还有一件重中之重的事，政客及媒体作为利益涉及方具有优先权，并购交易的参与公司及其顾问必须确定他们的潜在反应。如果不考虑他们的批评，可能会导致交易失败。提前考虑可能的批评并制定应对策略，这在并购交易中显得越来越重要。（参见案例“吉列最好的交易：宝洁收购吉列”。）

4.8 投资银行的角色

投资银行帮助鉴别可进行收购、出售、合并或合资的公司或部门。他们营造成功的交易场景，包括形式上的预测以及优劣分析。当客户同意进行交易后，投资银行会提供大量的财务分析、交易结构建议、策略建议以及融资（投资银行自行提供或在资本市场上进行融资）。投资银行与公司发展团队一起管理交易过程的每个阶段。投资银行及其律师在商定交易条款和交易文件的某些特定部分时（与法律顾问和公司高管），也发挥着重要作用。在大多数情况下，投资银行需要在交易结束时发表公平意见（将在后文中详细讨论）。

公司需要向投资银行分别支付交易顾问费和提供公平意见费。通常只有在交易成功后，才支付大部分的顾问费。财务顾问费通常按总交易额的一定百分比收取，如果交易额比较小（比如2亿美元以下），则收取2%；如果交易额比较大（比如100亿美元以上），则只收取1%。根据交易的类型和复杂程度，收取的费用也有可能不同。

4.9 其他并购参与者

除了投资银行，并购交易中还有许多其他重要参与者。公司高管制定交易战略、选择财务顾问，并做出关键交易决策；公司战略发展团队将投资银行提出的方案（或自行提议）呈交给公司高管，并负责交易具体执行的各个方面；董事会必须基于信托责任，遵循股东价值最大化原则，对交易提案进行决议；其他重要参与者还包括业务单位主管（参与尽职调查、整合计划和协同效应讨论）、公司内部和外部的法律顾问、公司内部和外部的关联投资人、人力资源人员和会计师。这些参与者在并购交易的确认、分析和推进中都发挥着各自的作用。

4.10 公平意见

投资银行通常要向参与并购交易的公司的董事会提供公平意见（见专栏 4-1）。该意见需要被公示，并需要声明该交易从金融的角度来看是公平的。公平意见不是对交易业务合理性的评价，也不是法律意见或使董事会批准交易的建议。公平意见包括由投资银行提供的估值分析概要，以展示提出该意见的基础。

一般来说，为大型并购交易出具公平意见的收费约为 100 万美元，不过收费金额会随着交易规模和交易复杂程度的变化而变化。这笔费用与并购的顾问费是分开支付的（仅仅在交易成功后才会收取）。公平建议并不是对交易公平或完善的保证，它只是根据标准估值方法对交易的估值进行评价的文件，其中包括与类似交易的对比，并确定分析的参数有哪些。董事会将公平意见作为决定是否批准交易的数据依据，一旦并购出现诉讼时，可以据此证明他们在并购交易中已充分履行受托义务。

对于投资银行既提供公平意见又担任并购财务顾问是否适当这个问题上存在争议。因为顾问费用只有在并购交易完成的条件下才会支付，而且只有当董事会认为购买价格公正合理时，交易才可能完成。有时，为了减少这种顾虑，公司会分别聘请两家投资银行，一家提供公平意见，一家提供并购顾问服务。另外，公司也可以聘请咨询公司和会计师事务所来提供公平意见。然而，引入第三方提供公平意见也不是全无问题。虽然是独立方，但是他们对交易的了解不如参与方。所以，将顾问和提供公平意见的角色分开也是有问题的，支持方和反对方对此各执己见。

专栏 4-1　　公平意见的起源

公平意见是 1981 年美联集团收购环联案的产物。被告人杰罗姆·范·高尔科（Jerome Van Gorkom），即环联集团的董事长和首席执行官，他在没有向外部金融专家咨询的情况下，选择了每股 55 美元的提案。他只是向公司的首席财务官进行了咨询，而没有确定公司的实际总价值。特拉华州法院严厉指责该行为，认为 55 美元代表公司的每股价值缺乏合理的依据。法院发现公司董事严重失职，因为他们没有经过大量的调查或征求咨询顾问专家的意见就很快批准了该笔并购交易。因此，董事会违反了为公司股东负责的原则。这也导致了《商业判断准则》对其的保护失效。从此以后，大多数公司的董事会在决定任何重大的并购交易时都会聘请专业机构出具公平意见。

4.11 董事会面临的法律问题

公司董事会所做的并购交易决定受《商业判断准则》的约束，这是一部假定公司董事会所做的一切决定都是为了最大化股东利益的法律准则。如果要对董事会所做的并购交易决定提出质疑，那么原告必须提供证据证明董事会违背了其诚信、忠实或谨慎的受托责任原则。如果原告在法庭上不能对此做出证明，他就无法得到法律的任何支持，除非这起并购交易被浪费，也就是说这桩交易是偏向一边的，以致一般具有正常判断能力的商业人士都判定该交易未做充分考虑。如果原告能够证明董事会缺乏独立性或存在其他违背受托责任的行为，那么《商业判断准则》中关于董事会的决策是基于股东利益最大化这一假定就不再有效，法院将会实施"完全公平原则"。由此，责任将转移到公司及其董事会一方，他们要证明并购交易实施过程以及提供的并购价格对于股东而言是公正合理的。同时，董事会也必须考虑"露华浓规则"。如果公司将不可避免地被出售或解散，则会触发"露华浓规则"，标的公司董事的受托义务将会大幅缩小：董事会的责任变为单一责任，即寻求最高出价来确保当前股东价值的最大化。最高价一般通过市场测试或拍卖来获得。由于触发了"露华浓规则"，董事会的决定不再以《商业判断准则》为基准，取而代之的是寻求最高出价这个单一责任。

4.12 收购

收购一家上市公司有以下几种方式：①兼并；②直接向目标公司股东要约收购，然后通过兼并以收购剩余股份；③收购目标公司资产，然后向目标公司股东支付相应款项。第三种收购方法不太常用，因为这种方式所承担的税负比较高，所以下面只介绍前两种方法。

4.12.1 兼并

兼并是获得一家公司最常用的方式。通过换股或向标的公司股东支付现金这两种方式实现两家公司在法律程序上的合并。要实施兼并，必须由超过50%（或更高的比例，取决于公司章程或注册成立时的规定）的股东投票支持才可以进入实施阶段。通常来说，收购方公司拥有主要的董事会控制权和高管职位。对等兼并（merger of equals，MOE）是指两家拥有大致相同资产的公司之间发生的合并。在这种情况下，不容易区分买方和卖方，不存在控制权溢价或可以忽略不计，因为从理论上来说，协同效应创造的价值是由两家公司的股东平分共享的。例如，2017年陶氏化学和杜邦集团进行了完全换股对等兼并，这是其开展三个新业务计划的第一步。该兼并预计将节约30亿美元的成本开支。此次交易的规模是化工行业有史以来最大的一次，该交易融合了陶氏化学和杜邦集团在农业、生产型化学品以及专门产品从而开拓新业务，创造了一家价值1 300亿美元的公司。该交易签订后的两年，受到来自激进投资者的压力，他们认为只有两家公司独立经营，才能实现股东价值最大化。合并后的公司被称为陶氏杜邦，陶氏化学和杜邦集团的现有股东各拥有陶氏杜邦50%的股份。尽管理论上在对等兼并后，董事会及高管职位等级也应该对等，然而这种情况鲜少发生。通常情况下，一方或另一方不显著地占据了主导地位。

4.12.2 要约收购

另一种获得一家公司的方法是直接从股东手中购买股票，不需要股东进行投票，最简单的情形是存在单个大股东或志同道合的小团体共同持股占据控股地位。如果通过私下协商很难获得所需股票，或者董事会不支持，则要启动要约收购。要约收购是指收购方向标的公司全体股东发出的、在特定时间内以特定价格收购其股票的行为。如果接受要约收购的股东不足100%，那么接下来需要通过兼并的方式来获得剩余股票。如果要约收购的股份超过90%，兼并的过程就相对简短，收购方可以"挤出"非要约收购股份，要求不经过股东投票直接出售股票。通常，要约收购发生在标的公司董事会并不同意收购的情况下。然而，即使董事会同意收购，收购方有时也会采用要约收购而不是兼并的方式，因为要约收购不需要股东投票，所以完成的速度较兼并更快。在美国，要约收购需要遵守《威廉姆斯法案》，该法案规定投标人在美国证券交易委员会注册时要披露要约的所有细节。随着活跃的对冲基金在并购交易中越来越多地使用衍生工具，这使得对《威廉姆斯法案》的解释也越来越复杂（参见第 13 章）。

在某些地区，在低于 90% 的股东接受要约收购的情况下，仍可采用“挤出”的方法。例如，在爱尔兰，有两个临界值与“挤出”相关：80% 和 50%。《爱尔兰收购法则》规定，如果超过 80% 的股份被潜在收购者要约收购，可以通过“挤出”实现强制收购。如果超过 50%、不足 80% 的股份被要约收购，虽然不能进行强制收购，但是作为公司最大的股东，可以拥有控制董事会决定的权力。详见本章末尾“并购诉讼专题”有关“挤出”的进一步探讨。

4.12.3 代理权之争

代理权之争是一种间接的收购，它以获得董事会的少数代表权或控制董事会为目的。该策略通常由金融发起人提出，但也可被战略收购者作为对标的公司高管或董事会施压的工具。如果策略实施成功，则可能会改组董事会，参见“并购诉讼专题”。

4.13 尽职调查和文件准备

为了提高收购成功的可能性，收购方必须仔细考察标的公司的各个方面。每一笔并购交易都需要进行尽职调查来详细了解公司的业务情况，可以通过获取市场公开信息，在签订保密协议后经双方同意获取非公开信息等方面来进行考察。通常，大多数交易中的尽职调查内容包括：参观主要设备、向公司高管了解主要业务、在“数据屋”中对机要文件（电子版与纸质版）进行广泛审查、选择特定客户或供应商开会讨论相关问题、在数据分析之后就发现的问题召开会议询问等。如果要约收购未被标的公司接受，且潜在收购者采取敌对行动，那么尽职调查仅可获得市场公开信息以及来自相似企业、销售代理、客户以及供应商所提供的信息。因此，对于敌对收购交易而言，发现所有问题和疑虑的难度越大，预测现金流和协同效应的挑战性也越大。

并购交易中所需的文件包括兼并协议（如果收购方直接购买标的公司）或股票购买协议（如果收购方购买标的公司股票且不想通过兼并注册）。兼并涉及两个公司的合法合并，且受州法规管辖，需要得到标的公司大多数股东的投票通过，具体投票比例根据公司章程或相关法规规定（如果公司章程或规定对此没有要求，则遵循州法规规定）。如果收购方公司为实施兼并发行新股数量超过发行前总股数的 20%，收购方公司的股东需要对该笔交易进行投票表决。通过股票购买协议收购与兼并不同，收购方公司需要从大股东（们）手中私下协议购买股票，或者通过要约收购进行。在要约收购时，如果所有股东都同意进行要约收购，则不需要进行股东投票；如果不是所有股东都同意将手中股票卖给收购方，则需要通过第二步采取兼并方式来获取未出售股票。如果只购买公司资产，而不是购买整个公司时，签订的是资产购买协议。

并购文件中的一项重要规定是“重大不利变化条款”（material adverse change clause，MAC）。重大不利变化是指在交易协议签订后到交易完成这段时间里发生的、严重影响交易经济实质的变化。如果重大不利变化被触发，则交易终止。重大不利变化条款要经过仔细协商才能确定，重点关注何谓“重大变化”。这一条款反过来会影响交易保护条款下的任何支付款项，包括交易终止费。参见“并购诉讼专题”对“重大不利变化条款”的深入探讨。交易文件中的另一个主要条款是，是否允许标的公司与收购方公司之外的潜在收购者就该交易进行“关联”。如果允许，则会存在“竞价等待”（go shop）条款，反之则为“非售”（no shop）条款。（参见“亨氏食品公司并购”对“竞价”条款的进一步探讨。）

4.14 交易终止费

如果标的公司在签订完并购协议或股票购买协议后退出交易，则需要支付交易终止费。这是为了防止其他公司出价购买标的公司，如果它们竞价成功，它们将会为此支付交易终止费。如果收购方公司在签订协议后退出交易，则需要支付反向交易终止费。通常，交易终止费设置为目标公司权益价值的2%～4%，也是在文件起草过程中谈判的主要内容。在某些情况下没有交易终止费而是会启动“强制履行”，此时法院会强制终止交易。（参见案例“吉列最好的交易：宝洁收购吉列”对交易终止费的进一步探讨。）

4.15 可供选择的出售方式

投资银行更倾向于选择出售性质的并购业务，即接受聘请去帮助出售整个公司或公司的一部分业务。因为卖方交易完成的可能性比买方更大。卖方交易的过程不尽相同，这取决于：公司所处行业、出售资产类型、出售时机、收购支付方式、税收考虑、对公司业务的影响、员工及机密性考虑。不过，卖方通常采取以下四种方式进行。

4.15.1 优先出售

投资银行筛选出单个最有可能的购买者，且只与该购买者接触。这种方法在最大程度上保证了公司信息的机密性（仅向该公司披露出售方公司的保密信息）和速度，但是降低了最大化出售价格的可能性。

4.15.2 定向征集

投资银行筛选出2～5家最有可能的购买者，并与其接触。通过限制潜在购买者的数目以避免对公司出售意图进行公开披露，减少了公司被竞购的可能性（除非信息不小心泄露）。这种方法保证了合理的速度以及对机密性的控制，同时提高了价格最大化的可能性。

4.15.3 可控／有限拍卖

投资银行初步筛选出6～20家在逻辑上最有可能的购买者。这个过程时间稍长，且消息会很快在市场上散播出去，有时会给股价造成压力。虽然投资银行在与潜在购买者进行接触时会签订保密协议，但是仍有大量公司会获得卖方公司的保密信息，且其中有些是卖方的直接竞争者。这种方法让竞争者更加了解标的公司（如果公司最终未被出售，将造成不利影响)。让卖方承担这种风险的合理性解释是：更大的销售范围可能实现更高的销售价格。

4.15.4 公开拍卖

公司公开宣布出售，并邀请所有感兴趣的投资者参与。这种方法可能会对公司的业务造成很大的破坏。因为与可控拍卖相比，公开拍卖存在更多的变动因素，且对保密性的考虑也更多。此外，这种方法花费更多时间。不过，公开拍卖的优点在于可能会发现“隐藏”购买者，从而为出售价格最大化提供了最大的可能性。参见表 4-3 对这四种出售方式的总结。

表 4-3 卖方可供选择的出售方式

出售方式	描述	买方数量	优点	缺点	适用情况
优先出售	• 筛选出最可能的唯一购买者	1 家	• 重点放在一个购买者身上 • 保密程度最高 • 执行速度最快 • 对公司业务的影响最小	• 出售价格最大化可能性很小 • 交易成功与否取决于同唯一购买者的谈判	• 对最可能的购买者非常了解 • 业务损害会带来高风险 • 有很强的谈判地位
定向征集	• 与筛选出的潜在购买者进行深度接触 • 有专门的执行方案 • 没有事先确定的框架或正式的程序 • 不进行公开披露	2～5 家	• 执行速度快 • 保密性较强 • 对公司业务影响小 • 具有竞争性	• 需要占用管理层大量的时间 • 可能会丧失其他潜在购买者 • 可能达不到售价最大化	• 有一组理性购买者 • 对保密性设定限制并且对业务的影响有限
可控 / 优先拍卖	• 与一批潜在的理性购买者进行接触 • 在出售过程中需要正式的流程 • 不公开披露	6～20 家	• 对市场价格有合理准确的把握 • 对出售过程的控制权很大 • 竞价氛围很浓	• 缺乏保密性 • 可能会失去潜在购买者 • 可能会因为流言影响公司业务	• 在保密性和售价最大化之间寻求平衡
公开拍卖	• 公开披露出售信息 • 要向投资者出示预先准备好的材料	不定	• 很可能获得更高的报价 • 寻找到“隐藏”购买者	• 如果出售失败，会影响后续进程 • 对公司业务的影响非常大	• 出售过程对公司业务的影响较小 • 识别潜在投资者难度较大

4.16 跨国交易

很多并购交易的双方公司在不同的国家。这些交易通常来说更加复杂，因为涉及大量的监管者（主要关注反垄断问题和证券法相关事宜）、复杂的会计准则和信息披露事宜，特别是还要解决复杂的税务问题。例如，如果一家非美国公司通过换股收购一家美国公司，就需要运用美国存托凭证（ADRs），因为大多数美国投资者希望获得的股票在美国拥有充分的流动性，而且一些机构投资者不允许持有外国公司的股票（详见第 8 章关于美国存托凭证的解释）。如果收购方没有美国存托凭证，则需要发行。当美国公司换股收购非美国公司时，一些非美国公司股东由于不想承担外汇风险，急于出售手中所持股票或不想持有美国公司的股票。在这种情况下，大量的美国公司股票被出售，给该公司股票造成下行压力（参见图 4-1）。这种现象被称为“回流”。

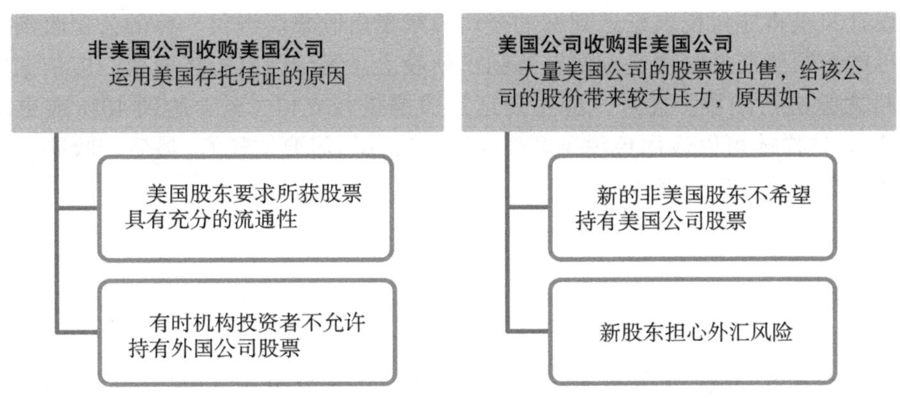

图 4-1 跨国并购交易（换股）

国际市场的发展

随着全球经济联系愈加紧密，并购越来越国际化。美国、欧洲以及日本放松管制，推动并购业务在美国和国际市场上大放光彩。2016 年发生的大型国际并购交易的例子有荷兰皇家壳牌公司以 815 亿美元收购英国天然气集团，以及百威英博以 1 060 亿美元收购英国南非米勒酿酒公司。欧盟内部市场提议的完成放宽了对并购的规定，使得并购业务在欧盟开始扩张。最近，新兴经济体的发展推动了并购业务在全球范围内的扩张。

国际并购交易通常要面对更加复杂的法律体系、错综复杂的反垄断以及要约收购规定、新的会计准则、保护主义以及外汇风险。同时在国际交易中还要考虑文化差异。

国际收购中出现潜在难题的案例是卡夫恶意收购吉百利，吉百利是英国的一家大型糖果公司。在该交易完成后，英国监管机构对本国的收购法规做出了重要调整，包括针对合并决定中关于费用、员工以及债权人信息新的披露要求。新法规还要求收购方在完成交易后在就业方面做出为期一年的承诺以及保障其他新员工的权利。

大部分欧洲国家要求如果不披露信息则不允许实施“爬行收购”(在实际收购前，通过二级市场购买股票)。许多欧洲国家收购法律要求已经收购拥有大约 1 / 3 股权的股东必须对标的公司提出具有约束力的要约。

然而在美国，许多并购交易会同时采用现金和股权的支付方式，这对一些跨国交易来说可能会造成困难，因为必须解决股票交叉上市的难题。而且，在一些情况下，现金和股权混合要约在当前法律框架下是存在问题的。

2015 年，新兴经济体宣布并购活动成交总额为近 1.2 万亿美元，同比 2014 年增长了 41.6%。中国参与交易并推动了并购活动，完成了 5 751 笔交易，总价值 8 060 亿美元，超过了排名第二的南非，南非完成了 438 笔交易，总价值 515 亿美元。巴西紧随其后，完成了 623 笔交易，总价值 454 亿美元。其中高科技企业占到这些业务总量的 13.4%。2015 年来自于这些新兴经济体并购交易的费用收入预计达到 43 亿美元。

4.17 免税重组

如果结构设计得当，并购交易可以归为免税重组。在美国，根据国内税收法规规定，以重组或重整公司为目的的股票交易（在换股交易中）可以免税。但是，这并不意味着不用缴税。这种设计只是将应付税款延迟到标的公司股东卖出股票后缴付。标的公司收到收购方的股票后，标的公司股票的纳税基础便转移到了新股上。无论何时出售股票，应依据原始股价和出售价格之差进行纳税。此外，应主要运用股票进行支付（至少达到40%或更多，取决于交易结构），这样才可以运用免税条款（现金支付依然需要纳税）。最后，收购方公司必须持续经营标的公司的大部分业务或资产。

4.18 公司重组

公司重组不是事关破产问题就是事关战略机遇。本部分重点讨论战略机遇而不是破产相关交易，创造战略机遇是指通过将子公司从母公司剥离以释放股东价值。公司高管及董事会必须不断分析新的机遇，从而实现股东价值最大化。从战略机遇的角度来说，包括是否存在从一个或多个公司业务中剥离并创造出新的上市公司的可能性。有时，将公司的非核心业务从其他业务中剥离出来，能够对其市场范围有更加清楚的界定，而且如果剥离出来的业务处在高速发展的行业，那么还能释放价值。此外，剥离业务能够提高经营业绩、减少风险（包括信用风险），也能更有效地进入公开资本市场。剥离业务既可以在非公开市场完成，也可以在公开市场完成。在非公开市场上，公司可以将子公司出售给私募投资者或另一家公司。在公开市场上，公司可以出售或分离子公司的部分或全部资产，并在公开市场上进行交易，例如首次公开发行（IPO）、分拆上市（carve out）、公司分立（spin off）、存续分立（split off）和定向股（tracking stock）交易等。

4.18.1 首次公开发行

子公司首次公开发行是指将子公司的所有股份卖给新的公开市场投资者并获得现金。这一过程创建了一个新公司，新公司的股票也独立于母公司的股票。如果母公司收到的现金超过其纳税基础，则该子公司的首次公开发行对母公司来说是应税的。

4.18.2 分拆上市

将子公司的一部分股份通过首次公开发行出售给公开市场上的股东并获得现金的行为被称为分拆上市。这种交易模式使得母公司依然保留子公司的部分所有权。在实践中，大规模发行会使过多股票充斥市场，因此会导致股价下降，所以分拆上市通常只出售子公司低于20%的股份。出售子公司的小部分股票使得母公司依然保持对子公司的控制权，同时，出售20%以下的股份对母公司来说是免税的。分拆上市行为会导致母公司和剥离公司之间存在潜在利益冲突。例如，如果剥离公司与母公司处于产业链的上下游（例如母公司是供应商），那么当原来的子公司在与母公司的竞争对手进行业务合作时会产生潜在矛盾。

4.18.3 公司分立

在公司分立中，母公司放弃对子公司的控制权，将子公司的全部股份按比例分配给母公司股东。这种完全分离的模式避免了母公司与新公司之间的利益冲突（与分拆上市不同）。母公司在该过程中并不获得现金，因为公司分立实质上是将原属于母公司股东的资产重新分配给原股东。公司分立通常由两个步骤完成。首先，通过分拆上市出售一小部分股份，以最小化股价下跌的压力。这也使得子公司在将剩余股份分配给母公司股东之前，能够进行股票研究以及做市活动。为了保留税收优惠，分拆上市中出售的股份通常低于子公司股份的20%。公司分立使得新公司可以提供它自己的股票，从而让新公司的管理层获得激励补偿。同时，如果可比公司的市盈率比母公司的市盈率高，则可以释放新公司的业务价值。公司分立的缺点包括可能会产生更高的借贷成本以及收购的脆弱性。（参见“麦当劳、温迪和对冲基金：汉堡对冲？对冲基金股东积极主义行动及对公司治理的影响。”案例对麦当劳分立Chipotle公司的详细探讨。）

4.18.4 存续分立

在存续分立中，母公司将子公司的股份只对愿意用母公司股份交换子公司股份的股东进行换股，即用母公司股份换取子公司股份。这使得原母公司的股东要么持有子公司股份（而不持有母公司股份），要么持有母公司股份（而不持有子公司股份）。当一部分母公司股东更倾向于仅持有子公司股份而不愿持有母公司股份时，则存续分立优于公司分立。如果在存续分立后分拆上市的子公司股份少于总数的20%，那么该存续分立能够免税。因为存续分立需要母公司股东在继续持有母公司股份还是换成子公司股份中做出抉择，以此来实现子公司完全独立的目的，因此需要向换股股东支付换股溢价（提供更多的子公司股票，而不是不包含激励的价值分析）。现实中，存续分立比公司分立要少见。

4.18.5 定向股

在定向股交易中，母公司分离出部分股份分配给母公司现有股东。新股票对公司特定业务进行追踪（通常是母公司相对高速发展的业务），但是这种股票并没有给予股东对母公司业务以及母公司资产的索取权。该业务的收入和支出从公司的财务报表上分离出来，且这些财务信息决定定向股的价值。虽然定向股保持了母公司对独立子公司的控制权，但是公司的管理将更为复杂，因为母公司与子公司并没有正式在法律上分离，同时一个董事会在管理双方的业务。此外，双方都要为对方的负债承担责任，因而当面临破产时，公司资产如何分割将不明确。所以，这只是一种潜在的混乱的剥离模式，交易的逻辑也备受争议。

4.19 收购防御

当公司面临或者将要面临恶意收购时，通常会雇用投资银行进行协助。公司致力于：要么拒绝竞价以保持独立，要么以股东价值最大化为目标进行交易谈判。收购防御策略严重依赖于监管公司收购的特定法律。在美国，美国证券交易委员会管理所有的要约收购，但是公司由州法律体系进行管理，大多数州将反收购法规纳入州公司法律体系。特拉华州针对公司法设立了一个单独的法院体系，称为特拉华州衡平法院，成为公司法发展中的领头羊。美国许多大型公司在特拉华州成立，得益于该州在公司法方面的领先。

在投资银行和法律顾问的建议下，可以采取反收购防御策略。其中，最为常用的是股东权利计划。

股东权利计划

股东权利计划通常不需要股东投票，期限一般为10年。这个计划最主要的特征是包含

"毒丸"计划，"毒丸"计划使得非恶意收购股东有权以高折扣（通常为 50%）购买公司额外发行的股份。该计划的实施可以使恶意收购股东的股权比例下降，"友好"股东的股权比例上升。稀释股权可以从经济上迫使恶意收购方放弃收购，或者以更高的价格进行收购，或者发起代理权之争来获取标的公司董事会的控制权，进而撤销"毒丸"计划。几十年来，"毒丸"计划在反恶意收购中发挥了显著作用。但是从 2001 年开始，由于股东激进主义的反对，实施这一计划来进行收购防御的公司数量减少。一些股东认为"毒丸"计划仅有利于巩固无效管理层和董事会的地位，并无益于股东利益最大化。参见第 13 章对收购防御、股东激进主义以及"毒丸"计划的进一步探讨。

4.20 风险套利

在换股收购中，有些交易员会一边购买标的公司的股票，一边卖空收购方公司的股票。购买标的公司股票主要是由于在公司宣布并购交易后，标的公司的股票价格相对于最终交易完成后交换成收购方公司的股票价格要低。当交易员预期交易成功进行时，会通过低价购买标的公司股票然后在交易结束后交换成收购方公司股票，扣除交易成本获得增值。为了对冲收购方公司股票价格下跌的风险，交易员会卖空相同数量的股票，并在交易结束后按照交换比例获得收购方公司股票。交易员（风险套利者）的参与是换股交易中的重要考虑因素，因为他们的交易会给收购方公司的股价带来下行压力，为标的公司的股价带来上行压力。

例如，如果收购方愿意以 1.5 倍的交换比例购买标的公司的股票，那么在交易结束后，收购方将支付 1.5 股股票来购买 1 股标的公司的股票。假设在交易宣布之前，标的公司的股价为每股 25 美元，收购方的股价为每股 20 美元，交易将在 6 个月后完成。由于收购方公司同意支付 1.5 倍的对价，所以交易结束后，标的公司股东得到的股价为 30 美元。然而，可能出现 6 个月后交易不能完成的情况，则在交易结束后标的公司的股价可能低于 30 美元。例如，如果宣布交易以后，标的公司的股价为 28 美元，风险套利者将以每股 28 美元购买标的公司的股票，同时卖空 1.5 倍数量的收购方公司股票。在这笔交易中，如果收购完成，风险套利者将会从标的公司股价上涨至 30 美元中获利，同时将手中头寸套期保值（在并购交易结束后，风险套利者将获得的收购方公司股票交割给当初让他们卖空的股票借出方）。风险套利者的目标是获得价差，即宣布交易后标的公司股价与标的公司未来按照交换比率计算的收购价格之间的价差，同时不希望暴露于收购方股价可能下跌的风险中。然而，如果交易没有完成或者完成的条件发生变化，风险套利者的头寸将会出现问题，导致获利减少，甚至亏损。投资银行在交易实施期间应密切追踪风险套利行为，因为套利交易会对标的公司股价和收购方公司的股价都产生重要影响。

4.21 估值

4.21.1 估值概述

1. 倍数分析法

在对确定收购或出售的上市公司估值时，应从公司当前股价出发。在没有取得公司控制权的情况下，股票价格是上市公司公允价值的反映。为了反映取得公司控制权的合适价值，价格必须上调。换言之，如果只收购公司的一小部分股份，则公开市场的收盘价是每股价值最好的反映。但是如果收购公司的大部分股份，则购买价格需要在收盘价基础上加上控制权溢价。投资银行（及其他方）可以采用四种基础估值方法来确定收购公司控制权所需支付的合适价格：可比公司法、可比交易法、杠杆收购法和现金流折现法。此外，如果公司有很多不同的（独立的）业务，且当公司单独出售其单个业务，可能会得到超过公司总体价值的价值，那么此时通常采用分类加总估值法。在某些行业领域，也会用到其他估值方法。对于一家非上市公司，在并购中可能应用一种或多种估值方法来确定公司价值。上市公司和非上市公司选择最佳估值方法的关键在于考虑行业的特性以及可获信息，然后再参考该行业的市场先例来对公司估值。

可比公司法和可比交易法是依据同行业其他公司来决定公司价值的倍数分析法。这意味着在公司估值时，使用了选定指标倍数的方法，可选择的指标包括收入，或者是现在更常用的息税折旧及摊销前利润（EBITDA）。EBITDA 是现金流的一个替代指标，但二者并不完全相等。在倍数估值中，通常使用 EBITDA，因为 EBITDA 的计算只需要利润表即可，而现金流的计算还需用到资产负债表。最常用的倍数是：企业价值 / 息税折旧及摊销前利润（EV / EBITDA）；股票价格 / 收入（市盈率，P / E）；股票价格 / 账面价值（市净率，P / B）。

为了从倍数分析法中获得有用信息，选择一组与被估值公司特征相似的可比公司是很重要的。在分析时通常使用的行业分类标准为标准行业分类代码（standard industrial classification codes）或北美行业分类系统（north american industrial classification system，NAICS），使用的数据库为汤姆森金融（Thompson Financial）或迪罗基（Dealogic）。然而，当一家公司与被估值公司在一个产品领域存在竞争关系，同时又有大量业务与被估值公司不相关，则不可以被列入可比公司行列。可比公司的规模也同样重要。例如，对于一家市值 500 亿美元的公司而言，一家市值 5 亿美元的公司不是合适的可比对象。同样，股票交易量较小的公司，由于相关研究较少，股票价格并没有很好地反映公司的真实价值，因此也不能作为拥有较大成交量以及丰富研究报告公司的可比对象。增长率也是一个重要考虑因素，与同行业相比拥有过低或过高增长率的公司，应被排除在倍数分析法所选公司行列中。此外，在应用可比交易法时，当小公司同大公司相比时，应适当折价。在确定最佳可比对象时，需要考虑上述以及其他因素。确定理想的可比公司名单难度较大，且如果所选公司不合适，则估值结果也将不准确。最后，为了选择合适的可比公司，需要排除这些公司的非经常性项目、非经常性支出以及重组支出，以达到使可比公司财务报表标准化的目的。这样能保证这种比较是基于适当对应的基础上。

2. 现金流分析法

现金流折现法和杠杆收购法都是基于现金流的估值方法。两种方法都需要预测未来现金流，然后将未来现金流按照公司资本成本比率进行折现。现金流折现法希望通过预测公司的未来现金流而确定公司的内在价值；杠杆收购法则希望通过预测公司的未来现金流来确定私募股权投资者的内部收益率（IRR）。现金流折现法和杠杆收购法的难点在于如何准确预测公司未来 5～10 年的现金流（EBITDA），这是估值行业约定俗成的规则。为了提高对未来 EBITDA 的预测可靠度，有时候，管理层的未来薪酬、提供预测的管理层的职业路径（并要求他们一直管理业务）都会成为预测的必要条件。另一个难点是如何最准确地预测折现率，不同行业不同公司的折现率差距很大，而且折现率依赖于一些有时难以确定的假设条件而得到。

4.21.2 可比公司法

可比公司法为公开市场交易的公司估值提供了一种有效的参考方法，但是并不能作为确定收购标的公司价值的主要基础，因为这种方法没有考虑控制权溢价。将相同行业的公司或公司业务在成长性、盈利能力和风险等方面具有相似性的公司放在一起进行分析是很好的一种方法。这种方法基于以下假设：首先，市场是有效的；其次，当前的交易价值是对当前行业发展趋势、经营风险、发展前景等因素的合理反映。由可比公司可以得到可比倍数的范围，被估值公司应用这个倍数区间就可以确定公司的推定价值（不包括控制权溢价）。推定的公司价值可以与公司股价进行比较（在一个有效的市场中，股价是公司每股价值的最好体现）。公司股价和推定价值之间的矛盾，可以反映公司面临的挑战或机遇。这是估值分析的起点，但是要进行准确的估值，还需要运用其他包含控制权溢价的估值方法。

在很多情况下，可以用市盈率来对可比公司进行分析，市盈率 = 当前股价 / 每股收益。市盈率通常使用最近 12 个月的每股收益或下一财年的预测每股收益来计算。每股盈利按一段时期的净收入除以同期已发行的加权平均股份得到。当可比公司的市盈率范围被确定后，则将其运用到被估值公司中，用该市盈率范围乘以公司每股收益，即可得到公司的权益估值。

我们也可以通过企业价值（EV）来分析可比公司，企业价值代表收购一家公司的总成本。企业价值倍数（EV / EBITDA）是最常使用的方法，不过有时也使用 EV / EBIT（息税前利润）。企业的价值等于当前股票的市场价值加上净负债（再加上少数股东权益，如果有的话）。净负债 = 短期负债 + 长期负债 + 资本化租赁 + 优先股 - 现金及现金等价物。企业价值之所以包括净负债是因为公司股票的收购方有最终偿还债务（以及相关义务）的义务，而且企业会用手中的现金第一时间偿还债务，所以可以把净负债作为权益市场价值的补充。由于企业价值同时考虑权益和净负债的价值，为不同资本结构的公司之间提供了比较的可能性，因此企业价值倍数成为估值的重要基础。当可比公司的企业价值倍数范围确定后，可以用该倍数乘以公司的 EBITDA 来计算公司价值。

4.21.3 可比交易法

可比交易法重点关注并购交易中被收购的可比公司。可比交易法和可比公司法类似，都需要用到倍数。不过，可比交易法包括控制权溢价（及预期协同效应），所以其倍数会比可比公司法中的倍数高一些，更能反映并购交易中需向目标公司所支付的价格。跟可比公司法一样，在可比交易法中，只对相同行业或业务模式特征相同的公司进行比较。

如果找到一组适当的可比公司，那么，潜在被收购公司的估值应采用与可比公司相似的估值。换言之，如果相同行业的可比公司在进行类似交易时以 10～11 倍的 EV / EBITDA 倍数进行交易，则该倍数也适用于该笔并购交易中的目标公司价值的计算。如果目标公司的 EBITDA 为 1 亿美元，则目标公司企业价值的合理区间在 10 亿美元到 11 亿美元（即 1 亿 ×10～1 亿 ×11）之间。公司的权益价值可以用以下公式计算：权益价值 = 企业价值 - 净负债。如果目标公司的总负债为 3 亿美元，现金为 1 亿美元，没有优先股、资本化租赁和少数股东权益，则公司权益价值为（10 亿～11 亿美元）-（3 亿美元－1 亿美元）＝8 亿～9 亿美元。如果目标公司股票有 2 000 万股，则每股价值为 40 美元～45 美元（8 亿～9 亿美元 / 0.2 亿股）。

虽然最近的交易被认为最具代表性，但是可比交易通常会从之前 5～10 年的交易中选取。应当使用并购交易完成当年的财务数据以及在交易宣布日的历史的和预测的每股收益及 EBITDA 倍数来对企业进行估值。如果运用得当，可比交易法在收购交易中确定收购价格范围时会非常有用，因为可比交易法的倍数包括了控制权溢价和协同效应。通过与历史上相似交易的比较，可比交易法在很多方面非常有效，比如确定行业诸如合并和对外投资的趋势、发现金融危机（例如在 2008～2009 年，可比倍数与后续时期非常不一致）、考察诸如私募股权机构这种买家的活动等。在用可比交易法确定目标公司价值后，至少再用两种其他估值方法进行估算，以确定基于倍数的最优收购报价。控制权溢价分析是可比交易法的一部分，将历史可比交易的控制权溢价同该笔并购交易的控制权溢价进行比较。

4.21.4　现金流折现法

现金流折现法是一种基础的估值方法，因为这种方法旨在计算出公司的内在价值。该方法采用永续法，它不需要选择可比公司，所以也就不会发生创建可比公司名单时会发生的不可避免的问题。现金流折现法取决于公司的预计现金流。该方法假设公司价值（企业价值）等于其未来现金流按照货币时间价值和风险率进行贴现得到的价值。在使用现金流折现法计算公司价值时计算分为两部分进行：①预测期的现金流之和；②终值（TV，预测期结束后业务的估值）。两部分都要用公司的资本加权平均成本（WACC）进行折现。最终得到公司所有经营性资产的净现值。所有现金流都是无杠杆的，即无融资成本（例如利息或股息）。因为企业价值是对于全部资本提供者（债务和权益）而言的价值，所以无杠杆现金流代表着这些提供者可得到的现金。在得到企业价值后，用企业价值减去净负债便得到权益价值。

在现金流折现法中，未来现金流预测要与公司的长期战略规划相结合。因此，现金流折现法可以对增长率和经营利润的变化进行灵活调整，同时也能调整营业外项目。然而，现金流折现法也有其局限性。例如，这种方法严重依赖于预测的准确性，而且预测期越长，预测的准确性越低。此外，现金流折现法使用 WACC，WACC 的估算需要对其中大量的资金成本进行估算。权益成本的计算需要使用大量变量，例如公司杠杆调整后的 β 系数（该系数由大量的变量决定）和市场风险溢价（它会包含某个折价率或溢价率）。现金流折现法的预测期应该覆盖一个完整的运营周期，以便在预测期末现金流可以按照“正常化”进行处理。预测期结束日被称为“终值日”，通常在未来的 5～10 年内。公司的终值应该以终值日的价值计算。终值是在持续增长的假设下，全部现金流的现值（从终值日到永续期间）。有两种方法可以预测终值：①终值倍数法，在终值日用 EV / EBITDA 倍数来预测 EBITDA；②永续增长法，根据以下公式进行计算：$TV=FCF\times(1+g)/(r-g)$，其中 FCF 是终值日预测的自由现金流，r 等于 WACC，g 是永续增长率（等于预期的通货膨胀率 +GDP 长期真实增长率，美国一般为 3.25%）。例如，如果终值日的 FCF 是 1 亿美元，WACC 为 11%[⊖]，则终值 TV 为 TV＝1 亿美元 ×（1.05）/（0.11－0.032 5）＝13.5 亿美元。值得注意的是，终值在企业价值中 所占的比例较大，所以企业价值对计算终值的假设有较强的敏感性。

完成现金流折现法有以下三个关键步骤：

⊖　此处原文漏掉一个条件，即永续增长率 $g=5\%$，应该补上。第一版中有 $g=5\%$ 这个条件。——译者注

（1）确定 5～10 年的无杠杆自由现金流，在此之后公司进入稳定增长阶段；

（2）在公司进入稳定增长阶段（与现金流预测期结束日一致）并将永续增长时，估算公司的终值；

（3）确定 WACC（公司债务和权益成本的综合成本），对无杠杆现金流和终值以折现率，即 WACC 进行折现，得到公司价值（企业价值）的现值。

现金流折现法不包含任何的协同效应，此时称为单独的现金流折现法。但是典型的现金流折现法通常会考虑节约成本的协同效应产生的影响，此时的方法称为单独并考虑成本节约的现金流折现法。而且有时还会考虑包括收入协同效应在内的总协同效应的影响，此时的方法称为单独并考虑总协同效应的现金流折现法。

4.21.5 杠杆收购法

杠杆收购法是金融发起人进行收购时所用的收购分析方法。金融发起人通常是私募股权投资机构，通过私募股权投资基金募集权益和之后募集的债务收购标的公司。与公司投资者（战略投资者）不同的是，私募股权投资机构（财务投资者）在并购交易中的负债比例更高。财务投资者的融资方案包括：银行提供的优先级担保债务、次级无担保债务和夹层资本。被收购公司的管理层可以由原来的管理团队担任，也可以由财务投资者的团队担任，管理层通常与私募股权投资机构一起进行股权投资。私募股权投资和杠杆收购交易更详细的分析，参见第 16 章和第 17 章。

私募股权投资机构收购的标的公司通常是成熟行业中具有稳定增长现金流的公司，可以偿付高额的债务利息，并能够向财务投资者支付股息。此外，标的公司通常拥有较低的资本支出和经营杠杆，且资产容易变现。财务投资者一般在未来的 3～7 年内退出，通常通过首次公开发行或并购的方式出售给战略投资者或其他财务投资者。财务投资者的目标内部收益率一般高于 20%（尽管这个目标可能由于总体的经济形势和金融环境而下调）。

杠杆收购法包括现金流预测、终值预测（3～7 年内财务投资者出售的价格）和现值的确定（财务投资者目前支付的价格）。该方法可以计算出投资的内部收益率，内部收益率是使现金流和终值等于现值时的折现率。如果计算出的内部收益率低于目标内部收益率，财务投资者会降低收购报价。投资银行根据投资风险和市场风险建立杠杆收购模型，计算出财务投资者可以接受的最低内部收益率。这样就可以根据该内部收益率来计算公司的购买价格。如果该购买价格高于当前公司的市场价值，则为财务投资者收购该公司提供了可行性。在这种情况下，投资银行把杠杆收购法作为多种估值方法中的一种，确定标的公司的合理价值，且财务投资者和战略投资者都将作为公司可能的收购方被列入备选名单。

杠杆收购法与现金流折现法存在相似之处，都需要预测现金流、终值、现值以及折现率。不同之处在于，现金流折现法需要求出现值（企业价值），而杠杆收购需要求出折现率（内部收益率）。在杠杆收购法中一旦确定了内部收益率，就需要通过调高或调低购买价格来使其满足目标内部收益率（参见图 4-2）。

除了重点考虑内部收益率外，杠杆收购还需要分析标的公司是否有充足的现金流来维持公司业务的运营以及支付债务的本金和利息。同时，还需确定是否有充足的现金流向私募股权投资机构支付股息。公司的偿债能力及支付股息的能力越高，内部收益率就会越高。在不发生财务风险的前提下，财务投资者会尽量提高债务融资额度，从而最小化权益比重，这样能最大化内部收益率。

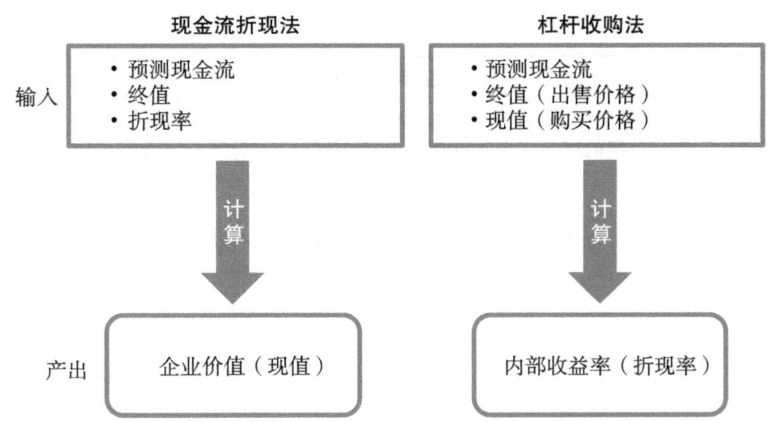

图 4-2 杠杆收购法和现金流折现法

资料来源：Castillo, Jerilyn and Peter McAniff. *The Practitioner's Guide to Investment Banking, Mergers & Acquisitions, Corporate Finance*. Circinus Business Press, 2007.

4.21.6 分类加总估值法

当公司有很多业务时，分解分析法是一种有效的补充估值工具，这种情况下，对每项业务进行单独分析比把所有业务作为一个整体进行分析的价值更高。当公司的各项业务价值总和高于公司当前的市场价值时，可以将公司分解为多个部分，并将其出售给不同的投资者，并在此过程中创造增量价值。代表出售方公司的投资银行在应用分类加总估值法时，重点关注每项业务的 EV / EBITDA 倍数，并将各项业务的价值加总，从而为公司创造更高的售价。代表收购方公司的投资银行则重点关注哪些业务可能会在并购后与收购方公司的业务部匹配。在这种情况下，投资银行需要确定单个业务单元的价值，然后基于资产和债务的分配进行价值调整，同时还要考虑税务相关事宜。投资银行需要确定将其不需要的业务通过何种方式销售：首次公开发行、公司分立、存续分立（可比公司法有效）、出售给其他公司（可比交易法和现金流折现增加协同效应分析法最有效）或是出售给私募股权基金（杠杆收购法适用）。

参见表 4-4 对不同估值方法的总结。

表 4-4 估值方法总结

可比公司法	可比交易法	现金流折现法	杠杆收购法	其　他
描述				
• “公开市场估值” • 根据市场上可比公司的倍数估计企业价值 • 运用历史和预测倍数 • 不包括控制权溢价	• “私人市场估值” • 根据出售交易中可比公司倍数估值 • 包含控制权溢价	• 估算业务的“内在”价值 • 预测自由现金流的现值 • 同时关注短期和长期业绩 • 考虑现金流风险以及资本结构的折现率	• 对于金融投资者的价值 • 基于债务偿还和股息支付的价值	• 分类加总估值法 • 清算法 • 分解法或净资产法 • 历史交易表现法 • 未来股价折现法 • 股息折现模型
评价				

（续）

可比公司法	可比交易法	现金流折现法	杠杆收购法	其　他
• 可比公司在规模、发展前景和产品等方面的相似性 • 位于可比公司组内 • 所在市场 / 行业交易波动 • 市场对公司的表现看法不一 • 对协同效应、税收问题的估值	• 真实可比交易的限制 • 市场数据的变化 • 数据缺失或难以找到（子公司交易的盈利往往不易得到）	• 在现金流比较可靠、可预测，且 WACC 比较好确定的情况下使用该种估值方法 • 对于终值计算假设比较敏感	• 由于缺少协同效应计算以及高额的资本成本和内部收益率，通常提供最低报价 • 资本结构需要诸多假设 • 由于业务规模和类型限制，部分交易可能不适宜使用该方法	• 更适用于特定情景分析，而不是普遍性估值 • 近期每股收益未必能反映真实价值

4.21.7 估值总结

在运用了全部适用方法对企业价值评估后，投资银行通过建立“球场估值图”来展现每种方法的估值空间，并以此汇总结果。反过来说，这种总结也能够帮助投资银行建立并购交易中所涉及公司的估值区间。通常来讲，在球场估值图中，使用可比公司估值法所确定的价值区间要低于使用可比交易法得出的区间，因为可比交易法中包含了控制权溢价。使用现金流量折现法得到的估值区间通常与使用可比公司法所得结果相似（虽然也存在例外）。通常来讲，一家公司当前的并购价值要高于使用可比公司法和现金流量折现法算得结果的重合部分（虽然也存在例外）。这是因为收购方需要支付控制权溢价，而上述两种方法均没有考虑。杠杆收购法通常会为公司提供最低价格，因为这代表财务投资者基于其要求的内部收益率所愿意支付的价格。通常来说，战略投资者能够支付比财务投资者更高的价格，因为战略投资者能够利用并购带来的协同效应，而财务投资者没有这种协同效应，因为他们通常不会将收购公司与类似公司合并。然而，如果市场接受很高的杠杆（将会导致更高的内部收益率）或财务投资者在交易中实施特别的操作策略，那么尽管缺少协同效应收益，财务投资者的报价仍可能会高于战略投资者。如果公司有多个主要业务，则球场估值图中应包括分解法。根据不同的公司和行业，球场估值图中可能还会包含其他估值方法。

图 4-3 是一个球场估值图的例子。在该球场估值图中，假设公司当前股价为每股 40 美元，可比公司法通常会给定 36～44 美元的估值区间，低于可比交易法给出的 42～51 美元的估值区间，这主要是因为可比交易法中包含了控制权溢价。现金流折现法得到的估值区间为 38～45 美元，假设成本协同效应的价值为 5 美元，在考虑协同效应的情况下，现金流折现法的估值区间增加到 43～50 美元。在该球场估值图中，财务投资者对拥有充足现金流、低杠杆以及资本性支出需求交易的公司比较感兴趣，假定内部收益率要求为 20%，给出的估值范围为 39～45 美元，杠杆收购法的估值就完成了。分解法由于考虑到公司运营的不同业务，因此给出的估值范围为 41～51 美元，由于考虑到在债务分配和税收问题后，不同业务的价值存在不确定性，所以该方法给出的估值范围最广。基于该球场估值图，投资银行确定标的公司的合适的价值为 50 美元（可能标示为 48～52 美元），该值代表了在当前每股 40 美元的基础上加上了 25% 的控制权溢价。然而，50 美元的价格可能由于收购支付方式（股份或现金）、交易完成的可能性或其他因素而上下调整。

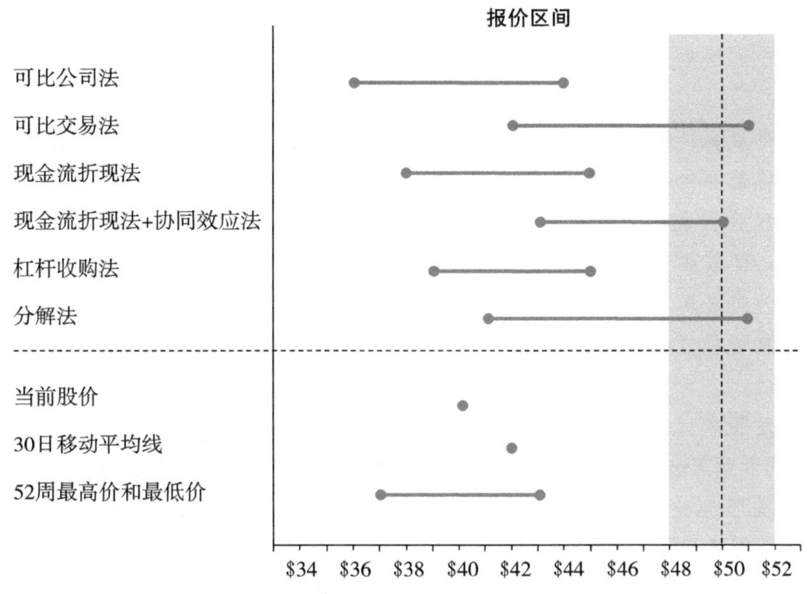

图 4-3　并购估值汇总（“足球场”）

专栏 4-2 提供的案例总结了一家上市公司在面临一些关键投资者要求采取措施提高股东价值的压力时所进行的战略考量。在该案例中，公司就一系列战略问题和估值分析向投资银行请求建议，以帮助他们判断出售公司是否是提高股东价值的最优选择。

专栏 4-2　服务公司案例研究

本案例模拟了投资银行对一家公开上市服务公司的咨询服务，该公司经营业绩和股价都表现低迷，管理团队以及董事面临来自某些股东，特别是对冲基金的压力，公司寻求投资银行帮助评估战略选择，从而采取行动来提高近期的股东价值。本案例要求读者根据不同的战略选择而使用各种传统估值方法来估算公司价值，如可比公司法、先例（可比）交易法、现金流折现法以及杠杆收购法。

任务

服务公司是为客户以及商业市场提供草坪护理、维修保养服务以及住宅维修服务的上市公司。2016 年 10 月，由于服务公司具有充足及稳定的现金流、相对较低的估值而且股价处于低位，吸引了对冲基金建立头寸。假设你是一家投资银行的投资银行部董事总经理，鉴于你们以往在资本市场和并购交易中的业绩，服务公司的董事会聘请你的团队为该公司进行战略方案的评估。

战略方案评估的第一步是确定在以下情况下的公司估值：

- 公司继续正常运行
- 改变资本结构
- 将公司出售给战略投资者
- 将公司出售给财务投资者

由于公司管理团队在经营中很少使用高杠杆，所以除非将公司出售，否则董事会不愿意对公司的资本结构进行较大改变。

下周，你将向董事会展示初步的估值和建议，其中包括选择广泛的还是有针对性的出售方式。

- 大范围“拍卖”方式
    - 可能获得最高价格
    - 出售过程公开化的可能性较高，导致客户与员工出现更大的分歧
    - 占用的公司资源较多（管理层的时间及开支）
    - 不容易控制竞争性信息的扩散（详细的财务信息、客户名单、组织图标等）

- ○ 需要花费更长的时间
- ○ 引发股东诉讼的可能性较小
- 针对性方式
  - ○ 可能获得最高价格
  - ○ 较难获得最高价格
  - ○ 出售过程公开化的可能性较小，客户与员工之间较少出现分歧
  - ○ 占用的公司资源较少
  - ○ 容易控制竞争性信息的扩散
  - ○ 进程较快
  - ○ 容易引发股东诉讼
  - ○ 需要公司和顾问选择“合适”的买方群体

你的任务是向服务公司的董事会推荐一种可能的出售方式，假设如下：

- 对冲基金希望在股价最高点出售所持股份
- 如果该过程耗时过长或公开化，核心员工可能离职
- 最高管理层十分关心竞争性信息的扩散
- 最高管理层是服务公司股票的主要持有者
- 公司员工需在服务公司重组计划上花费大量时间

使用所提供的服务公司经营预测表（见表 4-5），将服务公司的经营业绩与同行业其他上市可比公司的经营业绩进行比较，并利用该行业中曾经发生过的并购交易来确定服务公司的估值区间和控制权溢价。此外，利用所提供的服务公司的经营预测、净资产收益率、平均借贷成本和税率，使用现金流折现法来确定服务公司的内在价值。最后，利用所提供的服务公司经营预测、债务结构和利率假设以及杠杆收购模型来确定私募股权投资机构可能提供的收购价格区间。

表 4-5 服务公司的财务信息（预测截至 2017 年 1 月）

	2016	2017	2018	2019	2020	2021	2022	2023	2024	2025	2026
	实际数据						预测数据				
关键经营数据											
净销售额	6 400	6 600	6 800	7 050	7 300	7 600	7 904	8 220	8 549	8 891	9 247
增长率	—	3.1%	3.0%	3.7%	3.5%	4.1%	4.0%	4.0%	4.0%	4.0%	4.0%
EBITDA	800	825	884	917	949	988	1 028	1 069	1 111	1 156	1 202
利润率	12.5%	12.5%	13.0%	13.0%	13.0%	13.0%	13.0%	13.0%	13.0%	13.0%	13.0%
EBIT	750	765	814	827	839	858	892	928	965	1 004	1 044
利润率	11.7%	11.6%	12.0%	11.7%	11.5%	11.3%	11.3%	11.3%	11.3%	11.3%	11.3%
非现金营运资金投资	(30)	(5)	(7)	(10)	(12)	(14)	(15)	(16)	(16)	(17)	(18)
净销售额变化率	—	2.5%	3.5%	4.0%	4.8%	4.7%	5.0%	5.0%	5.0%	5.0%	5.0%
资本性支出	(80)	(100)	(110)	(115)	(120)	(130)	(135)	(141)	(146)	(152)	(158)
占净销售额比例	1.3%	1.5%	1.6%	1.6%	1.6%	1.7%	1.7%	1.7%	1.7%	1.7%	1.7%

你提交的报告应该包括以下内容：

- 初步估值汇总（球场估值图）（见图 4-4）
  - ○ 该表是对各种估值方法结果的汇总，是向董事会汇报你的结论时很好用的总结性幻灯片；
  - ○ 根据计算结果、所得结论以及听众的具体情况，这张幻灯片应该放在每项估值分析的小结前面；
  - ○ 假设公司已发行 2.5 亿股、有 8 亿美元负债和 2 亿美元现金。
- 可比公司交易法（见图 4-5 和图 4-6）
  - ○ 这种方法通过比较服务公司与其他类似公司，体现了公司潜在的隐含价值，但不包括控制权溢价。

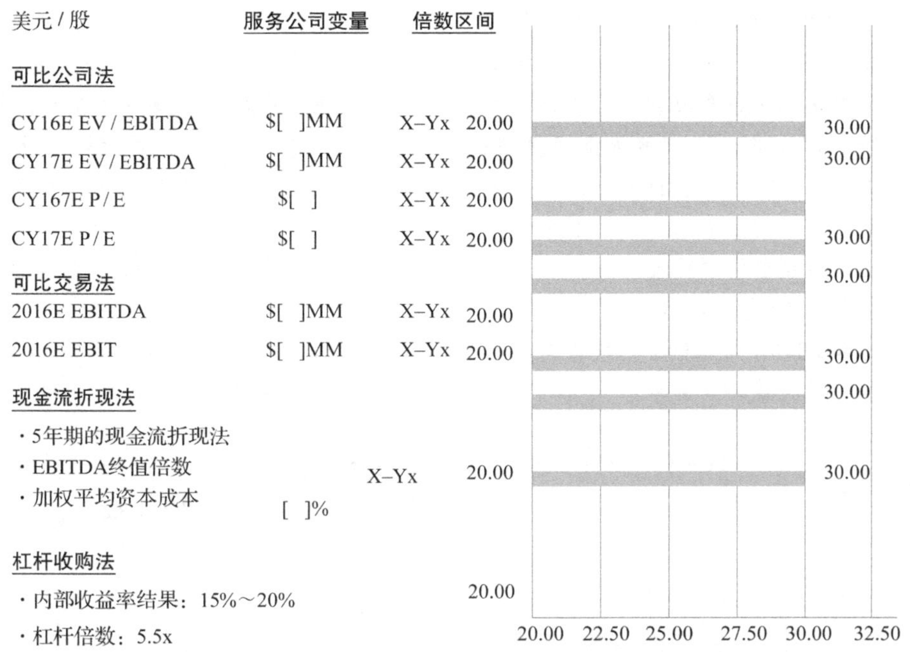

图 4-4 初步估值汇总表（球场估值表）

图 4-5 是可比公司经营业绩比较。图 4-5a 是基于华尔街股票研究预测的 2016～2018 年的收入增长；图 4-5b 是基于过去 12 个月财务数据报告得出的 EBITDA 利润率；图 4-5c 是过去 12 个月的投资资本收益率（ROIC=[⊖]考虑税收后的 EBIT÷（净债务 + 股东权益）——假设税率为 35%）；图 4-5d 是长期每股收益增长率（IBES 预测 5 年增长率的中位数）。

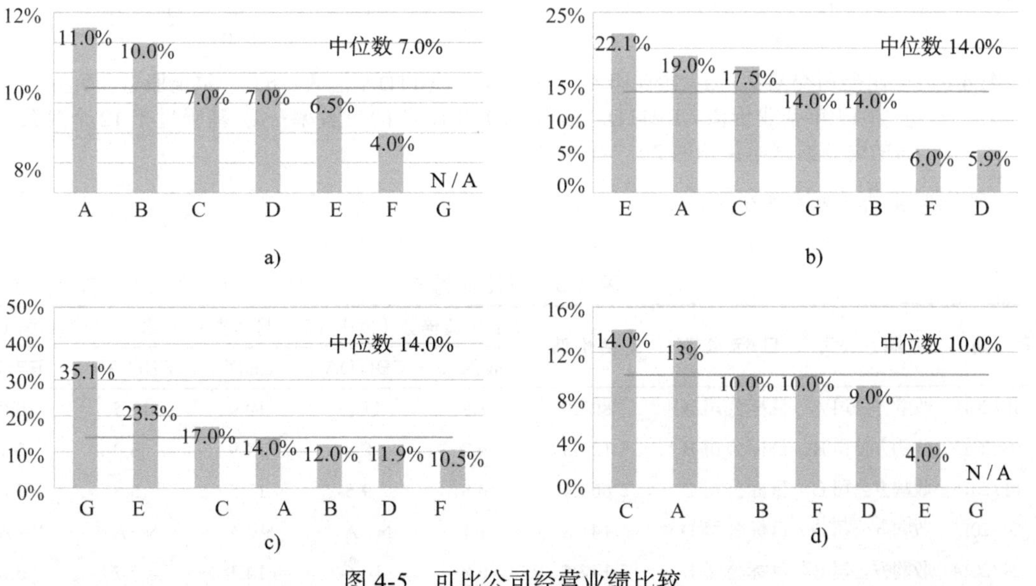

图 4-5 可比公司经营业绩比较

- 使用服务公司提供的可比公开上市公司名单、这些公司的可比经营业绩以及交易估值倍数确定 2016 年和 2017 年适当的年市盈率以及 EV / EBITDA 倍数（企业价值倍数），以便为服务公司估值。

⊖ 此处“=”原文为“1 / 4”，疑似笔误。——译者注

– 估值可用 EV / EBITDA 这个倍数来计算：① EV，企业价值，定义为市值加上债务减去现金及现金等价物的总和，即市值加上净负债；② EBITDA，息税折旧及摊销前利润，定义为在支付利息，税收、折旧及摊销前的预计收入。使用 2016 年和 2017 年的数据；
– 计算 2016 年和 2017 年股价对估计的每股收益的收益率。

◦ 基于对每家可比公司的相关财务倍数与比率的分析，选出具有代表性的财务倍数范围，并将这一倍数范围应用于服务公司。
◦ 该操作是基于相对规模、成长预期以及利润率三个指标来筛选出服务公司的可比公司。假设（仅适用于本次分析）所有公司都与服务公司在相同的终端市场上竞争。
◦ 假设服务公司 2016 年和 2017 年的每股收益分别为 1.46 美元和 1.50 美元。

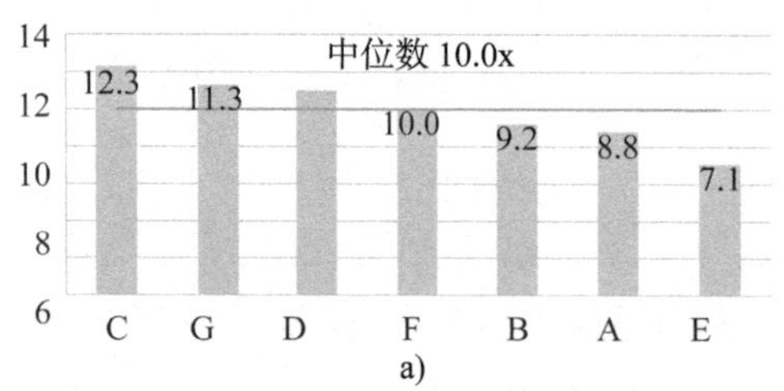

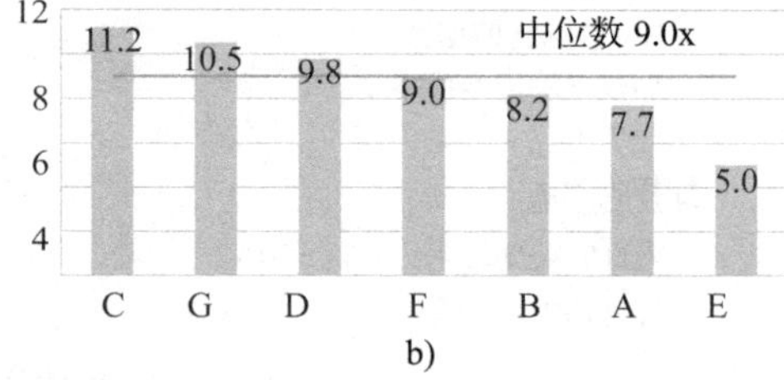

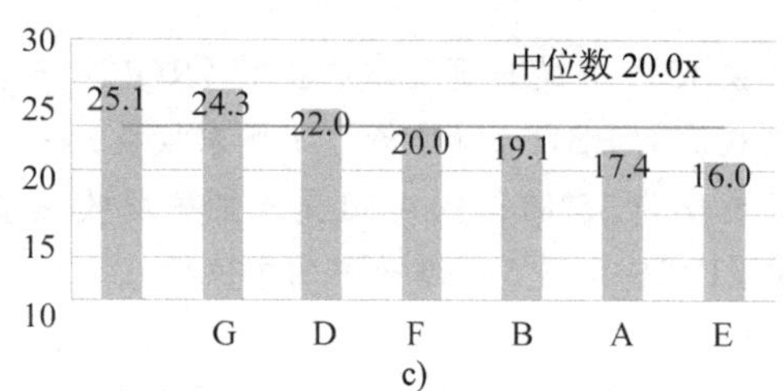

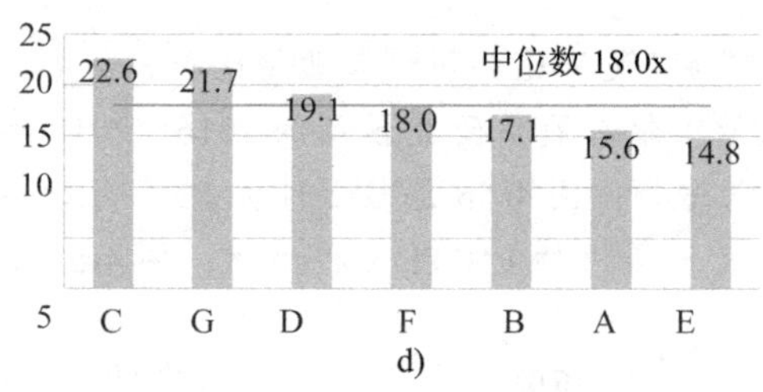

图 4-6　可比公司交易法。a）2016 年的企业价值 / EBITDA 倍数；b）华尔街股票研究预测的 2017 年企业价值 / EBITDA 倍数；c）2016 年的市盈率；d）基于过于 12 个月公布的财务数据而预测的 2017 年市盈率。

• 可比交易法（见表 4-6）

表 4-6　可比交易法　（单位：100 万美元）

日　期	收购方公司	目标公司	交易价值	企业价值倍数（过去 12 个月数据）			过去 12 个月利润（%）	
				收入	EBITDA	EBIT	EBITDA	EBIT
11/16/2015	收购方公司 A	目标公司 A	897.0	1.9	11.5	19.0	16.5	10.0
08/08/2015	收购方公司 B	目标公司 B①	8 121.8	0.7	8.8	13.9	8.0	5.1
03/01/2015	收购方公司 C	目标公司 C	2 669.4	0.8	9.5	13.5	8.3	5.8
01/24/2015	收购方公司 D	目标公司 D	141.8	1.1	N / A	N / A	N / A	N / A
03/29/2014	收购方公司 E	目标公司 E	5 147.5	0.8	10.6	14.1	7.7	5.8
12/22/2013	收购方公司 F	目标公司 F	113.9	0.2	14.6	49.4	1.4	0.4
12/16/2013	收购方公司 G	目标公司 G	1 837.2	1.0	12.5	N / A	8.3	N / A
10/01/2013	收购方公司 H	目标公司 H	103.5	4.4	N / A	9.6	N / A	46.2
03/08/2013	收购方公司 I	目标公司 I	110.0	1.2	N / A	N / A	N / A	N / A

（续）

日　期	收购方公司	目标公司	交易价值	企业价值倍数（过去12个月数据）			过去12个月利润（%）	
				收入	EBITDA	EBIT	EBITDA	EBIT
01/05/2013	收购方公司J	目标公司J	629.0	3.5	8.7	N/A	40.0	N/A
02/12/2011	收购方公司K	目标公司K	186.0	0.3	N/A	N/A	N/A	N/A
10/05/2010	收购方公司L	目标公司L	800.0	0.4	9.8	13.3	4.2	3.1
08/07/2010	收购方公司M	目标公司M	170.0	0.3	N/A	N/A	N/A	N/A
11/03/2008	收购方公司N	目标公司N	856.9	0.5	5.9	7.3	9.1	7.3
10/27/2008	收购方公司O	目标公司O	322.2	0.6	N/A	9.7	N/A	6.1
03/23/2008	收购方公司P	目标公司P	260.9	0.5	10.3	20.1	5.0	2.6
11/02/2007	收购方公司Q	目标公司Q②	331.0	1.1	N/A	16.6	N/A	6.6
08/08/2005	收购方公司R	目标公司R	218.5	1.1	8.6	12.4	13.4	9.3
			平均数	1.1	10.1	16.6	11.1	9.0
			中位数	0.8	9.8	13.7	8.3	6.0

① 2015年8月8日，目标公司B的交易数据是修改后最终接受的报价（最近的数据截至2015年6月30日）。初始提案时间为2015年5月1日，估值以2015年3月30日的数据为计算基准，分别对应0.7倍收入、8.6倍EBITDA和13.2倍EBIT。

② 企业价值倍数根据股权研究机构收购时假设的3亿美元业务量进行计算。

- 该法确定了包括控制权溢价在内的公司价值，控制权溢价可以通过类似的历史交易中公开的财务数据来确定。
- 比较可比交易中的各个公司的规模、经营业绩（利润率），以及交易估值倍数，并通过使用这些数据确定服务公司2016年合适的EBIEDA和EBIT倍数来估算企业价值。
- 在考虑可比交易数据与服务公司的规模、盈利，以及其他市场数据的匹配程度下，确定提供的已是最佳的可比先例交易名单。

• 现金流折现法（见Elsevier网站上关于现金流折现法估值模型的内容）
  - 该方法确定公司的长期内在价值。
  - 利用服务公司的经营预测数据计算公司的现金流折现值。
  - 使用EV/EBITDA倍数法计算企业终值；利用可比公司经营及交易数据来确定合适的终值倍数范围。
  - 为确定合适的折现率，假定有如下相关信息：
    - 10年期国债利率为4.47%；
    - 无杠杆β的前向预测值为1.254；
    - 权益市场的风险溢价为4%～6%；
    - 债务/权益比率为0.43；
    - 债务成本为8%；
    - 隐含税率为39%。
  - 确定折现率和退出倍数假设是否对现金流折现法估值有较大影响。
  - 确定战略投资者在考虑到协同效应时可能支付的额外价值，协同效应假设如下：
    - 协同效应——服务公司确定可能给战略投资者带来的一系列潜在的协同效应，从而提高投资者的EBITDA。
      - 成本协同效应：总EBITDA可能增加5 000万美元至1亿美元。
        - 合并总部；
        - 合并原材料采购；
        - 合并后台功能；
        - 合并提升了营销与广告的购买力。
      - 收入协同效应：总EBITDA可能增加2亿美元至3亿美元（除开成本协同效应）。

- 将服务公司的产品向收购方公司客户群体进行交叉销售；
- 将收购方公司的产品向服务公司客户群体进行交叉出售；将多种服务进行捆绑销售，以提高客户的忠诚度；
- 通过降低广告成本和合并广告品牌服务来提高广告支出效率。

◦ 估算已查明的协同效应对估值带来的潜在影响。
◦ 运用所得的2016年EBITDA倍数计算得到协同效应的价值，这个价值是你认为战略投资者的保守估值中应含有的价值。
◦ 简单解释为什么战略投资者会为你给出的那些协同效应支付额外价格。
◦ 将协同效应价值与现金流折现法所确定的公司价值相加，得到战略投资者愿意为公司支付的价格。

• 杠杆收购法（见Elsevier网站上关于杠杆收购法部分的内容）
◦ 该方法用来确定金融发起人（私募股权投资机构）实现其目标收益时，可能为服务公司支付的价格。
◦ 使用服务公司的经营预测数据构建杠杆收购模型，并假设5年后退出（2021年）
◦ 你所在机构的杠杆融资团队提供了如下债务结构和利率假设：
- 银行贷款总额不超过2.5倍2016年EBITDA，利率为LIBOR+250个基点；
- 负债总额不超过5.5倍2016年EBITDA，剩余债券利率为10%。

◦ 对于杠杆收购法而言，需要计算交易结束后，经会计调整的摊销增加额。摊销增加额（不可在税前扣除）的计算方法如下：
- 权益购买价格加交易费用及支出（该项由购买价格决定：新增银行贷款×1%+其他新增负债×2%）减去账面价值8亿美元（股东的账面权益价值减去现有商誉和无形资产）；
- 假设25%的新增商誉可以摊销；
- 假设摊销期为20年。

◦ 在给定经营预测、杠杆和利率假设的前提下，确定金融发起人在实现未来5年15%～20%回报率的基础上，能够支付的每股最高价。
- 使用可比公司经营及交易倍数数据、先例交易经营和估值倍数数据，为金融发起人确定合适的退出倍数范围，合适的退出机制可以通过首次公开发行、将公司出售给战略投资者或其他投资者来实现。
- 使用服务公司管理层对2016～2021会计年度的财务预测，假设金融发起人在2020年对服务公司的投资进行估值，并据此确定2021年的退出倍数。然后加上2020年年末预测的现金余额，减去2020年年末预测的未清偿债务来计算服务公司2020年年末的权益价值范围。根据计算出的2020年年末权益价值范围，假设金融发起人要求的5年期的内部收益率为15%～20%。根据内部收益率，能够计算出金融发起人为收购服务公司愿意支付的价格。
- 需要注意：退出倍数应该不高于买入时的倍数，应该更低一点，讨论一下原因。

◦ 信贷紧缩分析
- 服务公司的董事会非常担心出现信贷市场紧缩的情况。
- 你所在机构的杠杆融资团队认为在信贷紧缩的市场中，融资结构和利率如下：
  - 银行贷款总额不超过2.0倍2016年的EBITDA，利率为LIBOR+350基点；

– 负债总额不超过4.5倍2016年的EBITDA，剩余债务利率为12%。
– 讨论杠杆率的下降或利率的上升是否会对服务公司的估值带来比较大的影响。

- 结论
  - 为最佳策略选择提供清晰的分析结论，并为服务公司的下一步工作提供建议。
  - 建议实行针对性出售方式还是大范围“拍卖”方式，说明选择的合理性。
  - 你是因为提出建议而获得薪酬，不是因为计算数字！

服务公司概述

服务公司是一家为住宅客户和商业客户提供服务的全国性公司。提供的服务内容包括：草坪护理、土地维护、白蚁及虫害控制、住宅保修、救灾及灾后重建、灾后清理及恢复、家居清洁、家具维修和上门检查。截至2015年12月31日，服务公司通过一个大约由5 500家自营机构以及加盟机构组成的网络来提供这些服务，公司旗下有许多领先的品牌。服务公司于1995年成立于特拉华州，是1940年以来很多实体企业的继承者。服务公司的业务分为5个主要经营部分：草坪护理、土地维护、灭虫、家居保护以及其他业务。

下表是服务公司每年每项业务收入在总收入中所占比例：

(%)

	2015	2014	2013
草坪护理	31	32	32
土地维护	13	14	14
灭虫	31	33	33
家居保护	16	16	16
其他业务	9	5	5

- 草坪护理

草坪护理服务是由草坪护理服务公司（ServiceCo LawnCare）提供的。2015年、2014年、2013年来自该项服务的收入占总收入的比例分别为31%、32%和32%。该项业务具有季节性。诸如干旱、早春或秋季的降雪等天气情况对草坪护理服务需求的影响较大。这些情况会导致收入的减少或成本的上升。

草坪护理服务公司是美国一家在草坪护理方面处于领先地位的公司，服务对象包括住宅客户和商业客户。截至2015年11月30日，草坪护理服务公司通过225家自营机构和45家加盟机构为哥伦比亚地区和45个州提供服务。

- 土地维护

土地维护服务主要由土地维护服务公司（ServiceCo LandCare）提供。2015年、2014年、2013年来自该项服务的收入占总收入的比例分别为13%、14%和14%。土地维护服务具有季节性。诸如干旱等天气情况会影响土地维护服务的需求，降雪量下降也会导致除雪服务需求的减少，这些情况会导致收入的减少或成本的增加。

土地维护服务公司是美国一家在土地维护方面处于领先地位的公司，服务对象包括住宅客户和商业客户。截至2015年12月31日，土地维护服务公司通过102家自营机构为哥伦比亚地区和43个州提供服务，但不涉及国际业务。

- 灭虫

灭虫服务提供白蚁和虫害控制服务，主要是由灭虫公司（Exterminator）提供的。2015年、2014年、2013年来自该项服务的收入占总收入的比例分别为31%、33%和33%。该项业务具有季节性。早春一般是白蚁泛滥的季节，但由于气候不一样，各地的泛滥时间会有所不同，这段时间内对白蚁防控服务需求量最大，因此这段时间内的收入也是最高的。类似地，在气候温暖的时候，害虫活动的增加导致了虫害控制需求量达到最大，因此收入也达到最高水平。

灭虫公司是美国一家在灭虫服务方面处于领先地位的公司，服务对象包括住宅客户和商业客户。截至2015年12月31日，灭虫公司通过380家自营机构以及127家加盟机构为哥伦比亚地区和其他45个州提供服务。

- 家居保护

家居保护提供针对家庭系统和电器的家居保修合同和上门检查服务，前者主要由家居保护服务公司（Home Protection）提供，后者主要由上门检查服务公司（Home Inspection）提供。2015年、2014年和2013年来自家居保护服务的收入占总收入的比重分别为16%、16%和16%。家居保护和上门检查业务也具有季节性。家居保护服务的需求量取决于房屋转售量，一般来说春夏季需求量较高。家庭保护服务的支出在夏季最高，特别是在反常高温的时候表现尤为突出。

• 其他业务

公司的其他业务包括灾难救援和灾后重建服务、住宅和商业建筑灾后重建与清洁服务，国内房屋清洁服务、上门家具修复服务。这些服务主要由Furniture Medic公司提供。此外，还包括服务公司总部的相关职能。2015年、2014年、2013年这部分业务收入占总收入的比例分别为9%、5%和5%。

• 特许经营权

特许经营权对于服务公司而言非常重要，在2015年、2014年、2013年，特许经营权收入占总收入的比例分别为3.5%、3.4%和3.3%，而相应的特许经营权成本所占比例分别为2.2%、2.1%和2.1%，与特许经营权相关的利润占总利润的比例分别为11.3%、10.5%和10.3%。特许经营权协议的期限一般为5～10年。大部分特许经营权协议在到期前会续约。

• 竞争

服务公司在服务、特许经营权和产品的销售方面与许多公司存在竞争关系。服务公司业务的主要竞争方式包括服务的品质和速度、品牌知名度、价格促销活动、消费者满意度、品牌意识、专业销售力和声誉等。公司每项服务都存在很强竞争。

◦ 草坪护理服务的竞争主要来自于当地自营公司以及自己清理草坪的房主。服务公司这项服务正寻求国际发展。
◦ 土地维护服务的竞争主要来自于小型自营的公司（在有限的区域市场开展经营活动）、少数拥有大量市场的大型公司，以及自己进行土地维护的土地所有者。
◦ 白蚁及虫害控制服务的竞争主要来自于许多地区性独立的自营公司、自行进行虫害防治工作的房屋所有者，以及Orkin（一家全国性公司Rollins的子公司）。Ecolab在全国性的虫害防治方面与之展开竞争。
◦ 针对系统和家用电器的家居保修合同市场的竞争主要来自于区域性的家庭保护服务供应商。一些竞争者正在将业务扩展到其他州。
◦ 上门检查服务市场的竞争主要来自于区域、地方的自营公司。
◦ 住宅及商业建筑灾后修复及清洁服务市场的主要竞争来自于当地独立的自营公司以及少数全国性的专业清洁公司。
◦ 房屋清洁服务市场的竞争主要来自于当地独立的自营公司以及少数全国性公司。
◦ 家具维修服务市场的竞争主要来自于当地独立的自营公司。

• 主要客户

服务公司单一客户的业务量占其总收入的比例不超过10%。此外，各项业务单一客户的业务量占该项业务总收入的比例也不超过10%。

4.22 并购诉讼专题

4.22.1 倒置和挤出

企业倒置（inversion）是指将一家美国公司的法定地址迁往另一个拥有更低税率的国家，同时保留公司在美国绝大部分经营活动的行为。在2014～2016年，许多美国企业通过与注册地在低税率国家的另一家企业合并，如爱尔兰（12.5%）或加拿大（15%），实现了企业倒置。企业倒置通过获得非美国合并伙伴的低税率，来避免在美国支付占总收入 39% 的高税率，且高税率适用于无论是在美国国内还是国外取得的收入。通过合并后的企业倒置能够使得美国总公司在美国国内取得的收入按美国的高税率支付税收，而在美国国外取得的收入能够以其所在国的低税率支付税收。一般而言，企业倒置可以使企业在美国国外获得的收入避免双重课税（在获得收入的国家以及美国）。企业倒置的另一好处是能够让企业实现收益剥离，一家美国企业通过在同一公司的不同部门之间使用贷款的方式，将利润从高税收管辖区转移到低税收管辖区。收益剥离是税收倒置最常使用的避税手段。此外，美国企业也有其他的避税手段能够让企业在非美国国家落户，例如改变定义收入或成本的方式，使其发生在低税率国家，虽然实际客户可能在高税率国家。迈兰和百利高，是两家通过与非美国企业合并后，实现企业倒置的美国企业。企业倒置后，两家公司的平均税率降低了大约 20%。这两家倒置公司于 2015 年进行了收购活动，总结如下。

迈兰

迈兰是一家生产仿制及特殊药品的全球性公司。迈兰最初在宾夕法尼亚州成立，宾夕法尼亚州至少存在六种不同的反收购法，被称为“恶意收购的坟场”，后来，迈兰将其总部地址迁移至荷兰的阿姆斯特丹。为了实现其倒置，迈兰收购了雅培制药的非特殊药品以及仿制药业务，雅培制药在此之前已经将该部分迁移至荷兰。然后，迈兰与雅培制药将该部分业务合并，变身为一家荷兰公司。在这次交易中，雅培制药获得了 1.1 亿股迈兰公司股份，迈兰获得了雅培制药 22% 的所有权。为了实现税收优惠，超过 20% 的迈兰公司的股份需要被雅培制药持有。迈兰选定雅培为目标是因为雅培“创造了显著提高的财务灵活性，且对于未来发展机遇而言，拥有全球更具竞争力的税收结构”。虽然荷兰并没有提供像宾夕法尼亚那么多的反收购保护，但是迈兰因荷兰 25% 的低税率而收益颇丰。此外，荷兰提供被称为“针脚”（stitching）这种类似于“毒丸”计划的反收购保护：荷兰公司可以向基金发行优先股，使其拥有对公司暂时的投票控制权，以防止恶意收购。美国虽然有众多的反收购选择，但荷兰这种“核武器”方式却是独一无二的。迈兰对该基金没有合法控制权，基金甚至可以违逆迈兰的意志而行动，从本质上来说，此举将迈兰有影响力的控制权移交给了独立的第三方。

百利高

百利高是一家全球仿制药制造商，将总部从密歇根州的阿勒根迁移至爱尔兰的都柏林，通过企业倒置的方法降低税收。密歇根州的法律与宾夕法尼亚州类似，提供了一些针对恶意收购的保护，其中包括：收购公司股份满 10% 或更多的收购方至少需要再过 5 年时间才能继续收购剩余股份；允许成立“铰链式”董事会（意味着任何一年都仅有 1 / 3 的董事席位可以拿出来供选举）；以及“毒丸”防御。基于这些保护措施，收购方需要花费两年时间来替换百利高的董事会，这样新董事就能够废除“毒丸”计划并支持继续收购。虽然将公司总部设在爱尔兰能够获得大额税收减免，税率低至 12.5%，但是爱尔兰几乎没有反收购的保护措施。

迈兰通过挤出要约收购百利高

2015 年 4 月，迈兰提出以每股 205 美元总计 290 亿美元的价格，通过现金和股票交换的方式收购百利高。如果收购完成，合并的公司将拥有全球最大的仿制药业务，在品牌、仿制药以及非处方营养品等方面都占据重要地位。合并后的公司预期将实现153亿美元的销售额以及产生巨大的成本协同效应。然而，百利高拒绝了这次现金加股权的要约，因为虽然本次交易给出了18.7倍的预期EBITDA估值（比当前市场价值高出很多），但是百利高认为，基于公司未来的发展前景，收购方应与收购美赞臣、宝洁一致，给出大于20倍的预期EBITDA，虽然百利高的经营利润仅为这些公司的2 / 3。

通常而言，想要对百利高这种大型公司进行恶意收购是很难的，因为美国各州都有收购保护措施。然而，百利高的总部已经设在爱尔兰，而爱尔兰缺乏对收购的严厉保护措施，迈兰就有了进行恶意收购的较大成功可能性。迈兰可以直接接触百利高的股东，尝试挤出（squeeze-out）那些不支持收购的股东。在恶意收购的要约下，不可能标的公司100%的股东都支持这项交易。特拉华州法律及其他州的某些法律规定，如果90%的股东同意收购，那么恶意收购公司可以挤出剩余股东，迫使其接受该交易。然而，爱尔兰收购法规定，只要有80%的股东同意收购，则可以挤出剩余股东。百利高将其总部从美国密歇根州迁移至爱尔兰这一企业倒置举措，给迈兰进行恶意收购提供了大好良机。然而，尽管许多股东以及股票分析师都认为迈兰会收购成功，但是结果只有不到50%的百利高股东同意收购，所以该收购以失败告终。

早在这之前，迈兰曾经被梯瓦制药设定为收购目标，但迈兰通过说服其大股东雅培反对这次交易而免于被收购。迈兰通过向股东发起要约收购来实施挤出并不常见，因为恶意收购的企图通常会被“毒丸”计划所抵消，这些“毒丸”可能会稀释那些已经成功获得大量股份的敌意追求者。而且，美国法律要求收购要约保持更长的开放时间，让标的公司有时间说服股东拒绝收购要约。综合上面这项因素，迈兰对百利高发起恶意收购要约并实际进行了针对恶意收购的股东投票，这种事情25年来尚属首次。

4.22.2 订书钉融资

订书钉融资（staple financing）是卖方顾问的贷款分支机构提供的正式融资方案，作为并购拍卖流程的一部分。预先安排的融资条款用订书机订在收购条款清单的背后，“订书钉融资”由此得名。在订书钉融资中，卖方的并购顾问也参与买方的融资，因而潜在地能够从交易两边获益——他们从卖方获得并购交易费，从买方获得贷款费。买方通常是私募股权机构，依赖于大量融资来为收购筹措资金。这种融资方式一方面为投资银行创造了可观的收入机会，但另一方面也因为并购顾问收取了双边的费用，可能会造成利益冲突。

从买方角度来说，订书钉融资带来的好处是无须四处寻找收购融资，且买方能够依据融资条款对收购价格更有把握。从卖方角度来说，订书钉融资能够带来更高的收购价格以及更多的投标人。这种结构也能够更好地保留机密性并加快拍卖速度。订书钉融资通过向潜在购买方提供经过协商的条款清单，保证其竞价之后融资的可得性，从而简化收购流程。

虽然订书钉融资是一种有效的融资工具，但这种方式的潜在利益冲突可能降低其优势。在这种结构中，卖方的融资顾问参与双方的交易活动：作为买方的贷款者同时又是卖方的顾问。这导致投资银行的动机遭到曲解。如果卖方顾问能够获得想要使用订书钉融资的买方的薪酬，那么投资银行可能更有动机将该交易推送给该买方，而不会进行稳健的拍卖而使卖方公司股价达到最大化。

最近几年，有大量订书钉融资案件受到法院的质疑，包括由巴克莱银行担任顾问的德尔蒙食品公司并购交易，以及由加拿大皇家银行担任顾问的Rural / Metro并购交易。

德尔蒙

订书钉融资在德尔蒙食品公司股东诉讼案件后受到关注，该案件重点关注于德尔蒙的董事会以及其财务顾问巴克莱。德尔蒙是北美的一家食品生产以及分销公司，总部设在加利福尼亚州的沃尔纳特克里克。该公司是美国最大的品牌食品生产商、分销商和营销商，每年大约实现约18亿美元的收入。在2010年11月，巴克莱建议德尔蒙将公司出售给三家私募股权机构：Kohlberg Kravis Roberts（KKR），Centerview 合伙和 Vestar。交易金额为50亿美元，提供了比德尔蒙当前股价高出40%的溢价。巴克莱在向德尔蒙提出销售建议的同时，也向收购方提供订书钉融资服务。然而，直到收购流程的尾声阶段，巴克莱才将自己作为收购方贷款人这一情况向德尔蒙的董事会披露。最后，由 NECA-IBEW Pension Trust 这家伊利诺伊州工会养老基金牵头，德尔蒙的股东控诉巴克莱没有实施一个合适而公平的拍卖过程，并未旨在使德尔蒙获得最高收购价。

在此次交易之前，巴克莱与包括 Vestar 在内的大量潜在收购方商讨有关收购德尔蒙的相关事宜。然而，巴克莱决定让 Vestar 与 KKR 联合收购，而非由 Vestar 独立竞价。股东声称巴克莱极力主张由这一组合来推动收购完成，是因为这些私募股权投资机构将使用巴克莱提供的订书钉融资服务，而拍卖应该是公平地包含那些不使用订书钉融资服务的其他竞价者。而且，德尔蒙的股东称如果巴克莱让两家机构分开竞价，那么也许可能获得更高的收购价格（而且巴克莱并未完全通知董事会关于联合竞价的过程）。不过，监管注册文件表明，巴克莱实际上并未安排这两家机构合作。

由于在这次交易中为双边服务，巴克莱能够获得高达4 800万美元的双倍费用。在本次法律诉讼之前，德尔蒙向巴克莱发送了一封信件称："在本次案件中巴克莱资本向收购方提供了收购融资服务，德尔蒙理当认为巴克莱资本将作为贷款人而保护其利益，而这与本公司的利益相冲突。"该诉讼声称巴克莱没有遵循法律准则。特拉华州衡平法庭认为巴克莱操纵本次交易并从中获得高额收益。法院持有的观点如下：通过与私募股权投资机构合作以确保交易完成，未告知德尔蒙拍卖进程的所有情况直至为时已晚。由此，巴克莱促成了一笔不公平的交易。因而，法院要求巴克莱向股东支付8 940万美元的和解费。这是特拉华州衡平法庭有史以来开出的最大一笔和解费。法院要求德尔蒙食品公司支付其中的6 530万美元，巴克莱支付剩余的2 370万美元，直接从其获得的交易费中抵扣。

德尔蒙和巴克莱都否认自己做出任何不当行为。巴克莱声称，它已经为德尔蒙接触了53家潜在收购方，为股东争取了高额溢价。德尔蒙申明对本次收购过程十分满意，满足于19美元每股的收购价，股东价值得到了最大化。然而，法院和股东都不认同，且法院开出了巨额和解费来结束本次争论。

Rural / Metro

2011年3月28日，Rural / Metro Corporation（美国一家提供紧急服务的组织）宣称它被华平投资这家私募股权机构以每股17.25美元，总计4.378亿美元的价格现金收购。Rural / Metro 的并购顾问是加拿大皇家银行。2014年10月，特拉华州最高法院裁定 RBC 向 Rural / Metro 的原股东支付7 600万美元的罚款，由于其同时为卖方和买方服务并收取费用因而促成了一次不太明智的交易。据说 RBC 为了推动公司快速出售给华平投资，没有采用一个更广泛的拍卖过程，而后者能够获得更高的收购价格。

在向 Rural / Metro 提供咨询服务的同时，加拿大皇家银行也向华平投资提供订书钉融资服务。在该诉讼中 Rural / Metro 称加拿大皇家银行蓄意低估本公司的价值以将公司出售给该私募股权投资机构。加拿大皇家银行辩称它遵循一个严格的出售流程，华平投资是六位潜在竞价者中出价最高的机构，且订书钉融资也帮助公司获得了最高竞价，由此为股东实现了价值最大化。此外，该交易实行了 90 天收盘后的市场检查，在此期间其他竞价者可能以更高的价格介入，但是其他竞价者并没有这么做。特拉华州法院站在了提起诉讼的股东一方，认同加拿大皇家银行潜在的利益冲突变成了实际的利益冲突，由此导致了销售价格过低。如果没有这些冲突，可能实现更高的收购价格。

4.22.3 不可抗力融资

固铂轮胎橡胶公司是一家位于美国俄亥俄州芬德利的轮胎制造商。阿波罗轮胎公司是一家印度轮胎制造商。2013 年 6 月，阿波罗轮胎宣布以 25 亿美元的收购协议收购固铂。然而，该交易在 6 个月之后因遭遇重大障碍而被否决，其中包括特拉华州衡平法庭对其的起诉。在签订合并协议后，阿波罗收回了收购承诺，他们认为固铂管理层试图隐瞒与交易相关的某些劳动者风险。阿波罗声称固铂没有披露其中国合资伙伴——固铂成山轮胎公司（CCT）反对本次交易的信息，且该公司有权要求高达 4 亿美元的补偿，否则将阻挠本次交易。当固铂拒绝支付这笔款项时，其中国的员工就会罢工，停止生产固铂轮胎并拒绝固铂管理层进入车间，中断 CCT 的经营生产。此外，在工会对合并提出不满之后，阿波罗不得不与固铂阿肯色州和俄亥俄州的工厂重新协商劳动合同，这些都是意料之外的事。

随着交易的解除，固铂起诉阿波罗迫使其放弃已经协商好的每股 35 美元的收购价。阿波罗反诉称，在美国工会达成协议之前，它被禁止进行任何与合并相关的交易，而且固铂并没有遵守合并交易的规定，它不允许阿波罗查看其中国合资伙伴的账簿和记录（已经被中国员工没收）。由于每一项难处都被公之于众，固铂的股票暴跌，蒸发了大约 3 亿美元的股东价值。

固铂辩解称，向股东和公众公布的每一份声明都明确了本次交易所涉及的风险，并且当有关的劳工问题显现时，该风险也被迅速披露。然而阿波罗并不认同这一观点。阿波罗的并购顾问摩根士丹利也不认同。摩根士丹利向阿波罗承诺了 10 亿美元的融资额，并将组建银行财团来帮助阿波罗融资。然而，收购刚要结束，中国和美国劳工问题就显现出来了，投资银行引用融资文件中的不可抗力条款，作为其不提供已承诺融资的理由。

不可抗力意味着群众暴乱、天灾、天气、火灾、洪水、爆炸、自然灾害、破坏活动、意外、政权更迭、暴动、入侵、奇异或恐怖行动等对一方履行其协议义务产生重大不利影响，而合同各方无法合理事先预期到事件的发生。摩根士丹利认为两国的劳工问题（尤其是中国员工禁止进入固铂工厂、禁止查看其账簿及记录）阻碍了公司履行其在融资协议中规定的义务。因此，摩根士丹利拒绝为阿波罗融资，此举阻断了阿波罗获得收购所需的资金。

阿波罗和摩根士丹利都拒绝跟进并退出此次合并交易，使固铂股东遭受了巨大损失，且在特拉华州衡平法庭上上演了一场唇枪舌剑，最终法院选择支持阿波罗。

第5章 交　　易

本章内容可与以下案例相互参照："两只对冲基金的故事：磁星和培洛顿"和"凯马特、西尔斯和 ESL：从对冲基金到世界顶尖零售商之路"。

本章将介绍投资银行所从事的交易活动，包括权益交易和 FICC 交易这两项关键性交易业务的重心和组织结构。本章也将介绍新金融组织，这些新金融组织承担了大部分的前自营交易，在承担信用方面占据的份额也越来越大。在美国实施《多德－弗兰克法案》之前，这些一般都由投资银行承担。目前世界主要国家也在实行类似《多德－弗兰克法案》这样的法规。

5.1　销售与交易

大型投资银行的销售交易（通常被称为交易业务）部门主要工作重心是：①为大型机构投资者客户提供服务，如共同基金、对冲基金、养老基金、主权财富基金、保险公司以及二级交易市场的其他大型机构投资者；②与投资银行部进行合作，帮助企业和政府在一级市场筹集资本或对冲风险。

大型投资银行的销售交易部门一般由数千名员工组成，其中包括大量的交易员、销售人员、研究分析师，他们与风险控制人员、合规人员、律师、技术人员和运营专员紧密合作。在大多数顶级投资银行中，该部门创造的收入通常远高于投资银行部或资产管理部（见表 5-1 和专栏 5-1）。

表 5-1　2013～2015 年全球前九大投资银行交易部门与投资银行部分的年平均收入（单位：10 亿美元）

银　行	销售与交易	FICC	权益交易	投资银行业务	收入比较（FICC / 权益交易 / 投资银行）
摩根大通	19.4	14.2	5.2	6.3	55% / 20% / 25%
高盛	15.3	8.1	7.2	6.5	37% / 33% / 30%
花旗集团	15.0	12.1	2.9	4.6	62% / 15% / 23%
美国银行	12.5	8.3	4.2	6.2	44% / 22% / 33%
德意志银行	12.5	8.8	3.7	3.5	55% / 23% / 22%
摩根士丹利	11.5	4.2	7.3	4.9	26% / 45% / 30%
瑞信	10.2	5.4	4.8	3.7	39% / 35% / 27%
巴克莱	8.5	5.2	3.3	3.4	44% / 28% / 29%

（续）

银 行	销售与交易	FICC	权益交易	投资银行业务	收入比较（FICC / 权益交易 / 投资银行）
瑞银	5.9	1.8	4.1	2.8	21% / 47% / 32%
合计	110.8	68.1	42.7	41.9	45% / 28% / 27%

注：由于一些投资银行报告的权益收入中包含大宗经纪和证券服务，权益收入可能无法直接进行比较。

资料来源：Bloomberg.

为了获得如此可观的收益，交易业务承担的风险明显大于其他部门业务，多种交易相关的业务在2008年遭受的巨额亏损就是明证。金融危机之后出台的法规要求投资银行在多种交易业务中准备更多的权益资本，这就导致了相较于规模较小的投资银行业务和资产管理业务而言，交易业务的股本回报率（ROE）较低。低股本回报率一直是固定收益业务（尽管收入很高）面临的特殊挑战，致使包括瑞银、巴克莱和摩根士丹利在内的多家大型投资银行自2009年以来有意收缩其固定收益业务。

机构投资者管理着超过75万亿美元的资产，主要投资于股票、债券和贷款。他们花费大量时间来决定持有哪些证券以达到预期目标以及如何管理风险。鉴于市场中存在大量证券，同时数以千计的机构投资者在做相关决策，在一年的每个交易日当中，当投资者重新评估及调整其投资组合时，都会产生大量的交易流量。

专栏 5-1 高盛2015年度报告：对销售和交易业务的描述

机构客户服务部门为公司客户提供服务，这些客户想要购买、出售金融产品来筹集资金以及管理风险。我们通过成为做市商、提供全球范围内的市场专业知识来提供此类服务。机构客户服务部在固定收益、股票、货币以及商品产品领域开拓市场并促进客户交易。此外，我们进入全球主要股票、期权和期货交易所市场，并清算客户的交易。做市商提供了流动性并在价格发现中发挥关键作用，这有助于提高资本市场的整体效率。我们愿意创造市场、投入资本并承担各种产品的风险，这对我们维护客户关系至关重要。

我们的客户主要是包含投资实体在内的专业机构参与者，这些投资实体的最终客户包括为其退休投资、购买保险或将多余的现金存入存款账户的个人投资者。

我们通过全球销售团队维持与客户的关系，接受订单，发布投资研究、交易思路、市场信息及市场分析。作为做市商，我们向客户提供全球主要资产类别和市场中数千种产品的价格。有时，如果不能马上找到买方或卖方，我们自己就会成为交易的另一方；其他时候，我们将客户与其他想要交易的人联系起来。公司与其客户之间的这种互联互通关系大多通过技术平台得以维持，而且无论何时何地只要市场开放交易，均可在全球范围内操作。

我们的全球投资研究部为机构客户服务部以及其他业务提供支持。截至2015年12月，该部门为全球超过3 400家公司、40多个经济体以及不同行业、货币、大宗商品提供了基础研究。

机构客户服务部的收入来源于以下四种途径：

- 在流动性高的大型市场（例如美国国库券市场，大市值的标准普尔500成分股或某些抵押过手证券市场）中，我们为客户进行大量交易操作；
- 在流动性较低的市场（例如中型公司债券、增长型市场货币或某些非机构担保的住房抵押贷款支持证券（MBS）市场)，我们为客户进行交易，收取的差价和费用通常比在流动性更大的市场中收取的费用多；

- 我们构建、执行涉及定制化产品的交易，以解决客户的风险暴露、投资目标或其他复杂需求（例如航空公司对航空燃油风险的对冲）；
- 我们为客户提供融资，以便于他们进行证券交易活动、证券借贷以及其他大宗经纪服务。

销售和交易部门为这些机构投资者提供服务，包括提供分析和思路、市场准入与市场执行、为客户提供融资头寸以及以银行承担风险而通过进行“做市”活动来提供流动性。其收入可来源于金额明确的费用或佣金、对客户融资融券收取的利息，或当机构投资者改变其投资组合时，从他们手里买入或卖出大量的证券和衍生品，对此收费以及有效地赚取差价。

做市功能通常涉及投资银行作为代理从机构投资者手中购买证券，并在某个时间点（可能是几分钟、几小时、几天或几个月后）将这些证券转售给其他投资客户。

这种冒险行为受到多种因素的影响，包括研究、监管、诉讼、公共关系、竞争对手、破产、信用评级机构、套利者以及无数其他变量。交易是一种具有高度分析性的行为，需要大量的日常决策、对公共和私人数据进行深入分析，并将从多个来源获得的信息迅速同化。除了交易需要专业化，对全球经济、利率、货币、信用风险、股票估值方法乃至对政治的深刻理解也非常重要。

一个优秀的交易员有能力跟踪和合成大量信息，以便迅速做出明智的决定，包括在特定交易中向客户提供买入和卖出价。当投资客户想购买证券时，他们的销售代表会给出“卖出”价；当客户想要出售证券时，他们的销售代表会给出“买入”价。这样的决策可能导致证券持有人迅速获利或损失，但有时要几个月后才能知道具体结果。银行每天都执行成千上万的自营交易，独立来看，其中很大一部分是无利可图的。然而，如果大多数个人交易都是以一个很小的、积极的“预期价值”进行的，那么在管理交易总风险的同时，执行成千上万的此类交易，很可能导致在绝大多数的时间里整个业务都不会亏损，而是盈利。

举一个风险管理与获取买卖价差之间相互作用的例子，如果一名交易员对2 000万美元的ABC化工公司2025年到期的流动性较差的高收益债券同时报出买价和卖价，某家共同基金按交易员的买入报价将债券卖给了投资银行。由于没有将其立即转卖给其他客户而获利的机会，那么该交易员可能会略微降低他对其他化工公司债券的报价，使得当那些希望购买此类债券的投资者在打电话给多家银行询问报价时，该价格更有可能成为市场上的“最佳出价”。作为最佳（也就是最低）报价，交易员更有可能在短期内卖空另一家化工公司的高收益债券，考虑到同一行业的高收益债券之间的预期正相关性，这将有助于对冲其风险暴露。如果ABC公司有其他债券（如在2023年和2026年到期的债券），这个交易员就会相比较其他债券更多地降低此债券价格，从而卖空ABC公司的债券（或减少现有库存）——同一家公司的债券将会提供最佳对冲，因为它们具有最高的预期价格相关性，也是唯一在短期的意外破产中具有相同“突然违约”风险的证券。尽管可能需要花费数周或数月的时间才能找到卖出2025年到期的ABC债券的好机会，但在此短期内，交易员的目标是维持高收益化工板块债券多头和空头头寸合理的“平衡账簿”。如果交易员在保持平衡的情况下每天能够进行数十次的客户交易，随着时间的推移，交易员实际上是在赚取买卖价差来作为他们向投资者提供流动性（也称为变现能力）的回报，当然也要承担一些多头和空头之间预期相关性并不成立的风险。

一般而言，机构投资者承担着整个证券市场的长期价格风险。通常交易部门预期整体资产类别的直接价格风险很小，但可能承担显著的相关风险。当市场经历了像2007～2009年金融危机期间那样极度紧张的时期，一些看似“平衡”的账簿会因相关性的变化而变得不平衡，从而遭受重大损失。有些市场具有流动性和可靠的相关性，这就有助于建立一个平衡的账簿，而有些市场缺乏流动性，提供可靠的管理风险的机会就比较少。这些差异是决定买卖价格之间的差价大小（通常称为买卖价差）的主要因素，价差是做市商在助推客户交易过程中因其承担的预期剩余风险而需要获得的足够的预期利润。

无论持仓时间的预期框架如何，对于每个风险头寸的价值，交易员必须每天至少跟踪一次。这就是所谓的“逐日盯市”。如果交易员持有一家上市公司的股票，则可以从交易所报告的日内或收盘价中获取“市场价”。对于不在交易所交易的证券和衍生品，根据具体情况，市场价可以由以下几个方面决定：参考其他交易报告服务、通过交易商经纪或其他来源获得的买卖报价、具有更明显或最近更新的价格的可比证券，或是为了预测该头寸的变现价值而开发的内部模型。无论采用何种估值方法，交易者都必须每天将库存中持有的所有证券和衍生品头寸按市值计价，这就产生了每日利润表。

交易员必须能够很好地分析和不带感情地处理交易损失，因为即使是最优秀的交易员在他们的账面上通常也会有一些亏损的交易，同时还有一些盈利的交易。关键在于盈利的交易要多于亏损交易，并且按市值计价的累积交易头寸在季度或日历年内为正。

在向客户提供流动性的过程中，交易员被要求获得合理而稳定的利润，而销售和交易团队则另有目标，即帮助客户通过交易获利。如果客户不能在与投资银行进行交易的过程中盈利，客户最终可能会停止与该银行的交易。因此，有时交易员决定接受较低的交易保证金（甚至亏损）以满足客户的投资目标，并促进更大的交易量。与最大的机构投资者的关系需要花一些时间来建立，必须谨慎小心，有时是以牺牲短期收益为代价来最大化投资银行的长期收益。在风险业务中平衡这些考虑因素可能会很困难，需要销售、交易和高管部门之间定期讨论。

5.1.1 研究

投资银行的研究团队设在销售和交易部门，研究分析师定期与销售人员和交易员沟通。研究分析师发表的报告包含了他们对各种主题的独立分析和观点，包括股票估值、企业信用风险以及经济发展。权益分析师将寻求机会与公司管理团队会面，并且打电话询问季度收益情况。机构投资者也可以利用分析师来解释他们的观点，并就研究目标的问题进行辩论。

研究出版物通常是向机构投资者免费提供的，前提是当投资者认为该研究有用时，他们会在发行出版物的银行执行相对低风险的交易，如无风险代理或对银行有利可图的商品化交易。其中一个例子是许多代理（无风险）股票交易在美国进行，在这里投资者支付每股0.02～0.04美元的佣金，尽管他们可以使用低于每股0.01美元佣金的其他交易方式。投资者愿意使用支付高于最低成本的方法，很大程度上是因为他们希望通过更高的佣金间接地获得增值研究。

在投资银行内部，交易员们依靠广泛的研究来深入了解他们交易的证券。他们综合利用了自己公司的研究团队的研究成果、其他可公开获得的研究成果，以及他们自己的独立研究。所有的交易员和销售人员都应该能够阅读公司的文件和报告，了解公司的业务模式和风险，并提出相关的问题。一些做市交易平台会有一个或多个指派的“平台分析师”，他们为交易员和平台的客户提供研究，他们关注的是该平台交易的特定证券，而不是研究部门所涵盖的全部股权事件。

有关研究功能更详尽的阐述，请参阅第 6 章。

5.1.2 销售

专业销售人员的客户包括个人投资者和机构投资者。他们的作用是建立和维持与投资客户之间的信任关系，并了解每个客户的具体目标和利益。这些了解使得销售人员能为客户提供投资或对冲方面的有价值的想法。专业销售人员提供在研究和分析中得出来的投资建议。能够及时提供独到见解和解决方案的研究是销售流程的重要组成部分。对于复杂的投资交易尤其如此，此时研究和分析是由专业销售人员为客户的特定需求而量身定制的。

市场中每一天都有成千上万条新闻、数据、价格和交易色彩，其中有些会引起特定投资人的兴趣。销售人员过滤所有这些信息并打电话给最有可能对某些信息感兴趣的特定客户，以此提供增值服务，他们会以简洁而引人注目的方式呈现信息，如果客户希望进一步挖掘，则为其提供更详细的信息（或电话联系银行的相关专家）。

销售人员接受投资者的订单，以代理的方式买卖证券，并在主要交易中与交易员沟通定价。销售团队的双重目标是帮助交易员和投资客户创造利润，但有时很难同时实现双方的目标。最优秀的销售人员善于调和投资者和交易员的期望，为双方提供公平的价格，同时促进在各种问题上的沟通。他们知道交易者和投资者的压力点和决策优先顺序，并在较长一段时间内跟踪盈亏。分析能力是销售过程中必不可少的一部分，但人际交往能力也同样重要。

5.2 权益交易

权益交易员交易普通股、普通股或股票指数的衍生品（期权、互换和期货）、可转换证券以及包括交易所交易基金（ETF）在内的其他基于普通股的产品。这里面每一类产品都是很大一块业务领域，需要交易员具备高度专业化的知识。每位交易员关注有限数量的证券或衍生品。有时交易员会关注全球范围，但他们通常根据地理位置决定所关注证券的范围，因为每个国家都有自身独特的监管制度和证券交易规则。比如，交易员关注的领域有：美国科技公司、美国医疗保健公司、亚洲新兴市场股票、欧洲权益衍生品等。此外还有很多交易员关注的领域，这会根据投资银行的规模不同而不同。一般来说，大多数交易员会负责 20～100 只证券（或衍生品的“标的”证券）。

成为某个特定股票的活跃交易员有很多好处。当投资银行承揽上市公司增发的承销业务时，如果在该发行人的权益交易上有很大交易量就可以提高投资银行的竞争力。奥特斯（Autex）等服务商可以跟踪单个股票的交易活动，仔细地监控相关信息，当这些数据有利于承揽业务时，它们将被纳入投资银行家的业务承揽书中。在某只股票上交易活跃也会帮助投资银行更准确地定价并提高基于交易的收入。这是因为更活跃的交易员会接触更多的买卖报价，更清楚这只股票的交易特点，并对当前股票持有人、他们购买这只股票的大概价格以及哪些投资者愿意买卖股票有更深的了解。

投资银行的每个交易领域都会配有一个销售团队，以促进与投资客户的交易。交易员还与权益资本市场团队密切合作，对投资银行承销的首次公开募股（IPO）、增发项目以及可转换债券进行定价。

权益交易和投资客户之间的关系是复杂的。投资银行方面涉及交易员、销售交易员、销售研究员和分析师。机构客户方面涉及投资组合经理、机构交易员和操作人员（见图 5-1）。除促进投资客户买卖证券外，权益交易还为客户提供其他服务，包括融资、对冲、融券以及开发交易平台等。

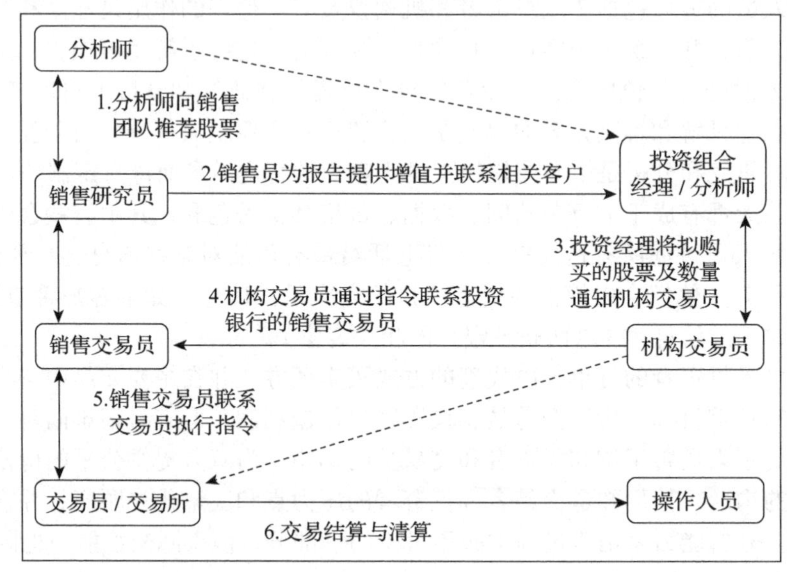

图 5-1　权益交易

资料来源：Morgan Stanley.

大宗经纪

大多数银行将其大宗经纪（或“证券服务”）业务归类于权益销售和交易中。大宗经纪业务主要关注于对冲基金、借入证券和现金以支持其投资业务的其他客户以及其他服务，这些服务包括：交易清算、托管和结算、办公用地和技术支持、业绩衡量与报告。大宗经纪产品和服务，可以为有些投资银行带来超过 10 亿美元的年收入。

对冲基金及其他投资者有时会从投资银行借入证券来进行卖空证券（卖出借来的证券，并有义务未来在市场上重新买入证券还给出借人）。根据对冲基金的策略，卖空可以用于创造对冲（例如，卖空股票来对冲可转换债券）或基于基金预测证券价格未来将要下跌而产生潜在的收益。

对冲基金也经常向投资银行的大宗经纪部门借入资金，从而能够购买规模超过基金自身资本投资规模的证券。这些“保证金贷款”通常由基金在投资银行的大宗经纪账户中持有的所有资产作为抵押。如果抵押品价值随着时间不断下降，投资银行将发出追加保证金通知，以偿还部分贷款。有时，这会造成被迫出售证券来筹集资金，造成对冲基金的潜在损失。如果收益是正的，借入现金可以使对冲基金从投资交易中获取更高的收益。相反，如果收益是负的，借入现金（杠杆的作用）将造成更大的损失。

对于大型投资银行而言，大宗经纪业务是有利可图的业务，历史上几乎没有经历过损失。就借贷功能而言，投资银行为对冲基金的整个投资组合提供杠杆而非单只证券，风险控制者设定贷款参数，根据参数要求，多元化较小的投资组合能够得到的杠杆率较低并且会更迅速地要求其追加保证金。当从对冲基金获得的大宗经纪业务收入与从这些客户获得的佣金加在一起时，对许多大型投资银行的权益交易部门而言，对冲基金有时代表了客户相关收入的最大来源，尽管其总体上管理的资产比共同基金或养老基金少得多。一些对冲基金以外的机构投资者也从投资银行的大宗经纪部门借入证券和现金，但与对冲基金相比其总量要小很多。

1. 融券

许多大型机构投资者拥有大量预期将长期持有的股票。这些投资者往往愿意把他们的股票借给投资银行，投资银行再转借给第三方。出借人从融券者处收取现金作为他们出借股票的抵押金，抵押金根据出借股票的盯市价值进行每日调整。通常要求抵押金超过出借股票价值的 2%～5%。出借人以低于隔夜市场利率的利率支付抵押金的利息，具体利率取决于所出借的不同股票的供给与需求情况。例如，如果在美国的交易中，隔夜联邦基金利率为每年 2%，借入某只股票的需求有限，出借人可能会向融券者的抵押金支付年化 1.75% 的利率。然而，如果最初对股票的需求超过了可出借股票的供给，出借人可能会支付更低的利率，仅为年化 1.00%。由股票出借人向融券者所支付的抵押金利息，被称为“折让”。折让金额与抵押金的隔夜利息收入之间的差额，是指股票出借人与为股票贷款提供便利的投资银行大宗经纪人之间的净投资收益。

例如，如果一个投资人以每股 100 美元价格出借 40 万股 IBM 公司股票（价值为 4 000 万美元），融券者可能会被要求在融券时支付给股票出借人 40 800 000 美元的现金作为抵押。如果贷款期限为 3 个月，40 800 000 美元的现金抵押按照 2% 的年利率计算获得的市场利息为 204 000 美元。由于 IBM 公司股票很容易借到，股票出借人可能会支付融券者一个年利率为 1.75% 的折让，或 178 500 美元。25 个基点的利差，即以市场利率获得的利息与向融券者支付的折让之间的差价为 25 500 美元，大部分由股票出借人持有，一部分支付给促成交易的投资银行。（如果投资银行从自己的交易部门而非客户那里获得股票，那么投资银行将获得全部利差。）

在以下这些情况中股票很难借到：很大比例的股票由限售的内部人士持有；一向的股票出借人却决定在第二天卖出股票；股票持有人担心过多卖空会对股票的价格有潜在的负面影响。

卖空活动是全球资本市场的一个重要组成部分。对冲基金是卖空活动的最大参与者，因此也是投资银行融券业务的最重要客户。投资银行与其绝大部分大型机构投资客户以及一些大的个人投资客户建立了证券借用安排。证券借用安排通常允许出借人在提前几天通知的情况下终止担保贷款并收回该担保，但实际上，除非借款人希望结束，否则大部分贷款将持续数月。当证券供应紧张时，折让的重新定价通常能够使供需恢复平衡，而不是造成“轧空”。许多投资者愿意出借他们的部分证券以获得收入，这种收入提高了他们持有证券的收益。对一些大型机构投资者来说，这笔收入可能高达每年数亿美元。在竞争激烈的机构资金管理领域，对于很多基金来说，有可以获得年化 0.1% 的额外收益的可能，却几乎不承担任何风险（在具有超额现金抵押的情况下），这是很有吸引力的。这种盈利动力导致美国证券借贷市场中大多数大盘股供应过剩。

当股票被出借、做空时，从清算系统的角度来看，这些股票的买方成为所有者。这就意味着买家如果持有股票到“股权登记日”那一天，便能够得到股息，并且在举行股东会时有投票权。绝大多数情况下，股票出借协议约定，无论公司何时支付股息，融券者必须向出借人支付等于股息的现金金额。

大量的卖空活动是由希望对冲相关头寸下行风险的投资者操作的，例如：可转换证券或看涨期权的持有者；股票多头头寸基金的持有者；通过卖空相似股票（“配对交易”）或者卖空宽基指数或对应的行业指数或 ETF 而为多头头寸进行套期保值的基金。卖空的另一个主要原因是为了给公司股票创造一个“看跌”头寸，基于这样一种观点，即如果股票价格在未来下跌，今天卖空股票，然后在公开市场以更低的价格买回股票从而获利。股票是可替代品（完全可替代），这使得融券者可以用从公开市场上购得的不同（但等值）股票来还给出借人。

裸卖空（naked short selling）是指没有在交易结算日之前借入证券或确认有能力借入而卖出股票（或者其他证券）的投资手法。如果在截止日期之前没有借入股票，其结果就是“未能交割”，则必须尽快通过在市场上购买证券以实现交割。监管机构已禁止“滥用裸卖空”作为人为压低证券价格的手段。在对裸卖空进行了大量监管分析后，批评意见认为：这种做法可能会对试图筹集资金的公司造成损害，在某些情况下甚至可能导致其破产。然而，其他人没有看到有证据表明裸卖空造成了这种问题。专栏 5-2 讨论了这种做法的历史情况及监管变化。

在美国以及其他几国的司法管辖区，交易所跟踪并公开报告每只上市普通股的借入和卖空股票数量。放空比率（short interest ratio）是指上市公司股票被卖空的数量除以这些股票的每日平均交易量。股票卖空与自由流通股持股比例超过 10% 的股东、公司高管和内部人员以外的人所持有的股票）的关系也很重要。高放空比率可能意味着一些市场参与者看跌特定股票。然而，这也可能会有误导性，因为有些公司报告的空头净额中很大一部分与对冲基金购买的可转换证券有关。在这种情况下，对冲基金做空与这些可转换证券对应的股票是为了对冲其股价风险。因此，准确理解放空比率必须考虑已发行的可转换证券以及公开已知的衍生交易的影响。关于可转换证券以及与之相关的卖空活动的详细讨论参见第 9 章。

专栏 5-2　　卖空

在股票卖空中，交易员借入股票并卖掉。如果股价下跌，卖空方可以从公开市场低价买入股票来偿还之前借入的股票，从中赚取差价。

近年来，政府当局试图限制卖空行为。尽管卖空是合法的交易策略，并能够防止“非理性繁荣”和泡沫，但在 2008 年，美国证券交易委员会限制某些类型的卖空，因为他们担心这些交易伴随着虚假传言会对金融系统产生消极影响。

2008 年 9 月，美国证券交易委员会发布了一项紧急法令，限制对 19 家大型金融机构股票的卖空。这项禁令随后扩展到所有金融机构的股票。这项法令试图同时禁止卖空金融机构的股票以及对所有股票的“非法裸卖空操纵”。裸卖空是指在没有进行借入股票的步骤就卖空该股票的操作。历史上，卖空者“框定”股票（确认可获得的借券供应）并卖空，但没有义务在结算日之前与股票出借者签订合约。有时，不止一个交易员能够框定同一批的股票并都执行卖空，这将导致交割失败。根据美国证券交易委员会的法令，卖空者必须在交易日签订合同以借入股票。

美国证券交易委员会在 3 周后解除了金融类股票卖空禁令，但对裸卖空的新限制仍然有效：2009 年 7 月，美国证券交易委员会将这项紧急法令变为永久法令，要求交易者在 4 天内完成卖空交易。

---

2. 保证金融资

当投资者借入资金购买证券并且把证券（或者其他被认可的资产）当作抵押品时，就是在进行保证金购买。当投资者增加投资杠杆时，投资银行便为这些投资客户安排保证金账户。被抵押证券的价值是逐日盯市计算的，并且投资者必须维持事先约定的贷款价值比率。如果抵押品的价值下跌，投资者会被要求增加额外现金或抵押品。投资银行要求增加额外现金或抵押品的行为被称为“追加保证金”。

投资银行提供的大部分保证金融资都是“投资组合保证金”，也就是说，这些贷款的抵押品是在大宗经纪账户中持有的合理多元化的投资组合。在其他条件相同的情况下，大宗经纪账户越多元化、越能自我对冲（即既有空头头寸又有多头头寸），银行愿意提供的融资金额越高，利率可能越低。总体而言，大宗经纪借贷对银行来说是一个相对低风险、低利率的业务。在一些银行，包括股票衍生品交易和结构化信用交易在内的其他领域，为非多元化和流动性不佳的抵押品提供风险更高、利率更高的保证金贷款，如个人结构化信用、直接贷款头寸，或接受内部股东大量受限普通股质押而提供融资。

投资银行要求的追加保证金曾是一些对冲基金崩盘的诱因。在金融危机期间，由于一些对冲基金被迫迅速抛售其部分或全部投资组合，这种动能增加了市场的波动性。专栏 5-2 是大型对冲基金培洛顿在投资银行追加保证金后倒闭的案例。（也可参见案例：“两只对冲基金的故事：磁星和培洛顿”。）

专栏 5-3　　大宗经纪商要求对冲基金追加保证金

经过多年的强劲增长和超额收益后，2007～2009 年的信贷危机期间，对冲基金遭遇了自 1998 年长期资本管理公司崩溃以来最严重的危机。对冲基金依靠投资银行的大宗经纪商来清算交易、服务资产，以及起到对它们的投资策略而言可能最重要的作用——提供杠杆。对冲基金通过承担债务来提高资产收益率并促进某些投资策略。

然而，对于在 2007 年及 2008 年拥有住房抵押贷款支持证券和担保债务凭证的对冲基金而言，杠杆被证明是它们衰落的根源。房价急剧下降降低了这些证券的抵押品的价值，导致大宗经纪商要求追加抵押品。结果许多基金被迫出售资产来满足追加保证金要求。一些基金，如凯雷资本和培洛顿，因为无法满足追加保证金的要求被迫减价出售其所持有的证券。

虽说巨大的杠杆和对房地产市场不合时宜的赌博是大多数对冲基金行业陷入困境的元凶，但投资银行的巨大次级抵押贷款损失也对不少对冲基金的倒闭起到了推动作用。由于投资银行面临自身资产减记以及其他业务的极端波动，投资银行的大宗经纪业务对信用操作越来越保守，即使给他们最好客户的回旋余地也很小，在市场恶化时候收紧对客户的追加保证金条件（即要求降低贷款价值比率）。

由两个前高盛合伙人于 2005 年创办的总部位于伦敦的对冲基金培洛顿是一个对冲基金被其大宗经纪商追加保证金要求而击倒的突出例子，要不然这家基金可能是一家成功的基金。2007 年，培洛顿的基金做空 BB 次级 MBS 证券，同时做多 AAA 档，从而获得 87% 的收益率。然而，2008 年 1 月，培洛顿在确定次级证券几乎没有其他下行空间后修改其策略。培洛顿将回补其 BB 级空头头寸，同时增加了他们在较高评级部分的多头头寸。随着次级抵押贷款市值因为违约率增加、房价下跌以及最终次级抵押贷款市场流动性极低等因素而进一步下跌，培洛顿的损失相当大，以至于银行需要迅速追加现金。由于不能满足这一要求，培洛顿关闭了基金，暂停客户赎回，最终导致了高达几十亿美元的损失。这家伦敦首屈一指的对冲基金的倒闭，凸显了当大宗经纪商收紧或取消保证金融资时基金崩盘之快。

5.3 固定收益证券、货币和商品期货交易

固定收益证券、货币和商品期货（FICC）通常关注利率产品、信用产品、货币以及大宗商品。这四个领域的交易员从事着许多不同类型的业务，每个业务类型都有专门的销售团队和研究职能。FICC 曾是大多数大型投资银行最有利可图的部门，但在 2007～2008 年全球金融危机中，很多 FICC 部门遭受了巨大损失。从 2010 年开始，各种全球监管机构的新规要求投资银行对 FICC 的许多业务领域配置更多的权益资本。其结果是，尽管在顶级银行中 FICC 继续获得巨额收入，但它通常是所有部门中 ROE 最低的。因此，近年来，几家顶级银行有意缩减其 FICC 业务（包括巴克莱、瑞银和摩根士丹利），而其他银行则制定了提高 ROE 的战略，包括员工的“初级化”、更多地使用技术替代人工并更加注重中央清算安排。

5.3.1 利率产品

投资银行协助客户交易美国、英国、德国、法国、日本的国债，其他政府债券以及政府机构债券和票据。投资银行还对包括互换、期货和期权在内的利率衍生品进行重要的做市和结构化业务。投资银行的利率业务包括代理和自营两类业务线：前者银行主要担任代理人（例如，在高流动性的美国国债中执行代理订单、结算和清算交易）；后者由银行承担大量的风险头寸，包括定制利率衍生品交易。对于大量交易的市场标准化的衍生品，如利率互换，在危机后监管和技术进步的推动下，投资银行遭遇到来自于交易所和某些有意提供电子做市服务的对冲基金的激烈竞争。在这一领域，投资银行产品的买方或卖方可以积极地与投资银行竞争，从而可能损害投资银行的利润。

5.3.2 信用产品

信用产品包括企业债券（投资级债券、高收益债券和不良债券）、住房抵押贷款支持证券、资产支持证券（信用卡应收款、汽车贷款、电脑租赁、贸易应收款、设备租赁等）、结构化信用和信用衍生品（主要指信用违约互换）。

1. 公司债券

在美国，过去几年，每年发行的投资级公司债券超过 1 万亿美元，而在 2006～2007 年杠杆收购的繁荣期（见图 5-2），高收益债券的发行量已经达到之前高点的好几倍。虽然上市公司通常只有一只普通股，但规模较大的公司往往有许多不同的债券，导致某只特定债券的流动性相对不足。大多数公司债券交易都会由一家投资银行作为机构投资者之间的中介。在某些情况下，银行只能作为代理进行交易，因此在交易的另一方被找到之前，不能进行交易。在其他情况下，银行可能会在同一天找到机会买入并转售债券，从而赚到小额利润。然而，最典型的情况是，银行必须同时报出买价卖价，并将在未来数周或更长时间内承担由此产生的头寸风险，这个情况类似于本章前面的化学公司债券案例。对于一些尚有大量债券的发行人而言，银行也提供对应债券的信用违约互换（详见后面的详述）。

由于不同类型的公司债券具有不同的交易特点和客户基础，大型投资银行通常有独立的交易和销售团队，专注于投资级债券、高收益债券和不良债券上。

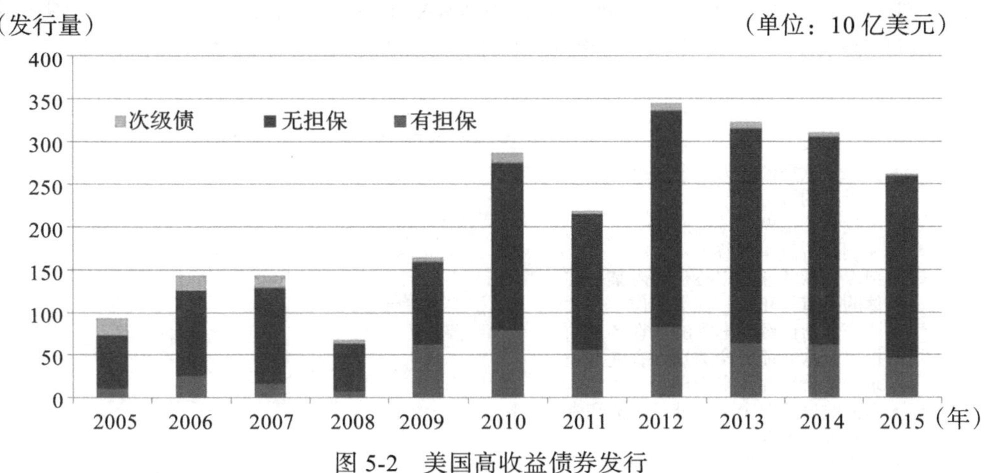

图 5-2 美国高收益债券发行

资料来源：S&P CAPITAL IQ LCD.

2. 结构化信用

结构化信用业务主要专注于在公司和投资者之间作为信用风险的中介。投资银行可以在创建信贷工具的过程中，根据情况不同而担任顾问、结构设计者、发起人、贷款人或服务人等各种角色，从而满足信贷投资者需求并为借款人提供有用的资金。资产证券化中重要的工作包括证券化（如资产支持证券和住房抵押贷款支持证券）、非证券化的资产入池或分档，或采用其他形式的结构，然后隔离银行与不同投资者之间的风险（见专栏 5-4）。在许多结构化信贷交易中，投资银行将在其资产负债表上承担一段时间的信用风险，同时通过其销售团队对风险暴露进行结构处理并组建银团。在某些交易中，投资银行管理一笔贷款时，会在账面上一直保留相当多的剩余风险，其他部分则由信贷投资者持有。在这些交易中，银行实际上不仅作为中介和结构设计者，而且作为传统的银行贷款人，承担着它所保留的部分风险，尽管它们通常有着比传统银行贷款更为复杂的贷款结构。

专栏 5-4 关于德意志银行结构化信用业务的描述

结构化信用是一个全球性的市场主导的平台，主要关注非流动性信贷、证券化、硬资产融资和特殊情况。综合解决办法包括：

- 广泛的资产支持的证券系列；
- 融资方案；
- 结构化信用交易（二级市场交易和定制解决方案）；
- 结构化融资咨询（负债管理和并购资本结构咨询）；
- 银团贷款（私人银行市场信贷的结构化和银团化）；
- 养老金和保险的风险市场。

结构化信用的一个重要领域是担保贷款凭证，即 CLO。担保贷款凭证是投资银行承销的、以非投资级贷款组成的资产池作为支持的债务证券。因为该资产池包括了一系列多元化的资产，信用评级机构对这些担保贷款凭证中的某些部分会给出“投资级”的评级。在担保贷款凭证中，会成立一个特殊目的信托来购买非投资级贷款，然后该信托向投资者发行三个或者更多档级的债券（每个档级都有不同的信用评级），购买这些证券的投资者将得到比相同评级证券稍高的票面利息。尽管某些 AAA 评级的含有次级抵押贷款的担保债务凭证出现了减记，但由企业贷款支持的担保贷款凭证在 AAA 评级的部分中从未出现过违约（尽管出现过按市值计价的损失）。有关担保贷款凭证的更多信息，请参见图 5-3 和图 5-4。

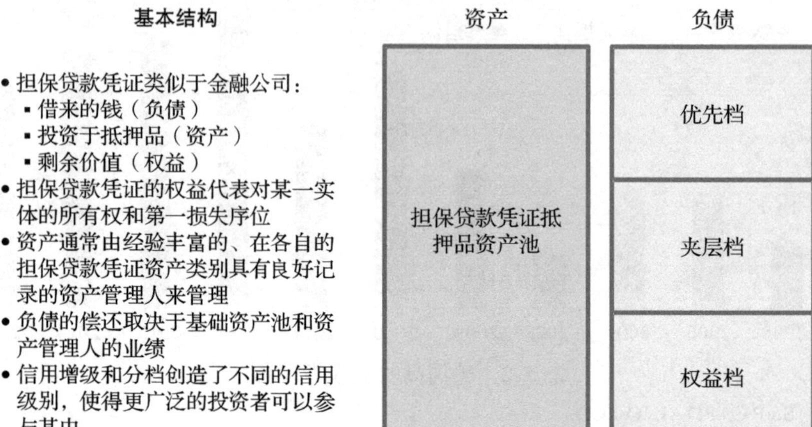

图 5-3　担保贷款凭证

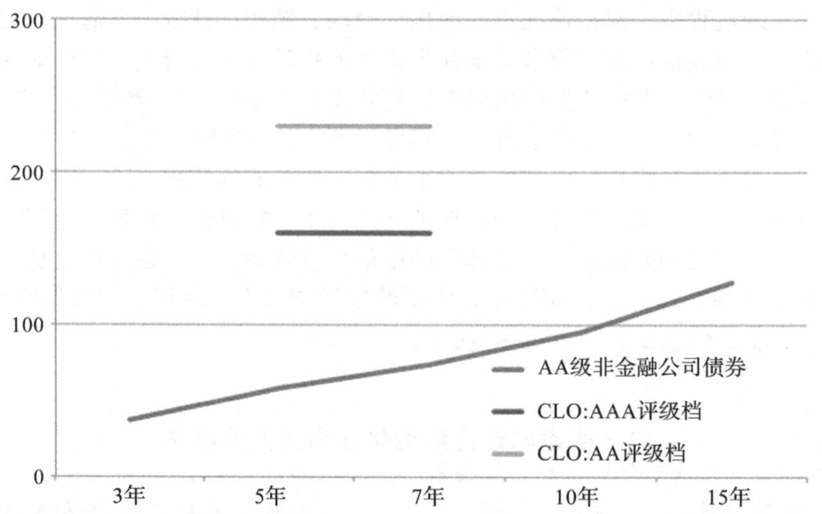

图 5-4　对美国高评级公司债券和不同级别的担保贷款凭证的利率进行比较（按到期日或预期存续期划分，高于 LIBOR 的基点）

资料来源：Bloomberg, data as of mid-2016.

2007～2008 年，投资银行受到从 2007 年年中开始的信贷危机影响，在结构化信用产品头寸上产生了重大的损失。担保贷款凭证和担保债务凭证投资组合中多样化投资的作用被证明远远小于评级机构和投资者的预期。基于对商业和住房抵押贷款支持证券的损失估计，金融机构在 2008 年年底与这些产品有关的损失将近 1 万亿美元。

住房抵押贷款支持证券是基础资产为住房抵押贷款的证券化债务产品。对于居民住房抵押贷款支持证券，从住房抵押贷款发起人（如银行和住房抵押贷款公司等）处购买贷款并组成资产池，然后把证券发行给投资者，投资者对贷款池中借款人偿还的利息和本金拥有索取权。住房抵押贷款支持证券的发行人包括：美国政府支持机构房利美（Fannie Mae，联邦国民抵押贷款协会）和房地美（Freddie Mac，联邦住房抵押贷款公司）；美国政府机构吉利美（Ginnie Mae，政府国民抵押贷款协会）；以及一些私人机构如银行和经纪机构。

从历史上看，许多住房抵押贷款支持证券被用来创造担保债务凭证，许多住房抵押贷款支持证券相关的担保债务凭证的买家（和承保人）是金融机构。它们认为这些证券中的一部分属于风险非常低的投资（优先档一般是AAA评级的），却比AAA级债券收益率略高。不幸的是，直到2008年，大多数金融机构低估了这些证券的风险，忽视了房地产泡沫。许多证券发行人、评级机构和投资者所使用的统计模型没有考虑到全国房价大幅下跌的可能性。由于这些产品领域的巨额损失，以及用于支持私募股权交易的贷款造成的损失，2007～2008年，数量空前的投资银行高级主管被迫辞职。近年来，担保债务凭证和担保贷款凭证被重新利用，但相较于资产证券化完成、各种资产被抛售的任何时期，现在，投资银行对持有资产池的风险承受能力要低得多。

2010年推出的《多德－弗兰克法案》对结构化信用产生了重大影响。该法案要求银行在出售的担保债务凭证的每一档中至少自留5%，并且（除少数例外情况）银行不得对冲或转移此风险。这种监管的倡导者声称，它鼓励在开发担保债务凭证产品时进行更仔细的风险评估，而批评者则认为，它提高了银行的资本金要求，从而增加了证券化成本。

专栏5-5讲述了美林公司多年来在其资产负债表内激进地持有大量担保债务凭证，从而造成了巨额资产减记，并最终导致公司被迫出售给美国银行。

专栏 5-5　美林

2008年7月，美林在严重亏损的价格上同意出售超过300亿美元“有毒”的住房抵押贷款类担保债务凭证担保债务凭证，希望解决掉困扰这个经纪商巨头的资产负债表问题。出售对象为孤星（Lone Star），一家私募股权投资机构的附属机构，孤星支付了67亿美元，相当于为每1美元的账面资产支付22美分。这造成了美林57亿美元的资产减记。

美林的举动可以看作是在过去12个月中超过460亿美元的资产减记之后遏制损失的努力。面对资产负债表中的损失，美林新发行了85亿美元普通股，稀释了现有股东约38%的权益。

美林持有的许多担保债务凭证被视为非常有可能违约，会损失掉本金的一部分甚至绝大部分。2007年，在美林承销总额达320亿美元的30只担保债务凭证中，有27只的评级已经从AAA级下调到“垃圾”级。

美林受这次住房抵押贷款危机的打击非常严重，主要是因为在住房抵押贷款支持证券市场崩盘前不久下了很大的赌注。2007年，负责监督这些赌注的公司首席执行官斯坦利·奥尼尔被迫下台，被约翰·塞恩所取代。约翰·塞恩之前是高盛住房抵押贷款和担保债务凭证的交易员，后来负责纽约证券交易所。

尽管引入了新的风险控制系统和新的管理团队，塞恩依然无法把美林带出困境。2008年9月，持续不断的麻烦以及雷曼兄弟破产带来的恐慌，导致美林被以不到该公司15个月前价值一半的价格出售给美国银行。

3. 信用违约互换

信用违约互换（CDS）是双方达成的这样一种合约：交易一方提前并定期支付一定款项，以使自己在基础证券或贷款违约时可以获得补偿。例如，如果一个投资者购买了1 000万美元 ABC 公司发行的 5 年期投资级债券，然后决定签订一个名义金额为 1 000 万美元的 ABC 公司债券的信用违约互换，以防范投资风险。他们可能会提前支付 1 000 万美元的 2%，并在 5 年内每年支付 1 000 万美元的 1%，以获取 ABC 公司债券违约时获得现金偿付的权利。或有违约现金支付等于债券面值与预期回收价值之间的差额，预期回收价值由大型做市商在违约后不久进行的拍卖决定。收取年度费用的一方为信用保护的卖方，支付年度费用的一方为信用保护的买方。信用违约互换的现金流并不直接涉及 ABC 公司，但 ABC 公司债券是信用违约互换合同的参考。信用违约互换本质上是对冲违约风险的保险合同。因为签订这类合约并不要求拥有真实的基础证券或贷款，许多信用违约互换的信用保护买方纯粹出于投机目的参与此项交易。当信用违约互换的买家认为市场低估了违约的可能性，购买信用违约互换是建立有效的“做空信用”头寸的一种常见方法。

历史上，信用违约互换交易在美国不受监管，因为美国证券交易委员会认定信用违约互换不是证券，商品期货交易委员会认定信用违约互换不是大宗商品。因此，对不受监管的信用违约互换风险头寸的忧虑多年来不断加深。《多德 - 弗兰克法案》通过将“以证券为基础的”互换定义为证券而解决了这个问题。因此，信用违约互换目前受到美国证券交易委员会的监管。受到 2008 年全球金融危机期间出台的新法规和信贷担忧的影响，信用违约互换合约的总面值从 2008 年底估计的 50 万亿美元下降到 2016 年的不到 15 万亿美元。

信用违约互换市场由于其规模庞大、缺乏监管以及存在允许内幕交易活动的可能性而受到了监管审查。下面的例子可以证明信用违约互换市场可能存在内幕交易活动：有时，在公司宣布被一家私募股权基金收购之前的几周，信用违约互换的成本就会大幅上涨。杠杆收购完成后，目标公司的信用评级会普遍恶化，是因为收购资金中的很大一部分是通过提高目标公司资产负债表的杠杆来融资的。由于这增加了目标公司发行在外债券的风险，结果就是公司债券价格下跌、信用违约互换的费率相应增加。2007～2008 年，在宣布被私募股权基金收购之前，目标公司的信用违约互换价格已经大幅上升，这表明信用违约互换的信用保护买方在公开宣布收购之前已经得到了消息。投机者在公告之前购买私募股权基金目标公司的信用违约互换，在公告宣布之后卖出信用违约互换，从而创造了可观的盈利，在被高度监管的股票市场上，这种内幕交易行为可能会被发现并起诉，但信用违约互换市场在当时的监管并不严格。

与信用违约互换相关的巨大灾难发生在 2008 年年底。美国国际集团（AIG），曾经是全球最大、最强的保险公司之一，不得不申请美国政府救助。作为信用保护的卖方，美国国际集团持有约 5 000 亿美元的信用违约互换头寸的名义敞口。房地产市场崩溃后，作为住房抵押贷款支持证券投资组合的信用保护卖方，根据市值计价它的所欠金额，美国国际集团的资本储备减少了，结果失去了 AAA 的信用评级。随着评级下调，美国国际集团需要向信用违约互换交易对手（主要是投资银行）提供数百亿美元的抵押品，但美国国际集团无法提供所需的抵押品。为了避免保险公司的破产，美联储于 2008 年年底向美国国际集团提供了 850 亿美元的紧急贷款。美国国际集团通过各种政府相关计划获得的救助资金总额已超过 1 800 亿美元，美国财政部在相当长的一段时间内持有该公司普通股的控股权。

由于对缺乏监管的信用违约互换市场的担忧，洲际交易所、芝加哥商业交易所、城堡投资（Citadel）设立了信用违约互换中央清算中心。通过将信用违约互换交易转移到中央清算中心，增加交易透明度，降低交易对手风险。此外，国际互换与衍生工具协会（ISDA）还推进了信用违约互换合约的标准化（包括预付款和标准年化费用），以提高透明度，防止法律纠纷。

4. 银行贷款

为全面满足特定客户的融资目标，除了帮助他们进行资本市场融资，投资银行有时还会给高信用等级的客户提供银行贷款，给拥有低信用等级的客户提供杠杆贷款。私募股权投资机构是投资银行杠杆贷款的最大用户之一，是投资银行部最重要的客户，因为它们会使用投资银行包括权益承销、债务承销、杠杆贷款和并购咨询在内的很多不同产品。基于在承销、投资和交易公司债券方面的经验，交易部会和投资银行部合作，向公司许多其他重要客户提供贷款，此时支持信贷投放能从客户身上获得其他盈利机会。

杠杆收购需要大额的债务融资。投资银行会通过发行债券或者银团贷款的方式，帮助私募股权投资机构满足其因收购而产生的巨额债务融资需求。在银团贷款中，投资银行一般会将自己手中 90% 的贷款转卖给其他银行、对冲基金和其他投资者。对于许多杠杆收购而言，如果私募股权投资公司无法将计划中的贷款和 / 或债券成功分配给投资者，则需要银行提供一份包销协议来为资本结构中的债务部分提供资金。对于投资银行而言，不幸的是，2006～2007 年上半年，银行做出了多于以往任何时候的杠杆收购承诺。当其他贷款人和投资者拒绝购买债务时，会给投资银行造成意想不到的贷款提款，从而形成银行始料未及的信贷敞口。截至 2007 年年底，私募股权投资相关的银行贷款超过 4 000 亿美元，当投资银行最终将这些贷款以每 1 美元卖 70 美分的价格出售给其他投资者时，银行承受了巨大的资产减记损失。

5.3.3 外汇交易

每天有价值超过 5 万亿美元的外汇交易是由银行、企业、政府、投资者和其他各方进行的。随着越来越多的公司在全球开展业务以及世界贸易增长速度超过全球经济产出，这一数字随着时间的推移显著增加。FICC 的销售人员和交易员为其外汇需求提供服务，为对冲策略提供咨询，并进行代理交易和自营交易。大多数在多个货币区域开展业务的公司通过远期外汇对冲了大部分外汇敞口，远期外汇锁定了未来一种货币兑换成另一种货币的价格。企业和政府经常使用与未偿还债务密切匹配的外汇互换，以有效地将债务从一种货币转移到另一种货币。银行还在外汇期权市场上做文章，并在客户认为有用的情况下创建定制衍生品。在一些银行，外汇业务与利率业务紧密地结合在一起。

5.3.4 大宗商品

投资银行交易的大宗商品合约主要涉及能源（电力、天然气、石油）和金属（贵金属和基本金属）等领域。一些投资银行也会交易实物商品，甚至拥有自己的能源生产设施。在过去十年中，许多大型投资银行已将大宗商品交易作为其业务运营的重要组成部分，这些银行包括摩根大通、高盛、摩根士丹利、德意志银行和巴克莱银行。然而，一些大型银行最近退出或大幅减少了他们的大宗商品交易业务。例如，巴克莱宣布退出农业、贵金属和能源业务，德意志银行已退出大宗商品交易。摩根大通宣布以 35 亿美元将其实物商品交易部门出售给总部位于瑞士的摩科瑞能源集团（Mercuria Group），摩根士丹利宣布将其部分石油贸易业务出售给俄罗斯国有企业——俄罗斯石油公司（Rosneft）。

大型银行大宗商品业务减少的原因有很多，包括对盈利能力和净资产收益率的担忧、更加困难的交易环境、更严格的监管以及更大的声誉风险。全球监管规则的变化，例如巴塞尔协议Ⅲ的规定，迫使银行留出额外的资金来支持风险较高的大宗商品业务，监管规定还限制为支持这一业务而大举借贷。随着银行减少其大宗商品敞口，资本将被释放，并重新投向其他风险较低的业务领域中。

减少大宗商品敞口的另一个原因可能是监管者和立法者对银行对实物商品的所有权这一情况表示不满，因为他们担心，某一方同时经营实物资产并交易与这些资产相关产品的证券，可能会出现价格操纵。最后一个令人担忧的问题是，银行高级管理人员在经营此类业务方面并不具备丰富的经验，因此银行持有的实物商品和相关业务可能会带来市场环境灾难。

客户购买和出售大宗商品金融合约，用于对冲在正常业务过程中产生的风险头寸（例如航空公司、经销商、工业公司、生产商、炼油商、航运公司和公共事业公司），或用于投资，或将它们作为投资策略（例如，对冲基金可能会赌石油或黄金价格是上涨还是下跌）的一部分进行交易。随着投资银行减少对大宗商品的敞口，新的非银行金融机构正在填补无法在交易所交易的合约的空白。

5.4 做市案例

如前文所述，大型投资银行以客户为中心的交易活动通常被称为做市。做市的意思就是银行在客户提出请求的任何时候都愿意“制造一个市场”。换句话说，银行会在任何时间为客户报出许多证券或衍生品的买价或卖价（或两者同时）。

如果客户希望购买证券或衍生品，银行就将它卖给客户；如果客户希望出售，银行就将随时准备好购买。银行愿意购买的价格（买价）和愿意出售的价格（卖价）之间的差额被称为“买卖价差”。

做市是通过不断地以买价买入证券，然后再以较高卖价卖出证券，来“获得”买卖价差的业务。然而，为了获取买卖价差，做市商必承担风险。证券或衍生品的种类、持有风险头寸的时间长度、证券或衍生品的流动性等因素的不同，决定了风险性质的巨大差别。一般而言，流动性好、不太复杂的产品买卖价差比较小。专栏 5-6 和专栏 5-7 是做市业务的案例。

专栏 5-6　做市案例 1：理想的情况：无风险和不请自来的交易

在高收益债券交易部门，一个销售员接起电话，听到了养老金经理熟悉的声音。这位客户说他想出售 1 000 万美元面值的 ABC 公司的债券，债券到期日是 2020 年 6 月，票面利率为 8%。（如果销售员和客户关系好的话，他或许可以得到更多的信息，比如该客户为什么想卖掉债券，卖掉的是他持有这家公司的所有债券还是其中的一部分，以及对于这个公司和行业的看法。）

同时，一位来自保险公司的债券投资经理打电话给另一个同部门的销售员，说他想通过购买 1 000 万美元面值、票面利率为 8% 的同一 ABC 公司债券来增加他的能源仓位。

这两个销售员都会告诉他们的客户，他们会尽快确认价格，让客户稍作等待。接下来，销售员会向处理能源类高收益债券的交易员询问。因为这些债券一周通常只会交易几次，所以询问的结果可能会出现异常。尽管缺乏流动性，交易员每天都会关注这些债券，跟踪市场上所有与这些债券相关的交易，并在当前美国国债收益率的基础上（国债收益率决定着不同期限的无风险利率），一天内多次调整该债券的买入价和卖出价。最近有关行业或公司的任何新闻，都会使高收益债券的价格不断调整。

根据以上信息，交易员让销售员转告养老金买入价为面值的 91.25%，转告保险公司卖出价为面值的91.75%。这两个销售员会分别将价格报给他们的客户，客户立即同意以销售员报给他们的价格交易。

高收益债券交易部门会以面值的91.25%的价格买入1 000万美元的债券，同时会以面值的91.75%的价格卖出同样的债券，这两个销售员和一个交易员就为部门轻松地赚了5万美元利润，没有任何剩余风险。

这个例子的三个重要注释：

（1）这起交易恰好是无风险的，然而银行为了获得这笔业务，事实上承担了大量风险。试想，只要客户在债券市场上具有金额相等的、相互抵消的、同时出现的利益，与银行不同的是，他们就没有义务必须参与之前这场预期的交易。事实上，任何客户在听到报价之后都有可能改变主意，或者他们可能已经给三家投资银行打过电话以确保能够以最好价格完成交易。如果这个例子中的投资银行在三家银行中给了养老金"最好的买入价"，但没有在三家银行中给保险公司"最好的卖出价"，这就相当于在没有对冲的情况下，以912.5万美元买下了1 000万美元的债券。在这种情况下，银行没有锁定利润，在将这些债券卖给另一个客户之前，银行承担着债券价格下跌的风险，甚至还存在极大的发行人破产的可能性。

（2）案例中的情况是很少见的。对于买卖价差为0.50%或者更高的低流动性证券，同时接到主动提供的彼此冲销的订单机会很小。交易频率高的流动性债券（此类债券客户有时会有彼此冲销的指令同时传来）的买卖价差往往较低。

（3）客户有时不愿意告诉银行他们在做什么。在许多情况下，他们会同时询问"双边"市场，既询问买入价又询问卖出价，这导致银行不知道客户到底是计划购买还是出售。在这种情形下，交易员将不能确定他最坏的情况下的剩余风险是承担1 000万美元债券的多头或空头，还是由于客户都是买家或卖家从而带来2 000万美元债券的多头或空头。

专栏5-7　　做市案例2：股票大宗交易

一位共同基金交易员在上午10:45给投资银行的销售员打电话，说他想卖出500 000股XYZ公司的股票，正在两家询问"风险"价格，要求银行在11:00时提交报价。销售员和客户达成共识，基金必须要在获得报价后2分钟内确认是否成交。

销售员走到负责XYZ股票的交易员面前，和他一起商议这单交易。XYZ股票日均交易125万股，所以这单交易占这只股票日均交易量的40%。共同基金通常以市场价格买入和卖出股票，支付很少的佣金，这只基金希望以一个确定的价格卖出其持有的全部头寸，将风险转嫁给投资银行。

这只股票当前的交易价格为每股60美元，因此银行买入500 000股股票需要承担3 000万美元的风险。交易员和销售员审查了这只股票的股东名单，调用了最近买卖这只股票的客户的内部记录，并询问其他销售员他们的客户关于这只股票的定性意见，他们认为客户会对以市价基础上的较小折扣大量买入这只股票感兴趣。团队还查看了研究这只股票的研究员最近如何评价这只股票。在与交易部门负责人和市场风险控制人员交流之后，他们查看了这只股票最近的价格波动以及波动的原因，同时还研究了该股票通常的波动情况。在分析了所有相关风险后，上午10:59，交易员同意以每股59.30美元的价格买入500 000股股票。这意味着相比于目前市场上每股60美元的股价，银行获得了1.17%的折扣。

销售员给客户打电话提交了这个报价。客户让销售员等15秒钟，然后回来说道："成交。我将以每股59.30美元的价格卖给你500 000股XYZ公司股票。"

交易员和销售员把这单交易的情况告诉同部门的其他销售员，需要他们一起出售买来的股票。他们一起制定策略，这个策略包括给哪个客户打销售电话，以及股票的最低卖出价。鉴于风险情况，销售员可能会决定只给少数值得信赖的客户打电话，并尽可能控制这个信息流入市场。

销售员告诉投资者他们正在出售 XYZ 公司的股票，没有提及确切的数额，并可以以每股 59.60 美元的价格卖给投资者，每个投资者可以买入 25 000 股甚至更多的股票。

两个投资者分别表示有兴趣购买 150 000 股，银行以每股 59.60 美元的价格出售 300 000 股股票。银行从这两笔交易中获得 90 000 美元的利润。

交易员决定，与其让销售员给不太值得信任的客户打电话卖出股票，不如自己将余下的200 000 股股票交易掉。交易员应用程序化交易软件，设置了卖出这 200 000 股股票的指令，这批占市场总交易量 25% 的股票逐渐进入市场交易。该软件每分钟都会分几次将几百股股票投入市场，试图将销售的频率与规模尽可能地与这 25% 的交易量相匹配。

股价开始迅速下跌。截至上午 11:30，股票的价格为每股 59 美元，在这个价位保持到交易日结束。交易员在股市收盘前卖出所有剩余的股票。经过计算，没有通过销售员卖给客户的 200 000 股股票的平均售价为每股 59.08 美元。这意味着这些剩余的股票给银行带来了 44 000 美元的损失，同时也意味着，在整个交易中银行获得 46 000 美元的利润。

5.5 自营交易

从历史上看，投资银行的自营交易员为投资银行自己的利润而交易。他们没有责任来平衡公司客户的利益和投资银行的利益，因此可以被视为这些客户的竞争对手。在美国，2010 年推出的《多德－弗兰克法案》禁止了投资银行的大多数自营交易，因此总部位于美国的银行基本上都终止了自营交易。根据该法案，银行不得“以本金投资于证券”，这被解释为包括自营交易。自营交易与常规银行业务的分离通常被称为“沃尔克规则”，该规则以前美联储主席保罗·沃尔克命名。大多数其他发达国家也采取了类似的监管方式，这大大减少了为客户提供储蓄服务的投资银行的全球自营交易。

在监管改革之前，银行内部的自营交易业务与对冲基金的业务有些相似。在 2007 年后的大约 10 年间，投资银行成为对冲基金的重要竞争对手（对冲基金是银行客户相关交易业务中最重要的客户）。这有时会引发冲突，因此，一些对冲基金限制了它们与拥有大量自营交易业务的投行之间的交易活动。

5.6 新的非银行金融机构

由于监管机构已迫使投行缩减其原有的大部分自营交易活动，并对某些被认为风险过高的其他业务施加了更高的监管资本负担，其他非银行金融机构已加紧进入并填补这一巨大缺口。这些机构可能采取各种形式，包括商业开发公司、商业抵押房地产投资信托、封闭式基金、担保贷款凭证、直接贷款平台等。

例如，阿瑞斯资本是一家公开交易的全球另类资产管理公司，管理着大约 940 亿美元的资产。通过其中有一部分是公开交易的各类产品，阿瑞斯提供了信贷、私募股权和房地产投资资本。对于公司可能想要的几乎任何形式的资本——从优先级债务到普通股，如果被视为一项有吸引力的投资主张，就可能会有某些类似阿瑞斯提供的工具那样在没有银行协助的情况下为公司提供其想要的资本。

另一个例子是城堡投资（Citadel），一家位于芝加哥的大型对冲基金。随着银行纷纷撤出大宗商品市场，Citadel 已经建立了庞大的大宗商品业务，包括原油和成品油、北美天然气市场、欧洲天然气和电力市场。此外，该公司还开发了一个自动交易平台，为可能曾与投资银行进行过交易的交易对手方提供执行和做市服务。大量其他对冲基金、私募股权投资基金和其他资产管理公司已经进入投资银行原有的业务和“商人银行”业务，因为许多大型投行已经降低了对更高风险领域的敞口，这些领域需要更多的资本而且是严格监管审查的对象。

5.7 国际交易

在 2007～2008 年金融危机之后，全球监管机构制定了新的金融监管规定。然而，尽管美国的立法已经提供了一套全面的新规则，但欧洲监管机构制定了一套较为狭隘的监管规定，侧重于不同的监管目标。欧盟的自营交易受《欧洲市场基础设施监管规则》（EMIR）的保护，该监管规则于 2010 年 9 月由欧洲议会通过，并于 2012 年底在所有成员国生效。EMIR 包含了许多新的条款，包括对场外衍生品的监管、卖空和清算要求。然而，EMIR 并不要求按照美国沃尔克规则的要求，将自营交易与常规银行业务分离。大多数欧洲银行一直都是全能银行（商业银行尚未从投资银行分离出来），他们的监管机构尚未对这些业务实行分离。英国监管机构针对 2007～2008 年金融危机提出了不同的建议。英国财政部设立了“银行业独立委员会”来为更加稳健的银行体系提供建议。银行业独立委员会并没有按照《格拉斯－斯蒂格尔法案》的精神而将投行业务与零售银行业务彻底分离，而是建议银行应将其零售部门与投资银行部门“围栏”（ring-fence）起来。因此，英国所做已经远远超出了欧盟的监管范围。

在亚洲，中国银行业监督管理委员会于 2011 年发布了一项新规定，限制银行的自营交易活动（国内和国外）。根据这项新规定，银行的非对冲投资必须限制在银行总资本的 3% 或更少。亚洲其他主要金融中心，如新加坡或中国香港，还没有实施沃尔克规则。

加拿大是在金融危机前限制银行自营交易活动的一个值得注意的例子。在 2008 年之前，这种限制对于加拿大银行而言似乎是一个竞争劣势，但在危机期间，却使这些银行免于蒙受巨大亏损。

欧洲的投资银行在紧缩、削减成本背景下，在 2015 年连续 10 年在市场份额上输给了美国的竞争对手。美国银行的回报率也超过欧洲，当年的平均净资产收益率为 12.4%，而欧洲银行的平均净资产收益率为 8.3%。美国的投资银行更早地进行了重组和资本注入，并因身处全球最大金融市场而得到了帮助。瑞银比其他欧洲银行更早开始缩减开支，导致其净资产收益率高于竞争对手。德意志银行试图将成本降低至收入的 70%，但这仍远高于美国的银行成本，美国的成本平均低于收入的 60%。德意志银行的交易业务已经退出了某些固定收益和货币产品，在采用新的资本规则后，这些领域的净资产收益率已经下降。瑞信已进行了重组，将更多资源配置到财富管理业务，而非一些交易业务。该银行正在减少其外汇和利率交易产品，重新配置资本并降低风险加权资产。巴克莱银行开始着手削减 19 000 个工作岗位，其中包括 7 000 个投资银行的职位，转而重点关注收益而不是收入。在试图减少资本配置和提高盈利能力的同时，该行大幅削减了交易业务。

5.8 风险监测和控制

投资银行设立风险委员会来审查交易部门的交易活动、批准新的业务和产品、批准市场风险限额和信用风险限额。投资银行同时设立资本委员会，负责审查和批准公司资本支持下的信用扩张、债券承销、权益承销、困境债务收购以及直接投资活动。此外，投资银行通常设有风险监测委员会，关注结构化产品、新产品、操作风险、信贷政策以及业务运营。

5.9 风险价值

风险价值（VaR）是衡量投资银行交易风险的一个重要工具。风险价值是在一定的置信水平和期限内，由于市场的不利变动而导致的交易头寸价值的潜在损失。在通常情况下，投资银行用 1 天的时限和 95% 的置信水平报告风险价值。这意味着，有 5% 概率使得每日交易净资产价值会蒙受至少与所报告的风险价值一样大的损失。换句话说，如果假设平均每个月有 20 个交易日，预计平均每月会有 1 天，这一天单个交易日内可能出现的交易损失差额会大于报告的风险价值。

风险价值通常用历史数据来计算，并对越近的数据赋予越大的权重。但风险价值有一个内在的局限：过去的市场风险因素变化的分布可能无法准确预测未来的市场风险。此外，超过一天的风险价值不能完全代表那些无法在一天内被清偿的头寸的市场风险。

下面的例子可以很好地解释什么是风险价值。如果一个投资银行报告某笔利率交易业务的风险价值为 5 000 万美元，这意味着，在正常的交易条件下，银行在 95% 的置信度上，认为利率组合的单日价值变化所造成的损失不会超过 5 000 万美元。这相当于说只有 5% 的可能，单日利率组合的价值将减少 5 000 万美元或更多。表 5-2 总结了一些投资银行所报告的风险价值。

风险价值衡量了在正常市场条件下，在给定置信度上，一定期限内可能受到的最大损失。

用风险价值的术语来讲，假设在 1% 的显著性水平下（即 99% 的置信度下），某投资组合的日风险价值为 100 万美元。这就是说，在正常的市场条件下只有 1%[⊖] 的可能性，该投资组合的损失超过 100 万美元。

表 5-2 日均风险价值

截至 2014 年日均风险价值（单位：100 万美元）		
公 司	日均风险价值	置信度（%）
美国银行	65	99
巴克莱	34	95
花旗	133	99
瑞信	43	98
德意志银行	62	99
高盛	72	95
摩根大通	43	95
摩根士丹利	47	95
瑞银	50	99

证券发行定价

交易员与资本市场集团（通常是投资银行部和交易部的合资企业）密切合作，为企业和

⊖ 原文为千分之一，疑似笔误。——译者注

政府发行人的所有一级市场融资交易定价。他们还与交易部的销售人员密切合作，向投资客户出售证券，为这些客户提供由投资银行承销或选择在二级市场上交易的所有证券的买价和卖价。

当交易部和资本市场团队为新证券定价时，他们会关注同一发行人已经发行在外的证券，如果没有发行过，则关注可比发行人发行在外的证券，作为定价的参考。不同证券使用不同的定价方法：

（1）首次公开募股主要根据可比上市公司的估值方法定价（参见第3章）。

（2）再融资发行的权益和债务，使用公司已发行证券的现行公开市场价格作为出发点来确定适当的发行价格。此外，交易员还要根据发行规模和市场动态来确定是否需要有价格折扣。

（3）可转换证券的定价主要由可转换证券估值模型确定，这个模型与可转换证券套利者使用的模型相似（参见第12章）。

当交易员在公开发行之前与资本市场部门一起讨论定价时，交易员就被称为“越墙”。这意味着一些交易员将了解融资的重大非公开信息，他们必须将自己与该发行人已发行证券的交易“隔绝”开来。因此，与资本市场部门配合完成定价工作的交易员都是精挑细选出来的。合规部门勤勉地监测哪些交易员拥有哪些公司的非公开信息。

当定价报给在资本市场融资的发行人时，“越墙”的交易员必须做出关于价格、期限、规模和结构的风险决策。有时，与承销相关的风险非常大。例如，当一家公司要求投资银行完成买入交易时，投资银行在没有进行路演（路演会为投资银行提供投资者关于潜在定价和结构的想法）的情况下买下所有发行的证券。在这种情况下，投资银行会面临风险，投资者不会以等于或高于投资银行从发行人处购买证券的价格来购买这些证券，这样的风险会给银行带来潜在损失。

在对发行客户进行承销承诺前，投资银行会组织一个“承诺委员会”以确定这次承销的风险，并决定是否继续这次承销交易。在这个委员会中，“越墙”的交易员（通常是高级交易员，他们管理其他交易员而不直接从事交易）的态度很关键。如果确信公司承销会亏损或者承担了其他重大风险，他们很可能会反对交易。然而，如果承销费很高并且投资银行部强推这个关键客户的发行，交易员有时也会接受承销，哪怕预期风险高于正常水平。

第 6 章　资产管理、财富管理和研究

6.1　资产管理

资产管理是指为个人、家庭和机构提供的专业投资管理，投资品包括股票、债券、可转换证券、另类资产（如对冲基金、私募股权投资基金和房地产）、大宗商品、上述资产的指数以及货币市场的投资。资产管理人专门管理不同类别的资产并根据资产类别及管理人的能力收取管理费。对于另类资产，还会基于投资业绩收取额外费用。根据资产类别，费用可以分为以下四类：

（1）另类资产投资：管理费大约为管理资产额（AUM）的 1%～2%，此外会基于基金管理人的业绩收取额外费用。有些另类资产管理人的业绩费用可以达到基金年收益的 10%～20%。这就是说，如果有要求高收益的投资者将 1 000 万美元的资产委托给另类资产管理人，一年后该资产增值到 1 150 万美元（年收益在 15%），管理人收取的管理费包括 20 万美元（1 000×2%＝20）的基本管理费和 30 万美元（（1 150－1 000）×20%＝30）的业绩费用，总费用达到 50 万美元，是原总资产规模的 5%。尽管基金管理人的管理费很高，但是投资者支付费用后的净收益率仍能达到 10%。因此，如果一个投资项目的净收益高于其他投资选择，高管理费还是合理的。当然，投资决策的制定还要考虑投资风险以及投资者的多元化目标。

（2）权益和可转换证券投资：与另类资产相比，管理费用稍低一些，根据权益和可转换证券投资类型的不同（分为美国国内投资、国外投资、大盘投资、小盘投资等），管理费一般是管理资产额的 0.75%～1.75%。对于该类型的投资，尽管基金管理人通常不收取额外费用，但是根据基金类型和管理人的不同有时也会有一些业绩费用。

（3）债券和大宗商品投资：这类投资的管理费用比权益和可转换证券更低一些，依据基金类型的不同（美国高评级债务、美国低评级债务、困境债务和国际投资等），管理费一般为管理资产额的 0.5%～1.5%。债券和大宗商品投资一般不收取业绩费用，但有时也会根据投资的风险和复杂程度收取。

（4）指数：指数投资的管理费率更低，一般只有管理资产额的 0.05%～0.5%。

通常，资产管理的产品既通过单独管理的账户提供，也可以由共同基金和私募股权投资基金这些混合管理工具提供。表 6-1 列出了一些大型投资银行所管理的资产额。投资的资金一般被投资银行划归为以下几类资产管理账户：固定收益、权益、另类投资（主要包括对冲基金、私募股权投资和房地产投资）和货币市场。

表 6-1　全球投资银行资产管理部门

公　司	管理资产额（单位：10 亿美元）
瑞银	1 737
美国银行	1 445
摩根士丹利	1 439
瑞信	687
花旗	508
摩根大通	437
高盛	369
汇丰	261
富国	225

资料来源：Scorpio Partnership's Annual Private Banking Benchmark 2016.

衡量资产管理能力的关键指标是基金业绩。投资者通过业绩评估机构来了解基金业绩，例如，晨星和理柏通过收集行业数据，对一段时期内单个共同基金与指数及其他同类基金进行比较。对于对冲基金和私募股权投资等另类资产，由专业的行业研究机构来跟踪基金的业绩（如《对冲基金研究》(*Hedge Fund Research*) 和《阿尔法杂志》(*Alpha Magazine*) 跟踪对冲基金业绩，《 Preqin 全球私募股权评论》(*Preqin Global Private Equity Review*) 则跟踪私募股权投资业绩）。每年以及每个季度，很多基金都会根据其相对业绩按照四分位进行排名。当然，每次公布排名时，前 1 / 4 的基金就会吸引到远超 1 / 4 的资金。

对大部分资产类别而言，基金业绩是通过与基准指标对比来衡量的，这个基准指标可以是基金投资标的所惯用的指数，也可以是同类基金的平均收益。如共同基金关注相对收益，业绩要与指数或同类基金进行对比。对冲基金等另类资产投资要用相对收益和绝对收益两种指标来衡量其业绩。对冲基金通过衍生品和卖空不同类别资产，来获得正（非负）收益（不仅是为了达到基准指标）。然而，2008 年（对冲基金的历史最差时期）对冲基金行业平均收益率是 -19%，显然对冲基金并不总是能获得绝对正收益。

业绩衡量并非仅关注收益，还关注风险调整后的收益。现代投资组合理论建立了投资组合风险和收益之间的定性关系。1964 年夏普提出的资本资产定价模型（CAPM）强调了风险溢价的概念，引发出一系列用于衡量风险调整后收益率的指标，如夏普比率，即投资组合收益率超过无风险利率的部分与投资组合的总体风险的比较。随后也有很多关于风险调整后收益的研究，这些研究都促进了基金业绩衡量的实践。

6.1.1　对冲基金投资

绝大多数大型投资银行的资产管理部门内都有对冲基金，在《多德 - 弗兰克法案》实施之前，银行经常直接投资于自己的对冲基金，通常在每个基金中持有 10% 的头寸（有时更多）。

该法案将这一投资限制在基金总额的 3% 以内，而银行对主要包括对冲基金和私募股权基金的“非公开基金”的投资总额被限定为不超过一级资本的 3%。从历史来看，负责高盛资产管理业务的高盛资产管理（GSAM）曾有几个投资于不同资产类别、使用不同投资策略的对冲基金，它们投资于大宗商品、权益、固定收益和新兴市场。高盛旗下的环球阿尔法对冲基金在2006年顶峰时总资产曾达到120亿美元，但是到了2008年骤降到25亿美元（扣除了投资损失和资金赎回）。2011年9月，GSAM决定关闭环球阿尔法基金，并清算其所有资产。高盛的另一只对冲基金——环球权益机会基金，也在2007年遇到了麻烦，需要30亿美元的现金注入（2/3来源于母公司）。这只基金的总规模最高达到70亿美元，但是在2008年年初就缩水到10亿美元，然后在2010年关闭。GSAM管理的另外几只对冲基金的业绩则要好很多。总体而言，截至2015年年底，GSAM为高盛管理了6只对冲基金，管理资产额超过150亿美元，在全球对冲基金中排名第29位（作为对冲基金的第三方经理）。这些基金的投资者包括高净值客户、机构投资者和高盛员工。

摩根大通在2004年购买了对冲基金高桥资本（Highbridge Capital）的控股权（2009年7月100%收购），高桥资本成为摩根大通资产管理部的旗舰对冲基金。摩根大通同时也管理着其他几只对冲基金，截至2007年年底，摩根大通资产管理部的对冲基金规模达到447亿美元，成为全球最大的对冲基金管理者。在经历了投资者赎回和高桥基金的糟糕业绩之后，2008年，摩根大通的管理资产额下降到329亿美元，位居第二，排在桥水联合基金（一个非投资银行附属机构的对冲基金管理机构）之后。到2015年，桥水仍然是规模最大的对冲基金管理公司，管理规模超过1000亿美元，而摩根大通以约300亿美元的管理规模名列第八（作为第三方投资者）。

6.1.2 私募股权投资

大型投资银行为了多样化投资而参与私募股权投资。

这些投资包括杠杆收购、夹层、房地产和基础设施项目。《多德－弗兰克法案》限制了投资银行对私募股权基金的直接投资或共同投资。在任何私募股权投资中，投资银行最多只能持有其股权的3%，法案还进一步限制银行“非公开资产”的总投资额不得超过银行一级资本的3%。过去，高盛控制着覆盖面最广的私募投资项目。自1986年以来，高盛的商人银行部（隶属于资产管理部）已经为私募投资筹集了超过1 240亿美元的资金，其中包括超过780亿美元的私募股权、成长型资本、基础设施和房地产投资，以及超过460亿美元的夹层投资（附有权益的固定收益证券，可能含有权证）、高级证券贷款、不良资产以及房地产信贷项目。然而，在《多德－弗兰克法案》通过之后，高盛不得不出售大部分私募股权投资以满足该法案的资产限制。

6.2 财富管理

财富管理是指财富管理顾问为个人、家庭和机构投资客户提供投资建议。财富管理顾问致力于找到那些有大量资金需要投资的投资者，并与这些投资者一起对上述资产类别进行投资。换句话说，财富管理专家与投资者建立的是投资顾问关系，并不直接参与资产管理（资产管理由资产管理人负责）。投资银行的财富管理顾问帮助投资者明确他们的风险承受能力和对多元化投资标的选择偏好，然后协助投资者进行自主投资，或者说服投资者聘请他们代表投资者进行投资。为了建立适合投资者风险偏好的投资组合并获得其可接受的投资收益，财富管理顾问一定要有良好的判断力。

财富管理服务不只提供投资建议服务，在某种程度上讲，如果投资者委托财富管理顾问代表其进行投资，那么财富管理顾问也是一名资产配置专家。在其他很多情形下，财富管理顾问也是财务规划顾问，他们帮助客户获得零售银行服务、房产规划建议、法律和税务咨询等服务。此外，财富管理顾问为客户提供保险和年金产品也逐渐成为一种趋势。财富管理顾问致力于帮助投资者实现财富保值和长期增值的财务目标，为了实现这些目标也可以引入一些非投资性工具。

财富管理顾问只为可投资资产在 500 万美元以上的客户提供服务。有些投资银行对客户的要求甚至更高，这样可以集中有限的资源为那些高端客户提供服务。例如，经过充分考虑后，高盛的财富管理主要服务于可投资资产在 2 500 万美元以上的客户。

对于那些资产规模未达到上述财富管理顾问要求的客户，一些银行为其提供“私人客户服务”，但服务内容只包括上述服务的一部分。

对于那些可投资资产更少的个人投资者，银行的“零售”顾问和经纪人会帮助他们投资于银行内部的资产管理产品和外部的其他产品。除了高盛，其他大型投资银行都有自己的零售顾问团队。美林证券在 2008 年被美国银行收购以前拥有最大的零售业务，其次是美联银行（2008 年被富国银行收购）。花旗的美邦证券与摩根士丹利在 2009 年组建了合资企业（现由摩根士丹利全资拥有）。截至 2015 年 12 月，摩根士丹利、美国银行、富国银行和瑞银拥有美国最大的零售经纪人团队（见表 6-2）。

表 6-2　2014 年 12 月美国经纪机构排名

机　构	经纪人数量（位）	收入（10 亿美元）	经纪人人均营收（美元）	客户资产（10 亿美元）
摩根士丹利	16 076	15	927 000	2 025
美国银行	16 000	13.3	831 000	1 081
富国银行	15 100	9.2	609 000	1 420
瑞银（美国分部）	7 000	3.9	557 000	1 032

资料来源：Respective 10-K filings.

总体来说，大型投资银行会有专门的营销队伍，这些营销队伍会根据客户的可投资资产规模和非投资服务需求专注于 2～3 个不同的投资客户人群。

由于投资银行财富管理顾问的任务就是帮助客户在他们的风险承受能力内实现投资收益最大化，所以，在某些情形下，财富管理顾问会引导客户投资于非投资银行自身提供的投资产品。比如，如果一只投资银行的资产管理基金不能提供使客户满意的投资产品，或者投资银行内部提供的投资产品业绩（从风险和收益的角度看）不如其他竞争者的投资产品，在这种情况下，财富管理顾问会建议客户直接将部分资金投资于竞争者提供的投资产品。然而在许多银行，激励制度设计的原则是保证客户投资于本银行而非竞争对手，这就产生了潜在的利益冲突。在花旗集团和美林，这成了一个严重的问题，见专栏 6-1 的讨论。

专栏 6-1　避免资产管理的利益冲突

2005 年和 2006 年，美林和花旗集团分别决定放弃对资产管理业务的控制权，主要原因是为了避免财富管理部门和资产管理部门之间的潜在利益冲突。2005 年，花旗集团与全球领先的资产管理公司美盛达成一项协议，花旗集团收购美盛的经纪业务，而美盛收购花旗集团的资产管理业务。

2006 年，就在花旗集团和美盛交易完成后的两个月，美林和贝莱德（一家擅长固定收益证券的大型投资管理机构）达成协议，美林的资产管理业务与贝莱德的资产管理业务合并成立了一家管理近1万亿美元资产的独立公司。美林持有这家合并的资产管理公司49.8%的所有权和45%的投票权，这家公司董事会大部分都是独立董事。美林放弃其资产管理业务的控制权，从而缓和了潜在的利益冲突。

每家银行的财富管理顾问都与资产管理团队密切合作，为投资者提供合适的投资服务。另外，财富管理顾问还与银行的资本市场团队紧密联系，从而为投资者购买其承销的新发行证券。有些银行的财富管理顾问将承销的新发行证券的10%～30%配置给其投资者（和机构投资者持平）。最后，在进行二级市场投资时，财富管理顾问与交易员合作，这既为交易员创造了流动性，也满足了客户在二级市场上获利的需求。

6.3 研究

所有大型投资银行都会为其选择的全球机构和个人客户提供研究。研究涵盖了权益、固定收益、货币和大宗商品市场。分析师还会关注经济、投资策略、衍生品、信用等问题，并根据基础研究提出建议与意见。

权益研究主要关注上市公司研究，以及行业研究和区域研究，有时需要和宏观、数量和衍生品研究团队合作来确定投资意见。经济研究基于区域经济学家全球视角下的观点，对经济活动、汇率和利率进行宏观预测。固定收益研究是基于发行人所在的行业对公司债务进行研究，特别是要对公司的信用风险有深刻认识。大宗商品研究是基于全球视角对能源和贵金属进行研究。策略研究团队提供资产配置的市场观点、预测与评论，以及其他研究形式的策略性投资策略。

投资银行的研究部门一般（但不总是）设在交易部，分为两个组，包括：为投资客户提供的“卖方”研究，以及为银行的资产管理人（为投资客户管理资金）提供的“买方”研究。对冲基金为内部交易员提供的研究，以及大型共同基金（如富达基金）为内部基金经理提供的研究，都属于这一类的买方研究。

卖方研究是投资银行分析性极强的领域。权益研究员通过建立复杂的财务模型来预测收益和资产的未来价值。预测收入和利润要考虑的因素包括但不限于：公司概况、经济环境、历史趋势和新信息（如产品说明、消费者损益情况、竞争环境和分析判断等）。然后，他们运用营收、息税折旧及摊销前利润、利润、账面净资产和现金流这些参数的倍数来估算公司的未来股价。此外，研究员还会使用其他估值模型，如可比公司法、现金流折现法、重置成本法等。研究员根据这些信息，结合其他研究报告得出投资建议，相关投资建议随后会传达给投资者和投资顾问。假如一个公司预测价值高于当期市场价格，研究员会根据这个信息将该公司评为“增持”或者“买入”。相反，如果一个公司的预测价值低于当期市场价格，研究员会将该公司评为“减持”或者“卖出”。如果研究员认为一个公司是以公允价值或接近公允价值进行交易的，他会给该公司股票评为“观望”或者“继续持有”。

股票研究的定期报告通常会随着每个季度公司的业绩报告一起发布。如果公司通过美国证券交易委员会规定的8-K表来宣布发生了重大事项，或者研究员进行了某个专题研究，研究员也会发布额外的研究报告。例如，研究员和公司高管的近期会面或者投资者实地调查。研究报告会以电子版和纸质版两种形式发布。有些公司的重要投资客户能够直接与研究员沟通，和他们讨论现有的模型及假设。

卖方股票研究员给投资者提供的信息可归纳为：

（1）深度研究报告：为投资者介绍新的投资行业和公司。

（2）季度业绩报告：根据投资者需要，为其快速提供简明扼要的公司业绩结果。

（3）预期季度业绩。

（4）关于重大事件如何影响投资决策的分析。

（5）创建财务模型和估值表格。

（6）重大投资的专题研究和解读。

（7）投资者关心的行业或行业内某个公司情况概要。

（8）公司或所属行业的最新情况。

（9）基于实地调查和行业会议的调查。

（10）通过投资者会面、会议和非交易性路演与公司管理层的接触。

（11）有承销授权的投资银行在首次公开发行前针对公司高管进行的尽职调查（如果研究团队决定提供）。

研究一般分为四个主要领域：权益研究、经济研究、大宗商品研究和信用（固定收益）研究。

（1）权益研究：针对目标行业的个股研究，包括通信、传媒娱乐、消费品、金融机构、工业、科技、运输、健康、零售、教育以及其他行业。

（2）信用研究：针对不同行业领域内发行人的公司债务研究。研究团队分为：投资级信用和高收益级信用。该项研究对公司的关注点与权益研究是不同的，信用研究员会研究公司的债券和贷款资料，分析公司的未来现金流是否足够满足现金偿付。

（3）大宗商品研究：运用经济模型进行供需分析并预测大宗商品未来价格的范围。

（4）经济研究：提供经济动态、汇率和利率变动的宏观经济预测。

6.3.1　研究费用

一直以来，研究机构通过间接机制向投资客户收取费用：当专业交易员按照研究报告的分析结果购买证券时，投资者支付给专业交易员的一部分佣金将转移给研究员。几十年来，因为投资者一般不愿意直接为研究报告付费，“软美元”的补偿方式是卖方研究获取薪酬的主要方式。例如，一个投资者阅读了投资银行的卖方研究报告，他愿意支付每股 3 美分作为佣金委托投资银行购买股票，其中一部分佣金就会间接支付给研究部。据估计，在美国和欧盟，每年大约 80 亿美元的经纪人佣金中约 60% 分配给研究部门。

机构投资者用“经纪人投票”系统来对投资银行未来支付的总佣金进行预算。每年年底，这些投资者确定哪个研究小组提供了最好的研究和服务，他们会据此将内部投票投给该研究小组。这些投票不但反映了投资银行研究员提供研究的深度，也反映了他们与投资客户沟通的努力程度。投资银行以客户提供的投票作为基础，根据分析师对全银行佣金收入的贡献来决定他们的薪酬。

很不幸的是，在美国，2005～2016 年，研究部门分配到的收入预计下降超过 50%。下降的原因，部分是因为大型机构投资者扩建了他们自身的买方研究部门，因为他们日益担心卖方研究机构的独立性（怀疑研究会偏向于投资银行部自己的客户）。另外，美国证券交易委员会的公平披露准则（后面会具体介绍）使得有些卖方研究对投资者的价值已经不大了。

大多数机构投资者不接受直接为研究付费，因为它们认为这会对其投资业绩产生负面影响。例如，当机构投资者通过投资银行购买股票时，股票的购买成本扣除支付给投资银行的佣金之后，会比一般投资者购买股票的成本价略高一些，因为其中包含了一些给研究部门的补偿。机构投资者的收益计算是将股票最终卖价减去扣除佣金后的买入成本。假设最终卖出后股票有正收益，如果单独支付一笔费用给研究机构，佣金则会相应减少，使得净购买价格上升（因为并没有单独减去支付的研究费用），这样投资收益就会下降。

尽管做出了努力，但软美元的使用实际上增加了。在美国，据格林威治联合公司估计，目前软美元交易约占总佣金的40%。延续这种补偿模式的原因包括：通过使独立研究供应者之间竞争，增强非传统研究和服务的竞争；给资产管理者提供更多的选择；降低了小企业的进入壁垒。然而，软美元引起了以下几点担忧：这种做法可能会提高整体交易成本；可能为履行承诺而错过最佳执行，从而导致低效交易；资产管理者可能因为购买了多余的研究或服务而出现资源配置不当的问题；而主动管理的成本隐性化可能会导致难以评估获取组合管理服务的真实成本。此外，被禁止使用软美元的投资者可以从其他投资者支付的软美元研究 / 服务中搭便车。

在2006年，大型投资机构富达基金与几家投资银行签署协议，支付单独的研究费用，同时相应减免佣金。富达基金开创先例后，其他大型投资者如先锋（Vanguard）、全盛资产管理（MFS Investment Management）、桥路基金（Bridgeway Funds）和美国世纪（American Century）也达成了协议，为研究支付单独的费用。尽管有这些新的收费安排，但目前尚不清楚投资银行将如何应对不断下降的研究收入以及如何安排未来补偿研究的机制。在这种情况下，投资银行的研究部门规模缩小，研究费用也降低了。有的投资银行甚至在内部讨论是否应该出售研究部门，因为研究部门的运营成本已经超过了分配到的收入和直接创收。2003年，针对美国十大投资银行的一项强制措施使这一问题进一步恶化，这项措施禁止投资银行部资助研究团队以帮助银行从客户处获得承销授权（详见后面的分析）。

一项新的欧盟法律要求机构投资者要为他们收到的任何分析师的研究或服务付费。投资银行正在开发新的业务模式以适应这项法律，其中包括每年收取超过50 000美元的费用来提供基本研究报告，而想要获取代表投资者完成的具体研究以及与研究员直接接触则要收取更高的费用。银行需要找到愿意支付研究费用的客户，否则这些较高收费未来将导致研究部门减少。如果投资者不愿意支付服务费用，一些银行可能最终会撤销其研究部门。但这种情况可能会为独立研究公司带来更多的研究业务。在英国，监管机构还试图将研究员从交易活动中分离出来，以防止交易员看到涉及市场中敏感信息的研究报告草稿，并将信息泄露给客户。

对冲基金和捐赠基金等投资管理机构通常在能获得越多的研究资源、越方便接触分析师的时候交易得越多。而研究和交易所需的佣金最终是由投资者买单的。古往今来，投资经理们在这种机制下很少会有限制支出的动力。不过，新规则的改变会促使大型投资经理重新评估哪些研究报告值得购买。

欧盟的规定要求基金经理要么从自己的口袋里掏钱买研究报告，要么与客户在研究预算上达成一致。欧盟监管机构还禁止了研究支付与交易量挂钩。尽管一些研究员由于规则改变感受到更大的压力，但很多人都乐于接受在更高的透明度下评估他们工作的价值，并且去破除“研究是免费的”这种成见。

6.3.2 利益冲突

卖方研究的一个主要问题是缺乏独立性。当投资银行寻求与某个公司进行融资或并购交易时，其投资银行部会像以往一样向其研究员施压，要求就对该公司的负面观点进行调整。负面的权益或固定收益研究报告会导致管理层不愉快，从而给投资银行获得承销协议带来麻烦。因此，投资银行管理层认为有必要要求研究部以投资银行部的承销或并购业务为重，对研究结果进行调整，而非以提高投资客户的投资利益作为研究目的。这就产生了一个影响深远的利益冲突问题。

2003 年 4 月，美国证券交易委员会、纽约总检察院、美国证券交易商协会和纽约证券交易所宣布对以下 10 家投资银行采取强制措施：贝尔斯登、瑞信、高盛、雷曼兄弟、摩根大通、美林、摩根士丹利、花旗集团、瑞银和派杰。上述投资银行被要求支付总额近 14 亿美元的款项，其中 8.75 亿美元是处罚和追缴款，4.325 亿美元支付给独立研究部门，8 000 万美元用于投资者教育。除现金处罚外，这些机构还被要求遵守一些重要的规定，包括消除投资银行部对研究部的任何影响，提高监管力度并为投资者提供独立适用的研究报告。

这次强制措施表明所有的投资银行都存在这些行为：投资银行部对研究员的研究分析施加不恰当的影响，从而将利益冲突强加给研究员。这些投资银行对该指控既没有承认也没有否认，这次指控也指出某些公司发布了欺诈性的研究报告，其发布的研究报告并非基于公平交易和诚信原则，没有为评估事实提供可靠的依据。此外，该指控也提及了以下行为：有些研究报告在没有合理基础的情况下，包含了对公司及观点的夸大、不负责任的评论；有些研究报告收取了所研究公司的薪酬却没有在报告中披露。最后，该指控提及某些投资银行参与了首次公开发行“热销”股票分配的“违规派送新股”行为（将这些热卖的首次公开发行的股票卖给某公司高级管理层和董事，来换取该公司未来的投资银行业务）。

这项强制措施阻断了投资银行部给研究员带来的压力，旨在确保股票推荐不会因为投资银行部的收费而变味。投资银行的重要调整包括以下内容：

（1）研究部和投资银行部要物理隔离。

（2）投资银行的高管层必须制定研究部的预算，且研究部不能从投资银行部收取资金，也不能通过投资银行业务获得特别收益。

（3）研究员的薪酬不能间接或直接基于投资银行部的收入，抑或基于投资银行部人员的投入。

（4）研究部管理层制定的任何公司相关决策必须是最终版本，而且投资银行部的人员不允许对该决策的制定有任何影响。

（5）研究员禁止参与投资银行业务，包括销售和路演。

（6）投资银行除了要提供自己的研究报告外，还有义务为投资客户提供独立研究。此项要求已在 2009 年夏被废止。

6.3.3　公平披露准则

2000 年，美国证券交易委员会发布了公平披露准则（Regulation FD）。该准则致力于信息的公平披露。准则禁止公司高管选择性地披露对公司股价有影响的重大信息。这意味着在与研究员讨论任何潜在影响股价的信息之前，公司必须通过证券交易委员会公告信息。这项规定的优点在于它平整了股票交易竞技场，使得所有投资者都能够在同一时间获得同样的信息。在颁布这项规定之前，一些大型（最受欢迎的）机构投资者通过研究员和公司私下讨论，就能比投资者更早获得影响股价的信息。公平披露准则的主要目的是确保信息披露更加透明和公平，当公司决定向投资者公布信息时，可以确保所有的投资者在同一时间基于同样的信息做出投资决策。但是，有批评者认为，公司现在与投资者和研究员沟通时变得更加小心翼翼，导致信息披露更缓慢而且信息量更少。此外，很多信息是通过律师公布，这导致了信息质量的下降。一些投资者认为，公平披露准则使得任何投资者（包括个人投资者）得到的信息质量和深度都不如以前了。

第 7 章　信用评级机构、交易所、清算和结算

7.1　信用评级机构

信用评级机构在投资银行业务中起着重要作用，其工作是对债务发行人及其债务工具进行信用评级。债务工具包括债券、可转换债券、商业票据和贷款。此外，信用评级机构为各种类型抵押品支持的结构性融资证券评级。结构性融资包括资产支持证券、住宅及商业住房抵押贷款支持证券及担保债务凭证。在开发结构性融资产品时，为使这些证券达到目标评级，投资银行会与信用评级机构密切合作。表 7-1 总结了信用评级机构的作用。

表 7-1　信用评级机构的作用

为投资界提供关于公司及其债务工具信用质量的中立意见。

公司和政府融资	结构性融资
债券 / 票据 / 商业票据	担保债务凭证（CDO）
可转换证券	住宅住房抵押贷款支持证券（RMBS）
银行票据	商业住房抵押贷款支持证券（CMBS）
	资产支持证券（ABS）

资料来源：Standard & Poor's.

发行人包括公司、地方、州或国家政府及机构、特殊目的载体和非营利组织。评级过程涉及经营风险和财务风险分析，经营风险包括行业竞争地位、产品线的多样化、同行业盈利能力比较，财务风险包括会计、现金流、财务弹性和资本结构（见图 7-1）。信用等级反映了发行人的信用（偿付债务的能力），这会影响被评级证券的利率（或收益率）。因此，信用评级反映了债权人违约的可能性。投资者、银行和政府在投资、贷款和监管决策时会用到信用评级。评级十分重要，例如，许多养老基金只能投资于评级高于指定参考评级的证券，而且如果所持有证券的评级下调，则需要对其进行清仓出售。此外，许多金融合约都会参考信用评级。例如，信用违约互换一般的触发条件是信用评级机构认定发生了"信用事件"，包括破产、无力偿还、重组或延期偿付等。这些评级是独立的，不受他人影响（尽管这一说法还有些争议，下面会有介绍），并创设了使相关信用风险易于理解的测度指标。这会提高市场效率，并降低借款者、投资者和贷款者的成本，也将扩大资本供给总量。在大多数情况下，公开市场债券发行人必须得到至少一家评级机构的评级才能吸引到投资人。在很多情况下，根据投资人要求，一只债券会有 2～3 家信用评级机构对其评级。

表 7-2 列出了标准普尔、穆迪和惠誉（世界三大信用评级机构）对不同等级信用风险的评级分类。这些评级机构采用的模式是由发行人支付评级费用，而非投资人支付。然而，有时也有例外，为了保护投资人，防止发行人在其业绩不佳时不进行信用评级，评级机构有“主动评级”政策。如果一家公司尚有大量被认为是“广泛持有”的债务发行在外，当该公司要求撤销评级时，评级机构会保留对其进行主动评级的权利（这样，投资者就会持续了解到该公司的信用风险）。

历史上，美国证券交易委员会、联邦储备银行或巴塞尔银行监管委员会曾明确引用经“核准”的信用评级机构发布的评级，这赋予了评级机构近乎监管的权力。然而，在 2007～2008 年金融危机之后，立法者通过了《多德 - 弗兰克法案》，该法案要求联邦机构酌情在监管中不要引用信用评级机构的评级。美国证券交易委员会依据该法案采用了新的规则，要求评级机构对证券交易委员会报告评级过程中的内部控制，从而提高评级的透明度，以便于在对资产证券化时评级的第三方保留进行尽职调查的权力。在欧盟，信用评级机构现在由欧洲证券及市场管理局（European Securities and Markets Authority）监管。

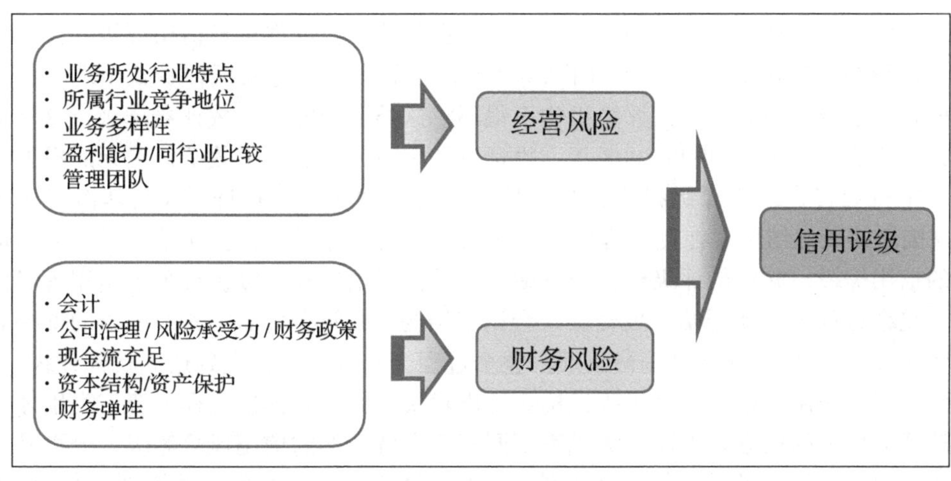

图 7-1　评级过程

资料来源：Standard & Poor's.

表 7-2　信用评级分类

标准普尔和惠誉的信用评级分类	
投资级	**非投资级（高收益、垃圾债券）**
AAA：最优质公司，可靠、稳定	BB+，BB，BB−：在经济大环境中易变
AA+，AA，AA−：优质公司，信用风险稍高于 AAA 级	B+，B，B−：财务状况明显多变
A+，A，A−：财务受经济影响，但仍很优质	CCC+，CCC，CCC−：当前易违约，经济好时可以偿付
BBB+，BBB，BBB−：中等级别公司，目前仍满足投资要求	CC：更可能违约，投机性债券
	C：更可能违约，或者会破产，或者拖欠，但仍履约
	D：已经违约，预期对大部分债务违约或者全部违约
	NR：没有评级
穆迪信用评级分类	

（续）

投资级	非投资级（高收益、垃圾债券）
Aaa：最优质债务，信用风险最低	Ba1，Ba2，Ba3：判定为有投机性因素的债务，信用风险较高
Aa1，Aa2，Aa3：优质债务，非常低的信用风险	B1，B2，B3：投机性、高信用风险债务
A1，A2，A3：中上级债务，低信用风险	Caa1，Caa2，Caa3：声誉差、信用风险非常高的债务
Baa1，Baa2，Baa3：中等信用风险债券：中等并拥有一些投机特点	Ca：高投机性并且很可能违约的债务，有可能收回本金和利息
	C：最低级别的典型违约债务，很可能无法收回本金和利息
	NR：没有评级

资料来源：Standard & Poor's, Fitch, and Moody's.

7.1.1 资产支持证券

穆迪、标准普尔和惠誉曾经积极地给住房抵押贷款支持证券进行信用评级，并给许多这类证券评以最高的信用等级，但是到了 2007 年，一部分证券化的抵押贷款出现违约，导致证券价值急剧下滑。因此，三大评级机构不得不将这类资产的大多数证券降级，这又加速了这些证券的贬值。在 2007 年和 2008 年，投资者和保险公司遭受了数千亿美元的损失。

投资银行会咨询信用评级机构，从而确定住房抵押贷款支持证券（及其他资产支持证券）各种档级的最优结构。在此过程中，投资银行向信用评级机构提交精心设计的结构和期望得到的信用等级，并等待评级机构的反馈。如果投资银行和评级机构关于信用等级意见存在分歧，整个过程会重新开始，投资银行会调整结构（可能会增加优先级证券的抵押品或者调整资产包），并会再次提交且等待反馈。整个过程会一直重复，直到达到目标评级。通常，为了达到理想的信用评级，信用评级机构会给出建议，即需要提供怎样的资产类别才能担保资产支持证券项下的债务。不同档级代表不同资产支持证券的信用风险等级，分档基于现金流、期限和每个档级证券的信用支持工具。比如，通常会有三个不同的级别：AAA、BBB、BB，这分别代表了低风险、中等风险和投机风险。投资者承担的风险档级越高，所要求的利率（收益率）就越高。

信用评级机构声称，它们的评级信息只是表明某一债务证券不能支付本金和利息的可能性，并不构成被评级证券的波动性以及该证券是否值得投资的意见。从历史来看，最高信用评级的债务波动性很低、流动性很高。这意味着债务的价格不会每天有很大变化，并且永远都会有其他的投资者想要购买该证券。然而，与普通债券和银行贷款不同，资产支持证券有时会由成百上千个独立的、来自不同档级的证券组成。这些相似评级证券组合在一起会使风险集中，因而即使只是感觉到违约风险的微小变化，也会迅速蔓延并严重影响该证券的市场价格。在 2007～2008 年的信用危机中，由此导致很多住房抵押贷款支持证券的价格急速下降，尤其是次贷支持的证券。

7.1.2 对信用评级机构的批评

信用评级机构与投资银行合作，将住房抵押贷款支持证券的评级提高到超过其真实信用级别的程度，这种做法一直受到严厉批评。也有批评指出，评级机构没有尽早调低住房抵押贷款支持证券的信用等级。许多投资者认为评级机构不仅犯了错误，而且没有及时改正。

其他批评是关于评级机构与发行普通债券及非资产支持证券的公司的合作关系。尽管使用信用评级的主要是投资者，但这笔服务费用却不是由投资者支付，而是由发行人支付。一些投资者（尤其是那些所购证券的信用等级严重下降的投资人）认为，评级机构极易受到公司的不当影响，或者说很容易被误导。另外，公司财务人员有时会认为他们与评级机构的立场是对立的，当收到一个他们认为不公正的低信用评级时，他们会抱怨评级机构不了解公司的经营。

7.1.3　投资银行提供的信用评级顾问服务

大多数发行债券的公司和政府都希望所发行的债券达到预定的评级，以保证投资者会以最低的利率购买。尽管大多数发行人会支付评级费用，但仍有些公司不支付该项费用。这类公司的债务通常交易活跃，且公司信用度非常好，这使其发行的债券供不应求。公司和政府耗用大量的时间和资源来提供信息，以帮助评级机构建立最能反映自身财务实力的财务模型，而且他们还需要为信用评级买单。

投资银行通过提供对公司发行各类融资工具（包括债券、贷款、可转换证券、优先股或普通股）对信用评级结果潜在影响的分析，为公司提供信用评级顾问服务。债券和贷款会弱化发行人的资产负债表，根据融资所获资金的用途，还有可能减少现金流。因此，一旦一家公司大规模贷款或者发行债券，信用评级机构可能会降低该公司的信用评级。但是，如果公司债券或贷款是用于偿付现有债务，或者用于预期能产生大量现金流（可用来支付债务的利息）的收购或新业务融资，信用评级可能不会下降。此外，如果债券或贷款相对于公司的资本结构规模较小，也可能不会降级。当公司发行可转债时，基于债券期限和转换特点，交易对信用评级可能产生积极抑或消极的影响。当一家公司发行普通股时，如果发行额度非常大，会对其信用评级有积极影响。通常，发行人对于导致信用评级降低的融资会很谨慎，除非融资有非常有利的结果，比如，促使市值上升的并购交易或改善风险调整加权平均资本成本。

投资银行帮助客户准备每年或者每半年到纽约与评级机构的会面，审查客户的业务及可能影响评级的任何重大变化。有时，投资银行和发行人在发行新证券或者调整公司业务时会错误估计评级机构的反应，由此导致评级结果出乎意料的低，此时发行人必然会感到挫折和焦虑。为了避免这种情况，通常，投资银行会试图复制评级机构采用的模型，并告知公司（或政府）满足评级所需的比率，包括利息覆盖率、总负债、现金流和其他一些与信用相关的参数来调整债务利率。但是不管怎样，总是不可能尽善尽美，总还有意外发生。

为了帮助评级机构建立准确反映公司业务和财务风险的模型，公司高管（如果有必要的话，还有投资银行）在开始融资之前，有时会向评级机构提供一些公司内部的、关于潜在融资情况的非公开重大信息。在融资之前，评级机构能够将这些信息合并到其建立的模型中，因此，评级结果就能在证券发行的当天发布。这对于那些投资人很有利，他们想在投资这些证券之前了解评级对所有这些新发行证券的影响。评级机构有义务不泄露发行人的重大非公开信息给任何人，以防他们利用这些信息在公司宣布融资之前交易证券。

投资银行的信用评级顾问一般都是穆迪和标准普尔以前的员工，他们对评级机构所使用的模型有深入的了解（对以前一同工作的同事的性格和分析角度也非常熟悉）。这有助于投资银行向公司提供有关不同融资方式可能获得的评级结果的建议。投资银行为政府提供的信用评级顾问服务相对比较狭窄。

7.2 交易所

投资银行在世界各地的交易所活跃地交易股票、债券和衍生品。在交易所中，买卖双方主要通过电子媒介以商定的价格匿名买卖证券。

洲际交易所集团（ICE）是一家位于亚特兰大的期货交易所，经过股东投票并获得欧盟委员会和美国证券交易委员会批准后，于2016年初收购了纽约泛欧证券交易所（NYSE Euronext）。洲际交易所成立于2000年，并通过收购迅速扩张。合并后的公司拥有16家全球交易所和5家中央结算所，是全球第三大交易所集团，仅次于香港交易所（Hong Kong Exchanges and Clearing）和芝加哥商业交易所（CME group Inc.），后者是芝加哥期货交易所（Chicago Board of Trade）和纽约商品交易所（New York Mercantile exchange）的母公司。洲际交易所（Intercontinental Exchange Inc.）和纽约泛欧交易所集团现在都是洲际交易所集团的子公司。

世界上最大的股票交易所（根据交易量）包括：纳斯达克、纽约泛欧交易所（美国）、伦敦证券交易所、法兰克福证券交易所（德意志证券交易所）、纽约泛欧交易所（欧洲），以及亚洲的东京证券交易所和上海证券交易所。表7-3为世界前20大股票交易所情况。

表7-3 世界前20大股票交易所

排名	交易所	经济体	总部	市值（单位：10亿美元）	月交易额（单位：10亿美元）
1	纽约证券交易所	美国	纽约	19 223	1 520
2	纳斯达克	美国	纽约	6 831	1 183
3	伦敦证券交易所集团	英国	伦敦	6 187	165
4	日本交易所集团（东京）	日本	东京	4 485	402
5	上海证券交易所	中国内地	上海	3 986	1 278
6	香港证券交易所	中国香港	香港	3 325	155
7	泛欧交易所	欧盟	阿姆斯特丹 布鲁塞尔 里斯本 伦敦 巴黎	3 321	184
8	深圳证券交易所	中国内地	深圳	2 285	800
9	多伦多证券交易所集团	加拿大	多伦多	1 939	120
10	德意志证券交易所	德国	法兰克福	1 762	142
11	孟买证券交易所	印度	孟买	1 682	11.8
12	印度国家证券交易所	印度	孟买	1 642	62.2
13	瑞士证券交易所	瑞士	苏黎世	1 516	126
14	澳大利亚证券交易所	澳大利亚	悉尼	1 272	55.8

（续）

排　名	交易所	经济体	总　部	市值（单位：10 亿美元）	月交易额（单位：10 亿美元）
15	韩国证券期货交易所	韩国	首尔	1 251	136
16	北欧证券交易所	北欧	斯德哥尔摩	1 212	63.2
17	约翰内斯堡证券交易所	南非	约翰内斯堡	951	27.6
18	马德里交易所	西班牙	马德里	942	94
19	台湾证券交易所	中国台湾	台湾	861	54.3
20	巴西证券期货交易所	巴西	圣保罗	824	51.1

2015 年，香港证券交易所是全球首次公开募股量最大的股票交易所，紧随其后的是纽约证券交易所（见表 7-4）。表 7-5 列出了每个交易所的股权资金募集总额；表 7-6 列出了每个交易所的国内股票市场价值；表 7-7 列出了每个交易所股票交易的价值。

表 7-4　2015 年首次公开募股募集资金

排　名	交易所	首次公开募股募集资金（单位：100 万美元）
1	香港证券交易所	33 708.45
2	纽约证券交易所	19 687.31
3	纳斯达克交易所	18 042.63
4	伦敦证券交易所	17 500.36
5	上海证券交易所	17 472.34
6	日本交易所集团（东京）	15 672.60
7	马德里证券交易所	9 376.06
8	深圳证券交易所	8 045.14
9	德意志证券交易所	7 835.16
10	泛欧交易所（阿姆斯特丹）	7.712.83

注：其中包含房地产信托投资基金。由同一交易所经营的另类市场所筹集的资金归入该交易所。

资料来源：Dealogic.

表 7-5　2015 年股权资金募集总额

排　名	交易所	股权资金募集总额（单位：100 万美元）
1	纽约证券交易所	127 254.1
2	上海证券交易所	126 422.2
3	香港证券交易所	125 020.8
4	泛欧交易所	98 677.2
5	深圳证券交易所	75 104.4
6	伦敦证券交易所	60 132.7
7	澳大利亚证券交易所	44 916.6
8	马德里交易所	43 762.3
9	多伦多证券交易所集团	42 327.6
10	日本交易所集团	19 755.7

资料来源：World Federation of Exchanges (WFE) Monthly Statistics (not including exchanges for which statistics are not available). Figures are provisional.

表 7-6 国内上市公司股票市值（在主要市场及平行市场中）

交易所	排 名	2015 年 11 月市值（单位：100 万美元）	排 名	2014 年 12 月市值（单位：100 万美元）	市值变化（%）
纽约证券交易所	1	18 486 204.3	1	19 351 417.2	−4.5
纳斯达克交易所	2	7 449 205.2	2	6 979 172.0	6.7
日本交易所集团	3	4 909 983.6	3	4 377 994.4	12.2
上海证券交易所	4	4 459 835.5	5	3 932 527.7	13.4
伦敦证券交易所	5	3 974 658.8	4	4 012 882.3	−1.0
深圳证券交易所	6	3 424 262.3	9	2 072 420.0	65.2
泛欧交易所	7	3 379 584.6	6	3 319 062.2	1.8
香港证券交易所	8	3 165 127.9	7	3 233 030.6	−2.1
德意志证券交易所	9	1 737 886.3	10	1 738 539.1	0.0
多伦多证券交易所集团	10	1 697 501.1	8	2 093 696.8	−18.9

资料来源：WFE monthly statistics (not including exchanges for which statistics are not available). Market value excludes investment funds. TMX Group includes TSX Venture market cap. Percentage changes are calculated based on rounded figures.

表 7-7 2015 年股票交易额（在主要市场及平行市场中）

排 名	交易所	股票交易额（单位：100 万美元）
1	纳斯达克交易所	30 173 610.2
2	上海证券交易所	20 268 840.6
3	纽约证券交易所	18 289 607.1
4	深圳证券交易所	17 922 423.5
5	巴兹全球市场 – 美国	12 987 297.6
6	巴兹芝加哥 – 欧洲	7 753 998.6
7	日本交易所集团	5 664 806.9
8	伦敦证券交易所	4 104 240.1
9	泛欧交易所	3 033 419.9
10	香港证券交易所	2 141 292.9

资料来源：WFE monthly statistics (not including exchanges for which statistics are not available). Figures are the sum of the values of electronic order book trades, negotiated deals, and reported trades as reported separately in WFE statistics. They are not entirely comparable across exchanges because of different reporting rules and calculation methods.

7.2.1 专家经纪人

从历史上看，纽约泛欧交易所的部分业务是通过专家经纪人系统进行的。在该系统中，个人作为特定证券的做市商，为市场提供流动性、缓和买卖不平衡并防止过度波动。但是，随着电子交易系统（ECNs）的效率越来越高，专家经纪人系统的重要性已经下降。此外，对专家经纪人系统的批评也越来越多。一些批评者认为，该系统可能存在以牺牲投资者的利益为代价获得特殊利益、成本过高（相对于电子交易系统而言），以及存在“抢跑”交易的可能（利用客户即将大量买入的信息，在他们买入之前进行交易，并因大量买入导致的市场方向变动而从中获利)。

2008 年，出于上述原因及证券交易市场结构的调整，纽约泛欧交易所以指定做市商制度取代了专家经纪人系统。指定做市商制度与专家经纪人系统之间最大的区别在于，在指定做市商制度中，任何人都不会提前知道交易信息，因而防止了“抢跑”交易的可能。另外，指定做市商制度虽然没有专家经纪人所拥有的一些优势，但是专家经纪人的一些限制也没有了，这就增加了灵活性。总的来说，设计这一新系统是为了使做市功能更加现代化，并提高竞争力和效率。

纽约泛欧交易所提供了他们交易所的人工交易和电子撮合工具的相关信息。

7.2.2 指定做市商

指定做市商（designed market makers，DMMs）有义务为其所分配的证券维护公平有序的市场。他们在开盘、收盘以及重大的交易不平衡或者不稳定时进行操作，同时采用人工及电子的方式，以促进价格发现。这个方法有助于改善价格、抑制波动、增加流动性以及提升价值。指定做市商利用他们对动态交易系统、宏观经济新闻以及行业特定信息的知识进行判断，从而做出交易决策。指定做市商为客户提供正常的沟通，在特殊情况下投入资金，并努力维持市场的纯正。指定做市商包括如下公司：巴克莱（Barclays)、Brendan E. Cryan & Co.、荷兰 IMC（IMC Financial Market)、J. 斯特瑞彻公司（J Streicher & Co. LLC)、骑士资本（KCG）以及沃途金融（Virtu Financial Capital Markets LLC)。

7.2.3 场内经纪人

场内经纪人（floor brokers）是代表公司客户在交易所场内执行交易的经纪公司的雇员。纽约证券交易所的 169 家会员公司（97 家电子交易所，7 家指定做市商和 65 家经纪公司）中约有 274 个场内经纪人。他们作为代理人，为公众（机构、对冲基金、经纪人 / 交易商）买卖股票。场内经纪人实际出现在交易大厅，并在交易日中积极参与交易。他们也有能力参与电子交易，能够进入所有市场、交易多种类别的资产，为客户提供全方位的交易。

7.2.4 辅助流动性供应商

辅助流动性供应商（supplemental liquidity providers，SLPs）是电子化的、高成交量的成员，他们被用于增加市场的流动性。他们所有的交易都是专有的，他们既不为公共客户服务也不以代理的身份交易。纽约证券交易所的每只股票都可以拥有 SLPs，但并非每只股票都有 SLPs，SLPs 主要集中在流动性更强（日均成交量超过 100 万股）的股票上。对于每一个指定的证券，辅助流动性供应商必须在“全国最佳买卖报价”（NBBO）中维持买价或者卖价，并至少要占交易日的 10% 以上。辅助流动性供应商为指定证券提供流动性，当有订单的时候做反向交易，这样，辅助流动性供应商可以获得纽约证券交易所的财务回扣奖励。辅助流动性供应商包括以下公司：HRT Financial LLC、Latour Trading. LLC、交易机器人系统公司（Tradebot Systems, Inc.)、Virtu Financial BD LLC、Citadel Securities LLC、KCG Americas LLC、高盛以及 IMC Chicago LLC。

每家有公开交易股票的公司都必须确定其挂牌的交易所。每个交易所都有自己的准入条件，公司必须满足条件才能上市。交易所对财务报告和信息披露标准以及最低成交量和股票价格标准进行了要求。如果未能达到标准，股票将被除牌（假设在“宽限期”之后仍未纠正违规行为)。纽约泛欧交易所的上市要求包括不少于110万股股票，其市值不低于4 000万美元，以及过去3年有超过1 000万美元的收益。纳斯达克交易所的要求包括至少125万股股票，市值不低于7 000万美元，以及3年累计总收益不少于1 100万美元。伦敦证券交易所要求股票最低市值为70万英镑，最低公众持股量市值为该金额的1 / 4，并要求最低营运资本金额。

7.2.5 衍生品交易所

芝加哥商业交易所集团（CME）总部位于芝加哥，是全世界规模最大、交易种类最多的衍生品交易所。交易的衍生品包括期权、期货和互换。期货是指在今天约定未来某一时刻以某一价格买入或者卖出资产的合约，与立即交割的现货合约恰好相反。期权是买卖双方之间签订的合约，买方有权（但没有义务）在未来某一时刻以约定的价格买入或卖出指定的资产。互换是经交易双方同意后，以一笔现金流交换另一笔现金流的合约。芝加哥商业交易所在2002年上市后，成为全世界市值最大的衍生品交易所，其市值约是纽约泛欧交易所在被洲际交易所这家大型衍生品交易所收购之前的两倍。2016年初该收购完成后，芝加哥商业交易所市值约为330亿美元，仍高出洲际交易所市值（洲际交易所与纽约泛欧交易所业务合并后的股票市值）约10%。

芝加哥商业交易所不交易股票和债券，只交易衍生品。由于某些产品对应的是24小时不间断的电子交易平台，这使得芝加哥商业交易所的交易量不断扩大。交易所提供涵盖所有资产类别的期权和期货，包括利率、股票指数、外汇、能源、农产品、金属和另类产品（如天气和房地产）。这些资产的期货和期权合约为买卖双方提供了对冲、投机、利率敏感工具相关风险的资产配置、权益市场风险暴露、外汇价值和大宗商品价格变化的应对途径。

规模最大的农产品是玉米，期权和期货合约的日均交易量超过30万份；规模最大的利率产品是欧洲美元，期货合约的日交易量超过200万份，10年期美国国债的利率期货合约日交易量超过100万份。规模最大的权益产品是“E-迷你”标准普尔500指数期货合约，日交易量超过250万份，其他股票指数期货和期权合约的日交易量也超过100万份。此外，能源期货和期权合约的日交易量超过140万份，外汇期货和期权的日交易量达到60万份，金属期货和期权的日交易量达到23万份。

芝加哥商业交易所目前主要是一家电子交易所。所有的大型投资银行在此为自己的账户进行交易，也为他们的投资客户和对冲客户进行交易。所有交易都要求合约双方每天公布基于期货和期权合约价值变化的保证金余额。为了恰当地管理风险，保证金头寸必须每天调整。保证金可以是现金或者履约保证金，并根据产品及其波动性的不同而不同。保证金制度可以防止投资者在合约期满时无法履行交割。

期货交易所（衍生品交易所的子集）在美国主要由商品期货交易委员会（CFTC）监管，因为期货不是证券，如果是证券则由美国证券交易委员会监管。其他大型国际期货或衍生品交易所包括欧洲期货交易所（由德意志证券交易所创立）、巴西证券期货交易所、洲际交易所等。

世界各地都在试图合并股票和衍生品交易所，其中的一个原因是交易日益电脑化。由于电脑基本上可以不间断地进行交易，因此，各家交易所都将其交易模式跨出国境，以便在全球范围内争夺市场份额。此类合并的典型例子是2016年洲际交易所收购纽约泛欧交易所。

7.3　暗池

暗池（dark pools）已经在金融市场相当流行并发挥重要作用。暗池交易平台，是在交易所公开平台之外，由经纪人 / 经销商为机构投资者创设的交易平台。类似于大宗交易这样的大笔交易经常通过这些暗池平台完成。暗池被开发成一种更为隐私的交易平台，有助于大型机构投资者进行匿名交易，且大宗交易时不会引起股价变动。高频交易员经常在平台中进行操作。与传统交易所不同的是，在暗池中交易不需要公布买入和卖出指令。高盛公司的 Sigma X 就是一个暗池，它在美国和加拿大市场范围内扩展业务。虽然这个名字暗示了不透明性，但暗池交易与正常交易所中的订单归集和优先顺序非常相似。此外，暗池还能提供交易所不具备的议价等功能。据估计，目前约有 8% 的美国股票交易是通过暗池进行的。瑞信和巴克莱于 2016 年向美国监管机构支付了超过 1.5 亿美元的罚款，因为他们涉嫌与使用他们暗池进行高频交易的交易者违规沟通。这些案件某种程度上涉及银行是否在其自有暗池买卖订单优先顺序排列方面误导客户，包括银行是否截留某些可能导致客户改变订单投向的信息。尽管需要支付罚款以及受到客户的非议，暗池交易仍在继续增长，如图 7-2 所示。

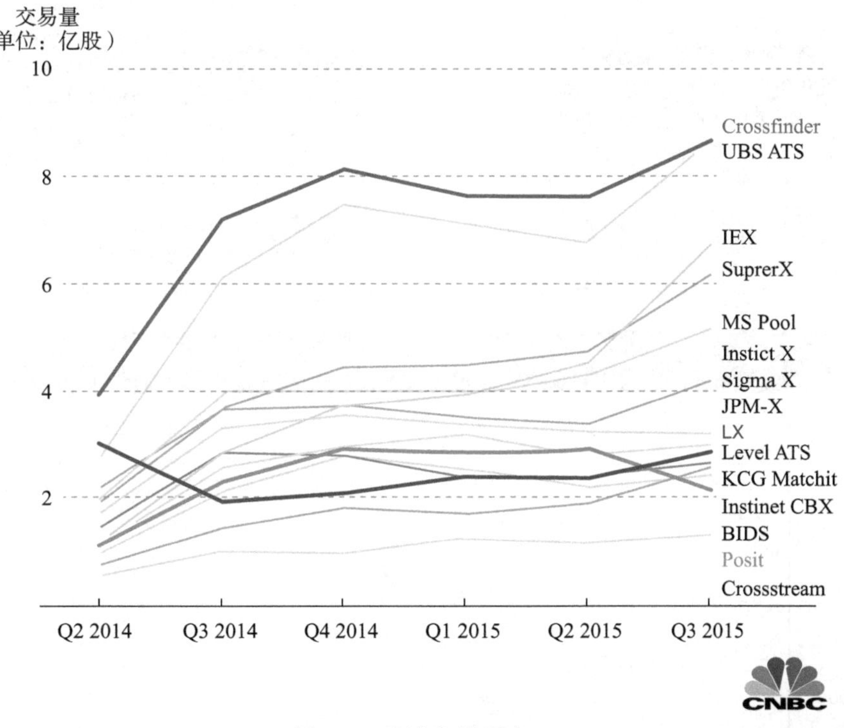

图 7-2　暗池交易平台

资料来源：*FINRA ATS ("dark pool") quarterly data; Q3 2015 is the most recent figure available. Dark pools identified by their MPIDs, labeled with most recent names. Counts include all National Market System stocks.*

7.4　场外交易市场

在交易所上市并交易的证券和衍生品被称为挂牌工具。买卖双方不通过交易所作为中介而直接交易的证券和衍生品，称为场外交易（OTC）工具。与挂牌交易不同的是，场外交易不是公开进行的，除非交易双方公布交易信息，整个交易是保密的。在美国，如果公司提交了美国证券交易委员会要求的报告，投资银行会在场外柜台交易系统（OTCBB）发布股票场外交易信息，否则，投资银行会在粉单市场（因把报价印刷在粉红色单子上而得名）发布股票场外交易信息。除了一些发行美国存托凭证的外国发行人，在粉单市场上报价的公司一般比较小，股票交易量也很小。这些公司的风险要比上市交易的公司和使用场外柜台交易系统交易的公司大很多。

衍生品场外交易市场要远远大于衍生品交易所市场，衍生品的价值会随着标的证券或其他资产的变化而变化。衍生品有两个用途：降低风险和进行投机。衍生品与很多种资产关联，包括股票、债券、利率、汇率、大宗商品和指数。

由于全球衍生品场外交易市场异乎寻常的迅速发展，监管者开始担心该市场潜在的系统风险。

据国际清算银行预计，截至2014年，未平仓场外交易衍生品合约名义金额约为630万亿美元（见图7-3）。

交易所交易	场外交易
如芝加哥商业交易所和纽约泛欧交易所等期货交易所，交易的都是标准化衍生品合约，这些合约都是关于一系列标的产品的期权合约或期货合约。截至2014年，未平仓的交易所交易衍生品合约名义金额约为65万亿美元	不在期货交易所交易的衍生品合约被称为场外交易合约，场外交易的参与者主要包括投资银行、对冲基金、商业银行和政府支持机构。场外交易产品包括互换、远期利率合约、期权、远期合约和信用衍生品。截至2014年，未平仓场外交易衍生品合约名义金额约为630万亿美元

未平仓的交易所交易与场外交易衍生品名义金额（单位：10亿美元）

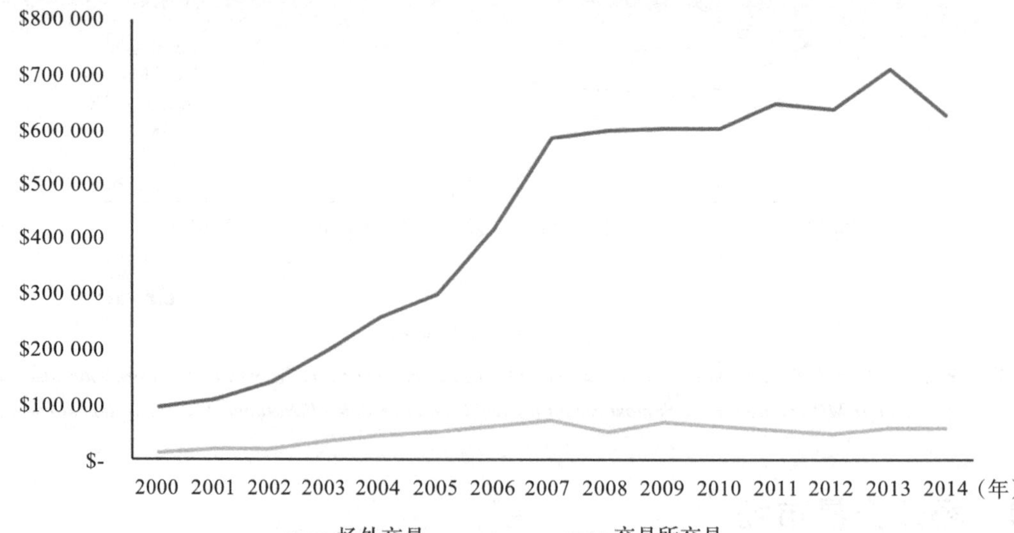

图7-3 衍生品交易所市场和场外交易市场

资料来源：Bank for International Settlements.

监管者和政治家认为金融机构参与衍生品场外交易引发了 2008 年金融危机，因此，美国监管机构提高了对场外交易市场联邦层面的监管力度。新的金融管理改革试图提高透明度，并要求标准化场外交易衍生品通过监管的中央对手方进行清算以加强市场管理。这些合约要求由交易所保证，从而降低了因为一方破产而导致的系统瘫痪的风险（参见下一部分有关于交易清算的更多讨论）。监管者对于持有大量复杂衍生品头寸的机构提出新的报告要求，其目的是为了提高衍生品市场的所有主要参与者的披露水平。世界许多主要资本中心的监管者也制定了相似的规定来加强信息披露，降低系统风险。

衍生品的终端使用者包括公司、农户和公用事业单位等，他们利用衍生品作为重要工具来防范自身业务固有的风险。例如，电力公司为服务其客户而需要一定数量的燃料，公司可以使用衍生产品来预防其未来价格上涨的风险从而防范成本上升。衍生工具还允许金融机构对冲他们的信用风险暴露，这有助于扩大其贷款和投资的容量。

受新规约束的衍生品包括利率互换、信用违约互换和股票互换。包括美国商品期货交易委员会（CFTC）和证券交易委员会在内的监管机构制定了新规，以实现 G20 峰会提出的提高透明度和降低衍生品市场系统性风险的目标，新规包括将互换交易数据报告给互换交易数据存储中心；以中央对手方模式清算具有充分流动性及标准化的互换；在交易平台中交易标准化的互换合约；对未清算互换合约设定更高的资本要求以及最低保证金要求。商品期货交易委员会已经对许多新实体建立了监管监督，这些新实体包括被称为“互换交易商”（swap dealers）或“主要互换参与者”（major swap participants）的互换中介、清算机构和交易平台。美国证券交易委员会已经要求证券类的互换采用标准化的衍生品交易并进行集中清算，其中流动性最强的交易必须在平台中进行。然而，仍有一些衍生品属于 OTC 范畴，其条款经两方私下协商拟定且合约尚未被清算。这些非集中清算的互换须符合新制定的国际标准下的保证金要求，相关国际标准由巴塞尔银行监管委员会和国际证监会组织（IOSCO）制定。

7.5 清算和结算

投资银行与交易所在上市证券和衍生品的清算与结算中有着难解难分的关系。清算和结算首先需要获取买卖双方的交易信息，以确保买卖双方的交易记录匹配。这是交易的“前端”。清算还包括约务更替，在这种情况下，中央对手方（CCP）清算所替代原有的交易对手，履行其所有剩余义务。对于每一笔需要清算的交易而言，其原合约被拆分为由 CCP 作为对手方的两个合约，一个合约 CCP 是买方，另一个合约 CCP 是卖方。中央对手方清算模式运用包括抵押品公示在内的风险管理系统，支持中央对手方为交易各方能够顺利进行交易而提供的担保。每个交易所都有自己的清算中心，交易所内所有成员都需要通过清算中心来清算交易及抵押品。

7.5.1 证券结算

证券在电子平台中以电子方式进行“账簿划拨”。证券所有权与用于购买证券的资金同时划拨的方式被称为“银货对付”。当证券的所有权转移到买方时，清算和结算便终止，托管开始。银行大额可转让定期存单和商业票据在当日结算（付现交易）；美国国债在第二个工作日进行结算（常规交易）；外汇结算是在交易后的 2 个工作日（T+2）。美国股权证券的结算是在交易后的 3 个工作日（T+3）。

结算违约风险来自两种情况。第一种情况是，在结算日当天卖方没有可交割证券或者无法正常交割证券，称为“空头失败”。第二种情况是，买方不能支付资金购买证券，称为“多头失败”。交易所设有暂时减少空头失败和多头失败的自动程序，包括现金抵押和净额结算。

为减少结算交易的次数，交易所设立了多边轧差结算系统。由于大部分的结算交易是由投资银行和交易所双方完成的，并且对于每一类证券，银行都有大量的买卖交易，他们结算净交易额是由交易所决定的。在交易完成的第二天，所有的结算细节必须解决。结算的资金收取方会收到交易所支付给投资银行或投资银行支付给交易所的资金。

7.5.2 衍生品结算

衍生品也是在电子平台中以电子方式进行“账簿划拨”。除了这一共同点外，衍生品的清算和结算与证券相差很大。相对于证券 3 天以内完成清算和结算，衍生品的清算和结算时间长得多，有时甚至是数月或数年。与证券同时支付和过户不同，衍生品代表着在未来某一时刻买入或卖出金融工具或者资产的义务（期货或者互换合约）或选择权（期权合约），这里未来某一时刻可能是数周、数月甚至数年以后。因此，买方和卖方在一段较长的时间内都会对交易所造成财务风险。因为该风险很高，交易所要求交易双方逐日盯市过账，并且基于衍生品合约价值变化来调整抵押品。所以，衍生品的风险管理系统比证券要复杂得多。

类比于证券，在交易所进行衍生品交易时，发起交易的投资银行（为了自己或者客户）通过约务更替而使交易所清算中心成为交易的对手方。这就产生了两个新合约，这两个合约都附有交易所提供的收盘保证。约务更替也可以使衍生品合约在到期前就可以清算偿付，这对于证券来讲是不可能的。

除了提供风险管理外，交易所还为投资银行和交易所的其他客户提供保证金和抵押品管理服务。此外，交易所还会提供履约担保和买卖双方匿名服务。为了避免投资银行或者其他交易方不能履行其义务而造成的财务损失，交易所要求所有交易方在履约抵押账户存入资金。履约抵押账户的存入金额要超过所交易债务工具至少一天的预期市场波动金额。

7.5.3 国际清算和结算

在金融市场不断整合过程中，形成了跨境清算所，以便进行证券、大宗商品跨境清算和结算。在 2004 年《金融工具市场指令》实施之后，欧洲多边清算机构被建立起来，以促进清算机构之间的竞争。伦敦清算所（LCH Clearnet）与纽约泛欧交易所合作，使大西洋两岸更有效地进行清算。在美国，主要通过自动清算所系统进行清算。

7.5.4 资金及证券服务

资金及证券服务（TSS）已成为许多投资银行的重要业务单元，该部门的专业人员为客户提供诸如营运资金管理、托管、证券借贷和基金会计等各种事务。其客户包括小型企业、大型跨国公司和政府实体，这些服务帮助他们以更有效的方式进行金融交易。这可以构成银行收入的重要来源之一。

2015 年，摩根大通报告称其资金服务收入约为 26 亿美元，管理的资产超过 20 万亿美元。由于此项业务可以获得稳定的费用，且基本独立于周期性波动和低风险业务模式，因此许多银行都在试图扩大其资金及证券服务业务。根据咨询公司和摩根大通的分析，资金服务收入池预计将从 2014 年的 1 440 亿美元增长到 2024 年的 2 800 亿美元左右。

第 8 章 国际投资银行业务

投资银行经营的是全球性业务，大多数大型投资银行在 20 多个国家开展业务。本章集中讨论：①欧洲市场；②日本、中国以及新兴市场的融资和咨询业务；③全球首次公开募股（IPO）市场；④国际资本要求；⑤国际投资银行业的其他话题。

8.1 欧洲市场

欧洲市场是国际资本市场的通用术语，泛指证券的发行和持有不在发行人所在国的市场。在该市场交易的债券被称为欧洲债券。欧洲市场是为了促进公司和主权实体跨境融资而产生的，最初是为了应对 20 世纪 50 年代的“冷战”。当时，苏联担心其持有的在美国的美元存款（主要是由于出售石油而得到的）会被美国政府冻结，于是，将美元存入欧洲的银行，以摆脱美国政府的管制。后来，由于对国外公司的美元贷款受到管制，加上存款利率有上限限制，美国的银行也将大量的美元余额转到其在欧洲的银行营业所。这导致伦敦存放有大量的美元，并导致了欧洲市场的显著增长，尤其是在 20 世纪 80 年代石油输出国组织（OPEC，欧佩克）成员国开始将销售石油所得的美元也存放在美国境外后。

尽管伦敦是欧洲市场的非官方金融中心，但法兰克福和巴黎也是大型金融中心。欧洲城市之所以能够主导市场，原因之一就是他们相对于美洲和亚洲市场的地理优势。欧洲市场也包括某些加勒比国家，如开曼群岛，它也有大量的外国存款。欧洲市场非常活跃，主要原因是大多数情况下不受监管，有时能为投资者带来更高的收益。这个市场已经成为全球流动性的重要来源。

欧洲债券是以不记名形式（债券归持有债券的人所有，而不是归记名方式下的登记人所有）在交易所挂牌的债务工具。欧洲债券的发行和交易在其计价货币所属国之外，并不受单个国家的监管。这些债券的利息收入可以免除预扣税，而且它们一般也不在任何监管机构注册。例如，美国公司的国内债券受到美国证券交易委员会的监管，其欧洲债券则不受监管（除非同时向美国投资者发行）。整个市场是通过国际资本市场协会（International Capital Markets Association，ICMA）进行自律。欧洲债券通常由跨国公司或者有高信用等级的主权实体发行。国际银行辛迪加通常会承销欧洲债券的发行，并将这些债券分销给很多国家的投资者（发行人所在国除外）。

欧洲债券以多种形式发行，包括固定利率附息债券（利息一般以年计，到期全额偿还本金，不进行摊销）、可转换债券、零息债券、浮动利率票据。以美元形式发行的欧洲债券被称为欧洲美元债券；以日元发行的欧洲债券被称为欧洲日元债券。欧洲债券的发行货币还有很多种，包括英镑、欧元、加元等。在这些例子中，欧洲债券通常以其发行的货币来命名。几乎所有的欧洲债券都是以电子而非实物形式持有的，并且通过欧洲清算银行（Euroclear）或明讯银行（Clearstream）这两个全球电子托管系统进行结算。

伦敦金融市场

世界最大的金融机构中有 1 / 4 都将其欧洲总部设立在伦敦。超过 550 家银行和 170 家全球性证券机构都有伦敦分支机构，比在世界任何其他城市都多。伦敦外汇市场是全球最大的外汇市场，日均交易量超过 5.5 万亿美元，占全球外汇交易总量的 40% 以上。伦敦市场占据 1 / 3 以上的场外交易衍生品市场，管理着约一半的欧洲机构权益资本。伦敦银行同业拆借利率（LIBOR）代表了银行间短期贷款利率，在伦敦每天都有记录，并在全球范围内作为确定贷款定价的最常用的基准利率。

一些国际银行的交易员涉嫌虚报或压低其银行报告的 LIBOR，以便从交易中获利，或给人留下该银行比其他银行更有信誉的印象。LIBOR 是约 350 万亿美元衍生品的定价基础，因此“操纵”LIBOR 的影响巨大。银行理应报出他们因向其他银行借款所支付的或预期支付的实际利率。巴克莱银行的和解协议揭示了成员银行利率报价过程中的重大欺诈和共谋行为。在 2015 年 8 月，瑞银交易员托马斯·海斯（Thomas Hayes）是唯一因 LIBOR 丑闻而被定罪的人。2016 年，6 名被控操纵 LIBOR 的银行家在英国被清除出市场。

8.2 日本金融市场

20 世纪 80 年代，日本股市猛涨，日经 225 股指的市盈率高达 70 倍，几乎是美国标准普尔 500 指数的 4 倍（后者拥有 18 倍的市盈率）。日本股票市场的发展要归功于房地产高价和交叉持股的所有权结构（这在日本很常见）。不幸的是，在 1990 年 1 月达到近 39 000 点的高位后，日经 225 指数在当年便下跌了 50% 以上。尽管该市场此后也有很大的涨跌，但再也没有达到这个历史最高点了，到 2016 年年中，该指数下跌到 18 000 点以下。与日本金融市场崩盘有关的投资银行创新交易，将在第 9 章中的日经认沽权证部分说明。

在过去的 20 年里，日本主要银行机构经过兼并后发生了巨大的变化。目前的三大银行是：三菱日联金融集团、瑞穗金融集团和三井住友金融集团。以上三家银行都主要经营商业银行业务，以及有限的证券业务。然而，2008 年的信贷危机削弱了华尔街的很多投资银行，三菱日联金融集团向摩根士丹利投资重金，收购了将近 21% 的股份。日本最大的纯证券公司是野村证券和大和证券。2008 年雷曼兄弟破产时，野村证券收购了雷曼大部分的亚洲和欧洲业务，大幅提升了它的全球投资银行业务。

8.2.1 日本的并购

严厉的监管环境使得日本的并购市场发展一直很缓慢。然而，过去十年间的新立法加快了日本并购的步伐。2003 年，一项新的法律通过，该法律允许非日本公司用其股票收购受到日本法院保护的日本公司。随后，2007 年出台的一项法律进一步扩大了外国公司使用其股票收购日本公司的能力，还有其他法律也降低了股权收购的门槛。

在日本，最成功的一项外资并购由一家美国私募股权公司里普伍德（Ripplewood）发起。里普伍德主导了 2000 年面临严重财务困境的长期信用银行（LTCB）的收购交易。作为收购协议的一部分，日本政府同意其购买长期信用银行收购后贬值 20% 及以上的任何资产。结果，银行在收购后立即将最糟糕的资产以高于市价的价格出售给了政府。长期信用银行被重新命名为新生银行，在新管理层以及里普伍德的持续支持下，该银行开始盈利。里普伍德随即通过协助新生银行在 2004 年上市而兑现其投资，4 年的持股获得了超过 10 亿美元的利润。

2015 年间，日本企业海外并购支付溢价的中位数约为 35%，几乎是同年美国收购者支付溢价的两倍。然而，日本收购者支付的平均企业价值倍数和美国收购者支付的几乎相同。日本公司有着更长的投资期限，因此有时会支付更高的收购溢价。此外，日本的交易往往更强调收入和产品而非价格，而且较少关注股东价值的增加，更多注重在长期中增强公司和提供就业机会。在协同效应方面，美国公司更关注于节约成本，而日本收购方则优先考虑扩大市场份额和产品形象的能力。一些日本公司愿意等待 10～15 年完全收回成本，包括于 1988 年收购美国轮胎制造商火石（Firestone）公司的普利司通（Bridgestone）。2015 年间，日本海外并购业务主要集中在美国（大约占总量的 40%）和英国（大约占总量的 11%）。

8.2.2　日本的权益融资

日本的权益承销中约 85% 是由野村证券、三井住友金融集团、三菱日联证券、大和证券和瑞穗金融集团主导的。尽管外资投资银行也可以承销日本证券，但是这些投资银行的分销网点有限，因此其大部分承销业务只直接针对在东京或大阪证券交易所二板市场交易的公司（中型公司在二板市场交易，大型公司在主板市场交易）。当然，一旦主板上市公司需要强大的海外分销能力，外资投资银行也能够担当联席账簿管理人，与日本三大券商的某一家合作。

8.2.3　日本的证券交易

日本的政府债券以短期国库券、长期附息债券和零息债券的形式发行，期限从 2 年到 30 年不等。日本财务省（MoF）负责债券招标，日本的银行、证券公司以及合格的外资机构可以参加竞标。

日本企业历来主要依靠银行贷款进行债务融资，导致日本公司债券市场占全国 GDP 的比重与美国和英国相比小得多。然而，在过去的 20 年里，日本银行业一直举步维艰，日本公司债券市场迅速发展起来。银行为其贷款业务设定更加严格的条款，并鼓励许多客户允许银行为其承销债券，而不只是贷款。这个趋势使得美国和欧洲的几家机构杀入了日本债券承销排名的前几位。

权益证券的交易主要集中在东京证券交易所（TSE），该交易所占全国交易量的 80% 以上。除了日本公司以外，一些非日本公司也在东京证券交易所挂牌交易其股票。日本的其他证券交易量来自于另外四家交易所：大阪证券交易所、名古屋证券交易所、福冈证券交易所、札幌证券交易所。

8.3　中国金融市场

随着监管的放松和经济的高速增长（参见专栏 8-1 和表 8-1），中国的金融市场经历了戏剧性的增长，已经日益成熟。这一增长与 1996 年政府放宽外汇管制有关。在宽松的监管环境中，经常账户人民币可（在一定限制条件下）兑换成其他货币。在2002年中国设立了合格境外机构投资者（QFII）计划后，允许合格的境外投资者参与中国A股市场和债券市场。许多境外的金融机构由此获得了QFII资格，从而得以参与这些市场。

2016年，国际货币基金组织决定将人民币纳入储备货币之列，从而巩固了中国在全球金融市场的地位。国际货币基金组织确定人民币符合“可自由使用”的标准，因此人民币已经加入了由美元、欧元、英镑和日元组成的国际货币基金组织特别提款权篮子中，人民币在其中的权重为10.92%，美元权重为41.37%，欧元为30.93%，日元为8.33%，英镑为8.09%。在中国，人民币是“法定货币”，元是人民币的基本单位。这种区别与英镑相似，sterling是英国的货币，而pound是英镑的基本单位。

8.3.1 中国的并购

外资并购活动在中国历来受到限制。然而，由于2001年加入世界贸易组织，中国现在拥有更多的外资投资机会。中国对很多国有资产进行了重组，并鼓励一些企业合并成更大的企业。这导致大量的国有企业进行重组或与外国企业合作。在中国，政府高度介入所有并购交易，商务部和国家发展改革委员会不仅关注反垄断，还关注交易引起的经济和社会影响。此外，商务部是外商投资的主要监管者，有监管和审批并购的权力。最后，国有资产监督管理委员会和中国证券监督管理委员会也参与审批、监督和规范国有企业或上市公司的并购交易。

外国公司不得在中国直接经营业务，必须通过外商投资企业（FIE）才能在中国开展业务。外商投资企业的外资持股比例具体取决于行业：对于某些行业允许100%外资持股，而对于其他很多行业，外资持股比例是受限的。外商投资企业的形式有很多种，包括合资企业、外商独资企业和外商投资股份有限公司。

8.3.2 中国的权益融资

上海证券交易所和香港证券交易所是中国最大的两个证券交易所。2015年，两家交易所的国内股票交易市值超过7万亿美元，世界排名分别为第5和第6。中国第三大交易所是深圳证券交易所。2015年，该交易所交易的股票市值为2.3万亿美元，在过去几年中大幅增加。深圳证券交易所被指定为中国成长型企业市场，与美国的纳斯达克交易所类似，专注于小市值和以高科技为主的公司。

中国公司可以在上海或深圳交易所发行A股或B股。只有中国居民和QFII才能在A股市场进行交易，交易以人民币计价。外国投资者可以购买B股，2001年之后中国居民也可以购买。B股股票不可以转换成A股，它以人民币标明面值，但以美元（上海证券交易所）或港元（深圳证券交易所）进行交易。B股产生的股息和资本利得可以汇出到境外，外国证券机构可以作为这些股票的交易商。

外国投资者也可以通过购买在香港挂牌上市的股票（H股）来投资中国股票。这些股票是中国公司为了离岸融资而挂牌上市的，只能由外国投资者或中国香港居民（而非中国内地居民）进行交易。H股以港元计价。受中国内地公司控制或收入主要来自中国内地客户、总部设在中国香港的公司（可在中国香港或离岸管辖区注册成立）的股票称为“红筹股”。

香港的H股和红筹股的增长和普及，导致了B股市场的萎缩。目前，中国内地两家交易所的A股交易数量是B股的10倍以上，B股的总市值不到A股的1%。B股市场的流动性持续萎缩，导致境外机构逐渐撤资。目前，B 股投资者大部分是国内零售投资者。由于单独设立 A 股市场和 B 股市场的效用已经不大，外界推测中国监管部门正在考虑将 B 股市场并入 A 股市场。

历史上，瑞银、高盛、摩根士丹利在中国香港 H 股承销排行榜上一直占据主导地位，但是，他们的市场份额正在逐渐被中国证券公司所占领。在中国内地，包括中国国际金融股份有限公司和中国银河证券股份有限公司在内的中国证券公司主导了 A 股承销排行榜。近期，更多的中国证券公司控制了大部分 A 股市场，包括中信证券、招商证券、国泰君安、国信证券及海通证券。这些公司中的大多数现在占据了全部的中国公司的股票承销市场，并挤走了大多数大型国际机构。

沪港通

沪港通始于 2015 年，它通过电子方式连接了上海证券交易所和香港证券交易所，使每个市场的投资者能够使用当地经纪商和结算所在另一个市场中交易股票。合格的内地投资者现在可以通过当地的经纪商购买在香港证券交易所上市的合格股票。同样，中国香港的投资者和国际投资者也能够通过当地的经纪商购买在上海证券交易所上市的合格股票。所有中国香港的和海外的投资者都可以交易在上海证券交易所上市的合格股票，但是只有内地机构投资者以及投资加现金账户余额不低于 50 万元人民币的个人投资者才有资格交易在香港证券交易所上市的股票。内地投资者可以交易恒生综合大型股指数和恒生综合中型股指数的成分股，以及所有虽不包括在相关指数的成分股中但在上海均有相应上市 A 股的 H 股，但也有一些例外情况。

8.3.3 中国的债券交易

中国有两个债券市场：由中国人民银行（PBOC）监管的银行间债券市场以及由中国证券监督管理委员会（CSRC）监管的交易所债券市场。银行间市场的规模远大于交易所市场，占交易总量的 95% 以上。2015 年，随着交易活跃度的极大增加以及较高的市场流动性，交易总量超过了 60 万亿美元，是仅次于美国和日本的全球第三大债券市场。

中国市场主要有四种债券类型：政府债券、央行票据、金融债券和非金融公司债券。政府债券由财政部发行，为政府的支出提供资金。地方政府也可以发行债券，类似于美国的市政债券。央行票据是由中国人民银行发行的短期证券，主要作为实施货币政策的工具。金融债券是在中国交易最活跃的债券，由政策性银行发行，并且由中央政府（包括中国国家开发银行、中国进出口银行和中国农业发展银行）、商业银行以及其他金融机构支持。非金融公司债券包括“企业”债券，企业债券由中央政府或国家有关部门的下属企业发行。在该市场的发行人包括中国石油、中国石化和中国电信等公司。各种规模的私人公司也可以发行公司债券、短期融资券和中期票据等。

由于中国企业仍主要依赖于股票发行和银行贷款进行融资，所以中国政府一直努力扩大国内债券市场。由于对银行贷款的严重依赖，中国政府鼓励企业通过发行债券募集资金。此外，基础设施建设的发展是促进中国债券市场增长的另一个重要原因。

中国已经制定了允许外国投资者进入债券市场的计划。QFII 计划允许国外投资者进入交易所债券市场和银行间债券市场。该计划于 2002 年启动，目的是允许经许可的境外投资者在中国内地证券交易所（上海和深圳）买卖以人民币计价的股票和债券。在 2012 年 7 月，新法规批准合格境外机构投资者进入银行间债券市场。在此之前，合格境外机构投资者只能进入交易所债券市场。合格境外机构投资者可以在国家外汇管理局（SAFE）的监督下，将批准限度内的美元转入一个特殊的合格境外机构投资者托管账户并转换为人民币。合格境外机构投资者可以投资于：① B 股以外的在上海证券交易所或深圳证券交易所公开上市的股票；②在交易所市场和银行间市场上交易的债券；③开放式基金和封闭式基金；④其他经批准的金融工具。人民币合格境外机构投资者（RQFII）也计划在 2011 年 12 月作为 QFII 计划的延伸而推出。人民币合格境外机构投资者允许有资质的金融机构在中国香港、中国台湾和英国伦敦地区以及新加坡设立以人民币计价的基金，用于在中国内地投资。另一项试点计划于 2010 年启动，允许三类离岸机构投资于中国基本封闭的银行间债券市场。这三类合格的机构包括境外中央银行、港澳地区人民币业务清算行，以及跨境贸易人民币结算境外参加银行。允许投资于银行间债券市场的资金的来源因此而包括了央行货币合作、跨境贸易以及在岸人民币业务。

超过 200 种债券产品在上海证券交易所交易，包括国债、企业债券、公司债券和可转换证券。还有 1 000 多家上市公司、超过 25 只证券投资基金以及 20 个认股权证在上交所交易。

相较于美国和欧洲的公司债券市场而言，中国的公司债券市场规模非常小。中国的银行几乎为企业借款人提供了所需的全部债务融资。中国所有的债券中只有 6% 是非金融企业发行的，仅占中国企业融资总需求的 1.5%。企业的资本中有 84% 来自银行贷款，14.5% 来自股票发行。

中国政府债券在交易所和场外交易市场都可以交易。财政部发行国债、建设债券、财政债券和其他“特殊”债券。进出口银行和中国国家开发银行等政策性银行发行债券，以支持基础设施项目和战略性产业。一般认为这些债券的风险仅略高于政府债券。由政府和政策性银行发行的债券是中国中央银行重要的货币政策和财政政策管理工具。

8.3.4 中国的国际投资银行活动

大多数大型投资银行都积极寻找在中国开展业务的机会。然而，中国政府的严格监管措施限制了这些银行，因此他们只能进入国内市场的某些领域。此外，根据银行进入中国市场的时间、当时的立法规定，中国政府对其进行不同级别的授权。一般情况下，这些银行只能通过与中国的证券公司成立合资公司，才能参与国内证券承销，外资银行在合资公司中持股不超过 1 / 3。高盛和瑞银分别于 2004 年和 2005 年成立合资公司，这也是仅有的两家获准管理合资企业的外资银行。另外三家获得国内证券承销业务资格的外资银行（摩根士丹利、瑞信和德意志银行）在其合资公司中只有消极的所有权。专栏 8-1 列出了大型外资银行在中国的投资。表 8-1 总结了外资投资银行和本国投资银行在中国的收入情况。在 2015 年，瑞银将其与中国证券公司合资企业的持股比例从 20% 提高至略低于 25%。北京国翔资产管理公司是该合资公司（瑞银证券）的第一大股东，它由北京市政府实际控制。高盛高华证券有限责任公司是由高盛控制的中国合资公司。其他外资投资银行有证券合资企业，但缺乏控制权。寻求在国内以人民币计价的交易所开展业务的外国投资银行必须通过合资企业进行交易，且外资持股比例上限为 49%。外国投资银行通过合资企业可以在上海和深圳承销 A 股发行、安排国内债券发行。

专栏 8-1　外资银行在中国的投资

1995 年摩根士丹利和建设银行共同创立了中国国际金融股份有限公司（CICC），这是中国第一家中外合资证券公司。2011 年，该公司拿出一部分 CICC 的股份与杭州工商信托公司共同成立了人民币私募股权基金合资公司，也与华新证券成立权益合资企业。摩根士丹利持有人民币私募股权基金合资公司 80% 的股权，以及 33.3% 的权益合资公司的股权。

2002 年，花旗集团以 6 700 万美元购买上海浦东发展银行 5% 的股份。随后它在 2011 年与东方证券股份有限公司共同设立了花旗东方证券有限公司，并持股 33.3%。

2004 年，高盛成立了高盛高华证券有限责任公司，并持有 33% 所有权。

2006 年，高盛、安联和美国运通联手购买了中国工商银行（ICBC）10% 股权。2009 年，高盛出售了其在中国工商银行 1% 的股份，并在 2013 年增持。

2011 年，高盛购买泰康人寿（一家中国的保险公司）12.02% 的股权。

2005 年，瑞银收购了北京证券的 20% 股份，并将其更名为瑞银证券，获得中国发行国内证券承销牌照。2015 年，瑞银集团又从国际金融公司收购了瑞银证券 4.99% 的股权。

2005 年，美国银行（之后是美林）与华安证券签订合资协议，在合资企业中持有 33% 的股份。然而，2007 年，由于未能获得中国政府批准，美国银行与华安证券取消合作协议。

2005 年，美国银行以 30 亿美元收购中国建设银行（CCB）9% 股份。在 2008 年又追加 70 亿美元投资，将持股比例提高到 19.1%。2009 年 5 月，美国银行出售其在中国建设银行 5.7% 的股份；2011 年 8 月，出售 131 亿股份；2011 年 11 月，出售 101 亿股份；2013 年美国银行出售所有剩余的中国建设银行的股份。

2008 年 10 月，瑞信与方正证券成立合资公司——瑞信方正证券有限责任公司，瑞信在其中持股 33%，并于 2009 年获得承销国内证券的批准，在 2015 年被允许在深圳前海提供证券经纪服务。

2009 年，德意志银行与山西证券成立合资公司中德证券。该合资公司已获得监管部门承销国内证券的批准。

2011 年，花旗集团与东方证券股份有限公司共同设立了花旗东方证券有限公司，并持股 33.3%。

2011 年 6 月，摩根大通和第一创业证券有限责任公司组建了合资证券公司——第一创业摩根大通证券有限责任公司，摩根大通持股 33.3%。该合资公司获批承销证券。

资料来源：Company press releases.

表 8-1　投资银行在中国的证券收入

公　司	2015				2014	
	排　名	市场份额（%）	总量（单位：100 万美元）	交易次数	排　名	市场份额（%）
中金公司	1	14.1	91 396	53	1	15.6
摩根士丹利	2	11.2	7 263	44	3	14.4
中信证券	3	10.8	70 058	58	2	14.6
摩根大通	4	7.7	50 042	26	11	5.4
高盛	5	7.1	45 699	32	5	11.7
华泰证券	6	6.7	43 086	43	17	3.9
新百利	7	5.4	3 466	29	6	10.3
美国银行（美林证券）	8	4.8	3 118	13	4	13.0

（续）

公 司	2015				2014	
	排 名	市场份额（%）	总量（单位：100 万美元）	交易次数	排 名	市场份额（%）
中信建投	9	4.1	26 746	37	10	6.3
汇丰银行	10	4.0	25 585	10	32	0.9

资料来源：Global M&A Financial Advisory Rankings.

8.4 新兴金融市场

新兴市场是指处于发展中和发达国家之间过渡阶段的国家和地区的市场。图 8-1 列出了 MSCI Barra 新兴市场指数中所包括的国家和地区。

在新兴市场开展投资银行业务，意味着巨大的潜在收入机会和相应的高风险并存。一些投资银行率先在这些国家和地区开展业务，并已经非常成功。最成功的银行包括花旗集团、高盛、瑞银、摩根大通、摩根士丹利、德意志银行以及瑞信。这些机构的业务活动十分广泛，包括证券承销、银团贷款、并购以及大量的交易和投资计划。

在这些国家和地区开展投资银行业务随之而来的就是不断上升的风险，包括货币风险、政治风险、流动性风险、会计风险、税务风险和波动性风险。其中一些国家和地区的货币会因一国的信用市场和股票市场的大幅波动而发生迅速、有时是预料之外的变化。如果政府征用财产或发生政变，政治风险会对证券市场产生重大影响。流动性枯竭也会显著影响一个国家和地区的证券市场。这可能是基于政府对外国投资的限制、控股的创始投资者拒绝分享控制权或利润。在这些新兴市场中，会计和税收政策有时会以一种先发制人的、出人意料的方式发生变化，将投资和承销业务置于风险之中。最后，大多数新兴市场都具有高波动性特点，证券和货币价格偶尔出现剧烈波动，难以预测和对冲。

尽管存在这些风险，但绝大多数大型投资银行还是会优先发展其新兴市场业务，因为这些国家和地区有望快速成长并发展成更有效和可以预测的资本市场。其中许多国家和地区正在完善其法律制度，以便更好地支持协议的履行。这些国家和地区还在不断提高信息披露要求和企业治理准则。最后，这些国家和地区都在进行国有企业私有化，允许私人股权所有制。所有这些都表明，如果投资银行能够正确地监测和控制风险，它们将有效地扩大在这些国家和地区的业务。

MSCI 新兴市场指数衡量的是全球新兴市场的股票市场表现。这个指数涵盖了来自 23 个新兴市场国家和地区的大中型股，并涵盖了每个国家和地区约 85% 的自由浮动调整的市值加权指数。

巴西	智利	中国大陆	哥伦比亚	捷克共和国
埃及	希腊	匈牙利	印度	印度尼西亚
韩国	马来西亚	墨西哥	秘鲁	菲律宾
波兰	俄罗斯	卡塔尔	南非	中国台湾
泰国	土耳其	阿拉伯联合酋长国	—	—

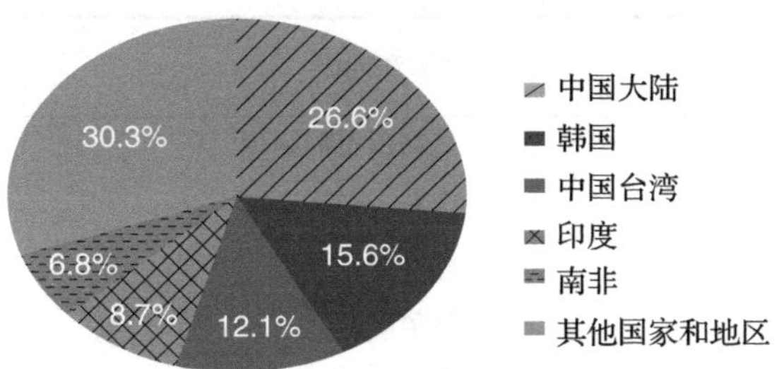

资料来源：MSCI Barra

图 8-1　MSCI Barra 新兴市场指数

资料来源：MSCI Barra.

8.4.1　债券

对新兴市场国家和地区及其发行的债券进行评级，是发展健全证券市场的重要考虑因素。信用评级由标准普尔、穆迪和惠誉等评级机构以及专业的出版物（如《机构投资者》）等提供（见表 8-2）。除了影响一个国家和地区的货币，其排名和信用评级也会对能够在该国和地区投资的投资者群体产生重要影响。由于多数机构投资者无法投资低于一定信用评级水平的国家和地区。因此，信用评级上调可能会增加一个国家和地区的证券投资者数量。

表 8-2　新兴市场国家和地区的全球信用排名

排　名 2016 年 3 月	国家和地区	机构投资者 信用评级
18	中国台湾	82
23	智利	77.3
24	爱沙尼亚	76.8
26	中国大陆	76
27	科威特	74
28	波兰	73.8
35	墨西哥	71
36	以色列	71
37	马来西亚	69.5
40	立陶宛	67.8
43	秘鲁	66.9
44	哥伦比亚	65.2
47	泰国	61.5
48	印度	61.4
49	菲律宾	61.4
55	罗马尼亚	57.2
56	葡萄牙	57.1
57	印度尼西亚	57
60	保加利亚	55.9
61	巴西	55.5

（续）

排　　名 2016年3月	国家和地区	机构投资者 信用评级
62	哥斯达黎加	55.1
65	南非	54
70	土耳其	52.6
71	摩洛哥	51.7
91	尼日利亚	36.9
98	肯尼亚	33.4

新兴市场债券（及其他新兴市场债务证券）二级市场的年交易额估计超过6万亿美元。新兴市场债务证券包括布雷迪债券（见后文）、主权和公司的欧洲债券、本地市场债务和主权贷款。约50%的交易量以发行人所在国或地区货币计价并在发行国或地区交易。

8.4.2 银团贷款

银团贷款历来是新兴市场国家和地区新资本的主要来源。不幸的是，在20世纪80年代，这些贷款大部分都违约了。为了减少银行累积的损失，1989年布雷迪债券被创造出来：债券被发行给银行，用以换取银行的不良贷款。在大多数情况下，这些债券是可交易的，并由各政府担保。此外，这些债券通常由30年期美国零息国债作为抵押，债务国联合国际货币基金组织、世界银行和本国外汇储备购买这些美国国债。这使银行得以消除其资产负债表上的债券，借款人也重获还清现有债务和发行新债的能力。大部分布雷迪债券目前已经偿还。

8.4.3 权益

许多新兴市场国家和地区已撤销了大部分关于外国投资者购买权益的限制。但是，在大多数国家和地区的国际投资银行交易活动仍受到一些限制。新兴市场国家和地区的权益交易活动，主要涉及这些国家和地区大公司发行的美国存托凭证（ADR）和全球存托凭证（GDR）。投资银行的另外一项重要交易活动是在新兴市场交易所交易基金。这些基金通常以MSCI Barra（从摩根士丹利剥离）创建的指数为基准，使投资者能够根据单个国家和地区的指数购买美元，对不同新兴市场国家和地区的敞口投资（MSCI巴西指数基金、MSCI南非指数基金、MSCI中国台湾指数基金等）。MSCI Barra还有一个广泛的基础指数——MSCI新兴市场指数基金，该指数基金包括图8-1所列新兴市场国家和地区的权益市场风险暴露。

8.4.4 并购

大多数大型投资银行已在新兴市场开展并购业务。要在这个市场取得成功，必须仔细权衡风险和预期收益之间的关系。需要格外慎重考虑的风险包括知识产权风险、政治风险、法律风险、货币风险、运营风险和财务风险。所有这些风险在新兴市场国家和地区都要高很多，所以都应该列为交易考虑因素。例如，在运用现金流折现法（DCF）为并购估值时，相较于发达国家和地区的公司，总部位于新兴市场国家和地区的公司应该调高其加权平均资本成本（WACC）。潜在增长率也应依据所涉及的国家和地区做重点考虑。表8-3列出了拉丁美洲和东欧新兴市场国家和地区并购活动的排名。

表 8-3　新兴市场并购排名

(A) 2015 年 1 月 1 日到 2015 年 12 月 31 日拉丁美洲的交易

公司	2015				2014	
	排名	市场份额	交易额（单位：100 万美元）	公司	交易数量	交易额（单位：100 万美元）
巴西伊塔乌联合银行	1	23.9	16 956	51	4	25.6
罗斯柴尔德有限公司	2	23.7	1 679	18	8	21.6
巴西布拉德斯科银行	3	19.4	13 522	21	13	8.6
高盛集团	4	19.1	13 522	17	2	29.0
西班牙桑坦德银行	5	18.6	13 174	16	10	15.5
摩根大通集团	6	13.1	9 258	11	5	25.5
德意志银行股份公司	7	13.0	9 174	7	3	27.3
巴西投资银行	8	11.6	8 226	20	9	20.4
瑞士信贷集团	9	11.5	8 154	13	1	29.8
汇丰银行	10	9.4	6 682	6	25	2.7
总计			70 832	860		125 352

(B) 2015 年 1 月 1 日到 2015 年 12 月 31 日东欧的交易

公司	2015				2014	
	排名	市场份额	交易额（单位：100 万美元）	交易量	排名	交易额（单位：100 万美元）
摩根大通集团	1	20.8	12 507	11	11	3.8
VTB Capital ZAO	2	12.8	7 704	13	14	1.4
摩根士丹利	3	11.1	6 675	7	2	20.2
拉扎德有限公司	4	10.1	6 039	3	22	0.6
瑞士信贷集团	5	9.6	576	1	12	3.1
花旗集团	6	8.5	5 089	16	7	6.7
高盛集团	7	5.6	3 367	7	3	20.0
法国兴业银行	8	4.9	2 955	8	27	0.5
法国巴黎银行	9	4.8	2 899	8	5	7.3
复兴资本控股有限公司	10	4.8	2 873	2	48	-
总计			60 025	1 093		59 225

8.5　全球首次公开募股市场

2007 年，全球 IPO 融资金额接近 3 000 亿美元，其中巴西、俄罗斯、印度和中国（“金砖四国”）占据了 1 050 亿美元（占 35%）。三年前，也就是 2004 年，这四个国家仅占全球 IPO 总收益的 11%。2008 年，金砖四国在全球 IPO 市场中份额暂时降至 22%，主要原因是全球信贷危机引发的持续不确定性和市场动荡。然而，到 2009 年，金砖四国的首次公开募股恢复了之前的势头，占全球 IPO 几乎一半的份额。2010 年，全球 IPO 募集资金超过 2 800 亿美元，金砖国家占据整个市场的 40% 以上。到目前为止，中国进行的活动在历年金砖国家 IPO 活动中占了大部分，在全球 IPO 市场中占据超过 1 / 3 的份额。韩国等其他的亚洲国家的 IPO 活动也大幅增加，占全球 IPO 的近 3%。2015 年，43% 的 IPO 来自于亚太地区的新兴国家，全球 IPO 募集资金量不到 2010 年水平的一半（见图 8-2）。

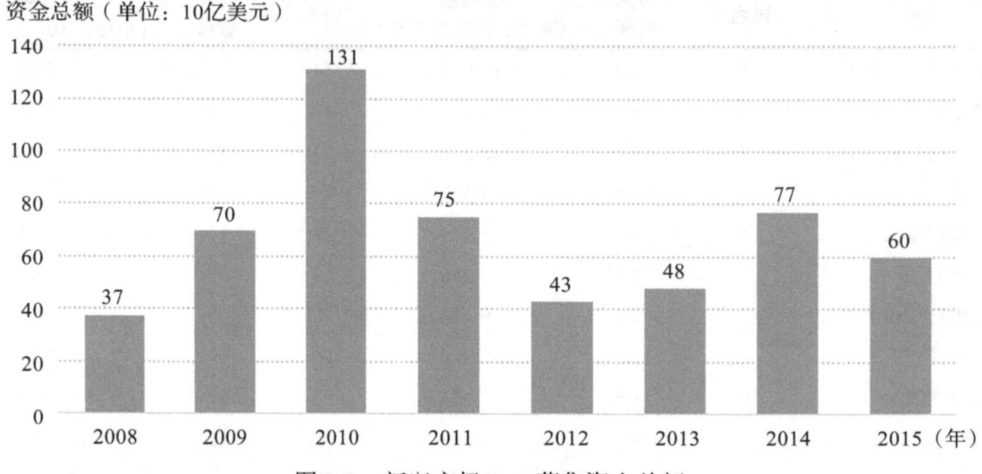

图 8-2 新兴市场 IPO 募集资金总额

资料来源：Bloomberg L.P.

由于美国监管限制、通用会计准则（GAPP）报告要求、美国的高成本以及其他权益资本市场的发展，目前全球 80% 的 IPO 都是在美国以外进行的（见图 8-3）。

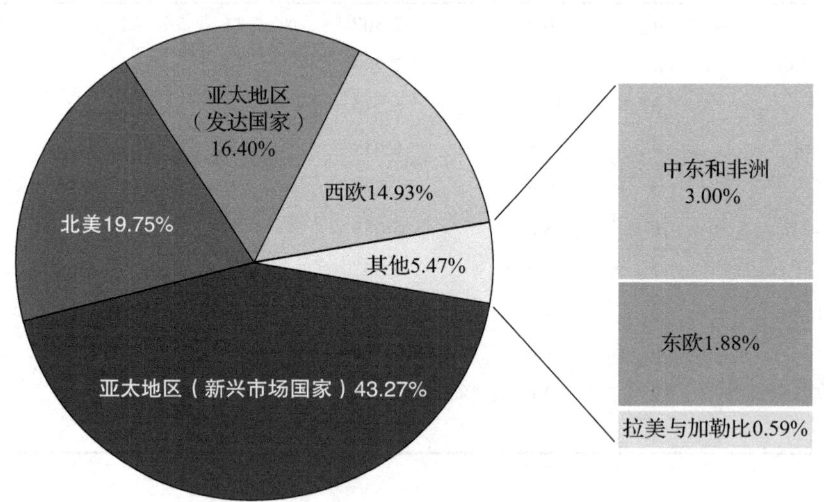

图 8-3 2015 年全球首次公开募股总量

注：比例以 IPO 金额为基础。

资料来源：Bloomberg L.P.

8.5.1 巴西首次公开募股市场

2007 年，巴西成为全球第三大 IPO 市场，占全球 IPO 募资额的 10% 以上。价值 273 亿美元的 64 家公司在巴西 IPO 市场上市，较上年增长 251%。几乎所有这些公司都在圣保罗证券交易所（BOVESPA）上市，该交易所于 2007 年上市，募资 32 亿美元，是当时巴西有史以来规模最大的 IPO。2008 年，圣保罗证券交易所与巴西期货交易所（BM&F）合并，成为新的巴西证券期货交易所（BM&FBOVFSPA）。美国式的公司治理标准、一股一票的规则、更高的透明度、保护小股东以及信息披露质量的提高等因素综合在一起，为巴西股市吸引了创纪录的外资金额。2007 年，这些外国投资者购买了超过 2 / 3 的巴西本土股票。

巴西家族企业的典型商业计划是，通过私募股权或对冲基金来募集公司 25%～30% 的资金，通过收购实现增长，当公司规模足够大时，IPO 便成为下一个资金来源。公司上市使得公司拥有具有流动性的收购支付手段，这又进一步促进了公司的增长。自 2007 年创纪录的 IPO 活动之后，巴西 IPO 数量大幅下降。

2016 年，标准普尔将巴西的信用评级下调为 BB（评级展望为负面），穆迪将其信用评级下调至 Ba2（评级展望为负面）。因而，巴西的信用评级现在已经处于“垃圾债券”这一类。

8.5.2　俄罗斯首次公开募股市场

2000～2007 年，俄罗斯的资本市场发展十分迅速，股票市值增长了 10 倍以上。2007 年，俄罗斯 IPO 市场的募资总额达到 190 亿美元，其中 20 个 IPO 平均融资规模达 9.48 亿美元。这些新发行的股票主要来自金融服务、房地产、能源与电力行业。俄罗斯第二大国有银行——俄罗斯外贸银行（Vneshtorgbank）80 亿美元的 IPO，是当年全球规模最大的 IPO。2007 年，俄罗斯占全球 IPO 市场份额的 7%。与巴西相似，2008 年，由于全球信贷危机，俄罗斯的 IPO 市场显著放缓（全球其他资本市场也是如此）。2009 年，俄罗斯 IPO 市场的业务金额跌至 1 亿美元。2010 年，IPO 业务金额增至 44 亿美元，约占全球 IPO 总额的 1.6%。然而，石油和卢布的波动以及经济放缓导致从 2015 年到 2016 年年初没有完全市场化的 IPO 的产生。

法律规定，俄罗斯公司在本国挂牌交易的股票要占到其股票总量的 30% 以上。然而，俄罗斯本土市场的流动性仅能支持 5 亿美元以下的较小规模的 IPO。尽管莫斯科交易所正在采取很多措施来改进上市流程、市场基础设施和交易体系，但其所提供的流动性还是有限的，价格体系也不透明。不过，随着时间的推移，这些改进变化会提高该交易所对发行人和投资者的吸引力。

大型俄罗斯公司之间最流行的权益融资方式是发行全球存托凭证并同时在伦敦和莫斯科上市，这样公司能够同时面对本地和国际投资者。一些国际投资者担心俄罗斯在监管上的不透明性，特别是有关税收、财务报表和法律结构方面。除非这些不确定因素减少，否则俄罗斯发行的全球存托凭证的国际需求还是有限。有些俄罗斯公司不在伦敦上市而在香港上市。此外，乌克兰和哈萨克斯坦的公司也已经在伦敦和香港两地上市。

私募股权和对冲基金为规模较小的 2 亿美元上限的交易提供重要的 Pre-IPO 融资。随着 2007 年开始的信贷危机的到来，俄罗斯银行纷纷撤出资金，这些另类投资者填补了资金缺口，使得俄罗斯公司能够继续进行融资收购。通过收购实现增长的公司也已做好了进入 IPO 市场的准备。一旦上市，许多公司都会将其股票作为收购支付的手段，以进一步促进公司的增长。

8.5.3　印度首次公开募股市场

2007 年，印度 IPO 市场进行了 106 笔交易，募资总额达 88 亿美元，是历史最高的年募资额。平均交易规模为 8 300 万美元，远低于巴西和俄罗斯市场。然而在 2008 年，信实电力完成了30亿美元规模的IPO，为未来的大规模IPO创造了基础。印度最活跃的IPO发行人主要来自工业、能源与电力、金融和房地产行业。随着印度公路、电厂和港口的不断建设，预计工业和电力行业将是未来IPO的主力，因为这些行业是基础设施项目的直接受益者。2008年和2009年，IPO业务分别降至45亿和41亿美元。在接下来的5年中印度IPO市场业务金额逐年下降，然而2015年印度IPO市场大幅增长，共有22个IPO，募集资金约为21亿美元。

由于严格的监管限制，外国机构投资者在每家印度上市公司的投资不能超过其发行总股本的10%。然而，从总量上看，外资提供了IPO市场约3 / 4的资金。法律规定，寻求完成IPO的印度公司必须在孟买证券交易所或印度国家证券交易所等本国交易所挂牌上市，也可同时在国际证券交易所两地上市。两地上市主要有两条路径：印度的高科技公司的客户主要集中在美国，所以这些公司往往选择在美国两地上市，因为美国投资者可能会更了解公司的价值；印度的金属和采矿企业，通常选择在伦敦证券交易所的AIM市场进行两地上市，它吸引了这个行业的许多全球投资者。大多数印度IPO的募资额超过1.25亿美元，根据144A条例，允许向美国合格机构的投资人募资。

2007年，孟买证券交易所和印度国家证券交易所20%的股份被国外投资者持有，其中包括纽约泛欧交易所、德意志交易所和新加坡交易所。由此带来的管理和监管实践的共享，促进了印度大型交易所的发展。印度不断增长的GDP以及约35%的高储蓄率，为投资提供了巨大的资金来源。

2015年，印度家庭储蓄总额中仅有不到2%（美国为45%）分配给权益投资。印度权益市场中的零售投资者比例非常低。仅有不到1.5%的人口参与到权益市场中，而在中国和美国，这一比例分别为10%和18%。印度股票市场约70%的份额由外国机构投资者控制，这些机构投资者在2009～2015年之间净购买量超过500亿美元。同期，国内投资者净出售了160亿美元。2005～2015年，印度权益市场的年复合收益率达到17%，这大约是同期银行存款收益的2倍，而银行存款却在家庭总储蓄中占最大的比重。由于一些原因，近几年来，印度股市中的零售投资比例显著下降，其中最大问题可能是印度疲软的IPO市场。2003～2014年，该市场共推出394个IPO，但是在这个阶段末，只有164个是以超过其报价的价格进行交易的，因此在这十年内，该行业60%的投资都是亏损的。

还有一种挥之不去的认知，即印度的股票市场是由少数参与者控制的，并且已经发生了几起有目共睹的骗局。尽管印度的股市监管机构在剔除不良行为方面已经颇有成效，但市场信心仍然不足。此外，印度占主导地位的家族企业，以及公共部门的上市公司，都不愿意为公众提供足够的股票。许多公司一直不愿意遵守公众至少持股1 / 4的规定。

对冲基金、私募股权以及风险投资公司都已投资于印度公司的Pre-IPO，近年来这些投资机构已成为印度IPO市场的主要驱动力。印度政府宣布欢迎任何在其母国受到监管的基金到印度投资，之后，国际投资者对印度较小型公司的投资热情会持续高涨。

8.5.4 中国首次公开募股市场

2007年，大中华区在IPO募资额（660亿美元）和上市数量（259家）两项上均领跑全球。当年的募资额几乎是美国IPO市场340亿美元募资额的2倍。根据政府为推动上海证券交易所发展而制定的新政策，上海证券交易所募资中约2 / 3是H股发行（此前在中国香港上市的中国大型企业首次在国内进行的IPO）。此外，许多中等规模公司在中国内地上市，平均交易规模为 2.55 亿美元。2007 年，中国募资额最大的四个行业分别是：金融服务、工业、房地产、金属和采矿。中国有史以来规模最大的 IPO 是 2006 年中国工商银行规模达 220 亿美元的 IPO：工商银行通过两地同时上市在中国香港募集 160 亿美元，在中国内地募集 60 亿美元。这甚至打破了美国规模最大的 IPO 记录——VISA 在 2008 年募集 196 亿美元。与全球大多数 IPO 市场类似，2008 年中国 IPO 项目减少到 97 个，数额为 170 亿美元。2009 年，IPO 增至 510 亿美元（159 笔交易），2010 年总募资额飙升至 1 300 亿美元，共 440 笔交易。香港证券交易所是中国唯一向外国投资者完全开放的交易所，在 2010 年募集到 570 亿美元。香港证券交易所不仅受益于中国的上市公司，而且也受益于选择进行使中国投资者易于接近的上市活动的国外发行者。其中最突出的例子是世界最大的铝制造商俄罗斯铝业。中国内地的公司经常在香港和上海或深圳同步上市。2011 年，中国交易所占据了全球 IPO 市场的绝大部分，募集资金 770 亿美元，占全球的 41%。2014 年中国 IPO 募资额降至 434 亿美元后，2015 年进行了 381 笔交易，共募集资金 588 亿美元。

在上海证券交易所上市的中国内地公司（A 股）的历史交易价格高于在港交所（H 股）上市的中国内地公司，同一家公司的 A 股和 H 股之间也存在溢价。2007 年推出了一个指数（恒生 AH 股溢价指数），用以追踪两地上市公司 A 股和 H 股[⊖]之间的价格差异。该指数跟踪的溢价已高达 100%。由于中国严格的资本管制导致了供需失衡，才出现这种反常情况。虽然在中国个人的财富迅速增长，但由于资本管制，普通中国投资者不能投资于中国香港或任何中国内地以外的市场，其在内地可投资的公司又非常有限。因此，资本管制造成了中国内地投资者仅能获得有限的投资机会。中国政府最近开始允许中国内地个人投资者购买 H 股（红筹股），从而降低在香港、上海两地上市的中国公司的价格差异。

之前，中国有不少公司在境外上市。但是，为将上海证券交易所发展为全球金融中心，中国政府在 2006 年通过了相关规定，使中国企业在境外上市变得更加困难。只有少量国内企业获准在中国和境外交易所两地上市，而且审批的过程也不是很透明。2007 年，中国电子商务公司阿里巴巴是亚洲第一家不在纳斯达克（海外科技公司大多在此上市）上市的大型科技公司。阿里巴巴获得了一个极高的市盈率，它仅在香港证券交易所上市，募集了 17 亿美元。2009 年，中国决定允许合格的外国企业在中国的交易所发行股票及全球存托凭证。

与中国内地的交易所相比，香港证券交易所在进入全球资本市场、提高品牌知名度、提高公司治理标准和减少波动性方面更有优势。相对于香港证券交易所主要面向外国投资者并以港元结算，上海证券交易所和深圳证券交易所更侧重于本地零售投资者，交易在外汇管制下进行，并使用人民币作为结算货币。因此，中国香港和中国内地的交易所不完全具有可比性，两者都不处于主导地位。

在海外注册成立的中国私营企业可以选择上市地点（中国内地除外）。通常情况下，它们更倾向于在香港上市，以接触全球机构投资者，也可以通过 S 规则或 144A 条例而进入欧洲和美国的机构市场。较小的离岸中国民营企业通常考虑在新加坡或英国伦敦 AIM 市场上市。根据 2006 年通过的法规要求，中国公司采取离岸架构要得到多个中国监管机构的批准，包括中国证券监督管理机构出具的允许公司在海外交易所上市的事前批准。

⊖ 原文为 B 股，似应为 H 股。——译者注

8.6 美国存托凭证

美国存托凭证（ADR）代表美国投资者对非美国公司的股票所有权。美国存托凭证由美国存托银行发行并托管在发行国托管人（存托银行的代理机构）处。美国存托凭证代表投资者有权获得银行持有的非美国公司股份的权利（虽然实际操作中投资者通常不会收到这些股份）。美国存托凭证以美元计价和支付股息。虽然方便了投资者，但同时也带来了嵌入证券的外汇风险。美国存托凭证所代表的非美国公司的股份被称为美国存托股份（ADS）。

美国存托凭证投资者可以在美国证券交易所购买美国存托凭证，或在其原发行市场购买非美国股票，然后：①将其存入银行以换取新的美国存托凭证；②将现有美国存托凭证的股票进行互换。

投资银行积极帮助非美国公司以美国存托凭证形式在美国上市。外国公司利用美国存托凭证来筹集资金、增加流动性并扩大公司在美国市场的影响。有时发行人也用美国存托凭证作为收购的支付手段。

在美国市场上交易的美国存托凭证定价以非美国公司在其本国市场的股价为基础。这个价格需要根据不断变化的外汇即期汇率进行调整，因此美国存托凭证的价格具有高波动性。美国存托凭证的价格也受到发行公司本国的会计、法律和政治差异的影响。虽然大多数非美国公司都提供基于公认会计准则的财务信息，但由于预测、不确定的税收影响以及发行公司所在国特有的调整规则等原因，必须要谨慎从事。

美国存托凭证需要向美国证券交易委员提交 F-6 登记表以完成注册，一些符合条件的非美国公司可享有豁免。

全球存托凭证与美国存托凭证类似，只是全球存托凭证是非美国发行人在本国以外的两个或两个以上市场发行。市场上也存在一些其他的存托工具，如欧元存托凭证（在欧元区内交易并代表总部设在欧元区之外的公司股权）和新加坡存托凭证（在新加坡进行交易但代表总部在新加坡以外的公司股权）。

8.7 国际财务报告准则

2002 年，欧盟达成共识，所有欧洲上市公司的财务报告都使用同一个框架，即国际财务报告准则（IFRS）。IFRS 于 2005 年在欧洲最终通过，现已成为全球财务报告的标准语言。加拿大、印度、巴西、中国、韩国和日本预计也要采取 IFRS 或与 IFRS 接轨，若这种情况发生，大约 65% 的《财富》500 强企业将根据 IFRS 编制财务报告。美国证券交易委员会已经宣布，按照 IFRS 编制财务报表的外国私募发行人，可以不再需要根据美国通用会计准则进行调整。现在，美国证券交易委员会可能也会采用 IFRS 作为美国公司的标准财务报告框架。尽管 IFRS 在全球接受度很高，但仍有人认为美国的通用会计准则才是黄金准则，如果完全采纳 IFRS，会使质量水平下降。进一步来说，一些在美国以外没有重要的客户或交易的美国公司之所以抵制 IFRS，是因为市场没有给他们足够的吸引力去按照 IFRS 编制财务报表，而且他们认为这样做的成本大于收益。

IFRS 的另一个麻烦在于，它只适用于上市公司，并不适用于一些国家的非上市公司。因此，编制财务报表时，非上市公司必须使用它们的国家标准而不是 IFRS 准则。例如，在德国，上市公司按照 IFRS 编制财务报表，而非上市公司则依据德国的通用会计准则编制财务报表。因此，如果一个非上市的德国公司准备启动 IPO，该公司可能要花费相当多的资源将使用德国通用会计准则编制的财务信息转换为使用 IFRS 编制的财务信息。

尽管最初的转换成本很高，但使用一种通用的全球财务报告框架意味着跨管辖区开展业务的成本降低，透明度和可比性增加，全球融资的举措变得更加有吸引力。最终的结果是提高了全球资本市场的效率、降低了资本成本、提升了股东价值。IFRS 统一了国际规则，能使国际投资者做出更明智的决定，从而为国际资本融资者提供更多的资金。

在美国证券交易委员会发布允许或要求美国上市公司采用 IFRS 的规定之前，企业必须继续根据美国通用会计准则编制财务报表。转换的时间尚不确定，在美国加入世界其他大多数国家采用的 IFRS 之前仍存在一些重大障碍需要克服。

8.8　国际投资者

主权财富基金（Sovereign Wealth Funds，SWFs）已成为国际资本融资的主要来源。主权财富基金管理的资产超过了 6 万亿美元，而且其他主权投资工具也持有超过 7 万亿美元的资本，比如养老储备基金、发展基金和国有企业基金，其他官方外汇储备也超过 8 万亿美元。因此，持有主权财富基金的政府控制着超过 20 万亿美元的资金池。主权财富基金是全球并购市场的主要参与者，在 2015 年的交易中，投资了超过 500 亿美元。这些交易涉及 100 多笔投资，包括大型公司、基础设施和房地产交易。在金融危机最严重的时候，一些国有财富基金因投资陷入困境的银行而损失了 800 亿美元，备受国内压力。随着市场改善带来的市场信心不断增强、投资的顺利进行、金融投资机构多元化投资的需求以及基金公司聘请外部并购专家和加强内部培训来不断提高专业技能，使得近期主权财富基金并购交易激增。大多数大型投资银行积极与主权财富基金接触，努力与主权财富基金这种大买家达成交易。

尽管主权财富基金拥有雄厚的财力，但有些国家和地区的政府不允许其投资于关键公司。例如，2006 年，德国禁止一个俄罗斯主权财富基金投资德国电信。为了促成更紧密的合作关系，美国与阿布扎比和新加坡签署协议，为主权财富基金及投资国制订了投资的基本行为准则。该协议确立的一项主要原则是：投资决策仅基于纯粹的商业目的而非地缘政治动机。在全世界采取类似行动以解决这些主要政治因素之前，主权财富基金对全球权益（和并购）市场的长期影响难以预测。表 8-4 列出了全球最大的主权财富基金。

表 8-4　最大的主权财富基金

2015 年 12 月主权财富基金排名（单位：10 亿美元）					
排　名	**国家和地区**	**基　金**	**资　产**	**成立时间**	**资金来源**
1	挪威	政府养老基金 – 全球	824.9	1990	石油
2	阿联酋 – 阿布扎比	阿布扎比投资局	773.0	1976	石油
3	中国内地	中国投资有限责任公司	746.7	2007	非大宗商品
4	沙特阿拉伯	沙特阿拉伯货币管理局	668.6	N / A	石油
5	科威特	科威特投资局	592.0	1953	石油
6	中国内地	中国华安投资有限公司	547.0	1997	非大宗商品
7	中国香港	香港金融管理局投资组合	417.9	1993	非大宗商品

（续）

2015 年 12 月主权财富基金排名（单位：10 亿美元）					
排 名	国家和地区	基 金	资 产	成立时间	资金来源
8	新加坡	新加坡政府投资公司	344.0	1981	非大宗商品
9	卡塔尔	卡塔尔投资局	256.0	2005	石油和天然气
10	中国内地	全国社会保障基金	236.0	2000	非大宗商品
11	新加坡	淡马锡控股公司	193.6	1974	非大宗商品
12	阿联酋 – 阿布扎比	迪拜投资公司	183.0	2006	非大宗商品
13	阿联酋 – 阿布扎比	阿布扎比投资管理局	110.0	2007	石油
14	澳大利亚	澳大利亚未来基金	95.0	2006	非大宗商品
15	哈萨克斯坦	“萨姆鲁克 – 卡泽纳”合股公司	85.1	2008	非大宗商品
16	韩国	韩国政府投资公司	84.7	2005	非大宗商品
17	哈萨克斯坦	哈萨克斯坦国家基金	77.0	2000	石油
18	俄罗斯	俄罗斯国家福利基金	73.5	2008	石油
19	阿联酋 – 阿布扎比	阿布扎比国际石油投资公司	66.3	1984	石油
20	阿联酋 – 阿布扎比	穆巴达拉发展公司	66.3	2002	石油
21	利比亚	利比亚投资局	66.0	2006	石油
22	俄罗斯	储备基金	65.7	2008	石油
23	伊朗	伊朗国家发展基金	62.0	2011	石油和天然气
24	美国 – 阿拉斯加	阿拉斯加永久基金	53.9	1976	石油
25	阿尔及利亚	税收调节基金	50.0	2000	石油和天然气

注：中国华安投资有限公司的资产为最优估计额。

来源：Sovereign Wealth Fund Institute.

国际资本要求

银行监管的关键在于确保银行有足够的资本，以保证市场的安全和有效，并且能够安然解决可预见的问题。制订了《巴塞尔协议》的巴塞尔银行监管委员会，为建立国际资本要求做出了主要贡献，其目的是为银行建立一个持有和计算资本的框架。根据协议，银行必须保证资本比率和资本充足率。1988 年，委员会推出了一套资本衡量体系，通常被称为《巴塞尔协议Ⅰ》，后于 2004 年被《巴塞尔协议Ⅱ》所取代，《巴塞尔协议Ⅱ》是一个更加复杂的资本确定框架，2008 年全球金融危机之后，制订了《巴塞尔协议Ⅲ》，该协议将分阶段实施到 2019 年。银行的关键比率之一是资本比率，即资本对风险加权资产的比率。权重由风险权数定义，风险权数基于该协议计算。《巴塞尔协议Ⅱ》要求总资本比率不得低于 8%。但是，每个国家计算银行资本的方式略有不同，在比较不同国家的银行时会产生一些差异。

实施协议的国家监管机构包括美国货币审计局、美国联邦储备局、英国金融服务管理局、加拿大金融机构监督办公室和德国联邦金融监管局。在欧盟，成员国已经根据《资本充足指令》(Capital Adequacy Directive) 制定了资本要求。

在《巴塞尔协议Ⅱ》的规定下，银行资本被分为两级，每一级都有一些子分类。

1. 一级资本

一级资本主要由股东权益和披露的准备金组成。这是初始购买银行股票（或股份）投入的金额（并非股票当前在市场上交易的市值）、留存收益、累计损失以及其他一级资本证券的金额。股东权益和留存收益现在通常被称为“核心”一级资本，而一级资本包括核心一级资本和其他一级资本。

2. 二级资本

二级资本包括未披露准备金、重估储备金、一般损失准备金、混合债务工具和次级债务。未披露准备金是银行盈利时产生的，但利润并未出现在正常的留存收益或一般储备金中。重估储备金一般涉及重新评估银行账面价值增加的资产。当公司意识到已经发生损失，但并不确定损失的确切性质时，就会产生一般损失准备金。混合债务工具是融合了股权和债务的某些特征的融资，如果它们能够在不触发清算的情况下持续支持亏损，有时即使融资承担了债务利息义务，只要它可以在将来转换为权益资本，就可以将其计入附属资本。次级债的期限通常至少为 10 年，级别高于一级资本，但低于优级债务，并需要其他结构性改进。

巴塞尔委员会是银行监管的主要全球标准制定者，并为银行监管事宜提供合作论坛。其任务是加强对全球银行的规范、监管和执行，以增强金融稳定性。委员会向国际监管负责人小组（央行行长及监管当局）（GHOS）报告，并在瑞士巴塞尔的国际清算银行之外运作，主要由专业的监事成员机构临时借调的工作人员构成。

《巴塞尔协议Ⅲ》是巴塞尔委员会制定的一套全面的改革措施，旨在提高银行部门吸收由于金融和经济压力带来的冲击的能力、改进风险管理和治理、加强银行的透明度和信息披露度。这些改革的目标是银行层面的监管，这有助于提高单个银行的恢复能力，使之能够承受随着时间推移可能在全球银行业形成的压力和全系统风险。《巴塞尔协议Ⅲ》是为应对 2008 年金融危机所暴露出来的金融监管缺陷而制定的。《巴塞尔协议Ⅲ》旨在通过提高银行流动性和降低银行杠杆率来加强银行资本要求。与《巴塞尔协议Ⅰ》和《巴塞尔协议Ⅱ》主要侧重于银行要求持有的损失准备金水平不同，《巴塞尔协议Ⅲ》主要侧重于银行的倒闭风险，要求不同形式的银行存款和其他借款要有不同水平的准备金。因此，《巴塞尔协议Ⅲ》在很大程度上并没有取代《巴塞尔协议Ⅰ》和《巴塞尔协议Ⅱ》，而是共同起作用。

2013 年 10 月，美国联邦储备委员会批准了美国版巴塞尔银行监管委员会（BCBS）关于流动性覆盖率（LCR）的机构间提案。该比率适用于美国某些特定银行和其他具有系统重要性的金融机构。

美国的流动性覆盖率提案比巴塞尔银行监管委员会的版本更具挑战性，尤其是对于大型银行控股公司而言，因为它要求优质流动资产（HQLA），能够在短时间内迅速变现以满足短期流动性需求。资产超过 100 亿美元的银行必须满足比率测试，比率的分子为优质流动资产金额，分母为特定压力期间净现金流出总量（预期现金流出总量减去预期现金流入总量）。

合并报表资产超过 2 500 亿美元的大型银行控股公司（BHC）、表内外汇暴露超过 100 亿美元的银行控股公司[⊖]，以及具有系统重要性的非银行金融机构，必须持有足够的优质流动资产金额，以覆盖 30 天内最高累计现金净流出。资产在 500 亿至 2 500 亿美元之间的地区性公司仅受大型银行控股公司级别的“调整”的流动性覆盖率约束，需要足够的优质流动资

⊖ 根据原文的翻译是“在合并报表资产中超过 2 500 亿美元表内外汇暴露的大型银行控股公司”，原文似有误，现译文根据美联储的实际要求修改。——译者注

产金额来支付 21 天的净现金流出，净现金流出的参数是大型机构的 70%，也不包括计算累计峰值流出量的要求。合并报表资产少于 500 亿美元的规模较小的大型银行控股公司，除了当前参数之外，没有进行额外的净现金流出测试。

美国联邦储备委员会决定实施《巴塞尔协议Ⅲ》几乎所有的规定，并明确表示它们不仅适用于银行，也适用于资产超过 500 亿美元的所有金融机构：

《巴塞尔协议Ⅲ》主要关注基于风险的资本和杠杆率要求、流动性压力测试、单一交易对手的信用限制（将监管中的金融机构对单一交易对手的信用暴露减少到该机构监管资本的某一百分比）、减少大型金融机构之间的信用风险暴露、实施早期补救要求以确保财务困难会及时得到解决、补偿、资本筹集或资产出售。

第 9 章　可转换证券与华尔街创新

9.1　可转换证券

大多数可转换证券[⊖]由大型投资银行代销。这意味着发行人在将证券出售给潜在投资者之前，需要承担价格风险。在美国，可转换证券的销售一般是根据 144A 规则而免于在美国证券交易委员会注册。如果这些证券被持有 180 天（并且假设发行人目前在美国证券交易委员会定期提交报告），那么这些证券就可以自由出售，转换的普通股也是如此，不需要专门注册申请。因此，投资者们可以确信，当他们决定将可转换证券转换成普通股时，这些股票是可以自由流通的。

9.1.1　对冲基金和得耳塔对冲

大多数可转换证券的主要投资者是对冲基金，它们采用可转换套利策略。这些投资者通常买进可转换证券，同时卖空发行人一定数量该可转换证券的标的普通股。它们卖空普通股的数目占该可转换证券的比例，约等于投资者最终将证券转换为普通股的时间点上的风险中性概率（由以二叉树定价模型为基础的可转换定价模型所决定）。该概率可用于计算可转换证券可以转换为普通股股票的数量，以确定对冲基金投资者应该卖空的股票数量（即“对冲比率”）。

举一个例子，假设一家公司的股价在其可转换证券发行时是每股 10 美元。某个对冲基金买进了一部分这种可转换证券，这些可转换证券可以转换成发行人的 100 股普通股。如果对冲比率是 65%，则该对冲基金在买进可转换证券的同一天，可以卖空 65 股发行人的股票。在可转换证券的存续期间，对冲基金投资者可以基于对冲比率的变化卖空股票或者买进股票。例如，如果买进可转换证券 1 个月后（并且建立一个 65 股的空头头寸），发行人的股价降到了 9 美元，对冲比率就可能由 65% 降到 60%。为了使对冲比率与卖空的股票占投资者可转换证券的比例相匹配，对冲基金投资者需要在公开市场从其他股东手中买入 5 股股票，将这些股票交付给之前借出股票的各方。用 5 股股票“归还”空头头寸使得对冲基金持有新的 60 股空头头寸。如果发行人的股价在发行 2 个月后升到 11 美元，对冲比率可能会上升到 70%。在这种情况下，对冲基金投资者可能需要 70 股股票的空头头寸。投资者可以借入 10 股股票并卖空以达到这个头寸，使得空头头寸从 60 股增加到 70 股。这种股价下跌时买入、股价上涨时卖出的过程一直持续到可转换证券的转换或到期。

⊖　关于可转换证券的概述，请参考第 3 章。

最后的结果就是，对冲基金投资者利用可转换证券获得交易利润，即在股价下跌时购买股票减少空头头寸，或者在发行人股价上涨时借入股票并卖空。这个动态交易过程就是著名的“得耳塔对冲”，它是一个不断地被对冲基金实践的策略。对冲基金通常在公开市场上购买大多数可转换证券的60%～80%，这样在可转换证券存续期内就会进行大量的股票交易。所有关于可转换证券发行人的普通股的交易都是为了对冲存在于可转换证券中的股价风险，并创造交易利润，这个利润用以抵消购买可转换证券的机会成本。可转换证券的息票率大大低于由相同发行人发行的同一期限的债券的息票率。

对冲基金为了投资可转换证券，需要借入大量发行人的普通股股票，并且股票要有充足的流动性供对冲基金买卖以保证得耳塔对冲顺利进行。如果没有足够的股票可供借入，或股票没有足够的交易量，那么对冲基金可能不会参与交易，一般而言，拟发行人也就不被建议在公开市场发行可转换证券，或被要求仅发行少量可转换证券。或者，发行人可以尝试与单一的非对冲基金投资者私下交易。然而，找到这样的投资者几乎是不可能的，即使找到了，可转换证券的定价也可能对发行者不利。

当一个新的可转换证券在公开资本市场定价时，通常情况下，根据证券的条款并由可转换证券定价模型计算，可转换证券的理论价值相当于面值102%～105%。可转换证券一般按面值的100%出售给投资者，因此，相对于理论价值，它被低估了。这为对冲基金购买可转换证券提供了动力，它们深知，通过得耳塔对冲至少可以得到相当于理论价值和“面值”（100%）之间差额的利润。对于在公开市场发行的非典型可转换证券而言（即，相对于市值的超额发行、发行人的交易量不足或发行人可借出的股票量不足），对冲基金投资者通常会要求一个更高的理论价值（相对于面值）作为投资的动力。

可转换定价模型结合了二叉树模型来决定可转换证券的理论价值。这些模型考虑了影响理论价值的以下因素：普通股现价、可转换证券存续期内普通股收益的预期波动、无风险利率、公司证券的借贷成本和普通股股息率、公司信用风险、可转换证券存续期以及可转换证券的票面利率或股息率、支付频率、转换溢价、赎回保障的期限长度等其他因素。

9.1.2 零息可转换证券

除了不是每年支付息票利息外，零息可转换证券（zero-coupon convertible，ZCC）和付息可转换证券类似。发行人根据未支付利息的数量，来增加可转换证券的本金，创造出债券的“增值”。因此，当一个零息债券没有转换特性时，债券的本金每年增加，直至到期。即使有零息这样的特征，同一发行人的付息可转换证券和零息可转换证券的转换溢价是一样的（假设期限和赎回条款相同）㊀。

鉴于事实上零息可转换证券和付息可转换证券的标的股票数量大致相等，并且零息可转换证券的未支付利息通过增加可转换证券的本金来“支付”，那为什么一个潜在发行人更喜欢零息可转换证券而非付息可转换证券呢？理由如下：

（1）在美国，发行人通过可转换证券每年“增值”的部分获得税收减免，得到现金流为正的债券融资（无须用现金支付利息，但是税收的减免额度与发行人发行付息可转换证券时一样）。

（2）如果可转换证券转换，即使实际上利息从未支付，每年增值所带来的税收减免也不需要向美国国家税务局（IRS）补交，因为发行人并未实际支付这部分增值的债券价格（虽然这种税收处理对于付息可转换证券同样适用）。

㊀ 根据发行人的信用评级，零息债券可能用稍低的转换溢价来补偿投资者更大的收不到年息的信用风险。

（3）没有被对冲基金[⊖]购买的可转换证券转换为股票的概率比较低，因为非对冲投资者通常（假设不考虑信用和非流动性的问题）只有在股票价格超过债券逐年增加的票面本金可赎回价值时才会转换。

由于转换比例相对较低，零息可转换证券是一个对每股收益稀释较小的正现金流债券融资方式。有这么多好处，为什么潜在的可转换证券发行人并不全都发行零息可转换证券呢？一个原因是，基于税法对称性，当发行人基于增值获得税收抵免时，投资者必须为这个年增量（或“虚拟收入”）支付所得税。因此，通常只有不纳税的投资者才会考虑投资零息可转换证券。另一个原因是利息不是每年支付，而是被增加在本金里，投资者在零息可转换证券到期时面临更大的信用风险暴露。根据不同的发行人，投资者可以要求一个很小的经济收益作为这种风险的补偿（例如，高出传统付息可转换证券 0.125% 的收益，或者如页下注所述，是一个稍低的转换溢价）。

9.1.3　强制可转换证券

选择性可转换证券的投资者有权利而没有义务将其所持有的债券转换成预定数量的发行人普通股股票，而强制可转换证券则要求必须转换。选择性可转换证券到期时是否转换取决于公司股价。如果股价没有超过转换价格，投资者将要求公司在到期日以现金的形式赎回可转换证券。因此，从信用评级机构的角度来看，在发行日，选择性可转换证券类似于债务。然而，对于强制可转换证券，因为投资者没有权利在未来要求现金支付（证券将被转换为股票），信用评级机构认为它类似于普通股。因此，寻求发行股票的公司可能会将发行强制性可转换债券视为发行普通股的替代方案。发行强制可转换证券可以从信用评级机构获得和发行普通股几乎一样的评级，但是，如果公司股价在到期日（一般为发行后 3 年）比较高的话，就可以向投资者交割较少数量的股票。

实际上，强制可转换证券的转换价格是浮动的，该价格随着到期日公司股价的变动而变动。决定到期日转换股票数量的公式如下：

（1）在到期日，如果发行公司的股价（到期日股价）和可转换证券发行日的股价（发行日股价）相同或者更低的话，投资者转换的股票数量与发行普通股而非可转换证券（已发行股票）时交割的股票数量一样。

（2）在到期日，如果发行公司股价上涨但是低于可转换价格（通常比发行日股价高 20%～30%），投资者转换的股票数＝股票发行数量 × 发行日股价 / 到期日股价。

（3）在到期日，如果发行公司的股价高于可转换价格，投资者转换的股票数＝股票发行数量 × 发行日股价 / 可转换价格。（参见案例：“自由港麦克莫伦铜金矿公司：并购融资”，复习浮动转换价格公式的应用。）

例如，假设 ABC 公司正在寻求 1 亿美元的融资。如果 ABC 公司决定采用发行强制可转换证券的形式筹集 1 亿美元资金，若其普通股股价为 25 美元，则转换价格为 31.25 美元（25% 的转换溢价）。如果到期日股价等于或者超过转换价格，ABC 公司将有义务在到期时交割 320 万股股票（1 亿美元 /31.25 美元＝320 万股）。如果可转换证券是可选择性转换证券，并且有同样的转换价格，公司将交割相同的股票数量。如果公司决定在股价为 25 美元

⊖　对冲基金通常不会基于股票价值将可转换证券转换成普通股（除非股票价值显著增长），因为它们已经通过卖空一小部分可以转换成的普通股进行了得耳塔对冲。

时发行普通股，而非强制性可转换证券，则公司必须卖出 400 万股股票才能募集 1 亿美元。假设 ABC 公司在到期日的强制可转换证券的股价等于或高于转换价格，在相同的发行规模下，和强制可转换证券相比，普通股的发行将导致多交割 25% 的股票。然而，如果 ABC 公司股价在到期日等于或低于 25 美元，发行强制可转换证券的公司将交割 400 万股股票，这与直接发行普通股方式需要发行的股票数量是一样的。如果在到期日，股价位于 25 美元和 31.25 美元之间，公司交割的股票数量将取决于股价，位于 320 万股和 400 万股之间。

尽管存在转换为股票的必然性，但是从发行人、投资者和信用评级机构的角度来看，将强制可转换证券和普通股进行比较会有些复杂。例如，如果发行人想从强制可转换证券的发行得到税收优惠，从强制可转换证券得到的股权比例比从直接发行普通股得到的要低（细节参见后面的图）。另外，强制可转换证券的股息比普通股的股息要高。这是因为，虽然强制可转换证券的投资者承担了和普通股投资者同样的下行风险，但他们不享有相同的股价上升带来的收益（如果强制可转换证券的发行人的股价，在到期日高于发行日，转换所得到的股票数量低于普通股发行中能得到的股票数量）。

强制可转换证券以两种形式发行。第一种是单位信托结构（unit structure），它有两个组成部分：①一份 30 年期的次级债；②公司对同一投资者发行的一份 3 年期股票购买协议，这个协议 3 年后会产生一个可变数量的股票交割机制。在美国，对于受监管的银行，单位信托结构产品会有一个额外的层级，在这一层级，把次级债发行给一家信托载体，同时信托机构对投资者发行一份次级信托权益（其中含有 3 年后可以把这份信托权益再出售给其他投资者的条款）。图 9-1 给出了由马歇尔和西斯利（M&I）银行发行的单位信托结构强制可转换证券的情况介绍。强制可转换证券的第二种形式是非单位信托结构（non-unit structure），它通过发行优先股和 3 年内可变数量的普通股交割机制，交割的股票数量与发行人交割时的股价相关联，普通股交割后，优先股即到期。

1. 单位信托结构

图 9-1 描述了单位信托结构的强制可转换证券。

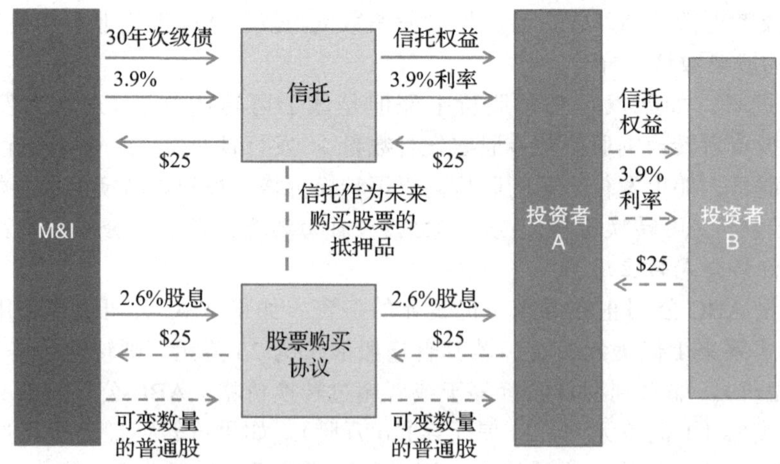

图 9-1 M&I：单位信托结构的强制可转换证券

资料来源：McDonald，Robert L.*Derivatives Markets*. Prentice Hall，2006.Auction added by David Stowell.

M&I 的证券分为两个组成部分：购买 M&I 次级债券的信托，以及要求投资者 3 年内支付而获得 M&I 股票的股票购买协议。次级债券期限为 30 年，3 年后当可转换证券的承销商将投资者持有的信托权益拍卖给新的投资者时，这些次级债要进行重新定价。拍卖时会重新设置信托权益的收益率，以便能按面值交易。购买信托权益的原始投资者也会参与签订股票购买协议，协议要求他们 3 年内以现金支付普通股对价。股票购买协议规定的现金支付额与同一投资者在 3 年内拍卖信托权益收到的现金是完全相等的。因此，投资者与其他强制可转换证券投资者有同样的风险 / 收益结构，正如前文以及下面的图 9-2 所描述的一样（基于非单位信托结构的强制性可转换证券）。

公司持有单位信托结构可以根据不同的协议条款而从评级机构获得 50% 或 75% 的权益信用。发行人在与次级债相关的利息支付方面也可以获得税收减免（大概等于每年公司现金利息支付额的 60%，剩余的 40% 视为股票购买协议规定的股息支付）。单位信托结构会使公司在会计处理上更为有利，与发行普通股相比，单位信托结构可以在发行日减少对每股收益的稀释（基于库存股的会计方法）。

2. 非单位信托结构

对于不能从税务减免中获益或者希望获得更多股票（乃至全部转成股票）的公司而言，非单位信托结构的强制可转换证券更受欢迎。对于这种结构的描述见图 9-2。

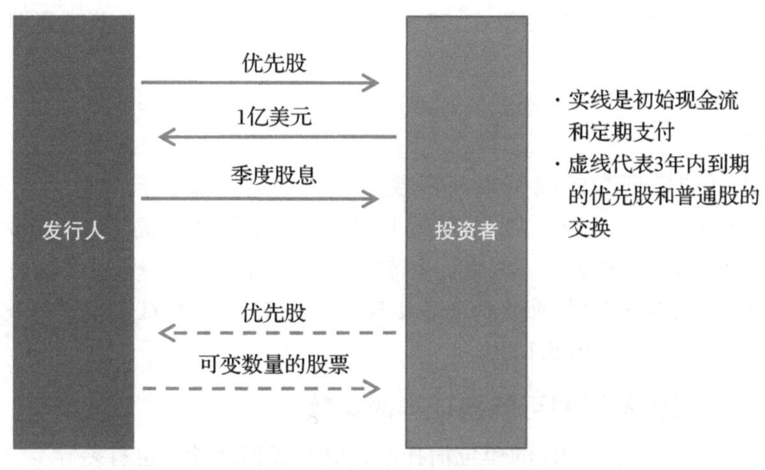

图 9-2　非单位信托结构的强制可转换证券

2007 年，美国自由港麦克莫伦铜金矿公司（FM）发行了 29 亿美元非单位信托结构的强制可转换证券，由摩根大通和美林联合承销。FM 同时也发行了 29 亿美元的普通股，公司共获得 58 亿美元融资。这些交易与 175 亿美元的债务融资一起，为 FM 收购菲尔普斯·道奇公司（Phelps Dodge）提供了充足资金，形成了世界上最大的铜业上市公司。

强制可转换证券为 FM 达到一系列的目标：

（1）它使得公司获得了比出售普通股更多的权益融资，因为对公司普通股的需求无法超过 29 亿美元（大部分强制可转换证券投资者是基金，并不购买普通股）。

（2）它为 FM 的发行提供了几乎 100% 的权益信用融资，即便公司要在 3 年后才发行股份，此时强制可转换证券由最初的优先股形式转换成股票。

（3）对于相同数额的募集资金，假设 FM 的股价在此期间上涨，相对于同时发行普通股，3 年内公司在转换中交割给投资者的普通股数量更少，这对于报告的每股收益而言是一个永久的好处。

FM 选择非单位信托结构的强制可转换证券，是因为它可以最大限度地获得权益信用。由于公司主要在美国以外的地区经营，没有在美国纳税的义务，所以 FM 放弃了单位信托结构所特有的税收优惠。相比之下，M&I 选择单位信托结构是为了得到税收减免的好处，即使单位信托结构只能提供较少的权益信用。

FM 的强制可转换证券以 2 875 万优先股形式发行，每股 100 美元、6.75% 股息、3 年期。基于以下安排，优先股将被强制转换为 FM 的普通股。

在到期日，如果 FM 的股价：

- 小于或等于 61.25 美元，投资者将收到 1.6327 股 FM 股票；
- 介于 61.25 和 73.50 美元之间，投资者收到的股数等于 100 美元 / FM 股票当时价格；
- 大于或等于 73.50 美元，投资者收到 1.3605 股 FM 股票。

FM 股票交割时的利润是 3 年后到期日时公司股价的函数，“自由港麦克莫伦铜金矿公司：并购融资”案例的专栏 3-7 中有具体图示。

在到期日，强制可转换证券会为其投资者提供：

（1）假设 3 年内 FM 股价小于或等于 61.25 美元，3 年后投资者得到的 FM 普通股的数量与购买在同一日发行的普通股是一样的（二者的购买价都是 61.25 美元）。

（2）如果在此期间 FM 股价处于 61.25～73.5 美元区间，投资者分享不到 FM 的股价上涨带来的利润。

（3）如果 FM 股价在 3 年内超过了 73.50 美元，投资者可以享受到超过 73.50 美元部分 1 / 1.2（83%）的增值。

3 年内，FM 可转换证券的投资者将承受 FM 股票的所有下行风险，而不享有股价前 20% 的增值带来的好处（61.25～73.40 美元），只享有股价增值高于 20% 部分，即只享有 83%（1 / 1.2＝83%）的股价增值。因此，相较于普通股投资者，购买强制可转换证券的投资者必须得到补偿。补偿实际上通过一个 3 年期每年 6.75% 的股息支付，这比 FM 普通股在发行时每年 1.6% 的股息率高出 5.15%。

3. M&I 和 FM 发行的强制可转换证券的比较

FM 的非单位信托结构和 M&I 的单位信托结构既有相似之处，也有差异。二者都支付高于标的股票股息的年现金流。M&I 支付 6.5% 的年现金流（股票购买协议规定的 2.6% 的股息以及次级债 3.9% 的利息，这对于 M&I 来说是可以抵税的），FM 支付 6.75% 的年股息。在到期日，二者有相似的普通股交割结构。然而，M&I 证券分为两个部分：M&I 次级债券的信托以及要求投资者 3 年内购买 M&I 股票的股票购买协议。次级债券期限为 30 年，3 年后需要重新定价以便按照面值交易。这使得投资者可以通过投资银行举办的拍卖将次级债卖给其他投资者，并从这项交易中得到一定数量的、基于股票购买协议购买 M&I 股票所必需的现金。

M&I（不同于 FM）有美国纳税义务，由于可以获得 3.9% 的利息用于抵税，它选择单位信托结构而不是非单位信托结构。在单位信托结构中，由于发行的是 30 年期的债券而不是优先股，因而税收减免的作用显现出来。3 年期结束时债务被再出售给新的投资者（当根据股票购买协议交割普通股时）。债券和股票回购协议的不同属性在各自独立的文件中载明。尽管投资者必须用债券为质押而保证 3 年内购买 M&I 股票，投资者实际也可以用国库券替代作为抵押品。因此，两份文件和相关义务都独立执行。

9.2 华尔街创新

正如可转换证券的复杂性所表明的一样，投资银行为了达到发行人和投资者的不同目标进行着大量的创新。新的证券形式不仅需要考虑客户的经济利益，也需要考虑法律、税收、会计和政治问题。所有大型投资银行都有新产品开发团队，他们和内外部的顾问合作，这些顾问包括律师、会计师、税务专家以及监管专家。这是一个非常耗时而复杂的过程，并且往往从开始就错了。大量的资源被投入创建新的结构，但最后得到的结论却是：虽然它解决了经济、法律和税务问题，但仍存在税收劣势。即使可以接受税收上的劣势，有时又会出现监管或会计方面的问题。这就存在一种挑战，即在向客户推出新产品前，要确保考虑到并解决了所有潜在的问题。

开发新产品时，投资银行必须把自身的声誉也考虑进去。即使所有关键点都彻底分析了，所有的问题也看上去都解决了，但如果出现关于新产品（或者与新产品有关联的客户）的任何负面新闻报道，都可能给银行带来麻烦。另外，尽管银行的法律、会计、税务和其他方面的顾问都对新产品持较强的支持意见，监管者仍然可能对其中一点或几点持反对意见，这为产品带来不可预见的复杂性。因此，所有银行都有非常谨慎的审核程序，任何新产品发行前都必须通过委员会的审核。即便所有顾问都支持，顾客也对其非常感兴趣，并且已经投入大量资源用于开发，出于声誉考虑，委员也可能否决这项产品。

虽然一些最具创新性的产品是在可转换证券市场被开发出来的，但在其他领域也开发出了很多成功的产品，这些领域包括结构性融资、市政债券、养老基金、企业并购以及其他领域。下面，我们将讨论投资银行产品创新的两个例子：日经认沽权证和加速股票回购（ASR）计划。

9.3 日经认沽权证

由高盛和其他机构联合开发的日经认沽权证（Nikkei Put），说明了投资银行业务的创新一方面满足了全球发行人和投资者的需要，另一方面也包括了投资银行承担的本金风险。

1990 年，基于日经 225 指数的认沽权证（日经认沽权证）第一次在美国销售。如果日本股市下跌，投资日经认沽权证的美国零售投资者将收到现金支付。在前 4 年中，这个市场几乎每年增长 50%，并在 1989 年最后一个交易日达到 38 915.90 点的历史高位，两周后，也就是 1990 年 1 月 12 日，高盛在美国公开市场推出日经认沽权证。同年 6 月，日本股票市场崩盘，跌幅超过 50%。

认沽权证（本质上与看跌期权相同）赋予持有者一定的权利，而非义务，可按照事先约定的价格在约定的时间出售标的资产。在日经认沽权证的案例中，日本股市的下跌将增加日经认沽权证的价值，并且投资者将收到现金支付，该支付等于日经 225 指数市场价格与事先约定且高于日经指数的执行价格（现金结算期权）之间的差额。第一个日经认沽权证在美国证券交易所挂牌，主要由高盛承销，发行人为丹麦王国。当时，高盛作为私人合伙企业，没有在美国证券交易委员会注册的资格，因此并不能直接发行日经认沽权证。而丹麦王国可以在美国证券交易委员会注册，能够按照高盛的要求出售日经认沽权证。在将看跌期权出售给美国散户投资者的同时，丹麦王国也与高盛签订了日经认沽权证的购买协议，以此充分对冲其风险暴露（见图 9-3）。销售日经认沽权证的收益超过了购买对冲的成本，剩余的收益用于欧洲债券交易，这些债券同时通过高盛在伦敦出售，因而融资成本很低。

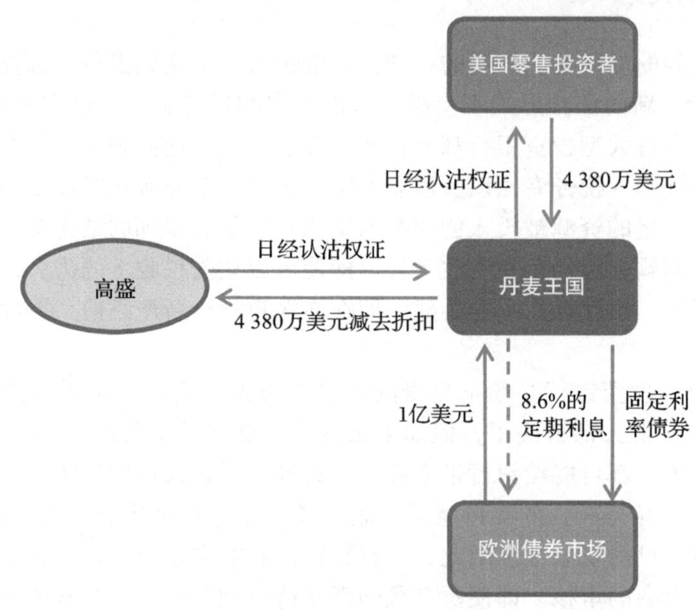

图 9-3 日经认沽权证

资料来源：Francis, Jack Clark, William W. Toy and J.Gregg Whittaker. *The Handbook of Equity Derivatives*. John Wiley and Sons,1999.

已注册的美国公司都是可以发行日经认沽权证的，但匹配日经认沽权证的买入与卖出合约会产生消极的会计后果，这阻止了这些公司参与日经认沽权证的发行。然而，丹麦王国没有这样的会计上的顾虑。1990 年上半年，美国新增了大量其他日经认沽权证的交易，直至日本政府要求投资银行停止此类交易，随后日本股市急速逆转。在这个市场关闭之前，美国投资者积极购买和交易日经认沽权证，使它们成为美国证券交易所最活跃的交易工具。在日本股票市场崩盘后，投资者持有的日经认沽权证迅速增值（参见图 9-4 日经 225 指数表现）。

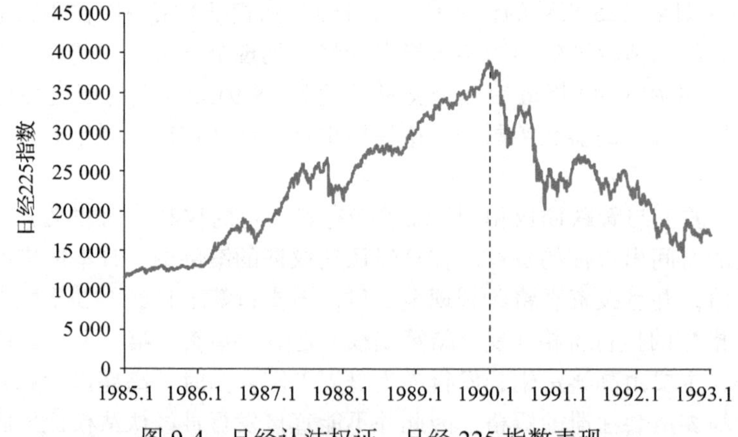

图 9-4 日经认沽权证：日经 225 指数表现

资料来源：Data provided by Commodity Systems Inc.

日经认沽权证在美国的销售标志着高盛完成了在日本所安排的一系列交易，这些交易也涉及高盛在纽约和伦敦的办公室和客户。故事的开始是 2 年前，也就是 1988 年，当时日本保险公司从高质量的欧洲发行人手中购买了几百只高息日经类债券。这些债券给投资者提供高于市场水平的利息，代价是接受债券到期时，日经 225 指数跌到指定水平以下所带来的本金损失的风险。

从经济角度看，这些债券可以当作是以日元计价的债券。其中，日本投资者向债券发行人嵌入一个基于日经 225 指数的认沽权证（见图 9-5）。债券发行人将嵌入式认沽权证出售给高盛（见图 9-6 和下面的讨论）。发行传统的固定利率日元债券可能需要支付 5% 的利息，但是日经挂钩债券经常附有至少 7.5% 的利息。超出部分的利息代表日本投资者收到的、因出售给发行人嵌入式认沽权证而获得的权证（期权）的期权费。

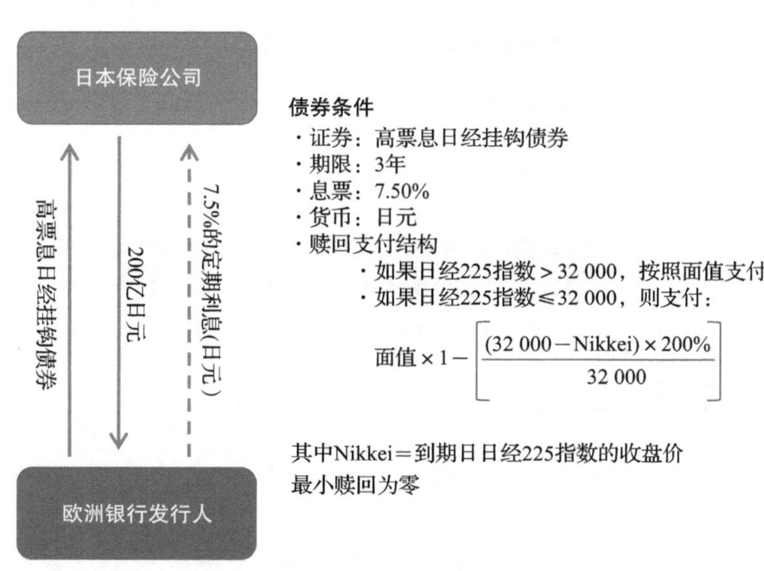

图 9-5 日经认沽权证：日经挂钩债券

资料来源：Francis, Jack Clark, William W. Toy and J. Gregg Whittaker. *The Handbook of Equity Derivatives*. John Wiley and Sons, 1999.

如果在到期日，日经 225 指数跌到指定的水平以下（例如，图 9-5 所示的 32 000 点），付给日本投资者的债券本金额就会减少。减少的金额等于嵌入式认沽权证的结算价值。因此，如果日经指数平均值跌到指定水平（执行价格）以下，欧洲发行人可以按照以下两种方式偿还原始本金额：

（1）将减少后的本金额付给日本投资者。

（2）债券的原始本金额与支付给日本投资者的减少后的本金额之间的差额支付给高盛。这个差额等于出售给高盛的认沽权证的结算价值。

当日本投资者接受日经类债券固有的下行风险时，他们明显看好国内股票市场。除了对国内经济的乐观看法，监管因素也激励了这些投资。法规要求日本保险公司仅能从现有投资收益中向投保人支付股利，而不能来自于持有股票的资本利得。因此，权益投资收到的股息和从债券投资中收到的利息都可以支付，而来自股票市场的利得则不能。这就产生了一种激励，投资于高息的债券而不投资于低息的股票（平均低于 1%）。

由于日经挂钩债券收益较高，日本保险公司对这类债券有强烈的需求。因此，高盛（以及其他投资银行）积极为保险公司安排这类债券的私募，并主要从欧洲找到高质量的发行人。除了债券承销，投资银行也为债券发行人安排交易，用来对冲他们的日元外汇以及债券高利率这两个方面的风险暴露。

日经类债券的发行人大多是 AAA 级欧洲银行和主权国家，它们想要以低利率获得美元资金（图 9-6 所给的例子中，3 年期债券的净利息为 LIBOR 减去 35 个基点）。为了达到这个目标，发行人将嵌入债券的日经认沽权证剥离出来，并出售给高盛。高盛为日经认沽权证的支出完全可以补偿发行人支付的日经类债券的票息（例子中为 7.5%）与他们所期望的更低的浮动利率支付（例子中为 LIBOR 减去 35 个基点）之间的差额。另外，该支付还覆盖了发行人为了对冲将日元兑换为美元的货币风险而付出的成本。发行人得到了以美元计价的、完全对冲的、利息比正常借款成本更低的融资（见图 9-6）。

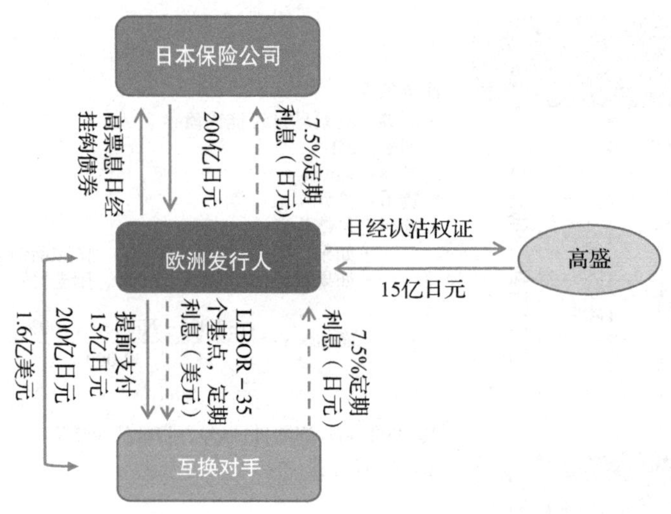

图 9-6 日经认沽权证

资料来源：Francis, Jack Clark, William W. Toy and J. Gregg Whittaker. *The Handbook of Equity Derivatives*. John Wiley and Sons, 1999.

高盛在日经挂钩债券交易中扮演了多重角色：

（1）它们寻找对提供高于市场息率（案例中为 7.5%）的以日元计价的债券感兴趣的投资者（日本保险公司），作为交换，这些投资者要接受日经指数下跌时本金损失的风险。

（2）它们从欧洲找到高评级的发行人，这类发行人为了以低利率（在案例中，大约节省 35 个基点的年息率）获得完全对冲风险的美元资金，愿意接受复杂的融资结构。

（3）它们为发行人安排互换对手方，以对冲日元兑换成美元的汇率风险，并通过向对手方提前支付来补偿互换的风险和成本。

（4）它们以与互换对手向发行人要求的提前支付金额相等的价格，从发行人手中购买嵌入在日经挂钩债券中的日经认沽权证。

高盛为日经认沽权证支付一个被认为低于权证理论价值的价格，这创造出潜在的未来收益机会。在第一只日经类债券出现（导致高盛购买日经认沽权证）与日经认沽权证被丹麦王国（在向高盛购买类似权证产品后）出售给美国零售投资者之间大约有两年的间隔，投资银行必须控制其在日本股票市场的风险暴露。高盛通过购买日本股票或者这些股票的期货来达到这种控制：这些股票或期货的数量与由于购买日经认沽权证所引发的那部分风险暴露相等，随后，对其风险暴露进行“得耳塔对冲”，未来的任意一天若日本股市下跌则购买更多的股票（或者期货），若股市上升则卖出股票（或者期货）。通过这种每日得耳塔对冲的方式，高盛将风险暴露从日本股票价格风险暴露转变为更容易控制的日本股票市场波动风险暴露，直到日经认沽权证在美国市场被出售为止（见图 9-7）。

通过从日经类债券发行人手中以低于理论市场成本的价格购买日经认沽权证并用得耳塔对冲这一风险头寸，高盛创造了巨大的获利机会（在股价下跌时购买，上涨时出售），超过了日经认沽权证的购买成本。高盛的策略能够成功，是因为它精确估计了日经 225 指数的未来波动率在得耳塔对冲期间要比购买日经认沽权证时日本股票市场隐含波动率高。

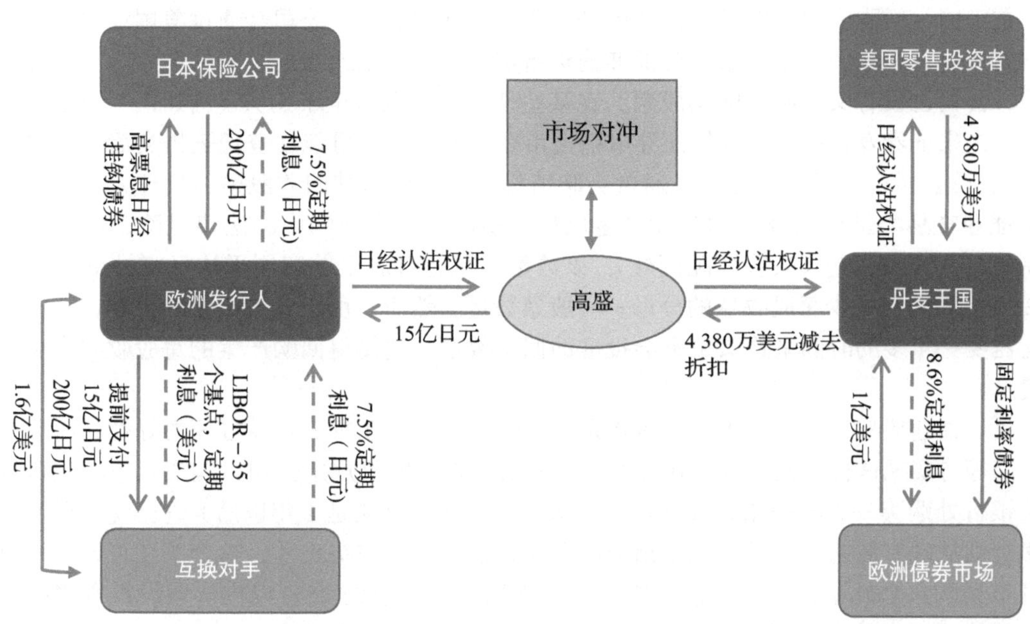

图 9-7　日经认沽权证

资料来源：Francis, Jack Clark, William W. Toy and J. Gregg Whittaker. *The Handbook of Equity Derivatives*. John Wiley and Sons, 1999.

总结高盛进行的日经认沽权证项目相关活动，包括如下事项：

（1）投资安排：为日本保险公司投资者配置日经挂钩债券，为美国零售投资者配置日经认沽权证。

（2）融资安排：为欧洲日经挂钩债券发行人提供充分对冲的低成本融资，为丹麦王国以及其他发行人提供欧洲债券。

（3）互换安排：为对冲日经挂钩债券制定策略，并寻找互换对手。

（4）风险管理：在日本和美国同时作为委托人为日经认沽权证定价；得耳塔对冲日经认沽权证的风险头寸，并对冲购买以日元计价的日经认沽权证与出售以美元计价的日经认沽权证之间的汇率风险暴露。

（5）催化监管：和法律顾问、证券交易所官员一起工作，以便在美国交易的第一只日经认沽权证能获得日本和美国监管部门的批准。

高盛（以及其他参与其中的机构）创造了日经认沽权证交易，为发行机构和投资客户提供了创新的融资和投资方案。通过利用全球分支和客户网络资源并承担大量的本金风险，投资银行能够满足客户需求，并创造出可观的经风险调整的利润。

9.4 加速股票回购计划

公司每个季度都要决定如何分配可用现金。一种选择是通过股息或股票回购将现金返回给股东。从历史上看，对股东的偿付有 90% 都由派发股息完成。然而，近些年股票回购显著增加。目前通过股票回购支付给股东的现金超过派发股息支付的现金，原因是公司更加看重将每股收益的增长作为支撑其股价的工具。

在美国，回购股票一般通过公开市场股票回购计划进行，公司会通过美国证券交易委员会披露文件宣布他们已获得董事会批准购买指定数量的股票或指定金额的股票。尽管有如此声明，公司也没有义务必须购买股票，在某些情况下可以完全不购买（例如，一个公司提交了包含未来证券发行的 S-3 有价证券申请上市登记表，但是可能在登记表提交后从未发行证券）。假设公司启动了回购计划，通常会聘请投资银行作为其回购股票的代理人。为了利用美国证券交易委员会法规的 10b-18“避风港”条款，减小回购中的法律风险，代理人必须限制每日股票购买量（某些情况例外），该数量不得超过股票前四周平均日交易量（ADTV）的 25%。回购会减少每股收益的分母——股票数量。然而，由于日购买量的限制，一些公司可能需要一年多的时间来购买董事会批准的回购数量，这使得回购产生的每股收益增长速度缓慢。

设计加速股票回购（ASR）计划是为了提前获得回购在每股收益方面的好处，而不是随着时间等待实现这种好处。该计划可以通过协议实现，协议规定公司以购买日市场收盘价从投资银行处购买一大笔股票，并在协议结束时（例如，可能是 1 年以后）进行现金调整。投资银行则从现有股东手中借入股票出售给公司，建立一个空头头寸，这个头寸可以通过每日公开市场购买来轧平，购买量被限制在公司平均日交易量的 25% 以内。假设投资银行将花费 1 年的时间来购买足够的股票以轧平其空头头寸，其间购买股票的总成本在年末时确定。如果购买总成本比投资银行在 1 年前向公司卖空股票收到的支付要高，公司将把差额补偿给投资银行。如果投资银行购买总成本比 1 年前收到的支付少，投资银行将把差额补偿给公司。1 年后的调整金额以投资银行从公司开始时支付现金进行投资所收到的收益为基础进行修正（考虑 1 年内由于购买股票而导致现金余额逐渐减少的因素）。双方还会为了补偿投资银行的服务费用而对现金调整金额进一步修正。关于加速股票回购计划总结详见图 9-8。

加速股票回购计划并不能比公司在回购期间每天购买自己股票在 1 年后创造更多的每股收益。然而，加速股票回购计划将每股收益的好处加速到该年的第 1 天，而不是等待在年末得到全部好处。这正是激励一些公司使用加速股票回购计划的原因。加速股票回购计划也可以和股权类衍生品策略挂钩，该策略可以为公司创造额外的潜在收益。例如，加速股票回购计划可以包含看涨期权价差或双限期权，使得回购股票的公司能够在项目结束时控制其最大结算支付额。

除了创造出较早实现的每股收益好处，投资银行与 IBM 公司一起为加速股票回购计划增加了一个有趣（但很短命）的税收优惠。IBM 宣布已经和三家投资银行完成了 125 亿美元的加速股票回购协议，该协议规定公司以每股 105.18 美元的价格从投资银行手中回购 1.188 亿股股票（公司流通股的 8%），股票由投资银行立即交割给公司。如上面所述，银行希望在未来 9 个月内，在公开市场购买相等数量的 IBM 股票，这个期间结束时，投资银行会有一个调整的支付（结算支付）。

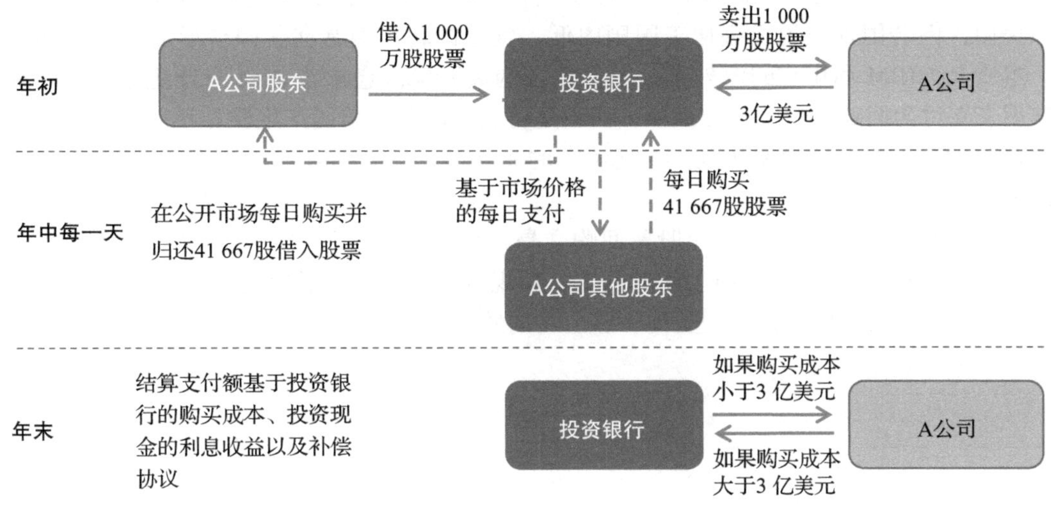

图 9-8 加速股票回购计划

这个回购由 IBM 设立在荷兰的全资子公司 IBM 国际集团（IBM International Group）负责，它用自有 10 亿美元现金和 115 亿美元银行贷款为回购提供资金。贷款的本金和利息由该集团的非美国运营子公司产生的现金支付（见图 9-9）。

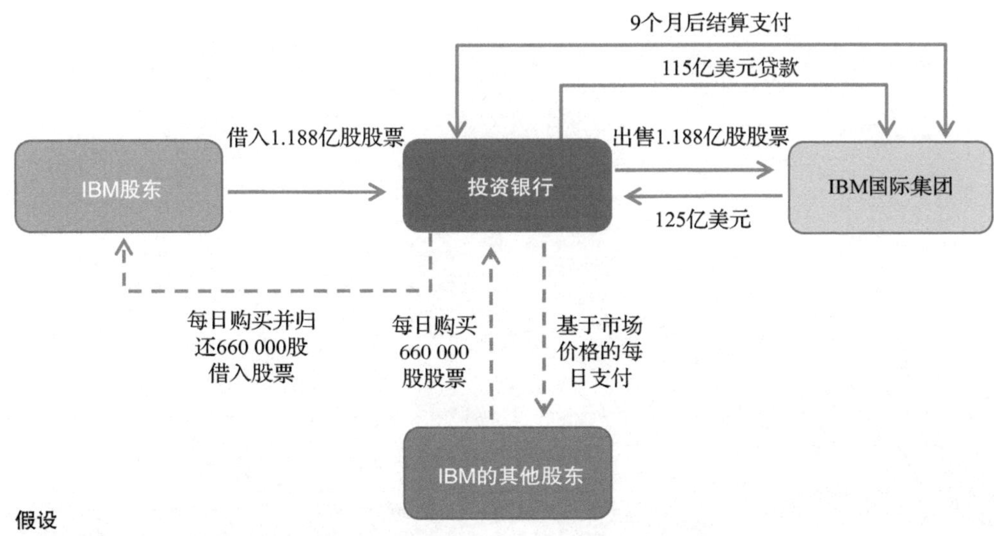

图 9-9 IBM 的加速股票回购计划

通过加速股票回购计划，IBM 购买了 125 亿美元的股票（这立即提高了其每股收益），同时，通过海外子公司偿还贷款的方式减少纳税义务，海外子公司在国外获得的利润本应转移回美国，但若国外应税税率比美国国内低，资金的转移通常在美国会形成额外的纳税义务。本质上，IBM 利用它的海外子公司借款及购买股票，意味着 IBM 海外业务产生的利润将被用来支付为回购股票所贷的款项，而不是将利润转移到美国产生预扣税。假设潜在的转移税率为 35%，将这个税率用到 115 亿美元的海外借款中，IBM 能减少大约 20 亿美元的税额，国外纳税额减少了 17%。

由于 IBM 和其他类似的加速股票回购交易减少了相关转移税，美国国家税务局对于加速股票回购在 957(c) 部分发布了新的规定，新规定有效地阻止了加速股票回购的相关结构。美国国家税务局的立场因此立刻受到一些公司的质疑。

第 10 章　投资银行业的职业、机遇与挑战

投资银行业专注于：①为企业或政府有关客户提供财务建议，帮助他们筹集资本、资本退出或者对资本进行风险管理；②为企业客户提供战略建议，通过收购、剥离、兼并或重组等方式提升股东价值；③以金融工具交易风险头寸为投资客户提供投资机会和流动性；④为投资客户提供融资、风险管理和其他证券服务；⑤为投资客户提供研究；⑥有选择地投资小部分自有资本进行自营交易；⑦为接受投资银行其他服务的大型公司提供贷款；⑧为投资客户管理资金；⑨为所有上述重点领域提供支持。

每一个不同领域都单独进行管理，并有不同的职责和薪酬系统，每个领域都需要单独分析以确定是否有合适的职业。大多数投资银行业的工作总体上都是耗时、紧张但薪酬丰厚的，但在工作内容和所需技能方面差别很大。上述 9 个重点领域一般可分为 5 个主要的业务领域：①投资银行；②交易和销售；③财富管理、资产管理（AM）和研究；④直接投资；⑤其他投资银行业务比如运营和融资。

10.1　投资银行

投资银行部负责：①为企业或政府有关客户提供财务建议，帮助他们筹集资本、偿还资本或者对资本进行风险管理；②为企业客户提供战略建议，通过收购、剥离、兼并或重组等方式提升股东价值。该部门的银行家都具备很强的分析能力和沟通技巧，但有些擅长营销，而另外一些擅长交易执行的技术层面。具有较强营销技巧的银行家倾向于在客户关系管理领域工作，而技术过硬的银行家通常在产品领域工作，比如并购或资本市场。当然，也有例外，有时在银行家自身的职业生涯中会在这些领域间转换职位。此外，有些投资银行会将并购和客户关系管理合并为一个单独的领域。

这个部门要求员工具有很强的分析能力且能够长时间努力工作。同事及客户都非常聪明且要求严格，同时他们非常注重团队合作。最初的几年，投资银行部提供了一种学徒制环境，传授他们如何“交易”并开发他们的技能。在此期间，有些工作比较单调，有些则极富分析性和创造性。投资银行是在一个任人唯贤的系统下运作的，只有那些拥有或可以培养出所需技能并充分展现出职业道德的人才可以胜任。投资银行部利用其筛选机制确定每年业绩最差的人，这些人会主动辞职或者被公司辞退，因此竞争非常激烈，并不是每个人都能成功。根据年份和公司的不同，被淘汰员工的比例大概在 5%～15%。尽管在最初几年薪水差别不大，但在随后几年里根据个人业绩，薪水会发生巨大的变化。

进入投资银行部有不同的职位选择。本科毕业生可以应聘分析师职位，具有 3 年工作经验的分析师、工商管理硕士（MBA）、法学博士或者其他行业的专业人士可以成为经理。有时（很少见）其他行业的专业人士或博士如果具备投行需要的独特技能，可能会被聘为副总裁（VPs）或董事总经理（MDs），但这些职位主要来源于内部晋升或从其他投资银行招聘。在有些投行，还有一些其他的级别，如高级副总裁或董事（见表 10-1）。

表 10-1 投资银行部的职位

职　位①	来　源	任职时间
分析师	本科毕业生	2～3 年
经理	有 3 年工作经验的分析师、工商管理硕士、法学博士、其他行业	3.5～5 年
副总裁	有工作经验的经理、其他行业	4～10 年
董事总经理	有工作经验的副总裁、其他行业	

① 有些投资银行在副总裁和董事总经理之间还会有董事或高级副总裁。

10.1.1 分析师

未来希望担任分析师职位的候选人应在本科阶段培养电子表格制作技能，最好能够学习会计和经济学课程。金融或投资类的课程不是必需的，但作为知识储备是有价值的。由于投资银行只在少数大学进行暑期招聘，因而获得这样的机会很难，但是在大二或大三以后能有在投资银行暑期实习的经历还是很有帮助的。分析师职位一般有 2 年或 3 年的周期，之后他们通常被要求离职去读工商管理硕士学位、其他感兴趣的学科，或者另谋职位。根据不同年份和不同投行的情况，大约有 20%～50% 的分析师会被要求留下来，并承诺未来能够晋升为经理。

分析师主要负责运用分析模型、收集信息、分析信息，形成可提供给经理、副总裁和董事总经理进行演示报告的材料。他们同时有很多项目要做，并且是客户或交易团队的重要成员。这些项目一般与并购或融资交易有关。分析师一周大概有 80～100 小时在办公室工作，有时候要通宵，而且经常周末加班。因此，良好的心态、较强的分析能力、注重细节以及强烈的职业道德都是分析师必要的特质，也是在团队中做好工作必备的能力。

投资银行历来给予分析师两年的留用期，只有不到 20% 的人会被要求留下继续工作第 3 年，而在工作第 3 年的这些人中只有一部分可以成为经理。在这段时期，投资银行大多希望将大部分分析师留下。然而，近些年越来越多的分析师选择在投资银行工作 1 或 2 年后转入私募股权公司、其他金融行业对手公司或高科技初创企业，从而导致了投资银行修改其分析师留用规则，即为所有分析师提供 3 年的留用并提高成为经理的比例、减少周末工作次数、限制每周工作时间、不同部门轮岗、提高工资发放速度，并利用科技手段代替部分例行工作如准备投标书等。

10.1.2 经理

尽管越来越多的分析师在工作 3 年以后都有机会晋升到经理职位，但是 MBA 依然是该职位的主要候选人。MBA 学生在校期间应着重培养自己的分析能力、沟通和团队合作能力。各类金融和投资类课程都非常重要，要重点关注投资银行、衍生品、证券分析、税务规划、重组、私募股权、并购方面的课程。最优秀的 MBA 候选人通常拥有丰富的社会活动经历及较强的领导能力，且已被证明能在团队合作中发挥作用。

经理负责大多数投资银行项目的日常细节，对生成报告承担主要责任。经理检查所有分析师的工作，包括财务建模，并亲自负责运行一些更为复杂的模型。他们也会经常与客户联系，对于一些较小的交易，经理可能负责执行交易并直接与客户沟通。除了管理多个项目以外，他们还需要负责培训分析师和招聘未来的银行家。虽然不同城市以及不同规模的投行之间会存在差异（比如纽约城以外或规模较小的投资银行要求的工作时间更少），但经理的工作时间一般不会比分析师少很多，平均在 70～100 小时之间。

10.1.3　副总裁

根据不同投资银行的具体情况，经理一般工作 3.5～5 年以后会晋升为副总裁。副总裁负责管理大部分的交易以及交易团队的经理和分析师。副总裁是与客户沟通的主要人员，并参与拓展新业务及管理客户关系。对于客户提出的问题进行谈判并创建解决方案是他们的核心职责。此外，还需要调度公司的内部资源以满足客户需求，因此副总裁需要与投资银行内不同团队及其他部门进行沟通和协调。

除了处理工作，副总裁还负责招聘、指导并推动公司整体的业务运营。他们了解内部关系、资源分配、法律问题（有关特定交易）以及投资银行的道德标准，同时管理 5～10 个项目，以及负责执行现有交易和开发新的创收交易。

10.1.4　董事总经理

副总裁（或同级别）一般在工作 4～10 年以后会晋升为董事总经理。董事总经理管理副总裁、经理和分析师，在管理客户关系方面负有最高的责任。此外，他们对于开拓新业务也负有最高的责任，并被要求每年要实现一个最低收入。他们必须以团队为导向，具备获取全公司各项资源的能力，从而完成交易并满足客户需求。董事总经理可以接触到投资银行的高管，并经常安排其与客户见面。他们也可以获取由法律、税务和会计专业人士提供的内外部资源。

同客户协商并获取内部资源都是董事总经理工作的重要部分。合理的资源配置及内部政治问题也是其重点关注领域。总之，董事总经理通常负责运营大规模业务，相关年收入通常大概在 1 000 万至 1 亿美元（甚至更多）之间，具体取决于其职责范围和所属投资银行。他们也会决定其团队成员的薪酬水平及职业发展道路、分配资本，并负责招募和培训。他们会经常同时管理 5～10 个能带来收入的客户项目，同时还要平衡目前尚未完成但预期未来能够完成交易的其他客户的需求。

10.2　交易和销售

交易部门通常负责以下几个方面：①以金融工具交易风险头寸为投资客户提供投资机会和流动性；②为投资客户提供融资、风险管理和其他证券服务；③为投资客户提供研究；④将一定数量的公司自有资本投资于短期的自营或者长期的直接投资。通常情况下，上述关于投资银行部的职位对交易部同样适用。不过，对于能力超群的员工，晋升所需要的时间会缩短。交易部员工的薪酬开始可能与投资银行部持平或略低。然而，一段时间以后，业绩极其出色的员工在交易部会获得更高的薪酬，这是因为他们有能力为公司创造更大的收益。

交易部的职位与投资银行部相似：本科毕业生可以获得分析师职位；有3年工作经验的分析师（同投资银行部相比，有更多晋升机会）、MBA，有时还包括其他行业的专业人士可以成为经理。在涉及较多定量分析的领域，如固定收益战略方面，也会聘请博士担任经理。有时（但很少见），如果博士或其他人具有公司所需要的独特分析技能，也会被聘为副总裁或董事总经理。

对该部门工作的描述最好是根据工作职能而不是职位。主要的工作职能包括交易、机构销售及研究。

10.2.1 客户交易

客户交易员具体有权益、固定收益、货币和大宗商品交易员，他们在发挥着作用。此外，在上述各领域都有对应的衍生品交易员。交易员的职责是投入公司资本来支持与投资客户进行的证券买卖活动。他们需要随时存有证券，以便在合理的交易量内对目标证券进行买卖报价。他们的主要职责是对存货做出对冲决策并预测未来估值。综合考虑多种风险并快速、准确地做出分析决策是非常重要的，这些风险包括政治、监管、利率、信用和波动性风险。交易员必须能接受不时的损失，并以高效、合理的方式管理投资组合。他们通常在中午之前、市场比较活跃的时候做出大多数关键决策，因此，一个优秀的交易员必须每天尽早开始工作（有时在上午7点左右），在午餐之前做出大量思路清晰的决策。交易员的工作时间通常比银行家要短，每周50～60小时。不过，在交易大厅中的时间往往十分紧张。

客户交易员必须与专业销售员合作，依靠他们获取重要的信息和交易机会。此外，他们还必须能够汲取内外部研究成果，综合这些信息建立分析模型，做出合理的交易决策。通常情况下，在拥挤的交易大厅这一快节奏的环境中，数以百计的交易员共同置身于由成千上万台电脑屏幕及较大的噪声所组成的交易区域。因此，有能力隔绝周围嘈杂的环境并专注于构建分析模型以指导交易决策，是在这个行业取得成功的关键。

10.2.2 自营交易

在2008年金融危机之前，自营交易是投资银行十分有利可图的部分。在危机期间投资银行的自营交易损失惨重。由于受到限制投资银行间自营交易的《多德－弗兰克法案》的制约，自营交易正在萎缩。为了应对这些监管，很多投资银行，包括高盛、摩根士丹利，都已经逐渐减小或取消其自营交易团队。

10.2.3 机构销售

机构销售分为权益、固定收益、货币和大宗商品领域。另有独立销售人员关注与这些领域相关的衍生品。机构销售员直接与客户交易员合作，尽力为其机构客户提供合理的买卖报价，这些机构客户包括养老基金、捐赠基金、家族基金、企业财务基金、保险公司、对冲基金、银行和共同基金。在这些客户中，对冲基金是最活跃的交易者。对冲交易占据了纽约泛欧交易所、纳斯达克及伦敦证券交易所的大部分的交易。

1. 权益销售

权益销售由四部分组成。研究销售员基于对内外部研究的分析为投资者推荐股票。投资组合管理者是他们的客户联系人。销售交易员推荐股票交易的理念，即股票交易不能仅以研究为基础而应更多关注技术问题，这对于他们主要的机构投资者的交易来说非常重要。销售交易员直接与客户交易员联系，定价并执行机构投资者的交易（见第 5 章图 5-1）。可转换证券销售员主要将可转换证券卖给可转换证券投资者中的目标客户。权益衍生品销售员主要负责对衍生品交易感兴趣的投资客户。

销售员必须及时了解市场动态，具备较强的追踪客户视角和偏好的能力，能够创造性地发现那些可以帮助投资客户获得风险调整后交易利润丰厚的证券和战略。他们处于内部交易员与投资客户之间，以便平衡双方之间的利益竞争。

2. 固定收益销售

固定收益销售被划分为许多不同的产品领域，包括：①投资级公司债券；②高收益公司债券；③证券化产品；④不良债务；⑤银行贷款；⑥美国及其他国家的主权证券，(包括）新兴市场债券和贷款；⑦市政证券；⑧优先股和商业票据；⑨货币市场工具；⑩外汇；⑪大宗商品。每一个领域都高度专业化，机构投资者希望能够提供及时的意见、创造性的解决方案、流动性和卓越的交易执行。

这是一个快速变化的市场，交易量是实现盈利的关键，因为许多产品的利润非常微薄。此外，固定收益销售包括一个独立的衍生品销售团队，大多数情况下，他们覆盖的客户会相互重合。合适的客户覆盖会需要大量的协调和良好的沟通。根据投资银行的不同情况，大宗商品销售团队可能会关注以下任何一个或者所有产品的现货、远期或期货市场：金属（基础金属和贵重金属)、农产品、原油、成品油、天然气、电力、排放配额、煤炭、运费和液化天然气。

3. 大宗经纪业务销售

对冲基金是大宗经纪业务销售的主要客户。大宗经纪业务领域的主要产品是证券借贷及基于复杂抵押机制的债务融资。该业务还负责协调证券清算及提供托管和报告服务。除了通过借出来促进股票、债券、可转换证券的交易活动外，该业务还关注外汇、贵金属和衍生品的大宗经纪业务。大宗经纪业务销售员要求具备广泛的证券市场知识，以及能与内部销售员、交易员以及期待优质服务的对冲基金客户进行密切合作的能力。

10.3 私人财富管理

私人财富（private wealth，PW）管理员负责维护、发展并管理与高净值个人、家族、家族办公室和基金的关系。私人财富管理员根据客户风险参数，创建和实施长期资产配置策略，以帮助投资客户实现金融财富的保值增值。他们还帮助客户获得投资思路、私人银行服务和信托公司服务。这项工作需要较强的人际交往能力、分析能力和交际能力，并充分了解全球投资机会。投资客户可以做出任何投资决定并要求私人财富管理员执行这些决定。另外，投资客户也可以将很多决定交给私人财富管理销售团队去做，他们会根据客户的风险偏好来配置资产。在这种情况下，销售工作就要求对客户推介来源于内部和外部的投资产品时维持好平衡。在有些投资银行中，私人财富管理业务和资产管理业务合并为一个部门，该部门包含两个独立的业务功能，而在另一些投资银行中，私人财富管理业务和资产管理业务是分开的。此外，有些投资银行有大规模的“零售”业务，他们服务于拥有较小投资组合的个人投资客户。

10.4 资产管理

资产管理专业人士主要从事以下某一项业务：

（1）基础的权益投资，对全球发达国家和新兴市场的上市公司进行自下而上的研究，主要专注成长型股权和价值型股权的投资。

（2）固定收益投资，寻找遍布本地或世界各地的固定收益投资机会，尤其关注其中的信用风险。他们关注各种期限，包括短期货币市场工具和30年期债券。

（3）量化投资，采用先进的量化分析方法，系统性地寻找阿尔法（超过“市场收益”的风险调整后收益）的来源。他们采用专有的风险模型，积极进行风险管理和配置。在该投资领域包含各种证券的不同类型的投资风格。

（4）另类投资，包括对冲基金、私募股权投资、基金中的基金（FOF）和房地产投资策略。

资产管理专业人士管理着规模庞大的资金，包括定制化的投资组合和机构、公司、养老金、政府、基金会、个人的自由资金。他们还设计和管理很多共同基金，并开发新的投资产品。

进入资产管理部与进入投资银行部略有不同：现在提供的职位越来越少，并且资产管理部通常倾向于横向雇用，候选人通常来自咨询师、会计师或投资银行的卖方研究员。一些资产管理部职位针对已获得特许金融分析师（CFA）认证的候选人。有些领域如宏观经济研究或量化研究领域还会聘请博士。

本科毕业生主要从初级分析师或初级经理开始（不同投行之间头衔会有差异），主要协助买方研究员的研究工作。一些初级分析师或初级经理辞职去读MBA, 另外一些晋升为经理。优秀的经理晋升为买方研究员（他们主要为投资组合经理提供投资建议），有些最终会晋升为投资组合经理。

10.5 研究

研究是一项着眼于全球的业务，它包括基础研究以及对选定公司的债务与权益证券、行业、大宗商品和经济的分析。研究团队主要为机构和个人投资者以及投资银行的交易部提供投资和交易的建议与策略。除了进行研究和撰写报告之外，研究员还要与投资和发行客户相互交流，以及为投资者和企业或政府发行人举办论坛和会议。

研究员要根据捕捉到的相关信息（同时滤掉噪声）来建立分析模型并解释事件，这样才能开发出引人注目的研究主题。除分析能力外，写作能力对促进沟通也是至关重要的。进一步而言，要想在研究方面做得更好，有深度且及时的分析和报告都是必需的。

10.6 直接投资

直接投资（principal and credit investment）由专业人士组成，他们专注于：①通过杠杆收购方式（私募股权）收购上市公司或公司的一部分；②基础设施投资，包括运输相关项目

（收费公路、机场和港口）、受管制的天然气、水和电力设施等领域；③夹层融资（附有认股权证或可转换权的次级债和优先股）；④私募股权投资、基金中的基金（以资产配置者身份投资于多个不同的外部私募股权投资基金）；⑤房地产投资，以及以长期信贷为基础的投资。

在全球金融危机的余波中，大多数投资银行与权益相关的本金投资活动都显著减少。然而，以信贷为基础的活动增加了，导致银行对权益投资的敞口减少，对贷款和其他基于信贷的投资的风险暴露增加。

在直接投资领域工作的专业人士具有很强的投资和信贷的背景和能力。他们的分析和谈判技巧是通过构建金融模型和发展综合信贷分析提高的。

10.7　投资银行的其他职能

投资银行开展的其他活动还包括一些旨在促进上述产生收入的业务的服务领域。这些服务领域包括财务、运营、合规、人力资源、法律、建筑与安全管理以及技术支持。上述各领域对投资银行的成功运营都是非常重要的。运营和财务领域总结如下：

10.7.1　运营

有时候投资银行的运营活动需要占用所有员工中的 15%。这一领域为所有创收业务提供协助，担任其内部顾问，负责开发进程并控制、完善特定系统，以便进行准确、及时地报告和执行。他们主要从事风险管理和执行活动，保护投行和客户的资产和声誉。这一领域的员工也是进行创新和流程改进活动的一支力量，这些活动主要包括创建支持公司交易的系统、工具和工作流程，同时提高生产力和竞争优势。他们还参与流程管理活动，在公司内部创造最佳的解决方案，解决客户、公司和行业面临的问题。

10.7.2　财务

投资银行的财务团队成员主要负责：①追踪和分析公司的资本流动；②管理与监管部门的关系；③在各地区提供公司的法定财务信息和报表；④衡量、分析和控制公司的风险暴露；⑤协调公司的各个业务领域，以确保有充足的资金和适当的资本分配。财务根据职能不同划分为不同的组。控制组主要负责维护公司的资产。税务团队要确保公司遵循其运营所在国家的税法，资金部门负责管理公司的流动性和资本结构。信用部门主要保护公司资本免受交易对手违约所造成的损失。战略组制定和执行长期的战略计划（通常与银行业务部门的负责人密切合作）。市场风险管理组注重衡量、分析和控制公司的市场风险。最后，运营风险管理组分析能够识别、衡量、监测和管理风险暴露的风险评估框架。

10.8　投资银行业的机遇与挑战

10.8.1　住房抵押贷款证券化

住房抵押贷款证券化是将抵押贷款合并到资金池中，然后将它们分割成不同的部分（档级）并在资本市场上作为证券出售的过程。这个过程打破了商业银行将住房抵押贷款放在资产负债表内的传统。发起美国住房抵押贷款的银行可以释放风险并增加流动性，他们将住房抵押贷款池出售给政府支持企业，包括联邦国民抵押贷款协会（房利美）、联邦住房贷款抵押公司（房地美）、政府国民抵押贷款协会（吉利美），此外也向私人通道客户出售。通过为先前流动性较低的住房抵押贷款创建市场，证券化提供了更有效的住房抵押贷款定价，从而降低了借款人的利率并提升了住房拥有率。将住房抵押贷款分为不同档级（如从高息到低息证券或从短期到长期证券）的行为，满足了不同风险承受水平的投资者，从而提高了这些投资产品的适销性。投资者可以投资证券化的住房抵押贷款，从支付低利率的优先级证券（低风险）到支付高利率的次级证券（高风险）。

尽管带来了诸多好处，证券化的复杂性还是掩盖了持有住房抵押贷款相关投资所带来的风险。商业银行通过立即卖掉其发起的住房抵押贷款，将信用和利率风险转嫁给机构投资者和个人投资者，因此贷方几乎没有严格遵守住房抵押贷款发放标准的动力。代理人问题主要助长了负摊销贷款、零本金贷款、无证明住房抵押贷款的发展以及次级抵押贷款的爆炸性增长。为了缓解这一主要问题，监管机构现在要求银行保留其所创造并出售给投资者的每一项债务抵押债券的 5%。此外，不允许银行对冲这些头寸，只包括有限的例外情况。

2007 年，次级抵押贷款占抵押贷款总额的 20% 以上，高于 2002 年的 6%。证券化抵押贷款是 2007～2008 年信贷危机的中心，造成了数万亿美元的投资损失，并导致投资银行业发生巨大变化。自金融危机以来，证券化产品市场走弱，抵押贷款证券化大幅下降。证券化在未来仍然需要，但抵押贷款证券化市场不太可能达到危机前的水平。

10.8.2 投资银行的短期融资

投资银行历来依靠大量的短期融资支持其运营。短期融资最常见的形式是商业票据和回购协议。在一个典型的回购协议中，金融机构通过出售证券并在协议到期时（往往是隔夜，或一周，或一月）回购证券的方式获得隔夜融资。在该交易中，买方以收到的证券作为抵押品以防违约。如果这些资产价值下跌，卖方将被迫提供额外的现金以满足追加保证金的要求，否则会面临失去获得信贷渠道的风险。2007 年，投资银行所有资产的 25% 是通过隔夜回购协议筹集的，这相对于 2000 年的 12.5% 有显著增长。

商业票据不同于回购协议，一般没有担保，期限在 1～270 天（大部分票据期限为 90 天）。通常投资银行通过新发行的商业票据进行再融资或者到期票据的展期。

短期融资主要为投资银行带来了四大好处：

（1）历史违约风险低，因此融资成本较低（低于银行贷款利率）。

（2）资金的可获得性一般都很高。

（3）资金提供了相当大的灵活性以满足日常变化的现金需求。

（4）由于在正常向上倾斜的收益率曲线环境下，以短期负债购买的资产的收益高于融资成本，故可以在资产与负债不匹配的基础上创造收益。

虽然短期融资为投资银行带来了很多好处，但也使它们面临利率和流动性风险。具体来说，如果银行的资产价值大幅下降，投资者要求的利率就会提高，银行可能就无法获得短期融资。2008 年 10 月（雷曼兄弟倒闭之后），投资银行就出现了这样的情况，当时商业票据的数量几乎一夜之间骤减至原来的 25%。当市场萎缩时，银行无法通过发行更多的票据来偿还投资者，被迫以大幅折扣抛售资产。信贷危机还引起支持回购交易的抵押品显著跌价（也引发了广泛的信任危机)，导致许多投资者拒绝回购协议展期。投资者的拒绝迫使银行低价抛售更多的资产，从而加剧了世界各地证券价值的下降。2007～2008 年间投资银行经历了信贷市场的摧残之后，这些机构被迫显著降低对短期融资的依赖，并控制其资产与负债的不匹配性。最终导致了更高的融资成本、更少的灵活性以及更低的盈利潜力。

10.8.3　投资银行的杠杆率

与其他业务相比，银行业被过度杠杆化了。商业银行的平均杠杆率（定义为总资产 / 账面权益）在 10 : 1 到 15 : 1 之间，非金融企业的平均杠杆率则在 1 : 1 到 3 : 1 之间。从历史上看，投资银行比商业银行承担了更多债务，平均杠杆率在 20 : 1 到 30 : 1 之间。投资银行利用杠杆提高股东权益回报率（这是金融服务企业密切关注的指标）。当商业计划实现以后，杠杆增加了收入和利润。然而，当产生损失时，银行的高杠杆则带来更大的损失，减少权益并消耗缓冲资本。2007 年，投资银行的杠杆率接近（或在很多情况下达到）历史高位。

投资银行通过不断调整杠杆率，以应对流动性要求和宏观经济的变化。因此，在商业周期的高峰期时，杠杆率通常很高，而在低谷期通常较低。2007 年上半年，可观的自营交易利润表明投资银行正处在强劲的增长时期。尽管风险价值（用以衡量投资银行在“最坏情况”下的损失）预期不断提高，但如果情况迅速恶化，投资银行将继续构建杠杆以增加其投资收益。然而，当 2007 年下半年信贷市场崩盘时，过度杠杆化给银行带来了负面影响。那时，交易损失越积越多，对相关抵押品价值的担忧使资产价格暴跌。因此，许多投资银行在 6 个月的时间里，经历了过度资本到资本不足的状态。2008 年和 2009 年，投资银行在遭受了巨大损失之后，大幅降低了杠杆率并实施限制杠杆率的监管条款，同时杠杆率在 2015 年持续下降（见表 10-2）。

表 10-2　投资银行的杠杆率

公　司	杠杆率（资产 / 权益）			
	2012	2013	2014	2015
美国银行	9.33	9.03	8.64	8.37
巴克莱银行	25.21	21.01	20.59	17.00
花旗	9.76	9.12	8.69	7.76
瑞信银行	26.04	20.70	20.96	18.23
德意志银行	37.44	29.45	24.99	24.09
高盛集团	12.40	11.62	10.34	9.88
摩根大通	12.99	11.44	11.10	9.50
摩根士丹利	11.94	12.06	11.12	10.34
瑞银集团	25.66	20.29	19.54	16.45

资料来源：Respective 10-K and 20-F filings.

10.8.4　资本比率

一些投资者对投资银行的资本比率越来越持怀疑态度。投资银行根据巴塞尔协议 Ⅰ 或 Ⅱ 的准则报告了一级比率。这些比率是将股东权益和风险调整后的资产进行比较。然而，决定对资产进行适度的风险加权使得这个过程存在主观判断的可能性。历史上看，美国投资银行是基于巴塞尔协议Ⅰ准则进行资产归类，并受到美国证券交易委员会的监督，而商业银行则基于巴塞尔协议Ⅱ进行资产归类并受到美联储的监督。然而，2008 年年底，所有的投资银行都基于巴塞尔协议Ⅱ进行资产归类。不幸的是，巴塞尔协议Ⅱ允许管理层对决定资产风险权重的模型进行判断和控制，这实际上使得银行有很大的自由来设定自己的资本要求。因此，人们担心这些比率可能无法提供有关银行资本的可靠信息。表 10-3 对截至 2015 年 12 月 31 日各投资银行的一级资本比率进行了比较。

如第 8 章所描述的，2011 年发布并在 2019 年逐步采用的巴塞尔协议Ⅲ，重点关注以下这些方面：基于风险的资本和杠杆率要求；流动性压力测试；单一交易对手信用额度，该额度是监管覆盖的金融企业监管资本的一定比例，它用于减少金融企业对单一交易对手的信用暴露；减少最大金融公司之间的信用风险；实施早期补救措施以确保及早处理财务脆弱问题；薪酬；资本募集或资产出售。巴塞尔协议Ⅲ旨在通过增加银行流动性并降低银行杠杆率来加强银行资本需求量。巴塞尔协议Ⅰ和巴塞尔协议Ⅱ主要关注的是银行必须持有的银行损失准备金水平，与其不同的是，巴塞尔协议Ⅲ侧重于银行挤兑的风险，要求不同形式的银行存款和其他借款有不同级别的准备金。因此，巴塞尔协议Ⅲ在很大程度上并不能取代巴塞尔协议Ⅰ和巴塞尔协议Ⅱ，但能与Ⅰ和Ⅱ同时使用。

表 10-3 缓冲资本：银行一级资本比率

截至 2015 年全球投资银行一级资本比率	
美国银行	11.30%
巴克莱银行	18.10%
花旗集团	14.80%
瑞信银行	18.00%
德意志银行	14.70%
高盛	14.10%
摩根大通	13.50%
摩根士丹利	17.40%
瑞银集团	21.00%

资料来源：Capital IQ.

10.8.5 薪酬

从历史上来看，投资银行将薪酬定为接近或低于总净收入的 50%。在摩根大通，这一比例在 2006 年为 41%，2007 年为 44%，2008 年为 63%，但到了 2015 年，这一比例降至 35%。奖金通常占到公司薪酬支出的一半以上。在利润比较可观的年份，一个成功的副总裁或董事总经理的年终奖金可能是工资的 3 倍以上。2007～2008 年金融危机以后，世界各地政府试图影响某些投资银行的薪酬决策，以尽力减少这些年由于过度冒险造成的损失。在法国、德国和荷兰，如果银行接受了政府救助基金，则政府会限制支付给资深银行家的奖金。在美国，一些接受过政府“不良资产救助计划”资金的公司，被迫降低高管和交易员的奖金。然而，联邦监管机构和持反对意见且认为进一步扩大政府的影响力只会带来新问题的立法者之间的争论使在重新制定适用广泛的有关薪酬的财务规则方面所做出的努力陷入了困境。尽管如此，业内一致认为应该避免多年雇用合同，应以股票形式支付高达 50% 的奖金，这种情况持续多年，只有当遗留的风险头寸随时间推移依然保持盈利时才会变得不受限制。截至 2016 年，美国对投资银行的监管要求包括强制将激励薪酬的 40%～60% 推迟 1～4 年，因不当行为、欺诈或虚假陈述而产生弥补性收入的期限至少为 7 年，并将激励薪酬限制在业绩期开始时设定的目标薪酬的 150% 以内。

10.8.6　信用违约互换

信用违约互换（CDS）是一种衍生品合约，旨在分散风险并减少对违约或破产等信用事件的风险暴露。在信用违约互换中，一方（信用风险保护的买方）定期支付费用给另一方（信用风险保护的卖方），一旦出现第三方（参照主体）债务违约，信用风险保护的买方将有权获得相应偿付。对信用风险保护的买方而言，信用违约互换类似于一种保险，因为它可以对冲参照主体的违约或者破产。对信用风险保护的卖方而言，信用违约互换为其所承担风险提供年收入作为补偿。

不同于大多数其他金融产品，信用违约互换在历史上一直不受监管。虽然合约规定了信用风险保护的卖方的身份以及违约保护的约定终止日期，但一些合约中并未要求卖方持有资产作为交易的抵押品。由于缺乏自律组织强制执行标准条款和惯例，没有一种通用的方法来评估在合约中涉及证券的价值。此外，信用违约互换合约交易频繁，一份合约在其有效期内会被多次易手。因此，信用风险保护的买方往往不知道信用风险保护的卖方是否有充足的资金支付证券损失并为其提供支付。

根据国际互换与衍生工具协会（ISDA）的说法，在过去的 10 年中，信用违约互换市场迅速扩大，2008 年年中名义金额达到 54 万亿美元，超过美国股市市值的 2 倍。由于其在定制企业信贷敞口方面的灵活性，信用违约互换成为一种受欢迎的投资组合管理工具。投资者可以有效地建立空头头寸，而无须进行初始现金的支付。这些工具还允许投资者在低流动性时期退出信贷头寸。

20 世纪 90 年代中期强劲的经济带动了信用违约互换市场的增长。信用风险保护的卖方认为企业违约的可能性比较低，并将收到的保费视为提高投资收益的简便方法。多年以来，情况的确如此，投资银行、商业银行、一些保险公司（尤其是美国国际集团）和对冲基金都从信用违约互换市场获利。

然而，次贷危机爆发以来，收益迅速消失。信贷利差大幅扩大，信用违约互换合约越来越多地被用于对冲劣质公司的违约，这对信用违约互换合约的业绩产生了负面影响。根据惠誉报告，2007 年 7 月全球销售的 40% 的信用违约互换是针对投资级以下的公司或证券的，高于 2002 年的 8%。随着债券违约不断增加，投资者开始担心交易对手风险，并质疑卖方是否有充足的储备以弥补亏损。这种担忧促成了美联储对贝尔斯登和美国国际集团（二者都是活跃的信用违约互换卖方）的紧急援助。贝尔斯登和美国国际集团的交易对手开始从这些公司撤回现金，监管机构也担心大规模破产会造成不良影响。

为回应这些事件，并担心信用违约互换市场可能会解体，《多德－弗兰克法案》在 2010 年将信用违约互换归类为证券，以赋予美国证券交易委员会对这些金融工具的监管管辖权。财务会计准则委员会发布了一份新的披露清单，该清单被包括在从 2009 财年开始的财务报表中。这些规则要求信用违约互换的信用风险保护的卖方披露信用衍生品的性质和条款、其进入的原因以及支付和业绩风险的现状。另外，卖方还必须披露未来可能被要求支付的金额、衍生品的公允价值，以及是否有规定允许卖方从第三方回收资金或资产来支付它所承担的保险费。

2007年互换交易的名义金额达到超过62万亿美元的峰值，而在此基础信用工具中，无实体信用违约互换（标的信贷工具无多头头寸）占据了其中的80%。在金融危机的余波和随之而来的监管下，2008年10月至2010年11月期间，全球未偿还信用违约互换净值下降了20%，其原因在于投资者在观望监管限制对市场的影响。据国际互换与衍生工具协会估计，2009年未偿还信用违约互换的总金额为30.4万亿美元，部分原因是为了取消相互抵消的合约而采取的措施。截至2016年3月，这一数字已降至13.1万亿美元。

《多德-弗兰克法案》的第七章赋予了美国监管机构（主要是商品期货交易委员会和美国证券交易委员会）监管衍生品市场的权限。第721（a）（21）节中给出了“互换”的定义，包括信用违约互换、利率互换、货币互换、总收益互换、权益互换和商品互换。与大多数其他互换类似，信用违约互换现在也受到清算、交易和报告要求的约束，根据当事人本身的性质和交易的目的可进行豁免（例如，对于仅对冲自身商业风险的最终用户可免除大多数要求的限制）。该法案最具争议的条款之一是互换的“推出”（push-out）规则，该规则要求体系中重要的金融机构将其互换交易转移给独立资本子公司，这并不适用于集中清算信用违约互换。

10.8.7 过桥贷款

投资银行为并购客户的现金收购提供了大量过桥贷款承诺，预期只有当高收益债券交易的长期证券或有担保的银团贷款没有完成时，才会提供过桥贷款。过桥贷款通常有担保费、提取贷款时的执行费和以LIBOR或基本利率作为浮动利率的显著信贷利差。此外，过桥贷款的提供者通常确保有权安排替代融资，其中包括承销费和募集费。

尽管过桥贷款有助于投资银行从私募股权公司处获得更多额外的利润丰厚的业务（如债务承销和并购咨询），但也存在相当大的风险。例如，2006～2007年，私募股权公司推动投资银行提供大量过桥贷款，为许多大型收购提供资金，而投资银行从中获取并购咨询费。当信贷危机爆发时，由于资本市场无法以高收益债券或长期贷款的形式提供替代融资，许多与收购相关的过桥贷款被搁浅了。结果，投资银行在没有预料到的情况下，不得不为长期贷款提供资金，这些贷款占用了大量的银行资本，并在信贷状况恶化时给银行造成重大损失。据估计，截至2007年8月底，9家最大的投资银行持有超过2 500亿美元不情愿地“搁浅”（hung）的过桥贷款，这些资金将被提供给私募股权投资客户，为其杠杆收购提供融资（见专栏10-1）。

专栏 10-1　　杠杆收购过桥贷款

2007年大量的大型私募股权交易以及2007年下半年开始的信贷危机不断升级，造成了银行资产负债表沉淀了大量的过桥贷款。截至2007年第三季度，过桥贷款余额估计有3 000亿美元。

虽然对银行而言并不是一项利润丰厚的业务，但来自并购以及私募股权投资客户的融资费用的激烈竞争，驱使大多数大型投资银行参与到贷款业务中来。

具有讽刺意味的是，尽管是私募股权公司的压力造成了投资银行的困境，但私募股权公司却利用困境，通过募集专项基金以折扣价从银行购买贷款。

搁浅的过桥贷款（2007 年第三季度）	
公 司	搁浅的过桥贷款余额估计值（单位：10 亿美元）
花旗集团	51
摩根大通	41
高盛	32
德意志银行	27
瑞信	27
雷曼兄弟	22
摩根士丹利	20
美国银行	18
美林	16

搁浅过桥贷款专项基金	
基 金	基金规模（单位：10 亿美元）
高盛基金	1
雷曼兄弟专项基金	2
橡树基金	4
TPG 信贷基金	1
阿波罗	1
贝莱德	1

资料来源：Reuters Loan Pricing Corp.; Deponte, Kelly: "Hung Bridge" Funds, Probitas Partners, September 2007; company filings; author's estimates.

10.8.8 投资银行业展望

由于融资和并购市场疲软、支持自营交易的杠杆率下降、抵押贷款相关业务、过桥贷款和结构性投资工具安排的巨额冲销，投资银行业收入在 2007～2008 年大幅下滑。在 2009 年上半年至 2017 年期间，并购和融资市场的复苏带动了收入增长，同时为行业稳定奠定了基础。高盛、摩根大通和摩根士丹利稳居全球投资银行收入前三甲，并有继续保持地位的势头。其他 6 家全球最大的投资银行也应该能够保持整体的竞争地位，与此同时，精品投资银行可能会进入并购咨询市场。

权益、权益衍生品、外汇和大宗经纪业务在一定程度上受到信贷紧缩影响较小，未来应该能够表现良好。一些受直接影响的业务，如证券化和信用衍生品，需要调整投资组合并强化人才基础，以便在未来产生所需的回报。固定收益业务应该减少对杠杆的依赖，尤其是短期融资。由于新的监管措施，投资银行不再能将自营交易作为主要的收入来源。相反，他们需要在核心客户投资业务中建立稳固的利润基础，并开发新的收入来源。

展望未来，投资银行业对风险和杠杆的偏好会越来越低。这将使大多数投资银行的股本回报率保持在 10% 左右，除非投资银行在降低成本方面取得技术性进展，更充分地抓住与客户分享利益的机会，并从尚未开发的产品和服务中创造新的收入来源。从历史来看，投资银行业在重塑自身以及通过新产品和新服务推动盈利方面，已尽显智慧。尽管监管更为严格，包括对资产负债表和薪酬进行更严格的控制，但投资银行业应该能够继续为客户创造价值以及投资回报。

10.8.9 国际投资银行的问题与机遇

美国境外的投资银行业的职业生涯道路与前几节所述的路径类似。在美国与欧洲，获得分析师与经理职位的最好方式是竞争投资银行的暑期实习（有些银行甚至提供全年的 off-cycle 实习机会）。在美国，大部分分析师在工作 2 年或 3 年后会被要求离职攻读 MBA 或追求其他学术兴趣或更换工作。然而在欧洲，更多的是分析师直接晋升为经理（除非表现极差），而非离开公司。结果就是，大多数的经理是前分析师而非工商管理硕士。产生这一现象的原因在于 MBA 学位在欧洲不像在美国一样普遍，这是由于欧洲教育改革的“博洛尼亚进程”计划，但这种现象在未来会有所改变。“博洛尼亚进程”已经开始在学位授予方面改变欧洲的大学。正如美国，现在的第一个标准学位为学士学位。在此之前，大多数欧洲大学都开设了综合性课程，学生可以学习更长的时间，以便在毕业时获得等同于硕士学位的学位。随着这种变化的发生，学生们将更普遍地以学士学位毕业开始工作，然后考虑重返校园，从迅速发展的MBA项目获得硕士学位。欧洲大学的这一变化，将使欧洲投资银行员工的职业发展道路与美国投资银行员工的职业发展道路更具可比性。

第二篇

PART2

对冲基金和私募股权投资

第 11 章　对冲基金概述

11.1　对冲基金概述

美国证券交易委员会曾经表示，对冲基金这个术语“没有准确的法律定义，也没有被普遍接受的定义”[⊖]，但是市场上大多数参与者都认同对冲基金具有以下特征：①在投资方面几乎具有完全的灵活性，包括做多和做空；②能够通过借款手段（并通过衍生品进一步提高杠杆）提高收益率；③监管最少；④流动性较低，投资者赎回资金的能力受限，由于锁定协议（对冲基金在存续的第一年或者前两年不可流通）和季度偿付限额（“门”协议可能会进一步限制偿付额度）；⑤投资者只包括富有的个人投资者和机构投资者，比如大学捐赠基金、养老金和其他机构买家（不包括基金中的基金，它们面向更广泛的投资者）；⑥按照业绩表现向基金管理人支付费用。

典型的对冲基金费用结构包括管理费和业绩费，而典型的共同基金不需要支付业绩费且管理费低于对冲基金。对冲基金的管理费约为资产净值（NAV）的 2%，业绩费约为基金资产净值增量部分的 20%。这种“2 和 20”的费用结构明显比大多数资金管理人的收费标准高很多，不过私募股权投资基金管理人除外，他们也收取类似的高额费用。

与共同基金不同，对冲基金追求“绝对收益”，这意味着投资收益率是正的，并且理论上不依赖于整体市场和经济行情。历史上有观点认为对冲基金的收益率与传统的股票市场和债券市场的投资回报率“不相关”，但这一论断在 2008 年被推翻，那时许多对冲基金都损失惨重。对于那些试图在保持投资组合收益不变的情况下降低风险，或者在保持风险不变的情况下提高收益的投资者而言，对冲基金收益与市场的不相关性是一个非常具有吸引力的特征。许多对冲基金成功地降低了（即使无法消除）与市场的相关性，而有一些则不那么成功，但整体而言，在某些年份，对冲基金行业依然会随着市场变化而出现亏损。

对冲基金的投资管理形式始于 1949 年，当时阿尔弗雷德 · W. 琼斯创立了一只基金，利用卖空资产来对冲投资组合中的资产头寸，通过买入看涨资产和卖出看跌资产抵消了整体市场变化所带来的影响。由此，琼斯创造出了一只能够消除市场风险的基金。其他人开始效仿琼斯，在投资基金当中使用对冲策略，这种类型的投资基金被称为对冲基金。

但是许多基金没有使用对冲策略，如果他们具有第一段中所描述的特征，依然会被称为对冲基金。一些学术研究显示，大多数的对冲基金事实上都不是对冲的。例如，2001 年的

⊖ “Implications of the Growth of Hedge Funds.” Staff Report to the United States Securities and Exchange Commission, 2003.

一项研究显示，在调整所持资产的过时价格（价格无法准确反映当前价值）以后，基于标准普尔 500 指数（每间隔一个月测量一次）对冲基金的贝塔系数是 0.84 ㊀。2009 年的一项研究使用最新的市场数据（并进一步对非流动性进行了调整）得出了相似的结论。但是，个别对冲基金策略能够显著降低贝塔系数。

在美国和其他许多国家，对冲基金对一些证券监管规则享有豁免权，因为他们只对专业机构和高净值投资者开放。而且，在某些情况下，基金投资者的总数是有限制的。因此，对冲基金在杠杆管理、衍生品使用、卖空、费用、财务报告和投资者流动性等方面不受监管规则的管制，而共同基金则不享有这些豁免权。由于受到管制相对较少，对冲基金能够运用一系列的投资策略，并且能够利用市场环境的变化，适时、迅速地对投资的流程和策略做出改变。在美国，某些用于保护投资者的规则对于对冲基金而言也不适用。根据基金管理人管理的资产规模，有些对冲基金管理人可能不需要在美国证券交易委员会注册或向其提交公开报告。但是，与其他市场参与者一样，对冲基金需要遵守禁止欺诈条令，他们需要对所管理的基金承担受托责任。《多德 - 弗兰克法案》要求当基金管理人管理的资产规模超过 1.5 亿美元时，需要在美国证券交易委员会注册，注册后的管理人必须提供所管理资产和交易头寸的信息。

近几年，欧洲立法也改变了对冲基金的监管规则。2010 年，欧盟通过了《另类投资基金管理人指令》（AIFMD），这是欧盟针对另类投资基金管理人出台的第一部指令。AIFMD 要求对冲基金在国家监管机构进行注册，并提高了对在欧盟经营的基金管理人的信息披露要求和频率。此外，指令还提高了对冲基金的资本要求，同时对对冲基金使用杠杆的行为做出了限制。

11.2 杠杆

对冲基金经常通过借款（创造“杠杆”）来扩大投资组合的规模进而提高投资收益（如果资产价值增加）。比如，如果一只对冲基金募集了 1 亿美元，这只基金可以再向银行借款 3 亿美元去购买价值 4 亿美元的证券，并且用这 4 亿美元证券对 3 亿美元的借款进行担保，这被称为保证金贷款。对冲基金还可以通过签订回购协议使用杠杆，即对冲基金按照约定的价格将证券出售给另一方，并约定在未来以更高的价格回购证券，这是另一种形式的杠杆。此外，对冲基金还可以通过卖空证券获得资金来购买其他证券，衍生品合约也使得对冲基金可以用更少的资本购买更多的资产，实现杠杆投资（见专栏 11-1）。

专栏 11-1 对冲基金如何进行杠杆运作

对冲基金可以通过多种方式创造杠杆来提高整体收益。

直接杠杆

银行借款

对冲基金能够通过保证金贷款（以保证金的方式买入证券）向银行取得借款。比如，证券 ABC 的保证金率为 20%，意味着对冲基金只需支付 2 美元来买入价值 10 美元的证券，银行可以采用贷款的形式提供剩下的 8 美元。为保证贷款的安全，银行要求对冲基金在银行

㊀ Asness, C., R. Krail, and J. Liew. “Do Hedge Funds Hedge?” *Journal of Portfolio Management*. 28 (2001): 6-19.

存放约定数量的证券作为担保物。如果ABC证券的市值下降，银行可以要求对冲基金增加担保（追加保证金）来进一步保护自身利益。

回购协议

回购协议经常用于对冲基金购买债券的融资中，即对冲基金按照约定的价格将证券出售给另一方，并约定在未来以更高的价格回购证券。

隐性杠杆

卖空

卖空交易是指卖出从银行或其他机构借入的证券，所筹集的资金用来买入其他证券，即多头 / 空头交易。

通过衍生品和结构化产品创造表外杠杆

衍生品包括期权、互换和期货。与直接购买资产相比，衍生品合约可以使得投资者投资更多的风险资产。投资于像担保债务凭证（CDOs）这样的高风险结构化产品，也能创造隐性杠杆。

2008年上半年，对冲基金整体行业杠杆水平为投资资本的3～4倍。

资料来源：Farrell, Diana, et al. " The New Power Brokers: How Oil, Asia, Hedge Funds and Private Equity Are Shaping the Global Capital Markets. " McKinsey Global Institute October 2007.

当对冲基金加杠杆时，投资者的损失和收益都会被放大。比如，一只对冲基金从投资者处募集1亿美元，同时借款3亿美元，进行价值4亿美元的投资。当投资组合价值下降25%时，如果对冲基金退出，投资者将损失投入的全部资金1亿美元。相反，当投资组合价值增长25%时，不考虑管理费和运营成本，投资者将获得100%的投资收益。

2007年年末，对冲基金整体拥有超过1.9万亿美元的投资资本（即所谓的资产管理规模），加上债务和衍生品创造的杠杆，对冲基金投资资产规模为6.5万亿美元，杠杆率为3.4倍。这个规模略低于保险公司投资规模的1 / 3，略高于养老基金投资规模的1 / 4。受2007～2008年信贷危机影响，从2009年第一季度到2010年，对冲基金杠杆率下降到2.0倍，整体投资规模也从2008年的高位下降了很多。到2011年，杠杆率再次上升，同时资产投资规模增加到4.8万亿美元。2015年年底，对冲基金资产管理规模接近3.2万亿美元，假定杠杆率为2.5倍，2015年其投资规模达到8万亿美元。如图11-1所示，根据投资策略的不同，2015年对冲基金的杠杆率在1.0～2.9倍之间变动。相对价值套利策略的杠杆率最高，而事件驱动型投资和信用策略（比如不良债务投资）的杠杆率最低。

11.3 增长

从1990年的530只基金，资产管理规模不超过390亿美元，发展到2016年的8 000多只基金，资产管理规模接近3万亿美元（见图11-2、图11-3），对冲基金发展的增速惊人。2010～2015年，对冲基金的数量每年都会增加，但这个数量从2016年开始下降，截至2016年年底，全球对冲基金数量减少了340只。

行业的增长得益于以下几个方面的发展：

（1）投资组合多样化。投资者一直寻求投资组合的多样化，而不仅仅是“只能做多”的投资基金。对冲基金为投资者提供更广泛的资产和风险的选择范围，从而满足其多样化的需求。

（2）绝对收益。投资者发现对冲基金的绝对收益非常具有吸引力。大多数传统的投资基金试图战胜市场平均水平，比如标准普尔500指数，如果基金业绩表现优于相关指数，其管理能力便被认为非常优秀。但是，如果指数收益是负的，这些基金的业绩将会比追求绝对收益（意味着收益大于零）的对冲基金差。当然，尽管对冲基金关注绝对收益，有一些对冲基金的收益也是负的。

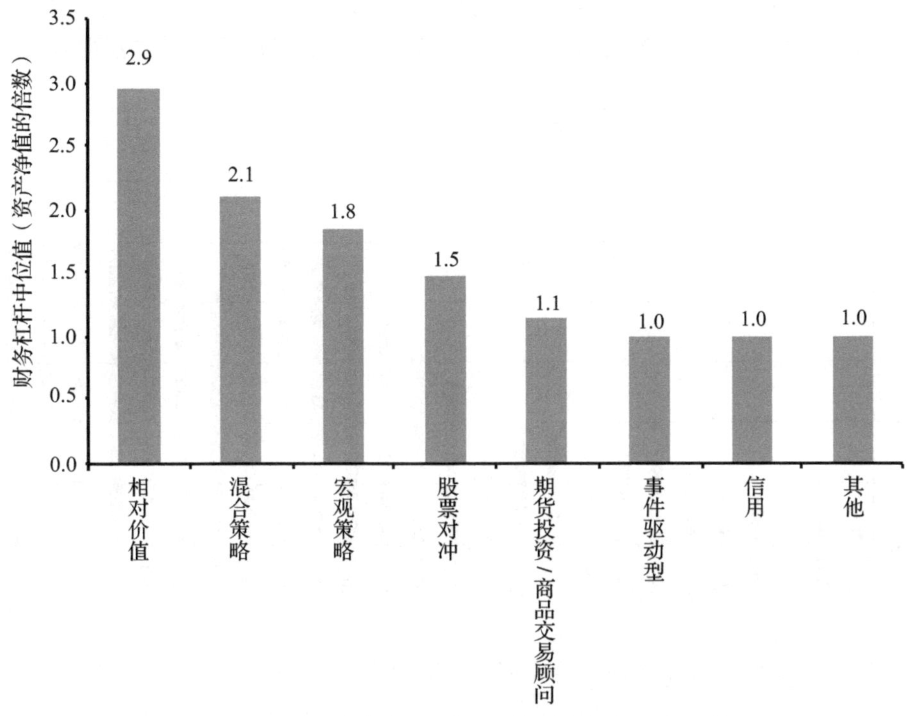

图 11-1　2015 年期间不同策略的财务杠杆（中位数）

（3）机构投资的增长。一些大学捐赠基金，如耶鲁基金，将全部投资组合 50% 的资金配置于对冲基金、私募股权、房地产和大宗商品等另类资产上，并取得了出色的业绩（2001～2007 年的平均收益率超过 23%），之后，许多大型的机构投资者，比如养老金和石油美元基金（也包括一些其他大学捐赠基金），大量地增加其在对冲基金上的配置。

（4）有利的市场环境。市场上更多可获得的信贷和低利率对于对冲基金而言非常有利。因为对冲基金是利用杠杆来增加收益的，低利率、可获得的信贷、信贷条款的灵活性，加上温和的税收和监管条件，都加速了对冲基金的增长。

（5）人力资本的增长。世界上一些金融和投资方面最优秀的人才进入了对冲基金领域。由于非常高的薪酬和更加独立的工作性质，对冲基金能够吸引投资银行和资产管理机构的优秀人才。在 2006 年，有 26 位对冲基金管理人收入超过 1 300 万美元，其中文艺复兴科技公司创始人詹姆斯・西蒙收入约为 15 亿美元。2007～2008 年，保尔森基金公司总裁约翰・保尔森带领团队做空抵押贷款支持证券，赚取约 37 亿美元，收入达到行业最高水平。2009 年，阿帕卢萨资产管理公司的大卫・泰珀准确预测到政府不会让银行倒闭，因此买入了很多美国大型银行的优先股和可转债，从而获得约 40 亿美元的收入，打破了保尔森的纪录。2009 年，收入排名前 25 位的基金管理人收入总和为 253 亿美元。2010 年，保尔森收入达到 49 亿美元，再次成为收入最高的对冲基金管理人，而同年收入排名前 25 位的基金管理人收入总和仅为 220.7 亿美元。2015 年，收入最高的对冲基金管理人排名依次为城堡投资的肯・格里芬：17 亿美元；文艺复兴科技公司的詹姆斯・西蒙：16.5 亿美元；SAC 投资咨询公司的史蒂芬・科恩：15.5 亿美元；阿帕卢萨资产管理公司的大卫・泰珀：12 亿美元；德劭集团的大卫·肖：7 000 万美元。

（6）金融创新。金融市场上产品和科技的创新以及交易成本的降低，使得对冲基金能执行日益复杂和大规模的交易策略。期货和互换的电子交易平台以及“直接市场接入”工具，使得对冲基金在有效控制风险的同时，能够对更多的金融资产进行交易并获得收益。

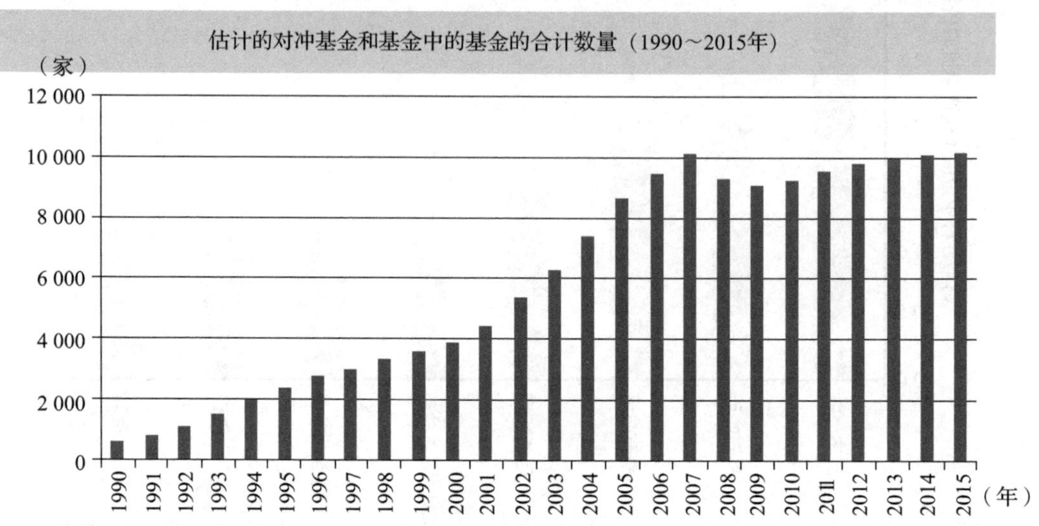

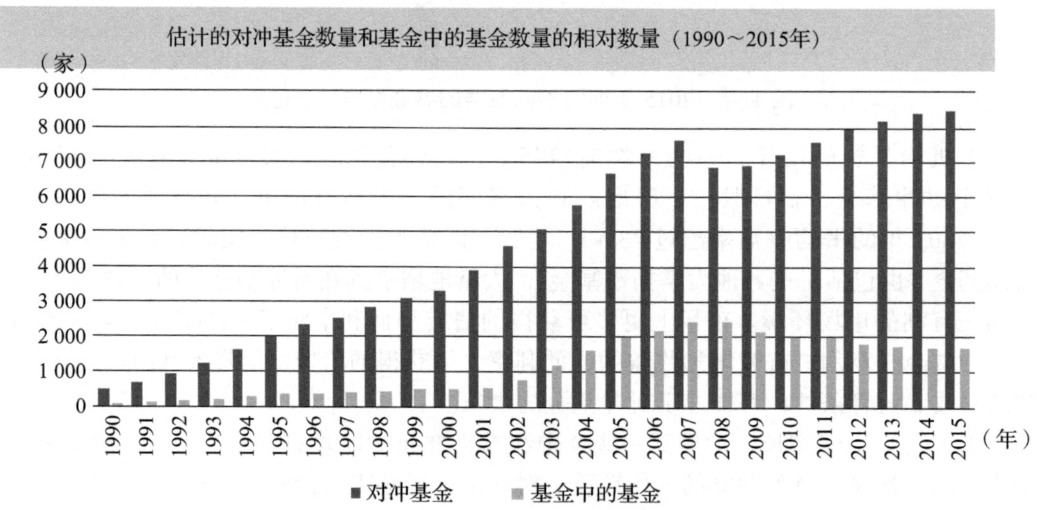

图 11-2 对冲基金和基金中的基金的估计数量

资料来源：Hedge Fund Research, Inc.

11.4 投资者的构成

捐赠基金和基金会是对冲基金的最大投资者，所持对冲基金资产达到对冲基金资产总额的 31%，养老金（包括公共和私人部分）是第二大投资者，所持对冲基金资产占对冲基金资产总额的 15%。投资于对冲基金的基金中的基金所持对冲基金资产总额的比例在 2008 年处于历史高位 32%，2015 年这一比例下降至 15%（见图 11-4）。

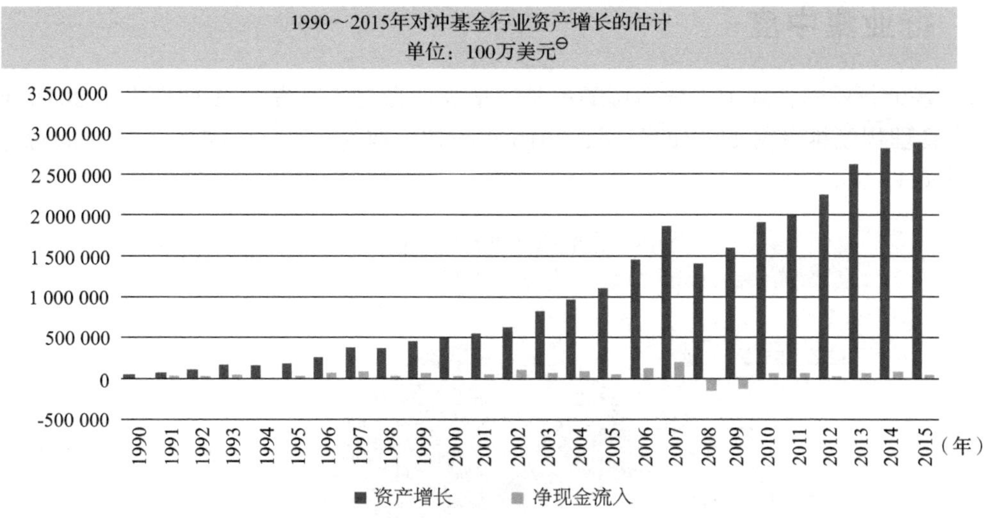

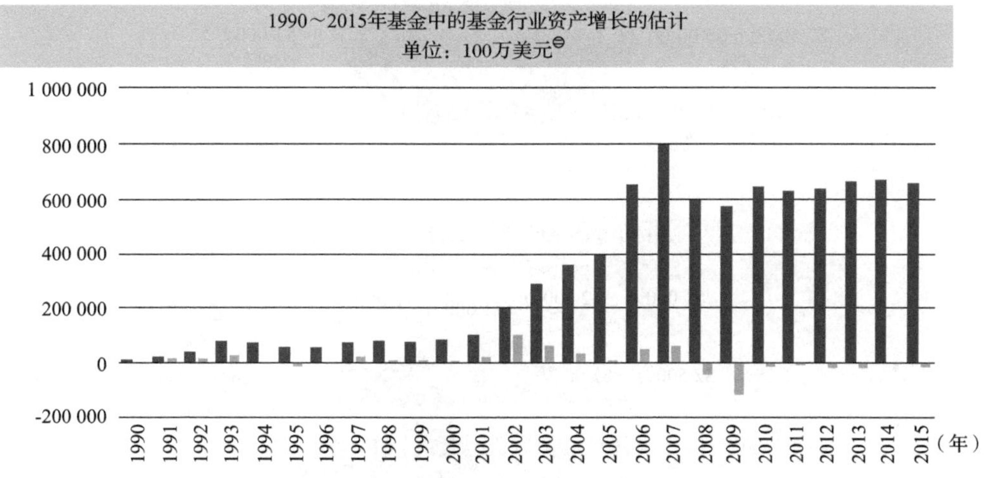

图 11-3　对冲基金和基金中的基金资产增长的估算[12]

资料来源：Hedge Fund Research, Inc.

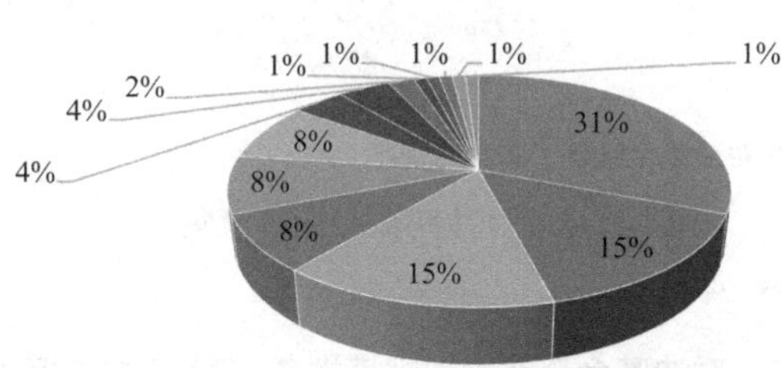

图 11-4　对冲基金投资者

资料来源：blackrock.com.

⊖ 原书中单位为“10 亿美元”，似应为“100 万美元”。——译者注

⊜ 同⊖

11.5 行业集中度

对冲基金行业中，处于主导地位的都是些最大的参与者。表 11-1 列举出了 2016 年 1 月 1 日资产管理规模排名前 11 位的公司，2016 年年初，前 6% 的公司控制了 77% 的对冲基金资产（见图 11-5）。

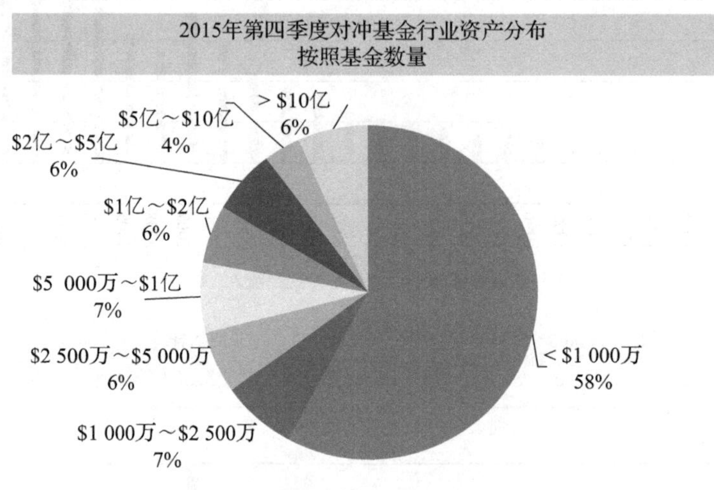

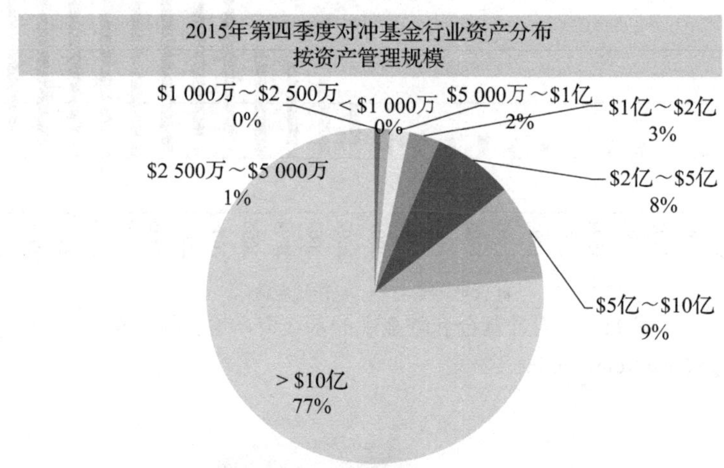

图 11-5 对冲基金行业高度集中

资料来源：Hedge Fund Research, Inc.

表 11-1 对冲基金资产管理规模排名（2016 年 1 月 1 日）

公 司	地 区	资产管理规模（单位：10 亿美元）
桥水基金	美国	104.2
摩根大通资产管理有限公司	美国	50.0
AQR 资本管理有限公司	美国	47.2
奥奇－齐夫资本管理公司	美国	44.6
千禧资产管理有限公司	美国	34.0

（续）

公 司	地 区	资产管理规模（单位：10 亿美元）
元盛资产管理有限公司	欧洲	33.8
德劭集团	美国	33.1
维京全球投资	美国	33.1
曼氏集团	欧洲	31.8
贝莱德基金顾问公司	美国	31.1
双西格玛投资	美国	30.6

注：数据基于 2016 年 1 月 31 日或最新的数字。

资料来源：*Institutional Investor's Alpha.*

11.6 业绩

1996～2006 年，对冲基金平均年收益率（扣除掉费用）只比同期权益市场投资收益率高了一点点。比如，对冲基金行业研究公司的 HFRI 基金加权综合指数（HFR 指数）表明对冲基金在这一时期的平均年收益率为 10.6%，而同期 MSCI 世界股票指数（MSCI 指数）的平均年收益率为 8.1%。但是，HFR 指数收益率的标准差为 2.1%，比 MSCI 指数的 4.2% 要低[⊖]。在 2007～2008 年（一个市场紊乱的时期），HFR 指数的平均年收益率为－5%，相应的，MSCI 指数为－20%。2002～2008 年，业绩最好的对冲基金的中位数收益率比行业收益率高很多，业绩排名前 10% 的对冲基金的平均年收益率超出 HFR 指数 45.8%。因此，在正常的市场环境中（同时风险较低），对冲基金年平均收益率只会稍高于权益市场，但是在市场不稳定时，则比权益市场投资回报率要高出很多。对于那些把资金投入到业绩最好的对冲基金中的投资者而言，他们获得的收益明显高于行业平均水平。

不幸的是，由于对冲基金不需要遵循监管要求的报告协议，对冲基金的数据会存在一定程度的偏差，其收益率的数据不完全准确。比如存活偏差：如果基金遭到清算或者破产，它们将会被剔除出数据库；回填偏差：当某些新的基金加入数据库中，它们可能只报告过去的正收益。如果将这些偏差排除掉，对冲基金的收益率可能会更低一些。一项调查表明，如果剔除掉这些偏差，1995 年 1 月至 2006 年 4 月对冲基金的综合年收益率为 9%（扣掉费用），相应的，同期标准普尔 500 指数的收益率为 11.6%[⊜]。但是，也有证据表明，在此期间对冲基金创造了 3% 的阿尔法收益（整体市场收益以外的收益）。2007 年中期开始的金融危机增加了对冲基金收益与股票指数收益之间的相关性，在极端的市场条件下，过去多样化投资所带来的好处有所降低。

1995～2016 年，除了 1998 年、2008 年和 2015 年，对冲基金平均收益率都是正的，它们的整体业绩在牛市中尤为强劲（见图 11-6）。1994～2015 年，如果比较风险调整后的收益率，对冲基金策略的年平均收益率比纯股票投资组合和纯债券投资组合都要高（见图 11-7）。此外，排名前 25% 的对冲基金的收益也都比美国股票和债券要高（见图 11-8）。随着对冲基金市场趋向成熟，我们将能获得更多的与行业业绩相关的数据。一些学术论文已经开始分析对冲基金是否真的可以创造阿尔法收益，专栏 11-2 对此进行了总结。

⊖ Ferguson, Roger, and David Laster. "Hedge Funds and Systemic Risk." Banque de France Financial Stability Review,2006.

⊜ Ibbotson, Roger and Peng Chen. "The A, B, Cs of Hedge Funds: Alphas, Betas and Costs." 2006.

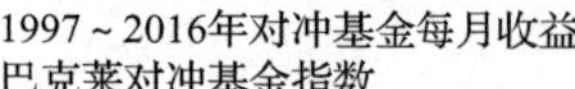

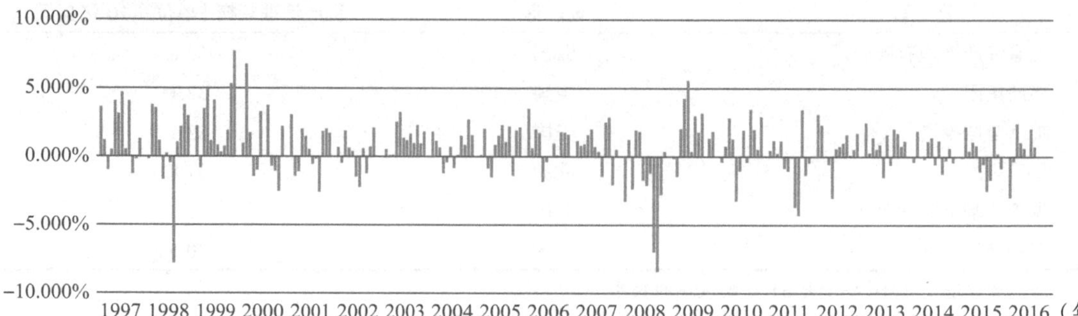

图 11-6 对冲基金收益

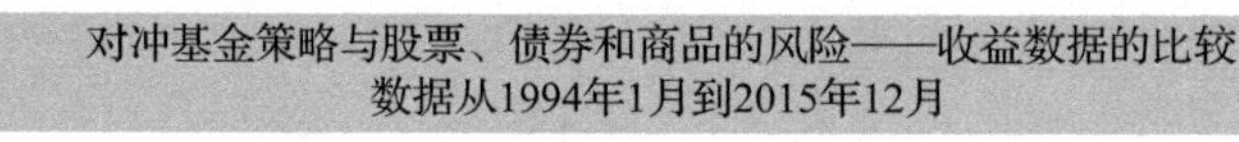

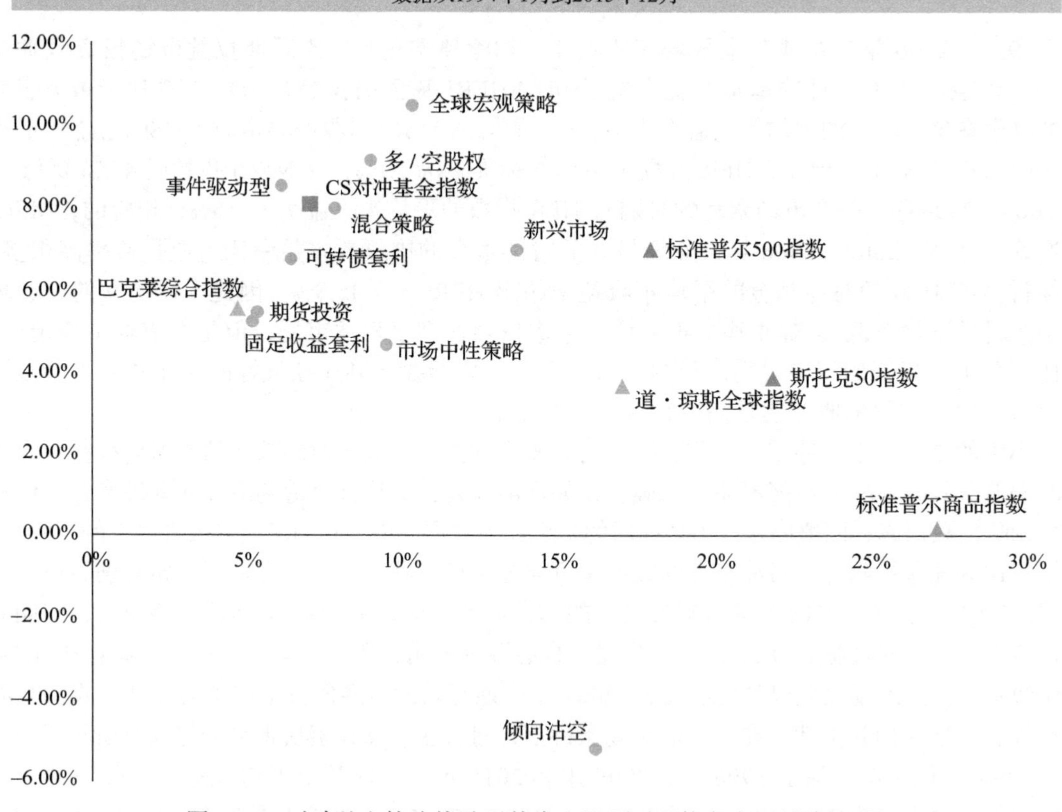

图 11-7 对冲基金策略战胜了债券和股票（即使考虑了风险调整）

资料来源：Credit Suisse, Bloomberg L.P.

专栏 11-2 对冲基金业绩的学术研究

由于对冲基金业绩数据比较难以获得，对对冲基金行业业绩做出清楚的评价是非常困难的。目前，关于对冲基金的学术研究很少，但是数量在增加，基于这些研究成果，可以得到许多结论：

- 对冲基金行业整体业绩略优于公开权益市场。

  ◦ 第一四分位的对冲基金业绩明显优于权益市场。
- 对冲基金行业整体波动性略低于公开权益市场。
- 绝对收益（“阿尔法”或者独立于市场的收益）变得更加难以获得。
  ◦ 对于许多对冲基金策略而言，70% 以上的收益反映了共同市场指数[①]。
  ◦ 基金中的基金不存在阿尔法[②]。
  ◦ 对冲基金年收益中的 3% 可以归因于阿尔法[③]。
  ◦ 基于过去数年的数据，第一四分位的对冲基金能够获得较大的阿尔法（高达每年 15%）[④]。

这些研究表明，相较于成本高昂的对冲基金（业绩最好的对冲基金除外），投资市场指数是一个合理的并且成本较低的替代选项。

有必要说明，这些研究结果是有局限性的，因为数据的不完全造成了许多偏差的存在：

- 选择偏差：是否加入对冲基金数据库是自愿的。
- 存活偏差：大多数对冲基金数据库不包含经营失败的基金。
- 回填偏差：对冲基金在数据库中登记时，它的历史收益数据也需要在数据库中显示。对冲基金通常会在积累了优良的业绩记录后才会在数据库中登记。
- 清算偏差：对冲基金进入最后的清算程序时，它的收益将不再报告。

这些偏差的影响很难统计，但经过一些估算，存活偏差和回填偏差加起来使得行业的收益率被高估 4%[⑤]。

① Hasanhodzic, Jasmina and Andrew W.Lo, “ Can hedge-fund returns be replicated? The linear case. ” Journal of Investment Management, Q2 2007, Vol.5, No2.

② Fung, William, et al. “ Hedge funds: Performance, risk, and capital formation. ” AFA 2007 Chicago Meetings paper, July 19,2006.

③ Ibbotson, Roger G. and Peng Chen. “ The A, B, Cs of hedge funds: Alphas, betas and costs.” Yale ICF working paper, September 2006.

④ Kosowski, Robert, et al. “ Do hedge funds deliver alpha? A Bayesian and bootstrap analysis. ” Journal of Financial Economics, Vol.84, No.1, April 2007, pp.229-64.

⑤ Fung, William and David Hsieh. “ Hedge funds: An industry in its adolescence. ” Federal Reserve Bank of Atlanta, Economic Review, Q4 2206, Vol.91, No.4.

资料来源：Farrell, Diana, et al. “The New Power Brokers: How Oil, Asia, Hedge Funds and Private Equity Are Shaping the Global Capital Markets.” McKinsey Global Institute, October 2007.

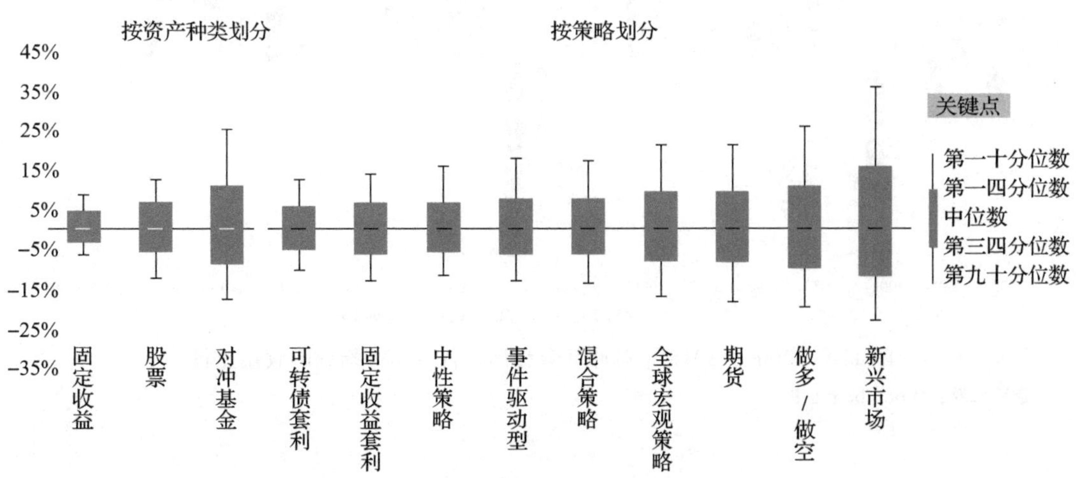

图 11-8 按策略划分的对冲基金收益率

注：过去业绩不能说明未来业绩。

资料来源：截至 2015 年第四季度，晨星（股票和固定收益数据），汤姆森路透 Lipper / TASS 数据库（对冲基金和策略数据），BAA（分析），战略分类来自于 Lipper TASS 数据库；收益离差的定义是对冲基金的四分位数或者十分位数减去中位数得出的值，这个结果可以体现该类别中收益的分散程度。

11.7 2008 年的衰退

2008 年，全球权益和债务市场发生了空前的衰退，导致包括可转债和银行贷款在内的许多金融资产都失去了资本市场的青睐，同时价格或（和）流动性遭到扭曲。全球金融市场的不确定性日益增加，相关方（包括大宗经纪商）开始重新评估对冲基金的信贷数量和期限，使得许多对冲基金的杠杆率和随后的流动性大幅下降。2008 年第三季度和第四季度，由于流动性需求，空前数量的投资者要求赎回资金，许多对冲基金只能出售那些不受青睐的头寸和混乱市场中的投资组合，这加剧了证券的错误定价程度，并进一步恶化了本已糟糕的对冲基金业绩。

2008 年瑞信特里蒙特对冲基金指数下降了 19.1%，这是对冲基金业绩最差的一年。但是相比同期标准普尔 500 指数下降了 38.5%，算是非常不错的了。因此，对于对冲基金而言，2008 年是业绩很差的一年，但是整体上超过标准普尔 500 指数 19%，可参考图 11-9 中两者的业绩比较。由于 2008 年的巨大损失，900 多只对冲基金倒闭，2008 年对冲基金的数量减少到 9 176 只（包括基金中的基金），资产管理规模下降到 1.4 万亿美元（从 2008 年中期的高峰期 1.9 万亿美元减少超过 5 000 亿美元）。2008 年第四季度，1 520 亿美元的对冲基金资金被赎回。由于投资者想方设法从所有可能渠道筹集现金，对冲基金无论业绩好坏，都经历了资产净流出。有些基金投资者有流动性限制问题，无法从这些基金中提取资金，他们转向其他有“友好的”门协议的基金作为流动性的来源。这意味着即便是业绩表现强劲的基金，像卡克顿合伙公司也无法完全避免资产流出，2008 年其旗下最大的基金收益率为 13%，但是总资产却下降了 27%。专栏 11-3 对 2008 年对冲基金痛苦的经历进行了讨论。

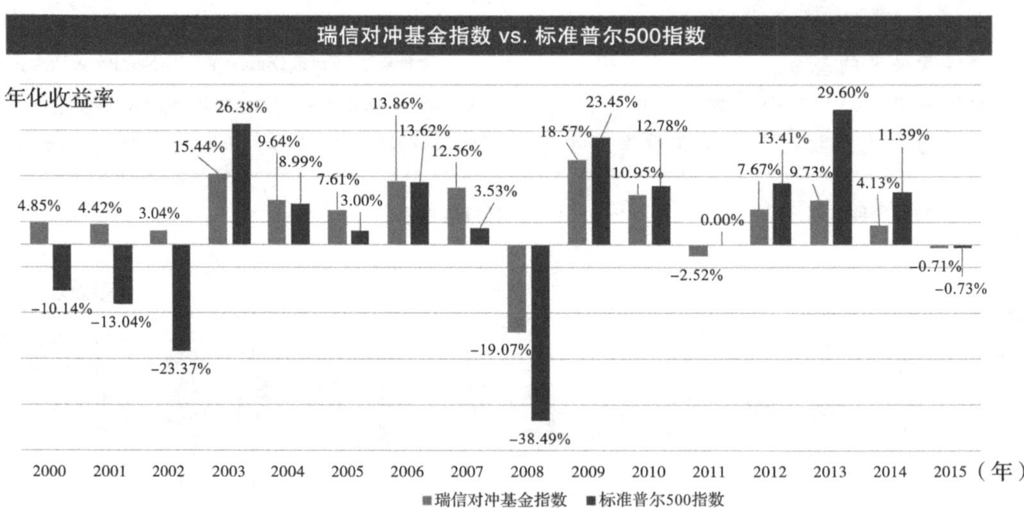

图 11-9 2000～2015 年对冲基金和标准普尔 500 指数的收益比较

资料来源：Bloomberg L.P.

专栏 11-3 2008 年对冲基金市场的痛苦

对冲基金本应该在艰难的市场环境中繁荣发展，但是在 2008 年却不是这样。股票市场出现历史性的下跌，债券市场上也处处都是麻烦，对冲基金经历着有记录以来最糟糕的一年。2008 年年末，投资者慌忙退出市场，对冲基金行业多年来的增长就此停止，并且导致了对该项业务核心要点不确定的忧思。投资者从对冲基金中赎回资金的部分原因是投资者迫切需要现金来直接投入到股票投资中，由于此时股票市场暴跌超出了权益配置基准而需要补仓。

根据“对冲基金研究”这家追踪对冲基金行业的芝加哥公司的数据，2008 年 12 月，全球对冲基金损失了 19%。虽然业绩比同期标准普尔 500 指数（包括股息）38.5% 的损失要好，但与大多数对冲基金在过去十多年间取得的收益相比差了很多。最大种类的对冲基金——多头 / 空头基金平均下跌 27%，投资于新兴市场上的基金则平均下跌 37%。

基金管理人和他们的投资者试图寻找问题根源。一个结论是：太多基金购买了相同的资产。当市场在 9 月和 10 月份下跌时，对冲基金感受到了压力，许多基金开始抛售投资组合，导致价格进一步下跌，并且造成了那些尚未出售基金的损失。对冲基金必须出售一部分投资组合的部分原因是，当市场下跌造成最低权益配置基准被打破时，一些机构投资者需要赎回对冲基金中的投资来筹集资金，以满足增加直接权益投资的需求。

根据高盛的数据，对冲基金看中的股票比总体市场的业绩更差。一个与对冲基金最相关的 50 只股票指数下跌近 45%（包含股息），而标准普尔 500 指数下降了 38.5%。

对冲基金面临的一个问题是，他们持有很多流动性较差的资产，比如贷款、房地产投资和小型非上市公司的股份。这些非流动性投资一度达到了基金投资组合 20% 的份额，总价值约 4 000 亿美元。当金融市场面临压力时，这些投资更难处理，甚至都无法准确评估他们的价格。

这个行业面临的另一个问题来自于 2008 年 12 月伯纳德 · 麦道夫由于数十亿美元的庞氏骗局被逮捕所带来的副作用。尽管麦道夫不是一名对冲基金经理，但他的生意是管理从棕榈滩到长岛的社交圈中的富豪、慈善团体以及欧洲的私人银行客户的私人账户，他的被捕动摇了投资者对所有私人投资经理的信心。

基金中的基金是专业的投资机构，他们从客户那里筹集资金投资于其他投资基金的组合中，这个丑闻也对此产生了不利的影响。有几个这类投资机构向麦道夫的连接基金中投资了几十亿美元，这引发了投资者的质疑：这些机构究竟做了多少尽职调查？客户的投资是否真的像他们所声称的那样多样化和安全？

资料来源：Zuckerman, Gregory and Jenny Strasburg. “For Many Hedge Funds, No Escape.” Wall Street Journal January 2, 2009.

11.8 市场的流动性和有效性

对冲基金对全球资本市场有非常深刻的影响。由于活跃的交易，在许多大型权益和债券市场上，对冲基金促成了很大一部分交易的完成。对冲基金显著提高了全球市场的流动性，并为机构投资者、企业、政府和个人提供了更多的融资选择。对冲基金活跃的交易也增强了金融市场中的价格发现功能，减少了定价无效性。

对冲基金极大地促进了信贷衍生品的增长。麦肯锡全球研究所研究表明，对冲基金历史上一度购买了超过 1 / 3 的衍生品合约。此外，对冲基金还曾是资产支持证券和资产支持证券合成的担保债务凭证的最大买家。有了对冲基金参与的这些业务，银行就能够发放更多贷款，并将资产负债表中的信贷风险转移出去。相应地，消费者和公司就能获得新的融资渠道。

对冲基金为私募股权基金提供了许多贷款，以支持它们的杠杆收购。标准普尔测算，近年来，对冲基金向私募股权投资机构的组合公司和投资级别以下的公司承诺了超过 700 亿美元的杠杆贷款。

11.9 金融创新

对冲基金已经成为投资银行开发的金融创新产品的重要使用者，他们还使用其他一些创新产品来使其头寸在不同资产中的转移更加高效、更低成本、更不透明。这促进了量化交易（使用电脑来分析异常的金融价格，并利用这些异常价格进行自动交易）和更多的鲁棒套利交易（robust arbitrage trading，投资于两种相关的金融工具，并利用价格的非有效性来获利）活动的增长。最新创造的金融产品在交易所和场外交易市场都可以获得。这些新产品为对冲基金提供了投资于消费信贷、住房抵押贷款和信用卡贷款的机会，这些资产以前只能被银行持有。

新产品也包括了总收益互换、信用违约互换和其他一些合成产品，这些资产类别过去对冲基金是无法进入的，新产品还包括能够扩张风险承受量的对冲工具。此外，对冲基金也是显著提高的报告和风险管理系统的受益人，这使得它们能够参与更加复杂和鲁棒的交易活动。但是，这些产品的复杂性也带来了未预期风险，引发了监管者和从业者对可能引发的损失的担忧。关于金融创新带来的好处是否超过其带来的系统风险和个体风险，一直存在着大量的争议（见第 14 章）。

11.10 非流动性投资

对冲基金过去曾限制参与非流动性投资，它们更倾向于将投资期限与投资者接受的一年锁定期匹配起来。但是，为增加投资收益，许多对冲基金越来越喜欢投资于非流动资产。比如，它们通过私募股权投资上市公司，并获得了大量上市公司的少数股权。对冲基金购买的担保债务凭证、担保贷款凭证和资产支持证券在某种程度上也是非流动的，因为这些固定收益产品很难定价，并且在危机期间二级市场表现疲软。此外，对冲基金还参与贷款（奥奇 - 齐夫资本管理公司为世界上最著名的足球队之一——曼彻斯特联队的收购案提供了一大笔贷款）和实物资产投资（购买印度尼西亚的油井设备）。有时，原本打算持有期不超过一年的投资会变成长期投资，因为当资产贬值时对冲基金可能会决定继续持有直到价值恢复，而不是折价出售（见下文的“侧袋”）。经估计，对冲基金管理的 20% 以上的资产都是非流动的，这些资产很难定价。这使得对冲基金的资产估值很难进行，并且造成了对冲基金资产和负债之间的不匹配，以及投资者在锁定期结束之后想提取现金时所遇到的麻烦。

11.11 锁定、门和侧袋

对冲基金一般比较关注它们在某些流动性金融资产上的投资策略，这些金融资产能够很容易地通过市场报价或者与具有可辨价格的可比资产来进行定价。由于大部分这类资产能够定价并在短期内变现，对冲基金允许投资者定期投资或者赎回资金，管理人按季度根据市场估值收取业绩费。不过，为了使得每种投资策略下资产与负债的到期时间相匹配，大多数对冲基金有能力限制投资者在特定时期赎回资金。他们的方法是在与投资者签订的投资协议中加入“锁定”（lock-up）和“门”（gate）条款。

锁定协议规定投资者在投资初期，一般为 1～2 年，不能从基金中赎回任何资金。一般而言，锁定期是所使用投资策略的一项功能。有时，特定投资者的锁定期可以通过附加协议进行调整，但是这也可能会变得很麻烦，因为需要对投资于同一基金中的不同投资者确定不同的锁定期。此外，这还可能引发对其他投资者协议的“最惠国待遇”条款问题。

门协议是对锁定期满之后投资者在每季度或每半年的赎回期中赎回资金的额度进行限制。典型的“门”即计划赎回日投资者能够赎回的基金资本的百分比，通常为 10%～20%。门协议使得对冲基金能够增加对非流动资产的投资而无须面对流动性风险。此外，门协议还为不想赎回资金的投资者提供了一些保护，因为如果赎回比例过高，对冲基金可能会以一个不利价格出售资产，导致尚未退出的投资者的潜在收益减少。

有时，对冲基金使用“侧袋”（side pocket）账户来安置流动性相对较差或者难以定价的资产。一旦一种资产被放在了侧袋账户中，新投资者就无法分享该资产的投资收益。当投资人从对冲基金中赎回资金时，他们仍然是侧袋账户中资产的投资人，直到该资产被出售或通过首次公开发行这类兑现事件而变成流动性资产。一般而言，基金管理人对侧袋账户中的资产按成本收取管理费，而不是按照市值，并在资产出售时按照实现的收益收取业绩费。通常对侧袋账户中资产的出售日期没有硬性要求。有时候，对冲基金把一年期内将要出售的不良资产安置在侧袋账户中以避免其拉低基金的整体收益，投资者会因此控告对冲基金。投资者非常担心侧袋账户产生未预期到的非流动性风险，以及那些被安置在侧袋账户中的不良资产可能会持续贬值进而带来更大损失。

对冲基金管理人有时会对赎回施加更加严格的限制，比如暂停所有赎回权利（但仅仅是在最极端的环境中）。

11.12 与私募股权投资基金和共同基金的比较

对冲基金和私募股权投资基金在很多方面都非常相似。它们都是私募资产组合，收取高额管理费和基于基金收益的高额业绩费（2 和 20 费用结构），并且受到的监管都比较少。但是对冲基金一般投资于流动性相对较强的资产，购买公司少数股权和债券，并投资许多其他资产（对投资同时做多和做空）。相反地，私募股权投资基金通常购买整个公司，其投资的流动性比较差，通常维持 3～7 年。尽管在此期限以后，私募股权投资基金存在创造流动性的动机，因为退出机制包括首次公开发行（只有部分投资被出售）或者并购出售（对价可能是其他公司的股份，而不是现金），此时流动性也无法得到保证。

对冲基金和共同基金都是投资资产组合，它们只有这一点是相似的。共同基金必须每天进行资产定价并且可随时赎回，相比之下，对冲基金只需按季度向投资人披露资产价值，并且其流动性受到前文所描述的那些限制。在美国，对冲基金只能从合格投资者那里募集资金，但共同基金没有此类限制。在美国，共同基金受到美国证券交易委员会的严格监管，但是对冲基金受到的监管却有限，尽管这种状况正在发生改变（见第 14 章）。两者费用结构也有显著差异：共同基金收取的管理费比对冲基金低很多，而且不像对冲基金那样收取业绩费。此外，共同基金一般不采用杠杆做投资，而杠杆是对冲基金的一大标志。最后，对冲基金使用一系列更广泛的交易策略，既做多也做空，利用衍生品和许多其他综合性金融产品来创造它们想要的风险暴露程度。共同基金投资的灵活性则小很多，而且其收入的绝大部分都被要求进行分配。

近期，少数共同基金开始引入业绩费，并且为避免投资者流向对冲基金，一些共同基金在追求更加激进和灵活的交易策略。

11.13 高水位线和最低收益率

高水位线（high water mark）与支付的业绩费有关。只有在基金价值超过过去达到的最高资产净值（NAV）时，对冲基金管理人才收取业绩费。例如，如果一只基金以每股 100 美元资产净值发行，在第一年年末时，基金每股资产净值变成 120 美元，假设业绩费的收费标准是 20%，对冲基金将获得每股 4 美元的业绩费。但是，如果在第二年年末，每股资产净值下降到 115 美元，对冲基金将无法获得业绩费。如果在第三年年末每股资产净值变成 130 美元，每股基金的业绩费将是 2 美元，而不是 3 美元，这就是因为高水位线的作用——（130 美元－120 美元）×0.2。有时，如果高水位线被认为是不可达到的，对冲基金可能会选择关闭。关于高水位线更多的讨论见第 15 章。此外，大多数对冲基金同意设立门槛收益率，即只有当基金的年化收益率超过基准收益率时，对冲基金才会收取业绩费，比如预订的固定比例，或者像伦敦银行间拆借利率或国库券收益率这种市场决定的利率。

11.14 公开发行

1994 年在欧洲曼氏集团成为每股第一只首次公开发行的对冲基金。堡垒投资集团（FIG）作为一个另类资产管理人，旗下包括对冲基金、私募股权投资基金和房地产投资业务，它于 2007 年 2 月 9 日在美国以每股 18.5 美元的价格启动 IPO，并在首个交易日以 31 美元的价格收盘，相当于以上一年每股收益计算的 40 倍的市盈率，作为比较，高盛的市盈率只有 11 倍，共同基金美盛集团的市盈率为 24 倍。堡垒投资集团的高市盈率促使美国其他的对冲基金和私募股权投资基金开始考虑首次公开发行。2007 年 6 月，欧洲大型对冲基金格里合伙公司在美国上市，募集了 34 亿美元资金。同年 11 月 12 日，美国最大的对冲基金之一——奥奇 - 齐夫资本管理公司以 32 美元的价格启动 IPO。所有的对冲基金 IPO 都是资产管理公司发行股票，并且都是通过有限合伙企业来进行的，从而使得公众投资者对公司的治理只有有限的话语权。一些其他对冲基金也考虑过在美国进行 IPO，但是在 2008 年随着市场转向萧条，堡垒投资集团和奥奇 - 齐夫资本管理公司股票价格急剧下跌，并且直到 2015 年一直保持低位（见图 11-10），在见证这一历史之后，它们终止了上市计划。

11.15 基金中的基金

“基金中的基金”是一种投资于其他基金组合的投资基金，而不是直接投资。对冲基金中的基金试图为对冲基金业提供更加广泛的资产选择和风险分散化。它们通常收取资产管理规模 1%～1.5% 的管理费以及 10%～20% 的业绩费。因此，如果基金中的基金投资于费用结构为“2 和 20”的对冲基金，那么基金中的基金的投资者支付的总体的管理费和业绩费相当于达到了 3.25% 和 35%。对于某些投资者而言，这些费用相对于对冲基金的收益来说过高。但是，许多投资者由于没有充足的投资资本，或者不被美国证券交易委员会认定为合格投资者，从而没有对冲基金的投资资质，他们只能投资于基金中的基金，因为这是他们投资对冲基金的唯一工具。此外，因为许多基金中的基金投资于 10 种甚至更多不同的对冲基金，这样就为那些投资资本额度受限的投资者提供了更加多样化的投资。

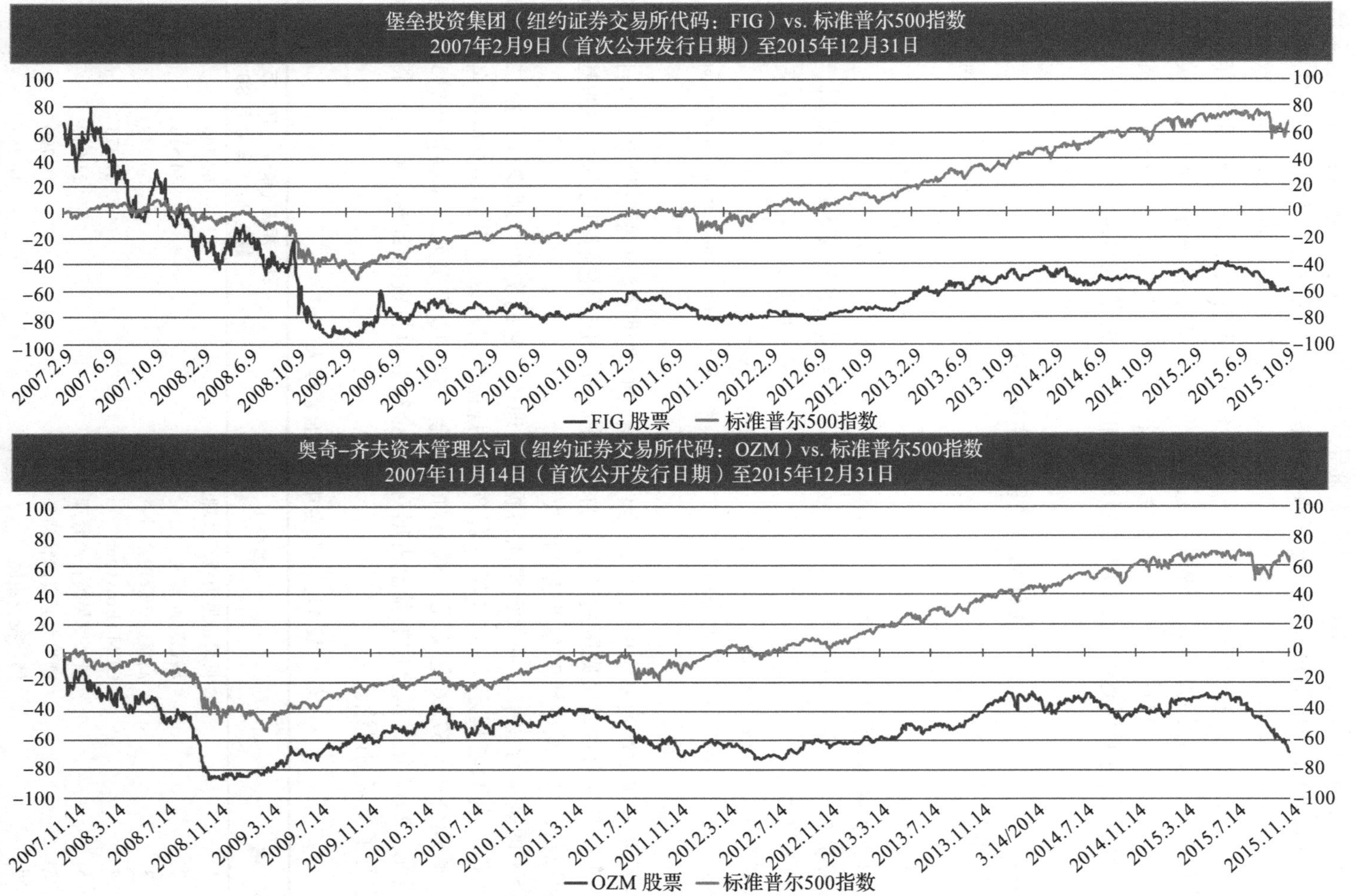

图 11-10　首次公开发行的对冲基金跑输大盘

资料来源：Bloomberg LP.

一些高净值个人投资者和机构投资者会配置一些资金到基金中的基金里面，因为他们看中基金中的基金通过尽职调查淘汰掉差的对冲基金管理人的能力。但是，最近也存在着许多尽职调查不充分的例子，它们糟糕的投资决策导致基金中的基金只能获得与对冲基金接近甚至更差的业绩，也反映出对对冲基金操作和投资策略调查的不充分。例如，许多投资者在听说他们持有的高盛和曼氏集团的基金中的基金投资了艾玛拉斯对冲基金时，会感到非常抓狂，因为这只基金在2006年宣告了破产。另一个例子是麦道夫庞氏骗局：2008年12月，许多基金中的基金承认它们投资了伯纳德·麦道夫的基金，这给投资者带来数十亿美元的损失。即使麦道夫基金不是对冲基金，对冲基金也因此而受到了不利影响。对基金中的基金糟糕的尽职调查的控诉使得对这些基金的审查过程更加严格（见专栏11-4）。

专栏 11-4　为什么投资基金中的基金

- 多样化和投资机会
  - 使用相对少量的投资资本便可立刻实现投资多样化
  - 可以投资某些可能投资者进入不了的投资机会
- 增值的投资过程
  - 只需了解不同投资策略的基本知识
  - 行业关系网络有助于筛选基金管理人
  - 对基金管理人的尽职调查和监控必须了解员工资源和专长
  - 需要持续关注的动态过程
- 经营效率
  - 合法的尽职调查和文件谈判
  - 统一的会计、业绩和财务报告
  - 现金流管理

资料来源：Grosvenor Capital Management.

一些对冲基金非常欢迎基金中的基金，因为这给它们提供了新的融资渠道，而且通常投资数额都很大。其他对冲基金则限制基金中的基金来投资，因为它们担心基金中的基金投资时采用短期视角，当业绩下滑时会迅速赎回资金。

在基金中的基金行业中，贝莱德集团占据统治地位，它的资产管理规模是第二位的瑞银集团的两倍。表11-2展示了2015年按资产管理规模的对冲基金中的基金的排名：贝莱德另类资产管理公司，672.6亿美元；瑞银对冲基金，345.16亿美元；高盛资产管理公司，292.48亿美元。2016年，基金中的基金占据对冲基金行业总投资的28%。第15章将对基金中的基金进行了更多的讨论。

表 11-2　基金中的基金管理人

排　名	管理人	资产规模（单位：100万美元）截至2015年6月30日
1	贝莱德另类资产管理公司	67 260
2	瑞银对冲基金	34 516
3	高盛资产管理公司	29 248
4	GCM Grosvenor	27 373
5	贝莱德另类资产管理公司	21 849
6	摩根大通资产管理公司	19 790
7	博茂投资集团	18 783
8	梅西罗高级策略	14 215
9	Entrust Capital	12 462
10	曼氏集团	11 300

第 12 章　对冲基金投资策略

本章的内容应该和以下的案例互相参考："凯马特、西尔斯和 ESL：从对冲基金到世界顶尖零售商之路"和"保时捷、大众汽车和 CSX：汽车、火车及其衍生品"。

对冲基金使用动态投资策略来寻找特定的市场机会，并且积极地交易自己的投资组合（包括多头和空头），努力保持分散化的、高的绝对收益（通常使用杠杆来提高收益）。相反，大多数共同基金只做多，且不积极交易其投资组合（通常不加杠杆），它们试图追随（最好能超过）市场收益。一些对冲基金试图利用市场中价格异常来获得收益，例如两种相关债券的价格不一致。一些对冲基金利用电脑模型识别不同股票之间的异常关系。也有一些对冲基金在分析了宏观基本面之后，简单地根据市场走势进行非对冲的投资。此外，还有一些对冲基金通过自下而上的研究去选择那些具有做多或者做空价值的股票和债券，或者做衍生品投资。不管策略如何，相较于共同基金，对冲基金的交易更加活跃。因此，对冲基金在全球金融资产交易活动中扮演了重要的角色。

对冲基金的投资策略有四类：套利策略、事件驱动型策略、权益策略和宏观策略。前两种策略是为了追求与市场行情无关的收益，使用这些策略的基金经理通过计算机建模和全面的研究试图寻找两种相关证券之间的价格异常，并利用衍生品和积极的交易来调整自己的投资组合。后两种策略会受到市场行情的影响，需要基于全面的研究和建模去对股票、债券外汇和大宗商品的价格走向进行合理的预测。表 12-1 对对冲基金的四种基本策略做了一个总结。

表 12-1　四种主要的对冲基金策略

	子类别	描　述
套利策略	固定收益套利策略	利用固定收益证券市场的价格失效，投资于各种固定收益证券的多头和空头
	可转换证券套利策略	买入可转换债券，并卖出相应的普通股对冲权益风险
	相对价值套利策略	利用不同种类资产之间的价格失衡，例如配对交易、股息套利、利率曲线交易等
事件驱动策略	困境证券策略	投资处于困境中的公司（如破产、重组），或卖空预期会陷入困境的公司
	并购套利策略	通过建立目标公司多头和收购方公司空头的投资组合来获取收益
	股东积极主义策略	争取获得公司董事会的话语权，来影响公司的政策和策略方向
权益策略	权益多头 / 空头策略	由某些核心的特定的权益证券组成，并卖空相应的股票进行对冲，以最小化整体市场风险
	权益非对冲策略	通常称为"选股型策略"，投资于特定权益证券的多头

（续）

	子类别	描 述
宏观策略	全球宏观策略	通过预期股票市场、利率、外汇和大宗商品的价格走势来进行杠杆投资
	新兴市场策略	主要投资于发展中国家或者“新兴国家”的公司证券或者主权债务，并且倾向于投资多头

资料来源：McKinsey Global Institute; Hedge Fund Research, Inc.; David Stowell.

为了降低投资风险，对冲基金投资策略已经变得更加多样化。例如，1990 年宏观投资策略的对冲基金资产占对冲基金资产总额的比例为 39%，而到 2015 年，该策略在对冲基金资产中的占比只有 19%。与此同时，套利策略和事件驱动型策略在对冲基金资产中的占比由 24% 上升至 52%（见图 12-1）。

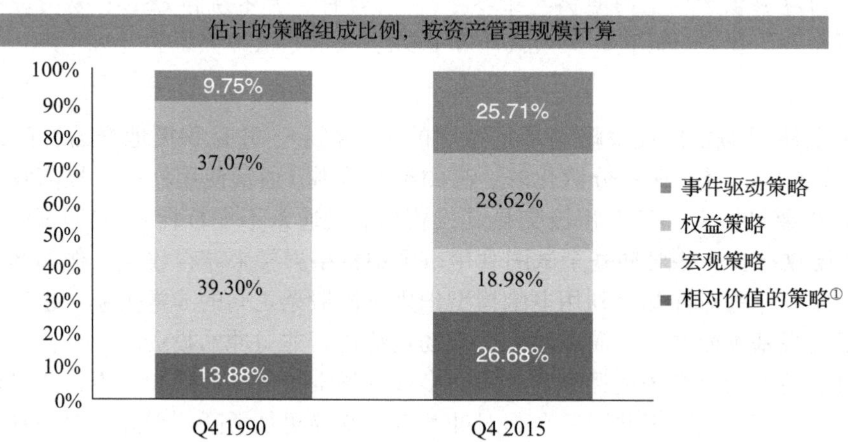

① 对冲基金研究中的“相对价值策略”与本书中的“套利策略”是一致的

图 12-1 对冲基金策略变得更加多样化

资料来源：Hedge Fund Research, Inc.

12.1 权益策略

12.1.1 权益多头 / 空头

一个主要采取多头 / 空头策略的对冲基金经理由单个公司的基本面分析开始，重点从公司所处行业、注册国家、竞争对手和整体宏观环境几个方面来对公司面临的风险和机会进行研究。为降低波动性，基金经理通过跨行业、跨地域投资来多元化头寸或者对头寸进行对冲来降低个股风险，同时对不可分散的市场风险进行对冲。但是，这个策略的整体风险最终取决于基金经理是将提高收益（通过集中化投资和杠杆投资）还是将降低风险（通过分散化投资、低杠杆和对冲来降低波动性）放在优先位置。多头 / 空头策略的核心理念是将主要风险从市场风险转化为管理人风险，这需要选股能力来创造阿尔法收益。为此，一个基金经理需要同时买入和卖空两种相似的证券，以利用两者之间的价格偏差来获取收益，同时降低市场风险。专栏 12-1 是关于多头 / 空头策略的概述。

专栏 12-1　多头 / 空头策略概述

策略概述：

- 定义：基金管理人同时买入和卖空两种相似的证券或者指数，利用两者之间的价格偏差来获取收益，同时保持风险中性。
- 例子：权益（买入摩根大通，卖空花旗集团）；利率曲线（卖空 2 年期国债，买入 10 年期国债）；担保债务凭证（买入权益档证券，卖空夹层档证券），等等。
- 方向：可能是中性的、净多头或者净空头。
- 原理：在保证通过技巧性的选股创造出阿尔法收益的前提下，将主要风险从市场风险转化为管理人风险。

权益多头 / 空头策略操作流程

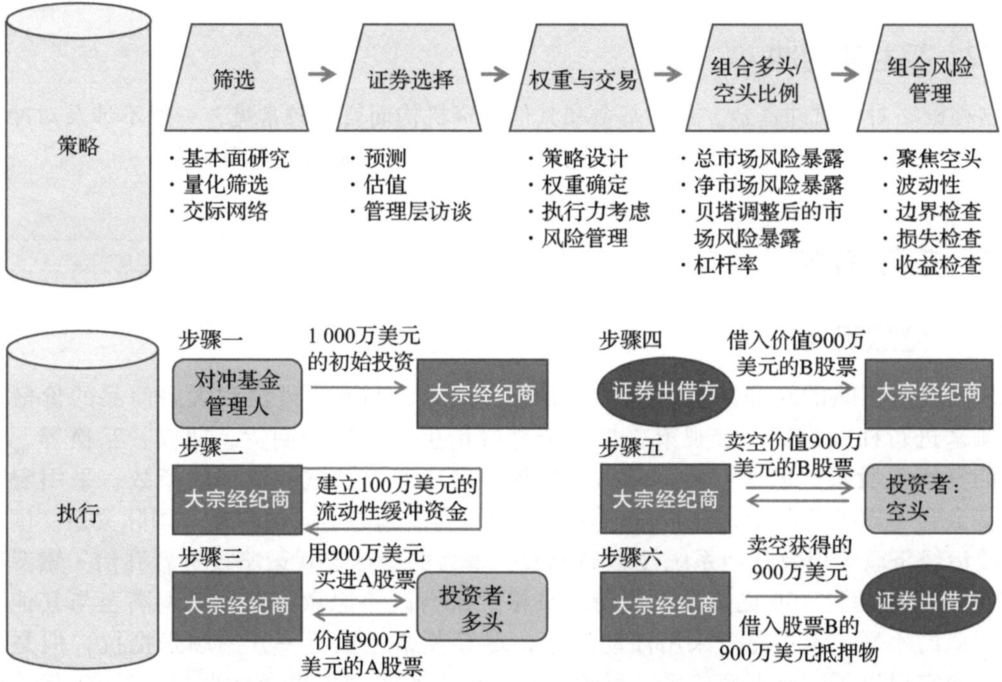

多头 / 空头策略的收益来源和成本

收益来源

- 投资收益
  - 多头头寸和空头头寸的阿尔法收益总和
- 利息返还
  - 大宗经纪商卖空投资的短期证券获得的收益
  - 利息返还 = 卖空所得资金的利息 − 大宗经纪商的借款人费用和开支
  - 通常的利息返还为卖空所得资金利息的 75%～90%
- 流动性缓冲资金利息
  - 设置流动性缓冲资金是为逐日盯市下进行调整预留支付资金，同时也用于向股票出借人支付股利（由大宗经纪商安排）
  - 流动性缓冲资金的短期利息

成本

- 借入股票的成本
- 空头头寸的股息成本
- 交易成本

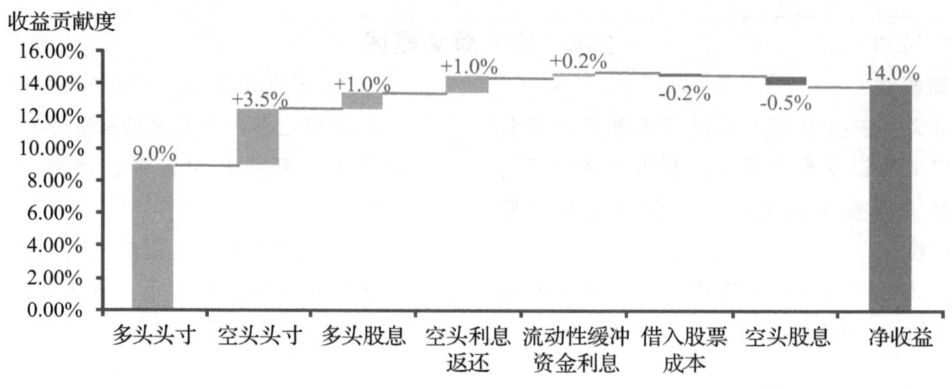

12.1.2 权益非对冲

这种策略对于对冲基金、共同基金和其他投资机构而言比较常见，一般不涉及对冲，并且只做多（不做空）。这种选股策略依赖于对相关公司和行业的基本面研究。

12.2 宏观策略

12.2.1 全球宏观

采用宏观策略的对冲基金是依据对股票、债券、利率、外汇和大宗商品的价格走势的预测来进行杠杆投资。宏观策略也投资金融衍生品，比如期货、期权、互换等，它们的标的资产是股票、债券、大宗商品、贷款、房地产以及这些资产的指数。采用宏观策略的基金会考虑经济前景，分析全球资金流动、利率趋势、政治变动、国际关系、国家情况、政治经济政策以及其他系统性影响因素。著名的全球宏观策略投资者乔治·索罗斯在1992年卖空了超过100亿美元的英镑，英格兰银行既不愿意将其利率调高至与其他欧洲国家相似的水平，也不愿意采用浮动汇率，尽管英格兰银行一开始顽强抵抗，但是市场最终迫使它退出了欧洲汇率体系，贬值英镑。索罗斯通过看跌英镑获得了约11亿美元的收益。

12.2.2 新兴市场

采用新兴市场策略的对冲基金将其资产的大部分配置于发展中（新兴）国家的公司证券，或者这些国家的主权债券。新兴市场是指处于社会经济快速增长、走向工业化阶段的国家。由于这些市场上存在额外的风险，投资者通常会要求更高的收益率。

12.3 套利策略

套利存在于以下三种情形当中：①同一种资产在不同的市场中交易价格不同；②两种现金流完全相同的资产交易价格不同；③远期价格确定的资产，其当前的交易价格与远期价格按照无风险利率折现后的现值不相等。

12.3.1　固定收益套利

采用固定收益套利策略的基金通过多种固定收益证券的多头 / 空头头寸组合，来利用固定收益市场的价格失衡获取收益。例如，历史上意大利债券期货市场由于流动性较低，其汇率对冲后的短期收益低于流动性非常好的美国国债市场的短期收益。但是长期来看，对冲后的收益几乎是完全相同的。固定收益套利者卖空相对昂贵的美国国债，同时买入相对便宜的意大利债券期货，而两者到期收益率最终趋同，固定收益套利者进而从中获利。

另一个例子是关于 30 年期美国国债的新债和旧债的，最新发行的 30 年期美国国债（称为新债）和一个季度之前发行的 29.75 年期的国债（称为旧债）之间存在流动性差异，有时会导致两种债券的价格略有不同。由于 3 个月内两种债券的价格会逐渐趋同（两种债券均变成旧债），这笔交易会为套利者创造收益。

12.3.2　可转换证券套利

可转换债券相当于嵌入了看涨期权的固定收益证券，投资者有权利但没有义务将债券转换成事先确定数量的普通股。在债券到期时或者到期之前，如果对应普通股的价值超过了债券的赎回价值，投资者可能会将债券转化为股票。因此，可转换证券同时具有债务和权益的特点，进而导致风险与收益的不对称。在投资者将债券转换为发行人的普通股之前，发行人有义务向投资者支付固定的票面利息，而且如果投资者始终不执行转换权利，发行人还需在债券到期时向其支付债券本金。可转换证券的价格与市场利率的变化、发行人的信用风险、发行人普通股的价格及股价波动性有关。

可转换债券的价值来源于三个方面：投资价值、转换价值和期权价值。投资价值是转换权利不被执行时债券的理论价值，它是债券的保底价值，即债券不可转换时的最低价格。转换价值是指债券能够被转换为普通股的价值。例如，如果股票的价格是 30 美元，每份债券可以转换成 100 份股票，那么转换价值就是 3 000 美元。投资价值和转换价值可以被看作是在债券到期之前的价格下限和上限。期权价值表示投资者将债券转换为股票的权利（非义务）的理论价值。在债券到期之前，可转换证券的交易价格在投资价值和交易价值之间。

结合债券定价模型，布莱克 - 斯科尔斯期权定价模型可以用来对可转换证券进行定价。但是，修正的二叉树模型是可转换证券的最优定价方法。第 3 章和第 9 章对可转换证券进行了更加完整的描述，其中还包括可转换优先股和强制可转换证券。

可转换证券套利是一种市场中性投资策略，它相当于同时买入可转换证券和卖空（卖掉借入的股票）其对应的股票。投资者试图利用可转换证券与其嵌入的对发行人股票的看涨期权之间的价格失衡来获得收益。此外，如果投资者能够通过动态对冲交易的方法来合理地管理其持有的头寸，套利组合产生的现金流和证券价格失衡能够为其带来可观的收益。动态对冲交易方法是指基于可转换证券得耳塔值（股票价格变化一单位时，可转换证券价格随着变化的数值）和伽马值（股票价格变化一单位时，得耳塔随之变化的数值）的变化，去决定卖空股票数占债券可转换成的股票数的百分比。在可转换证券的存续期内，为了使得股票价格变化带来的影响中性化，空头头寸必须经常调整。这个管理发行人股票空头头寸的过程被称为“得耳塔对冲”。

如果对冲得当，当可转换证券发行人的股票价格下降时，从股票空头头寸中获得收益应当超过持有可转换证券的损失。同样的，当发行人股票价格上涨时，持有可转换证券获得的收益应当高于股票空头头寸的损失。

除了通过得耳塔对冲产生的收益，投资者还将获得可转换证券票面利息和卖空股票所得现金的利息。但是，这些现金流中的一部分还应用来支付股票出借方的应得股利，即假设股票没有出借给可转换证券投资者时能够收到的股利，同时还要用来支付大宗经纪商的佣金。此外，如果投资者向大宗经纪商借款来进行杠杆化投资，还需支付这笔借款的利息费用。最后，如果投资者选择对冲发行人的信用风险或者利率风险，那么还需承担信用违约互换和卖空国债的相关成本。专栏 12-2 对可转换证券套利策略进行了更加深入的讨论。

专栏 12-2　可转换证券套利操作流程

可转换证券套利者在买入被低估的可转换证券同时卖空它所能转换成的普通股股票，且卖空股票的数目由转换比率和得耳塔值来决定。得耳塔值指的是可转换证券对应的股票的价格每变动一个单位，该债券价格随之变动的数值，它表示债券价格对股价微小变动的敏感程度。套利者的目标是，无论股票价格如何变化，最终都能实现可观的收益率。为达到这一目标，除直接购买理论上被低估的可转换证券外，投资者还将进行许多与可转换债券相关的交易赚取现金流。很多可转换证券的发行价格要低于理论价格，因为它们的定价通常假设债券有效期内的股价波动率要低于实际的波动率。关于可转换证券套利策略的收益概括如下。

1. 对冲交易收益

套利者的目标是在可转换证券各种风险都被对冲的前提下实现收益。可转换证券对冲交易的收益来源如下：票面利息 + 卖空所得现金的利息 – 股票股息 – 股票借入成本。如果套利者使用杠杆交易，获得的收益会成倍地增加（2～3 倍较为常见），但为对冲利率风险和信用风险的成本会减少收益。以下是关于收益来源情况的一个例子，表 12-2 的数据便是来自这个例子：

假设可转换证券的票面价值为 1 000 美元，转换比率为 21.203 1，此时发行人股价为 41.54 美元，股息收益率为 1%，空头头寸为转换价值的 53%（该头寸可取得 2% 的现金利息），卖空交易的股票借入成本为 0.25%。那么，一年期的得耳塔对冲的可转换证券套利策略的总收益便为 28.50 美元，相当于 1 000 美元可转换证券的 2.9%。

票面利息	票面面值 × 票面利率＝1 000×2.5%	＝25 美元
+ 卖空所得现金利息	卖空股票价值 × 现金利率＝466.83[①] ×2%	＝9.34 美元
– 股票股息	卖空股票价值 × 股息收益率＝466.83[①] ×1%	＝（4.67 美元）
– 股票借入成本	卖空股票价值 × 成本率＝466.83[①] ×0.25%	＝（1.17 美元）
合计		＝28.50 美元

①上述金额为 1 000 美元的可转换证券可转换成 21.203 7 股股票（转换比率），所以转换价值为 41.54×21.203 7＝880.80（美元），加上卖空交易的百分比为 53%，故卖空的股票的价值等于 880.80×53%=466.83（美元）。

2. 波动收益

因为可转换证券价格与它所对应的股票价格之间的关系是非线性的，利用可转换证券和股票构造得耳塔中性头寸的过程会产生额外的收益。图 12-2 解释了这一状况，其中实线表示可转换证券的多头头寸，虚线表示得耳塔中性的组合头寸，头寸的初始位置在 1 点，当股票价格下降（A 点），股票空头的收益将会大于可转换证券多头的收益；反过来，如果股票价格上升，可转换证券多头的收益将会大于股票空头的损失（B 点）。表 12-2 是上述情形的分析过程。

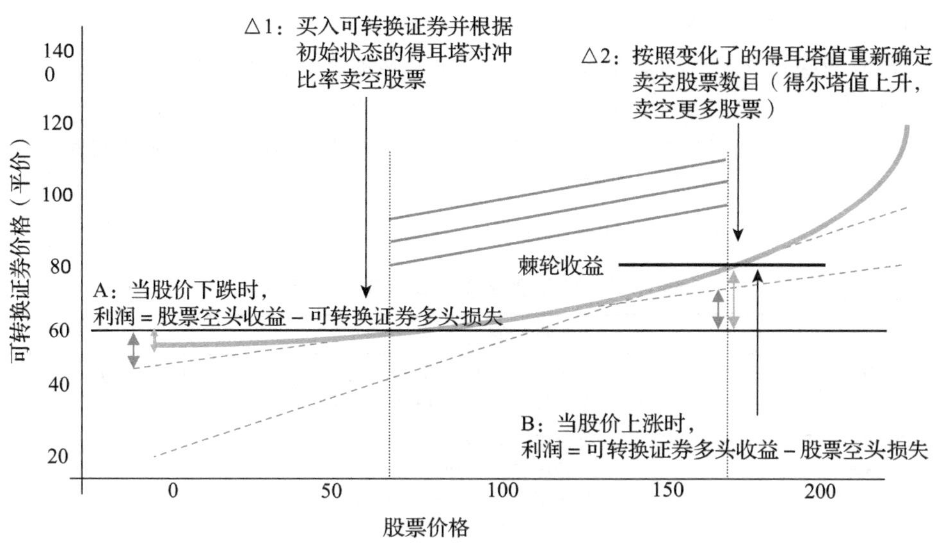

图 12-2　波动收益

表 12-2　可转换证券套利交易

		可转换证券套利策略基金
股票的价格＝41.54 美元 得耳塔＝53% 转换比率＝21.203 7 股 可转换证券价格＝ 面值的 101.375%	初始情形	可转换证券的价格：面值的 101.375%＝1 013.75（美元） 卖空股票的数量：21.203 7×53%＝11.24（股） 空头价值：11.24（股）×41.54（股价）＝466.82（美元） 净现金支出＝546.93（美元）
	上涨 5%	股票现价＝43.617（美元） 空头头寸损失＝466.82－（11.24×43.617）＝23.34（美元） 可转换证券头寸收益＝（1 038.07①－1 013.75）＝24.32（美元） 净收益＝24.32–23.34＝0.98（美元） 新对冲头寸得耳塔＝58.11%
	下跌 5%	股票现价＝39.463 美元 空头头寸收益＝466.82-（11.24×39.463）＝23.34（美元） 可转换证券头寸损失＝（1 038.07–991.78②）＝21.97（美元） 净收益＝23.34–21.97＝1.37 美元 新对冲头寸得耳塔＝46.75%

注：计算结果未四舍五入。

在该例中，可转换证券的面值为 1 000 美元，交易价格为面值的 101.375%，得耳塔值为 53%，每份债券可以转换为 21.203 7 股股票。表 12-2 描述了“波动收益”产生的过程，或者说，随着股价变动调整对冲头寸的大小并获得利润的过程。根据上文的数字，购买可转换证券需花费 1 013.75 美元，减去卖空股票收到的 466.83 美元，那么初始净现金支出为 546.93 美元。假设股票价格上涨了 5%，因为可转换证券价格变化非线性的特征，可转换证券头寸的升值金额要大于空头头寸的亏损金额，由此产生了 0.98 美元的波动收益，而且因为此时得耳塔值增大了，投资者为继续保持头寸的得耳塔中性需要卖空更多的股票。反之，如果股票的价格下跌 5%，可转换证券头寸的亏损金额将会低于空头头寸的升值金额，由此产生了 1.37 美元的波动收益。这是因为得耳塔值变小了，投资者为继续保持得耳塔中性就必须买入股票来冲减空头头寸。在上述设定中，股票每变化 5% 所带来的平均年收益为（1.37＋0.98）/ 2＝1.17（美元）。假设波动率为每月 5%，那么年收入就为 12×1.17，这相当于利率为 1.4% 的面值 1 000 美元的可转换证券的收益。该分析中没有考虑到交易费用的问题，因此计算出的利润水平偏高。

作为可转换证券套利交易策略的一个对比，表 12-3 是未做对冲的可转换证券多头的收益情况。股价上涨 5% 时，可转换证券套利交易策略的收益为 0.98 美元，而未做对冲的可转换证券的多头收益是 24.32 美元；股价下跌 5% 时，可转换证券套利交易策略的收益是 1.37 美元，而未做对冲的多头将遭受 21.97 美元的损失。

表 12-3 可转换证券多头交易（1 年期）

		多头策略的基金
股票价格＝41.54 美元 得耳塔＝53%	初始情形	可转换证券的价格：面值的 101.375%＝1 013.75（美元） 净现金支出：1 013.75（美元）
转换比率＝21.203 7 股 可转换证券价格＝ 面值的 101.375%	上涨 5%	股票现价＝43.617（美元） 可转换证券头寸收益＝（1 038.07①－1 013.75）＝24.32（美元） 票面利息（年）＝2.50（美元） 净收益＝26.82（美元）
	下跌 5%	股票现价＝39.463（美元） 可转换证券头寸损失＝（1 038.07－991.78②）＝21.97（美元） 票面利息（年）＝2.50（美元） 净损失＝19.47（美元）

注：计算结果未四舍五入。

①②可转换证券的价值是基于其标的股票的价格变动，通过可转换证券价格模型计算所得。

3. 买入低估的可转换证券

通过购买价值被低估的可转换证券，交易者可以利用波动当中的价格失衡获得波动收益。如果债券确实被低估，并且在得耳塔对冲的作用下可转换证券套利头寸的风险得到了恰当的控制，那么随着时间的推移，投资者将获得低估债券的升值收益。如果持有期内可转换证券的波动率升高，该收益也会随之增加，但如果波动率下降，原先的潜在收益可能就会变成潜在损失。假设上文中可转换证券的成交价格是其理论价格的 2%，就可以得出本项收益金额为 20 美元（1 000 美元面值的 2%）。

4. 小结

在上述假设的例子中，可转换证券套利策略的年收益可以分成以下几项：对冲交易收益，2.9%；波动收益，1.4%；买入低估的可转换证券的收益（2%，假设持有时间刚好是 1 年）。最终得到的总收益为 6.3%。

如果 75% 的可转换证券是用利率为 2% 的 750 美元借款支付的，最后得到的年度收益约为 11.2%。其中，1 000×4.3%＝43（美元），43-15（利息支出）＝28（美元），33 / 250＝11.2。

资料来源：Basile, Davide. "Convertible bonds: Convertible arbitrage versus long-only strategies." *Morgan Stanley Investment Management Journal*, Issue 1, Volume 2, 2006.

这种策略的目标是创造超过同一发行人发行的期限相同的非可转换债券的收益，同时无须承担普通股那样高的风险。大部分可转换证券套利投资者期望能够获得两位数的年度收益率。

12.3.3 相对价值套利

相对价值套利者利用不同类别的资产之间的相对价格失衡获利，其中一个例子就是配对交易。配对交易涉及两家处于相同行业的公司，这两家公司要么是竞争者，要么是合作伙伴，而且它们的日股价变动在历史上具有强烈的正相关性（或者是同一家公司既发行了普通股，又发行了优先股，这两者之间存在强相关）。而一旦上述相关关系失衡（一家股价上升而另一家下跌），配对交易策略的投资者就会卖空走高的股票并同时买入走低股票，并断定两者之间的价差最终会消失。如果两者的价格最终确实趋向一致，收益会非常可观。当然，如果两者的价格一反历史常态呈现出背离的情形，该交易将会蒙受损失。

另一个相对价值套利的例子是在纽约证券交易所与芝加哥商业交易所之间的套利。股票在纽约证券交易所的价格与在芝加哥商业交易所的期货价格有着极强的正相关性。一旦股票价格和它的期货价格出现预期外的偏差，高度信息化的交易员通过快速运转的计算机便会立即捕捉到该偏差并下达交易指令；如果股票价格相对期货价格偏高，交易指令是卖空股票和买入期货；如果期货价格相对股票价格偏高，交易指令是买入股票和卖空期货。在上述股票和期货的例子中，两者的价格基本上都会趋向一致并产生利润。该利润很有可能会非常少（并且机会稍纵即逝），因为许多交易员和电脑均能发现同一偏差并迅速构造套利组合。因此，为了让套利组合获利，交易员和电脑必须在发现微小的价格差异时迅速大量地构建股票和期货合约的多头空头组合，这样才能获得足够多的利润。

12.4　事件驱动策略

事件驱动策略关注重大的交易事件，如并购交易、破产重组、资本重组或是其他可能出现价格失衡的特定事件。表 12-4 概括了能够触发基金管理人产生投资意愿的事件类型。

表 12-4　事件驱动策略投资机会：驱动因子和机会

战略（刚性驱动因子）	运营
风险套利 战略选择审查 分立 / 解散意向 股东积极主义 / 代理权竞争 控股公司折扣 / 预约购股交易 收购要约	并购 / 协同效应 重组项目 / 公司重整 高管变更
财务	**法律与监管**
流动性事件 / 信用评级调整 资本重组 权益首次发行和债务发行 破产重组 会计变化 / 事项	诉讼 监管 法律
	技术
	失败的风险套利情形 权益再融资及权益相关发行

资料来源：Highbridge Capital Management, LLC.

12.4.1　股东积极主义策略

股东积极主义策略的股东会买入公司少量的权益或者权益衍生品，然后对公司高管和董事会施加影响，让他们以投资人的利益为重，提高股东价值。股东积极主义策略的投资者通常会去发动其他主流投资者来支持他们对公司的提案，这些提案有时是去改变管理架构的代理权征集。他们通常希望公司削减成本、降低现金余额、扩大股份回购金额、提高股息发放以及提高负债等。第 13 章为股东积极主义策略的股东行为和他们对公司施加的影响提供了更为完整的解释。

12.4.2 并购套利

并购套利策略也被称为风险套利策略，是一种利用收购方公司报价与并购公告发出以后的目标公司股价之间的差异获利的投资策略。专栏 12-3 对换股并购套利策略进行了总结。

专栏 12-3　并购套利策略

- 风险套利策略投资理念认为已经发出公告的并购交易最终会完成。
- 当一家公司（收购方）公告对另外一家公司（标的）的并购意向时，公告日与交易完成日之间存在时间差，在这段时间间隔中：
  - 标的公司的股价将会上涨，并逐渐接近收购要约中的报价，但总是稍低于报价。
- “套利价差”是指公告后标的公司的股价与公司报价之间的差异，对应着交易失败的风险。
- 套利者会：
  - 买入标的公司股票
  - 卖空收购方公司的股票（支付对价为股票时）
- 如果交易以报价成交，套利者将会获得套利价差和标的公司的股息。

在并购交易中，如果收购方同意用股票来支付对价（即上文所述的换股并购），套利者将卖空收购方公司股票，同时买入目标公司的股票。如果并购完成，目标公司的股票将会按照并购公告日承诺的比率换成收购方公司的股票（除非存在下文所述的双限期权）。在将目标公司股票换成收购方公司股票时，套利者可以将这些股票偿还给股票出借方（平仓）。

有时，换股并购交易中包含双限期权的协议，根据这些协议，收购方公司在交易结束时交割的股票数量取决于公告日到结束日期间收购方公司的股价是上升还是下降，以及上升或下降的幅度。双限期权使得并购交易变得更加复杂，并且双限期权结构不同，其复杂程度也不同。有时，对价还包括优先股、认证股权等证券，这使得套利活动更具有挑战性。

并购交易中，当支付对价为现金时，收购方公司将用确定金额的现金买入目标公司的股份。在并购交易结束前的一段时间中（一个月到一年，甚至更久），由于存在交易失败的可能，目标公司股价一般会低于并购报价。因此，相信并购交易会成功的套利者，在收购要约公告发出之后仅买入目标公司股票，便能够赚取买入价与收购方公司报价之间的价差。

表 12-5 概括了并购套利交易中增值和贬值的情况，专栏 12-4 比较了现金并购套利交易与换股并购套利交易的不同，图 12-3 描述了成功和失败的并购套利交易的价差，专栏 12-5 总结了现金并购套利的预期收益状况。

表 12-5　换股并购套利

投资增值：并购交易成功	投资贬值：并购交易失败
• 套利者收益： 　◦ 套利价差（目标公司股价与公告的收购报价之间的差额） 　◦ 目标公司股票的股息 　◦ 卖空收购方公司股票获得的现金的利息（需剔除借入成本和支付的收购方公司股票的股息） • 如果收购报价提高，套利价差将会扩大，存在其他竞标者时会发生这种情况	• 目标公司股价将会跌回公告日前的水平（可能更低），进而造成损失 • 收购方公司的股价可能上升，导致空头头寸损失
在大多数案例中，交易失败时套利者的损失会远远高于交易成功时套利者的收益	

专栏 12-4　现金并购套利与换股并购套利的比较

现金并购套利

- 套利者只购买目标公司的股票
  - 目标公司股价低于并购报价
  - 套利者一直持有目标公司股票，到并购交易完成时，套利者将收到目标公司支付的现金

换股并购套利

- 与现金并购套利一样，套利者买入目标公司的股票，但同时卖空收购方公司股票
  - 如果承诺的交换比率为 1∶2（即 1 股收购方公司股票可以交换成 2 股目标公司的股票），那么
  - 套利者买入 1 000 股目标公司股票的同时就会卖空 500 股收购方公司的股票
- 套利者一直持有目标公司的目标，到并购交易完成时，套利者用换来的收购方公司股票平仓

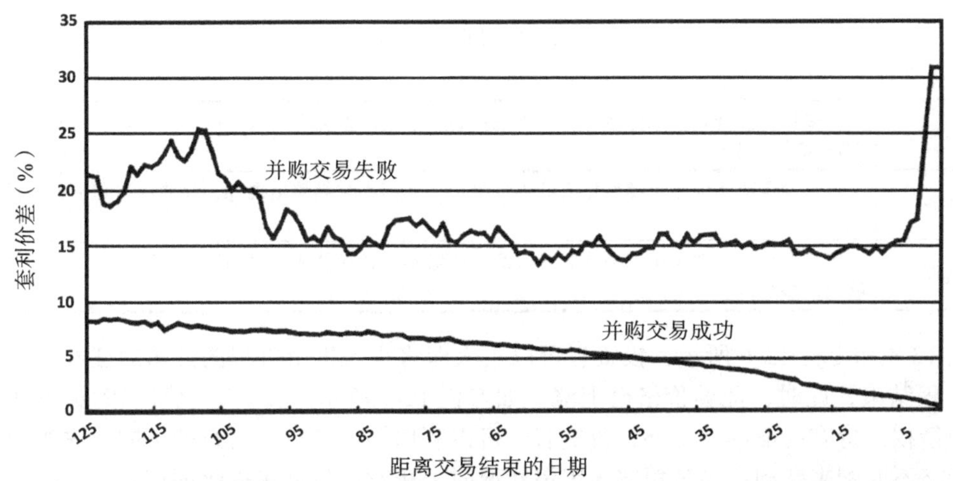

上图描述的是交易结束前平均套利价差随时间的变化情况。定义套利价差为并购报价减去目标公司的股价。对于失败的交易，交易结束日期为公告并购交易取消的日期；对于成功的交易，交易结束的日期为并购完成的日期。

图 12-3　平均并购套利价差

资料来源：Mitchell, Mark L. and Todd C. Pulvino. " Characteristics of Risk and Return in Risk Arbitrage." *Journal of Finance* 56: 2135-2176.

专栏 12-5　现金并购套利的预期收益

预期收益率 $=[C\times G-L(100\%-C)]/Y\times P$

上式中，

- C 为交易成功的预期概率
- G 为交易成功时的预期收益（通常为并购报价 – 现价）
- L 为交易失败时的预期损失（现价 – 原价）
- Y 为预期持有股票的年数（通常会持有到并购交易结束）
- P 为股票现价

例子：

A 公司计划以 25 美元 / 股的报价收购 B 公司的股票，B 公司股票目前交易价格为 15 美元 / 股。预期交易将于 3 月后结束，B 公司股价立即上涨至 24 美元 / 股。

$C=96\%$

$G=\$1.00$

$L=\$9.00$（\$24－\$15）
$Y=25\%$（3 / 12 个月）
$P=\$24$

预期收益率＝[0.96×\$1－\$9×(1－0.96)] / (0.25×\$24)＝10%

12.4.3 困境证券

困境证券投资策略是直接投资于正处于破产重组等困境或者预期未来将经历困境的公司。困境证券是指那些正处于、即将步入、即将走出破产或者财务困境的公司的股票、债券或金融索取权。预期公司即将步入财务困境时，这些证券的价格会下跌，因为投资者会选择卖掉证券，而不是继续持有，同时买家也会很少。如果一个公司正处于困境当中，但是有迹象表明公司即将走出困境，这个公司的证券价格可能会上涨。由于市场无法准确对这些证券进行定价，并且许多机构投资者被禁止投资困境证券，这些证券有时能够以远低于其风险调整后的价格买入，见表 12-6。

表 12-6 困境证券收益

利用公司债权人没有的知识、灵活和耐心获利

债券	许多机构投资者，如养老金，由于规章制度限制，无法直接购买投资评级以下的债券（Bal / BB+ 或者更低）
银行债务	银行通常更倾向于卖掉所持有的不良资产，从而将它们移出表外，并使用解套资金进行其他投资
贸易债权	贸易债权人一般是生产商或者服务商，一般不具备评估能力去估算一旦困境公司破产他们能够收回多少钱

如图 12-4 和专栏 12-6 所示，投资者可以买入即将步入重组过程的公司的证券，并持有至重组过程结束，此时，证券价格会上涨。如专栏 12-7 所示，投资者也可以购买正处于重组过程中债权人持有的证券。此外，投资者还可以利用同一发行人发行的不同优先级的证券之间的价格不匹配来获利。当公司陷入困境状况时，相对于较低优先级的证券，较高优先级证券的价值将会增加。这意味着投资者应当买入较高优先级的证券，同时卖空较低优先级的证券。困境投资策略的成功通常取决于享有公司索取权的其他投资者和债权人之间的谈判情况，以及破产法庭法官和受托人的决定。

专栏 12-6　对即将步入破产的公司的投资策略

买入低价债券和（或）卖空股票

预期

- 公司申请破产之前收到的利息＋资产清算价值＝超过交易成本的价值
- 股票价值将为零

问题

- 清算价值可能低于预期
- 债务可能会增多，从而导致资产所负担的索取权增多
- 变现的时间可能会被延迟

挑战

- 分析哪个级别的债券可以优先获得足够的清偿
- 理解破产法和破产流程
- 比较获得的清偿和交易价格，这需要考虑货币的时间价值和资产恶化带来的影响

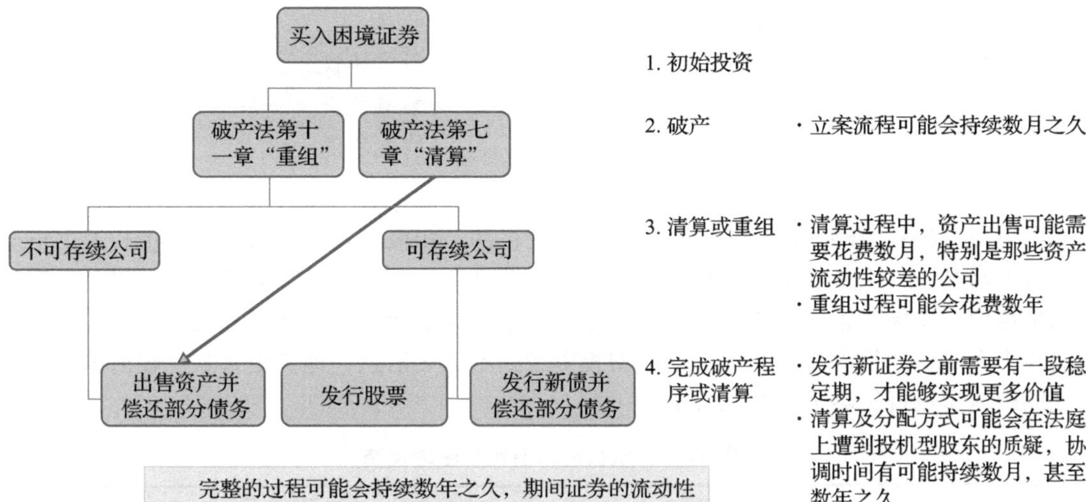

图 12-4　重组过程

专栏 12-7　对处于破产过程中的公司的投资策略

- 买入破产过程中向债权人发行的股票，或者买入能够换成重组过程中发行的股票的次级债券。

预期

- 分析能力不足和缺乏耐心的债权人的抛售行为引起股票价值被低估。
- 公司完成破产程序时，股票价格将上涨。

问题

- 公司清算时，股票变得没有价值。
- 公司再次步入破产法第十一章下的破产程序（“第二十二章”），股票将变得没有价值。

挑战

- 很难判断公司的核心业务是否具有价值以及是否能够重新恢复。

成功的困境投资策略在投资过程中会关注基本面分析情况、历史业绩、困境产生原因、资本结构、债务条约、法律问题、交易执行、债权性质和资本结构中的债务状况（见专栏 12-8）。

专栏 12-8　投资流程

分析

- 基本面分析 / 量化分析
- 历史业绩和困境产生的原因
- 资本结构
- 债务条约
- 法律问题
    - 破产程序
    - 税务问题
    - 公开文件
    - 次级债权人的权利
    - 衍生品是否被执行
- 交易执行
    - 了解市场交易动态
    - 利用风险套利模型去分析证券之间的关系
    - 进行流动性分析以判断平仓日期
    - 破产程序中可能出现的权利纠纷

- 多情境估值模型
- 债权性质和资本结构中的债务状况
  - 索取权规模
  - 相对优先级
  - 索取权的组成
  - 抵押权
  - 担保
  - 股东协议
  - 或有负债
  - 内在价值

困境证券投资策略可以是积极的也可以是消极的。积极型投资者通过加入债权人委员会并亲自参与其中，来影响重组和再融资的过程，并确保债务重组过程公平公正，以及投资实现保值增值。积极型投资者会参与债务重组过程中各项法律事务，并且会努力在公司的重组中实现个人利益的最大化。相反，消极型投资者则不那么活跃，他们更喜欢比较简单且不费时间的困境型投资机会（见表 12-7）。

表 12-7 积极型和消极型困境投资

积极型		消极型
控 股	非控股	
• 持 1 / 3 的股权会有影响力，控制权则需要 1 / 2 的股权，可能需要联合其他投资者	• 有担保 / 无担保的优先级债权	• 投资被低估的困境证券
• 耗费精力，私募股权投资类型，受到较多限制	• 影响重组进程，有时受到限制	• 交易方向：多头、空头、资本套利
• 退出：2～3 年	• 退出：1～2 年	• 退出：6～12 个月
• 关注中小市值企业	• 关注中小市值企业	• 关注大型企业
• 机会：整体信用环境	• 机会：整体信用环境	• 机会：市场的周期性

如专栏 12-9 所示，大型服装零售商巴尼斯破产案是有关困境证券投资策略的一个案例。（另一个困境证券投资相关案例参见：“凯马特、西尔斯和 ESL：从对冲基金到世界顶尖零售商之路”）。表 12-8 总结了困境证券投资的风险和机遇。

专栏 12-9 交易案例

- 1996 年早期，根据破产法第十一章申请破产保护时，巴尼斯无力支付店铺租金，很多时装设计公司决定卖掉他们所持有的贸易债权，以收回部分资金。
- 海湾基金和夜鹰联合基金这两家对冲基金，以 2.4 亿美元的价格在二级市场上收购了该公司的未付票据，其中，海湾基金以 30% 折扣买入，夜鹰联合基金以 50% 折扣买入。随后，它们拒绝了其他对巴尼斯感兴趣的零售商的竞购：
  - 1997 年，萨克斯第五大道精品店出价 2.9 亿美元。
  - 1997 年，中国香港企业“迪生创建”出价 2.8 亿美元，英国哈维 · 尼克斯时尚百货店是其旗下产业。
  - 1998 年，机场免税连锁店 DFS 集团提供约 2.8 亿美元的报价。
- 1999 年 1 月，破产法院将控股权移交给债权人：海湾基金和夜鹰联合基金成为两个最大的股东，共计持有 85% 的股份。
  - 破产过程十分漫长（3 年），并且由于与日本百货公司伊势丹的合作关系而变得十分复杂，后者曾为巴尼斯的扩张提供超过 6 亿美元。
  - 伊势丹获得 7% 的股份，并享有多项特权。

◦ 其他股东包括公司总裁和 CEO（持股 6%）以及普雷斯曼（创始人）家族（持股 2%）。

• 2004 年 12 月，巴尼斯以 4.01 亿美元的价格卖给了琼斯服饰集团。

表 12-8 风险和机遇

下行风险	机 遇
• 较高的公司 / 行业风险 • 错误估计公司的清算价值 • 择时交易带来的损失和短期损失 • 公司欺诈和虚报行为 • 债券转换成无价值的股票 • 重组过程长于预期 • 证券流动性很差 • 破产法院的仁慈 • 竞争加剧 • 制度改变 • 管理层寻求低价退出（当持有执行价格较低的期权时）	• 有影响分配过程、新股发行和新公司未来发展的能力 • 强制出售导致折价 • 许多困境型公司没有被华尔街覆盖到 • 可以根据交易的特征调整风格，并且不受评级机构的制约 • 更换管理层 / 实施成本控制

2016 年 3 月，阿根廷和四家对冲基金长达 15 年的斗争终于结束，阿根廷同意支付 46.5 亿美元来解决这些对冲基金对其提出的长期诉讼。阿根廷同意偿还这四家对冲基金持有的在 2001 年违约的欧洲主权债券。

波士顿对冲基金布雷斯布里奇资本初始投资本金为 1.2 亿美元，实现收益 9.5 亿美元，收益率高达 800%。亿万富翁保罗 · 辛格尔和他的公司 NML 资本（该诉讼案件中领导者）共收到了 22.8 亿美元的本金和利息偿付。这是一笔巨额交割，根据阿根廷提交的协议条款和法律文件，NML 资本的初始投资额仅为 6.17 亿美元，获得了 370% 的收益率。阿根廷偿付了这些对冲基金提出的诉讼金额的 75%，包括 100% 的本金和他们所持有债券的 50% 的应付利息。

对于阿根廷而言，解决这项争端也是一大胜利。2001 年，阿根廷发生了 950 亿美元的债务违约以后一直被国外资本市场排除在外，现在它终于可以回归国外资本市场了。辛格尔和其他对冲基金管理者在阿根廷被称为“秃鹫”。

对冲基金的策略很简单：他们以高折扣的价格买入国家债券，然后向国家提出诉讼要求全额赔付。2010 年，阿根廷已经同 92% 的债权人解决了其债务问题。但是以辛格尔和其他基金为代表的剩下 8% 的债权人坚持抵抗。纽约法官托马斯 · 格里萨也支持他们，他要求阿根廷在偿还辛格尔和其他抵抗者之前不得偿还其他的债权人。在阿根廷国会同意偿还并修改了禁止偿还的法律后，这场斗争最终以阿根廷同意偿还协商金额而告终。

阿根廷发行了约 150 亿美元的新债以获得资金来偿还对冲基金和其他债权人。阿根廷以现金偿还债权人，与使用其他债券的偿还方式相比，偿还金额低了 20%。除了偿还对冲基金以外，阿根廷还偿付了约 40 亿美元给过去持有阿根廷违约债券的其他债权人。

12.5 小结

对冲基金投资策略以提高收益水平、降低收益波动，即使在市场低迷时仍能够实现正收益为目标。它们有时能够实现这些目标，有时也无法做到。本章仅概括了最为频繁使用的投资策略，对冲基金还使用很多其他的策略。本章介绍的策略中涉及卖空交易、套利技术的使用、金融衍生品的应用、对公司重大事件的参与、大宗经纪商或投资银行的交易授信平台精心设计的交易方式和金融工具。

为了帮助读者更好地理解某些投资策略，专栏 12-10 至专栏 12-13 提供了简单示例，涉及并购套利、配对交易、困境证券投资和全球宏观策略。

专栏 12-10　并购套利

原理

- 零件制造公司（WMI）向沙发制造公司（SMI）提出要约收购，报价为每 2 股 WMI 股票换 1 股 SMI 股票。要约收购公告前，WMI 和 SMI 的股票交易价格分别为 52 美元 / 股和 74 美元 / 股（报价的溢价为 SMI 股价的 40%）。
- WMI 和 SMI 的股票均不支付股息。
- 预计 SMI 的股东将接受此次要约收购，且收购将于未来 2～3 个月内完成。
- 公告发布后，WMI 和 SMI 的股票交易价格分别为 50 美元 / 股和 95 美元 / 股。

交易

- 以 95 美元 / 股的价格买入 100 股 SMI 股票。
- 以 50 美元 / 股的价格卖空 200 股 WMI 股票。

预期结果

- 并购如果完成，我们会结束空仓，用 SMI 股票换来的 WMI 股票平仓，过去 3 个月中每股 SMI 股票将带来 5 美元的收益。
- 示例：如果 WMI 和 SMI 的股价分别上涨至每股 60 美元、每股 120 美元，则在交易结束时每股 SMI 股票将获得 5 美元的净收益，且期间不会产生额外的现金流。
- 示例：如果 WMI 和 SMI 的股价分别下跌至每股 45 美元、每股 90 美元，则在交易结束时每股 SMI 股票将获得 5 美元的净收益，且期间不会产生额外的现金流。

升值机遇

- 如果存在竞争者竞标收购 SMI，我们可能会发现 SMI 的股价上升（而且囿于 WMI 要参与竞价，其股价可能会进一步下降）。
- 示例：如果零件工厂（WF）加入竞争，提出以 120 美元 / 股的价格收购 SMI 的股票，我们可能会看到 SMI 的股票上升至 118 美元 / 股（可能会更高，因为 WMI 预计将参与竞价），WMI 的股价仍为 50 美元 / 股。那么最终平仓时，每股 SMI 的股票将产生 23 美元的利润，我们的交易收益便为 2 300 美元。

下行风险

- 如果并购交易失败，SMI 会下跌，WMI 会反弹，从而导致潜在的巨大损失。
- 示例：如果并购交易被监管者叫停，我们可能会看到 SMI 股价跌回 74 美元 / 股，WMI 股价回到 52 美元 / 股。在这种情况下，每股 SMI 股票将损失 21 美元，每股 WMI 股票将损失 2 美元，共计损失 2 500 美元。

对冲措施

- 如果我们对并购交易的前景心存疑虑，我们可能会提前平仓或者购买期权来降低下行风险。
- 示例：如果 WMI 股价保持在 50 美元 / 股，而 SMI 的股价上涨至 98 美元 / 股，我们可能会考虑提前平仓，而不是等到交易完成。
- 示例：如果 WMI 股价保持在 50 美元 / 股，而 SMI 的股价上涨至 98 美元 / 股，我们可能会用所得的钱购买执行价格为95美元的SMI股票看跌期权，以降低在交易失败的情况下的损失。如果期权价格为1美元，交易成功情况下，每股SMI股票能够获得4美元的利润；交易失败情况下，假设SMI、WMI的股价分别跌回74美元/股和52美元/股，则每股WMI股票损失为2美元，SMI股票头寸无损失，最终总损失为500美元（与上文的2 500美元损失相比要好很多）。

专栏 12-11　配对交易

原理

- 零件制造公司（WMI）开发了一种新产品，我们认为这种新产品比其主要竞争对手零件工厂（WF）的产品更具价值。
- 我们预计WMI将从WF那里获得更多的市场份额。
- WMI和WF的股票均不支付股息。

交易

- 以52美元/股的价格买入100股WMI股票。
- 以45美元/股的价格卖空100股WF股票。

预期结果

- 预期WFI和WF股票之间的价差将会扩大。
- 示例：我们认为一年内WMI和WF股价分别上涨至65美元/股、50美元/股→每股WMI股票盈利13美元，每股WF股票损失5美元→净收益为800美元（700美元的投资，1 500美元的回报）。
- 示例：如果WMI、WF的股价分别下跌至40美元/股、30美元/股→每股WMI股票损失12美元，每股WF股票盈利15美元→净收益为300美元（700美元的投资，1000美元的回报）。

升值机遇

- 升值机遇来自于价差的扩大，价差可能高于我们的预期。

下行风险

- 我们对于新产品将会受到市场的欢迎的判断可能是错的（比如“可口可乐新口味”的例子），我们可能会看到WMI与WF之间的价差缩小，WF的股价甚至会超过WMI。
- 示例：如果WMI、WF的股价分别上升至55美元/股、54美元/股，那么每股WMI股票将盈利3美元，每股WF股票将损失9美元，700美元的初始投资共计损失600美元。

对冲措施

- 如果我们对新产品的前景心存疑虑，我们可能会提前平仓或者购买期权来降低下行风险。
- 示例：我们可能会考虑买入WMI股票的看跌期权并卖空它的看涨期权，同时，卖空WF股票的看涨期权并买入它的看涨期权。这会限制潜在的升值空间，但是也会降低下行风险，由于这些期权头寸能够锁定价差的范围和支出成本。

专栏 12-12　困境证券投资

原理

- 投资电力公司（IPP）的业务单元处于严格监管的能源市场中的非监管部分。
- 过去几年中IPP投入成本的增长比产出收益的增长速度快很多，导致IPP的现金流和收益连续数年均为负值，可能不久就要面临破产的危机。
- IPP的主要融资为一笔100亿美元、利率为5%、期限为10年的债务，现在这项债务以30%的折扣价格进行交易，且不具备投资评级。
- IPP流通股数量为1亿股，交易价格为3

美元／股。

- 按照目前的消耗速度，IPP 的现金流足以维系 2 年的公司运营和债务利息偿还（每年 15 亿美元，其中 5 亿美元用于支付利息）。
- IPP 的债务合约中规定如果大量资产被强制出售则可触发债券回售（卖回给发起人，这取决于债券持有人的态度）。
- 我们预计 IPP 在 2 年后将面临破产。
- 清算过程中，我们预计这些资产能够以 35 亿美元的价格出售（从破产时开始，该过程将持续约 1 年的时间）。

交易

- 以 30% 的折扣价格买入面值为 1 000 美元的债券。
- 以 3 美元／股的价格卖空 100 股 IPP 股票。

预期结果

- 我们构造的投资组合的初始投资为零，现在我们来分析这项交易中所得的现金流：前 2 年中，我们将得到每年 50 美元的票面利息，清算过程中，我们将得到 350 美元的清偿款（100 美元面值的债券的清偿金额为 35 美元）。
- 股票价值将变为零，从而带来 300 美元的卖空交易收益，且未来不会产生现金流。

升值机遇

- 如果公司比预计时间更早地开始同债券持有人谈判，则将会有更多资产分配给债权人，因此我们可能会得到更好的收益。例如，如果公司在 1 年后开始清算，资产的价值便为 35 亿美元加上 15 亿美元的现金，则每 100 美元面值的债务的清偿金额为 50 美元。

下行风险

- 考虑到行业受到监管的特点，我们可能会看到更差场景的监管发生，从而导致 IPP 公司的波动增加。（例如，新规定要求监管下的公用事业公司现在只能从不受监管的电力生产商 IPP 处购买一个预设百分比的电力，或者新购买的资产需要满足新增的环保要求。IPP 的资产价值将因此而降低。）
- 示例：下行的政策风险可能意味着资产会变得一文不值。但是如果有一家受管制电力生产商从 IPP 处购买能源，使得 IPP 的企业价值变成 200 亿美元（股权与债务各 100 亿美元，假定发生概率为 10%），那么股价将上涨至 10 美元／股，债券价值变为 100 美元（10% 的概率下得到全额清偿，90% 的概率一分钱都得不到）→每份债券的交易损失为 200 美元，每股股票损失 7 美元，总损失为 900 美元。

对冲措施

- 考虑到头寸的风险水平，很难利用相关衍生品来限制风险，由于股票已经表现出部分期权的特点，存在有流通性股票期权市场的概率非常低。
- 因为信用违约互换利差通常会随着股价的上升而扩大，我们可能会考虑买入不受管制的电力生产商公司债券的信用违约互换来对冲风险。
- 我们可能会考虑把股票平仓。

专栏 12-13 全球宏观策略

原理

- 埃尔伯尼亚（Elbonia）是一个拥有稳定政权的发达的工业化国家。
- 尽管过去几个季度中埃尔伯尼亚的期货和股票市场有所好转，但是仍然面临着通货紧缩的风险，并且经济在持续恶化。
- 考虑到埃尔伯尼亚的 CPI 很低，仅有 2%，我们认为当前的市场价格没有合理地反映通货膨胀的水平。
- 现在的价格是以 1% 的预期通货膨胀率为基础的。
- 我们预计未来通货膨胀率将保持在 2%

的水平。

交易

- 买入面值为 1 000 美元，利率为 2%，期限为 5 年的埃尔伯尼亚通胀指数化国债（ENBIPS）。
- 卖空面值为 1 000 美元，利率为 3% 的埃尔伯尼亚国债（ENB）。
- ENB 的债券利率是名义利率，名义利率＝实际利率＋预期通货膨胀率。
- ENBIPS 的债券利率是实际到期利率。
- ENB 到期收益率－ENBIPS 到期收益率＝市场通货膨胀率。

预期结果

- 示例：多头的预期收益为 1 217 美元 [（1+0.02 的实际收益率 +0.02 的通货膨胀率）×5]，即 5 年获得收益 217 美元，同时，空头头寸预期收益为 1 159 美元 [（1+0.03 名义收益率）×5]，5 年的净收益为 58 美元。

升值机遇

- 考虑到宏观经济环境和中央银行的政策，通货膨胀可能会高于预期。
- 示例：如果债券期限内通货膨胀率上升至 4%，多头头寸的价值将变为 1 338 美元 [（1+0.03 的实际利率+0.04 的通货膨胀率）×5]，空头头寸仍为 1 159 美元 [（1+0.03 名义收益率）×5]，净利润最终为 170 美元。

下行风险

- 如果发生通货紧缩，我们将遭受损失。
- 示例：如果通货紧缩率为 1%，ENBIPS 的价值将为 1 051 美元 [（1+0.02 的实际利率－0.01 的通货紧缩率）×5]，ENB 的价值仍为 1 159 美元 [（1+0.03 名义收益率）×5]，净损失最终为 108 美元。

对冲措施

- 示例：我们考虑买入一个能够进入 ENBIPS 的远期合约，以降低通货紧缩超出预期时的损失。

第 13 章　股东积极主义及其对公司治理的影响

本章内容可以和以下两个案例互为参考：“麦当劳、温迪和对冲基金：汉堡对冲？”和“保时捷、大众和 CSX 运输公司：汽车、火车及衍生品”。

某些对冲基金将股东积极主义策略作为其核心投资策略。积极主义股东取得上市公司少数权益头寸以后，会向管理层施压，要求其变革公司政策以增加股东价值。积极主义股东主张的常见的变革政策包括：压缩公司成本、回购普通股、提高公司杠杆、提高股息、降低 CEO 薪酬、减少现金资产以及剥离部分业务等。此外，积极主义股东有时会反对那些不以增加股东价值为目的的并购提案和现金配置决议。积极主义股东有时也会推动出售目标公司，或者通过分项出售或主要业务分拆的方式来分解公司（见专栏 13-1）。

专栏 13-1　股东积极主义

- 一些公司很容易受到积极主义股东的恶意攻击。
- 对冲基金可能是那种直言不讳的投资者，他们通过一系列的方式来要求变革公司管理状况：
  - 公开谴责 / 质问董事会和管理层；
  - 提名董事会候选人并通过争夺代理权的方式推动该提名提上日程；
  - 支持其他积极主义股东。
- 基于以下几个原因，对冲基金的股东积极主义策略一直都很成功：
  - 志趣相投的对冲基金引起的羊群效应；
  - 克服只专注于短期利益行为的能力；
  - 熟练运用多种证券和金融工具的能力；
  - 熟悉并购业务以及法律监管和权利；
  - 随时准备加入战斗以及投入大量资源到沸沸扬扬的公关战中的意愿。

资料来源：Morgan Stanley.

积极主义股东通常购买目标公司 1%～10% 的股份，或者通过权益衍生品交易创造权益风险暴露，例如买入公司股票看涨期权、同时买入公司股票看涨期权和看跌期权、通过远期交易买入公司股票、通过权益互换获得公司股票。这些衍生品及其他交易将在本章后面部分进行讨论，此外，相关的案例中也会有所涉及。一个持有相对较少的股份以及权益衍生品头寸的积极主义股东，可能能够使得投资者发起促使公司发生重大变革的战争，并且无须承担整体收购所需要的额外成本、风险和时间。但是为了使之有成效，积极主义股东通常必须能够得到其他主要股东的支持。积极主义股东也可能会通过发动大规模宣传活动、股东决议，或者极端情况下，去争夺能够控制董事会的代理权来实现其目标。

在 1985 年，股东积极主义变成了一股活跃的力量，当时正值美国特拉华州最高法院对关于公司治理的 4 起案件做出了判决：美国加州联合石油公司、美国家具公司、范·戈科姆和美国露华浓公司。当时，养老金、共同基金和积极策略对冲基金都加入了这场运动，并且股东积极主义行动每年都在以缓慢的速度增长，直到 2002 年，由于安然公司和世通公司的倒闭以及 2002 年 10 月通过的美国《萨班斯 - 奥克斯利法案》，股东积极主义达到了相当大的规模。

13.1　以股东为中心的公司治理与以董事会为中心的公司治理

公司治理的一个核心问题是公司董事会是否应当担任上市公司经营管理的角色，或者积极主义股东最终是否有权否决董事会。换句话说，公司是否会变得更多地以股东为中心、更少地以董事会为中心？

一些以股东为中心的公司治理的批评者指出，股东积极主义正在引起董事会职能从规划公司战略、对公司管理提出建议向确保合规和履行尽职调查职责转变。这种转变可能会导致董事会和 CEO 之间产生隔阂，董事会成员将不再是“可信赖的顾问”，因为 CEO 们在与调查性的和防卫性的董事们分享大家关心的事情时会变得更加谨慎。出于对诉讼问题的担心，董事会成员有时会更关注个人在董事会中的职责，以至于他们无暇关注股东价值最大化的目标。董事会被“割据”成一个一个独立董事的权利委员会，进而无法整体协作追求董事整体目标。即使董事会能够与 CEO 一起协作专注于公司业务发展，积极主义股东施加的压力也会使得董事会更注重短期股价的表现，而不是长期的价值创造。这可能会引起公司与其员工、客户、供应商以及社区之间关系在短期内发生改变，也会减少公司的研发投入和资本项目投资，而这对公司长期发展至关重要。

另一个对以股东为中心治理公司的批判是，股东积极主义最终可能会夺取董事会的实质权利，从而导致公司每一项重要决议都需要股东投票表决。这将对公司正常运营造成严重影响，降低决策速度，并且不利于提高公司竞争力，因为过去那些董事会做出的机密决议现在被提上了台面。也有人担心，为了实现目标，不同积极主义股东之间会形成一些不成文的结盟关系来对董事会施加不合理的压力。积极主义股东利用一些含糊不清的概念，像“集团”、“协同一致”和“投资意图”来测试证券、信息披露和反托拉斯等法律法规的底线。（“保时捷、大众和 CSX：汽车、火车与衍生品”案例中对这些行为做出了更为详细地描述。）

美国 RiskMetrics 集团（RMG）通过其机构投资者服务部门（ISS）致力于提供机构投资者的公司治理和代理权表决服务。这个影响着机构投资者的想法的机构，开始越发支持以股东为中心的提议。RMG 建议其机构投资者客户在任何他们反对的公司政策上都要“保留投票”。例如，一旦董事会“缺失会计透明和监督”，并且公司相对于同业公司出现“持续不良业绩”，RMG 便建议客户保留投票。多年来，RMG 一直抨击股东权利计划（“毒丸”计划），大力推动要求 20% 或更高的股份触发比例以及股份赎回条件，这极大地降低了股东权利计划的有效性。RMG 建议：如果董事会未经股东同意就擅自采用或更新股东权利计划、不承诺股东权利计划实施一年内交付给股东投票表决，或者食言股东权利计划的表决承诺，那么客户应对整个董事会的决议保留投票。这项政策对于潜在的恶意收购标的公司而言可能非常具有挑战性。

公司董事会和CEO开始日益关注积极主义股东的威胁，以及与RMG类似的机构频繁表现出的敌对立场。他们向投资银行和外部律师事务所寻求帮助来抵御恶意收购和不友好的股东积极主义者。专栏13-2展示了公司为应对积极策略对冲基金的行动方案清单。

专栏13-2 应对积极策略对冲基金的方案

- 成立应对积极策略对冲基金的团队
  - 一个由公司核心高管、律师、投资银行家、代理权征集机构和公关公司组成的小组（2～5人）；
  - 确保能够在24～48小时之内召开董事会特别会议；
  - 团队成员的持续接触和定期会议非常重要；
  - 定期的应急演习是使得团队保持备战状态的最佳方法；
  - 定期更新作战人员清单。
- 股东关系
  - 评估股息政策、分析报告以及其他财务公共关系；
  - 让受托人做好准备防范那些用于震慑他们的收购策略；
  - 评估公司各项计划的受托人，并决定是否需要进行调整；
  - 日常监控机构投资者的持股变化；
  - 制定与机构投资者（包括最新的股东和联系人名单）接触计划，以及与分析师、媒体、监管机构和政治团体的接触计划；
  - 时刻掌握股东积极主义对冲基金、机构投资者，以及其关于公司治理和代理权问题的动态；
  - 套利者和对冲基金起到的作用。
- 董事会对收购事项的准备
  - 董事会在关键策略问题上保持一致是成功的关键；
  - 法律顾问和投资银行家安排定期报告会，以使得董事会熟悉收购场景、法律，熟悉他们的顾问；
  - 公司可以制定政策来保持其独立主体地位；
  - 公司可以制定政策来拒绝参与收购谈判；
  - 董事会必须防止袭击者的颠覆行动，并应当与CEO一起探讨所有解决方案；
  - 避免被玩弄；为避免被孤立出来成为收购目标，心理和认知因素可能要比法律和财务因素更加重要；
  - 评估公司治理准则，并改组核心委员会。
- 监控交易
  - 监控对冲基金的集聚，13（f）报告；
  - 监控分析报告；
  - 关注13D报告和《哈特－斯科特－洛迪诺法案》。
- 应对非公开的恶意收购
  - 无参与谈判或协商的义务；
  - 除非内部泄露，否则无披露义务；
  - 对一些特殊策略必须设计专门的应对方案；团队应当协商确定合适的应对方案；与潜在收购方和股东积极主义者会面可能是最佳策略；
  - 随时向董事会报告进展情况；独立董事的参与可能至关重要。
- 应对公开的恶意收购
  - 除了“稍后答复”之外不进行回应；
  - 召集清单上相关人员并组建团队，通知董事会；
  - 召开董事会特别会议讨论收购标书；
  - 除了“仔细听和仔细看”，不发任何新闻或者声明；
  - 考虑停牌（纽约证券交易所限制短期停牌）；
  - 决定是否会见袭击者（拒绝会见可能会对诉讼产生不利影响）；
  - 在要约收购中，目标公司必须在10个工作日内编制14D-9报告，且必须披露董事会意见（赞成、反对、中立）及论据、协商过程及银行意见（可选）。

资料来源：Wachtell, Lipton, Rosen & Katz, “Takeover Response Checklist”, November 2011.

13.2　积极策略对冲基金的业绩

积极主义股东一直非常积极且高效地推动公司改变政策以满足股东需求，包括戴尔、杜邦、苹果和微软等公司。积极策略对冲基金能够吸引大量的资金，并且能够进入董事会，进而推动股票回购、提高股利和削减成本。全球金融危机以后，股东积极主义的势头显著增长，这对世界主要公司的策略和财务决策产生了深远的影响。2003 年，积极策略对冲基金管理规模不足 120 亿美元，但是到 2016 年这些基金的管理规模已经扩大到 1 150 亿美元以上。随着积极策略对冲基金的增长，收益率普遍良好，直到 2015 年年末发生重大转折，收益率开始暴跌，策略无法奏效，并且一些主要由积极主义股东控制的公司陷入了困境，这种情况一直持续到 2016 年。

威朗制药是一个鲜明的例子。2015 年，这家公司的股价下跌超过 45%，并且在 2016 年继续下跌。实行积极策略的 Value Act Capital 公司曾协助创立了这家公司，雇用公司的 CEO，并且在董事会中拥有两个席位。另一位积极策略投资者比尔·阿克曼是威朗的第二大股东。阿克曼管理的潘兴广场基金在 2015 年跌幅超过 20%，2016 年也在持续下跌，大部分的下跌是由这一项投资导致的。

还有一位积极策略投资者卡尔·伊坎的投资基金在 2015 年也下跌了。同样对于 Barry Rosestein Jana Partners、Richard McGuire's Mercato Capital、尼尔森·佩尔茨的三角基金和丹尼尔·勒布的第三点对冲基金而言，2015 年及之后的一段时间的光景也非常惨淡。此外，在这一时期，许多对冲基金由于糟糕的业绩被迫关闭。但是，积极主义模式仍在全速发展，因为在 2015～2016 年设立的积极策略基金数量达到历史高峰。

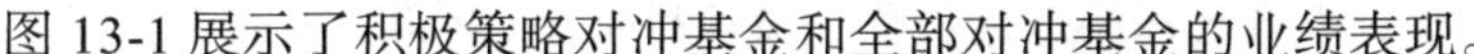

图 13-1 展示了积极策略对冲基金和全部对冲基金的业绩表现。

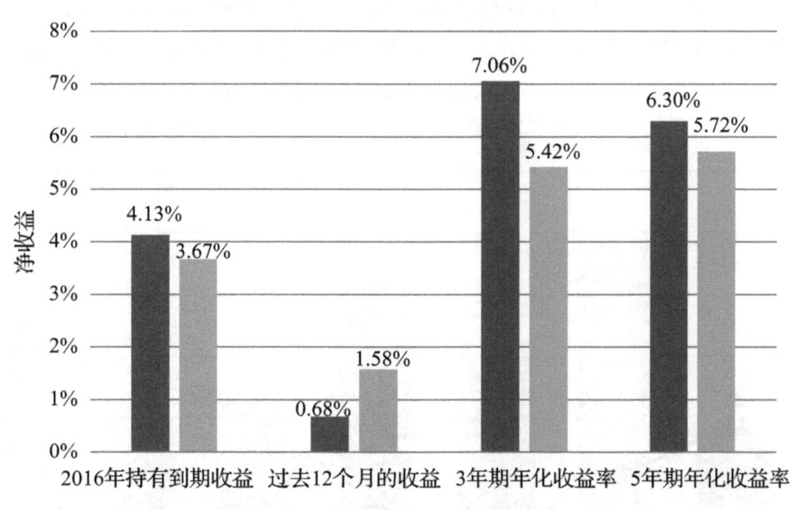

图 13-1　积极策略对冲基金收益和全部对冲基金收益比较（2016 年 7 月）

研究表明，1994～2006 年，由于业绩低迷而成为对冲基金收购目标的上市公司数量增长了 10 多倍。尽管对冲基金积极策略非常盛行，但是这一研究结论与以下观念明显不同：致力于短期财务目标的对冲基金投资组合经理原本也可以有时间、精力和能力来提高上市公司的长期业绩。在评估对冲基金积极策略为股东创造价值的有效性时，研究表明，除非目标公司最终按照股东积极主义投资者的建议出售，否则目标公司的股价和财务状况不会有任何改善（股东积极主义行动首次提出申请的 18 个月内）。即使在公司采取股东积极主义者鼓动的诸如换 CEO、改变董事会结构或者回购股票类似的其他措施时，这一结论也是适用的。这项研究也证明了积极策略对冲基金的投资增加了目标公司被收购的可能性。

受市场动荡以及投资组合损失的影响，积极策略对冲基金于 2015 年达到创纪录的高位以后，在 2016 年开始衰退。与最近的趋势保持一致的是，与反对者达成和解协议继续战胜了全面代理权斗争。2016 年年初的市场动荡和大量投资组合的损失抑制了当年对冲基金积极主义的活动。根据 FactSet SharkRepellent 统计，2015 年，对冲基金针对美国公司宣布了 355 项积极主义活动，其中 127 项获得了至少一个董事会席位或者任命一名新独立董事的权利。达成和解战胜代理权斗争的趋势在 2016 年的几桩大型竞选活动中得以证明（见图 13-2）。施乐和美国国际集团向卡尔·伊坎的屈服，导致卡尔·伊坎获得了几个董事会席位以及施乐的解体。雅虎将两个董事会席位转给了斯塔博德价值基金。Spring Owl Management 的埃里克·杰克逊推动威亚康姆改革其董事会和管理层，并将公司主要部分分拆为定向股。他对董事会的独立性、过高的 CEO 薪酬和糟糕的回报的担忧得到了威亚康姆的股东马里奥·加贝利、代理顾问 ISS 和 Glass Lewis 的回应，他们敦促投资者投票反对薪酬委员会成员。拥有大量房地产资产的房地产信托基金（REITs）和零售商积极主义者希望将房地产资产货币化，或者推动房地产资产重组或销售，以此来获利。其他受到积极主义者关注的公司包括 Ashford Hospitality Prime、梅西百货和 Stratus Properties。除了要求资产剥离以外，积极策略对冲基金也是并购活动的催化剂，其中最著名的是陶氏化学和杜邦的大型合并以及随后的三方分拆案例，该项目便是由特利安基金管理公司和对冲基金第三点推动的。另一个相关案例为加拿大太平洋铁路公司（CP）对诺福克南方公司的恶意收购，该项目是在 CP 第二大股东潘兴广场资本管理公司的支持下进行的。CP 没有提名董事会获选人，而是采取了一种更为温和的方式，他们提交了一份非约束性的决议，要求诺福克南方董事会就合并事项进行诚意洽谈。

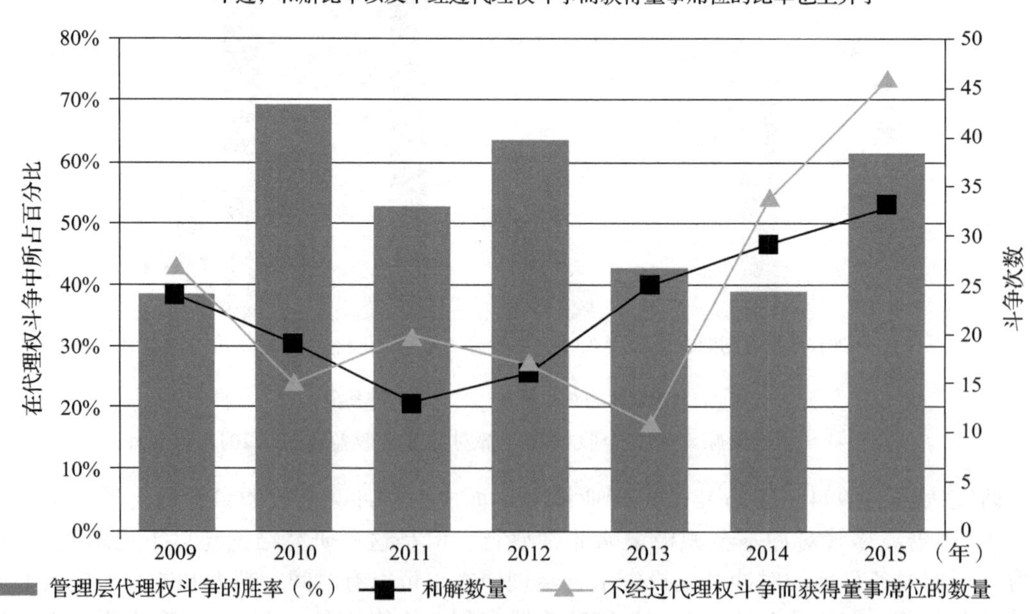

图 13-2 管理代理权争夺战

资料来源：FactSet.

13.3　积极策略对冲基金的积聚策略

对于股东积极主义投资者而言，时间就是一切。他们的目标是积聚足够多目标公司的所有权来影响变革，但是他们不希望引起目标公司和潜在投资者的注意，因为如果购买股票会推动股价上行，从而提高继续积聚股份的成本。有一些股东积极主义投资者利用衍生品来帮助他们建立公司的头寸暴露，这样就不会引起目标公司和潜在投资者的警觉。

美国证券交易委员会要求持有某一公司 5% 及以上权益的投资者在收购后 10 天内提交 13D 文件，来披露他们的所有权情况（许多机构已经向参议院的银行委员会和众议院的金融服务委员会请愿，要求议会采取措施缩短适用于附表 13D 中的 10 天报告期）。但是有一些股东积极主义者利用现金结算的权益互换来获得目标公司的权益暴露，以避免露出底牌。基于某些条款，这些衍生品协议无须在 13D 报告中披露（见下文对“CSX 和 TCI”的探讨和“保时捷、大众和 CSX：汽车、火车与衍生品”案例）。

权益互换的对手方通常为投资银行，这导致投资银行需要通过购买股份来对冲他们向积极策略对冲基金支付持股收益（资本利得或损失，加上股息）的义务，作为交换，积极策略对冲基金向投资银行支付以某一浮动利率（一般为 LIBOR）为基础计算的利息加上合理的信用利差。在某些权益互换中，在某些情况下，对冲基金有权从交易对手处购买标的股份，此时对冲基金需要披露股票所有权情况（但不是在股份交割之前）。权益互换的关键问题是谁拥有权益互换标的股份代表的投票权。由于对冲基金并未拥有这些股票的所有权，技术上他们也不拥有投票权，因此美国证券交易委员会可能不会要求他们在 13D 报告中披露所有权情况。但是，由于对冲基金可能能够在未来某次董事选举之前得到这些股份，理论上这些积极主义投资者也拥有这些重要的投票权。但是，值得注意的是，有一些投资银行明确拒绝向积极主义投资者交割股份并以此结束其权益互换头寸，或者在代理权之争的投票中支持积极主义投资者。

有时积极策略对冲基金会在购买股份或者进行权益互换时与其他对冲基金一致行动。例如，两只基金可能会分别购买某一公司 4.9% 的股份，并且每只基金也会分别签订一份标的为公司 4.9% 股份的权益互换，而这两只基金互相之间不会签订书面的一致行动协议。即使这可能意味着，在某些诸如选举董事会成员的公司关键事务上，这两只基金可能会同时有效控制 19.6% 的公司股份并行使相同的表决权，他们也无须在选举之前披露其头寸情况。在这种情况下，这两只基金将惊喜地发现他们能够对选举结果产生重大影响。值得注意的是，事实上对冲基金的一致行动可能会带来一些法律问题（见下文“CSX 和 TCI”）。

13.4　CSX 和 TCI

多年以来，权益互换使得对冲基金能够参与到股东积极主义行动中来，并带来了以下的好处：①通过避免市场预期会发生控制权之争而竞价购买股份的情形，进而最大化股东积极主义的潜在收益；②使得积极策略对冲基金可以策略性地规划其影响公司政策意图的披露时间（潜在地使得积极主义投资者能够在目标公司不知情的情况下获得 5% 以上的公司股份）；③使得积极策略对冲基金能够通过实物交割迅速平仓以获得股份（如果交易对手方同意这么做），积极策略对冲基金因而具有购买到由互换对手作为对冲所持有的普通股的可能。

2007 年，欧洲大型对冲基金顽童基金（TCI）收购了美国第四大铁路运营商 CSX 运输公司 4.2% 的所有权。随后 TCI 宣布了其将在 2008 年 6 月召开的公司年度会议上提名董事会候选人的意图。这项声明导致两大阵营对簿公堂并引发舆论战争，并且 CSX 在美国立法者中间发起了一场游说活动。2008 年 3 月，CSX 控诉 TCI 和另一家对冲基金（3G 资本）通过权益互换合同建立一致行动关系，进而违背了法律规定的信息披露义务。当时这两个对冲基金共计持有 CSX 8.7% 的股份，并通过权益互换持有等价于 11.5% 的在外发行股份数量的头寸暴露。4 月，TCI 起诉 CSX，声称 CSX 隐瞒重大事实并且违背了内幕交易规定。

尽管持有美国公司 5% 及以上股份的投资者需要向美国证券交易委员会提交报告，在某些情况下，投资者通过衍生品获得所有权风险暴露无须遵守这一规定。权益互换并未将直接投票权授予给交易对手，对冲基金因此认为他们并没有披露义务。国际互换与衍生品协会和证券业与金融市场协会一份简短的法律文件支持了对冲基金，表明其头寸无须披露。此外，2008 年 6 月，美国证券交易委员会也站在对冲基金这边，声称以现金结算的权益互换不需要提交 13D 报告。

最终，TCI 和 3G 资本与 8 家投资银行进行了权益互换，这给他们带来了名义价值超过 25 亿美元，合计达到了 CSX 股份 14% 的经济头寸。据 CSX 称，如果不是全部，那么大部分的交易对手方会通过购买相等头寸的 CSX 股份进行头寸对冲。美国证券交易委员会规定“以现金结算的权益互换标准协议”并不因互换一方购买的作为互换协议头寸对冲的股份而授予互换协议另一方投票权或投资权。最终得出的结论是，并不存在某些经济上或者商业上的激励措施，导致互换的一方会根据另一方的喜好来投票，或者将股票处置给另一方。美国证券交易委员会因此否定了 CSX 所持观点，CSX 认为 TCI 和 3G 资本获得了 CSX 股份的受益所有权[⊖]，获得途径是通过对手方（投资银行）因对冲权益互换的风险而购买的股份。最终，美国证券交易委会员裁定这两只基金无须提交 13D 报告（见专栏 13-3）。

但是，在美国证券交易委员会裁决后很短的时间内，一位联邦法官判决在这场与 CSX 的代理权争夺中，两只对冲基金在有意地规避证券法规，这一判决改变了积极策略对冲基金继续角逐其公司目标的方式。这位法官指责这两只基金试图“根据形式论证”为其行为开脱，即使他们已经“战胜了法律的宗旨”。根据法院判决，这两只基金密谋控制公司，但却有意识地、非法地未对其意图进行披露，法院的这一判决增加了 CSX 的信心，公司因此决定继续进行代理权斗争。法院同时判决这两只对冲基金延期披露其针对 CSX 的一致行动违法。最终，法院指出，尽管 TCI 不拥有作为对冲买入股份的投票权和处置权，但是作为投资银行的重要客户，他们很有可能影响为对冲权益互换头寸而持有 CSX 公司股份的投资银行的投票决定。

但是，对于 CSX 而言，联邦法院的裁决并不意味着完全的胜利，因为这位法官说现在撤销对冲基金的行为已经太迟了，在 2008 年 6 月 25 日，股东从候选人，包括来自对冲基金的候选人中选举新的董事会成员时，按照法律法官无法取消对冲基金的投票权。

联邦法院与美国证券交易委员会的立场似乎不一致。但是，联邦法院对那些试图通过使用衍生品来掩盖其真实经济目的的对冲基金而言构成了挑战。（“保时捷、大众和 CSX：汽车、火车与衍生品”案例中对此进行了进一步的讨论。）

专栏 13-3　CSX 的权益互换

假定权益互换时 CSX 的股价为 40 美元，股份数量为 6 250 万（名义价值为 25 亿美元）

该交易的结果如下：

- TCI 和 3G 资本获得了 6 250 万股 CSX 股份的经济头寸，途径是从（向）交易对手投资银行处收到 / 支付权益互换的总收益（按季度计算 CSX 股价上涨 / 下跌 + 股息）。
- 因为 TCI 和 3G 资本不拥有股份（投资银行为了对冲权益互换的头寸而购买的股份），对冲基金不需要向证券交易委员会报告他们对这些股票的收益所有权。
- 投资银行得到了 25 亿美元的 25 基点的

⊖ “受益所有权”的原文为“beneficial ownership”，意思是“享有权益但无须登记为股东的所有权”。——译者注

利差，该利差来自于借款成本与 TCI 和 3G 资本向投资银行支付的利息之差。

- 未来，对冲基金可能有权在行使投票权之前，通过向投资银行支付 25 亿美元购买 6 250 万股 CSX 股份来进行解除权益互换合约。

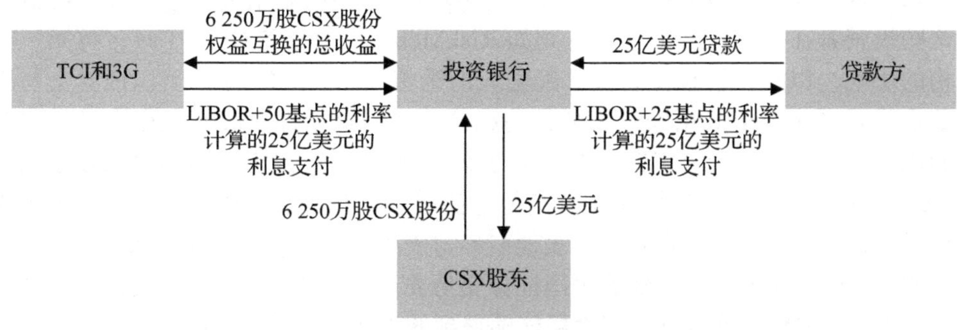

另一个试图使用衍生品来规避 13D 报告的股权披露要求的案例是卡尔·伊坎努力控制足够多的雅虎股份以当选其董事会成员，专栏 13-4 对此进行了描述。伊坎构造了雅虎股票的双限期权，实现了对雅虎公司 4 900 万股股票的经济控制，同时又无须披露这一策略也无须支付现金，因为其买入的看涨期权的价格等于卖出的看跌期权的成本。

专栏 13-4　雅虎股票的双限期权

- 假定双限期权被执行时，雅虎股票价格为每股 25.15 美元。
- 行权价格为每股 19.15 美元、持有期为 18 个月的 4 900 万股雅虎股票的看跌期权出售时能够获得的收益为：

①每份期权 2.14 美元

- 行权价格为每股 32.85 美元、持有期为 18 个月的 4 900 万股雅虎股票的看涨期权的购置成本为：

②每份期权 2.14 美元

- “无成本的双限期权”总成本=①−②=2.14 美元−2.14 美元=0 美元

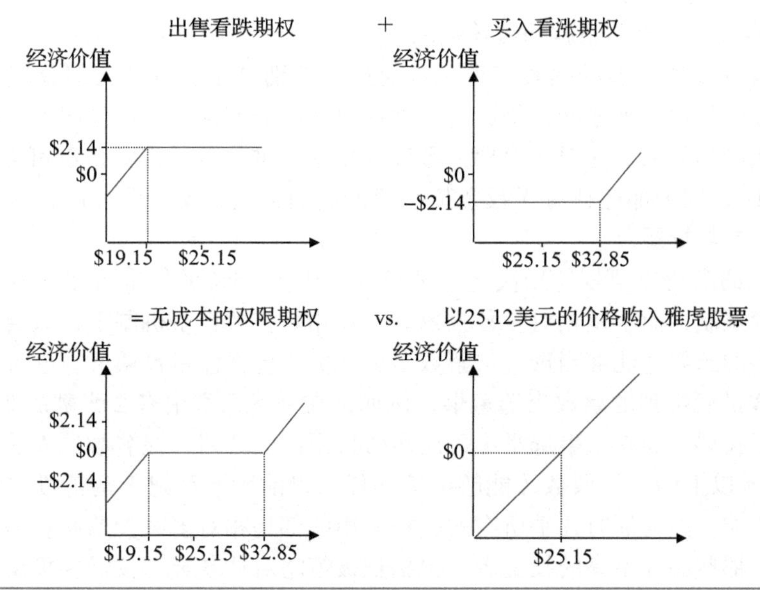

13.5 有利于股东积极主义者的改变

在积极主义投资者所处平台的支持下，股东积极主义投资者在发起代理权斗争以获得股东投票权方面变得越来越熟练。有许多因素影响股东的投票结果，包括公司的机构股东构成，这些投资者在很大程度上容易受到如 RiskMetrics / ISS 和 Glass Lewis 等第三方咨询服务机构的影响，以及零售投资者及其经纪人的酌情投票。2009 年，美国证券交易委员会决定在董事会选举中取消股票经纪人的酌情投票权利，这增加了股东积极主义者在董事会选举中的优势。此外，由于《多德－弗兰克法案》，经纪人可能无法再通过无投票指示股份（uninstructed shares）来对管理层薪酬及其他重要事项进行表决。历史上，如果零售投资者无法进行投票，股票经纪人一直有权代表他们参与表决。股票经纪人通常都会支持包括现任董事在内的公司管理层的决议。随着美国证券交易委员会取消纽约证券交易所规定的经纪人在董事会选举中的酌情投票权利，管理层能够得到的支持将会减少。

2012 年，纽约证券交易所宣布将 452 条例的应用变更为某些管理层支持的公司治理代理提案。这些改变限制了在没有明确的投票指示的情况下经纪人代替其客户酌情投票的权利。经纪人是否能够代替其客户投票取决于提案的性质，一般而言，经纪人可能只有在“例行事项”才拥有酌情投票的权利。当提案不是例行事项，且经纪人没有收到客户关于该项提案的投票指示时，经纪人不代替客户对该项提案进行投票。这导致了“经纪人不投票”的结果。

在过去，纽约证券交易所允许经纪人对某些管理层支持的公司治理提案拥有酌情投票的权利，因为他们将这些提案视为“例行事项”。鉴于国会和公共政策的趋势是不支持经纪人拥有无投票指示股份的投票权利，纽约证券交易所决定不再像过去那样按照 452 条例将管理层支持的公司治理的代理提案划分为“例行事项”，包括以下内容：

- 取消分期分级董事会条款；
- 在董事会选举中采用多数表决；
- 取消绝大多数投票的要求；
- 规定使用书面同意书；
- 有权召集特别会议；
- 规定特定类型反收购条款的覆盖范围。

结果公司发现这些类型的提案变得更难通过，特别是需要得到大部分流通股支持的提案，通常需要修改公司章程才能获得通过。这在很大程度上是因为“经纪人不投票”与投票反对提案具有相同的效果。这对于投票人数以及要求标准较低的提案也有可能产生影响（尽管可能程度较小），因为那些持有无投票指示股份而通常投票支持管理层日常事项提案的经纪人现在被禁止参与投票。

取消经纪人的酌情投票权这项决定事关重大，因为 45% 的标准普尔 500 指数的公司采用的均是多数投票制，而不是相对多数投票制。在相对多数投票机制下，只要提名的董事候选人得到了最多的选票就能够当选，与票数多少无关，包括保留投票。在这种机制下，理论上候选人可以凭借所得到的票数当选董事，例如，在一场选举中有 2 张赞成票，1 张反对票和数百万张保留投票。而在董事选举中采用多数投票制的公司，提名候选人通常需要得到所有股东代表 50% 以上的支持票数才能够继续连任。以前股票经纪人酌情投票规定的改变可能只有有限的影响，因为那时几乎所有的公司采用的都是相对多数投票制。但是随着多数投票制度的发展，那些心存不满的投资者，包括积极策略对冲基金“仅需要投反对票”便可更加容易地替换现任董事。

《多德－弗兰克法案》包含的几项新条款能够助长股东积极主义，其中最重要的是“股东决定薪酬”和“股东决定金色降落伞”规则。第一项规定要求上市公司至少每 3 年应对高管薪酬进行非约束性的股东投票。第二项规定要求在涉及一项交易（如合并）时，上市公司应对高管薪酬的简明披露和批准进行非约束性股东投票。此外，公司必须披露不包括 CEO 在内的所有员工年薪的平均值、CEO 的总年薪以及两者之间的比率。

13.6　丹尼尔·勒布和 13D 信函

丹尼尔·勒布是一位对冲基金经理，也是第三点对冲基金（Third Point LLC）的创始人。勒布因善写公开信而闻名，在信中他表达了对目标公司高管工作业绩及所做决策的质疑。他的信函是股东积极主义的一种形式。这些信函经常直接送交给公司 CEO 或者董事会，当勒布在公司的持股比例超过 5% 时，这些信函还会附在 13D 报告中提交给美国证券交易委员会。勒布的目标是不停地羞辱公司直到它们替换 CEO，动摇它们的董事会或者做其他的事情来提高他的投资收益。在勒布购买的波特拉奇公司股价下跌之后，他便称公司 CEO 彭德尔顿·西格尔为“CVD”，即首席价值破坏官（Chief Value Destroyer）。他向美国星辰天然气公司 CEO 埃里克·塞文写道：“做你最擅长的事情吧。请回到你的汉普顿海滨别墅去，在那里你可以打网球，也可以与你的社会名流们高谈畅饮。”塞文随后便从公司辞职。专栏 13-5 为勒布写给雅虎公司[⊖] CEO 的信。

专栏 13-5　　丹尼尔·勒布的 13D 信函

斯科特·汤普森先生
首席执行官
雅虎公司
第一大街 701 号，桑尼维尔市，加利福尼亚州 94089

2012 年 3 月 28 日

亲爱的斯科特先生：

正如我们所说过的那样，对于您和董事会拒绝对我们提出的董事会提名做出合理让步，雅虎最大的外部股东第三点对冲基金感到非常失望。

我们很高兴董事会认可哈里·威尔逊将是一位很有价值的董事。但是您对待我们其他候选人的方式证实了第三点对冲基金的担忧，董事会在评估我们候选人的时候违背了公司治理的良好准则。未来，我们会对此做出更多评价。

周日你们给出的关于为什么我不能被接受为公司董事的解释进一步强化了我们对于提名流程的看法。你们告诉我，我的经历和知识“将不能给董事会带来补充”，并且作为雅虎最大的外部股东，我将会成为一名“冲突的”董事。

我们持有雅虎 5.8%（超过 10 亿美元）的股份（而那些未退休和拟议董事会成员除了通过期权行权得到补贴的股份和由公司支付的代替费用的股份之外，从未购买过一股雅虎股份），难道

⊖ 原文为 InterCept 公司，似应为雅虎公司，第一版此处引用了勒布写给 InterCept 公司 CEO 约翰·W. 科林斯的信。——译者注

我与其他股东的利益会存在冲突？只有在不符合逻辑的爱丽丝梦游仙境世界中，一位股东才会因为他自己也是一名股东而被认为与其他股东之间的利益是冲突的。这种情绪进一步证实，雅虎董事会选择代表的模式是“不欢迎股东”。

当被要求解释这个明显的“冲突”时，你们建立起所谓的理论，认为作为一个大股东，第三点对冲基金可能只会关注短期利益。似乎同董事会许多其他的结论一样，这个理论是通过奇思妙想和一时情绪建立起来的。从没有人就短期偏好这种说法问过我的意见，也没有任何证据表明我们的投资模型能够被认定为只关注短期交易。相反地，我们的投资记录表明我们经常一次性地持有某些头寸很多年（我们从2008年6月份开始持有德尔福汽车的头寸直到现在，在2007年我们将戴德贝林的头寸卖给西门子之前，我们已经持有这个头寸近5年，这仅是我们众多长期投资中的两个例子）。无论如何，“长期还是短期”的借口只是一个谬传，而且尤其不适用于雅虎的案例。如果有一家需要紧迫感的公司，那就是雅虎。

难道是出于这种“短期”思维，第三点对冲基金去推动杨致远、罗伊·博斯托克、亚瑟·科恩和维奥梅什·乔希的辞退？如果是这样的话，这个星球上可有一个雅虎股东认为这种“短期”思维对公司是不利的？第三点对冲基金代表股东发声，质疑公司竟然企图在没有溢价的情况下将控制权交给私募股权基金，以此来保住罗伊·博斯托克和杨致远的位子，这难道是“短期”思维？再看第三点对冲基金提出过的建议，认为公司持有的阿里巴巴的股权实际上高于外界一般认为的价值，并希望公司应当一直持有直至它回复公允价值，这难道也是“短期”思维？我们指出董事会缺乏媒体和广告的专业经验并且提名相当合格的候选人来弥补这一漏洞，难道也是一种“短期”思维？

相反，一个公正的观察者可能会发现第三点对冲基金的见解是相当“有益的”。自从我们在9月份披露了我们持有公司股票的头寸，第三点对冲基金一直是支持股东利益的驱动力量。事实上，公司的行动与你们的声明自相矛盾，因为雅虎已经采纳了我们的许多建议。

虽说往事不必再提，但我们回想，四年前董事会经分析后同意微软以每股31美元的报价向股东收购股份，就是出于这种“短期”思维。实际上，真正的问题不是“短期”和“长期”，而是董事会成员是否有切身利益并能做出合理的商业判断。

第三点对冲基金不会指望通过寻求四个席位去控制董事会，房间里任何一个人的发声都将只是11个或者12个人中的一个。如果一位董事有一个方案，但是对其他董事而言过于“短期”，那么一场健康的辩论将接踵而至，所有的董事作为一个小组将以完全透明和审慎的方式来对这个问题做出决定。因为拥有所有权，或者有迫切之心去重振一家多年来一直萎靡不振的公司（你们自己也承认这一点），凭此两点即判定我们利益“冲突”，且认为不具备董事会成员资格，这是荒谬的。

我们仍然会跟你们进一步接触，但是我们不会偏离我们对股东代表的迫切需求。

真诚地，

丹尼尔·S. 勒布

首席执行官

第三点对冲基金

13.7 比尔·阿克曼和麦当劳、温迪、赛瑞迪恩、塔吉特、MBIA

比尔·阿克曼在2004年成立潘兴广场资本管理公司（被认为是积极策略对冲基金）。这只基金购买了许多公司的普通股（或者是未来有权购买普通股的看涨期权），包括温迪、麦当劳、赛瑞迪恩、巴诺书店、鲍德斯、西尔斯公司、西尔斯加拿大公司、胡椒博士、普增房产、朗斯公司和塔吉特。这只基金还购买了许多金融机构的股票，包括绿光资本、维萨、万事达、美国国际集团和美联银行。

潘兴广场与麦当劳和温迪公司之间的经历在“麦当劳、温迪和对冲基金：汉堡对冲？对冲基金股东积极主义行动及对公司治理的影响”中进行了讨论。在对赛瑞迪恩的投资中，阿克曼获得了 15% 的公司股份，并且试图在公司董事会中安插他自己独立提名的候选人，同时推动公司剥离其实力最为雄厚的部门。公司最终出售给了一家私募股权投资机构和一家私人保险公司，价格为每股 36 美元，是潘兴广场收购价格的 2 倍。

2007 年，阿克曼成立了潘兴广场四号基金，专门投资于美国第二大折扣零售商塔吉特。这项投资总计 20 亿美元，通过购买普通股互换和期权头寸，其经济头寸占到了公司 10% 以上的股份。在 2007 年持有该基金的期间内，塔吉特的股价下跌了 21%，这使得基金在杠杆的作用下蒙受了 43% 的损失。2008 年，塔吉特的股价进一步下降，结合基金的杠杆作用，潘兴广场四号基金的价值又进一步下降了 68%。

基于持有的巨大头寸，阿克曼促使塔吉特回购股份，卖掉信用卡单元，并且通过房地产获取更多的价值（阿克曼希望塔吉特剥离掉企业商店所在的物业，并将其打包成房地产投资信托，同时房地产信托附属的物业出租给塔吉特 75 年）。公司拒绝了任何关于房地产的提议，但是最终同意以 100 亿美元回购股份，并以 36 亿美元的价格出售约 50% 的信用卡业务。

2016 年 3 月，威朗制药在按时提交的年度报告中下调了 2016 年的公司业绩指引并发出债务延期偿付的警告，在这之后，威朗制药的股价在一天内下跌了 51%。阿克曼的潘兴广场资本管理公司公开交易的基金所持有的普通股在那天损失了大约 7.64 亿美元，导致基金全年的损失在 26% 以上。因此，标准普尔决定降低基金的债务评级。对威朗制药的定价和药品分销方式的批评在 2015 年开始出现，其后果包括重新公布收益，以及董事会特别委员会对其与一家邮购药店的关系进行调查。

除了投资那些表现不佳的公司股票之外，潘兴广场还建立包括房利美、房地美、美国城市债券保险公司（MBIA）和康宝莱在内的许多公司的空头头寸。MBIA 是为州和市政府提供金融担保的最大的机构之一。此外，MBIA 还为次级抵押贷款及相关债务提供了大量的担保。阿克曼发现 MBIA 通过为 MBSs 和 CDOs 提供担保而承担了超过 187 亿美元的次级债务风险，占公司法定资本超过 280%，由此，阿克曼建立了大量的 MBIA 公司股票的空头头寸。在这些风险暴露中，有 90 亿美元是对 CDO^2（一种风险更高的 CDOs）的担保。随着 MBIA 的股价从 70 美元下跌至 4 美元，该空头头寸成为 2007～2008 年潘兴广场多只基金表现强劲的主要驱动因素之一。在此期间，穆迪将 MBIA 的债务评级从 Aaa 下调至 Baa1。2008 年，阿克曼对房利美和房地美建立了空头头寸，这两家公司市值都蒸发超过 90%，这也为潘兴广场基金创造了巨额利润。

阿克曼曾公开反对出售减肥奶昔和营养补品的公司康宝莱。阿克曼认为，该公司运作了一个针对贫困人群的“金字塔计划”，特别是在拉丁裔社区，阿克曼承诺他会改变这一情况。康宝莱一再否认阿克曼的指控。2012 年 12 月，当康宝莱的股票交易价格大约为 47 美元时，阿克曼宣称潘兴广场基金持有康宝莱“10 亿美元”级别的巨额空头头寸。之后不久，卡尔·伊坎和其他知名的投资者做多。在整个 2013 年，康宝莱的股价一路上涨，并且最终达到历史新高。2013 年 12 月，为了避免“空头爆仓”，阿克曼宣布潘兴广场基金已经轧平了 40% 的空头头寸，并且认购了数量不详的“长期看跌期权”。潘兴广场基金赔钱轧平空头，且不得不花更多的钱去认购长期看跌期权。在 2014 年 8 月，由于看跌期权接近到期，且明显不在价内，阿克曼宣布他将快速抛售将于 2015 年 1 月到期的看跌期权，并认购更昂贵的 2016 年 1 月到期的期权来展期。阿克曼宣称盈亏平衡的价格为“每股 35 美元左右”，市场据此预测阿克曼的头寸最终的收益在约 10 亿美元的潜在收益到超过 40 亿美元的潜在损失之间。2016 年中期，康宝莱的股票交易价格超过每股 60 美元，最终的结果看起来更像是巨额的损失而不是合理的收益。

13.8 小结

股东积极主义是否会使得公司变得更强，还是仅仅是以长期股东的利益为代价去换取主要有益于积极主义股东的短期收益，对此一直存在争议。2016 年，有 80 多家对冲基金专注于事件驱动型和积极策略的投资，并且这些基金管理着超过 1 300 亿美元的资产。表 13-1 为著名积极策略对冲基金的名单。一些重要的机构投资者也与这些对冲基金一起敦促董事会对股东更加负责。在许多情况下，似乎如果没有积极主义股东，公司取得的许多成就可能无法达成。在其他一些案例中，积极主义股东推动并由公司执行的大量股票回购如果发生在股价快速下跌之前，公司会蒙受较大的机会成本损失。此外，大量积极主义股东推动的收购在结束之后都发生了股价大跌。

虽然结果有所不同，但与大部分普通对冲基金相比，积极策略对冲基金能赚得更多，主要是因为更长的锁定期（通常为 3～4 年，相比之下，传统对冲基金的锁定期约为 1 年）、某些年份合理的回报、一些大型机构股东以及关注于机构股东的组织（如 ISS 和 Glass Lewis）日益增加的支持。

表 13-1 著名的股东积极主义投资者

基　金	资产管理规模（单位：10 亿美元）	核心人物	投资目标	评　论
伊坎联合	12	卡尔·伊坎	• 时代华纳 • 摩托罗拉 • 克尔 – 麦吉 • 雅虎 • 生物基因 • 健赞	• 最赚钱的股东积极主义者 • 频繁地寻求董事会席位 • 不受目标公司市值大小的影响 • 由于伊坎个人财富，能够动用更多的资本
先驱资本	9	菲利普·法尔科恩	• 纽约时报 • 克利夫兰 – 克利斯 • 光速平方 • 特雷斯塔	• 成功在纽约时报董事会中增加了两名董事 • 反对克利夫兰 – 克利斯对阿尔法自然资源的收购计划
顽童基金	7	克里斯·约翰	• CSX • 泛欧交易所 / 德意志交易所 • 荷兰银行 • 米尔塔钢铁 • 安赛乐	• 专注于公司治理 • 曾关注欧洲市场，现在活跃于美国市场 • 在 CSX 一案中违反了证券法规，但仍然在代理权之争中胜出 • 反对德意志交易所竞购伦敦证券交易所
JANA 合伙	8	巴厘·罗森斯坦	• 时代华纳 • 克尔 – 麦吉 • 美国通信网络公司	• 经常是伊坎的商业伙伴 • 由亚瑟·伊德尔曼的门徒管理

（续）

基 金	资产管理规模（单位：10 亿美元）	核心人物	投资目标	评 论
潘兴广场	9	比尔・阿克曼	• 鲍德斯 • 麦当劳 • 温迪 • 赛瑞迪恩 • 塔吉特	• 近期将焦点转到零售和房地产
三角基金	3	尼尔森・佩尔茨 彼得・梅尔	• 海因茨 • 温迪 • 科聚亚 • 吉百利	• 因为佩尔茨特殊的背景而备受瞩目 • 将焦点更多地集中在消费和零售领域
关系投资	6	大卫・巴彻尔德 拉尔夫・惠特沃思	• 斯普林特通讯 • 家得宝 • 斯必克 • Sovereign 银行	• 关注公司治理，非常有目标性 • 替换目标公司 CEO 的概率非常大
钢铁合伙	7	沃伦・利希滕斯坦	• 联合工业 • 韩国烟草与人参公司 • 布林克 • 汉迪哈曼	• 曾经与伊坎合伙 • 最近的焦点更为国际化，尤其专注于亚洲

资料来源：Morgan Stanley, Press Reports.

第 14 章　风险、监管与组织结构

本章的内容应当与以下案例互相参考："两只对冲基金的故事：磁星和培洛顿"。

14.1　投资者风险

对于所投资的每只对冲基金，对冲基金的投资者面临着对冲基金资产组合层面的风险和投资层面的风险，如表 14-1 所示。

另一种看待对冲基金投资者风险的方法是关注五种增量风险。与一般投资基金相比，这五种增量风险在对冲基金中更显著。这些增量风险与杠杆、监管、卖空、透明度和风险容忍度有关。

表 14-1　投资对冲基金的风险

资产组合层面的问题		
流动性	生存偏差	非主营应税业务收入[①]
透明度	复杂性	重大事件风险
基准	杠杆	条款和条件

投资层面的问题			
业　务	人　员	投资过程 / 策略	系统性
经营控制	关键人员	策略失败	监管变化
客户构成	忠诚度 / 行为	风格改变	大宗经纪商破产
资本基础改变	焦点，驱动力	杠杆	极端市场的相关性峰值
对手风险	团队的深度和广度	流动性	主要金融机构破产
利益冲突		集中性	
薪酬构成		不稳定关联	

① 非主营应税业务收入（UBTI）是指免税实体从其从事的非主营应税业务中取得的收入。在对冲基金的案例中，非主营应税业务收入包括债务融资收入，免税的投资者应该对这一收入缴税。这个问题可以通过使用离岸对冲基金来规避。

资料来源：Grosvenor Capital Management.

14.1.1　杠杆

大部分但并非所有的对冲基金通过使用杠杆来增加它们的收益。此外，很多对冲基金还通过衍生品来大量利用表外杠杆。图 14-1 展示了对冲基金的资产负债表中的杠杆。如图所示，该宏观投资策略使用的杠杆为 1.8×NAV（净资产价值 / 权益资本），即此类投资的杠杆资金与权益资本资金之比为 1.8∶1。当收益为正时，杠杆可以起到积极作用；但是当收益为负时，杠杆则起到负面作用。杠杆的大小取决于具体的投资策略和对冲基金。假定一只对冲基金从投资者那里募集了 30 美元，之后又借入了 70 美元，整个过程中共有 100 美元的投资额，如果投资减值 10%，投资者将损失 33%；同理，如果投资增值 10%，投资者则获利 33%。杠杆化对冲基金投资策略的潜在收益呈现出巨大的波动性，这使得某些投资者感到不安。由于杠杆使得对冲基金在流动性冲击面前更加脆弱（见系统风险部分），杠杆也被视为提高系统随机扰动风险的重要因素。在 2008 年之前，对冲基金平均杠杆率的变化范围非常大，从许多权益多头 / 空头策略基金的 40% 到固定收益套利策略基金的超过 400% 不等。2016 年，权益多头 / 空头策略对冲基金的平均杠杆率约为 50%，而相对价值策略对冲基金的平均杠杆率则几乎达到 200%。这意味着，权益多头 / 空头策略和相对价值策略基金投资中的债务资金与权益资本资金之比分别为 1∶2 和 2∶1。

值得注意的是，对冲基金的杠杆大部分都有资产抵押，因此，尽管名义杠杆可能非常大，保证金杠杆（无资产抵押的杠杆）则小得多。

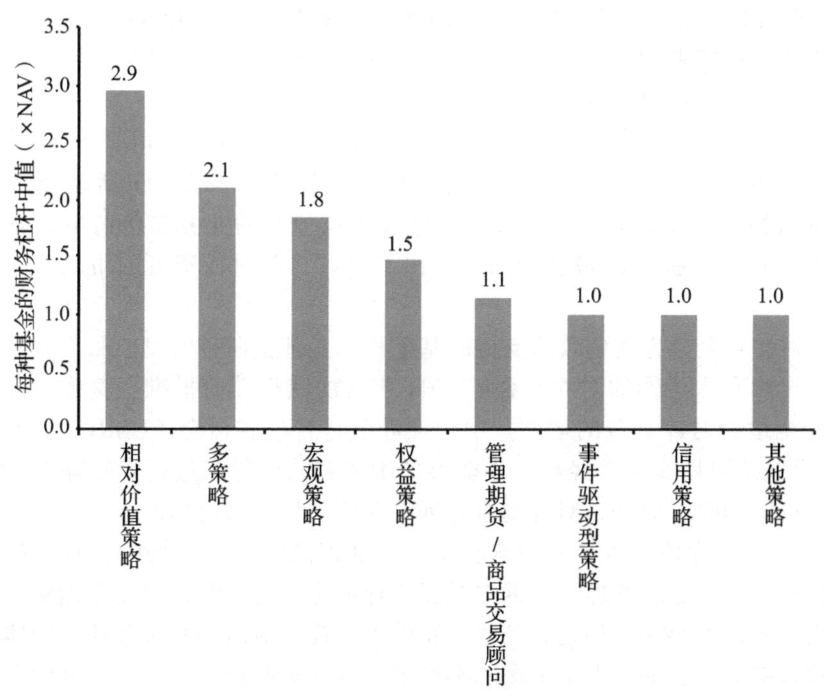

图 14-1　不同投资策略对冲基金的杠杆

14.1.2　监管

在过去，根据《1940 年投资顾问法》的“私人顾问豁免”条款，只要对冲基金顾问的“客户少于 15 名，而且没有以投资顾问身份出现在公众场合，也未宣传自己担任投资顾问”，美国的对冲基金可以豁免注册。因为几乎所有的对冲基金顾问管理的独立对冲基金都少于 15 只，因而无须根据《1940 年投资顾问法》进行注册。因此，相较于共同基金和其他的大多数没能从《1940 年投资顾问法》豁免的资产管理人而言，美国对冲基金没有受到那样多的来自于金融监管者的直接监管。类似地，在美国以外的地区，相对于大多数的其他投资基金，对冲基金在当地一般也受到相对较小的监管。然而，银行（对冲基金的主要交易对手与贷款人）受到非常严格的监管，对冲基金也因此受到了“间接”监管(包括了美国联邦条例T对保证金的限制)。并且，随着2010年《多德-弗兰克法案》的实施，所有资产管理规模在1.5亿美元以上的对冲基金顾问都需要在美国证券交易委员会进行注册，对他们的投资和商业活动持续进行全面记录，向美国证券交易委员会提供上述信息，聘用首席合规官来设计和监督合规机制，并需要受到美国证券交易委员会的定期监督和检查。

14.1.3 国际市场上对对冲基金的监管

2010年11月，欧盟通过了《另类投资基金管理人指令》(AIFMD)，第一次将对冲基金和私募股权基金置于欧盟的监管之下。AIFMD的主要条款包括强制注册、杠杆限制、具体的报告与披露要求（包括对核心雇员的补偿），以及对欧盟和非欧盟基金的市场准则。成立于2011年1月的欧洲证券和市场监管局（ESMA）对这些规定的条款负有解释责任。但是，这些条例的实施是由国家机构与ESMA共同负责的。

新加坡是亚洲对冲基金的主要中心之一，2010年，它采用了新的监管规则，要求大型基金（资产管理规模在2.5亿美元以上）在新加坡金融管理局（MAS）注册。新的规定也要求对冲基金需要向投资者和MAS提供未经审计的季度报告和经审计的年度报告。此外，对冲基金经理必须取得MAS授予的资本市场服务牌照。

中国香港是亚洲对冲基金另一个主要中心，在中国香港，公司受到证券及期货条例（SFO）的监管。SFO定义了多种不同类型的对冲基金经营活动，包括证券交易、杠杆式外汇交易和期货协议交易，并要求对冲基金经理根据他们的业务来申请最合适的牌照。此外，SFO对报告细则和披露的最佳做法也给出了建议，并对投资者的市场活动进行了严格限制。

在中国，对冲基金分为受到政府支持的基金和私人基金两种类型。私人对冲基金尚处于早期阶段，完全由私人运作的对冲基金于2011年首次获得政府批准。整体而言，中国的市场环境并不完全适合对冲基金的运作。中国证券监督管理委员会（CSRC）仅允许沪深300指数中约50只股票可以卖空。经纪人不能够借用顾客的股份来进行卖空操作，因此卖空股票的成本约为每年10%。此外，对冲基金经理不能使用杠杆来运作基金。

2015年，随着高净值个人开始寻求在中国上涨但高波动的市场中获利，对冲基金在中国市场上受欢迎的程度迅速增加。根据中国资产管理协会公布的数据，中国对冲基金经理注册总人数在当年增长了69%。但是，监管层正致力于提高对对冲基金和相关团体的监管。中国证券监督管理委员会表示，由于市场的不稳定，以及对散布虚假信息和其他金融违法行为的严格惩罚，许多对冲基金已经关闭。由于中国证券监督管理委员会对中国对冲基金行业施加的压力，另一个监管实体中国保险监督管理委员会（CIRC）计划让保险公司来承担更多的风险，来填补因法律限制而导致的对冲基金活动减少后的空缺。2016年，中国保险监督管理委员会宣布了一系列措施来推动保险公司设立债权投资计划、股权投资计划以及夹层基金，以鼓励保险资本投资于基础设施项目和中小规模企业。并且，中国保险监督管理委员会还鼓励保险公司设立新的资产管理公司。这些措施与中国保险监督管理委员会鼓励保险公司提高对股票市场、P2P借贷平台、房地产投资、对冲基金类型投资的投资比例的行为是配套的。

14.1.4 卖空

许多对冲基金将卖空证券作为表达看跌行情的方法。理论上卖空行为创造了一个无限的风险暴露，如果被卖空的证券价值上升的话。证券多头头寸的潜在损失是有限的，且以证券价值为限，但是空头头寸的潜在损失却是无限的。不过，为对冲多头头寸而进行的做空行为被认为是风险缓冲器，而不是风险放大器。

14.1.5 透明度

对冲基金频繁地参与到投资和对冲活动中，试图利用市场定价的无效性来套利。从某种程度上来讲，如果许多基金都发现了同样的机会，那么套利策略的盈利机会可能就会减少。因此，为了保护他们发现的阿尔法收益的来源，许多对冲基金的投资策略都是高度保密的，因此仅向投资者提供有限的信息。所以，投资者对对冲基金活动的监督能力有限，这有可能破坏投资价值。此外，即使投资者能够获得更多的信息，“门”协议和其他流动性限制也会减少投资者的选择。

14.1.6 风险容忍度

相较于非对冲基金经理，许多对冲基金经理天生更爱冒险。他们愿意去考虑更宽范围的投资选择和一些创新型的交易行为。此外，对冲基金频繁地使用衍生品，这有时会附带一些难以分析和衡量的风险。但是如果使用得当，衍生品也可以降低风险。

14.2 系统风险

通常，系统风险被定义为一种金融冲击，由此会造成整个金融体系和经济的实际巨大损失，或虽未发生损失但存在清晰的当前危险。换句话说，系统风险是由单个主要事件引发的多个金融机构同时崩盘的可能性。对冲基金通过以下两种方式可能也会创造系统风险：①几家大的对冲基金同时出现问题可能会蔓延到许多金融和实物资产中去，因为出问题的基金不得不以低价去平仓自己的投资头寸；②如果抵押品不足或者估值方法不准确，对冲基金可能会给借钱给它们的银行带来巨额损失。这些巨大的损失也会对其他金融机构造成灾难性的影响。

在长期资本管理公司（LTCM）出现问题后，对冲基金的活动紧接着就开始受到严格审查。1998 年，在美联储的协调下，14 个主要的投资银行对 LTCM 进行了援助。这些投资银行和美联储认为，LTCM 使用了过高的杠杆，加上对流动性预期的错判，导致了基金的崩溃，并且如果不对其进行援助，许多其他的金融机构可能已经被拖进破产的境地。

在对 LTCM 垮台以及之后多起对冲基金的失败进行分析后，聚焦的重点是流动性和杠杆的重要性问题，以及投资工具和投资组合之间的相关性问题，在正常的市场环境中，工具和组合之间被认为是不相关的，但是在极端压力下，两者之间将存在相关性。

2006 年 Amaranth 顾问公司惨遭倒闭，同时银行面向对冲基金的风险暴露在日益增长，这重新引起了人们对于对冲基金是否会给一般市场带来大量风险这一问题的关注。包括英格兰银行在内的一些监管机构和中央银行得出以下结论：尽管对冲基金会引起系统风险，但是其他金融市场参与者甚至会带来更大的系统风险。2006 年，英格兰银行负责金融稳定的副行长表示，中央银行和监管机构认为金融稳定的最大风险是由那些处于金融体系中心的主要中介带来的。在他看来，对冲基金甚至不在金融系统脆弱性来源的前12名之内。他还指出，实际上，对冲基金能够实现将风险由风险规避方往风险承担方转移，从而潜在减少了系统风险。[⊖]

许多人不同意这一观点。例如，《亚特兰大联邦储备银行经济评论》收录的一项研究中，作者得出结论，大量的资金流入对对冲基金的收益已经产生了重大的影响，并且风险也相应地增加了。与传统的资产相比，对冲基金面临的风险是非线性的，更加复杂。这项研究认为，由于对冲基金投资策略本质上是动态的，并且资金流向会对杠杆和业绩产生影响，对冲基金的风险模型需要进行更为复杂的分析，因而容易产生更大的误差。[⊜]这项研究以及类似的研究表明，对冲基金创造的系统风险，与金融投资的风险 / 收益特征不同。这些研究都支持了以下观点：与许多其他投资管理形式相比，对冲基金的历史业绩更好，它们也相应地创造出了不同于传统投资的风险。这样的差异可能会影响对系统风险的考量。

对冲基金的对手方是银行，其行为也可能创造系统风险。因为在2007～2008年的信贷危机中遭受了巨额损失，银行被迫加固其资本基础，并大幅下调提供给其借款客户的信贷额度，包括对冲基金在内。当银行破产或者通过追加保证金减少提供给基金的借款额度时（为保护自身的资产负债表），许多对冲基金将会面临风险。

在几只高杠杆的大型对冲基金经历严重市场错配而被迫迅速平仓的情况下，被出售的证券价格可能会大幅下跌。反过来，这种情况可能会蔓延到其他资产上（通常不相关），而这最终可能会对其他投资者带来巨大损失，因为恐慌的投资者会在损失的情况下出售证券以降低投资风险。这种情况从2007年年中开始，在两年内达到了一定程度。例如，2007年8月，当信贷市场面临困境，几只大型的量化套利对冲基金遭遇了重大损失，压力开始流向权益市场。这些基金使用了杠杆，加上量化对冲基金的计算机驱动方式迅速卖出了大量的类似证券，导致了数十亿美元的损失。反过来，这又促进了对冲基金投资者赎回资金，使得许多对冲基金需要增加现金来提高流动性头寸，以此应对投资者的赎回，这进一步强化了权益和固定收益市场的下行。2007～2008年，由于交易对手不断要求追加保证金、越来越多的投资者要求赎回资金，以及风险偏好不断下降，对冲基金继续出售资产。这进一步增加了那些原本因为次贷资产崩溃而已经遭受价格损失的证券价格下跌的压力。图14-2中的例子展示了杠杆是如何加速资产被迫出售的。在这个例子中，如果股价下跌5%，对冲基金需要卖出价值20美元的股票以维持杠杆率。但是，债权人可能会要求降低杠杆率，这会导致额外出售价值15美元的股票。这种出售行为可能会给股价带来更多的下行压力。（参见“两只对冲基金的故事：磁星和培洛顿”。）

14.2.1 银行对对冲基金的风险暴露

许多银行对对冲基金存在大量的风险暴露。因为对冲基金是这些银行交易部门以交易佣金为基础的单一最重要客户，这种风险暴露中也包含了收入风险暴露。银行向对冲基金提供的服务包括证券交易、清算与托管、融券、融资（包括保证金贷款、回购甚至永久性资本）、定制的技术和报告工具。银行通过提供这些服务获得了大量的费用，如果其对冲基金客户大

⊖ Sir John Gieve, Deputy Governor, Bank of England: 17 October 2006 speech on Hedge Funds and Financial Stability given at the HEDGE 2006 Conference.

⊜ Chan, Nicholas; Getmansky, Mila; Haas, Shane M.; and Lo, Andrew W. “ Do Hedge Funds Increase Systemic Risk?” Federal Reserve of Atlanta Economic Review, 4th Quarter (2006).

规模倒闭，某些大型银行的收入将下降很多并变得十分脆弱。此外，一些银行因为向对冲基金提供了现金贷款而存在非常大的信用风险暴露。虽然这些贷款都有抵押，但是有时保证金比率的调整无法与标的抵押品价值的变化保持一致。在过去，尽管银行持有大量的对冲基金风险暴露，但由于给基金提供的贷款都有抵押资产支持，银行实际上遭受的损失非常小。

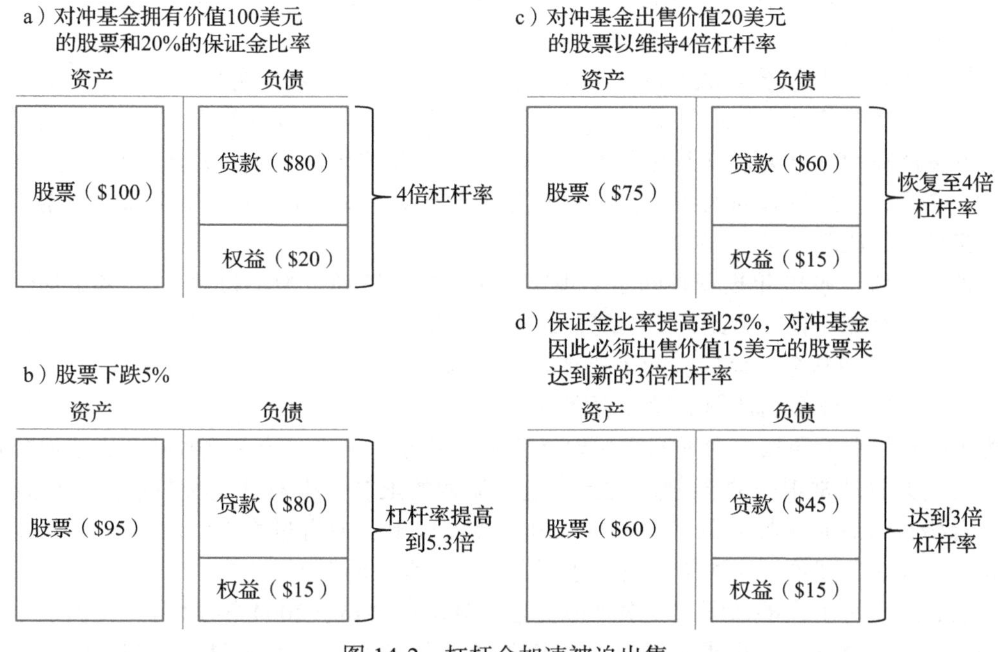

图 14-2　杠杆会加速被迫出售

资料来源：McKinsey Global Institute; " Hedge funds: The credit market's new paradigm," Fitch Ratings June5, 2007.

最后，许多大型银行是对冲基金在衍生品合约中主要的交易对手。例如，对冲基金已经与银行签订了大量的信用违约互换。信用违约互换是一种通过私下订立的明确规定来将信用风险从一方转移另一方的协议。银行也通过权益互换和其他衍生品合约持有对冲基金风险暴露。

14.2.2 降低系统风险

降低与对冲基金相关的系统风险的关键是：①银行采取更为保守的贷款策略；②对冲基金在投资活动中降低杠杆率并增加多样化投资；③监管机构运用更好的评判标准来努力提高对对冲基金的监管。许多针对对冲基金的监管行为，并非是降低系统性风险的最好办法。事实上，如果对对冲基金的监管过于严格，一些由对冲基金创造的流动性可能会消失。当资本市场冻结时，这反过来会切断许多重要的资本来源。例如，当投资人被迫出售困境证券以满足流动性要求时，通常是对冲基金购买了这些证券。如果没有对冲基金为这些困境证券提供报价，可能不会存在其他买家，这将导致困境证券的价格进一步下跌。事实上，对冲基金已经成为“债权人（或投资者）最后的依靠”，来为那些价格不断下跌的资产提供有力支撑。通过对对冲基金进行适度的监管来适当地降低系统风险是较为合理的做法，但是监管机构必须非常小心以避免由对冲基金创造出的流动性大幅缩减，因为这可能会加剧系统风险。

14.3 监管

在美国，根据《1940年投资公司法》，公共投资公司如共同基金需要在美国证券交易委员会注册。注册之后，它们需要定期报告信息，并将受到诸多限制，包括杠杆、卖空和业绩费用的限制。相对地，因为对冲基金在注册上享有豁免权，所以既不被视为公共投资公司，也不受类似的限制。

根据《1940年投资公司法》的3（c）1条款和3（c）7条款，这些豁免权仅对那些拥有100人或更少投资者的基金或者投资者为“合格购买者”的基金适用。合格购买者是指拥有的可投资资产在500万美元以上的自然人。3(c)1条款中规定的基金投资者不能超过100人，但是3(c)7条款对投资者的人数没有限制，当投资者人数超过499时，基金需要根据《1934年证券交易法》注册。

此外，按照《1940年投资顾问法》规定，对冲基金管理人为不超过15只基金提供顾问服务时，也享有豁免权。为此，不论基金的投资者人数是多少，任意一只对冲基金都被看作是一个独立的对冲基金。最后，为了避免《雇员退休收入安全法》中“计划资产”的问题，大部分基金限定退休福利计划的投资额度不得超过基金总资产的25%。

为了获得注册豁免权，对冲基金采取私募发行的方式，这意味着这些基金无法向公众发行或宣传，并且通常根据D条例来发行。这个流程的限制使得对冲基金只能向合格投资者发行。合格投资者是指拥有的净财富在250万美元以上，或者过去2年的年收入均超过25万美元并且能够合理预料到本年度也将达到同等收入水平的个人。

目前已经出现了许多试图改变对冲基金监管环境的尝试。2004年12月，美国证券交易委员会发布了一条规定，要求大部分对冲基金顾问在2006年2月1日之前到美国证券交易委员会进行注册。这条规定适用于资产管理规模在2 500万美元以上并且拥有的投资者人数超过15个的公司。但是，这项规定受到了美国哥伦比亚特区法院的质疑，2006年6月，该法庭否决了美国证券交易委员会的规定。美国证券交易委员会随后研究了该如何处理这项规定，但至今没有结果。2007年2月，总统金融市场工作小组拒绝对对冲基金进行进一步监管，并建议该行业采取大量的自愿准则。但是，在对冲基金和基金中的基金于2007年和2008年产生了大量亏损（包括纳斯达克前任主席伯纳德·麦道夫数十亿美元的投资者损失）之后，积极监管以及国会针对对冲基金行业的监管讨论又重新抬头。这导致2010年《多德－弗兰克法案》第四部分的通过。该法案主要的变化为：取消了在美国证券交易委员会的注册豁免权，增加了信息披露要求，以及强制投资顾问执行记录保管工作。专栏14-1总结了美国关于对冲基金的法律和法规。

尽管在美国和英国，对冲基金市场的监管力度一直很小，但在全球金融危机的余波中，欧洲大陆的官员们却积极倡导加强监管。欧盟公布了一个针对对冲基金管理人的严格监管框架。于2013年生效的《另类投资基金管理人指令》受到了来自对冲基金行业的严厉批评，因为其监管方法不充分，无法满足行业的特定需求，并且限制了市场的运作。这项指令涵盖了日常工作为管理一只或多只对冲基金的任何个人，但是资产管理规模小于1亿欧元的管理人享有豁免权，或者资产管理规模低于5亿欧元且未使用杠杆时，管理人享有有限豁免权。要在该指令下获得授权，管理人必须提供大量有关他们的投资策略、风险和杠杆头寸的信息。此外，管理人的管理、资本、业务、委托、营销和杠杆化都将受到监督。但是，欧洲的对冲基金可以享受欧盟通行证带来的好处，这使得它们能够在各个成员国管理和运作得到授权的基金。

金融危机之后，为了实现更好的透明度，需要披露欧盟监管市场上交易的股票净头寸，卖空因此变得更加困难。为了降低结算失败的风险，监管要求买入程序需要与“locate”条件相结合，这使得裸卖空操作变得更加困难。对于场外交易，对冲基金和其他参与者清算衍生品时需要通过公认的中央对手方来进行。近期监管的另一个基石是要求对冲基金所涉及的每一项衍生品交易都进行强制报告，以此来提高风险透明度。其他的监管规则影响了对冲基金交易方式和交易地点的选择，也减缓了高频交易和纯粹投机性交易。

专栏 14-1　对冲基金的法律和监管

- 《1933 年证券法》
  - 基金份额是“证券”
  - “安全港”D 条例
    - 第 506 条
      - 销售额没有限制
      - 一般只出售给“合格投资者”(100 万美元净财富或最近两年 20 万美元年收入)
      - 最多可以有 35 个非“合格投资者”
    - 不可以向大众宣传
    - 销售后的 15 日内向美国证券交易委员会提交 D 表格
- 《证券交易法》
  - 500 名投资者和 10 亿美元权益的基金必须登记
- 《1940 年投资公司法》
  - 对冲基金享有 3（c）1 条款和 3（c）7 条款豁免
    - 3（c）1 条款
      - 不超过 100 名投资者
      - 特许投资者
      - 合格客户（净财富在 150 万美元以上的自然人）
    - 3（c）7 条款
      - 小于 500 名投资者（如果大于 500 名，则必须注册）
      - 合格购买者（流动净财富在 500 万美元以上的自然人）
- 《1940 年投资顾问法》
  - 要求投资顾问在美国证券交易委员会注册
    - 管理资产规模小于 2 500 万美元：州政府注册
    - 管理资产规模大于 2 500 万、小于 3 000 万美元：美国证券交易委员会或州政府注册
    - 管理资产规模大于 3 000 万美元：美国证券交易委员会注册
  - 第 203（b）3 条款为 12 个月内客户少于 15 位的投资顾问提供豁免
- 《多德 – 弗兰克华尔街改革和消费者保护法案》[⊖]
  - 废除《1940 年投资顾问法》203（b）3 条客户少于 15 位的投资顾问的豁免权
  - 为符合以下情况的投资顾问提供豁免
    - 仅为风险投资基金提供顾问服务
    - 仅为在美国资产管理规模不超过 1 500 万美元的对冲基金提供顾问服务
    - 在美国没有设立办事处、资产管理规模不超过 2 500 万美元、美国客户数量不超过 15 位的境外顾问
  - 将在美国证券交易委员会进行注册的阈值由 2 500 万美元的资产管理规模提高到 1 亿美元的资产管理规模
  - 授予美国证券交易委员会制定新的衍生品市场监管制度的权力
  - 要求衍生品市场中的某些非商业参与者通过交易所进行交易和 / 或向 CFTC 注册的“互换数据存储库”注册交易
  - 沃尔克法则
    - 禁止保险存托机构及其附属公司进行自营交易
    - 禁止银行实体发起设立对冲基金或私募股权基金，或者与它们存在股权、合伙或所有权利益关系

资料来源：Mallon P.C.; Morrison & Foerster LLP.

⊖ 即《多德 – 弗兰克法案》。——译者注

其他监管方法

监管者主要担心以下三个问题：

（1）对冲基金可能欺骗投资者：为了解决这个潜在问题，监管者试图对投资于对冲基金的投资者的种类进行限制，只有能够进行自我评价（或雇用他人对自己进行评价）的成熟投资者才可以进行投资。

（2）对冲基金利用内幕消息进行交易：为了解决这个问题，监管者通常运用他们在处理涉及市场欺诈的其他投资公司的相同方法。

（3）对冲基金对金融系统，以及更广义地，对经济造成的不稳定：为了解决这个问题，监管者主要关注最新的、准确的抵押品估值，以及对冲基金的整体债务水平，并通过针对可以直接监管的银行推出更为严厉的贷款标准来对此类债务进行限制。

虽然这些都是共性问题，但是每个国家采取了不同的监管方法。例如，在葡萄牙，对衍生品的使用控制得比较严，但是法国的监管者对衍生品关注较少，而对杠杆的关注程度更高。法国监管者一直非常担心对冲基金在公司接管竞购时潜在的串通问题。在俄罗斯，管理力度比其他八国集团国家大很多。英国监管机构一直与美国基本保持一致，但是英国对补充条款的规定更加严格，以试图避免偏袒某些投资者。

对很多国家而言，自律是最好的办法。一个名为另类投资管理协会的机构已经出版了《对冲基金健康估值指南》，其中有关于聘请独立估值服务提供商，多个价格来源的使用，对冲基金管理人确定基金净值所涉及重大事项的披露的建议。

随着越来越多的对冲基金成为上市公司，使得任何一个投资者都可以投资它们的股票（例如，美国的奥奇 - 齐夫资本管理公司和英国的曼氏集团），监管机构对于对冲基金的放任态度可能会遭受压力。因为许多不够成熟的投资者通过公开市场买入对冲基金的股票，从而形成了对冲基金的风险暴露，许多监管机构可能会感受到要求加强监管的压力。反对这种关注的一方则认为，在 IPO 之前，对冲基金提交了监管规定的申请上市注册表，这就已经像公众公司那样置于更多的监管之下。

14.4 组织结构

在设计对冲基金的组织结构时，通常需要考虑如何最大限度地减少税收和减少监管限制。图 14-3 展示了一个典型的对冲基金合伙结构。

14.4.1 注册地

许多对冲基金都是离岸注册的，主要的离岸注册地包括开曼群岛（55%）、英属维京群岛（15%）和百慕大（10%）。对冲基金在岸注册地通常为美国（65%，大部分在特拉华州）和欧洲（31%）。注册地的选择取决于税收和基金投资人所处的监管环境。通过离岸注册，对冲基金可以逃避投资组合价值增值部分的税收。但是，对于基金投资收益，基金的投资者仍然需要支付个人所得税。此外，对冲基金管理人还需要支付管理费的税收。

14.4.2 法律实体

对于美国的应税投资者，对冲基金通常采取有限合伙制形式。有限合伙制中普通合伙人通常是对冲基金的投资管理人，而有限合伙人则是投资者。那些非美国实体和免税的美国实体（如养老金）投资者，通过一个独立的离岸载体进行投资。离岸基金和在岸基金通常投资一个主从结构基金，然后联合投资于主基金，而主基金的资产由对冲基金的投资管理人来管理。这种结构能够使得在岸基金和离岸基金获得最大的税收和监管优势，同时使得对冲基金管理人统一管理所有投资基金。对冲基金的投资管理人不会保留主基金的收益。如果设计得当，这种结构能够避免纳税主体投资者重复纳税，并且也可以使得免税的投资者与应税的投资者一样，参与相同的投资管理池。

为了创造最优的法律结构，对冲基金会聘请会计师、律师、审计员、一位行政主管（负责完成报告和安排基金发行、赎回等事项）、一位独立资产评估方（评估基金资产净值）和一个大宗经纪商（出借资金和股份、作为衍生品交易对手，并提供交易执行、清算及结算服务）。

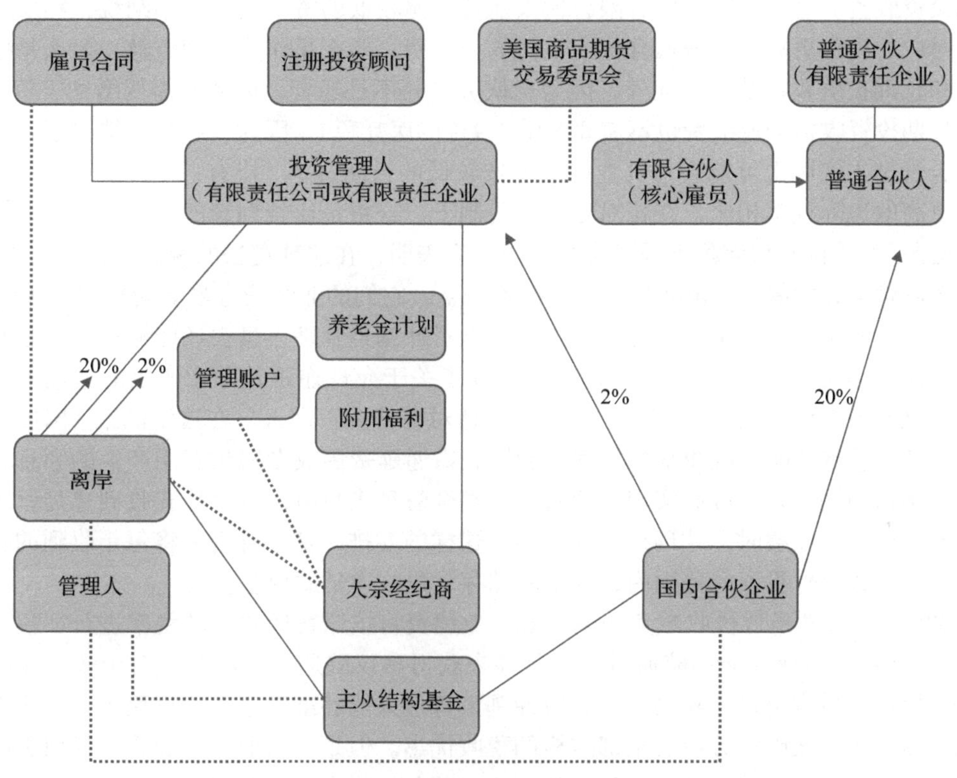

图 14-3　对冲基金的合伙结构

资料来源：Morgan Stanley.

14.4.3　开放式基金

典型的对冲基金会以开放式合伙基金的形式运行。开放式基金能够定期直接对新投资者发行合伙权益或者股份，发行价格等于每份基金的资产净值。投资者也可以在赎回日按照基金净值赎回合伙权益或者股份。开放式基金的份额通常不能交易，基金份额的利润在赎回之前也不进行分配。相反地，封闭式基金可以定期分配利润，并能够进行交易。

14.4.4　税收

美国对冲基金采用投资合伙制，并且普通合伙人既是基金的投资者也是管理人。相反地，在各地注册的离岸基金，包括开曼群岛和百慕大，则以有限存续公司或者非过手载体形式（nonpass through vehicles）存在。离岸基金配置一个投资顾问（拥有基金份额）。这部分仅针对美国的税收，并随法律的变化而变化。其他国家拥有不同的税收法律，可能会导致不同的税收结果。

美国国内的合伙人每年向管理公司支付管理费，并向普通合伙人支付业绩费，管理公司通常为有限合伙制或有限责任公司形式。对于离岸基金而言，它们需要向管理公司（作为普通收入征税）支付管理费和业绩费。而对于美国的管理人，基金管理费作为普通收入征税，而业绩费的征税则更为复杂。如果基金收益是通过持有一年以上的资本资产（经估计，不超过 1 / 3 的投资持有超过 1 年）出售而获得的，利润则被当作是有限合伙投资者和普通合伙人的长期投资收益。这使得美国的有限合伙人能够按照较低的资本利得税率纳税，相反地，普通收入对应的税率更高。向普通合伙人支付的业绩费，要么是作为变现收益，要么是按照股息收入和长期投资收益纳税。此外，因为合伙关系并不是经营，因此不需要缴纳工资税（被认定为长期投资收益的业绩费也不需要缴纳 2.9% 的医疗税）。因此，在某些情况下，美国的对冲基金管理人实际上可能会对其业绩收入按较低的长期资本（持有一年以上）利得税率纳税，与更高的边际税率相比，在相对宽松的税制下，这将是比较划算的。这就是所谓的“附带权益漏洞”。美国众议院税务委员会的一项研究表明，在这种宽松的税制下，过去 10 年减少了约 300 亿美元的税收（包括私募股权投资基金，它们的业绩费也享受同样的税收优惠）。

除了业绩费享有低税率税收优惠之外，美国对冲基金管理人过去还能够享受管理费相关的税收优惠。但是，在 2008 年，美国政府废除了关于允许递延补贴中产生的递延税收的税收优惠，这对所有的纳税人都产生了影响，包括对冲基金管理人。在这个法案（国内税收法典第 457 节）颁布之前，对冲基金管理人能够凭借递延费用或者递延费用产生的利息和投资回报而不确认当期收入，因此实现避税目的。基金管理人只有以现金形式收到递延管理费及其相应产生的投资收益时，才确认收入。通过这样的安排，基金管理人将每年收到的收入限制在所需开销或对外投资的范围内，其余的储存为税收递延的税基。

《2008 年替代性最低税收减免法案》规定业绩费将按照普通收入的税率进行征税。这个法案在 2008 年 6 月获得众议院通过，但是并未获得参议院通过。因此，对于旗下能够被划分为资本资产并持有超过一年的资产，对冲基金管理人能够继续享有优惠税率。在将来的某一时点，国会将会废除部分或者全部这样的税收优惠。但是，需要指出的是，任何美国税收政策的变化都只可能影响对冲基金利润的很小一部分，因为对冲基金大部分的收入都是来自于短期投资。

第 15 章　对冲基金的业绩与议题

15.1　对冲基金的业绩

对于对冲基金行业而言，2008 年是个分水岭。对冲基金的资产管理规模下降到了一个前所未有的水平，并且绝对收益的概念也因为巨额亏损（如表 15-1 所示）在一定程度上失去了意义。因为这些损失，投资者的资金赎回大幅增加。资金的赎回，加上资产价值的减少，导致资产管理规模下降了约 25%，从 2007 年年底的约 1.9 万亿美元降至 2008 年年底的略高于 1.4 万亿美元。2008 年的问题部分是由于过多对冲基金买入了相同的资产。随着市场下跌，许多对冲基金卖掉了这些资产以获得流动性，这推动了市场进一步下跌。

表 15-1　对冲基金惨淡的一年

HFRI 指数	2008 年收益率
HFRI 基金加权综合指数	**–19.0%**
HFRI 可转换套利基金指数	–33.7%
HFRI 困境 / 重组基金指数	–25.2%
HFRI 权益对冲基金指数	–26.6%
HFRI 权益市场中性策略基金指数	–6.0%
HFRI 事件驱动基金指数	–22.1%
HFRI 宏观策略基金指数	4.8%
HFRI 并购套利基金指数	–5.0%
HFRI 相对价值套利基金指数	–18.0%

资料来源：Hedge Fund Research, Inc.

投资于俄罗斯和中国的对冲基金，在过去几年中获得了巨额收益，但是它们也是 2008 年中表现最为糟糕的，当年损失高达 70%～90%。与这些损失形成鲜明对比的是，有一些对冲基金，如看空有毒住房抵押贷款相关证券的保尔森增强优势基金，在 2008 年上涨了 35% 以上。

在 2008 年，对冲基金研究公司（HFR）跟踪的基金加权综合指数下跌了 19%，相比之下标准普尔 500 指数（含股息）则下跌了 38.5%。因此，尽管对冲基金损失惨重，但比整体权益市场损失要少很多。2008 年是自 1990 年以来对冲基金第二个获得负收益的年份。减少的资产规模中约 2 / 3 是由对冲基金糟糕的业绩表现导致的，剩下的 1 / 3 源于投资者的资金赎回。在更大范围的资产多样化配置框架下运作的对冲基金中的基金的表现比对冲基金更加糟糕，当年的损失达 21.3%。新兴市场基金和许多其他类型的基金业绩同样很糟糕。除了极少数的例外，对冲基金在当年的收益率都是负的，无论采取了何种投资策略。但是，尽管整体业绩表现不佳，值得再次强调的是，对冲基金的业绩（无论是总体还是各种主要投资策略）仍然优于整体市场。

在金融危机过后的几年中，对冲基金跑输了全球市场，但是对冲基金的资产管理规模显著增长，因为在富有挑战性的投资环境下，许多投资者将对冲基金视为一个更安全、低波动的选择。美国和欧洲的养老金，在利率极低和不可预测的市场中，渴望寻找到可预测的收益，它们开始越来越多地转向了对冲基金。2013 年时对冲基金管理的资金比 2007 年多出了近 30%。但是一个更新的观察结果显示，自从金融危机以后，对冲基金获得的收益（对比其客户通过投资主要资产类别而可能获得的收益）已经在下降。阿尔法收益甚至在 2011 年变成负数。尽管总收益在增加，对冲基金风险调整后的平均收益率实际在下降。在 1994 年到 2012 年 2 月之间，基金获得的收益比主要由债券、股票、商品和汇率指数组成的一篮子证券呈现的所谓的贝塔收益高出 5.32%。但是这个总体数量的背后隐藏着对冲基金收益率随着时间产生的巨大变化。截至 2001 年，对冲基金的阿尔法收益 36 个月内几乎达到了 10%，但是到 2012 年早期，投资者的收益比投资于主要资产类别指数还要差 1%～2%。结果是，似乎投资者投向对冲基金是为了帮助他们管理资产波动风险和保持稳定（收益率较低），而不是希望在市场强劲的时候获得超额收益。根据 HFRI 指数，2007～2012 年，对冲基金平均年化波动率为 9.8%，而 MSCI 全球权益指数的波动率为 18.2%，几乎是其 2 倍。标准普尔 500 指数的波动率为 16.6%。许多投资者越来越关注 LIBOR 加上 300～500 个基点的收益率，而另一些投资者则寻求收益率类似于股票但波动性较低的资产。对于养老金而言尤其如此，因为稳定的回报能够帮助它们筹划支付给退休人员的养老金数额。虽然在金融危机之前，对冲基金以高风险和大量债务支撑下的反向押注著称，但是现在很多对冲基金正在以更加保守的方式重塑自己，它们使用较低的杠杆并降低风险。

2015 年期间，对冲基金平均损失超过 1%，尽管其资产管理规模增长到历史高点（见图 15-1），而标准普尔 500 指数收益率为 1.4%，包括股息。基金管理人犯了无数的错误，包括在能源和货币上的错误押注以及过度依赖于选定的股票。但是对冲基金行业对杠杆的继续依赖，使得错误被放大。并且，在 2016 年间，杠杆的使用进一步增加。

许多对冲基金不希望将它们的业绩表现仅与权益市场做对比，因为它们不仅在股票市场交易，也在很多其他的市场上交易。但是尽管 2015 年股票市场放缓，这个行业当中一些非常成功的投资者也不能够加以利用。例如，积极主义投资者在许多重要的股票中押错注（既有多头又有空头）。并且，能源股的崩盘推动了其他公司产生巨额亏损。2015 年大量知名基金关闭，包括贝莱德公司和福特雷斯投资集团公司，而诸如克拉伦斯公路管理和石狮资本等其他公司在年底时几乎收到了所有投资者的赎回请求，但是他们拒绝退还投资者的资金。

图 15-2 展示了 2015 年不同投资策略的对冲基金和标准普尔 500 指数的收益情况。

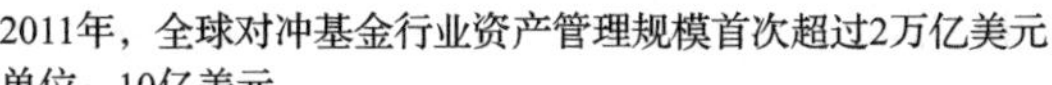

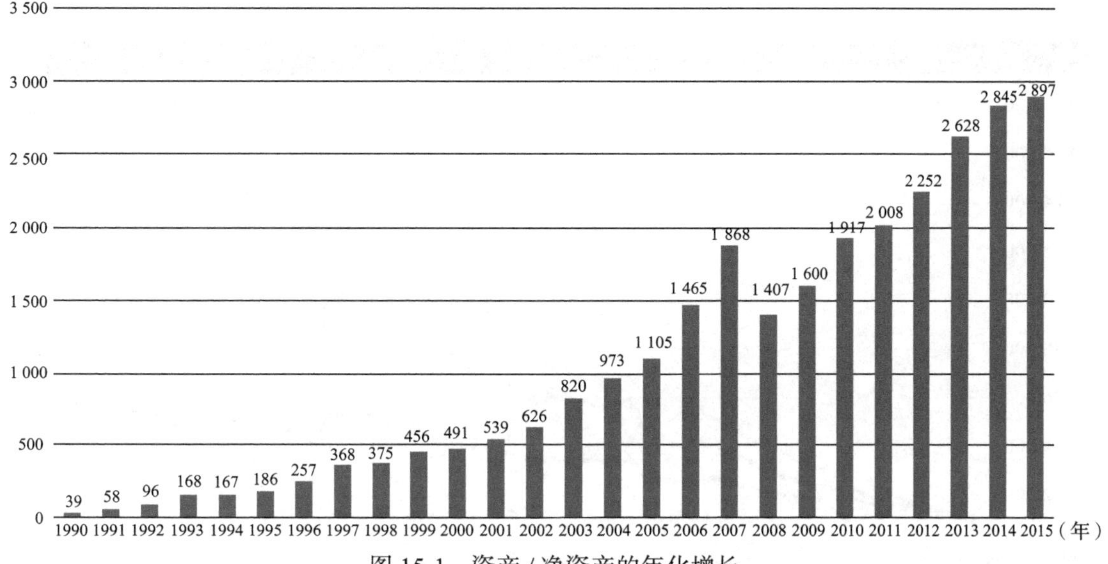

图 15-1　资产 / 净资产的年化增长

资料来源：Hedge Fund Research, Inc.

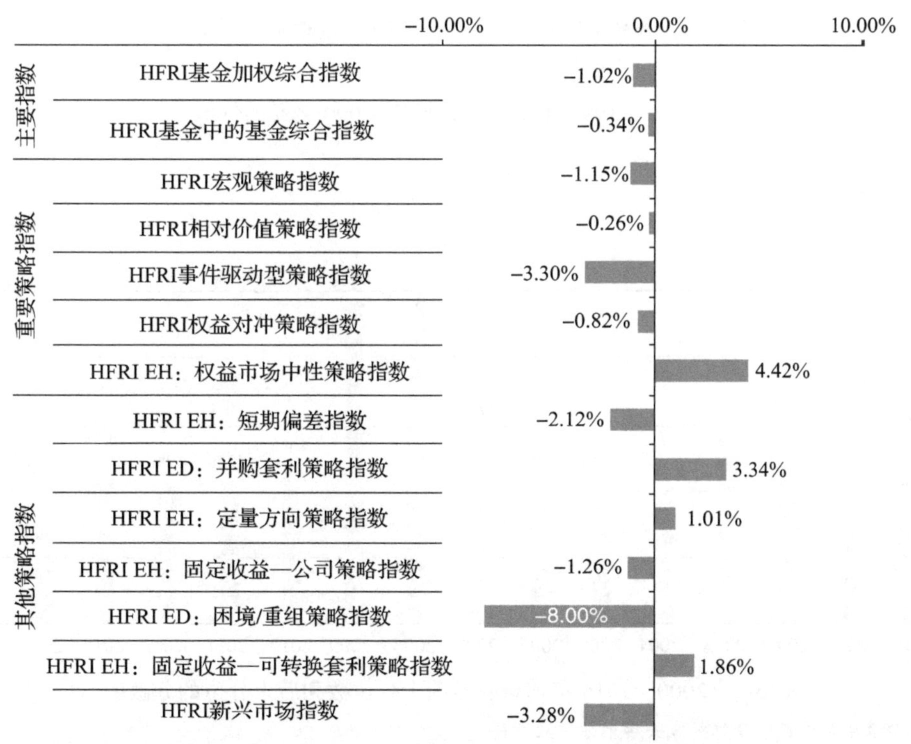

图 15-2　所有对冲基金、基金中的基金以及特定投资策略的收益（2015）

资料来源：Hedge Fund Research, Inc.

图 15-3 表明在过去的 25 年中，大部分投资策略的对冲基金都跑赢了标准普尔 500 指数。当查看对冲基金业绩的前十分位数和后十分位数时，可以发现自对冲基金研究公司追踪该数

据以来，2008 年的收益率是最为分散的，体现了极端的市场波动性。2015 年，前十分位数和后十分位数之间的差值为 39%，与 2009 年的 97% 相比显著下降（见图 15-4）。

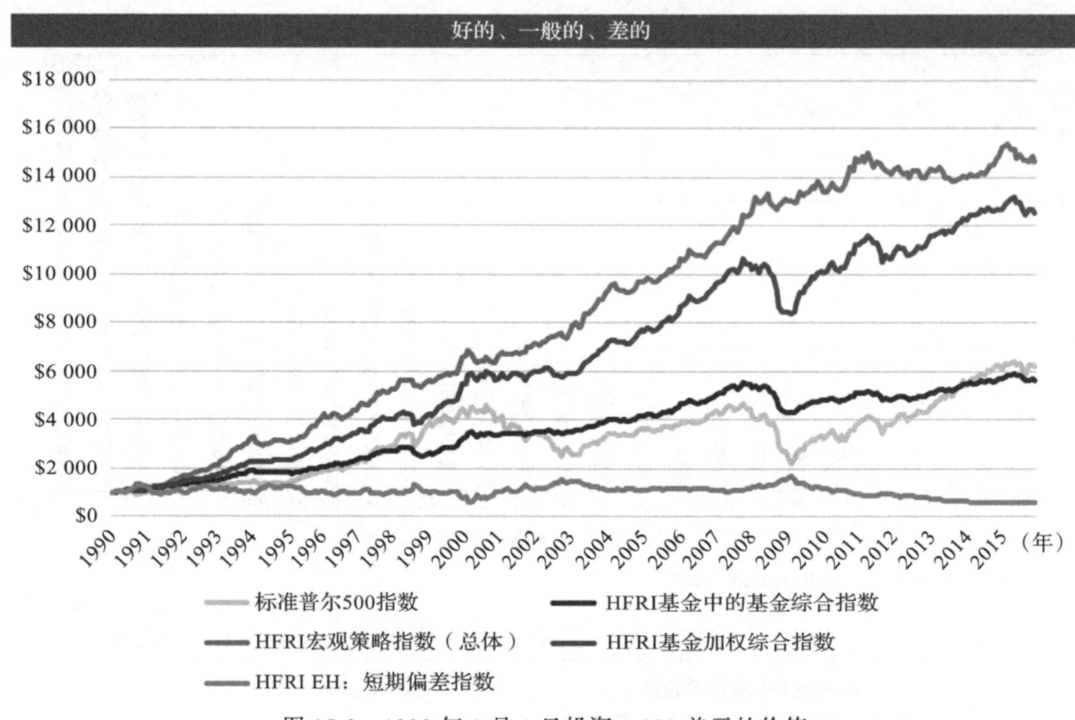

图 15-3 1990 年 1 月 1 日投资 1 000 美元的价值

资料来源：Bloomberg L.P.

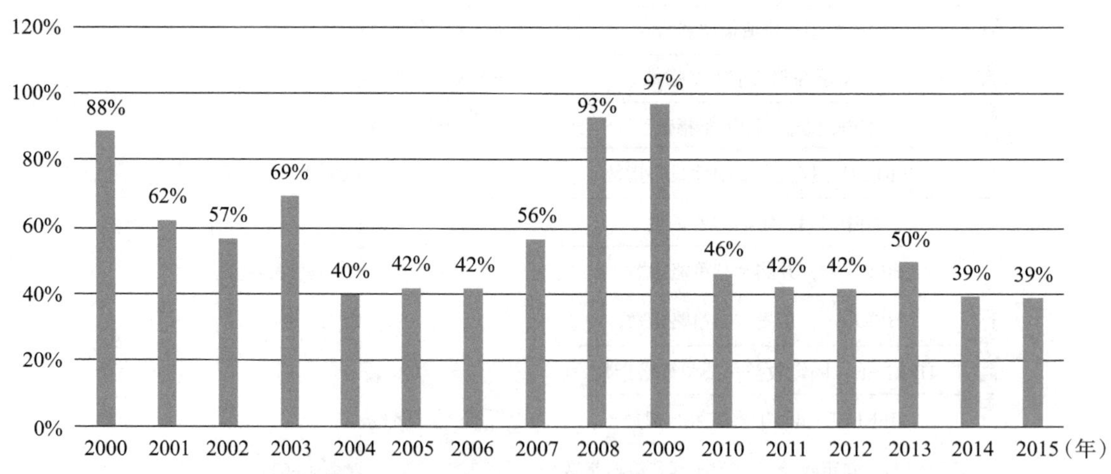

图 15-4 2000～2015 年基金收益前十分位数和后十分位的分散率

注：分散率是由前十分位数减去后十分位数所得。

资料来源：Hedge Fund Research, Inc.

关于基金管理人从业时间长短是否能预示基金预期收益率的分析得出了有趣的结果。对新管理人（运作基金时间少于 24 个月）和老管理人的业绩进行比较，能够发现新管理人的业绩即使有所回调，但还是持续胜出（见图 15-5）。

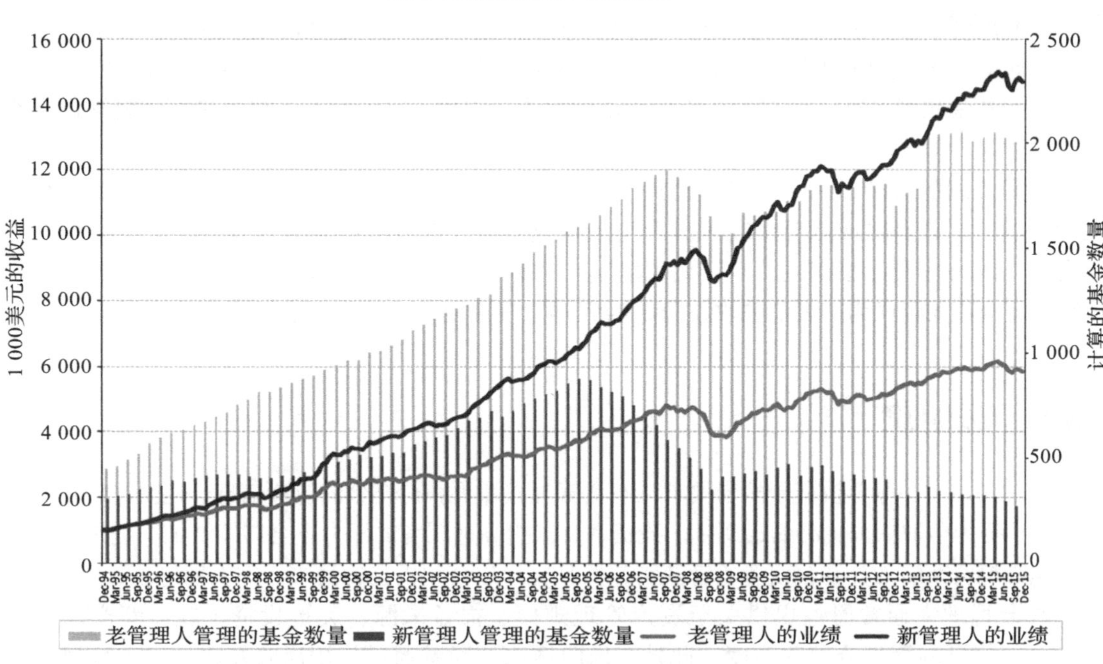

图 15-5　新管理人和老管理人

15.2　基金中的基金

2008 年伴随着伯纳德 · 麦道夫基金的投资者所遭受的数十亿美元损失的披露而落下帷幕。尽管麦道夫不是对冲基金管理人，但是有许多将投资者资金配置在对冲基金中的基金中的基金也通过支线基金将资金配置到麦道夫基金中。这引起了人们对基金中的基金尽职调查质量问题的担忧。随后发生的基金中的基金信任危机使得许多投资者从这些基金中赎回资金，进而引起了对冲基金的资金赎回。

对于投资者而言，基金中的基金的销售卖点在于它们能够提供以下三个关键好处：多样化投资、有机会投资抢手的基金管理人、尽职调查。站在许多投资者的角度，金融危机削弱了前两项好处，而麦道夫丑闻则极大地削弱了第三个好处。结果，对冲基金研究公司的数据显示，基金中的基金的资产管理规模从 2008 年 6 月底的 8 260 亿美元下降至 2008 年年底的 5 930 亿美元。

杠杆的使用使得基金中的基金的困境更加恶化。当基金中的基金投资各类对冲基金时，许多都需要借入资金以补充投资资金。因为它们投资的大部分对冲基金已经使用杠杆，这种双重杠杆使得标的基金损失加剧。在一定程度上由于杠杆的原因，基金中的基金在 2008 年的平均损失达到了 21%，相比之下，对冲基金在当年的平均损失为 19%。

15.3　绝对收益

从历史来看，对冲基金能够运用复杂的对冲工具并能实现全球化资产的多样化配置（既能买入也能卖空），许多投资者已经将对冲基金视为一种能够产生绝对收益的投资类别。但是，2007 年和 2008 年的金融危机促使投资者重新审视这一观点。尽管对冲基金的灵活性和技巧性使得对冲基金没有遭受与总体市场同等幅度的损失，但也清楚表明实现持续的正收益的理念是不现实的。在面临极端市场威胁时，对冲基金随着相对收益投资一起顺流直下（尽管速度要慢一些）。

对冲基金越来越难以绝对收益的身份进行销售。相反，它们现在不得不更多地将提供投资多样性作为关键优势。换句话说，它们越来越多地被看作是相对收益基金，但是由于广泛的投资标的和使用的对冲工具，对冲基金仍然能够在糟糕的市场环境中应用局部有效机制。在低迷的市场中，许多对冲基金可能无法产生正收益，但大部分对冲基金表现得比其他类别的基金更好，因为它们能够产生"多样化贝塔"。"多样化贝塔"这一术语被总部在瑞士的另类资产管理合众集团定义为"大范围收益分布的多样化投资驱动了单个标的风险的投资风险均衡"。

15.4 透明度

在过去，对冲基金投资人从未要求从基金管理人那里获得充分的投资信息。但是，现在许多投资人正努力争取获得更高的透明度。投资和要求提高透明度的压力还会持续增加，但是一些管理人担心投资策略的公开会使竞争者获利，并且会导致套利机会的消失，因而回绝了这一要求。

基金管理人通常愿意提供关于资产管理规模、损益来源、关键投资主题、新产品涉及和人员等信息的管理流程透明度。此外，风险透明度通常通过信用风险暴露、波动性风险暴露、多头空头头寸比例、杠杆、关注区域、资产组合集中度、关注行业和关注市值等信息来提供。但是，对冲基金管理人将会试图对特定的投资策略、理念和空头头寸进行保密。因此，投资者必须判断整体透明度的水平是否充分体现了对冲基金投资中的风险和优势。

15.5 费用

在过去所有的对冲基金都收取 2% 的管理费和 20% 的业绩费，这一陈旧的收费体系在近几年正在逐渐被打破，特别是一些小的、新的基金。2007 年，新设立的基金的平均业绩费达到 20%，但是在 2015 年下降到了约 14%（见图 15-6）。

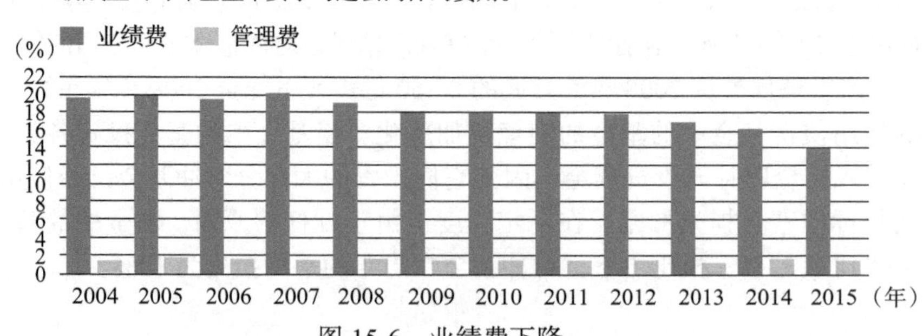

图 15-6 业绩费下降

注：基于每年新推出的基金。数据截至 2015 年 8 月。

资料来源：Bloomberg, Eurekahedge.

在下降的业绩费背后有两个主要的趋势，其中一个很明显，另一个没有那么明显。第一，即使在金融危机时对冲基金跑赢了基础市场，它们仍然遭受了严重的损失。因此，它们的费用受到了仔细的审查。另一个趋势是大机构的投资者更喜欢将资金配置在更大一些的对冲基金中，这导致小的、新起步的对冲基金通过降低费率吸引投资者。

2008 年年底，在经历了 1 年的亏损之后，堡垒投资集团退回了它曾经收取的 3 亿美元的费用。其他公司也退回了费用，并履行了在达到高水位线之前不收取任何业绩费用的承诺。在大多数基金中，费用下降主要来自于业绩费，而不是管理费。因此，1%～2% 的管理费用仍是正常现象。对冲基金坚持认为，业绩糟糕时可以免去业绩费，但管理费对维持基金正常运作至关重要。

15.6 高水位线

对冲基金高水位线条款是一种确保基金管理人在基金产生负收益时不收取业绩费的机制。高水位线是“累计亏损账户”的通俗说法。累计亏损账户在业绩考察期（按季度还是年度，由公司决定）开始时初值为零，用于记录考察期的净损失。专栏 15-1 是一个高水位线的计算例子。

专栏 15-1　　高水位线实例

关于累计亏损账户和高水位线计算的应用机制实例如下：

对冲基金净值（2006 年 1 月 1 日）：1 000 000 美元

对冲基金净值（2006 年 12 月 31 日）：1 200 000 美元（扣除包括管理费在内的所有费用之后）

收益：200 000 美元

业绩费：40 000 美元 [200 000 美元的 20%]

累计亏损账户：0 美元

对冲基金净值（2007 年 1 月 1 日）：1 160 000 美元

对冲基金净值（2007 年 12 月 31 日）：1 000 000 美元（扣除包括管理费在内的所有费用之后）

收益：（160 000 美元）

业绩费用：0 美元

累计亏损账户：160 000 美元

对冲基金净值（2008 年 1 月 1 日）：1 000 000 美元

对冲基金净值（2008 年 12 月 31 日）：1 100 000 美元（扣除包括管理费在内的所有费用之后）

收益：100 000 美元

业绩费：0 美元

累计亏损账户：60 000 美元

对冲基金净值（2009 年 1 月 1 日）：1 100 000 美元

对冲基金净值（2009 年 12 月 31 日）：1 300 000 美元（扣除包括管理费在内的所有费用之后）

收益：200 000 美元

业绩费：28 000 美元 [140 000 美元的 20%]

累计损失账户：0 美元

理论上，高水位线的概念与许多私募股权投资基金的“回拨”条款类似，其目的是确保管理人无法在业绩不佳时获得超额奖励。但是，高水位线在本质上与其完全不同，高水位线是预期的（而回拨是过去的）。应用于对冲基金的高水位线是建立在持续增长的基础上的，因此管理人在获得业绩费用之前需要将基金账户提高到高水位线之上。

设计高水位线是为了帮助投资者防止基金管理人在相同收益基础上重复收取业绩费。但是，高水位线也对对冲基金管理人产生了反向激励，使得他们要么承担额外风险获得足够高的收益以消除累计亏损账户从而获得业绩费，要么关闭基金重新设立一个。这两种行动都可能损害投资者的利益，迫使他们要么在不适当的时候赎回资金，要么在潜在高风险下继续他们的投资。如果对冲基金管理人关闭基金，投资者可能因资产将以低价甩卖而遭受巨额损失。但是，继续投资于高风险的基金也并不符合投资者的最佳利益。而且，如果将资金赎回并投资给其他管理人，可能也将面临同样的高水位问题。

为了解决这一难题，在某些情况下，投资者会考虑调整高水位线。修正的高水位线会根据基金目前的水平进行重设高水位线，这么做有时能够更好地协调各方的利益。修正的高水位线使得对冲基金管理人得以继续管理基金，并降低管理人采取高风险行为的动机，进而为投资者创造价值。作为补偿，一些对冲基金管理人可能愿意接受较低的业绩费。

15.7 寻找收益

传统上，对冲基金的战场是独立于市场状况的“阿尔法”收益，但是现在对冲基金管理人开始越来越多地参与到传统基金管理人的活动当中去。为了区别于传统基金，对冲基金管理人不得不在新市场中寻找新的收益来源。这一寻找已经将他们推向流动性较差的投资中，包括私募股权投资和其他的私募交易。这一活动拓展了它们的投资范围，需要更长的锁定期，也因此需要雇用具有长期投资专长的新的投资经理。对冲基金已经成为杠杆性银行贷款、夹层融资、保险连接证券和杠杆收购交易的积极参与者。换句话说，对冲基金大量的投资已经开始从公共交易转向私募交易，以寻找阿尔法收益。

15.8 业务的融合

对冲基金、私募股权投资基金和投资银行互相竞争，同时，又互为收入的主要来源。在《多德－弗兰克法案》之前，对冲基金、私募股权投资基金和投资银行之间的竞争是非常明显的，因为许多投资银行会操作它们自己的对冲基金和私募股权投资基金，并经营着大型的自营交易部门。自从该法案实施以后，对冲基金、私募股权投资基金和投资银行的竞争都在显著下降。对冲基金和私募股权投资基金依旧是如高盛等主要投资银行最大的客户。高盛拥有业界领先的投资银行业务，为企业、市政客户以及私募股权投资公司提供并购和承销业务。高盛也拥有业界领先的销售和交易业务，为包括对冲基金在内的机构和个人投资提供交易和融资服务。实际上，私募股权投资基金和对冲基金分别是高盛投资公司投资银行部门和交易部门两个最重要的客户。由于《多德－弗兰克法案》，投资银行通过它们自己的对冲基金和私募股权投资基金进行的投资已经锐减。此外，自营交易也在显著减少。

城堡投资集团是一家主要聚焦于对冲基金投资的另类投资管理人，但其投资组合已经超出传统对冲基金投资的领域。城堡投资集团也发展了一项大型对冲基金管理业务，通过向其他对冲基金提供证券贷款、报告和管理服务，来与主要投资银行的主要经纪业务竞争。此外，城堡投资集团在 2009 年 5 月设立了一个投资银行咨询部门，其业务开始拓展到传统交易业务之外。由于全球银行业务规则致力于使得金融系统更加安全，堡垒投资集团启动了互换做市业务，以利用投资银行从该业务撤退的优势。

摩根士丹利的另类投资合伙企业（AIP）是一个专注于房地产、私募股权和机会主义投资策略的基金中的基金。2015 年 12 月 31 日，AIP 管理了 370 亿美元的总资产。摩根大通控制了高桥资本管理，后者是一个由对冲基金、传统资产管理产品和信贷，以及长期持有的股权投资组成的多元化投资平台。高桥资本的资产管理规模为 210 亿美元。

15.9　国际对冲基金的发展

尽管大多数对冲基金的总部都在美国和英国，仍有许多对冲基金位于以下国家和地区：开曼群岛、卢森堡、新加坡、爱尔兰、马耳他、澳大利亚、中国香港或者英属维尔京群岛。对冲基金管理人之所以选择将他们的基金设立在这些国家或地区，是因为当地的法律和税收政策对基金较为有利，并且行政管理压力较低。由于强劲的经济增长，一些新兴经济体也引起了投资者的兴趣，这些国家或地区的法律制定者也对此做出了回应，他们修改了法律以使得对冲基金的运作更加简单。特别是在亚洲，尽管过去许多亚洲政府对对冲基金心存疑虑，但是亚洲对冲基金的业务氛围已经明显改善。中国香港和新加坡现在提供了一个非常有吸引力的司法管辖区，该管辖区的行政管理压力有限，并且监管更加灵活。其他亚洲国家和地区，如韩国和中国内地也通过改变当地的监管规则来为对冲基金创造一个支持性的环境，鼓励当地对冲基金以及美国主要的对冲基金管理人在这些国家和地区开展业务。

对对冲基金而言，其他新兴经济体也正在变得越来越具有吸引力。例如，摩根士丹利在巴西设立了一个大宗经纪业务办公室，来更好地为巴西市场新兴的对冲基金提供服务。迪拜则是另一个放松对国内外基金管理人的监管、邀请对冲基金参与进来的例子。

15.10　优势的重新审视

从历史来看，对冲基金管理人所宣扬的能为投资者带来的优势有：

（1）风险调整后收益富有吸引力、专注于正收益、波动率低，以及资本保值。

（2）与主要权益和债券市场相关性低。

（3）多头或者空头投资灵活，使用大量投资工具，投资于那些处于结构性低效的细分市场和小的资产池。

（4）关注有价证券。

（5）具有结构性的优势，包括基于业绩的费用（关注业绩，而不是资产募集）、经理个人参与投资（利益一致），以及能够吸引“最优秀和最聪明的人”。

有一项关于对冲基金在发生重大动荡时的优势分析，其结论如下：

（1）在重大市场动荡时期，实现正（绝对）收益已经成为一个难以实现的目标。

（2）在重大市场动荡时期，很难保持对冲基金与主要权益市场和债券市场的低相关性。

（3）投资的灵活性继续成为对冲基金的主要优势。

（4）一些对冲基金将其资产的一部分配置在不可交易证券中，导致资产期限和投资者赎回需求之间出现错配。

（5）包括基于业绩的费用和利益一致性在内，结构性优势依然存在。

15.11　未来发展

2007～2009 年，对冲基金遭受重创：赎回导致收入损失，对冲基金被迫贱卖资产从而进一步加重损失，收取的费用因业绩不佳而减少，监管者加强监管并增加税收，许多投资者开始关心对冲基金模型。虽然 2010～2016 年对冲基金的资产管理规模增加，但是它们的业绩比大盘股票指数要弱。此外，它们无法像许多投资者要求的那样进行多样化投资。

因此，许多显著的、持续性的趋势已经出现了：

（1）对冲基金进行杠杆融资的途径受到更多的限制，这尤其影响可转换证券套利、固定收益套利和量化套利投资策略。

（2）因为投资者要求更高的透明度和流动性，投资策略保密的能力已经降低。亏损、门协议和欺诈迫使对冲基金的活动变得更加开放，并且更愿意同投资者分享他们的业务细节和相关风险。

（3）费用已经从典型的 2 / 20 模式减少至更低的费用模式，允许更多的收益归于投资者，并承认低收益状况。许多对冲基金现在为更大的投资承诺提供浮动费用表。

（4）阿尔法的下降有据可查，并且许多对冲基金现在已经被视为在创造多样化贝塔，而不是在市场无效时寻找显著收益。这仍然代表着增值，但想把它们与经营状况良好的传统基金明确划分变得更加困难。

（5）对冲基金可能会受到更多的监管约束，这在一定程度上限制其灵活性，尤其是权益多头 / 空头、事件驱动和其他权益关联策略基金。

（6）一个不太有利的税收环境将导致对冲基金管理人所获得的税后薪酬减少。

（7）随着对冲基金的调整以适应新的市场环境，它们开发了更长的锁定期安排以便更好地匹配投资标的期限。这反过来又促使其扩大长期投资活动以充分享有长期资本可以获得的高额收益。

（8）权力的平衡已从普通合伙人转向有限合伙人。其结果是，有限合伙人已成功获得了更好的透明度、更高的流动性（或与资产的更好匹配）以及上面描述的其他好处。

（9）美国的《多德－弗兰克法案》和欧盟的《另类投资基金管理人指令》的新监管规则显著增加了行政压力（特别是对于规模较小的对冲基金）。

（10）由于新的监管规则和费用压力，小型基金将面临更高的行政成本，它们也将随之整合。

15.12 对对冲基金行业的预测

（1）预期回报率降低

对冲基金的业绩是由基金经理技能和市场化收益率（阿尔法和贝塔）共同驱动的。从 2009 年到 2015 年年初，随着固定收益市场和权益市场同时经历的强劲牛市，贝塔促动对冲基金通过净多头市场风险暴露而为管理人带来回报。在此期间，投资者对新管理人的预期收益率从 2009 年的约 15% 下降到 2014 年的 10% 出头，再到 2015～2017 年的 5%～10%。这些预期收益率的下降主要源于许多投资者认为随着资本市场交易接近历史高位，未来几年贝塔将只会带来少量价值。

（2）对低相关性的需求

对对冲基金较低的预期收益率将会对对冲基金策略的选择产生很大的影响。投资者会将更高的贝塔策略视为更高的且不必要的风险。他们越来越多地要求诸如相对价值固定收益、市场中性多头 / 空头、商品交易顾问（CTAs）、直接贷款、波动性套利、再保险和全球宏观等策略，认为无论市场风向如何，这些策略均能产生阿尔法收益，并且能够对冲市场抛售行为。

（3）对冲基金资产达到历史最高水平

预计对冲基金行业资产将增加，但增幅较低。养老基金会将长期固定收益资产进行重新配置，以提高未来收益预期，另外，其他投资者将一些资产从仅能进行多头交易的股票中转移出来以对冲潜在的市场抛售行为，这两者将推动对冲基金资产攀升至历史新高。

（4）规模较小的管理人将跑赢大盘

那些通常比大型对冲基金表现更强的规模较小的对冲基金，应该能够发现特别具有吸引力的投资环境。在转向越来越依赖于阿尔法的业绩环境时，证券选择变得越发重要，特别是在效率较低的市场中，在这里规模较小的管理人比规模较大的管理人具有明显的优势。为最大化投资者的回报，其中许多管理人已经超过最佳资产管理水平。此外，大型基金管理人的客户通常是规避风险的投资委员会经营的大型养老基金，为实现资产保值，它们有动力去降低投资组合中的风险，这增加了继续收取大量管理费的可能性。

（5）养老基金将配置规模较小的管理人

随着养老金努力提高收益率以实现精算假设，它们的对冲基金投资流程已经发展到对冲基金不再被视为单独的资产类别，而是被整合到养老基金的投资组合中这样的程度。从历史上来看，对冲基金的资产管理规模通常需要达到数十亿美元才会被养老基金考虑，然而今天这个数字已经下降到 7.5 亿美元，并且预计将随着时间进一步下降。

（6）塑造品牌

拥有良好业绩记录的高质量产品将不能确保在充斥着约 15 000 只对冲基金的市场上取得成功。2016 年，对冲基金资产将继续流向一小部分管理人中，5% 的基金将会吸引行业 80%～90% 的净资产。为了募集资本，拥有强大产品的对冲基金还必须拥有最佳的销售和营销策略，以及相应的顶级执行团队，以深入渗透市场并塑造高质量品牌形象。公司可以在内部建立销售团队，同时聘请领先的第三方营销公司，或者将两者结合起来。

（7）美国之外的营销活动

随着《另类投资基金管理人指令》在欧元区生效，在过去几年中，美国之外的营销活动显著下降。这促使越来越多位于美国的基金直接向美国投资者销售，因此使得美国市场的竞争更加激烈。许多非美国公司也开始争取美国投资者。随着对冲基金管理人开始意识到美国之外的投资者被更少地覆盖，并且在许多非美国地区进行销售的注册压力并没有他们认为的那样复杂，这种趋势将会反转。此外，由于更高的潜在收益率，许多欧洲的投资者更愿意投资一些小型管理人。

（8）费用的残酷压力

对冲基金的费用压力来自于几个方面。机构投资者通过谈判成功地大幅降低了大型委托的标准费用，而随着大型机构的配置在市场中占比越来越大，这种费用降低现象将越来越常见。小型对冲基金（一般资产管理规模在 1 亿美元以下），通常不得不为创始人股权参与方提供 25%～50% 的标准费用折扣，从而吸引参与方投资这些小型对冲基金。这种“小型基金”的阈值有向 2 亿美元上升的趋势。

（9）更多对冲基金将关闭

一些因素表明对冲基金将加速关闭。市场上有 15 000 只基金，数量饱和的管理人已经拉低了对冲基金的平均质量，许多低质量的基金将关闭。此外，激烈的市场波动加剧了好的管理人与差的管理人之间的分化，这提高了管理人的交易量，因为差的管理人被开除，他们的资金被再分配给那些业绩优异的管理人。随着小型和中型管理人面临的竞争环境日益艰难，这些公司将同时面临业务的支出端和收入端的挤压。仅拥有极高质量的产品并不足以创造资本流入。因此，小型和中型对冲基金的关闭率将上升。

（10）更多的非流动性投资和更长的锁定期

许多老练的投资者了解非流动性投资的优势，但是他们要求基金的流动性条款与投资组合的潜在流动性相匹配。非流动性投资策略预计会需要更长的锁定期、更长的赎回通知期限、门协议和私募股权结构。

第 16 章　私募股权投资概述

广义上，私募股权投资包括以下几种不同的投资方式：

（1）杠杆收购：杠杆收购指的是少量的投资者使用权益结合大规模的债务来收购一家公司或者一个业务单元的全部或者绝大部分。杠杆收购的目标通常为能够产生强劲的经营性现金流的成熟公司。

（2）成长资本：成长资本通常是指对成熟公司的不改变公司控制权的少量股权投资，这些公司需要资本以进行扩张或重组、并购融资，或进入新市场。

（3）夹层资本：夹层资本指的是对不具有投票权的公司次级债务或优先股的投资。这些证券通常会附带普通股的认股权或者转股权。

（4）风险投资：风险投资指的是对未成熟的非上市公司的股权投资，以支持公司的起步、早期发展或业务扩张。

尽管上述投资活动全都包含在私募股权投资范围内，但通常所说的私募股权投资主要是指杠杆收购。尽管一些大型私募股权公司在上述四个投资领域均有参与，风险投资、成长资本和夹层资本各自被划分为单独的投资策略。本章主要关注私募股权投资公司的杠杆收购活动。图 16-1 为杠杆收购交易情况的概括。

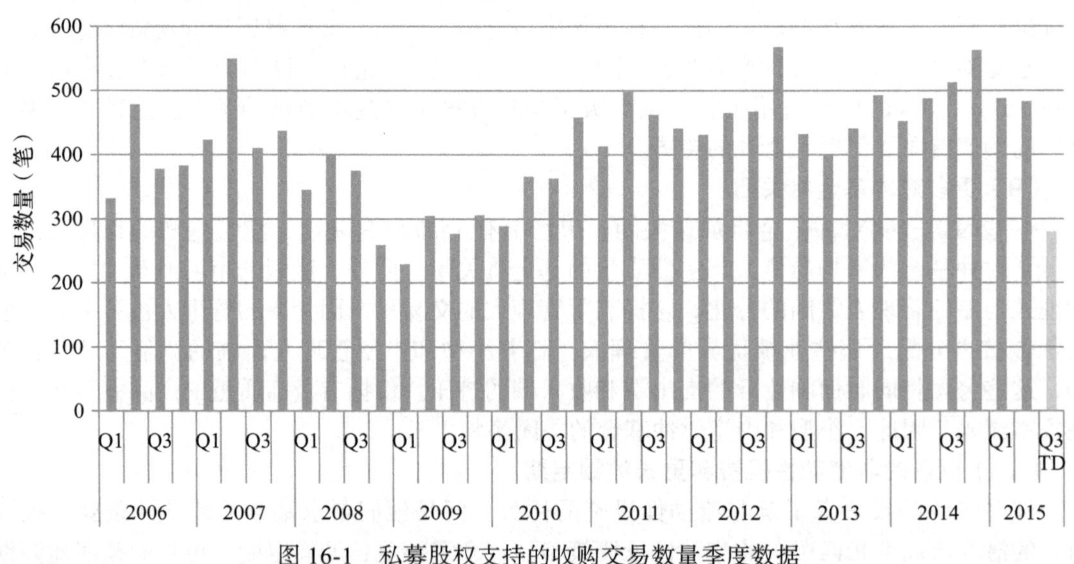

图 16-1　私募股权支持的收购交易数量季度数据

资料来源：Preqin.

参与杠杆收购的投资公司被称为私募股权投资机构，也被称为收购机构或金融发起人。金融发起人这一术语来源于私募股权投资机构在杠杆收购中担任的“发起人”的角色，它们既要提供资金，还要统筹杠杆收购交易的各个方面，包括协商收购价格，以及在投资银行的协助下筹集债务资金以完成收购。

私募股权投资机构是“财务投资者”，因为它们无法在收购中产生协同效应，与之相对应的是“战略投资者”，它们一般是目标公司的竞争对手，并且能够在收购或者兼并目标公司而产生的协同效应中收益。因此，在目标公司拍卖中，相较于财务投资者，战略投资者能够支付更高的价格。但是，由于反托拉斯问题，或者财务投资者关于未来现金流的假设更加激进（基于更高的杠杆资本结构和更有效率的管理指导），有利的债务融资条款以及激进的退出策略，也有许多财务投资者赢得拍卖竞标的例子。

16.1 私募股权投资交易的特征

私募股权交易的主要特征包括：

（1）在一桩私募股权交易中，私募股权投资基金收购一家公司或者一个业务单元，其收购资金包括来自于养老金、保险公司、捐赠基金、基金中的基金或银行的担保债券和权益。从历史上来看，一项收购的权益投资部分约占收购价格的 30%～40%，剩余的部分则来自于债务融资。

（2）使用相对较高的债务水平来进行交易增加了私募股权投资人的潜在收益率（但是资产价值下降时，债务也能增加损失）。债务分为不同的种类：由银行提供的优先级债务，通常以目标公司的资产作为担保；在高收益债券市场募集的次级债务，通常没有担保。

（3）如果目标公司是一家上市公司（与非上市公司或上市公司的一个分支不同），收购会导致目标公司的“退市”，这是为了未来（通常为 3～7 年）再出售这家公司，出售方式包括首次公开发行或将其卖给另一家公司（或者是另一家私募股权投资机构）。

（4）从历史来看，私募股权投资机构投资的目标在持有期内的内部收益率一直在 20% 以上，但是真实的内部收益率取决于杠杆水平、目标公司现金流偿付某些债务的能力、股息支付以及最终的退出策略。预期的内部收益率应当进行风险调整以反映交易中较高的风险水平。

（5）私募股权投资基金的普通合伙人与有限合伙人共同承诺为收购交易出资。此外，目标公司的管理层通常也会在交易中进行大量投资。这些资本共同构成股权融资。

16.2 私募股权投资交易的目标公司

对于一项成功的杠杆收购交易，目标公司必须能够产生大量的现金流以支付巨额债务利息和本金，并能向私募权益股东支付股息。如果没有这种能力，投资者将无法获得满意的收益率，并且最终的退出策略也会受到不良影响。为实现强劲的现金流，目标公司管理层必须在发展公司的同时削减成本。最佳的潜在目标公司通常具有以下特征：

（1）积极且有能力的管理层：管理层愿意并且能够经营好一家高杠杆、几乎没有犯错余地的公司，这是非常重要的。如果现有的管理层不能够做到这一点，那就必须引入新的管理层。一些私募股权投资机构拥有专业的运营团队，他们将接管或补充管理层的工作从而为公司创造价值并实现公司发展。

（2）强健且稳定的现金流：私募股权投资基金寻找强健且稳定的现金流以支付巨额债务产生的利息，以及在理想情况下偿还到期的债务。基金最初预测的现金流需要考虑到成本节约和运营提升两个方面，后者是为了提升收购后的现金流。这个预测还要包括资本结构所能接受的经风险调整后的最大债务额，债务容量决定了必须要投入的权益资金金额以及相应的基于权益投资的潜在收益。预计的现金流越大，能够使用的债务就越多，权益投资就越少。权益投资越少，潜在收益率就越高。

（3）杠杆可行的资产负债表：如果一家公司的杠杆已经非常高或者公司没有有效构建债务结构（例如，债务不可赎回、高息偿付义务或其他不利特征），那么这家公司可能不是一个好的目标公司。一个理想的目标公司拥有低杠杆、有效债务结构以及能够用作贷款担保的资产。

（4）低资本性支出：因为资本性支出会占用还本付息和支付股息的现金流，理想的目标公司应当在提供长期投资收益的资本支出与保留现金以还本付息、支付潜在股息这三者之间取得平衡。因此，许多私募股权投资机构会避开高科技、生物科技以及其他需要高资本支出的公司（如第 18 章所描述的那样，有少数知名的例外带来了可疑的收益机会）。

（5）高质量的资产：一家好的目标公司应当拥有优质的品牌和高质量的资产，但是没有管理好或者有未实现的发展潜力。一般而言，提供服务的公司不如拥有大量高质量有形资产的公司理想，因为提供服务的公司的价值与雇员以及知识产权和商誉之类的无形资产有很大关系。与存货、设备和建筑物等资产相比，这种类型的资产无法为贷款提供担保。

（6）资产出售及成本削减：目标公司可能会拥有很多无法产生现金流的资产。例如，公司可能拥有太多的商务飞机，或者用于招待或其他用途的非生产性房地产。私募股权投资机构关注那些无法促进现金流增长的资产，并通过出售这些资产得到的现金来偿还已确认的债务。出售资产的另一个原因是为了实现多样化目标。削减成本的能力对于创造增量价值也很重要。有时这会导致人员、招待费用或差旅费的减少。但是，对特定的目标公司而言，主要的关注点在于促进公司增长而不是削减成本。

16.3 私募股权投资交易的参与方

私募股权投资的主要参与方包括：

（1）私募股权投资机构（如前文所述，也被称为金融发起人、收购机构或者杠杆收购机构）：①选择杠杆收购目标（通常是在投资银行的协助下进行）；②谈判收购价格，锁定优先级和次级债务融资（通常也是在投资银行的协助下进行）；③通过一个结束事件而完成交易；④作为公司所有者以及董事会的控制成员，通过现存的管理层或者新的管理层经营被收购公司；⑤监督高管的活动及决策；⑥制定所有的战略和财务决策；⑦决定出售公司的时机和方式（采取一个退出策略，通常也是在投资银行的协助下）。

（2）投资银行：①为私募股权投资机构介绍潜在目标公司；②协助谈判收购价格；③通常会提供贷款（作为银团贷款的一员）并承销高收益债券；④偶尔会通过承销债券或提供贷款为向私募股权投资所有者分配大量股息提供资金的方式协助资本重组；⑤通过并购出售或

者首次公开发行交易协助完成公司的最终出售。因此，私募股权投资机构是投资银行重要的收入来源。

（3）投资者：机构和高净值投资者作为私募股权投资机构组建的基金的有限合伙人，不直接投资于私募股权投资机构。基于出色的投资实力，基金中的基金也是有限合伙人。投资者需要签署投资协议，将他们的资金锁定 10～12 年。但是，通常当私募股权投资机构通过首次公开发行或者将公司出售的退出策略将投资转换为现金时，它们就会向投资人分配。有限合伙人承诺随时提供资本，而不是一开始就一次性缴付。普通合伙人的缴款通知取决于投资机会确定的时间（收购新公司以及通过收购或产品延伸而扩展现有公司业务）。

（4）管理层：目标公司的管理层会与私募股权投资基金共同投资被收购公司的权益，这便将管理层的利益与基金的利益绑定起来。此外，管理层通常会获得股票期权。这有效地减少了代理问题，并为努力工作和创造大量价值提供了激励。如果他们的管理非常成功并持续到顺利退出（通常为收购之后的 3～7 年），管理层将能为自己创造大量财富。如果持有期出现问题或者退出显著延迟，管理层不仅无法获得这些薪酬，还有可能丢掉工作。

（5）律师、会计师、税务专家及其他专业人员：在上述私募股权投资各种各样的活动中，有大量的工作是由专业人员完成的，他们为私募股权投资基金和投资银行提供建议。因此，有许多专业服务公司拥有一批主要或者仅关注私募股权交易的专业人员。

16.4　私募股权投资基金的结构

私募股权投资机构通常以管理合伙制或者有限责任合伙制的组织形式，作为多只由普通合伙人运营的私募股权投资基金（有时是一些其他的另类投资基金）的控股机构。私募股权投资机构最多可能有 20～40 个普通合伙人。这些普通合伙人投资于投资基金，同时也向机构投资者和高净值投资者募集资金，后者则成为基金的有限合伙人。

私募股权投资机构通过以下几种渠道获得现金。他们向有限合伙人收取年度管理费，年度管理费一般等于资产管理规模的 2%（如专栏 16-1 所示）。他们也提取基金产生的一部分利润，称为“奖励”或者“附带权益”。附带权益通常为基金收益的 20%，这为私募股权投资机构创造基金价值提供了有力的激励。剩余的收益将分配给有限合伙人。最后，基金投资的那些公司（称为“组合公司”）有时也会向基金支付其提供的各种服务的交易费用，如投资银行或顾问服务，这通常是按照交易额的一定比例计算的，有时还需要支付“监督费用”。有一些基金（但并不是全部）会用这些费用冲减有限合伙人支付的管理费。

在每只基金成立之初，普通合伙人和有限合伙人之间都要签署合伙人协议，这些协议规定了支付给普通合伙人的预期收入。管理费类似于支付给共同基金和对冲基金的费用（比共同基金高，并且与对冲基金大约在同一水平）。附带权益不同于大多数共同基金，但与对冲基金收取的业绩费类似（但是对冲基金的业绩费是基于其管理资产的价值按年度收取，而私募股权投资基金只有在投资变现后才能获得附带权益，这通常是在 3～7 年的持有期之后）。成功的私募股权投资机构每 3～5 年便会募集新的基金以保持经营。每只基金预计会在 5 年内全部完成投资，并将在初始投资后的 3～7 年内实现退出。

专栏 16-1 普通合伙人的费用结构

摘自“私募股权投资基金”

普通合伙人通过管理费获得大量的固定收入，这与基金的业绩无关。为了解管理费是如何计算的，我们需要定义几个术语。在基金的存续期，承诺资本（committed capital）的一部分将用于支付这些费用，剩余的则用于投资。我们提到的承诺资本的这两部分分别称为存续期费用（lifetime fees）和投资资本（investment capital）。在任何时点，我们将基金的投入资本定义为公司的投资资本中已经投入到组合公司的那部分。将净投资资本（net invested capital）定义为投入资本减去所有已经退出投资的成本。类似的，将实缴资本（contributed capital）定义为投入资本加上存续期费用中已经支付给基金的部分，净实缴资本（net contributed capital）则等于实缴资本减去所有已退出投资的成本。典型的基金的存续期为 10 年，允许普通合伙人可在前 5 年投资期（investment period）对新公司进行投资，后 5 年则进行存量后续投资或从现有的组合公司中退出。

大多数基金确定管理费的方法为以下四种之一。从历史来看，最常用的方法是按照承诺资本的一定比例收取费用。例如，如果一只基金按照承诺资本的 2% 收取年度管理费，并持续 10 年，那么这只 10 年期的基金在存续期内的费用将为承诺资本的 20%，剩下的 80% 则为投资资本。近年来，许多基金都采用了递减收费的方式，投资期后管理费用在承诺资本中的占比将会下降。例如，一只基金可能在 5 年投资期内按照 2% 的比例收取年度管理费，但是在接下来的 5 年当中，年度管理费会每年下降 25 个基点。

第三种收费计划是采用固定比例，但是计费基础会有所调整，前 5 年以承诺资本为基础，后 5 年则以净投资资本为基础计费。第四种收费计划是在投资期之后，既采用递减费用比例，又将计费基础从承诺资本改变为净投资资本。对于任何一种使用净投资资本的收费计划，估计存续期的费用需要对投资和退出比率做出额外假设。

最常见的初始费用水平为 2%，但是大多数基金会在投资期后给有限合伙人一些优惠，例如，转为以投资资本为计费基础（占 84.0%），降低费用水平（占 45.1%），或者同时采用两种方法（占 38.9%）。基于这些情况，我们预计大多数对冲基金的存续期费用占承诺资本的比例会低于 20%。

资料来源：Metrick, Andrew and Ayako Yasuda. “The Economics of Private Equity Funds (June 9, 2009)”. Review of Financial Studies, Forthcoming.

16.5 私募股权投资交易的资本结构

私募股权投资组合公司的资本结构中债务已经高达 70%。这些债务包括通过循环贷款和定期贷款方式的银行抵押贷款、夹层债务、在公开市场上发行的高收益债券和主要由银行和机构投资者购买的次级债券（如专栏 16-2 所示）。直到 2007 年年中，资本结构中的负债数量一直在提高，随后开始下降，因为当时爆发了信贷危机，市场对杠杆的容忍度下降。图 16-2 是对杠杆收购中的平均权益出资的总结。图 16-3 总结了美国和欧洲杠杆收购交易中企业价值 / EBITDA 和债务 / EBITDA 倍数。

专栏 16-2 组合公司的资本结构

- 债务（占整体资本结构的 60%～70%）
  - 优先级银行债务，分为两类：
    - 循环贷款，可以根据需要偿还或重新借贷；

– 定期贷款，采用浮动利率（分为优先级和次级）。

◦ 次级债务，分为两类：

– 高收益债券（通常在公开市场发行）;

– 夹层债务（次级债券，通常被出售给银行、机构投资者及对冲基金）。

◦ 其他主要特征：

– 认股权证；

– 实物支付（payment-in-kind，PIK），允许不支付利息并相应增加本金。

• 权益（占整体资本结构的 30%～50%）

◦ 优先股

◦ 普通股

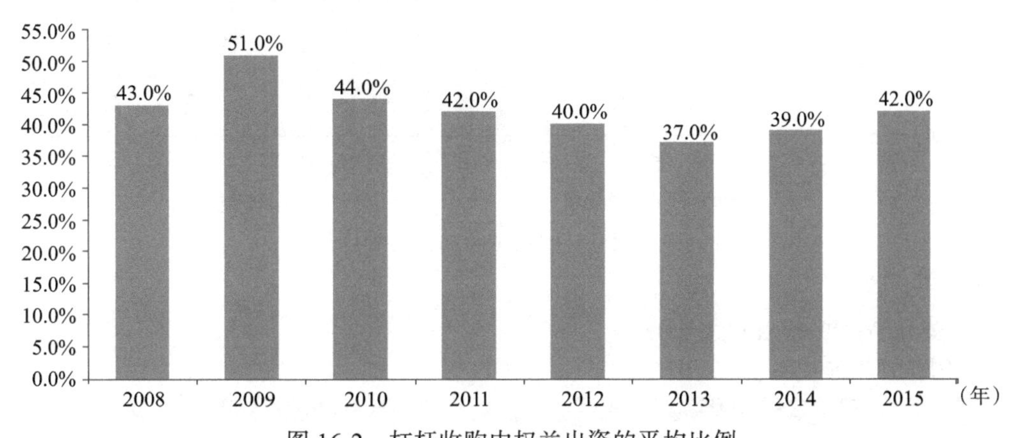

图 16-2　杠杆收购中权益出资的平均比例

资料来源：Private Equity Growth Capital Council, S&P Leveraged Commentary & Data.

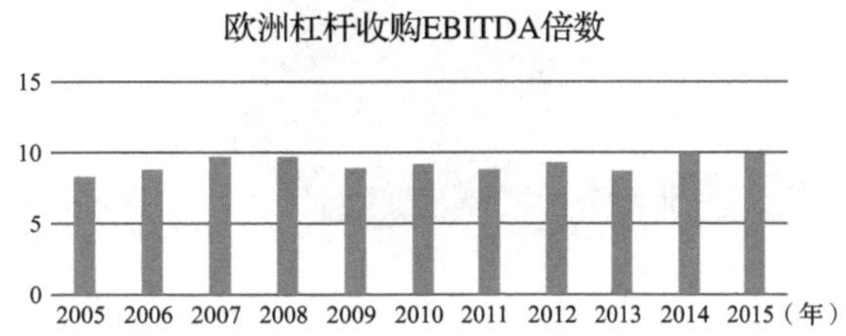

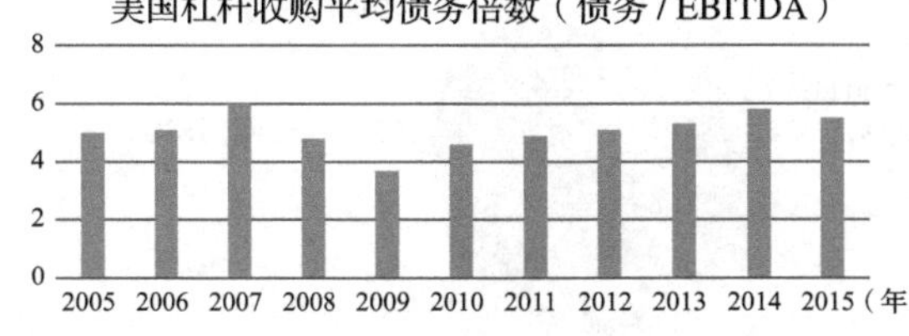

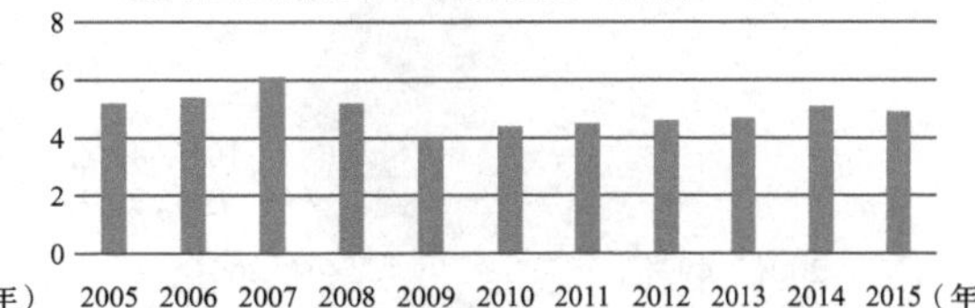

图 16-3　杠杆收购平均价格倍数（企业价值 / EBITDA）

16.6　资产管理规模

1995～2016 年，资产管理规模从可以忽略不计的数量显著增长到近 2.5 万亿美元（如图 16-4 和图 16-5 所示）。假设私募股权投资基金平均的债务权益比例为 2:1，据此估计私募股权投资基金在 2016 年控制的总资产规模约为 7.5 万亿美元。

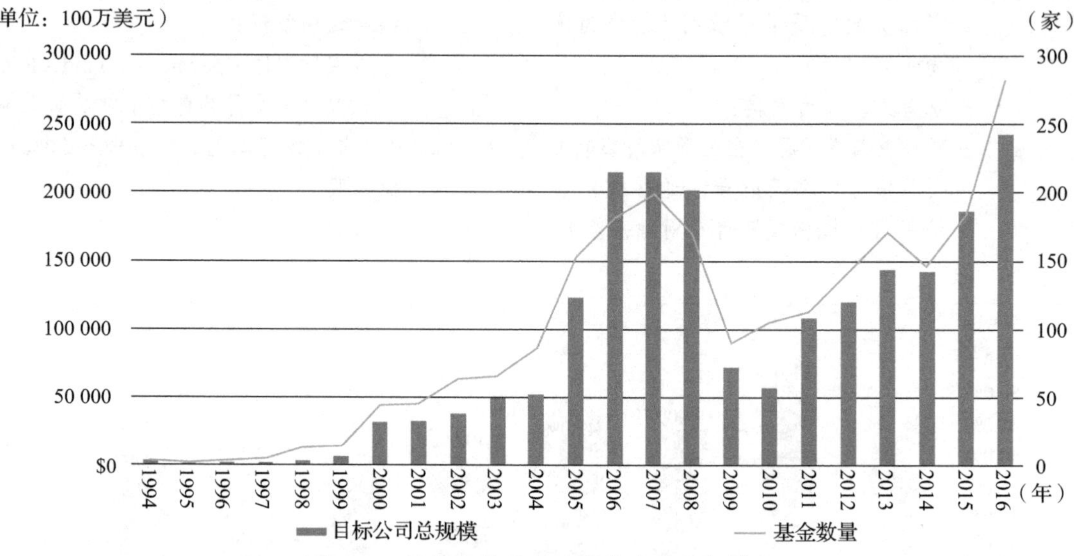

图 16-4　纯杠杆收购基金的资产管理规模

资料来源：Preqin.

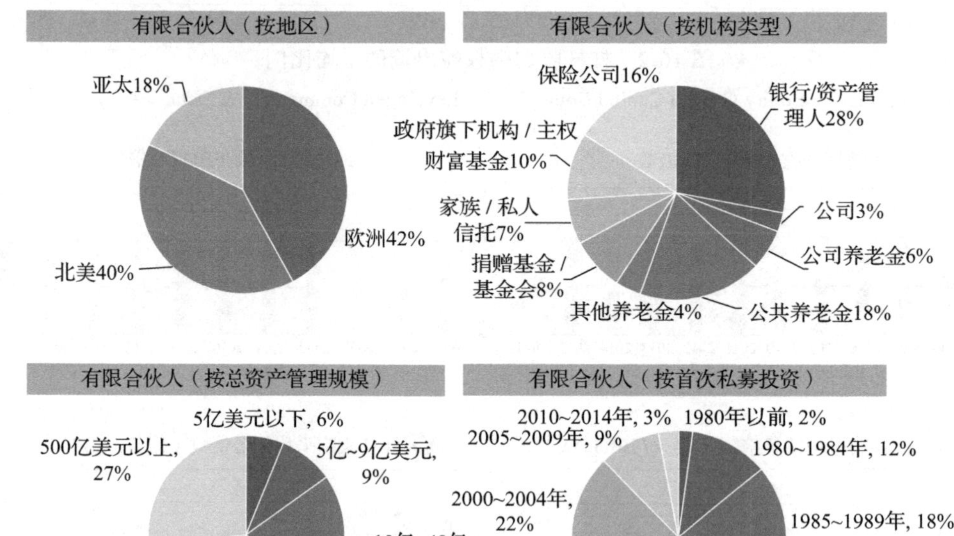

图 16-5　私募股权投资合伙人

资料来源：Global Private Equity Barometer.

16.7　历史

第一起杠杆收购交易于 1955 年完成，这笔交易将一家公开交易的控股公司作为投资载体进行融资，由此收购了一个由公司资产构成的投资组合。20 世纪 60 年代，沃伦·巴菲特（通过伯克希尔－哈撒韦公司）和纳尔逊·佩尔兹（通过 Triarc 公司）进行杠杆投资，这一活动快速发展。20 世纪 70 年代，贝尔斯登的一群银行家，包括杰罗姆·科尔博格和亨利·克拉维斯，完成了大量的投资。1976 年，这些银行家离开了贝尔斯登，创建了自己的公司 KKR。1982 年，威廉·西蒙（美国前财政部长）完成了对贺卡制造商吉布森贺卡公司的杠杆收购，这笔收购中仅使用了 8 000 万美元的少量自有资金，但在不到 18 个月后便以 2.9 亿美元的价格出售了公司的一部分。这笔交易吸引了媒体的高度关注，由此，众多其他投资者涌入这一新兴市场。

20 世纪 80 年代，许多杠杆收购交易被认为是公司袭击，尤其是那些具有敌意收购、资产剥离和大量裁员特征的交易。卡尔·伊坎、纳尔逊·佩尔兹、柯克·科克莱恩和布恩·皮肯斯都是这一时期著名的"侵入者"。因此 20 世纪 80 年代最大也是最后一起主要的杠杆收购是 KKR 以 311 亿美元的价格接管了雷诺兹·纳贝斯克，因为交易额巨大（直到 2006 年这一纪录才被打破），这笔交易吸引了大量的关注。20 世纪 80 年代末，许多大型杠杆收购都以失败告终，包括美国联合百货公司和 Revco 公司。几年后，KKR 被迫向雷诺兹·纳贝斯克额外注入 17 亿美元的权益资本进行资产重组，以此来拯救这项投资。这一时期中杠杆收购增长的主要原因之一为德崇证券推动的高收益债券（即垃圾债券）市场的发展。德崇证券的垃圾债券业务是由米尔肯主导的，米尔肯在 1989 年的一次内部交易调查中以证券欺诈罪受到起诉。1990 年，德崇证券申请破产保护，米尔肯被判 2 年监禁。这些事件近乎导致垃圾债券市场的关闭，因此 20 世纪 90 年代前半段杠杆收购活动大幅减少。

2002 年，杠杆收购快速发展的时机来了。这一时期，低利率、垃圾债券市场的复苏、强劲的银行贷款市场以及明显宽松的贷款标准打开了这个爆炸性市场的大门。2002 年 7 月美国通过了《萨班斯－奥克斯利法案》，进一步推动杠杆收购市场的发展，因为这一法案对上市公司增加了越来越多烦琐的监管，使得许多公司意识到规避监管的好处。通过退市，公司不需要公布法案所要求的全部信息，并且还可以节约数百万美元合规所需的法律和会计成本。此外，许多公司也意识到，作为一家非上市公司，能够基于长期利益管理公司业务，而无须像上市公司那样设法实现分析师对公司的季度预测。

2002～2007 年年中，有大量的交易完成，其中许多都超过了 300 亿美元。2006 年，私募股权投资机构共计花费 3 750 亿美元购买了 654 家美国公司。当年，全球私募股权投资机构共募集了 2 810 亿美元，2007 年又接着募集了 3 010 亿美元。2007 年 7 月，始于住房抵押贷款市场的信贷危机蔓延到了垃圾债券市场和杠杆贷款市场，这大幅降低了债券市场对私募股权投资交易的欲望。2007 年后半年，信贷危机大规模蔓延，整体杠杆融资市场几乎陷入停滞状态。2007 年底，几乎没有债务可以用来支持大规模的私募股权投资交易（见本章末的"金融服务崩溃对私募股权投资的影响"）。

16.8　过桥融资

16.8.1　过桥贷款

过桥贷款是指私募股权投资基金在获得长期债务融资之前为进行收购而采取的临时性融资。过桥贷款通常比长期性融资更贵，以补偿贷款的额外风险。过桥贷款的贷款承诺是不会提款的，除非无法获得长期债务融资，这创造了困境资本市场中对过桥贷款的需求。当投资银行因预期能够通过长期银团贷款或在资本市场安排高收益债券发行的方式获得融资，进而确信过桥融资不是必需时，它们通常会为私募股权投资基金提供过桥贷款。2007～2008 年，由于全球性金融危机，投资银行无法成功获得长期债务融资，出现了很多计划外的过桥贷款。更多关于投资银行提供过桥贷款以帮助私募股权进行收购活动的信息见第 10 章。

16.8.2 权益过桥

在签订收购协议之前，目标公司会要求私募股权投资基金提供一份权益承诺书。如果在当时私募股权投资基金无法满足权益承诺书，或者正在等待有限合伙人的联合投资，但是联合投资的时间与收购协议的签订时间不一致，私募股权投资机构可能会向那些通过承销债券、提供贷款和收购顾问服务来收取费用的投资银行寻求帮助，投资银行可以提供权益过桥来弥补空缺。为使权益过桥到位，私募股权投资机构需要与投资银行签订一份关于收费的单独协议，一旦提供权益过桥资金，就要收取使用费；并且如果特定时间内出借方的权益没有被购买，还需要收取额外的费用。这种过桥一般被认为只是短期承诺，并且很快便会被出售给长期权益投资者。如果目标公司终止交易，权益过桥的提供者通常有权获得一定比例的交易终止费，由目标公司支付，但是如果是私募股权投资机构放弃交易，过桥权益的提供者可以拒绝支付反向的交易终止费。在某些情况下，投资银行需要承担超过私募股权投资机构权益承诺的目标公司权益风险暴露。对于投资银行而言，如果它们不能卖掉原以为能卖掉的权益风险暴露，最坏的情形则会出现，即它们将不得不持有原本没有计划投资的公司权益，而且短期内持有这些权益是没有收益的。从历史来看，因为私募股权投资机构每年都会支付给投资银行数十亿美元的费用，对于未来费用的激烈竞争促使投资银行参与到这项高风险的生意中。

2007 年，那些为大型杠杆收购交易提供权益过桥的投资银行发现，它们自己无法将它们的权益风险暴露出售给别人。当资本市场和权益市场冻结时，权益过桥与向私募股权投资组合公司提供的计划外过桥贷款共同导致了数百亿美元的搁置贷款，以及投资银行持有的恶化的权益。这些头寸中的一部分最终以 50% 以上的折扣被抛售。

16.9 低门槛贷款和实物支付

在 2006～2007 年年中宽松的信贷环境下，大量的私募股权投资交易是利用低门槛贷款完成的。低门槛贷款（covenant-lite loans）没有财务触发条款，这些条款曾经允许银行在某些条件下停止信贷，以及强制贷款到期并要求还款。这种类型的贷款降低了信贷违约的可能性，但是同时降低了银行对贷款的掌控能力，因为它们无法在出现问题预兆时便采取相应的阻止行动。

低门槛贷款有很多形式，包括免除要求借款人保持一定财务比例的协议，使得贷款人只能依靠限制公司进行或者积极参与某些活动的协议。例如，协议要求公司的债务与息税折旧摊销前利润比率不能超过特定的水平，当对协议内容的检测是按照季度进行时，如果公司财务状况恶化，公司则可能会违反协议。在典型的一揽子低门槛贷款中，取消了对某一指标的维持要求，取而代之的仅仅是限制公司募集新债务，因而公司财务状况恶化不构成违约。相反，公司必须采取积极行动募集新债时才会违反这项协议。一揽子低门槛协议中另一个替代方案是从传统的维持指标协议衍生而来，即可以接受对协议中相关指标的预定偏离。低门槛贷款通常附有权益弥补的规定，这允许私募股权投资机构通过在交易中追加更多的权益并把权益充做 EBITDA，来弥补对协议的违反。

具有“实物支付”（PIK）特征的高收益债券和杠杆贷款为借款人提供了关于在每个计息周期如何支付应付利息的选择：①完全以现金形式支付；②完全以“实物”形式支付，按利息额增加本金（或者通过发行本金等于应付利息的新债务）；③一半用现金支付，一半用实物支付。

在私募股权投资的繁荣时期，低门槛贷款和实物支付使得私募股权投资机构能够获得更多有利的债务，进而支持它们的收购活动。这一时期的违约率处于历史低位（2006 年不超过 1%），并且债务供给大于需求（低违约率，并且同私募股权投资机构一起完成承销和并购交易可以获得高额费用，这些使得银行变得激进，同时对冲基金为私募股权投资机构提供了新的融资渠道，给投资银行带来了竞争压力）。因此，私募股权投资机构能够以非常有利的贷款和利息偿付协议获得低成本的融资。但是 2007 年下半年，因为信贷危机迅速蔓延，违约率也快速上升，这一切都突然停止了。

2007 年，全球金融危机成为焦点，全部贷款中约 30% 都包含了低门槛和实物支付条款。2009 年这个比例下降到不足 5%，但随后每年都在增长，2015 年达到极限，超过了 70%。

16.10 俱乐部交易和存根权益

当私募股权投资机构潜在的收购规模超过了其基金资本额的 10%～15%，“俱乐部交易”便可能出现。在俱乐部交易中，2～5 家不同的私募股权投资机构将对目标公司进行联合投资。俱乐部交易带来的好处包括分摊经济风险、共享专业建议、联合融资来源、降低单个机构成本和减少竞争；挑战包括增加同时投资于多个俱乐部成员的有限合伙人在单个大型交易中的风险暴露、选择哪些投资顾问（投资银行和律师事务所）、决定哪家机构来协调定价程序、决定所有俱乐部成员均能接受的价格、就每个俱乐部成员发起的联合投资者（通常为他们的有限合伙人）达成共识、反托拉斯问题和最后的退出策略。2005～2007 年，很多交易的规模已经超过了 50 亿美元，俱乐部的形式变得很常见。2007 年年中以后，大部分的交易规模都比较小，俱乐部的形式就比较少见了。

“存根权益”指的是允许公众股东继续持有一家被私募股权投资基金收购的目标公司权益的做法。一般只有目标公司大多数股东由于私募股权投资基金出价太低而不愿出售他们的股份时，才会提供存根权益的模式。存根权益允许这些股东与私募股权投资基金共同分享目标公司的价值增值。存根权益一般不得超过收购后权益的 30%，并且，如果是一笔在美国的交易，存根权益需要在美国证券交易委员会注册，但是无法在证券交易所挂牌交易（实际上降低了股票的流动性）。值得一提的是，与普通合伙人不一样，存根权益无法分享业绩激励。

存根权益的优势包括降低了私募股权投资发起人的诉讼风险；满足小型私募股权投资的需要；限制了存根权益持有者的管理权；有时可以通过资本重组提高会计收益，因为公司可以从会计重组中受益，这样可以避免对目标公司的固定资产、可确认的无形资产以及这些资产的折旧和摊销（能够降低收益）的高估。存根权益的劣势包括美国证券交易委员会关于信息披露的要求；美国证券交易委员会关于持续报告的要求；对少数股东的信托责任；降低了私募股权投资机构使用的杠杆；如果股票在“粉单”上市并且在场外交易（不在交易所挂牌交易），鉴于粉单市场缺乏流动性，以粉单市场的价格进行的估价无法反映私募股权投资基金的真正价值。

16.11 与管理层合作

在与目标公司签订最终协议之前，私募股权投资机构通常会与其管理层商定新公司的雇用条款、交易结束后的期权授予和股权转换投资（管理层为创造在交易中的经济头寸必须购买的股份数量）。当目标公司为一家美国上市公司时，与管理层协商这些问题会很麻烦，因为美国的证券法对此进行了约束。例如，第一个问题是是否需要一个董事会特别委员会来监督与管理团队订立的协议。私募股权投资机构必须非常小心，以防损害公平交易的好处。在一项交易中，如果私募股权投资机构与控股股东一起将上市公司私有化，目标公司董事会的行动将经历“完全公平”测试，这种审查标准要比传统商业判断更加严苛。而关于一个股东是否拥有控制权并没有明确的检验标准。例如，特拉华州的一家法院认为目标公司持有40%股权的首席执行官属于控股股东。但是其他法院在认定控股权的时候采纳的比例会更低。如果一项交易的公平性受到质疑，目标公司需要承担举证责任。但是，如果已经建立了由独立董事组成的特别委员会来监督这项交易，那么举证责任将由质疑交易公平性的原告承担。即便是没有控股股东参与，目标公司董事会通常也会设立特别委员会以预防交易中可能会受到的质疑，特别是目标公司高级管理人员拥有大量公司股票时（见专栏16-3和16-4）。

如果目标公司管理层持股比例超过15%，那么与管理层的合作则可能会触发公司反收购防御，包括“毒丸”计划。另外，也会出现信息披露的问题。根据证券交易法第13（d）款的规定，在与管理层签订协议之前，可能会强制要求提前披露交易信息。如果私募股权投资基金既没有与管理层签订投票权协议，又没有持有目标公司股权，则目标公司的法律顾问必须要决定是否需要提前披露信息。

上市公司收购通常要么是一步兼并，要么是先发出收购要约随后进行合并。但是，收购要约中有管理层参与的已经很少见了，因为根据美国的证券法规，要约收购的出价人需要按照曾经支付给单个股东中的最高价来购买目标公司全部的股票。因为管理层参与的私募股权投资交易通常会涉及雇用协议、股权转换投资和交易结束后的期权授予等早期协议，当这些协议会与对所有股东支付同一价格的证券法规冲突，问题由此产生。如果一家公司的管理层与私募股权投资基金联合收购，并且管理层在公司私有化交易协调工作中处于领导地位，这种收购被称为管理层收购。前面所描述的问题也适用于管理层收购。但是，管理层收购中存在更多会使交易变得复杂的问题，因为管理层在投资上通常比私募股权投资机构考虑得更加长远，两者之间的收益目标可能也不相同。

专栏16-3　　戴尔的管理层收购

2013年，戴尔宣布签署了最终的并购协议，根据这项协议，戴尔的创始人、主席和首席执行官迈克尔·戴尔将与全球科技投资机构银湖公司合作收购戴尔公司。根据协议条款，在这项约值244亿美元的交易中，戴尔股东所持有的每一股普通股都将获得13.65美元的现金。这个价格相当于2013年1月11日（可能进行私有化投资交易的传闻被首次公布后的最后一个交易日）戴尔收盘价10.88美元25%的溢价。收购方以现金收购除戴尔先生和某些其他管理层成员持有的股份以外的全部流通在外的股票。

在戴尔先生首次向董事会表明将公司私有化的意向之后，一个特别委员会便成立了。在主要负责人亚历克斯·曼德尔的领导下，这个特别委员会聘请了独立的财务和法律顾问摩根大通和德普律师事务所，来为特别委员会提供关于战略选择、收购提案及随后的并购协议谈判的建议。特别委员会还聘请了一家领先的管理咨询机构开展独立分析，包括审查戴尔的战略选择，以及公司作为公共实体所面临的机遇，随后又聘请了艾弗考尔合伙人公司。

并购协议提供了45天的询价期，在此期间，特别委员会在艾弗考尔合伙人公司的协助下，寻求并评估了其他潜在买家的备选方案。任何成功的竞标人都需要承担1.8亿美元到4.5亿美元的中止协议补偿金，具体数额取决于他们是在询价的早期还是晚期获得资质。因为没有找到超级买家，戴尔先生和银湖的收购顺利完成，戴尔先生继续以主席和首席执行官的身份领导公司，并通过向新公司出售其持有的戴尔股权，以及大量额外的现金投资来维持大量的股权投资。

这项交易的融资来源为：戴尔先生提供的现金和股权、由银湖附属投资基金提供的现金、MSDC管理有限合伙附属基金的现金投资、微软提供的20亿美元的贷款、滚动债务融资，还有美国银行美林、巴克莱、瑞信和RBC资本市场提供的债务融资，以及持有的现金。

许多类似于戴尔的管理层收购交易都使管理层变得富有，但是有人质疑这是否以股东利益为代价。第一个问题是价格。在这样的一项收购中，一家公司的管理人员内在激励要求他们支付尽可能低的收购价格，但另一方面他们又应当代表股东利益。这里存在一个基本的利益矛盾。因此，有时候人们怀疑高层管理人员是否会选择合适的市场时机而支付折扣价，或者利用其特有的知识来支付低价。

一方面，迈克尔·戴尔有责任为股东提供最优价格。另一方面，过于丰厚的报价可能会使得买方财团（他也是整体的一部分）更加难以偿还债务，以及获得有意义的投资回报。只要有内部人试图收购公共股东的股份，不平等交易的机会就会出现。这就是为什么对于戴尔的管理层和董事会而言保护好自己至关重要，同时也要通过诸如独立委员会和询价程序这样的保护措施去打消股东的疑虑。

为了努力减少股东的疑虑，戴尔建立了一个独立的委员会，委员会有自己的投资银行、法律团队和交易的最后话语权。这个特别委员会由那些未持有公司大量股权，也不属于管理团队的董事会成员组成。

另一个回避利益冲突起诉的方式是，创造一个询价期，在此期间目标公司可以向潜在收购方寻求更好的要约，以此证明提供给股东的协议价格是公平的。这就是戴尔所提供的45天的询价期。但是，这个流程是否可以很好地运作是一直令人忧心的，因为管理层收购方总是比任何其他潜在竞标者掌握更多的信息，并且竞标者还必须支付合同终止费，这增加了整体的收购价格。最后，如果管理层收购提供的价格对股东不公平，股东有权对管理团队和董事会提出控诉，以努力恢复至公平价格，甚至是直接阻止交易的推进。

戴尔的管理层收购开始于2012年6月，当时戴尔的长期投资者、近期成为其第二大股东的东南资产管理公司首次就公司私有化的可能性同迈克尔·戴尔接触。同年7月，在科罗拉多州阿斯彭举行的科技行业会议上，戴尔与来自于银湖的人员进行了第一次对话。

讽刺的是，东南资产管理公司成为反对最终出现的这项交易的主要声音之一。不久之后，积极主义投资者卡尔·伊坎接过这把火炬，买入了东南资产管理公司持有的大量股票，并成为仅次于迈克尔·戴尔的第二大股东。

伊坎和东南资产管理公司提出了他们自己的替代性交易方案，他们称之为结构化资本重组。在他们的计划中，他们将会买入72%的戴尔股份，将剩余的股份作为公开交易存根。他们进一步提议承担新债务，向股东支付特别股息，并发行在7年内购买额外股票的认股权证。

几个月来，这场争论以一场旷日持久的代理权之争的形式出现，因为双方都没有足够数量的股东的支持来完全控制局面。

伊坎通过向股东发出了多封公开信、新开推特账户的方式反对这场公共交易。伊坎最终没能控制戴尔。但是，基于其持有的股份规模，他很有可能获得了7 000万美元以上的收益。

专栏16-4 金德摩根的杠杆收购

背景：

- 2006年2月，金德摩根管理层与高盛就提高股东价值可采取的不同战略进行了接洽。
- 在众多选择中，他们重点考虑了股份回购计划、私有化交易和杠杆收购。
- 4月，高盛要求成为收购交易的主要投资者。金德摩根的高级管理层，包括总裁帕克·沙普尔和公司的创始人、董事长兼首席执行官理查德·金德（拥有公司18%的股份），则是收购财团的成员。
- 4月至5月中旬，管理层和高盛（既是顾问又是投资方）共同研究了收购方案的可行性，并咨询了外部法律顾问和评级顾问的建议。
- 5月13日，董事会首次对当前战略进行审查。5月28日，收到每股100美元的报价。随后，董事会成立了特别委员会，并在摩根士丹利和贝莱德的帮助下评估提案并寻找更高报价。

问题：

- 管理层与收购方合作时，存在天然的潜在利益冲突：
  - 董事会最关心的是通过增加竞购者的数量来最大化股东利益，管理层则更希望他们自己成功竞标。
  - 作为收购财团的一员，管理层能够通过股权转换投资分享到公司未来成长的收益，但其他股东在出售其持有的股份后，便无法分享这些收益。
- 高盛在交易中担任的角色也存在潜在问题：
  - 高盛在交易中担任交易顾问的角色，也是贷款的主要安排者，高盛因此可以获得高额的费用。同时它也能够通过对金德摩根的投资，获得巨额利润。
- 因为收购要约已经公布，并且其他买家也没有像高盛那样做了大量的准备，另外管理团队已经组建完毕，这时发起竞标拍卖是非常危险的。如果没有感兴趣的卖方参与金德摩根发起的拍卖，特别委员会与收购财团谈判的能力将受到极大的影响。

结果：

- 摩根士丹利和贝莱德与35家机构进行了联系，但是没有一家机构有兴趣参与公开竞购。董事会对管理层和高盛进行这项交易的方式非常不满意，不过他们能够利用这种不满意在谈判中提出每股107.5美元的出售价格，股东最终接受了这个报价。交易于2007年5月30日完成，并且成为1989年KKR收购雷诺兹·纳贝斯克之后最大的杠杆收购案例。
- 2011年2月10日，金德摩根在首次公开发行中筹集了29亿美元的资金。在当时，此次发行是有史以来最大的在私募资本支持下的IPO，也是自1998年美国石油天然气公司筹集44亿美元之后最大的IPO。所有权集团以每股30美元的价格出售该公司13.5%的股份，所有股份均来自凯雷集团、高盛、海星资本和瑞通控股有限责任公司。集团保留了50.1%的公司所有权，同时理查德·金德的股份保持 30.6% 不变。高盛和巴克莱银行担任此次 IPO 的承销商。

- 2011 年 10 月 16 日，金德摩根同意以约 211 亿美元的现金和股票收购埃尔帕索公司。这个合并后的实体将成为北美最大的中游能源公司。根据理查德·金德的说法，这笔交易起源于金德摩根的首次公开募股。虽然两家公司的管理层多年来一直进行合并谈判，但是金德摩根需要公共股票以作为收购中的货币。这笔交易于 2012 年结束。

资料来源：Press reports.

16.12 私募投资于公开市场

当杠杆贷款和高收益市场不健康或控制投资机会有限时，私募股权投资机构有时会转向对公开市场股票（PIPEs）进行私募投资。这些是占上市公司股份 5%～30% 的少数股权投资，并且投资不会使用债务融资。因此，这些投资的潜在收益取决于公司管理层的行动，而私募股权投资基金无法控制管理层，并且也不能使用增量杠杆来提高投资者的收益。不过，有时公司能够从市场上获得额外的杠杆，但这与私募股权投资基金的权益投资无关。私募股权投资机构完成的大型 PIPEs 的实例包括贝莱德以 33 亿美元收购了德意志电信公司 4.5% 的股权、KKR 收购了太阳微系统 7 亿美元的可转换债券，以及美国泛大西洋投资集团在巴西商品期货交易所 IPO 时投资了 10 亿美元。PIPE 的投资允许私募股权投资机构影响（但不是控制）高级管理层的决策制定，该项投资旨在帮助管理层制定好的长期决策，并吸引长期资本注入。

16.13 杠杆性资本重组

私募股权投资基金组合公司的杠杆性资本重组（leveraged recapitalization）指的是在收购交易完成后的某个时间发行公司债务，发债所得款项用于向私募股权投资所有者支付大额的现金股息。这种增加债务的行为提高了组合公司的风险，但是也提高了私募股权投资基金的收益。尽管杠杆性资本重组的债务提供者承担了大量的风险，他们通常也因此获得了高额的利息和费用。但是，因为公司风险组合的上升，新债务可能会导致已发行债务价值的下降。可能因为杠杆性资本重组受到损害的利益相关者还包括公司雇员和所在地区。如果增加杠杆而公司无力支付债务利息和本金，会导致公司的不稳定，雇员可能会失业（养老金也可能受到影响），并且如果公司进入破产程序并最终倒闭的话，所在地区也有可能失去纳税来源。

有一个著名的杠杆性资本重组案例，即 CD&R（Clayton, Dubilier & Rice）、美林全球私募股权投资和凯雷集团以 150 亿美元的买断价格从福特手中收购了赫兹租车公司。私募股权投资机构共计投资了 23 亿美元，剩余资金则来自于债务融资。交易完成 6 个月后，赫兹租车公司借入 10 亿美元，并用这笔资金向私募股权投资者支付了股息，这使得他们的风险暴露降低了近一半。这三家机构随后完成了赫兹租车公司的首次公开发行，使得他们在将近 1 年的持有期内获得了巨额的收益（见图 16-6）。

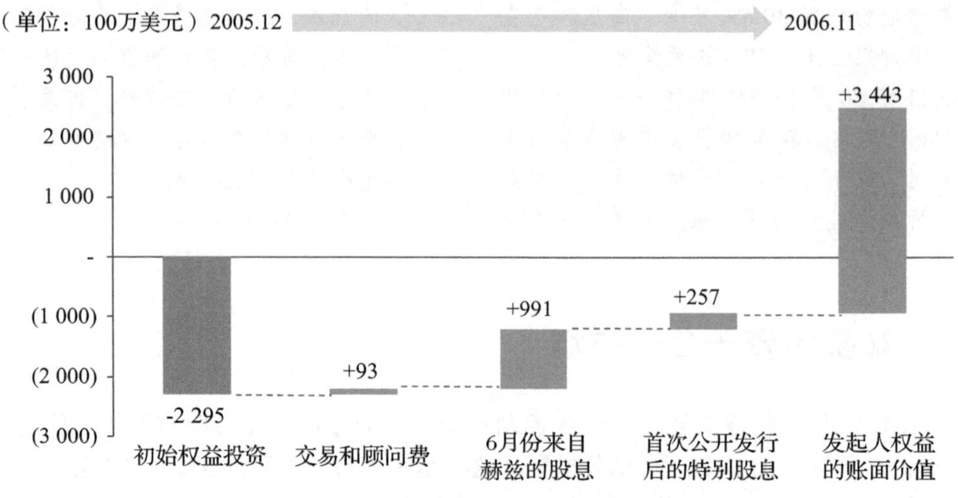

图 16-6 赫兹租车公司收购财团的投资收益

注：交易和顾问费包括每位发起人 2 500 万美元的交易费和 100 万美元的顾问费，以及 500 万美元的交易终止费。特别股息和发起人权益的账面价值是以每股 15 美元的公开发行价计算的。

资料来源：Hertz Global Holdings' SEC registration.

16.14 私募股权投资的二级市场

为了方便有限合伙人出售其股权，私募股权投资基金的二级市场发展了起来。二级市场出售分成两类：一类是卖方转让存续合伙企业的有限合伙权益，这种转让不会影响合伙企业的存续；另一类是卖方转让私募股权投资的正常运营的公司组合。私募股权投资基金的卖方既出售其在基金中的投资，也出售未缴纳的资本承诺。二级市场上的买方包括大型组合投资基金以及包含对冲基金在内的机构投资者。此外，那些投资于公司的私募股权投资基金有时也会在二级市场上进行一些收购。在大多数情况下，转让合伙人权益需要得到普通合伙人的同意。二级市场交易中主要的税收问题与这项交易是否会导致基金变成“公开交易合伙企业”有关，根据美国联邦收入税法，公开交易合伙企业需要像公司一样纳税。如果没有在交易所进行交易，并且依然有许多合伙人维持投资，这种情况通常可以避免。

2008 年，二级市场已完成的交易规模超过 300 亿美元，但 2008 年下半年的平均价格仅为全年的 61%，这反映了净资产价值的显著下降。卖方主要有三种构成：①大型银行和保险公司这类陷入困境的机构，它们需要出售资产获得现金；②即将陷入困境的投资者，如基金中的基金、对冲基金以及其他直接投资者，因为从 2008 年年中开始，私募股权投资的缴款就停止了，它们无法再筹集到资金；③捐赠基金这类其他没有陷入困境的卖方，它们对于私募股权投资市场长期前景的看法已经改变。主要的买家是募集了大规模资本趁低价买入的专门基金，包括高盛、瑞信、科勒资本和波莫纳资本设立的基金。二级市场比较分散，其中占主导地位的二级市场投资机构包括科勒资本、列克星敦投资公司、法国安盛私募股权投资、HarbourVest Partners 和合众集团。此外，包括高盛、摩根大通、摩根士丹利和瑞信等主要的投资银行在二级市场上也很活跃。

2014 年，私募股权投资基金在二级市场上的销售总额约为 470 亿美元，同比增长约 80%，达到了 7 年以来的最高值。强劲的股票市场和低利率提高了私募股权投资基金的价值，许多基金借此机会可以在基金成熟之前便获得收益。近一半的二级市场销售是由主动的投资组合管理，而不是被动地承受来自监管压力或困境。截至 2015 年年底，这些基金的股权买家拥有近 550 亿美元的可用资本。

通过二级市场购买可以降低许多买家的风险，因为他们可以评估已有的资产，这与传统的在基金募集阶段的投资不同。传统方式下投资者面对的是一个尚无资产、看不清楚的资金池。如果新基金支付给资产的价格太高，那么在二级市场上买入旧基金则成为一个更有吸引力的多样化投资选择。2015 年，私募股权购买是在市场价格 6% 的折扣下完成的。不过鉴于投资者有时会有独特的强烈需求，许多时候二级交易是以市场价格，或者略微高于市场价的价格完成的。

16.15　基金中的基金

私募股权投资基金中的基金将许多个人和机构投资者的投资集中起来，投资于多个不同私募股权投资基金。这使得投资者能够投资于那些平时无法投资的私募股权投资基金，多元化他们的私募股权投资组合，并且能够通过更深入的尽职调查来尽可能地投资于那些更有可能实现其投资目标的高品质基金。私募股权投资基金中的基金约占私募股权投资市场上承诺资本总额的 15%。最大的私募股权投资基金中的基金包括雅登投资、HarbourVest Partners、磐石基金和合众集团（见表 16-1）。

表 16-1　2007～2016 年前十大基金中的基金（按募集资本排名）

机构名称	2007～2016 年基金中的基金募集资本总额（单位：100 万美元）	地　区
雅登投资	17 077.5	美国
HarbourVest Partners	10 776.7	美国
磐石基金	10 461.4	欧洲
合众集团	9 126.2	欧洲
高盛 AIMS 私募股权投资	8 691.0	美国
Commonfund Capital	8 249.0	美国
尚高资本	7 847.0	美国
LGT Capital Partners	7 564.9	欧洲
Ardian	7 409.0	欧洲
BlackRock Private Equity Partners	7 021.3	美国

资料来源：Preqin.

16.16　私募股权投资的上市

2007 年，贝莱德集团和堡垒管理集团均完成了首次公开发行，它们的管理公司的股票在纽约证券交易所挂牌。贝莱德集团募集了 73 亿美元，堡垒管理集团募集了 22 亿美元。

2004 年，阿波罗的一只封闭式债务基金在纳斯达克挂牌，募集资金 22 亿美元，随后在 2006 年又完成了一只美国基金在泛欧交易所的挂牌，募集资金 16 亿美元。同样是在 2006 年，KKR 完成了一只美国基金的连接基金（feeder）在泛欧交易所的挂牌，募集资金 39 亿美元。2007～2008 年，尽管一些其他的私募股权投资机构，包括 KKR，试图谋求管理公司在美国首次公开发行，但是市场环境迫使这些机构放弃了它们的努力。

2009 年 7 月，随着市场的逐渐稳定，同时 KKR 恢复了盈利，通过反向收购其在泛欧交易所挂牌的分支机构 KPE 重拾上市计划。根据交易条款，KKR 将拥有合并后业务 70% 的股权，而 KPE 的投资者将拥有剩下的 30%。2010 年 7 月，KKR 完成了首次公开发行，并且现在其股票可以在纽约证券交易所交易。

2011 年 4 月，阿波罗在美国完成了首次公开发行，募集了 5.5 亿美元。与贝莱德集团和 KKR 类似，阿波罗早在 2008 年便已计划上市，但是因为市场环境恶化，阿波罗推迟了发行计划。

2012 年，凯雷集团在美国发起了首次公开发行，以每股 22 美元的价格出售了 3 050 万股股票，筹集了 6.71 亿美元。按照这个价格计算，凯雷集团的市值为 67 亿美元。同样在 2012 年，橡树资本集团也发起了首次公开发行。因此，有六家大型私募股权投资机构成为上市公司：阿波罗、KKR、贝莱德集团、凯雷集团、橡树资本集团和堡垒管理集团（但是自从堡垒管理集团对冲基金资产管理规模超过了私募股权投资基金规模，堡垒就被认为是一家对冲基金机构）。图 16-7 为这些私募股权投资机构的股价走势与标准普尔 500 指数走势的比较。

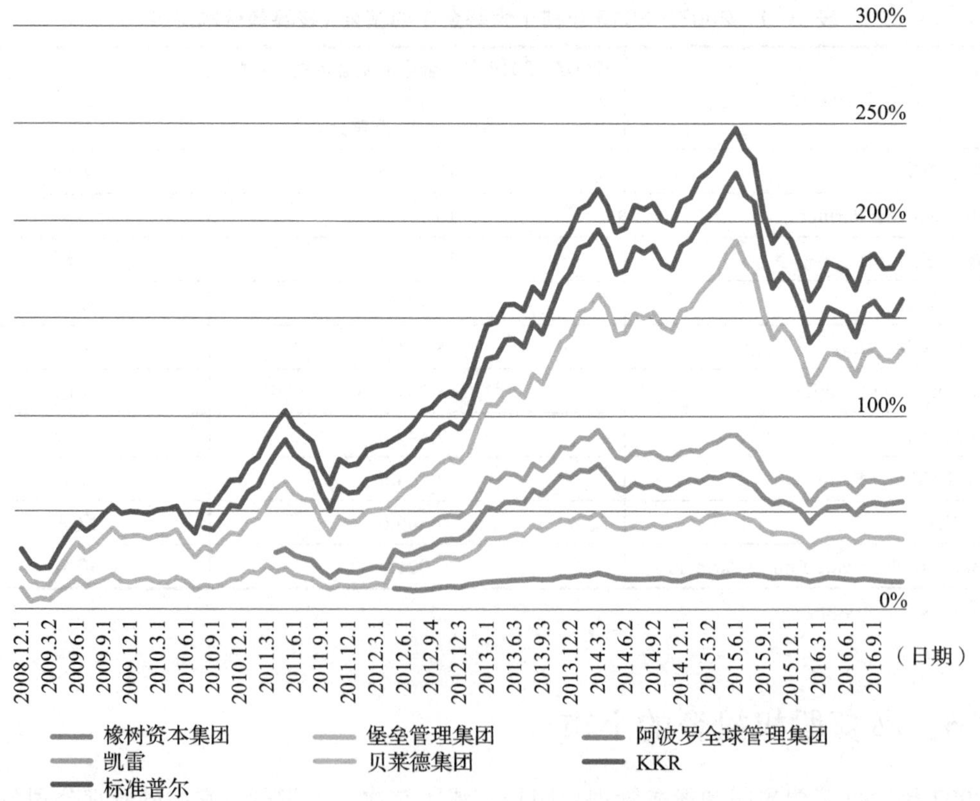

图 16-7 阿波罗、KKR、贝莱德集团、凯雷集团、橡树资本集团和堡垒管理集团的股价走势

16.17　私募股权投资专栏

2002～2005 年，杠杆收购活动蓬勃发展，但是杠杆水平和收购倍数仍然维持在合理水平。在此期间完成的大多数交易都为投资者提供了丰厚的回报（见图 16-8）。2006～2007 年年中，私募股权投资市场出现了泡沫，债务水平和收购倍数都超过了历史正常水平。在此期间完成的大多数交易都陷入了困境，并且收益较低（见图 16-9）。2007 年年中，信贷危机袭来，许多交易都面临着巨大的问题。投资银行无法组成辛迪加来为杠杆收购提供债务融资，造成了约 3 900 亿美元的资金缺口。许多交易被取消，其他的则不得不重新谈判（见专栏 16-5）。此外，还有大量的交易陷入了大型诉讼之中。因此，私募股权投资交易的特点和结构都发生了变化：规模变小、权益投入增加、有利的债务条款变少、交易数量下降、依靠债务的交易减少、与公司伙伴的联合投资增加、持有期变长。这些变化的结果是交易的投资收益和风险都下降了，同时投入这一资产类别的承诺资本额也下降了。尽管发生了这些重大改变，私募股权投资市场还在扩张，而且普遍追求高质量且低风险的投资（见图 16-10～图 16-16 与专栏 16-6、专栏 16-7）。

21 世纪前五年，杠杆收购市场蓬勃发展。因为杠杆水平和收购倍数处于合理水平，在此期间完成的大多数交易都能在 2007 年下半年开始的全球经济衰退和信贷冻结中快速回弹。

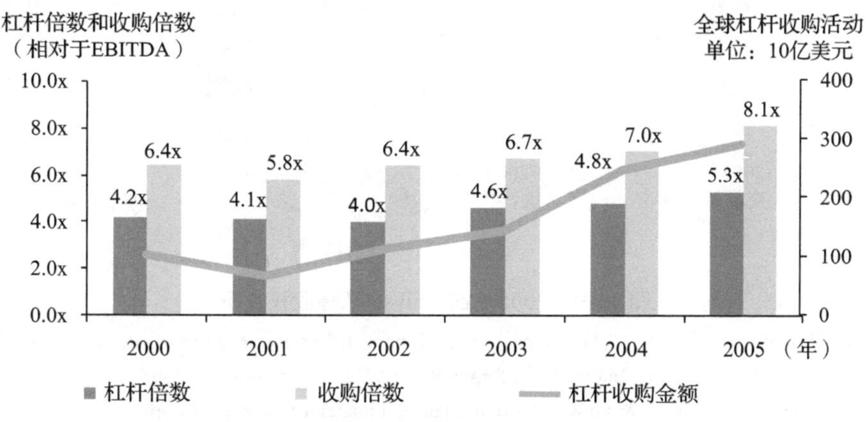

图 16-8　2000～2005 年的私募股权投资

资料来源：Dealogic; Standard & Poor's.

- 这一时期，私募股权投资市场产生了泡沫，杠杆和收购倍数超过历史正常水平。
- 结果，在这一时期收购的许多公司都陷入了财务困境。

专栏 16-5　2007 年下半年的私募股权投资：破裂的和重新谈判的交易

- 信贷危机爆发以后，许多交易面临关闭危机。
- 投资银行无法组成辛迪加来为杠杆收购提供债务融资，造成了约 3 900 亿美元的资金缺口。
- 结果，许多交易被取消，同时其他的交易不得不重新谈判，以给予买方和贷款人更优惠的条件。

破裂的交易		重新谈判的交易	
公司	价值（单位：10 亿美元）	公司	价值（单位：10 亿美元）
加拿大贝尔公司	48.8	清晰频道通信公司	27.3

（续）

破裂的交易		重新谈判的交易	
学生贷款市场协会	25.5	第一资讯	26.3
亨斯迈公司	10.6	哈拉斯娱乐公司	26.2
哈曼国际	8.2	巴奥米特公司	11.4
联盟计算机服务	8.0	HD 供应公司	8.5
联盟数据	7.8	汤姆森学习出版集团	7.8

资料来源：Rubenstein, David："The Impact of the Financial Services Meltdown on the Global Economy And The Private Equity Industry", Super Return Dubai October 15, 2008, The Carlyle Group, print; Dealogic, Standard & Poor's; Morgan Stanley Financial Sponsors Group; Press report.

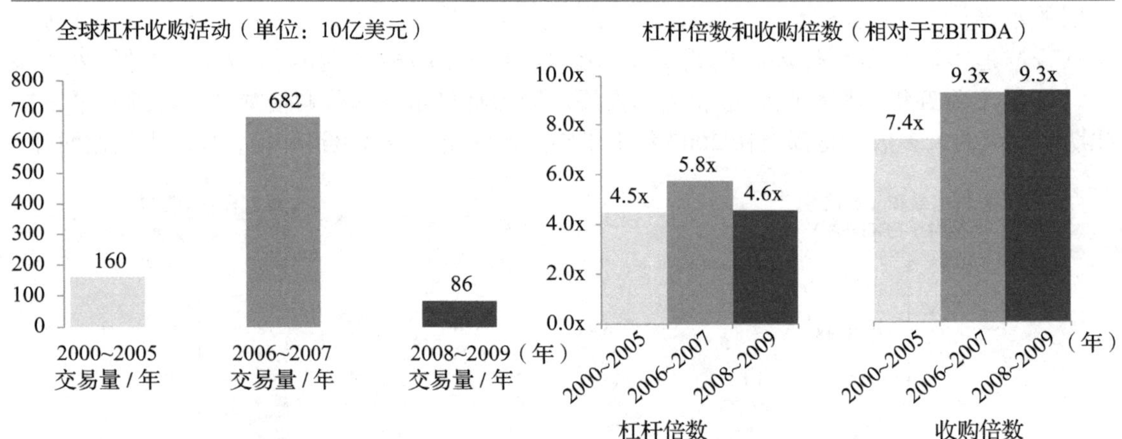

图 16-9 2006～2007 年的私募股权投资

资料来源：Rubenstein, David："The Impact of the Financial Services Meltdown on the Global Economy And The Private Equity Industry", Super Return Dubai October 15, 2008, The Carlyle Group, print; Dealogic, Standard & Poor's; Morgan Stanley Financial Sponsors Group.

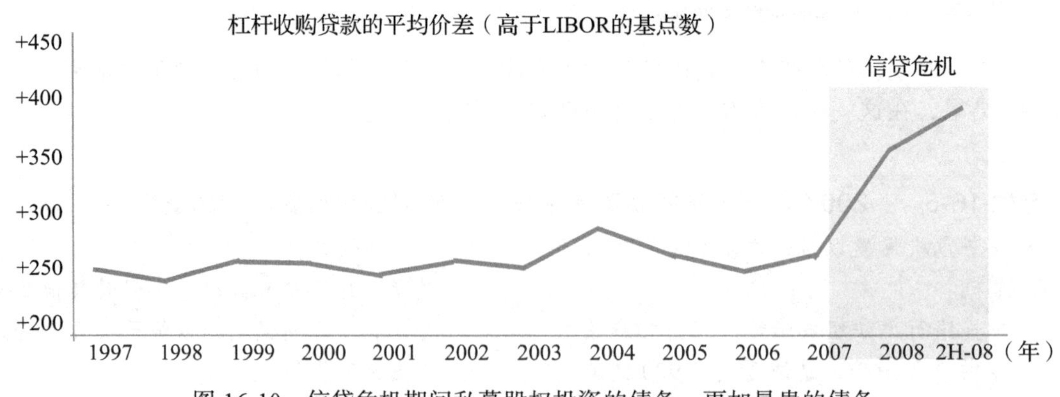

图 16-10 信贷危机期间私募股权投资的债务：更加昂贵的债务

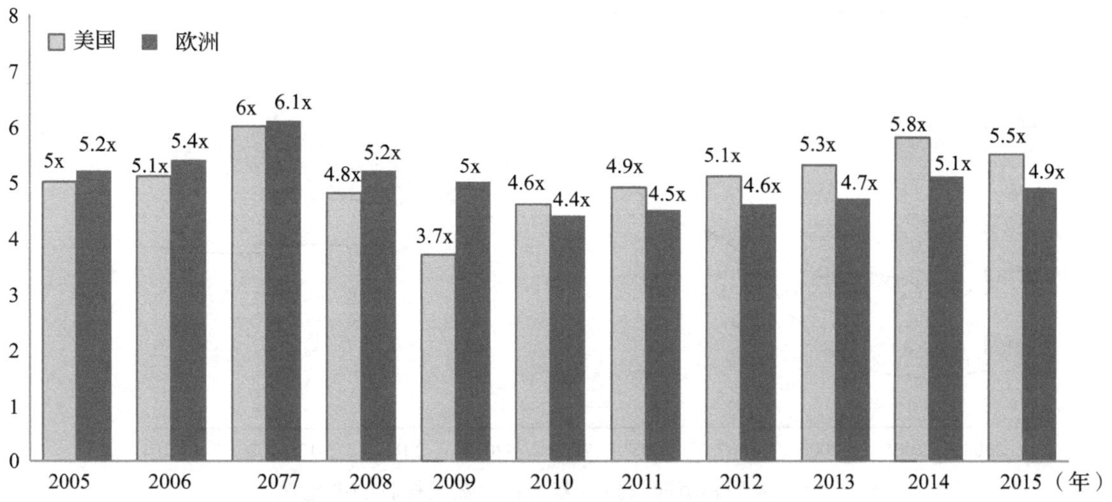

图 16-11　私募股权投资债务倍数（债务 / EBITDA）

资料来源：S&P Capital IQ LCD.

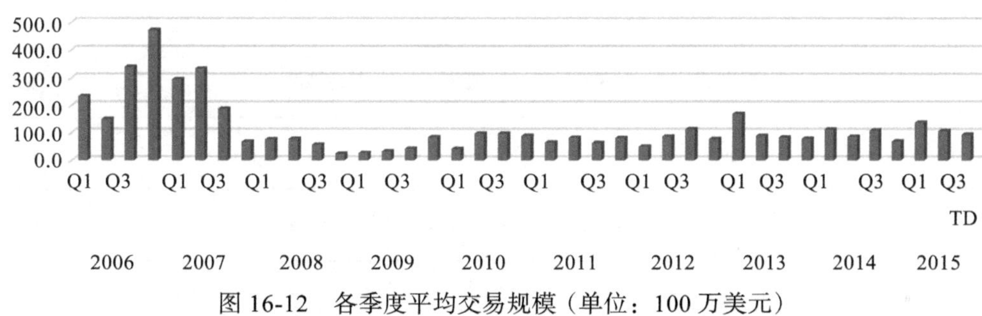

图 16-12　各季度平均交易规模（单位：100 万美元）

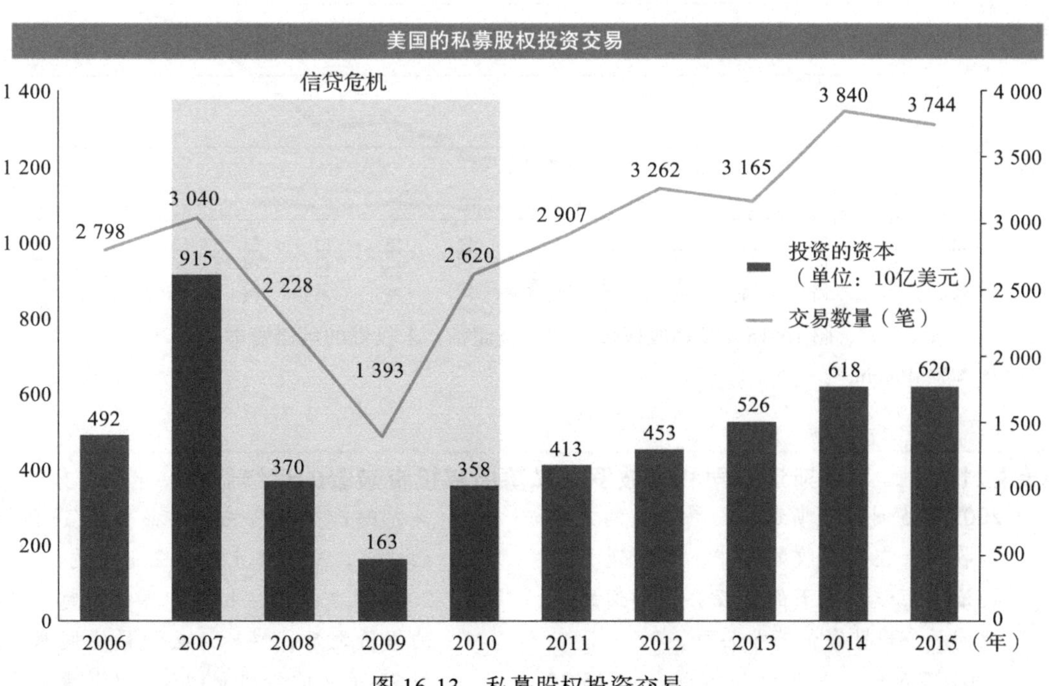

图 16-13　私募股权投资交易

资料来源：PitchBook.

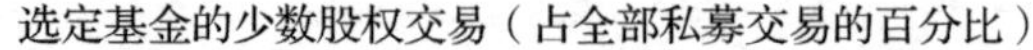

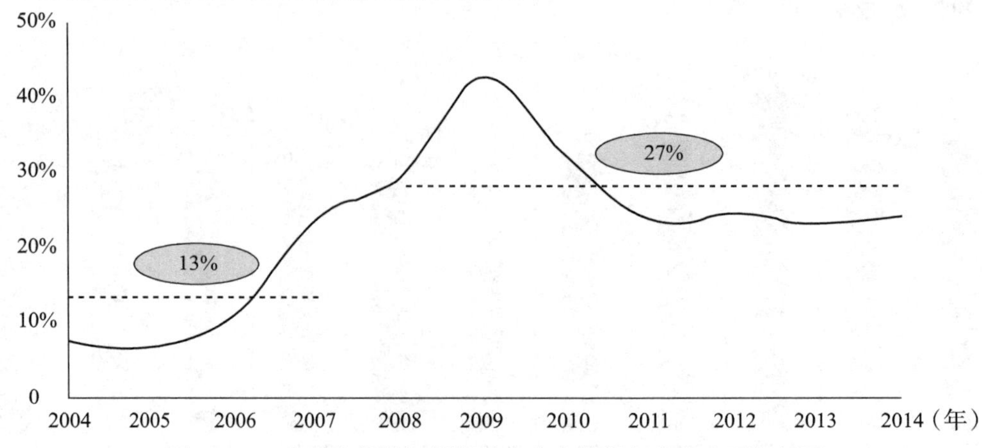

图 16-14 大型私募股权投资基金在少数股权收购中更加活跃

注：基金包括安佰深、贝莱德集团、BC 合伙公司、盛峰公司、CVC、KKR 和华平投资。

资料来源：Fund reports; Preqin; BCG analysis.

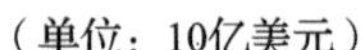

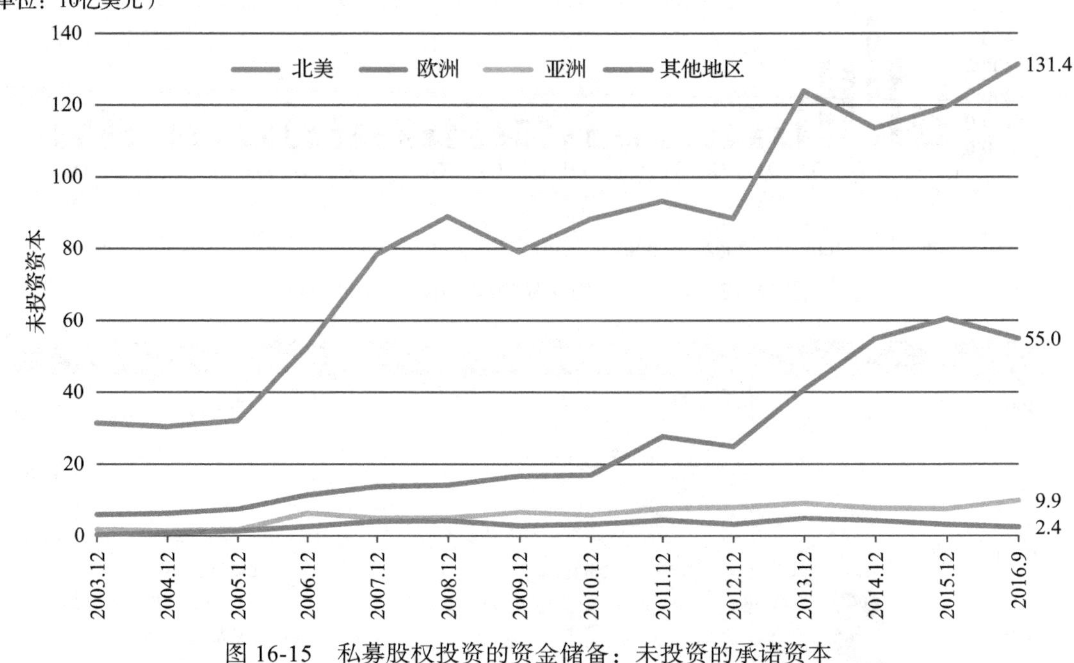

图 16-15 私募股权投资的资金储备：未投资的承诺资本

资料来源：Preqin.

专栏 16-6 亨斯迈公司和阿波罗：私募股权投资破裂的后续影响

- 2007 年 5 月，亨斯迈公司寻求收购方将其收购，在众多收购方中，亨斯迈公司接洽了阿波罗旗下的瀚森公司和通路实业的子公司巴塞尔工业公司。
- 2007 年 6 月，亨斯迈公司以每股 25.25 美元的价格与荷兰化学品公司签订了并购协议，交易终止费为 2 亿美元。
- 2007 年 7 月，在收到瀚森公司越来越高的报价之后，亨斯迈公司最终同意以每股 28 美元的价格同阿波罗 / 瀚森公司进行交易，交易终止费为 3.25 亿美元。尽管由于预期的交易审批时间更长，尤其是在信贷环境恶化的情况下，每股 28 美元的报价使得交易关闭的可能性更高，阿波罗 / 瀚森公司还是决定给出这一更高的报价。

- 2008 年 5 月，亨斯迈公司 2008 年第一季度报告的利润下降了 31%。
- 2008 年 6 月，瀚森公司接到其财务顾问的通知，基于最新的财务状况，合并后的公司将不具备债务偿还的能力。瀚森公司随后起诉了亨斯迈公司，声称亨斯迈公司符合终止交易的规定条件，无须支付 3.25 亿美元的交易终止费。
- 2008 年 6 月，亨斯迈公司以“他们涉及了一个策略以使亨斯迈公司终止与巴塞尔公司的交易并接受一个他们（阿波罗）从未想要信守的承诺”为由反诉了瀚森公司的母公司阿波罗管理集团，以及这家私募股权投资机构的两位创始人里昂・布莱克和乔希・哈里斯。在这起与阿波罗的诉讼案件中，亨斯迈公司要求阿波罗赔偿其 30 亿美元的损失，以及支付给巴塞尔工业公司交易终止费的一半，即 1 亿美元。
- 2008 年 9 月，特拉华州的一家法院给出判决，拒绝了阿波罗 / 瀚森公司退出交易的请求，并要求它们尽可能按照每股 28 美元的初始报价来完成这笔交易（或者支付 3.25 亿美元的交易终止费来退出交易）。法院认为恶化的财富状况不属于重大不利影响。
- 2008 年 12 月，亨斯迈公司同意以 10 亿美元的赔偿金与阿波罗公司达成和解：
    - 3.25 亿美元的交易终止费（交易最初的贷款提供者德意志银行和瑞信承诺为这笔费用提供资金）。
    - 阿波罗的分支机构支付 4.25 亿美元的现金赔偿。
    - 阿波罗分支机构支付 2.5 亿美元购买亨斯迈公司 10 年期可转换票据。
    - 亨斯迈公司起诉了德意志银行和瑞信，因为它们收回了为这笔交易承诺出资的资金，并且与阿波罗共同介入了亨斯迈公司和巴塞尔工业公司之前的交易。
- 2009 年 6 月，亨斯迈与德意志银行和瑞信达成和解，两家银行向亨斯迈公司支付 6.32 亿美元的现金并提供 10 亿美元的贷款。公告发布后，亨斯迈的股价跌到每股 5 美元，不足阿波罗 / 瀚森公司初始每股 28 美元报价的 1 / 5。

资料来源：Press reports.

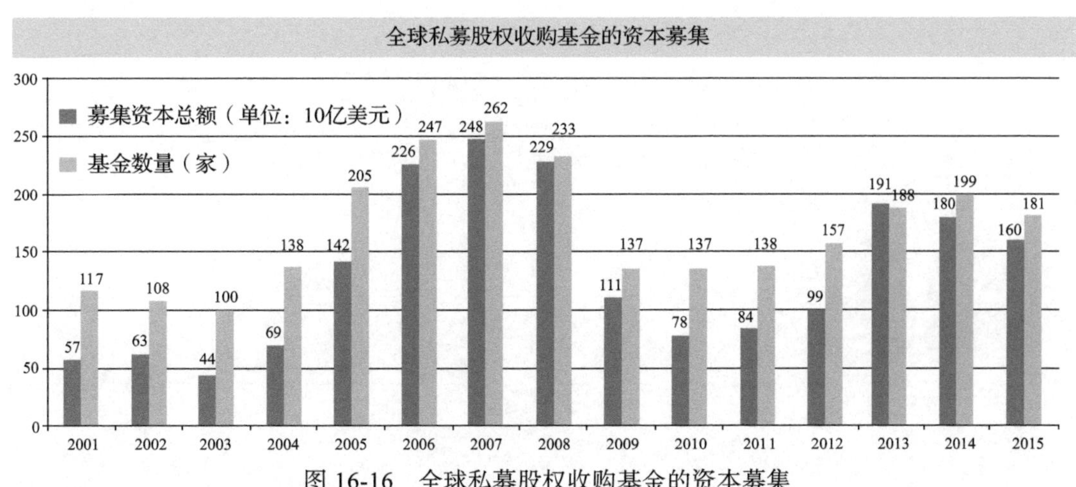

图 16-16 全球私募股权收购基金的资本募集

资料来源：Preqin.

专栏 16-7 后信贷危机时代私募股权投资交易的趋势

- 策略性联盟：越来越多的私募股权投资机构与公司伙伴联合投资，而不是与多个私募股权投资基金组成俱乐部交易。
  - 案例：贝莱德和贝恩资本联合NBC环球（通用电气公司的一个子公司）以35亿美元的价格收购了气象频道。
- 股权收购：一些基金开始转向股权收购，使得私募股权投资公司能够通过收购目标公司大多数而不是全部股权，来实现控制公司的目的。其目标是在未来获取大额股息，并在信贷市场复苏时，降低整体权益风险暴露。
  - 案例：安宏资本以2.6亿美元的现金收购了Experience France的信用卡处理业务。
- 更长的投资持有期：随着私募股权投资机构花费更多的时间来提高组合公司经营绩效以创造价值，为达到预定的退出价值，很多退出都被推迟了。

第 17 章　杠杆收购的财务模型

本章内容可以与以下案例互为参考："玩具反斗城杠杆收购"。

如前文所述，杠杆收购的目标公司通常都属于成熟行业，并且具有稳定增长的现金流，以此来偿还大量的债务以及向财务投资者派发股息。另外，目标公司通常有较低的资本开支和杠杆率，而且资产可以作为债务抵押或出售。财务投资者通常在 3～7 年内退出，退出方式通常是首次公开发行，或者并购出售给战略投资者或者其他财务投资者。从历史数据来看，财务投资者对投资设定的目标内部收益率（IRR）超过 20%。如果最大限度地利用可承受杠杆，相应地使权益出资的比例最小化，并以尽可能低的价格收购目标公司，就可能使财务投资者获得高收益。

财务投资者要求目标公司的管理层致力于提高公司的市场份额和利润率，并实现自由现金流的增长。有时，由于经营改善，公司可以实现 EV / EBITDA 倍数的提高（参考第 4 章），但是这种情况并不常见。为了达到私募股权投资者设定的内部收益率，公司必须实现现金流的增长以偿还持有期内的债务（会导致权益比例上升），随后在未来将公司以增长后现金流的一定倍数出售（见图 17-1）。图 17-2 给出了实现内部收益率的收益的三种可能途径：去杠杆化、提高利润率和倍数扩张。

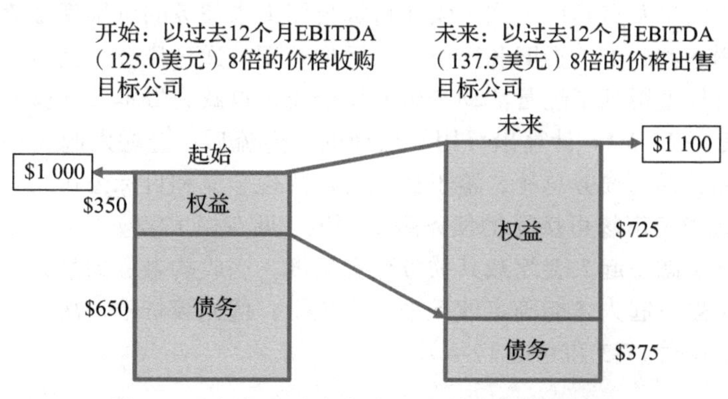

图 17-1　杠杆收购的任务：在持有期降低债务

资料来源：Training the Street, Inc.

杠杆收购的分析包括：现金流预测、终值预测（即财务投资者预期在 3～7 年后出售公司的价格）和现值确定（即财务投资者在今天愿意为公司支付的价格），这种分析最终求解出投资的内部收益率（即适用的折现率）。如果杠杆收购模型基于投资和市场情况相关的风险假定了一个财务投资者要求的最低内部收益率，则可以求解出在实现该目标内部收益率的条件下公司的收购价格。从根本上说，杠杆收购分析回答了这样一个问题：在满足投资者风险调整后收益要求的前提下，为了赚取年复合收益率，投资者能够为公司所支付的最高收购价格是多少？

假设以过去12个月EBITDA（125.0美元）8倍的价格收购目标公司

	1. 去杠杆化	2. 去杠杆化、提高利润率	3. 去杠杆化、提高利润率、倍数扩张
资金来源			
债务总额	$650.0	$650.0	$650.0
权益总额	350.0	350.0	350.0
总计	$1 000.0	$1 000.0	$1 000.0
第5年的假设			
用于偿债的累计现金盈余	$167.6	$212.3	$212.3
预测EBITDA	125.0	164.5	164.5
假设退出倍数	8.0x	8.0x	9.0x
交易价值	1 000.0	1 316.0	1 480.5
+/- 净债务①	(482.4)	(437.7)	(437.7)
权益价值	$517.6	$878.2	$1 042.8
IRR收益（5年退出）	8.1%	20.2%	24.4%

图 17-2　杠杆收购：实现收益的三种途径

① 债务总额 - 用于偿债的累计现金盈余＝净债务

资料来源：Training the Street, Inc.

杠杆收购分析要考虑是否有足够的预测现金流既能满足公司的日常运营又能偿还债务的本金和利息。此外，这种分析需要确定在未来某一时刻是否有足够的现金流来向私募股权投资者派发股息。较强的偿还债务和支付股息的能力会带来更高的内部收益率。

17.1　确定可用于偿债的现金流和债务来源

杠杆收购分析的出发点是确定用于偿还目标公司未来债务的可用现金流。这可以通过确定净利润开始，用净利润加上折旧和摊销，然后加减调整递延税金、其他非现金支出和净营运资本的变化。这样就得到了经营活动产生的现金流，再减去资本开支就能够得到可用于偿债的现金流（见专栏 17-1）。计算出可用于偿债的现金流后，金融发起人就可以与投资银行商讨用于收购目标公司的债务总额，鉴于目标公司的现金流和目标公司及其所处行业的风险特征，投资银行会确定市场可接受的债务融资额度（见专栏 17-2）。如果相关风险看起来过高，投资银行及其金融发起人会缩减其债务融资额度。当收购融资的最大合适债务额度确定后，投资银行和金融发起人才能确定债务来源，包括：优先级贷款、次顺位贷款、高收益债务和夹层融资（见专栏 17-3 和专栏 17-4）。

专栏 17-1　确定可用于偿债的现金流

	净利润	+/-	净营运资本的变化
+	折旧和摊销	=	经营性现金流
+/-	递延税的变化	-	资本开支
+/-	其他非现金支出的变化	=	可用于偿债的现金流

专栏 17-2 哪些因素决定了负债能力

行业风险	公司风险	结构性风险

• 增长速度和规模
• 行业周期
• 进入壁垒
• 资本密集度
• 供应商和客户的相对实力
• 技术更新的速度 / 替代品的威胁
• 环境问题
• 监管风险
	• 竞争地位
	• 历史业绩
	• 规划的可实现度
	• 管理深度和管理质量
	• 定性指标
	  ○ 信息质量
	  ○ 股东支持力度
		• 定量指标
		  ○ 规模
		  ○ 杠杆率
		  ○ 偿付率
		• 担保（退路）
		• 还款来源
		  ○ 假设是否可信
		• 估值 / 权益缓冲
		• 可比交易
		• 行业内其他成功杠杆收购案例
		• 杠杆约束下的增长能力

资料来源：Training the Street, Inc.

专栏 17-3 典型的资本结构

- 优先级贷款
  - 循环贷款
  - 定期贷款
- 次顺位贷款
- 高收益债务
  - 优先级票据
  - 优先次级票据
- 夹层融资 / 实物支付 / 认股权证 / 优先股
- 普通股

资料来源：Training the Street, Inc.

专栏 17-4 常用的财务参数

• 主要信用指标	• 典型的取值区间①
○ 总负债 / EBITDA	○ 3.5～5.5 倍
○ 优先级银行贷款 / EBITDA	○ 2.5～3.5 倍
○ EBITDA / 利息偿付	○ 大于 2.0 倍
○（EBITDA－资本开支）/ 利息偿付	○ 大于 1.6 倍
○ 银行贷款偿付	○ 6～8 年
○ 权益出资	○ 至少在 20%～35%

- 影响信用指标的因素
  - EBITDA 的确定
  - 维持性资本开支与增长性资本开支
  - 平均状态与峰值状态的营运资本需求
  - 表外融资

① 这些取值区间适用于 2007 年信贷危机前的情况，随后的市场环境恶化导致了更低的债务比率、更高的利息偿付率和更高的权益出资要求。在 2006 年至 2007 年中期，很多交易的总负债 / EBITDA 倍数达到了 8 倍。

资料来源：Training the Street, Inc.

17.2 确定金融发起人的内部收益率

杠杆收购分析的下一步是分析杠杆收购的内部收益率。内部收益率由收购价格中的权益出资部分与在未来投资退出时预期的权益市场价值决定，如果在投资期间发生了股息支付，在计算内部收益率时，还需要考虑股息的影响。通常，收购价格区间取决于相应的权益投资金额（如前所述，在计算出了可动用的债务资金上限后，才能确定这个额度）。权益额度必须与预期现金流和最终退出时的预期权益价值（风险调整后的权益额度考虑与现金流量和权益退出价值预测相关的风险）结合起来，从而得出可被金融发起人接受的内部收益率水平。由此产生的内部收益率如果低于可以接受的水平，那么金融发起人必须降低收购价格或减少权益投资的比重，即使这样会增加债权投资的比重，承担额外的债务。换句话说，这是一个相互博弈的过程，有时需要金融发起人适当地降低其最低内部收益率要求或放弃投资机会，这取决于目标公司的价格预期与竞争对手的报价。金融发起人评估某个项目的内部收益率时，还会考虑项目本身的投资风险，通常投资风险越低则目标内部收益率越低，风险越高意味着金融发起人要求的目标内部收益率会更高。

最终，金融发起人会重点关注投资的收益率、风险、投资退出所需时间等因素。相对于初始投入权益而言，财务投资者会考虑投资退出时的综合收益率，并尝试在内部收益率最大化与投资退出时现金总收益最大化间寻求平衡。例如（见表 17-1），如果 4 年后投资退出方案能够稳定地获得更高的“利润”（投资退出时权益价值－初始投入权益＝利润），即使 2 年后退出方案可以实现 30% 的内部收益率，财务投资者也可能会选择内部收益率为 25% 的 4 年后退出投资方案。通过持有投资 4 年，发起人放弃了内部收益率的要求，但是将投资倍数从 1.69 倍增加到 2.44 倍。放弃高内部收益率的项目主要是由于投资者希望继续投资已有项目，因为他们不愿意承担与重新部署资金相关的新风险和费用，另外也为迎合投资者对实现高倍数投资回报的兴趣（这对未来筹款提供了有效的市场指标）。

表 17-1 内部收益率与投资倍数比较

初始投入权益	持有期限	内部收益率	退出权益价值	利润	投资倍数
\$1 000	2 年	30%	\$1 690	\$690	1.69x
\$1 000	4 年	25%	\$2 441	\$1 441	2.44x
\$1 000	6 年	20%	\$2 986	\$1 986	2.99x

17.3 确定收购价格和出售价格

金融发起人通常会根据企业价值相对于 EBITDA 的倍数来确定目标资产的收购价格。在咨询投资银行后，金融发起人会确定收购的价格倍数，如果战略投资者在该价格倍数下仍准备收购目标公司，他们会考虑是否在其目标内部收益率基础上给出更高的价格倍数（通常而言，财务投资者支付的价格倍数没有战略投资者高，因为无法像战略投资者那样存在并购协同效应，但是财务投资者能够加杠杆）。内部收益率很大程度上取决于债务融资能力以及可用于偿债的现金流。收购价格的确定是一个相互博弈的过程。如果并购交易被认为是最有可能的退出策略，金融发起人在预测未来出售价格时用的倍数，通常与初始投资所用的是同一个倍数。但是，如果出售预期是通过首次公开发行实现，有时会用可比公司倍数。此外，当目标公司的管理层或所处的行业具有变好的预期时，倍数通常会提高；当出现负面预期时，则会降低。关于估值倍数更详细的讨论请参见第 4 章。

17.4　杠杆收购分析示例

在 2005 年，KKR、贝恩资本和沃那多房地产信托公司组成联合体收购了玩具反斗城公司。这三家机构所组成的联合体我们称之为“KKR”。下面，我们利用简化的这一案例来分析杠杆收购。

17.4.1　预测收入、利润、折旧与摊销、资本性开支、营运资本、利率和税率

了解目标公司的财务报表状况是杠杆收购法的第一步。表 17-2、表 17-3 和表 17-4 是玩具反斗城的财务报表。KKR 将这三个表的信息汇总到了表 17-5，从而能够更方便地分析玩具反斗城的历史销售增长与利润率。他们还会对玩具反斗城进行尽职调查，以确定玩具反斗城在将来是否有保持相似的或实现更好的利润率与销售增长的可能性。KKR 也完成了对投资期内玩具反斗城资产负债表、利润表与现金流量表的数据预测，并在此基础上确定用于评估公司未来价值的预测现金流。公司未来价值可以通过以下公式计算：未来项目出售时预期的 EBITDA 乘以那个时点的 EV / EBITDA 倍数。

作为生成未来预期的资产负债表、利润表和现金流量表的重要组成部分，KKR 会假设合理的收入增长。在收入增长预测完成后，KKR 会假定利润表中的其他会计科目（包括销售成本、管理费用、折旧与摊销等）与销售收入保持不变比率（或稍微降低），这一比率可以根据历史数据计算（见表 17-6）。

关于资本开支，通常假设每年的资本开支等于年折旧额以保持资产基数不变[⊖]。当然，KKR 可以让资本开支高于折旧额，这样玩具反斗城的资产基数就会提高，或者他们也可以减少资本开支，从而降低资产基数。

尽管营运资本可以按照收入的一定比例设定，但 KKR 可能会根据资产负债表各个项目以及预测资产负债表中营运资本的变化而计算出营运资本（见表 17-7）。根据 2005 年联邦税率 35%（州或地方的税率可能会高达 38%），KKR 可以预测玩具反斗城未来的税率（这个税率可以是不变、增加或减少，通过已知的和未来的税收政策进行调整）。假定未来适用于玩具反斗城的利率要高于其历史利率，这样能够更好地反映出项目较高的杠杆率，以及相应的，债权人存在的较高风险（见表 17-8）。

表 17-2　合并财务结果（单位：100 万美元，除每股数据外）

	会计年度		
	2003 年 2 月 1 日	2004 年 1 月 31 日	2005 年 1 月 29 日
销售净额	11 305	11 320	11 100
增长率		0.1%	-1.9%
销售成本	(7 799)	(7 646)	(7 506)
销售毛利	3 506	3 674	3 594
增长率		4.8%	-2.2%
利润率	31.0%	32.5%	32.4%

⊖ 考虑到通胀因素，资本开支通常会以比折旧更高的速率增加，从而使得有形资产（如厂房、设备）的实际价值不会下降。

（续）

	会计年度		
	2003 年 2 月 1 日	2004 年 1 月 31 日	2005 年 1 月 29 日
销售与管理费用	(2 724)	(3 026)	(2 932)
增长率		11.1%	−3.1%
利润率	−24.1%	−26.7%	−26.4%
报告期的息税折旧及摊销前利润（调整前）	782	648	662
增长率		−17.1%	2.2%
利润率	6.9%	5.7%	6.0%
折旧与摊销	(339)	(368)	(354)
重组及其他费用	0	(63)	(4)
息税前利润	443	217	304
增长率		−51.0%	40.1%
利润率	3.9%	1.9%	2.7%
利息支出	(119)	(142)	(130)
利息及其他收入	9	18	19
税前利润	333	93	193
增长率		−72.1%	107.5%
利润率	2.9%	0.8%	1.7%
所得税（费用）/ 收益	(120)	(30)	59
净利润	213	63	252
增长率		−70.4%	300.0%
利润率	1.9%	0.6%	2.3%
稀释后每股收益	1.02	0.29	1.16
增长率		−71.6%	300.0%
调整后合并息税折旧及摊销前利润			
报告期的息税折旧及摊销前利润（调整前）	782	648	662
玩具反斗城（美国）一次性项目的加回	0	0	118
调整后合并息税折旧及摊销前利润	782	648	780
增长率		−17.1%	20.4%
利润率	6.9%	5.7%	7.0%

表 17-3　合并资产负债表　（单位：100 万美元）

	会计年度末	
	2004 年 1 月 31 日	2005 年 1 月 29 日
资产		
现金及现金等价物	1 432	1 250
短期投资	571	953
应收账款与其他应收款	146	153
存货	2 094	1 884

（续）

	会计年度末	
	2004 年 1 月 31 日	2005 年 1 月 29 日
可供出售的物业资产	163	7
一年内到期的衍生品资产	162	1
预付费用与其他流动资产	161	159
流动资产合计	4 729	4 407
固定资产		
房地产	2 165	2 393
其他固定资产	2 274	1 946
固定资产合计	4 439	4 339
商誉	348	353
衍生品资产	77	43
递延税款借项	399	426
其他资产	273	200
资产合计	10 265	9 768
负债与股东权益		
短期借款	0	0
应付账款	1 022	1 023
预提费用和其他流动负债	866	881
应交税金	319	245
一年内到期的非流动负债	657	452
流动负债合计	2 864	2 601
长期借款	2 349	1 860
递延税款贷项	538	485
衍生品负债	26	16
递延租金负债	280	269
其他负债	225	212
Toysrus.com 少数股东权益	9	0
负债合计	6 291	5 443
股东权益		
普通股	30	30
资本公积	407	405
留存收益	5 308	5 560
累积其他综合损失	(64)	(7)
受限股	0	(5)
库存股，以成本计	(1 707)	(1 658)
股东权益合计	3 974	4 325
负债与股东权益合计	10 265	9 768

表 17-4 合并现金流量表 （单位：100 万美元）

	会计年度末		
	2003 年 2 月 1 日	2004 年 1 月 31 日	2005 年 1 月 29 日
经营活动产生的现金流量			
净利润	213	63	252
将净利润调整为经营活动净现金流量			
折旧与摊销	339	368	354
受限股票摊销	0	0	0
递延税款	99	27	(40)
Toysrus.com 少数股东权益	(14)	(8)	(6)
其他非现金项目	(9)	1	2
重组及其他非现金费用	0	63	4
经营性资产与债务变动			
应收账款与其他应收款	8	62	(5)
存货	(100)	133	221
待摊费用和其他经营性资产	(118)	28	76
应付账款、预提费用及其他债务	109	117	(45)
应交税金	48	(53)	(74)
经营活动产生的现金流流量净额	575	801	746
投资活动产生的现金流量			
资本开支净额	(395)	(262)	(269)
出售固定资产所得	0	0	216
购买 SB 玩具公司	0	0	(42)
购买短期投资及其他	0	(572)	(382)
投资活动产生的现金流量净额	(395)	(834)	(477)
筹资活动产生的现金流量			
短期借款净额	0	0	0
长期借款	548	792	0
长期债务偿还	(141)	(370)	(503)
库存现金的增加或减少	(60)	60	0
股票和认股协议发行收入	266	0	0
行使股票期权收入	0	0	27
筹资活动产生的现金流量净额	613	482	(476)
汇率变动对货币资金的影响	(53)	(40)	(25)
现金及现金等价物			
期间的增减	740	409	(182)
期初	283	1 023	1 432
期末	1 023	1 432	1 250

表 17-5　各业务单元的财务数据　　（单位：100 万美元）

	会计年度						会计年度		
	2003 年 2 月 1 日	占总额比例（%）	2004 年 1 月 31 日	占总额比例（%）	2005 年 1 月 29 日	占总额比例（%）	2003 年 2 月 1 日	2004 年 1 月 31 日	2005 年 1 月 29 日
各业务单元的销售收入净额							**各业务单元增长率（%）**		
玩具反斗城（美国）	6 755	59.8	6 326	55.9	6 104	55.0		-6.4	-3.5
玩具反斗城（国际）	2 161	19.1	2 470	21.8	2 739	24.7		14.3	10.9
宝宝反斗城	1 595	14.1	1 738	15.4	1 863	16.8		9.0	7.2
Toysrus. com	340	3.0	371	3.3	366	3.3		9.1	-1.3
小鬼反斗城	454	4.0	415	3.7	28	0.3		-8.6	-93.3
合并后销售收入净额	11 305	100.0	11 320	100.0	11 100	100.0		0.1	-1.9
各业务单元的经营利润							**各业务单元利润率（%）**		
玩具反斗城（美国）	256	49.4	70	20.4	4	0.9	3.8	1.1	0.1
玩具反斗城（国际）	158	30.5	166	48.4	220	51.9	7.3	6.7	8.0
宝宝反斗城	169	32.6	192	56.0	224	52.8	10.6	11.0	12.0
Toysrus. com	(37)	-7.1	(18)	-5.2	1	0.2	-10.9	-4.9	0.3
小鬼反斗城①	(28)	-5.4	(67)	-19.5	(25)	-5.9	-6.2	-16.1	-89.3
经营利润合计	518	100.0	343	100.0	424	100.0	4.6	3.0	3.8
公司费用②	(75)		(63)		(116)				
重组费用	0		(63)		(4)				
报告期经营利润	443		217		304		3.9	1.9	2.7
各业务单元调整后 EBITDA							**各业务单元利润率（%）**		
玩具反斗城（美国）③	447	55.1	264	39.3	322	37.4	6.6	4.2	5.3
玩具反斗城（国际）	210	25.9	227	33.8	295	34.3	9.7	9.2	10.8
宝宝反斗城	197	24.3	223	33.2	262	30.5	12.4	12.8	14.1
Toysrus. com	(33)	-4.1	(16)	-2.4	1	0.1	-9.7	-4.3	0.3
小鬼反斗城	(10)	-1.2	(27)	-4.0	(20)	-2.3	-2.2	-6.5	-71.4
调整后业务单元 EBITDA 合计	811	100.0	671	100.0	860	100.0	7.2	5.9	7.7
公司费用	(75)		(63)		(116)				
加回：其他折旧与摊销	46		40		36				
合并调整后业务单元 EBITDA 总计	782		648		780		6.9	5.7	7.0

① 包含 2003 年因所有店铺关闭而导致的 4 900 万美元减值和 2 400 万美元加速折旧。

② 包含 Toy Box 公司的费用和经营结果，以及玩具反斗城日本公司的净权益收入。此项因我们的战略观点和《萨班斯－奥克斯利法案》第 404 节的规定，增长了 2 900 万美元。另外，我们增加了因 2004 年公司总部经营调整而产生的 800 万美元和因弹性薪酬支出而增加的 1 900 万美元。

③ 2005 财年的 EBITDA 根据加回 13 200 万美元存货减值和减去诉讼和解 11 800 万美元相关的 1 400 万美元调整得出。

资料来源：Toys“R”Us FYE 2005 10-K Filing.

表 17-6 利润表

（单位：100 万美元）

会计年度末（1 月 31 日）	实际数据			预测数据									
	2003 年	2004 年	2005 年	2006 年	2007 年	2008 年	2009 年	2010 年	2011 年	2012 年	2013 年	2014 年	2015 年
合并后销售收入净额	11 305.0	11 320.0	11 100.0	10 875.2	10 456.3	10 405.8	10 741.8	11 140.9	11 554.9	11 984.2	12 429.4	12 891.2	13 370.2
增长率		0.1%	−1.9%	−2.0%	−3.9%	−0.5%	3.2%	3.7%	3.7%	3.7%	3.7%	3.7%	3.7%
各业务单元的销售成本与管理费用	10 494.0	10 649.0	10 240.0	9 986.4	9 569.5	9 501.9	9 799.4	10 155.5	10 532.8	10 924.1	11 330.0	11 750.9	12 187.5
利润率	92.8%	94.1%	92.3%	91.8%	91.5%	91.3%	91.2%	91.2%	91.2%	91.2%	91.2%	91.2%	91.2%
各业务单元的 EBITDA	811.0	671.0	860.0	888.7	886.9	903.9	942.5	985.5	1 022.1	1 060.1	1 099.4	1 140.3	1 182.7
利润率	7.2%	5.9%	7.7%	8.2%	8.5%	8.7%	8.8%	8.8%	8.8%	8.8%	8.8%	8.8%	8.8%
公司费用	29.0	23.0	80.0	27.9	26.8	26.7	27.6	28.6	29.6	30.7	31.9	33.1	34.3
利润率	0.3%	0.2%	0.7%	0.3%	0.3%	0.3%	0.3%	0.3%	0.3%	0.3%	0.3%	0.3%	0.3%
调整后 EBITDA	782.0	648.0	780.0	860.8	860.0	877.2	914.9	956.9	992.4	1 029.3	1 067.6	1 107.2	1 148.4
增长率		−17.1%	20.4%	10.4%	−0.1%	2.0%	4.3%	4.6%	3.7%	3.7%	3.7%	3.7%	3.7%
利润率	6.9%	5.7%	7.0%	7.9%	8.2%	8.4%	8.5%	8.6%	8.6%	8.6%	8.6%	8.6%	8.6%
各业务单元的折旧与摊销	293.0	328.0	318.0	304.4	288.5	284.6	293.2	303.8	315.1	326.8	339.0	351.5	364.6
利润率	2.6%	2.9%	2.9%	2.8%	2.8%	2.7%	2.7%	2.7%	2.7%	2.7%	2.7%	2.7%	2.7%
其他折旧与摊销	46.0	40.0	36.0	35.3	33.9	33.7	34.8	36.1	37.5	38.9	40.3	41.8	43.4
利润率	0.4%	0.4%	0.3%	0.3%	0.3%	0.3%	0.3%	0.3%	0.3%	0.3%	0.3%	0.3%	0.3%
重组费用	0.0	63.0	4.0	0.0	0.0	0.0	0.0	0.0	0.0	0.0	0.0	0.0	0.0
合并后 EBIT	443.0	217.0	422.0	521.1	537.6	558.9	586.8	616.9	639.9	663.6	688.3	713.9	740.4
增长率		−51.0%	94.5%	23.5%	3.2%	4.0%	5.0%	5.1%	3.7%	3.7%	3.7%	3.7%	3.7%
利润率	3.9%	1.9%	3.8%	4.8%	5.1%	5.4%	5.5%	5.5%	5.5%	5.5%	5.5%	5.5%	5.5%
利息费用													
承担的负债				139.0	116.8	100.3	88.2	74.1	57.8	39.4	18.7	3.9	0.0
优先级担保贷款				47.3	50.8	54.3	57.8	61.3	64.8	66.5	66.5	54.5	22.5
无担保过桥贷款				209.0	209.0	209.0	209.0	209.0	209.0	209.0	209.0	209.0	209.0
担保欧洲过桥贷款				90.0	90.0	90.0	90.0	90.0	90.0	90.0	90.0	90.0	90.0
住房抵押贷款协议				64.0	64.0	64.0	64.0	64.0	64.0	64.0	64.0	64.0	64.0
利息支出合计				549.2	530.5	517.5	509.0	498.3	485.6	468.9	448.2	421.4	385.5
资产负债表上现金利息收入				40.5	46.8	53.0	59.2	65.5	71.7	77.9	77.9	77.9	77.9
税前收入				12.4	53.9	94.3	137.1	184.1	226.0	272.7	318.0	370.4	432.8
可抵扣税收额度				0.0	0.0	0.0	0.0	0.0	0.0	0.0	0.0	0.0	0.0
税金（35%）				4.3	18.9	33.0	48.0	64.4	79.1	95.4	111.3	129.7	151.5
净利润				8.1	35.0	61.3	89.1	119.6	146.9	177.3	206.7	240.8	281.3
增长率					334.2%	75.1%	45.3%	34.3%	22.8%	20.7%	16.6%	16.5%	16.8%
利润率				0.1%	0.3%	0.6%	0.8%	1.1%	1.3%	1.5%	1.7%	1.9%	2.1%
出售商店的税后所得				217.7	185.8	0.0	0.0	0.0	0.0	0.0	0.0	0.0	0.0
股息				0.0	0.0	0.0	0.0	0.0	0.0	0.0	0.0	0.0	0.0
留存收益				225.8	220.8	61.3	89.1	119.6	146.9	177.3	206.7	240.8	281.3

表 17-7 资产负债表

（单位：100 万美元）

会计年度末（1 月 31 日）	实际数据			预测数据									
	2003 年	2004 年	2005 年	2006 年	2007 年	2008 年	2009 年	2010 年	2011 年	2012 年	2013 年	2014 年	2015 年
资产													
现金及现金等价物			1 247.0	1 247.0	1 247.0	1 247.0	1 247.0	1 247.0	1 247.0	1 247.0	1 247.0	1 247.0	1 247.0
应收账款与其他应收款			153.0	149.9	144.1	143.4	148.1	153.6	159.3	165.2	171.3	177.7	184.3
存货			1 884.0	1 837.3	1 760.6	1 748.2	1 802.9	1 868.4	1 937.9	2 009.9	2 084.5	2 162.0	2 242.3
其他流动资产			167.0	163.6	157.3	156.6	161.6	167.6	173.8	180.3	187.0	193.9	201.2
流动资产合计			3 451.0	3 397.9	3 309.1	3 295.2	3 359.6	3 436.6	3 518.0	3 602.4	3 689.9	3 780.6	3 874.8
固定资产			4 339.0	4 216.8	4 103.5	3 993.3	3 880.0	3 762.9	3 641.4	3 515.4	3 384.8	3 249.2	3 108.6
商誉			0.0	0.0	0.0	0.0	0.0	0.0	0.0	0.0	0.0	0.0	0.0
新增商誉			2 684.0	2 684.0	2 684.0	2 684.0	2 684.0	2 684.0	2 684.0	2 684.0	2 684.0	2 684.0	2 684.0
其他资产			669.0	669.0	669.0	669.0	669.0	669.0	669.0	669.0	669.0	669.0	669.0
资产合计			11 143.0	10 967.7	10 765.6	10 641.5	10 592.7	10 552.5	10 512.4	10 470.8	10 427.6	10 382.8	10 336.4
负债与股东权益													
应付账款			1 023.0	997.7	956.0	949.3	979.0	1 014.6	1 052.2	1 091.3	1 131.9	1 173.9	1 217.6
预提费用和其他流动负债			1 126.0	1 098.1	1 052.3	1 044.8	1 077.5	1 116.7	1 158.2	1 201.2	1 245.9	1 292.1	1 340.2
流动负债合计			2 149.0	2 095.8	2 008.3	1 994.1	2 056.5	2 131.3	2 210.4	2 292.6	2 377.7	2 466.1	2 557.7
承担的债务			2 312.0	1 964.1	1 628.7	1 457.4	1 257.1	1 022.6	756.4	455.4	120.3	0.0	0.0
优先级担保贷款			700.0	700.0	700.0	700.0	700.0	700.0	700.0	700.0	700.0	446.4	27.0
无担保过桥贷款			1 900.0	1 900.0	1 900.0	1 900.0	1 900.0	1 900.0	1 900.0	1 900.0	1 900.0	1 900.0	1 900.0
担保欧洲过桥贷款			1 000.0	1 000.0	1 000.0	1 000.0	1 000.0	1 000.0	1 000.0	1 000.0	1 000.0	1 000.0	1 000.0
住房抵押贷款协议			800.0	800.0	800.0	800.0	800.0	800.0	800.0	800.0	800.0	800.0	800.0
非流动负债合计			6 712.0	6 364.1	6 028.7	5 857.4	5 657.1	5 422.6	5 156.4	4 855.4	4 520.3	4 146.4	3 727.0
递延税款贷项			485.0	485.0	485.0	485.0	485.0	485.0	485.0	485.0	485.0	485.0	485.0
其他负债			497.0	497.0	497.0	497.0	497.0	497.0	497.0	497.0	497.0	497.0	497.0
负债合计			9 843.0	9 441.9	9 019.0	8 833.5	8 695.6	8 535.8	8 348.8	8 129.9	7 880.1	7 594.5	7 266.7
股东权益													
新增优先股			0.0	0.0	0.0	0.0	0.0	0.0	0.0	0.0	0.0	0.0	0.0
发起人权益			1 300.0	1 300.0	1 300.0	1 300.0	1 300.0	1 300.0	1 300.0	1 300.0	1 300.0	1 300.0	1 300.0
留存收益			0.0	225.8	446.6	508.0	597.1	716.7	863.6	1 040.9	1 247.6	1 488.4	1 769.7
股东权益合计			1 300.0	1 525.8	1 746.6	1 808.0	1 897.1	2 016.7	2 163.6	2 340.9	2 547.6	2 788.4	3 069.7
负债与股东权益合计			11 143.0	10 967.7	10 765.6	10 641.5	10 592.7	10 552.5	10 512.4	10 470.8	10 427.6	10 382.8	10 336.4
误差			0.000	0.000	0.000	0.000	0.000	0.000	0.000	0.000	0.000	0.000	0.000

表 17-8 利率与营运资本假设

（单位：100 万美元）

会计年度末（1 月 31 日）	实际数据			预测数据									
	2003 年	2004 年	2005 年	2006 年	2007 年	2008 年	2009 年	2010 年	2011 年	2012 年	2013 年	2014 年	2015 年
利率假设													
LIBOR			2.75%	3.25%	3.75%	4.25%	4.75%	5.25%	5.75%	6.00%	6.00%	6.00%	6.00%
现金利率收益			2.75%	3.25%	3.75%	4.25%	4.75%	5.25%	5.75%	6.25%	6.25%	6.25%	6.25%
负债利率		LIBOR 利差	固定比率										
承担的债务			6.50%	6.50%	6.50%	6.50%	6.50%	6.50%	6.50%	6.50%	6.50%	6.50%	6.50%
优先级担保贷款		3.50%		6.75%	7.25%	7.75%	8.25%	8.75%	9.25%	9.50%	9.50%	9.50%	9.50%
无担保过桥贷款			11.00%	11.00%	11.00%	11.00%	11.00%	11.00%	11.00%	11.00%	11.00%	11.00%	11.00%
担保欧洲过桥贷款			9.00%	9.00%	9.00%	9.00%	9.00%	9.00%	9.00%	9.00%	9.00%	9.00%	9.00%
住房抵押贷款协议			8.00%	8.00%	8.00%	8.00%	8.00%	8.00%	8.00%	8.00%	8.00%	8.00%	8.00%
营运资本假设													
应收账款与其他应收款		146.0	153.0	149.9	144.1	143.4	148.1	153.6	159.3	165.2	171.3	177.7	184.3
周转天数		4.7	5.0	5.0	5.0	5.0	5.0	5.0	5.0	5.0	5.0	5.0	5.0
存货		2 094.0	1 884.0	1 837.3	1 760.6	1 748.2	1 802.9	1 868.4	1 937.9	2 009.9	2 084.5	2 162.0	2 242.3
周转期		5.1	5.4	5.4	5.4	5.4	5.4	5.4	5.4	5.4	5.4	5.4	5.4
其他流动资产		486.0	167.0	163.6	157.3	156.6	161.6	167.6	173.8	180.3	187.0	193.9	201.2
周转天数		15.7	5.5	5.5	5.5	5.5	5.5	5.5	5.5	5.5	5.5	5.5	5.5
应付账款		1 022.0	1 023.0	997.7	956.0	949.3	979.0	1 014.6	1 052.2	1 091.3	1 131.9	1 173.9	1 217.6
周转天数		35.0	36.5	36.5	36.5	36.5	36.5	36.5	36.5	36.5	36.5	36.5	36.5
预提费用与其他流动负债		1 185.0	1 126.0	1 098.1	1 052.3	1 044.8	1 077.5	1 116.7	1 158.2	1 201.2	1 245.9	1 292.1	1 340.2
周转天数		40.6	40.1	40.1	40.1	40.1	40.1	40.1	40.1	40.1	40.1	40.1	40.1
流动资产合计		2 726.0	2 204.0	2 150.9	2 062.1	2 048.2	2 112.6	2 189.6	2 271.0	2 355.4	2 442.9	2 533.6	2 627.8
流动负债合计		2 207.0	2 149.0	2 095.8	2 008.3	1 994.1	2 056.5	2 131.3	2 210.4	2 292.6	2 377.7	2 466.1	2 557.7
营运资本		519.0	55.0	55.1	53.8	54.1	56.1	58.4	60.5	62.8	65.1	67.5	70.0
应收账款与其他应收款增减			(7.0)	3.1	5.8	0.7	(4.6)	(5.5)	(5.7)	(5.9)	(6.1)	(6.4)	(6.6)
存货增减			210.0	46.7	76.7	12.4	(54.7)	(65.5)	(69.4)	(72.0)	(74.7)	(77.4)	(80.3)
其他流动资产增减			319.0	3.4	6.3	0.8	(5.1)	(6.0)	(6.2)	(6.5)	(6.7)	(6.9)	(7.2)
应付账款增减			1.0	(25.3)	(41.7)	(6.7)	29.7	35.6	37.7	39.1	40.5	42.1	43.6
预提费用与其他流动负债增减			(59.0)	(27.9)	(45.9)	(7.4)	32.7	39.2	41.5	43.0	44.6	46.3	48.0
营运资本增减			464.0	(0.1)	1.3	(0.3)	(2.0)	(2.3)	(2.2)	(2.2)	(2.3)	(2.4)	(2.5)
非流动资产增减				0.0	0.0	0.0	0.0	0.0	0.0	0.0	0.0	0.0	0.0
非流动负债增减				0.0	0.0	0.0	0.0	0.0	0.0	0.0	0.0	0.0	0.0

17.4.2　计算收购倍数

2005 年 3 月 17 日，玩具反斗城宣布了其与 KKR 达成的最终交易协议，将以每股 26.75 美元、总计 77 亿美元（包括所有的交易费用）的价格把整个公司出售给 KKR。收购价格代表了总的交易价值（包括企业价值与交易费用），是玩具反斗城 2005 年会计年度末 EBITDA 的 9.9 倍，而企业价值则是公司 2005 年会计年度末 EBITDA 的 9.4 倍。在整个交易额中，KKR 权益出资的金额为 13 亿美元（见表 17-9 和表 17-10）。根据玩具反斗城宣布出售全球玩具业务的前一天股价计算，KKR 的收购价格相对股价溢价 63%。通过对包含交易费用的可比交易法分析，KKR 可能已经决定提高溢价的幅度，因为玩具反斗城持有大量的房地产（KKR 认为此部分的价值还未完全被市场认同）。无论如何，KKR 所完成的财务预测显示，公司的现金流在投资持有期会增长。根据未来的现金流量，可以推算出未来出售的价格，并在此基础上计算出该项目的最终权益价值。与 KKR 的初始投入权益相比，计算出的内部收益率是可以被 KKR 接受的。

表 17-9　交易要点　（单位：100 万美元）

	价　值
每股价格（美元）	26.75
隐含购买股份数（百万股）	220.6
权益价值	5 900
其他交易价值（不含费用）	394
承担的债务	2 312
资产负债表上现金余额	(1 247)
企业价值	7 359
交易费用	362
企业价值（含费用）	7 721
2005 年公司 EBITDA	780
企业价值（不含费用）/ 2005 年 EBITDA	9.4x
企业价值（含费用）/ 2005 年 EBITDA	9.9x

注：该模型假设 2005 年会计年度末的 1 月 29 日完成该交易，但实际完成时间为 2005 年 7 月 21 日。

表 17-10　资金来源及用途　（单位：100 万美元）

来　源		用　途	
资产负债表上现金	956	购买普通股	5 900
优先级担保贷款	700	购买股票期权和限制股	227
无担保过桥贷款	1 900	权益证券股息支付	114
担保欧洲过桥贷款	1 000	购买股票权证	17
住房抵押贷款协议	800	交易费用	362
发起人权益	1 300	支付遣散费和额外奖金	36
合计	6 656	合计	6 656

（续）

来　源		用　途
各项费用汇总		
顾问费用和成本	78	
融资费用	135	
发起人费用	81	
其他费用	68	
合计	362	

注：优先级担保贷款有20亿美元可用额度。

该表反映了玩具反斗城交易完成于2005年7月21日的可用资金来源及资金用途：模型中使用的9.56亿美元现金是基于2005年1月29日的数据（见表17-12）。

资料来源：Toys "R" Us, From 10-Q, July 30, 2005.

17.4.3 确定收购后目标公司的资本结构

收购完成后，玩具反斗城的资本结构为：23亿美元承担的原有债务，44亿美元新增债务，债务总额为67亿美元（见表17-11）以及13亿美元的股权。因此，收购完成后玩具反斗城的资产负债率高达83.7%，权益仅占总资产的16.3%。而相比收购前，权益和债务的占比分别为65%与35%。结果是，杠杆收购使得玩具反斗城资本结构的杠杆率大大提高（见表17-12）。

表17-11　杠杆总结　　（单位：100万美元）

杠杆分析		杠杆倍数（倍）
现存债务估算	2 312	3.0x
20亿美元优先级担保贷款	700	3.9x
无担保过桥贷款	1 900	6.3x
担保欧洲过桥贷款	1 000	7.6x
住房抵押贷款协议	800	8.6x
合计	6 712	8.6x
资产负债表上现金及短期投资	(1 247)	
净杠杆	5 465	7.0x

注：模型假设交易完成于2005年1月29日，实际完成于2005年7月21日。

表17-12　并购完成后的资产负债表　　（单位：100万美元）

	会计年度末的实际数据		并购后调整	并购完成后经调整的资产负债
	2004年1月31日	2005年1月29日		
资产				
现金及现金等价物	2 003	2 203	(956)	1 247
应收账款与其他应收款	146	153		153
存货	2 094	1 884		1 884
其他流动资产	486	167		167
流动资产合计	4 729	4 407	(956)	3 451
固定资产	4 439	4 339		4 339
商誉	348	353	(353)	0
新增商誉	0	0	2 684	2 684

（续）

	会计年度末的实际数据		并购后调整	并购完成后经调整的资产负债
	2004 年 1 月 31 日	2005 年 1 月 29 日		
其他资产	749	669		669
资产合计	**10 265**	**9 768**	**1 375**	**11 143**
负债与股东权益				
应付账款	1 022	1 023		1 023
预提费用和其他流动负债	1 185	1 126		1 126
流动负债合计	2 207	2 149	0	2 149
承担的债务	3 006	2 312		2 312
优先级担保贷款	0	0	700	700
无担保过桥贷款	0	0	1 900	1 900
担保欧洲过桥贷款	0	0	1 000	1 000
住房抵押贷款协议	0	0	800	800
非流动负债合计	3 006	2 312	4 400	6 712
递延税款贷项	538	485		485
其他负债	540	497		497
负债合计	**6 291**	**5 443**	**4 400**	**9 843**
股东权益				
新增优先股	0	0		0
发起人权益	0	0	1 300	1 300
留存收益	3 974	4 325	(4 325)	0
股东权益合计	3 974	4 325	(3 025)	1 300
负债与股东权益合计	**10 265**	**9 768**	**1 375**	**11 143**

注：现金包括短期投资。模型假设交易完成于 2005 年 1 月 29 日，实际完成于 2005 年 7 月 21 日。

附：商誉计算

股票购买价格（包括费用）	6 656
减去有形资产净值	3 972
新增商誉	2 684

注：有形净资产按照等式“有形净资产 = 留存收益 − 商誉”计算。

17.4.4　确定可用于偿债的现金流

KKR 通过从玩具反斗城的预计 EBITDA 中减去资本开支，然后根据营运资本的变化、其他长期固定资产与负债的变化以及需要支付的现金税款进行调整，最终确定可用于偿债的现金流。此外，由于 KKR 通过出售玩具反斗城的商店会收回现金，所以这部分销售的预计税后收入会增加现金流量。表 17-13 预测了从当前到 2015 年可用于偿债的现金流量。这部分金额还要考虑利息费用和利息收入的影响以得到实际可用于债务偿还的资金额。通常情况下，这些现金会用来偿还债务，在玩具反斗城项目中，表 17-13 中显示 23 亿美元的债务会在并购之日首先被偿还，然后优先级担保贷款会部分偿还。随着时间的推移，通过可用现金流量偿还债务的最终结果是逐步减少总的债务，并改善总债务与 EBITDA 比率。降低债务的同时增加 EBITDA 会提高金融发起人的权益增长率，这反过来又有助于帮助投资者实现预期的 IRR（见图 17-1）。

表 17-13 现金流量表

（单位：100 万美元）

会计年度末（1 月 31 日）	实际数据			预测数据									
	2003 年	2004 年	2005 年	2006 年	2007 年	2008 年	2009 年	2010 年	2011 年	2012 年	2013 年	2014 年	2015 年
合并后 EBITDA				860.8	860.0	877.2	914.9	956.9	992.4	1 029.3	1 067.6	1 107.2	1 148.4
净资本开支				217.5	209.1	208.1	214.8	222.8	231.1	239.7	248.6	257.8	267.4
EBITDA－资本开支				64.3	650.9	669.1	700.1	734.1	761.3	789.6	819.0	849.4	881.0
营运资本增减				(0.1)	1.3	(0.3)	(2.0)	(2.3)	(2.2)	(2.2)	(2.3)	(2.4)	(2.5)
其他非流动资产增减				0.0	0.0	0.0	0.0	0.0	0.0	0.0	0.0	0.0	0.0
其他非流动负债增减				0.0	0.0	0.0	0.0	0.0	0.0	0.0	0.0	0.0	0.0
现金税负				(4.3)	(18.9)	(33.0)	(48.0)	(64.4)	(79.1)	(95.4)	(111.3)	(129.7)	(151.5)
资产负债表上超过最低余额的现金				0.0	0.0	0.0	0.0	0.0	0.0	0.0	0.0	0.0	0.0
其他来源 / 用途现金				(4.4)	(17.6)	(33.3)	(50.0)	(66.7)	(81.3)	(97.7)	(113.6)	(132.1)	(154.0)
出售商店的税后收入				217.7	185.8	0.0	0.0	0.0	0.0	0.0	0.0	0.0	0.0
可偿债现金流				856.6	819.1	635.8	650.1	667.4	680.1	691.9	705.3	717.3	727.0
利息费用合计				549.2	530.5	517.5	509.0	498.3	485.6	468.9	448.2	421.4	385.5
资产负债表上现金利息收入				40.5	46.8	53.0	59.2	65.5	71.7	77.9	77.9	77.9	77.9
债务摊销及偿付可用现金				347.9	335.4	171.3	200.4	234.5	266.2	301.0	335.1	373.9	419.4
原有负债偿还				(347.9)	(335.4)	(171.3)	(200.4)	(234.5)	(266.2)	(301.0)	(335.1)	(120.3)	0.0
优先级担保贷款偿还				0.0	0.0	0.0	0.0	0.0	0.0	0.0	0.0	(253.6)	(419.4)
剩余现金				0.0	0.0	0.0	0.0	0.0	0.0	0.0	0.0	0.0	0.0
资产负债表所需最少现金				1 247.0	1 247.0	1 247.0	1 247.0	1 247.0	1 247.0	1 247.0	1 247.0	1 247.0	1 247.0
资产负债表上期末现金				1 247.0	1 247.0	1 247.0	1 247.0	1 247.0	1 247.0	1 247.0	1 247.0	1 247.0	1 247.0
信用指标													
总负债 / EBITDA			8.61x	7.39x	7.01x	6.68x	6.17x	5.67x	5.20x	4.72x	4.23x	3.74x	3.25x
净负债 / EBITDA			7.01x	5.94x	5.56x	5.26x	4.82x	4.36x	3.94x	3.51x	3.07x	2.62x	2.16x
EBITDA－利息费用				1.57x	1.62x	1.69x	1.80x	1.92x	2.04x	2.20x	2.38x	2.63x	2.98x
（EBITDA－资本开支）/ 利息费用				1.17x	1.23x	1.29x	1.38x	1.47x	1.57x	1.68x	1.83x	2.02x	2.29x
亏损税务结转													
期初				0.0	0.0	0.0	0.0	0.0	0.0	0.0	0.0	0.0	0.0
期间				0.0	0.0	0.0	0.0	0.0	0.0	0.0	0.0	0.0	0.0
使用税收抵扣				0.0	0.0	0.0	0.0	0.0	0.0	0.0	0.0	0.0	0.0
期末				0.0	0.0	0.0	0.0	0.0	0.0	0.0	0.0	0.0	0.0

玩具反斗城的预测现金流量表显示，2006 年，3.479 亿美元的可用现金将会用于偿还收购时所承担的部分债务。[⊖]偿还这笔债务将会使总的债务由 2005 年的 67.12 亿美元下降到 2006 年的 63.64 美元（见表 17-14）。经过 2010 年偿债之后，总债务还会持续下降到 54.23 亿美元（净债务额为 41.76 亿美元）。杠杆收购模型通常假定所有超额现金都会用来偿还债务。这是因为金融发起人认为这是超额现金最好的使用方式。然而，如果存在令人信服的投资机会，或者金融发起人希望公司支付大量的股息，那么这笔现金就可能会被转变用途，除非银行贷款合同中有禁止支付股息或最小化股息支付额度及其他大型现金支付的规定（银行贷款通常会这样做）。

表 17-14　收益总结　　（单位：100 万美元）

	实际数据	预测数据					CAGR
	2005 年	2006 年	2007 年	2008 年	2009 年	2010 年	2005～2010 年
合并后 EBITDA	780.0	860.8	860.0	877.2	914.9	956.9	4.2%
增长率	20.4%	10.4%	–0.1%	2.0%	4.3%	4.6%	
利润率	7.0%	7.9%	8.2%	8.4%	8.5%	8.6%	
资本开支		217.5	209.1	208.1	214.8	222.8	
利息费用合计		549.2	530.5	517.5	509.0	498.3	
负债合计	6 712	6 364	6 029	5 857	5 657	5 423	
现金及现金等价物	1 247	1 247	1 247	1 247	1 247	1 247	
净负债	5 465	5 117	4 782	4 610	4 410	4 176	
总负债 / EBITDA	8.61x	7.39x	7.01x	6.68x	6.18x	5.67x	
净负债 / EBITDA	7.01x	5.94x	5.56x	5.26x	4.82x	4.36x	
EBITDA/ 利息费用		1.57x	1.62x	1.69x	1.80x	1.92x	
（EBITDA – 资本开支）/ 利息费用		1.17x	1.23x	1.29x	1.38x	1.47x	

收益（包括发起人费用）

EBITDA 乘数	投资收益率（%）	利润	含费用的投资回收率（%）	含费用的利润
7.00x	13.0%	1 100.4	14.5%	1 181.4
7.50x	16.8%	1 531.0	18.4%	1 612.0
8.00x	20.2%	1961.6	21.8%	2 042.6
8.50x	23.2%	2 392.2	24.8%	2 473.2
9.00x	26.0%	2 822.8	27.6%	2 903.8
9.50x	28.5%	3 253.4	30.2%	3 334.4
10.00x	30.8%	3 684.0	32.5%	3 765.0

17.4.5　计算信用比率

杠杆收购交易中的债权人因例如玩具反斗城这种高度杠杆化公司所处的头寸暴露而承担相当大的风险。所以，他们需要严格控制公司总的债务额度与可用于支付债务利息的现金流。在借款时，债权人会考虑两种不同的债务比率：杠杆率与偿付率。

⊖ 有时，会用一个预计的现金流区间代替，因为随着预计时间的拉长，精确地预测未来的现金流会越来越困难。一个多变的预计现金流反映出多种内部收益率结果和资产负债表新增债务的风险性。——译者注

杠杆率根据目标公司的 EBITDA 确定可承担总负债额与净负债额的上限。在玩具反斗城的案例中，并购完成后，2005 年总负债与 EBITDA 的比率为 8.61，净负债与 EBITDA 的比率为 7.01。由于不断地偿还债务，这两种比率预计在逐年下降，到 2010 年时，已经分别降至 5.67 与 4.36。

偿付率要求公司每年产生的现金流要超过每年应支付的利息。例如，EBITDA 必须超出任何一年需支付利息的一定比例。在玩具反斗城的案例中，2006 年 EBITDA / 利息费用为 1.57，（EBITDA－资本开支）/ 利息费用为 1.17。通过不断偿还债务，这两个比率预计在逐年提升，到 2010 年，前者已达到 1.92，后者为 1.47。

17.4.6 计算退出时权益价值、内部收益率和投资倍数

为了计算退出时的预计权益价值、内部收益率和投资倍数，首先必须计算退出年份的 EBITDA（玩具反斗城案例中退出年份为 2010 年，见表 17-15），然后用 EBITDA 乘以一系列的 EV / EBITDA 倍数，由此就可以推算出预期的企业的价值。企业价值确定之后，就可以减去债务价值并加上现金来计算退出时的权益价值。更进一步说，有时需确定非投资者（如管理层）持有的股票期权价值，并通过减去这部分价值得到投资者持有的权益价值。

在预测退出对于投资者的权益价值所采用的最佳倍数时，主要取决于在退出时预计的买方是谁（首次公开发行出售、并购出售给战略投资者或另一个金融发起人）以及在最初收购日对投资估值所采用的倍数。通常来说，投资者会在进入与退出投资时使用相同的倍数，但这也取决于投资时的具体情况以及外部环境。

在确定了一系列的权益价值后，基于投资的预期持有年限、从分析得出的资产进入与退出的权益价值，就可以计算出投资的内部收益率了。内部收益率是使得未来现金流（包括出售时的权益价值）现值与当前权益投资成本相等的贴现率。内部收益率可在绝大多数的金融计算器上计算得到，当然，要给定以下变量：投资期（n）、初始投资（PV）、退出权益价值（FV）。在玩具反斗城的案例中，投资期为 5 年，初始投资为 13 亿美元（不含费用），假设退出权益价值 FV 为 9.0 倍，即 41.2 亿美元。假设期间没有股息派发，由此计算出内部收益率为 26%。

表 17-15 收益汇总 （单位：100 万美元）

		退出倍数	企业价值	减去负债	加上现金	净负债	权益价值	管理层期权价值	发起人净权益价值
投资退出时	2010	7.00x	6 698.3	(5 422.6)	1 247.0	(4 175.6)	2 522.7	122.3	2 400.4
预测 EBITDA	956.9	7.50x	7 176.7	(5 422.6)	1 247.0	(4 175.6)	3 001.1	170.1	2 831.0
		8.00x	7 655.1	(5 422.6)	1 247.0	(4 175.6)	3 479.6	218.0	3 261.6
		8.50x	8 133.6	(5 422.6)	1 247.0	(4 175.6)	3 958.0	265.8	3 692.2
		9.00x	8 612.0	(5 422.6)	1 247.0	(4 175.6)	4 436.5	313.6	4 122.8
		9.50x	9 090.5	(5 423.6)	1 247.0	(4 175.6)	4 914.9	361.5	4 553.4
		10.00x	9 568.9	(5422.6)	1 247.0	(4 175.6)	5 393.4	409.3	4 984.0

（续）

	退出倍数	企业价值	减去负债	加上现金	净负债	权益价值	管理层期权价值	发起人净权益价值
发起人收益								
	2005 年	2006 年	2007 年	2008 年	2009 年	2010 年	投资收益率（%）	利润
7.00x	(1 300.0)	0.0	0.0	0.0	0.0	2 400.4	13.0%	1 100.4
7.50x	(1 300.0)	0.0	0.0	0.0	0.0	2 831.0	16.8%	1 531.0
8.00x	(1 300.0)	0.0	0.0	0.0	0.0	3 261.6	20.2%	1 961.6
8.50x	(1 300.0)	0.0	0.0	0.0	0.0	3 692.2	23.2%	2 392.2
9.00x	(1 300.0)	0.0	0.0	0.0	0.0	4 122.8	26.0%	2 822.8
9.50x	(1 300.0)	0.0	0.0	0.0	0.0	4 553.4	28.5%	3 253.4
10.00x	(1 300.0)	0.0	0.0	0.0	0.0	4 984.0	30.8%	3 684.0
发起人收益（包含初始费用）								
	2005 年	2006 年	2007 年	2008 年	2009 年	2010 年	含费用的投资收益率（%）	含费用的利润
7.00x	(1 219.0)	0.0	0.0	0.0	0.0	2 400.4	14.5%	1 181.4
7.50x	(1 219.0)	0.0	0.0	0.0	0.0	2 831.0	18.4%	1 612.0
8.00x	(1 219.0)	0.0	0.0	0.0	0.0	3 261.6	21.8%	2 042.6
8.50x	(1 219.0)	0.0	0.0	0.0	0.0	3 692.2	24.8%	2 473.2
9.00x	(1 219.0)	0.0	0.0	0.0	0.0	4 122.8	27.6%	2 903.8
9.50x	(1 219.0)	0.0	0.0	0.0	0.0	4 553.4	30.2%	3 334.4
10.00x	(1 219.0)	0.0	0.0	0.0	0.0	4 984.0	32.5%	3 765.0

在表 17-15 中，KKR 在 2005 年的初始投入权益为 13 亿美元，假设投资期为 5 年，到 2010 年退出时，投资者持有的权益价值可能在 24 亿～50 亿美元之间，具体数值取决于使用的 EV / EBITDA 倍数的值。由于 2005 年该倍数（不含费用）为 9.4，所以可以合理地假设退出时倍数在 9.0～9.5 之间，由此可以推测 KKR 在玩具反斗城收购项目中的内部收益率位于 26%～28.5% 之间。如果包括费用的话，收益率区间可能将是 26.7%～30.2%。

如果倍数取值为 9.0 的话，那么预期的权益投资退出价值将会达到 41.2 亿美元，相对于初始投资额 13 亿美元多出 28.2 亿美元利润（不包括初始费用）。因此，预期的投资倍数（退出权益价值 / 进入权益价值）为 41.2 美元 / 13 亿美元＝3.17。

17.5 次贷危机后的杠杆收购

虽然 KKR 发起玩具反斗城杠杆收购时预期的内部收益率是 26% 或者更高，并且预期的投资倍数是 3.17 倍或者更高，但是这一交易一定伴随着相当大的风险。因而，KKR 在假定信贷、房地产及零售市场等状况恶化的情况下，进行了一系列的“压力测试”。在风险调整后的分析基础上，KKR 或许会下调预期的投资收益率。事实上，在后次贷危机的环境下，大部分金融发起人的投资收益都显著下降。这一切之所以发生，是因为债权人此刻不愿意为杠杆收购交易提供以往那样足够的杠杆，这显著地增加了杠杆收购的成本。由于可用的杠杆率较低，金融发起人不得不增加权益投资的比重，从而降低收益率。此外，2006～2008 年，来自投资者的新私募股权投资基金的资金大量涌入，因此对收购目标的竞争也更加激烈，也导致了投资收益的下降。从 2009 年开始，许多投资者可接受的内部收益率基本上低于 25%，有时会低至 10%～15%，而其他一些金融发起人决定从非传统的投资渠道寻求收益。

2010 年，KKR 让反斗城申请了 IPO 注册，意图上市，但是在当年这次上市被延迟了，2011 年和 2012 年也是如此，直到 2013 年反斗城正式撤回申请。每一年，反斗城都以市场环境不佳作为不上市的理由，因而在 KKR 及其伙伴收购反斗城十年之后，投资团队仍然没有退出途径。

第 18 章　私募股权对公司的影响

本章内容可以与以下案例互为参考："博龙和美国汽车工业"。

18.1　私募股权所有公司：管理实践与效率

2007 年年中开始的信贷危机在很大程度上放缓了私募股权投资的收购势头。在债务融资渠道被限制之后，私募股权的所有权模式受到越来越多的审查。随之而来，越来越多的人开始审视和质疑这类资产是否可以在没有"财务工程"（财务工程的解释参见 18.5 私募股权投资的增值服务）支撑的情况下持续创造价值。

对于这个问题，世界经济论坛出版的《2009 年私募股权的经济影响报告》指出：私募股权所有公司通常在管理上优于其他企业形式，包括国有企业、家族企业、私人企业，即使在控制了国家、行业、规模和员工技能等特征之后也是如此。这是因为私募股权投资机构控制的公司很少有管理水平差的，然而其他公司则包括了管理水平非常差的尾部公司。

尽管私募股权所有公司与股权分散公司的管理水平比较的结果在统计上并不显著，但私募股权投资公司在管理实务得分上仍略高。私募股权所有公司的管理层灵活地采取以业绩为导向的用工、裁员、薪酬及晋升激励政策。这些公司拥有一套严格的、兼顾短期及长期经营目标的业绩考核评估指标。此类指标很容易被员工所理解，并且与公司的业绩紧密联系。私募股权所有公司同时非常擅长运营管理实践，如采用精益管理、注重企业的持续改善以及实施全面的绩效文档处理流程。

世界经济论坛发表的报告同时指出，私募股权所投公司相比其他所有权结构的公司更加高效。2010 版世界经济论坛关于私募股权经济影响的报告中一项重要的发现是：私募股权所有结构对就业的影响十分有限。尽管在收购完成后，这些公司往往会立即大幅裁员，但在接下来的 3 年里公司会重新提供许多工作机会。此外，在工作效率和员工薪酬方面，私募股权所投公司与其他所有权形式的公司相比更有优势。专栏 18-1 概括了世界经济论坛报告中的上述重要发现。

专栏 18-1　私募股权投资及目标公司效率调查：摘自"2010 年私募股权投资全球经济影响报告"

这一证据既不支持大范围摧毁就业的观点，也不支持国内就业大幅增加的论点。研究表明，在交易之后，在私募投资标的公司的就业情况变得更糟糕。但与此同时，私募投资标的创造了更多的新兴就业机会，而不是控制方创造就业。私募股权还加快了收购和剥离的步伐。这些关于私募股权对就业影响的结果符合私募股权是实现经济变革和最终增长的催化剂的观点。

被私募股权投资集团收购的公司在交易完成后的2年内效率平均提高了2个百分点。约72%的业绩超出部分反映出了目标公司对现有业务进行了非常有效的管理，包括在目标公司之间快速重新分配资源。另外，私募股权所收购的公司在被收购后，效率要比同行高。目标公司和控制方的效率提高所产生的收益会以高工资的形式被员工分享。

无论是使用总产量、增加值还是就业情况来衡量，私募股权基金活跃参与的行业的增长速度都超过其他行业，并且在行业周期中也不见得更不稳定。在某些情况下，私募股权活动的行业波动性甚至还更小（通过就业情况证明了这一点）。

资料来源："The Globalization of Alternative Investments Working Papers Volume 3: The Global Economic Impact of Private Equity Report 2010." World Economic Forum, December 2009.

总而言之，世界经济论坛得出结论：私募股权投资机构不仅为目标公司提供了财务工程以外的增值服务，还使其在一系列的管理实践中都表现得很好，而且在收购完成后的两年内，目标公司成长得更快。此外，研究还表明与非私募股权所投公司相比，私募股权所投公司更愿意以高工资的形式与员工分享效率提高所带来的收益。

18.2 私募股权所投公司失败案例

除了支持私募股权所有权模式的有利报告外，还存在一些值得注意的失败案例。

18.2.1 夏威夷电信

夏威夷电信（Hawaiian Telecom Communications，HTC，是当时夏威夷最大的电话运营商）于2008年12月向法院申请破产保护。凯雷集团2005年从威瑞森通讯公司手中以16亿美元的价格收购了HTC，其中4.25亿美元为权益资本，余下部分为债务融资。不幸的是，凯雷集团从开始便面临着许多困难，州政府的行业监管者推迟了收购的完成，并且公司在建设新的后台系统期间，客户账单以及客户服务问题一直困扰着公司。这导致很多客户放弃了HTC的有线及无线服务，公司的营业收入大幅下降，亏损严重。截至2008年2月，HTC已经连续3个季度亏损，迫使凯雷集团雇用企业重整专家代替原来的CEO迈克尔·鲁莱作为过渡时期的CEO。2008年5月，凯雷集团又换了另一位新的CEO。7个月以后，HTC最终还是向法院申请了破产保护。

18.2.2 华盛顿互惠银行

2008年4月，由得克萨斯太平洋集团（TPG）牵头的财团以70亿美元的价格收购了华盛顿互惠银行（Washington Mutual, Inc.，WaMu）。2008年9月，WaMu作为美国最大储蓄和贷款机构被美国联邦存款保险公司（FDIC）接管。随后，在宣布WaMu公司的权益和债务索赔无效之后，FDIC将WaMu的银行业务以19亿美元的价格出售给了摩根大通。控股公司（不包括银行业务）随后按照联邦破产法第十一章向法院申请了破产保护。TPG共向WaMu投入了13.5亿美元，TPG的亏损分散在TPG的三个投资基金中：管理资产额150亿美元的 TPG 五号基金损失 4.75 亿美元，管理资产额 200 亿美元的 TPG 六号基金损失 4.75 亿美元，管理资产额 60 亿美元的 TPG 金融合伙基金损失 4 亿美元。

18.2.3 其他值得关注的失败案例

得州能源和哈拉斯娱乐公司是 2007 年年末完成的两笔非常大的杠杆收购交易，利用了大量的债务。这两家公司都在多年的亏损之后于 2014 年寻求破产保护，导致信贷无法获得偿付。有关这两次失败交易和其他问题交易的更详细资料，请参阅本章“2006～2007 年私募股权投资收购的组合公司”这一小节。

18.3 失败的私募股权投资收购协议

18.3.1 加拿大贝尔

安大略教师养老金计划、普罗维登斯资本、Madison Dearborn Partners 投资以及美林全球私募股权投资组成的联合财团签署协议宣布收购加拿大最大的移动电话运营商加拿大贝尔公司（BCE），但是在协议签署的 18 个月后联合财团放弃了这项收购。按最初高达 410 亿美元的估值，这起收购案原本是有机会成为史上（在交易宣布那一刻）最大的由私募股权投资主导的收购案的。此次收购交易的完成条件之一是相关审计机构出具企业偿债能力报告。收购方放弃交易的原因是毕马威的审计师认为此次交易可能导致 BCE 无法偿还债务，因此免除了四个收购方履行其完成交易的义务。收购方表示此次交易失败是由 BCE 的偿债能力导致，因此他们不会向 BCE 支付 12 亿美元的交易终止费。由于股权收购方放弃了本次收购，花旗集团、德意志银行、苏格兰皇家银行以及多伦多道明银行也表示将不会向 BCE 提供原计划总额为 340 亿美元的债务融资。据预测，考虑到信贷市场的不佳状况，如果上述银行按原协议向 BCE 提供债务融资，在理论上可能会遭受高达 120 亿美元的损失。

此次交易失败中损失最大的是 BCE 的股东。他们曾期望收购方以每股 34 美元的价格购买他们手中的股票。2008 年 12 月交易宣告失败后，BCE 的股价暴跌至每股 18.29 美元，给股东造成的损失总额约 126 亿美元。

18.3.2 亨斯迈公司

2008 年 12 月 15 日，在达成初步协议 18 个月后，化学品制造和经销商亨斯迈公司（Huntsman Corporation）宣布终止和阿波罗旗下瀚森特殊化工公司（Hexion Specialty Chemicals）之间总值 65 亿美元的并购协议。亨斯迈公司曾起诉瀚森公司和阿波罗试图迫使对方继续完成此宗杠杆收购，但因高达 10 亿美元的和解协议，亨斯迈公司选择了撤诉。需向亨斯迈公司支付的 10 亿美元将由阿波罗、瑞信和德意志银行（瑞信和德意志银行最初承诺为此次收购提供债务融资）共同承担，其中阿波罗支付 4.25 亿美元交易终止费及附加认购 2.5 亿美元亨斯迈公司发行的 10 年期可转换商业票据；瑞信和德意志银行支付 3.25 亿美元交易终止费。

除了向瑞信和德意志银行要求交易终止费外，亨斯迈公司还继续向银行要求赔偿。亨斯迈公司宣称银行与阿波罗合谋蓄意破坏他们先前与巴塞尔工业公司（Basell）签订的并购协议。此次纠纷最终于 2009 年 6 月达成庭外和解。

亨斯迈公司原本与欧洲大型化工企业巴塞尔工业公司达成协议，以每股 25.25 美元的价格出售股份，但阿波罗提供的每股 28 美元的收购报价及已与银行达成的收购融资承诺改变了亨斯迈先前的并购计划进程。

当与阿波罗和瀚森公司的杠杆收购失败后，亨斯迈公司的股价已经跌至每股 10 美元，这给亨斯迈公司的股东造成了 36 亿美元损失。第 16 章中的专栏 16-5 给出了更完整的介绍。

18.4 2006～2007 年私募股权投资收购的组合公司

表 18-1 中列出了 2006～2007 年交易金额较大的私募股权投资收购交易。在 2008～2009 年，所有这些公司的估值都大大低于其收购原值。估值下降的数据来自于上市的私募股权投资机构贝莱德集团。贝莱德集团发布的 2008 年第三季报显示其第三季度损失 4.152 亿美元，全年损失 11.6 亿美元。2008 年第四季度，继上一季度将所持有公司估值下调 7% 后，贝莱德集团又将其持有公司的估值平均下调了 20%。组合公司估值下调使得贝莱德集团在 2007 年 6 月首次公开发行后的 20 个月内的收盘价比首次公开发行的价格下跌了 88%。

表 18-1 中概述了几个大型私募股权交易。

表 18-1 2006～2007 年大型私募股权投资交易

目标公司	收购方	交易金额（单位：100 万美元）
得州能源	花旗集团、高盛资本、KKR、雷曼兄弟 PE、摩根士丹利 PE、TPG	44.2
办公物业投资依托公司	贝莱德集团	39.0
美国医院公司	贝恩资本、KKR、美林 PE	33.5
美国第一资讯	KKR	30.8
Alltel 公司	高盛、TPG	27.8
清晰频道通讯公司	贝恩、托马斯 - 李	26.8
希尔顿酒店	贝莱德集团	26.5
哈拉斯娱乐公司	阿波罗、TPG	25.6
金德摩根	高盛资本、凯雷集团、Riverstone	21.6
艾伯森	SuperValu、CVS、博龙	17.1
飞思卡尔半导体公司	贝莱德集团、凯雷集团、珀米拉、TPG	16.6
Intelsat 公司	BC Partners	15.9
环球传媒	麦迪逊 - 迪尔伯恩、普罗维登斯、TPG、托马斯 - 李	13.9
VNU NV	贝莱德集团、凯雷集团、KKR、托马斯 - 李、H & F、阿尔法	11.5
飞利浦半导体公司	KKR、银湖、阿尔法	11.2
巴奥米特	贝莱德集团、高盛资本、KKR、TPG	10.9
家得宝	贝恩资本、CD & R、凯雷集团	10.3
总交易金额		383.2

资料来源：Thomson Financial.

18.4.1 得州能源

得州能源（TXU）通过旗下 41 家发电厂为得克萨斯州的 230 万个客户提供电力及相关服务。这笔总值 440 亿美元的收购交易在 2007 年 2 月 26 日获得官方宣布，并于同年 10 月 10 日完成交易。收购财团的牵头收购方由 KKR、TPG、高盛、雷曼兄弟、花旗集团和摩根士丹利组成联合投资方。交易公布时正值高峰而锁定了杠杆融资，但是付款时信贷市场却已开始渐冻。参与收购的几大投资银行以赔偿 10 亿美元交易终止费的代价取消原先的债务融资承诺，但仍然同意融资，理论的或实际的债务承销损失达到 9 亿美元。图 18-1、图 18-2 和表 18-2 简述了整个交易的过程。收购完成后 TXU 更名为未来能源控股公司（简称“EFH”）。EFH 在 2008 年第四季度亏损高达 88.6 亿美元，这导致 KKR 持有的 EFH 股份市值下跌了 30%。因盈利情况较差，EFH 在 2008 年被迫关闭了在得克萨斯州的 15 座发电厂（占其总发电量的 22%）。尽管存在这些困难并背负着 380 亿美元的债务，KKR 和 TPG 仍坚称对 EFH 的投资是正确的，并相信 EFH 能够度过未来长期的低迷时期。此时，2009 年 3 月，EFH 的债权人却并不那么乐观，因为 EFH 的优先级担保债券的交易价格 1 美元只有 60 美分，而 EFH 高收益债券的交易价格 1 美元只有 48 美分。EFH 的风险暴露对于 KKR 而言，构成了 KKR 最大一笔固定收益投资头寸。

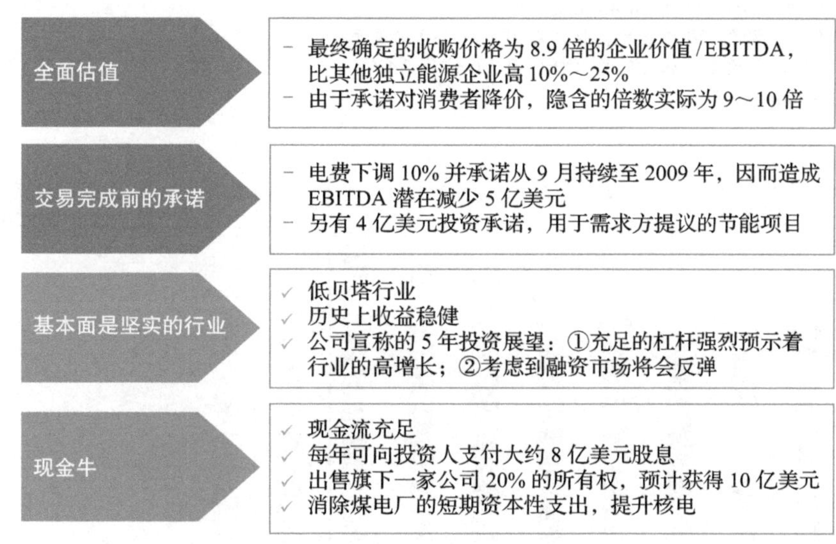

图 18-1 TXU：投资情况摘要

资料来源：Deal data based on press reports.

表 18-2 TXU：资金来源和用途 / 完成 （单位：100 万美元）

资本结构							
资金来源	金额	占资本比例（%）	息税折旧摊销前利润①	利率	期限（年）	资金用途	金额
循环贷款（27 亿美元）	0	0.0%	0.00x	L+3.50%	6	购买得州能源权益	32 105
信用证（11.25 亿美元）	0	0.0%	0.00x	3.50%	6	承担的原有债务	8 000
定期贷款	16 450	36.1%	3.20x	L+3.50%	6	原有债务再融资	4 000

（续）

资本结构							
资金来源	金额	占资本比例（%）	息税折旧摊销前利润[①]	利率	期限（年）	资金用途	金额
延期提款定期贷款（41 亿美元）	2 150	4.7%	0.42x	L+3.50%	7	交易费用和开销	1 500
优先级担保债务	**18 600**	**40.8%**	**3.62x**				
新增优先级无担保过桥 / 高收益票据	11 250	24.7%	2.19x	10.25～11.25%	8～10		
原有优先级无担保票据	2 978	6.5%	0.58x	多种利率	多种利率		
污染控制 / 其他控制债券	5 022	11.0%	0.98x	多种期限	多种期限		
优先级无担保债务合计	**19 250**	**42.2%**	**3.74x**				
KKR 权益	2 500	5.5%	0.49x				
TPG 权益	2 500	5.5%	0.49x				
GS / Leman / CITL / MS 权益	2 755	6.0%	0.54x				
总现金权益	7 755	17.0%	1.51x				
总资金来源	**45 605**	**100.0%**	**8.86x**			**总资金使用**	**45 605**

① 2007 年估计：EBITDA 为 51.45 亿美元。
- 收购前债务总额为 120 亿美元，收购后则变成 380 亿美元；
- 大量优先级担保债务，相对的总杠杆率为 3.6 倍和 7.4 倍。

资料来源：Company filings.

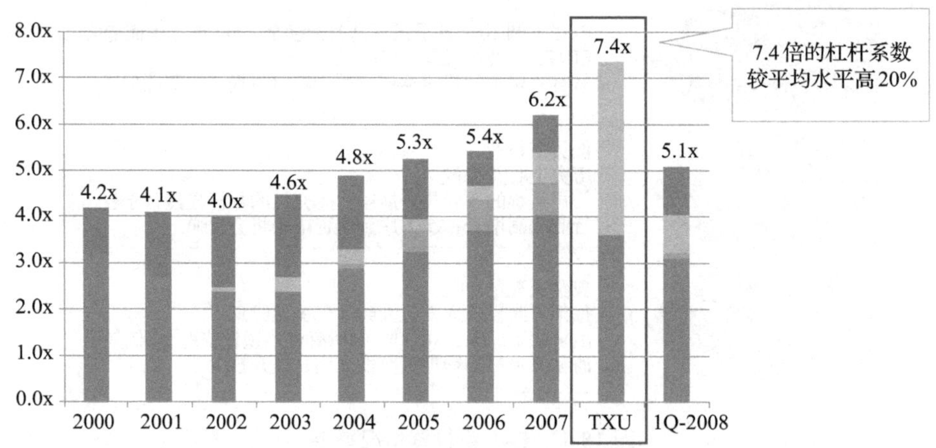

图 18-2 TXU：大型公司杠杆收购贷款平均债务倍数

资料来源：S&P's Leveraged Lending Review.

18.4.2 得州能源案例事后分析

得州能源（TXU）在 2014 年申请破产保护，造成了历史上最大的私募股权基金投资组合公司破产。在 2007 年，KKR、TPG 和高盛以 320 亿美元收购了这家公司，并承担了约 130 亿美元的债务。在破产之前，这些公司几乎已经全部冲销了其最初投资的 80 亿美元。

其他公司，包括阿波罗全球管理公司和贝莱德集团，在破产前买入了大量该公司的贴现债务，希望在破产期间获利。私募股权收购方之所以对得州能源感兴趣，是因为它是快速增长的电力市场中最大的公用事业公司，也是得克萨斯州唯一一家由于该州对电力行业放松监管而尚未破产的公用事业公司。投资者认为天然气价格将会上涨，得克萨斯州的电价与天然气价格挂钩。由于得州能源的大部分电力都是用成本较低的煤，还有核电厂使用的铀，因此只要天然气价格上涨，它们就能从中获益。但事与愿违，因为水压页岩的增加，天然气价格暴跌，从而带动电价降低。多年来，得州能源一直在谈判延长偿债期限，希望天然气价格能够反弹。但在 2014 年最后一个季度，随着大量债务即将到期，这家改名为“未来能源”的公司，现金告罄了。债券持有人因未来能源公司的 17 亿美元欠款而控制了重组后的公司。

18.4.3　办公物业投资信托公司

2007 年 2 月，390 亿美元的办公物业投资信托公司（Equity Office Properties，EOP）交易达成时，收购方还可以利用当时前所未有的债务融资环境为杠杆收购募集资金（见图 18-3）。EOP 公司（由萨姆·塞尔控制）曾是全美最大的写字楼地产上市公司的所有人及管理者，旗下共掌管 580 幢商业物业，号称总面积超过 1 亿平方英尺[⊖]。贝莱德集团的房地产部门在与竞争对手沃那多房地产信托公司持续 1 个月的竞购中胜出（见图 18-4 和表 18-3）。在完成交易后的 3 个星期内，贝莱德集团共出售 EOP 旗下总值 206 亿美元的房产，使净资产剩下为 190 亿美元。表 18-4 及表 18-5 为此次交易的融资及估值概况。

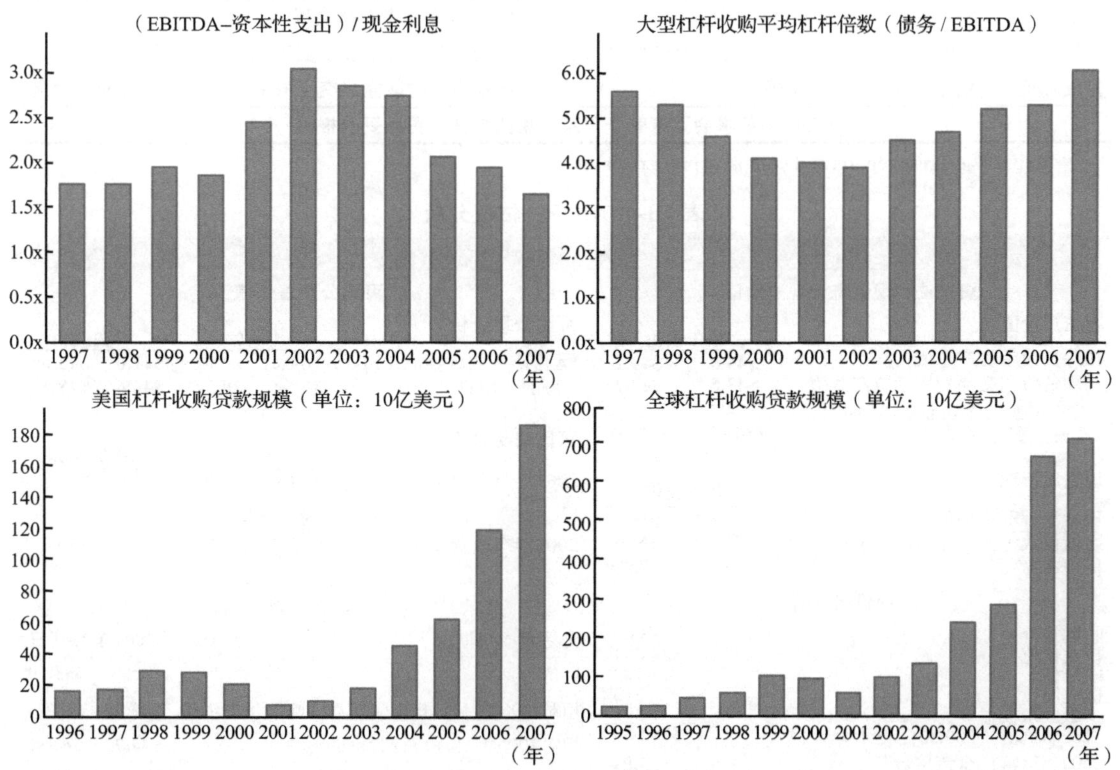

图 18-3　EOP：交易前的市场环境

资料来源：S&P's Leveraged Lending Review.

⊖　1 平方英尺＝0.092 9 平方米。

- 2006年全年，EOP就潜在的出售与多方接触
- 2006年11月，EOP接受贝莱德集团每股48.5美元全现金的报价，交易终止费为2亿美元。在交易完成前发生了以下事件：

事件时间轴：2007年1月17日～2007年2月5日

1月17日	1月25日	1月31日
沃那多、喜达屋资本及沃顿街组成的财团出价每股52美元，40%股票，60%现金	贝莱德集团将其全现金报价提高至每股54美元，交易终止费提高至5亿美元。EOP董事会再次确认支持	沃那多将报价升至每股56美元，45%股票，55%现金

2月4日	2月5日
沃那多修改报价，增加了预付55%现金的条件	贝莱德集团提高报价至每股55.5美元，交易终止费提高至7.2亿美元。EOP董事会再次确认支持

图 18-4 EOP：投标竞价战的展开过程

资料来源：Press reports and company press releases.

表 18-3 EOP：为什么贝莱德集团的报价更受青睐

在2月7日，沃那多退出竞购，EOP的股东一致同意贝莱德集团每股55.5美元的报价，此价格较3个月前提高了37.8%。

收购报价比较			
	贝莱德集团	沃那多财团	关键点
价格 / 股	55.5 美元	56.00 美元	EOP 董事会更青睐全现金交易
交易方式	100% 现金	55% 现金，45% 沃那多股票	使用股票支付增加了复杂性和估值风险
完成时间	立即完成交易	不确定	沃那多何时能完成交易取决于股东何时批准发股票
EOP 的董事会更青睐于贝莱德集团更快、更稳妥的报价			

资料来源：Press reports and company press releases.

表 18-4 EOP：估值分析

估　值

资产法和现金流折现法估值

净资产价值	潜在股价	
扣除负债后资产总值	**$45.6**	**$49.1**
扣除负债和交易费用后资产总值	**$43.8**	**$47.2**
2007年账面资本回报率	5.4%	5.7%
每平方英尺价值	$349.0	$367.0

现金流折现	潜在股价	
现金流折现法估值	**$41.3**	**$46.1**
终值倍数（2011年EBITDA）	17.5x	18.5x
折现率	7.25%	7.75%

可比公司法估值

可比公司分析	倍数		潜在股价	
运营产生的现金流（FFo）	18.0x	20.0x	**$41.0**	**$45.6**
2007年EBITDA	17.5x	18.5x	**$44.6**	**$48.4**

可比交易分析	倍数		潜在股价	
2007年EBITDA	18.0x	19.0x	$46.0	$49.8
	资本回报率			
2007年净运营收入	5.25%	5.75%	$44.4	$50.8

交易价格分析

收购报价	$55.5
权益价值	**$24 631**
净负债	12 743
优先股	213
少数股东权益	1 396
总交易价值（389.83亿美元）	**$38 983**
2007年运营现金流倍数①	**23.8x**
2007年EBITDA倍数②	**20.2x**

① 基于截至2007年2月5日第一轮一致估计的2.33美元。
② 基于《华尔街研究》。

交易溢价

交易完成日期		**2007年2月9日**
报价		**$55.50**
相对2006年11月1日未受交易影响股价的溢价	**$42.95**	29.2%
相对2006年11月17日股价的溢价	**$44.72**	24.1%
相对过去3个月均价的溢价	**$40.26**	37.9%
相对过去6个月均价的溢价	**$38.24**	45.1%

资料来源：Company filings; analyst reports.

表 18-5　EOP：交易是如何融资的

杠杆收购后EOP的资本结构（单位：10亿美元）				
初　始			资产出售后	
权益 贝莱德	4.3	3星期内出售了206亿美元的资产，公司净资产变为190亿美元	权益 贝莱德	4.3(est.)
过桥贷款 高盛、贝尔斯登、美国银行	3.3		过桥贷款 高盛、贝尔斯登、美国银行	—
承担的债务	2.3		承担的债务	1.2
新增债务	29.7		商业住房抵押贷款支持证券与夹层证券①	13.5(est.)
合计	39.6		合计	19.0

①在 LIBOR 加 100～300 基点的范围内完成。

资料来源：Press reports.

18.4.4　EOP 案例事后分析

贝莱德集团（Blackstone Group）以 390 亿美元收购了 EOP，最终实现了 3 倍以上的回报。当贝莱德集团收购 EOP 时，房地产投资信托基金（REIT）按现金流标准估值并且交易价格比私募市场还有折价。在与沃那多房地产信托公司的竞购战中，在完成收购之前，贝莱德集团就通过谈判达成协议出售 EOP 旗下 500 多处房产中的数百处，从而降低了公司的成本。这样一笔看似非常激进的收购交易，通过在购买前以及之后的 60 天内转售了价值 300 亿美元的房产，从而得到了缓和。在交易完成后不久，房地产市场暴跌，剩下的约 90 亿美元资产被减记为面值的 65% 左右。不过，此时贝莱德的资本结构已经非常有利，确保剩余的房产获得了期限 6 年、没有摊销、浮动利率、没有限制性条款的融资。这使得这笔投资得以留在贝莱德的账簿上，同时等待房地产市场复苏。确实，市场也复苏了，剩余的房产在 2016 年得以出售。

18.4.5　美国医院公司

美国医院公司（Hospital Corporation of American，HCA）是全球最大的医疗保健设施私营运营商。截至交易时，HCA 在美国 21 个州、英国及瑞士拥有 169 家医院和 108 家门诊。此次杠杆收购于 2006 年 7 月对外宣布，于 2006 年 11 月完成，交易总值约 330 亿美元。收购方由贝恩资本、KKR、美林私募股权投资及 HCA 创始人托马斯 F. 弗里斯特及其家族成员组成，弗里斯特家族共提供了 8 亿美元权益资本。图 18-5 概述了交易的估值及资金的来源和用途。HCA 当时的运营情况已十分糟糕，而且股东对公司的股价也十分失望。为了达到一个可接受的内部收益率，收购方提出了一个挑战性的假设，即 HCA 未来的利润不会下降（见专栏 18-2）。专栏 18-3 简述了交易中的融资情况。

溢价及财务倍数	
交易价格每股51美元	
（单位：100万美元，除每股数据外）	
溢价（%）：	
目前股价（2006-07-21，47.87美元）	6.5%
未受影响时股价（2006-07-18，43.29美元）	17.8%
4周前股价	18.1%
10天平均股价	16.5%
30天平均股价	17.4%
60天平均股价	16.9%
过去12个月最高价（52.57美元）	-3.0%
过去12个月最低价（42.13美元）	21.1%
权益价值	21 170
（+）净负债	11 829
企业价值	32 999
倍数：	
企业价值 / 过去12个月EBITDA	7.9x
企业价值 / 2006预测EBITDA	7.7x
企业价值 / 2007预测EBITDA	7.6x
股价 / 2006年预测每股收益	17.2x
股价 / 2007年预测每股收益	17.0x

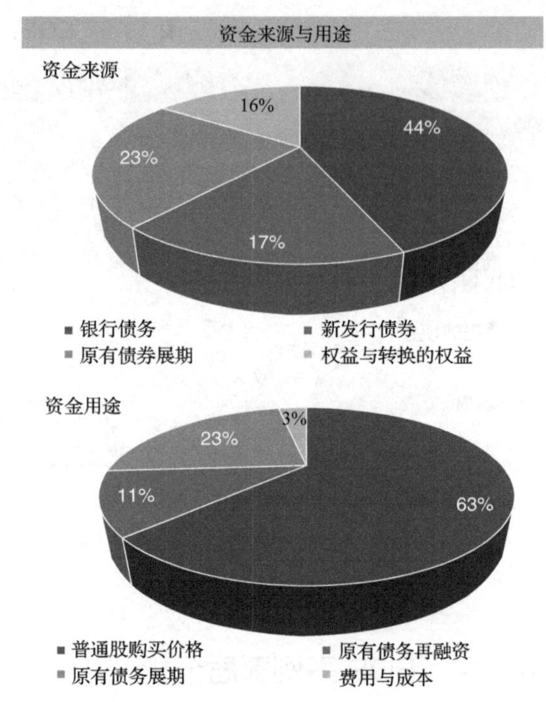

图 18-5 HCA：杠杆收购估值、资金来源与用途

资料来源：Analyst reports.

专栏 18-2 HCA：交易概述

收购方观点

- 目前低迷的行业环境和低估值对于发起人更有行业吸引力。
  - 好的杠杆收购标的：
    - 进入倍数低：7.9 倍过去 12 个月 EBITDA，相对于可比公司的 8.0～9.5 倍 EBITDA。
    - 通过剥离业绩较差资产可以提高公司利润。
    - 通过首次公开发行实现可能的倍数扩张：美国医院公司已有过一次成功的杠杆收购，通过 1993 年的首次公开发行退出，发起人的内部收益率高达 39%。
- 交易竞购的可能性较低。

管理层观点

- 在低迷的行业环境下，管理层的运营更加灵活。
- 为股东创造价值，审视各种替代选择之后发现这是最好的战略选择。
- 通过交易中的股权转换投资可分享公司未来成长带来的潜在收益。

股东观点

- 与收购价格相比，2002 年以来 HCA 的股价表现不尽如人意。
- 考虑到公司的规模及其管理上的困境，收购价格已是最优报价。

风险

- 融资，资本市场需提供 270 亿美元的新增债务融资。
- 如果因债务及竞争等因素导致公司利润下降 1%～2%，那么目标内部收益率将很难实现。
- 相对较低的 18% 溢价较难获得股东的同意。

专栏 18-3　　HCA：债务融资承诺摘要

- 收购方收到了美林、花旗集团、美国银行及摩根大通出具的债务承诺函。
    - 168 亿美元优先级担保贷款，57 亿美元优先级担保第二顺位过桥贷款。
- 融资承诺不受新的银团贷款影响。
- 如交易结束前未能成功发行债券，银行将削减其提供的过桥贷款额度。
    - 过桥贷款支付条件为在融资前至少 20 个工作日递交发行备忘录。
    - HCA 必须全力协助发行方在收到备忘录后至少有 20 个连续工作日的时间发行债券。
- 承诺函与并购协议具有同样的约束力。
    - 造成重大不利影响的定义得到确认，表述与并购协议一致
    - 融资终止时间与并购协议的终止时间一致。
- 权益投资要求达到预计账面资本的 15%。
    - 权益承诺函由收购财团出具（在有限的条件下）。

18.4.6　美国医院公司案例事后分析

2011 年 3 月，美国医院公司完成了历史上规模最大的私募股权投资公司 IPO。尽管分析师警告称，HCA 的巨额债务和围绕美国医疗改革的不确定性会带来长期的风险，但投资者的兴趣还是非常浓厚。该公司以每股 30 美元的价格出售了 1.262 亿股，筹集资金约为 37.9 亿美元。根据 IPO 估值，杠杆收购投资者和弗里斯特家族的 2006 年投资价值增加了两倍。当然，最终的投资回报取决于未来在 IPO 中未售出股票的价格。2010 年，HCA 完成了 43 亿美元的股息资本重组（dividend recapitalization，即通过负债来发放股息），这使得最初的投资者获得了资本回报，几乎收回了初始投资。因此，IPO 回收的资金（原始投资者获得了 10 亿美元）加上未出售股份的市值，构成了 KKR、贝恩资本、美林私募股权投资和弗里斯特家族的巨大回报。与 2006 年其他许多难以预测收入来源的收购不同，HCA 在私有化期间每年的收入增长率为 5%～6%，2010 年除外，这一年增长率放缓至 2.1%。从收购日到 IPO，净利润增长了 17%。HCA 将收入增加归因于成本削减措施和改善患者服务的举措。该公司在收购后出售了一些医院，并在扩大服务范围和信息技术方面进行了大量的投资。该公司从被收购到 IPO，债务负担几乎没有变化。

18.4.7　哈拉斯娱乐公司

哈拉斯是全球最大的品牌赌场管理公司，共掌管 6 个国家的 50 多家赌场。公司在美国运营的赌场品牌有哈拉斯、凯撒及马靴。在击败竞争对手赌场运营商佩恩国际后，阿波罗和 TPG 于 2006 年 10 月宣布以 260 亿美元收购哈拉斯公司，交易在内华达州博彩协会最终裁定批准后于 2008 年 1 月完成。此次交易的债务水平非常高，总债务将达到 10 倍 EBITDA。此外，一部分债务采用实物支付（如果未来公司现金流紧张，这一重要措施可以维持公司运营）。此次交易的收益很大程度上取决于公司运营能力的提升以及资本开支的削减。市场愿意接受如此高杠杆的一个主要原因是创造性地将作为贷款抵押品的哈拉斯的土地与其赌场运营公司分离开了（见专栏 18-4）。杠杆收购中的资金来源及用途见图 18-6。

在 2009 年 2 月，哈拉斯对巨额债务进行了重组以避免公司破产。公司提供了一种债务转换方案：债权人可以将其持有的债券转换成折价并且延长到期时间的新票据。为了完成债务重组，公司必须为新转换的债权人提供优先的偿付保障。债务转换期间，正值美国经济刺

激方案推出新税法，允许哈拉斯推迟缴纳税费。在新税法实施前，通过债务重组来减少本金债务的公司需要按债务减少额缴纳税费，因为债务减少额被视为应税收入。现在，被取消的债务应缴纳的税费可以延迟 5 年后缴纳，并且可以分摊在随后 5 年内缴纳。在此次债务转换中，哈拉斯的贷款以 1 美元转换 68 美分的价格交易，而高收益债券（垃圾债券）的交易价格为 1 美元只转换 6 美分。

专栏 18-4　　哈拉斯：所持房地产

- 哈拉斯在拉斯维加斯及世界各地持有的已开发及未开发土地约 350 英亩。
- 哈拉斯通过房地产发行商业住房抵押贷款支持证券募集了 75 亿美元。
- TPG 和阿波罗将哈拉斯所持土地与其赌场运营分离，使公司整体可以获得更高的杠杆。
- 出售这些未被捆绑的房地产可能成为未来偿还债务的重要现金来源

资料来源：Company filings.

- 哈拉斯在被出售前背负107亿美元债务，是24.3亿美元EBITDA的4.4倍
- 在杠杆收购之后，公司的总债务高达239亿美元，导致新的杠杆倍数（债务 / EBITDA）约是原来的9.8倍

债务（单位：100万美元）	总额	债务 / EBITDA
优先级担保定期贷款	7 250	3.0x
次级担保债务	6 775	2.8
优先级无担保票据	2 651	1.1
优先次级无担保票据	663	0.3
其他有担保借款	6.539	2.7
其他无担保借款	31	0.0
净杠杆	23 908	9.8x

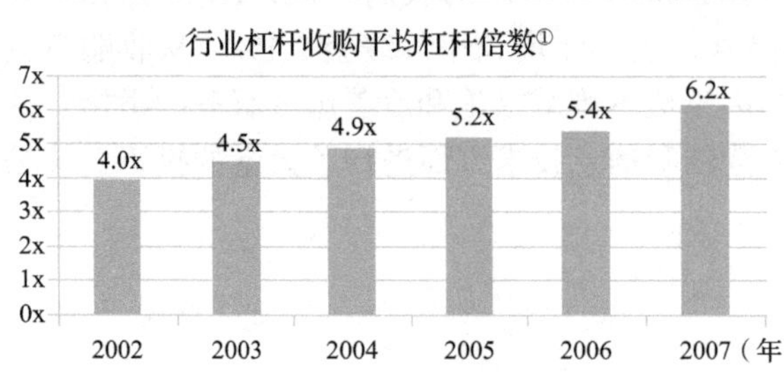

① 目标公司EBITDA超过5 000万美元的交易。

资金来源与用途

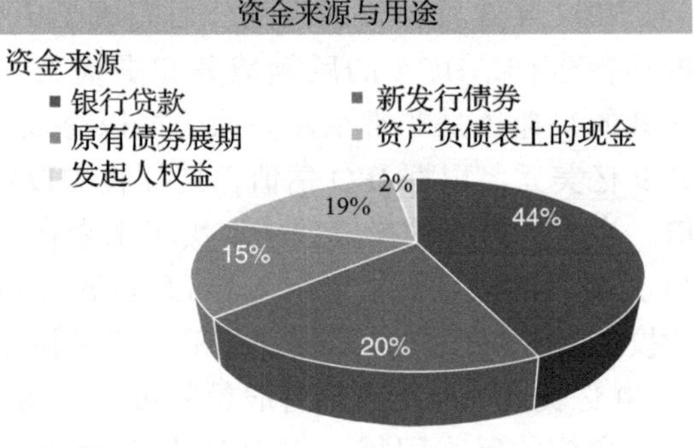

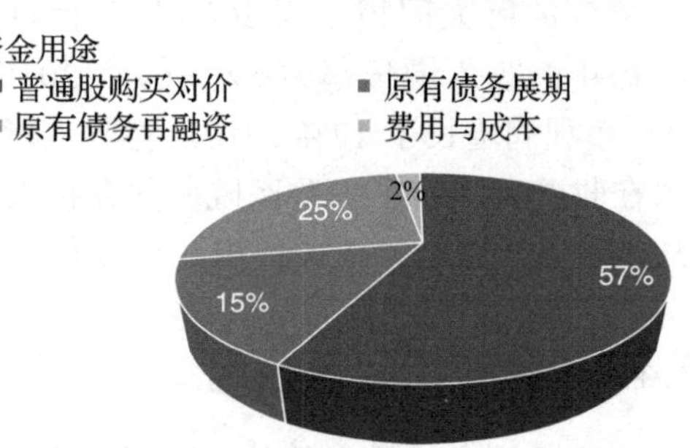

图 18-6　哈拉斯：资金来源与用途

资料来源：S&P's Leveraged Lending Review; company filings.

18.4.8 哈拉斯娱乐公司案例事后分析

2010 年 11 月，哈拉斯娱乐公司取消了首次公开发行计划，更名为凯撒娱乐公司。在 2012 年 2 月，该公司以其约 1.4% 的股份以小规模 IPO 形式筹集了 1 630 万美元。然而，在 2000～2014 年，母公司每年都出现重大亏损，负债总额已攀升至 282 亿美元。这导致公司在 2014 年 11 月期间申请破产保护，并向高级债权人提出了一项计划：将凯撒娱乐公司转变为主要由债权人拥有的房地产投资信托基金的计划，此举引起公司债权人和投资公司的激烈

纠纷，只能留给法官来解决。

18.4.9　飞思卡尔半导体公司

2004 年摩托罗拉公司剥离其半导体产品部门之后成立了飞思卡尔。飞思卡尔主要为无线设备、网络设备及汽车提供芯片。2006 年 9 月，以贝莱德集团为首的财团以每股 38 美元竞购飞思卡尔，这个报价比该公司的公告前股价溢价 24%。另一个以 KKR 为首的收购财团马上将收购报价提升至每股 42 美元。然而，贝莱德集团方面（包括凯雷集团、TPG 以及帕米拉）最终在 2006 年 11 月以每股 40 美元的价格赢得了此次竞购，总交易金额为 176 亿美元（见图 18-7）。在 50 天内允许目标公司询问其他更高的收购报价，交易终止费为 3 亿美元，但是并没有其他机构给出更高的报价。杠杆为 EBITDA 的 5.7 倍，这对于一家高科技公司而言已经很高了，因为高科技公司的未来现金流非常不稳定且难以预测。35 亿美元的债务包括低门槛贷款与实物支付（表 18-6 为收购的杠杆、资金来源与用途）。这项投资对收购方来说十分棘手，因为来自该公司的主要客户摩托罗拉的订单大幅下降，公司的信用评级下调，使得公司的未偿还贷款和债券价格在二级市场上均大幅下跌。收购方不得不与债权人重新谈判推动债务重组以减少到期贷款，延长还款期限。作为债务交换条件，收购方将提高债券收益率并提高债券的偿还优先级。

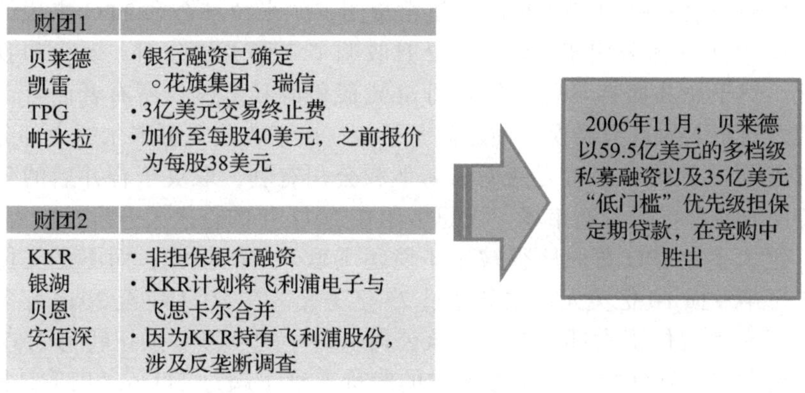

图 18-7　飞思卡尔：竞购财团

资料来源：Press reports.

表 18-6　飞思卡尔：资金来源与用途，以及杠杆分析

资金来源与用途（单位：100 万美元）

来　源		用　途	
现金	2 365	购买普通股	16 534
优先级定期贷款	3 500	全部权利 / 认股权证 / 期权	675
私募	5 950	原有净债务	233
发起人权益	7 150	其他	233
总计	18 965	总计	18 965

过去 12 个月 EBITDA（2006 年 7 月）	1 559
潜在企业价值	15 122
潜在企业价值 / EBITDA	9.7x
潜在企业价值 / 收入	2.4x

（续）

杠杆分析（单位：100 万美元）

	金 额	债务 / EBITDA（累积）
35 亿优先级担保定期贷款	3 500	2.2x
23.5 亿优先级无担保票据	2.50	3.8x
16 亿优先级票据	1 600	4.8x
15 亿实物支付票据	1 500	5.7x
5 亿浮动利率票据	500	6.1x
小计	9 450	6.1x
账面存留现金	635	
净杠杆	8 815	5.7x

资料来源：Press reports; Capital IQ.

18.4.10 飞思卡尔半导体公司案例事后分析

2008 年，飞思卡尔半导体这家负债累累的公司陷入了困境，这起 2006 年总值 176 亿美元的杠杆收购交易自然难言是私募股权行业较好的交易之一。然而，这笔投资对飞思卡尔的四家私募股权所有者——贝莱德集团、凯雷集团、帕米拉基金和 TPG 来说，最终并不算是一场灾难。NXP 半导体公司于 2015 年 12 月收购了飞思卡尔公司，现金和股票总计支付了 118 亿美元。对于总共拥有飞思卡尔公司 66% 股份的私募股权所有者而言，这笔交易显然拯救了他们之前犯下的重大错误，使之盈亏平衡。由于收购飞思卡尔的大部分资金都是由 NXP 的股票支付的，最终该投资是否对私募股权公司有利，取决于合并后的公司是否有能力实现运营协同效应和寻找到新市场。飞思卡尔在 2011 年的首次公开发行中筹集了近 10 亿美元；然而，绝大多数 IPO 募股所得被用于偿还飞思卡尔的债务，而不是支付给股东。当时，飞思卡尔每年亏损 10 亿美元，债务超过 75 亿美元。在 2011 年至 2014 年年底，飞思卡尔的私募股权所有者留住了大部分头寸，该公司从每年的巨额亏损扭转为 3.67 亿美元的盈利，并继续偿还债务。IPO 之后，飞思卡尔的股价上涨了超过 111%，几乎是标准普尔 500 指数的两倍。

18.4.11 环球传媒

环球传媒是一家主营西班牙语电视、广播、音乐及互联网服务的公司。公司以 136 亿美元的价格被麦迪逊 - 迪尔伯恩投资、普罗维登斯、萨班资本集团、TPG 以及托马斯 - 李组成的财团收购。在此次收购之前，环球传媒的息税折旧及摊销前利润率由 34% 上涨到 38.5%，资产负债率仅为 16%；在其参与竞争的 16 个国家与地区，环球传媒拥有世界上最大的西班牙语电视网络和排名前 5 位的广播电台。对于环球传媒的竞购始于 2006 年 2 月，董事会宣布有意考虑以某种形式来提高股东价值。这一声明吸引了许多财务投资者和战略投资者，随后进行了广泛的拍卖，最终 5 家财团被获准向董事会提交收购方案，其中包括 3 家私募股权投资财团，交易于 2007 年 3 月结束（见图 18-8）。表 18-7 简述了对环球传媒的估值讨论，表 18-8 介绍了资金的来源与用途。交易中涉及了低门槛债务和实物支付。此次交易的主要争议在于环球传媒 8.63 亿美元的预期 EBITDA 几乎很难覆盖其每年的利息支出和资本开支。

环球传媒股价

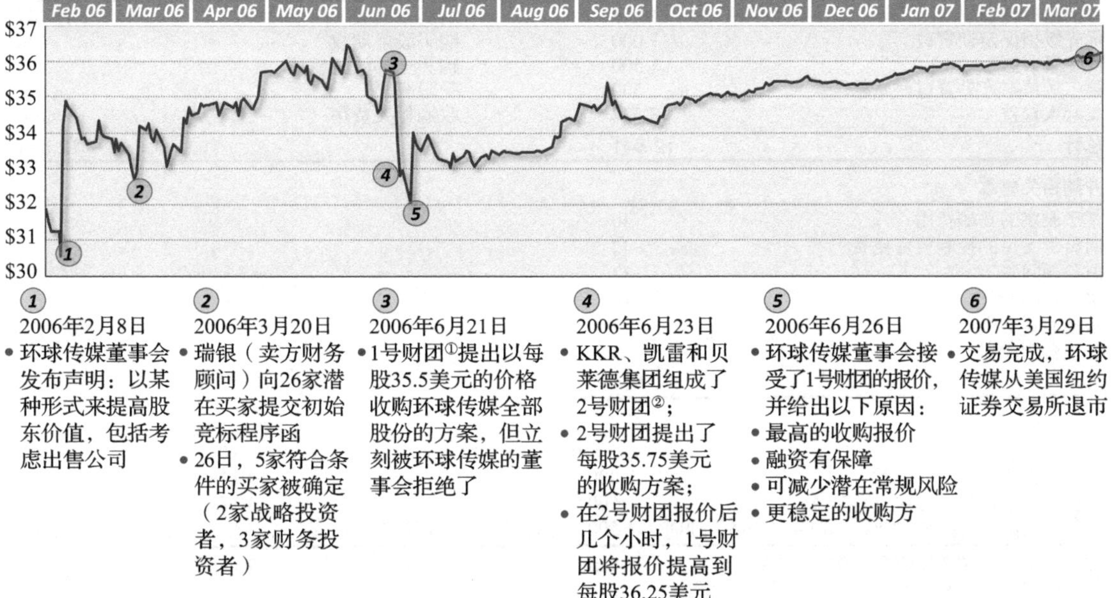

① 1号财团由麦迪逊–迪尔伯恩投资、普罗维登斯、萨班资本集团、TPG以及托马斯–李组成。
② 2号财团由贝恩资本、贝莱德集团、凯雷集团、Cascade投资集团、KKR以及墨西哥电视集团组成。

图 18-8 环球传媒：进度表

资料来源：Capital IQ; company filings.

表 18-7 环球传媒：交易估值概览 （单位：100 万美元）

环球传媒企业价值及杠杆情况	金额	过去12个月EBITDA倍数
交易所得（扣除费用）	12 397	
估计的原有负债	970	
账面留存现金	104	
企业价值	13 470	19.4x
交易费用	144	
交易价值总计	**13 614**	**19.6x**
过去12个月EBITDA	694	

交易倍数

总企业价值除以

可比公司	过去12个月EBITDA倍数	2006年预计BITDA倍数	2007年预计EBITDA倍数
高	14.0x	13.1x	12.2x
低	8.2x	7.7x	7.5x
中	10.8x	10.0x	11.0x
环球传媒			
交易宣布前价格	18.0x	14.8x	13.1x
36.25美元报价	19.4x	16.7x	15.1x

溢价分析（每股36.25美元）

	价格（美元）	溢价（%）
战略公告发布（2006年2月8日）		
一天之前	30.54	18.7
30日平均	31.36	15.6
交易公告发布（2006年6月26日）		
一天之前	32.95	10.0
一个星期之前	35.70	1.5
一个月之前	36.09	0.4
30日平均	35.23	2.9

资料来源：Company flings.

表 18-8 环球传媒：交易资金来源与用途以及杠杆分析

资金来源与用途（单位：100万美元）

来源		用途	
账面留存现金	103.5	购买普通股	11 247
优先级担保定期贷款	7 000	购买股票期权	130
优先级票据	1 500	购买全部认股权证	994
第二顺位财产处置过桥贷款	500	受限股票	26
发起人权益	3 437	收购相关费用	144
总计	12 541		12 541

并购相关成本	
基于股票的薪酬费用	46
向员工支付的控制权变更费	42
财务顾问费	33
法律顾问费	16
其他非薪酬类成本	4
其他薪酬成本	3
总计	144

杠杆分析	金额		累积倍数	
银行循环贷款	0	（上限750）	0.0x	
银行优先级担保定期贷款	7 000.0		10.1x	
银行第二顺位资产处置过桥贷款	500.0		10.8x	
优先级票据－收益率9.75%～10.5%，2015年到期	1 500.0	（包含实物支付债券的利息）	13.0x	
优先级票据－利率7.85%，2011年到期	525.3		13.7x	"旧债务"部分
优先级据－利率3.785%，2008年到期	246.1		14.1x	"旧债务"部分
优先票据－利率3.5%，2007年到期	198.4		14.4x	"旧债务"部分
总计	9 970		14.4x	
账面留存现金	（104）		–0.1x	
净杠杆	9 866		14.2x	

资料来源：Company flings.

18.4.12 环球传媒案例事后分析

在危机前的大型高杠杆收购交易中，2006 年环球传媒 137 亿美元的杠杆收购位列 EBITDA / 债务比率最高的公司之一。即便是环球传媒公司在快速增长的西班牙语市场上的竞争力可以保护它免受广告业衰退的影响，但这家公司在经济危机期间和之后仍遭受了损失。这为墨西哥媒体集团 Televisa 打开了大门，Televisa 在 2006 年收购环球传媒的最初竞标中输给了私募股权买家。2010 年 10 月，Televisa 公司以 12 亿美元的价格拿到了环球传媒最初的 5% 股份，Televisa 同时承担了环球传媒 15 年的债务，按 1.5% 利率计息，此债含有环球传媒另外 30% 股份的转换权以及另外 5% 股份的认购权。这笔投资对公司的权益估值为 23 亿美元。墨西哥集团还签订了一项新的节目协议，根据协议集团第一年可获得 5 000 万美元的特许权费，并在未来几年进一步上升。锁定 Televisa 并获得更多节目内容应该会加速 2006 年这起投资的最终收支平衡，甚至还可能产生利润。Televisa 的部分投资被用于偿还债务，将杠杆率降低至 EBITDA 的 10 倍左右。2016 年 1 月，环球传媒为潜在的 IPO 提交了初步招股说明书。其股票将在纽约证券交易所上市，股票代码为"UVN"。包括托马斯－李、普罗维登斯、麦迪逊－迪尔伯恩投资、TPG 以及萨班资本集团在内的投资者都希望估值至少达到 200 亿美元。招股说明书显示，环球传媒是"服务于西班牙裔美国人的领先媒体公司"，并将其在洛杉矶、迈阿密、纽约和其他地方的 59 家电视台、11 家有线品牌、环球传媒广播公司、67 家广播电台和数家网站列为其主要资产。截至 2017 年年中，IPO 计划尚未启动。

18.5　私募股权投资的增值服务

私募股权投资在以下三个方面为组合公司提供增值服务：财务工程、运营工程和治理工程。

财务工程是指通过改善公司资本结构提高公司价值。资本结构改善意味着通过降低资本成本使公司资本结构更具效率，一般通过增加外部债务提高杠杆实现。

运营工程是指私募股权投资机构借助正式和非正式的顾问服务来提升投资组合公司。顾问服务包括生产流程、市场营销和产品组合决策等方面的帮助提升，并最终增加运营资本和现金流。

治理工程是指私募股权投资机构通过改善激励机制以及减少开支、增加收入等提高现金流的监控过程为投资组合公司创造价值。公司许多其他方面也受到监控，根据预期来决定结果。管理层的薪酬取决于达到目标结果的业绩。

部分投资组合公司接受上述三方面增值服务后，业绩良好，而且在私募股权投资机构持有后较其原先公开上市股权分散时可以创造更多价值。而其他一些投资组合公司在高杠杆下表现不尽如人意，无法很好地适应私募股权投资所有者施加的经营及治理等方面要求。

18.6　完成私募股权投资交易的商业逻辑

那些现金流充足、资产负债率合理、资本开支较低、资产优质并且有能力通过出售资产回收现金的企业是私募股权投资机构良好的目标公司。有时，这些公司出售给私募股权投资机构仅仅因为其高管和董事会可以得到非常高的出售溢价，并由此认为这是股东价值最大化的最好选择。以下列举了其他一些将公司出售给私募股权投资机构的可能考虑因素。

18.6.1　首次公开发行的替代方案

当非上市公司需要新增资本以满足促进公司高速增长需要时，通常会考虑首次公开发行，这将导致出售公司 15%～30% 的股份。当创始人准备退休的家族所有制企业没有合适的接班人时，也会考虑首次公开发行。当公司所有者准备将持股比例降至 30% 以上时，首次公开发行的另一替代方案是出售给私募股权投资基金。向一家私募股权投资机构出售通常会导致所有者的所有权减少 50% 以上，从而为私募股权投资机构提供控制权。

18.6.2　公司孤儿

一些公司在控股公司所有权结构下经营多元化业务单元。通常，这些业务单元在业务活动上有某些关联，并从共同所有权中受益。然而，有时当业务活动发生变化或市场发生变化时，某业务单元与其他业务单元可能不再相关或协同。在这种情况下，控股公司将考虑出售这项“孤儿”业务。私募股权投资机构有时被认为是最佳的收购方，这是因为：①避免出售给战略收购方而引起反垄断调查；②对信息公开的要求可以降到最低。

18.6.3　被忽视的上市公司

权益研究在某种程度上而言是稀缺资源，一是因为它的成本很高，二是 2003 年美国一系列的监管变化给上市公司投资者关系施加了更多限制。由于缺乏权益研究方面的投资者关系，有些上市公司的股票无法得到大型机构投资者的青睐，因此对其股价可能产生了消极影响。当某一行业遭遇动荡时，整个行业的股票都会萎靡不振。股价长期低迷的公司（一部分原因是研究范围有限且投资者不知情），如果拥有强劲的现金流、资产负债率合理并符合目标公司的其他特征，如上所述，私募股权投资收购者可能会给一个相对当前股价较高溢价的报价。

18.6.4 运营或融资困境

如果一家企业在采购、物流以及其他运营过程中遇到困难，私募股权投资机构可能会引入新资源来协助企业解决这些难题。私募股权投资机构还可以显著地增强公司获得新的融资渠道的机会。

18.6.5 强制剥离

有时并购交易被要求出售某个业务单元以规避交易中的监管和障碍。公司通过出售来平息联邦贸易委员会等监管机构关于因收购引起的反垄断调查。与同行业的其他公司相比，私募股权投资机构通常是首选的收购方，因为同行业的战略收购方可能会遇到同样的交易限制，正如之前公司受到的监管方限售约束。

18.7 私募股权所有制成为公司治理新模式

公司所有制形式的两种传统模式是：①上市公司，股权分散；②家族所有制企业或家族控股企业。私募股权所有制是上述两种所有制方式的混合体。

上市公司的主要优势包括：公司，特别是处于发展阶段的公司，可以最大限度向公众募集资金，并且对于供应商和客户来说更值得信赖。上市公司的主要缺点是，需接受监管机构和媒体不断的严格监督，产生巨大的成本（挂牌、法律、《萨班斯 - 奥克斯利法案》以及其他监管成本），股东特别关注企业的短期财务情况（很多股东无法被充分告知信息）。此外，大多数公众投资者影响公司决策的能力有限，因为股权是如此的分散。所以当公司业绩不佳时，公众投资者更倾向于出售股票而不是尝试更换管理层，因为他们基本没有机会可以参与公司重大决策。没有股东约束力使管理层的行为有可能损害股东利益。

家族所有或控股企业可以避免监管机构以及公众的监督。实际控制人对公司的治理有直接发言权，可以最大限度地减少所有者与管理层之间的潜在利益冲突。然而，对于这些私人企业而言，融资渠道被局限在银行贷款和其他私募债务融资。家族企业通过私募市场来筹集权益资本是一个烦琐的过程，且结果往往不能令人满意。

对于那些既不适合家族所有制也不适合上市的企业，私募股权投资机构提供了一种具有更多优势的混合模式（见图 18-9）。公司治理的变化通常是私募股权投资成功的关键驱动因素。私募股权公司通常会给公司董事会带来一种新鲜的文化，并经常以上市公司通常无法做到的方式激励高管。私募股权基金的投资记录是未来筹集新资金的关键，因此它有至关重要的内在利益去提高管理质量和公司业绩。在大型上市公司中，通常有可能对公司不太成功的部分进行“交叉补贴”，但这种次优行为通常不会出现在私募股权投资机构所拥有的公司中。因此，与大型上市公司相比，私募股权公司更有可能透露、重新配置或出售次优业务板块。私募股权投资机构所拥有的公司避免了公众的关注，而且没有每季度公布财报的压力。因为私募股权投资基金的投资期限通常比典型的共同基金和其他二级市场投资者更长，所以投资组合公司可以更专注于企业长期的重组与投资。私募股权投资机构会任命其合伙人在公司董事会中任非执行董事，有时会引入自己的管理团队负责公司的运营。因此，私募股权投资所有人对公司的关键管理决策有很强掌控权。因而，私募股权投资机构可以采取有效的财务激励以最大化股东价值。由于投资组合公司的管理层也要求同私募股权投资机构一起投资公司的股权，他们拥有相同的强烈动机来为股东创造长期价值。不过，私募股权投资组合公司资本结构中巨大的财务杠杆负债给管理层施加了压力，使得管理层尽量确保无差错运营。如果市场发生突然的、不可预知的变化，私募股权投资机构所拥有的公司较家族企业、控股企业和上市公司等低杠杆率公司更容易破产。

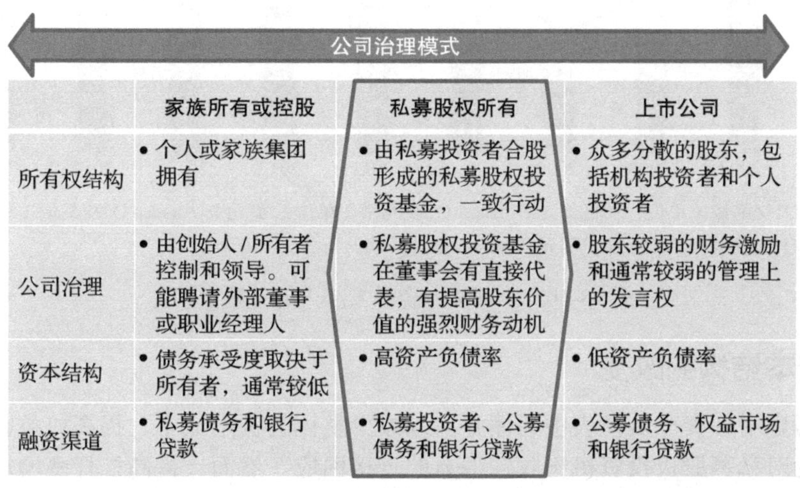

	家族所有或控股	私募股权所有	上市公司
所有权结构	• 个人或家族集团拥有	• 由私募投资者合股形成的私募股权投资基金，一致行动	• 众多分散的股东，包括机构投资者和个人投资者
公司治理	• 由创始人 / 所有者控制和领导。可能聘请外部董事或职业经理人	• 私募股权投资基金在董事会有直接代表，有提高股东价值的强烈财务动机	• 股东较弱的财务激励和通常较弱的管理上的发言权
资本结构	• 债务承受度取决于所有者，通常较低	• 高资产负债率	• 低资产负债率
融资渠道	• 私募债务和银行贷款	• 私募投资者、公募债务和银行贷款	• 公募债务、权益市场和银行贷款

图 18-9　私募股权投资对公司和金融市场的直接与间接影响

资料来源：Farrell, Diana, et al. “The New Power Brokers: How Oil, Asia, Hedge Funds and Private Equity Are Shaping the Global Capital Markets.” McKinsey Global Institute October 2007.

尽管人们普遍认为，债务对管理有约束作用，并使其不受“建立帝国”的影响，但它并不能提高企业的竞争地位，而且往往是不可持续的。有限合伙人对私募股权管理公司的需求，比对单纯依靠杠杆收购公司的需求更大。投资者尤其希望私募股权管理公司在公司治理中发挥积极作用，以创造增量价值。

18.8　私募股权投资对公司的影响

除了能够影响其所收购的公司以外，私募股权投资机构还影响其他公司的管理层和董事会，乃至更广泛的资本市场（见图 18-10）。

18.8.1　公司业绩的压力

私募股权投资基金给那些不想被收购的公司带来了竞争压力。上市公司的 CEO 和董事会不得不审视他们的业绩并采取措施设法进一步改善。此外，他们还必须在反收购策略上投入更多精力。许多公司已经开始实施大规模的股票回购计划以提高每股收益（有时通过新的债务为股票回购融资）。这种做法一定程度上是为了提高潜在的收购成本以及增加股东价值，

从而避免被收购。

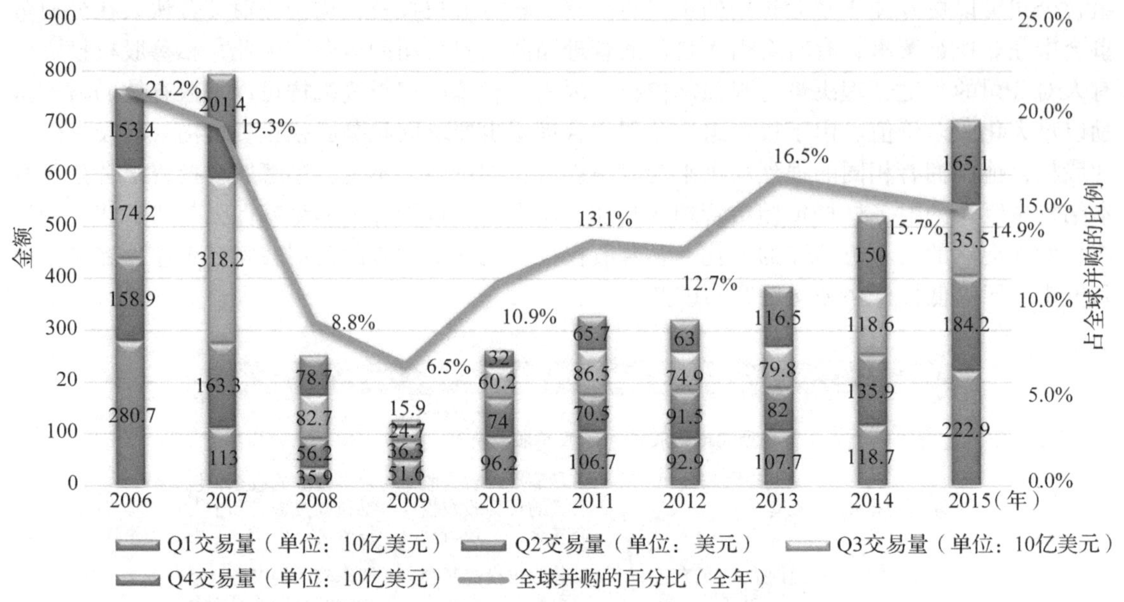

图 18-10　全球买方金融发起人的并购活动

18.8.2 资本结构的改变

公司会考虑增加资产负债表中的债务，以减少整体的资本成本，提高权益收益。这一策略有时被视为对私募股权投资机构收购潜力的直接回应。然而，提高杠杆率增加了公司运营的风险并降低了公司的信用评级，提高了公司的债务成本并降低了犯错误的容忍率。尽管一些高管可以在高杠杆情况下很好地经营公司，但是其他人却没有这方面经验。

18.8.3 并购

从历史上看，公司一般会被同行业的公司收购，从而实现协同效应，这也是目标公司的收购报价相对公告前股价有很大溢价的原因。然而从 2007 年年中起，私募股权投资机构凭借其低成本债务融资的能力，在大量并购中胜出，尽管实际上它们通常并没有匹配高收购对价的协同效应。事实上，私募股权公司之所以具有竞争力，部分原因在于它们在估值分析中包含了高杠杆率的资本结构假设，从而支持了高价收购。图 18-10 显示，在 2007 年，超过 19.3% 的并购交易中有私募股权投资机构参与。在金融危机之后，随着获取信贷变得更加困难，金融发起人的并购活动在 2009 年下降至 6.5% 的低点。在 2010 年和 2011 年，金融发起人并购活动强劲反弹，但并未达到危机前的水平。在随后的几年中，私募股权相关的并购交易活动已经稳定在每 7 笔交易中约有一笔。

第 19 章　组织结构、薪酬、监管及有限合伙人

19.1　组织结构

私募股权投资基金通常采用有限合伙制的组织结构，即由作为普通合伙人（general partner，GP）的私募股权投资机构和作为有限合伙人（limited partners，LP）的其他投资者，如养老基金、保险公司、高净值个人、家族基金、捐赠基金、基金会、基金中的基金及主权财富基金（共同拥有。普通合伙人管理并控制私募股权投资基金（见图 19-1）。

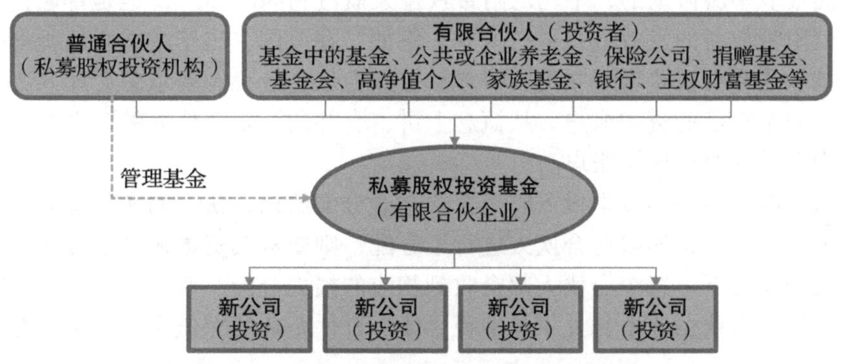

图 19-1　私募股权投资基金的所有权结构

私募股权投资通常会组建一个新公司，用于接收私募股权投资基金和（通常）目标公司管理层的权益投资。新公司也会从债权人那里获取债务融资。新公司筹集的这些债务资本和权益资本随后被用来收购目标公司（见图 19-2）。

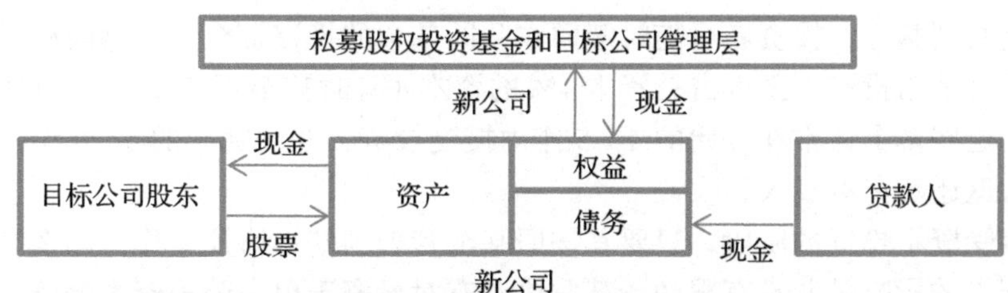

- 目标公司的股东卖掉股票（或公司的资产）以获取现金
  - 有些股东可能“转换投资”并分享公司的增值
- 新公司支付的现金是由贷款人和私募股权投资基金提供的（也有管理层的投资）
  - 新公司／目标公司产生的现金流被用来偿还债务

图 19-2　新公司的融资和投资

资料来源：Training the Street, Inc.

私募股权投资基金的组织结构是基于最大化普通合伙人的激励薪酬而设计的。在这方面，税赋的考虑是至关重要的。普通合伙人根据基金的管理赚取薪酬（包括通常为资产管理额 2% 的管理费和投资利润的一部分即附带权益（carried interest））。一般地，管理费通常要求普通合伙人以较高的普通所得税率缴纳税款，而附带权益作为合伙企业利润分配的一部分，可以按资本利得处理，缴纳较低的税费。在美国，时常会有尝试要求改变附带权益的税收处理方法，使其按照较高的普通所得税税率纳税。然而，到目前为止，税法并没有设定较高的税率。发生变化的做法是，一些公司通过将管理费重新投资到自己的基金中来重新定位管理费。2015 年，美国国税局针对私募股权公司重新划分管理费的征税方式而降低税负的做法提出了修改意见。该提案将使企业更难将高税率的管理费用转化为低税率的附带权益，因为普通所得税最高税率是 39.6%，而资本利得税率是 20%，两者之间有 19.6 个百分点的差额。在获得有限合伙人的管理费豁免许可后，一些公司通过资本质押（Capital Pledges）方式向现有投资基金注入费用，从而能够把来自服务的支付（管理费的本质即为此）伪装成创造投资风险的所得。从历史上看，私募股权公司的高管有时会将管理费转换成额外的基金投资，以满足他们对有限合伙人的资本投入。这种做法将高管的管理费由按收入缴纳的普通所得税转化为较低的资本利得税。贝恩资本和阿波罗全球管理公司等公司曾向其合伙人提供豁免许可，但后来在面对其他人的批评和美国国税局提议的行动时，他们停止了这种做法。

正如前面章节中所讨论的，平均的附带权益大概占利润的 20%。但是普通合伙人和有限合伙人必须就附带权益的发放方式进行谈判。例如，在美国，出于缴纳联邦所得税目的，私募股权投资基金通常会被要求设立资本账户，按照合伙企业税制要求的会计方法，其中每个合伙人都要有一个自己的资本账户。从概念上讲，合并的全部合伙人的资本账户相当于公司资产负债表中合并的股东权益账户。

每个合伙人的任何一笔资本投入以及合伙企业分配给该合伙人的净收益都会被计入该合伙人的资本账户。同样，如果对合伙人进行了分配，则要从其资本账户中做相应的扣除。在投资带来损失的情况下，每个合伙人都会收到相应的损失分配。所有的净收益和净损失都必须进行分配，因为合伙企业本身并不是纳税主体。合伙企业的净值实际上是所有合伙人权益的总和。

19.1.1 封闭式基金

大多数的私募股权投资基金都是封闭式基金。封闭式基金是指有限合伙人承诺为公司投资提供资金，并且支付一定的费用和成本，但是在基金到期之前不能赎回其基金份额。与之形成对比的是共同基金，投资者可随时赎回在共同基金的投资资金。私募股权投资基金的普通合伙人通常会承诺投资人至少占总资本 1% 的资本（有时甚至更多），有限合伙人承诺投入剩余的部分。这些基金通常在开始的 4～5 年内接受投资，并在随后的 5～8 年内实现投资退出并向合伙人返还其资本投入和收益。

在基金接受资本投资的阶段，只要其按照基金管理的基本协议运作，那么有限合伙人对于如何支配资本的影响是非常有限的。某些协议有对投资于单一公司资本金额的限制，或是基金可以投资于哪些种类证券的限制。除了管理费和附带权益，基金的普通合伙人有时还能从基金所投资的组合公司那里收到交易和监控费用。有些有限合伙人反对这种安排，并坚持要求用交易和监控费用抵扣管理费，或者按 50 / 50 或 80 / 20 的比例与普通合伙人分享这些费用。

19.1.2　退出

私募股权投资机构在投资持有期结束时考虑各种退出策略，包括首次公开发行、出售给战略投资者、出售给杠杆收购支持的公司、出售给其他私募股权投资基金、资本重组、出售给管理层。除了这些退出策略外，公司的最终结果可能是破产或其他非预期的结果。

表 19-1 展示了杠杆收购随时间推移的退出特征。基于这一表格，在 2014 年最常见的退出方式是出售给战略投资者（50%），其次是通过发起人之间交易或者重组（33%），然后是首次公开发行方式退出（17%）。

表 19-1　杠杆收购退出选择

年份	首次公开发行（%）	发起人之间交易 / 重组（%）	出售（%）	退出总额（单位：10 亿美元）	退出数量
2006	17	31	52	177	955
2007	15	33	52	294	1 215
2008	7	35	58	129	813
2009	17	33	50	91	655
2010	19	31	50	240	1 126
2011	15	32	53	326	1 376
2012	14	31	55	301	1 435
2013	19	29	52	330	1 550
2014	17	33	50	428	1 604

资料来源：Private Equity Exits in Global Growth Markets Josh Lerner, Andrew Speen, Chris Allen, and Ann Leamon.

19.2　薪酬

典型的普通合伙人和有限合伙人之间的协议，通常包括以下四种费用和成本：

（1）管理费：管理费通常是在 4～5 年的投资期内按承诺资本总额的 2% 收取，其后的时期内按未收回资本（会随着投资的出售或变现而逐渐减少）的 2% 收取。管理费提前半年支付。另外，有限合伙人要承担基金设立时的全部组织费用（通常有一个上限）。

（2）附带权益：附带权益是一种激励支付，只有当有限合伙人获得一定的收益率时才会发放（参见后面的优先收益）。这项支付的目的是在有限合伙人和普通合伙人（服从下面将提到的“回拨”条款）之间创造一个大约 80 / 20 的利润分配，该利润是指超过投入资本加优先收益的部分。只有当私募股权投资基金出售其组合公司并实现收益时，普通合伙人才能得到附带权益。另外，在最终出售之前，如果有期间股息、分发股利、部分出售或资本重组等事件发生，普通合伙人也可能收到附带权益。在上述事件发生时通常会确认利润或损失。

（3）组合公司的费用和开支：这部分费用和开支通常由组合公司直接支付给私募股权投资机构。可能的费用和开支包括：①收购和（有时）出售公司时的交易费用；②发起但未完成的投资相关开支；③税务与审计、诉讼、一般的法律和年度会议开支；④顾问费和监控费；⑤董事费。

（4）额外成本：在某些情形下，还会有一些额外的成本。例如，普通合伙人可以保留出售投资组合公司的现金收入最长达 3 个月，然后才发放给有限合伙人；另外，有时可能会以实物形式（包括出售限制）分派有价证券，而不是进行现金分配，这些都会给有限合伙人带来额外成本。最后，有限合伙人还可能因为出售基金权益或不能按时缴付出资而不得不支付罚金。

在投资组合公司尚有潜在亏损的情况下支付费用，已经成为这一行业中日益严重的问题。另一个问题是管理费是否应该作为一项费用而在计算利润（用于确定附带权益）时扣除。有限合伙人强烈要求将管理费作为一项费用，因为有限合伙人被投资方评估时是按照现金流入 / 流出的基础计算的。尽管一些私募股权投资机构仍在就这一问题进行谈判，但是现在把管理费作为费用已经有很多先例了。

19.2.1 优先收益

大多数的薪酬协议都包括优先收益（preferred return）。优先收益是指向普通合伙人支付附带权益之前，支付给有限合伙人的收益（在资本返还之后）。由于有限合伙人投资私募股权投资基金是基于高收益和可接受的高风险预期，因此优先收益有助于使所有合伙人的利益相一致，因为将附带权益与更高的收益联系在了一起。

附带权益从属于优先权益，通常在每年支付给有限合伙人 5%～10% 的优先收益之后支付。如果投资回报率足够高，那么普通合伙人的补偿条款（catch-up provision）可以消除有限合伙人优先收益分配的负面影响。例如，如果有一个优先回报率为 8%，那么在投资者资本返还后计算的 100% 的利润将被首先分配给有限合伙人，直到他们收到了每年 8% 的优先回报率，然后 100% 的利润再分配给普通合伙人直到他收到累计利润的 20%，剩下的利润（如果还有的话）再将 80% 分配给有限合伙人、20% 分配给普通合伙人。

19.2.2 择时问题

附带权益和优先收益的确定受择时考虑的影响。私募股权投资基金通常会在 3～5 年的投资期内进行一系列组合公司的投资，这些投资的持有期差别可能很大，但通常都是 3～7 年。附带权益和优先收益这两种薪酬的确定都取决于基金何时以及如何计算利润。例如，这种确定既可以基于投资组合公司的出售日，也可以基于均值或净值这种能更早进行薪酬分配的流程。

大多数的私募股权投资基金都采用了一种“汇总”的方法，计算投资组合中的所有投资的净收益或损失，这一机制使得普通合伙人要关注其投资组合中的所有投资（见后面的“回拨”）。从利益一致的角度来看，按每个交易逐笔计算附带权益的方法是有问题的，这种方法可能造成对高风险、高收益投资的偏好。尽管普通合伙人也许会因不良投资而损失掉自己投资的资本份额，但是因为他们可能得到高出优先收益的利润部分 20% 的附带权益，所以他们会去寻找更高收益的投资（相应地有更高的风险）。通过汇总所有的收益和损失，普通合伙人进行风险不成比例的个别投资的动机就下降了。

基金必须预先确定优先收益的分配次序（首先返还投资者的资本投入，然后弥补确定的损失，接下来是优先收益，再后面是附带权益）是根据有限合伙人的全部资本投入，还是仅仅根据被出售的组合公司最初分配投入的那部分资本。通常，优先收益是基于最初分配到基金每笔投资中的那部分资本。

直到有限合伙人收回最初的投入资本，才能确认自己的投资是盈利的。而且，直到基金进行清算和终结，他们才能知道投资利润的确切数额。基金在运营期间算出的利润是不确切的，通过规定有限合伙人的资本投入完全返还之前限制附带权益分配可以减少这种不确切性，尽管如此，几乎所有的私募股权投资基金还是会在投资组合公司成功退出时就向普通合伙人发放附带权益。这意味着，有限合伙人假设的所有未变现投资都可以获得至少等于其当前持有价值的金额。

19.2.3 回拨

大多数基金有特定的协议条款，约定在有限合伙人投入资本 100% 返还之前如何分配和分派附带权益。基于这一条款，可以从最初的投资收益中向普通合伙人支付附带权益，但是如果之后发生投资损失，有限合伙人有权收回部分已支付的附带权益。基金在最初几年实现高额利润并不少见，因为退出的都是成功的投资，而没有那么成功的投资则要在后边的几年退出。换句话说，好的投资组合公司通常很快就会被出售，而差的公司需要时间修复后才能出售。甚至可能这种修复也无法还原其全部价值，最终在出售时造成损失。

"回拨"（clawback）就是调整普通合伙人薪酬扭曲的一项协议条款，扭曲是因为盈利和损失是基于时点计算的。通常，回拨条款在基金期满结束并进行清算时生效。根据附带权益计算公式以及基金的累积业绩，普通合伙人可能要回拨之前分派的部分附带权益，回拨的部分会被分派给有限合伙人。这降低了有限合伙人获得早期利润而错失后期更大利润的风险，同时降低了普通合伙人选择次优时点出售公司以提前获得收益的风险。

通常普通合伙人将回拨条款限定于之前分派的附带权益的税后部分，因为他们不想返还自己因纳税而实际未收到的那部分现金。在实践中，回拨条款通常采用一个假设的税率，而不是普通合伙人的当事人实际支付的税率，因为各个当事人适用的税率可能是不同的。比税收考虑更重要的是回拨的触发事件。很多情况下，触发事件与这些事情有关：普通合伙人得到利润的 20% 以上；或在整个基金的存续期内，有限合伙人没有收回资本返还加上全部的优先收益。

因为给普通合伙人的附带权益及其他分派通常会马上再分派进普通合伙人的投资本金，所以，如果基金期满结束时回拨义务被触发，普通合伙人可能没有足够的现金来满足回拨要求。为此，有限合伙人通常会要求普通合伙人以其本金为回拨义务提供担保。另一种方法是，有限合伙人有时会要求看管普通合伙人获得的部分附带权益，以满足回拨要求。

19.2.4 税务

历史上，附带权益已经被归为税率为 20% 的长期资本利得，而不是税率高达 39.6% 的普通所得或税率 35% 的公司资本利得。合伙企业运营的私募股权投资基金支付的资本利得税率比上市公司支付的公司资本利得税率低了 15%，很多人认为这很不公平。同样不公平的还有，私募股权投资基金的当事人通过附带权益获得薪酬，而传统投资管理基金的雇员则是通过工资和奖金得到薪酬（假设他们支付最高的边际税率），前一种薪酬的税率也比后者低了 19.6%。尽管很多有力的论点反对提高私募股权投资基金管理人的税收（这会减少参与者的数量，从而减少竞争或影响基金管理人的行为，导致资源配置无效率），但是支持更加平等税收结构（理由是私募股权基金的普通合伙人因劳动而获得薪酬，而不是因投资，因此应按劳动征税）的论点还是可能有一天会导致对普通合伙人征收更高的税。不过，附带权益的税率目前尚未改变。

19.3 监管

历史上，美国证券交易委员会一般不会要求私募股权投资基金的管理人进行注册，因为大多数私募股权投资基金的管理人只管理 14 只或更少的基金，因此这样可以豁免《1940 年投资顾问法》要求的注册。

然而，《多德 - 弗兰克法案》在很大程度上消除了这些豁免，并且如果这一法案通过，所有管理资产额超过 3 000 万美元的私募股权投资基金管理人都要作为投资顾问在美国证券交易委员会注册。尽管这一法案没有要求私募股权投资基金像共同基金及其他类型的注册基金一样遵守宽泛的要求，但是私募股权投资基金要满足该法案关于报告、簿册记录以及反洗钱的要求。另外，还要接受美国证券交易委员会的检查。

历史上，私募股权投资基金及其管理人依赖于《投资公司法》和《投资顾问法》几条重要的豁免条款：

（1）《投资公司法》：符合第 3(c)1 条款（基金由不超过 100 个受益所有人持有并且不公开发行）或第 3(c)7 条款（基金完全由“合格投资者”持有，并且不公开发行）的基金可以获得豁免，而且不必在美国证券交易委员会注册。

（2）《投资顾问法》：符合第 203(b)3 条款的基金管理人可以获得豁免，不必在美国证券交易委员会注册为投资顾问。在这一豁免条款中，如果私人顾问的客户少于 15 名（对私募股权投资而言，就是少于 15 只基金）、不担任已注册投资公司的顾问并且没有向公众显示自己是投资顾问，那么就无须到美国证券交易委员会注册。

《多德 - 弗兰克法案》删除这些豁免条款以明确私募股权投资基金是投资公司，以及私募股权投资管理人是投资顾问。但是，《多德 - 弗兰克法案》并未将私募股权基金纳入针对公开的共同基金的全面监管规定。

认知与现实

在美国，与共同基金相比，关于私募股权投资基金的法规要少得多，但根据联邦法律，私募股权投资基金及基金管理人要遵守以下几项监管规定：

（1）**年度的隐私通知函**。私募股权投资基金要制定和遵守隐私政策，并且要在合伙人与基金建立合伙关系之时以及之后的每年，向所有的个人有限合伙人递送隐私通知函。隐私通知函要说明基金当前以及之前有限合伙人的非公开信息的披露政策。

（2）**依据 1940 年《投资顾问法》补充的申报事项**。所有注册投资顾问每年都必须向美国证券交易委员会申报其补充事项，并每年向有限合伙人提供包含某些指定信息的小册子。

（3）**依据《1934 年证券交易法》的申报事项**。对证券的某些购买和出售必须提交 F-13D 报告、S-13G 报告及 F-4 报告。另外，还需要视情况定期向美国证券交易委员会进行其他申报，包括 F-5 报告（适用于董事、高管和持股超过 10% 被认为是受益所有人）、F-13 报告（适用于证券法第 13 款 f 中规定的持有证券价值超过 1 亿美元的对象）和 S-13G 报告（适用于豁免提交报告 13D 的、公开上市公司的受益所有人）。

（4）**关于《雇员退休收入保障法》的申报**。对于那些 25% 以上的投资者是退休计划的基金，必须每年进行认证以避免《1974 年雇员退休收入保障法》中关于计划资产的规定。另外，必须向有限合伙人寄送经审计的年度财务报告，有时未经审计的季度财务报告也需要寄送。

（5）**私募的限制**。美国的私募股权投资基金通常是通过私募的方式销售基金份额，因而要遵守《1933 年证券法》关于私募的限制。基金只能向那些与该基金或基金发起人已经有关系的投资者，以及特许投资者（净财富超过 100 万美元，或之前 2 年的年收入超过 20 万美元或夫妻收入超过 30 万美元且预期当年收入也能达到该水平的个人）提供投资机会。

（6）**反欺诈规定**。美国证券交易委员会的反欺诈规定既适用于注册投资顾问也适用于未注册投资顾问。对冲基金和私募股权投资基金这类集合投资工具，除了信息和操作限制外，还被禁止就以下几方面做出重大的虚假或误导陈述：集合投资工具将会采取的投资策略、投资顾问（及相关人员）的经历和证书、与集合投资工具相关的风险、集合投资工具（及投资顾问提供服务的其他基金）的业绩、集合投资工具及投资者账目相应的账户、投资顾问在其顾问业务中的操作（比如如何分配投资机会）。

（7）**《1940 年投资顾问法》**。不符合豁免条件所定义的投资顾问的基金必须注册为投资顾问。一旦注册，投资顾问就必须满足下列要求：定期报告的要求，向投资者、债权人及其他对手方披露信息的要求，重要的利益冲突及反欺诈禁止，接受美国证券交易委员会详尽的检查和执行的权威性以及保持记录的要求，建立全面的合规计划的要求。

（8）**《1940 年投资公司法》**。正如前面提到的，不符合豁免条件所定义的投资公司的基金必须注册为投资公司。

19.4　有限合伙人

19.4.1　违约

当有限合伙人不能按约定缴付出资时，私募股权投资基金必须考虑如何弥补这一缺口、如何对待这一有限合伙人以及如何并且是否要替换未投入资本。大多数的合伙协议允许从其他有限合伙人那里募集违约的资本额，但是有时会为重新募集的数额设置一个上限。有些协议允许合伙企业通过借债方式来弥补违约额或利用可分配资金来弥补违约额。

通常，对于在违约事件中采取何种措施，普通合伙人有自行决定权。理论上，普通合伙人可以通过法院要求有限合伙人履行其出资义务。但是考虑到这一行为将对其以后的基金募集产生负面影响，普通合伙人通常不愿意起诉投资者。尽管如此讨厌起诉，在某些情形下普通合伙人可能认为其他有限合伙人有责任去要求违约的有限合作人必须采取措施来保证合伙协议条款得到执行。

普通合伙人对所有合伙人有信托责任（除非在合伙协议中免除），这要求它必须考虑何种措施最符合基金的利益，主要考虑的问题包括：他们的决定是否会导致未来的可能违约、对现有信贷安排的影响（可能会触发现有贷款的加速还款）、对董事及高级管理人员责任险保单的可能影响（包括定价）、财务审计及其他报告义务以及顾问委员会的投票和代表事宜。

19.4.2　信息披露与估值

2008～2009 年，私募股权投资基金业的平均收益变为负数时，很多有限合伙人要求更频繁的信息披露。有些投资者强烈要求按月披露，而不是市场惯例的季度披露，这样他们能够将基金价值与二级市场上的定价相比较，并进行更频繁的风险管理决策。在 2016 年期间，许多私募股权基金在估值方面采用了最佳实践标准，包括在可比对象和倍数的选择上更加一致的做法。然而，一些普通合伙人抵制国际私募股权和风险投资（IPEV）准则，因为商业敏感性，他们不想披露他们的假设。很显然，在有限合伙人和监管机构的压力之下，普通合伙人越来越需要采用 IPEV 准则。

IPEV 准则要求的评估流程如下：

（1）利用以下一种或多种估值方法确定投资公司的企业价值：市场法，包括近期投资的价格和倍数；收益法，这种方法通过贴现现金流分析完成；以及重置成本法，考虑净资产价值。

（2）根据市场参与者所考虑的因素（如剩余资产或超额负债）来获得被投资公司的调整后的企业价值。

（3）扣除被投资企业出售时排列在基金所持顺位最靠前的投资工具之前的所有金融工具的价值，包括任何会稀释基金投资的影响，从而计算出归基金所有的企业价值。

（4）按照在被投资公司中的金融工具的顺位，将归基金所有的企业价值分配给这些金融工具。

（5）根据基金在各种金融工具中的持有状况将得到的金额归总，以此代表其公允价值。

19.4.3 费用

近年来很多有限合伙人已经强烈要求并获得了费用的削减，因为力量的对比偏向了投资者。一些私募股权投资机构已经将管理费从 2% 下调至 1.5%，将附带权益从 20% 下调至 15%，并同意更有利的回拨协议。二级市场购买机会（有些收购折扣高达 50%）方面的竞争使得很多私募股权投资机构在收费方面更加通融。

19.4.4 二级市场

私募股权投资二级市场使得有限合伙人和新的投资者能够购买或出售私募股权投资或剩余的尚未出资的资本承诺。私募股权投资虽是长期投资，但有时有限合伙人需要现金或者由于可能的损失而失去信心并想退出投资。大多数的私募股权投资并没有一个公开挂牌交易的市场，但二级市场在投资银行及其他机构的协调下已经充分发展。这一市场创造了一定的流动性，使得有限合伙人能够将其在私募股权投资基金的权益出售给其他方。这些出售也解除了有限合伙人对于基金未完成的出资承诺义务。通常，对于任何一笔出售，普通合伙人都必须同意（见图 19-3）。

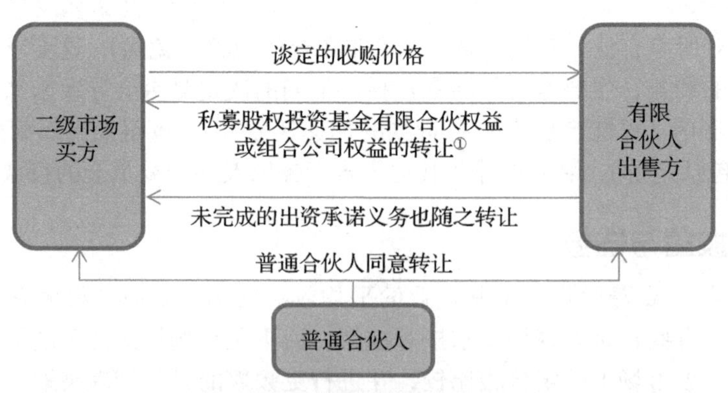

图 19-3 私募股权投资二级市场

① 最基础的二级市场交易是投资者出售私募股权投资基金有限合伙权益。但有些情形下，也可能会直接出售组合公司权益。

二级市场已经发展得相当快（见图 19-4）。在 2016 年，二级市场买方的认购资本超过 650 亿美元。据估计，2016 年私募股权投资二级市场交易额高达 400 亿美元，这些交易的比例越来越接近于平价。2006～2009 年，二级市场报价的价差明显下降，但在 2010～2011 年价差有所增加并维持稳定。2012～2015 年，二级市场报价的价差增加了 10% 以上（见图 19-5）。

二级市场增长超过一级市场
- 私募股权投资的承诺资本
- 二级市场的供给增加
- 一级市场筹资正在缓慢复苏

- 2014年的二级市场交易规模为351亿美元

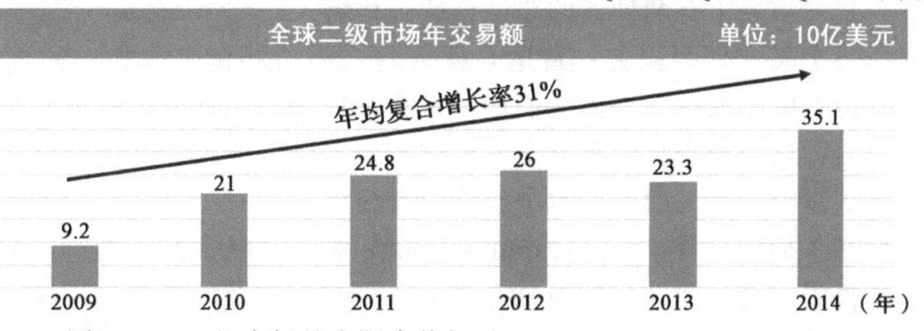

图 19-4　二级市场的有限合伙权益

注：所有交易资产的计算只包含收购价格。

资料来源：Preqin, Dow Jones, Primary fundraising data from *Preqin Quarterly* and *Preqin Private Equity secondaries Review*. Secondary Data from Dow Jones *Guide to Secondary Market Buyers*.

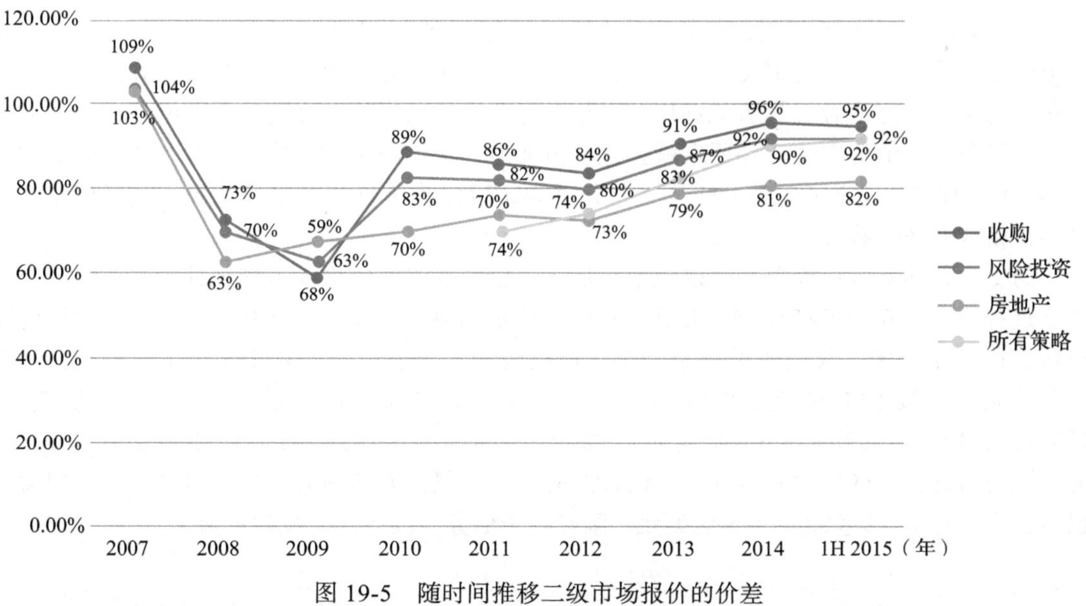

图 19-5　随时间推移二级市场报价的价差

资料来源：*Secondary Market Trends & Outlook*. Cogent Partners. Data reflects the period from January 2007 through June 2015.

2009 年 1 月，哈佛大学的捐赠基金曾试图通过二级市场交易出售所持高达 15 亿美元的私募股权投资，但二级市场买方的报价让其觉得难以接受。来自杜克大学、哥伦比亚大学以及其他几所大学的捐赠基金都通过二级市场交易出售了部分所持私募股权投资。2008～2009年，由于私募股权投资产生的现金不足（因为不确定的退出环境）、私募股权投资贬值的预期以及需要为学校支出提供资金，很多大学都将注意力放在了通过二级市场出售其部分私募股权投资组合上。

历史上，二级市场被有限合伙人作为一种折价出售资产的工具，但是普通合伙人并不鼓励这么干。然而，这种情况已经发生了变化，因为普通合伙人已经发现，卖方变得越来越大，也越来越多元化，覆盖了有限合伙人的整个谱系。由于监管的变化，一些卖家需要卖出私募股权的收益，而其他卖方则需要多元化他们的投资组合。普通合伙人非但没有抵制销售，反而越来越多地为有限合伙人的销售提供便利，尤其是越来越多的买方将定价推高至具有吸引力的水平。许多普通合伙人现在直接利用二级市场来增加他们自己的投资组合的灵活性。目前市场上有两种新的普通合伙人模型：

（1）基金作为卖方：普通合伙人将二级市场销售作为一种战略工具，用于出售非流动投资组合中的权益。这使他们能够出售长期表现不佳的投资组合公司以及估值的非流动性投资，否则这类投资将超出基金的预定投资期限。此外，普通合伙人有时会出售公司直接投资的全部投资组合，而不是单个投资组合公司。

（2）捆绑交易（stapled transaction）：普通合伙人利用捆绑交易作为重组工具，将旧基金中的投资组合公司转移到新基金中去，新基金有新的条款和回报。然后，有限合伙人可以选择兑现或投资于新基金。如果他们兑现，普通合伙人将通过新基金的有限合伙人来承接他们的权益。

19.4.5 财务会计准则委员会第 157 号公告

从 2008 年 11 月 15 日起，财务会计准则委员会第 157 号公告（FASB 157）正式生效。这项准则给出了公允价值的定义，建立了通用会计准则中公允价值的计量框架，并扩展了与公允价值有关的披露内容。尽管 FASB 157 并不特定针对私募股权投资基金，但是该公告通过改变计量公允价值的方法，并要求就公允价值如何计量披露更多的信息，对基金产生了重大影响。FASB 157 规定了一整套输入变量，并要求以此作为价值确定的基础，包括可比公司交易价格或业绩倍数等。

历史上，私募股权投资基金以成本或最新一轮的融资的价格为基础来计量资产的公允价值，这种方法不符合 FASB 157 关于公允价值计量的要求。作为 FASB 157 如何影响报告股权价值的一个例子，我们假设一个今年完成的收购，当公司的 EBITDA 为 1 亿美元，私募股权投资基金按 10 倍的企业价值 / EBITDA 倍数收购这家公司，其中 60% 是债务资金（6 亿美元）、40% 是权益资本（4 亿美元）。如果下一年这家公司的 EBITDA 骤降至 6 670 万美元，同时可比公司的倍数降至 9 倍，假设此时债务额仍是 6 亿美元，那么组合公司的权益就已经损失殆尽了（9×0.667=6 亿美元，刚好等于债务，没有任何权益价值了）。

第 20 章　私募股权投资的议题与机遇

2002～2007 年，良好的利率环境、低违约率和宽松的信贷政策等因素刺激了私募股权投资基金快速增长。管理资产额增长了 10 倍以上，单笔交易规模高达 400 多亿美元。但好景不长，辉煌在 2007 年下半年爆发 75 年以来最大的信贷危机时突然中断。在 2005 年到 2007 年完成的很多私募股权投资交易的业绩都令人失望，很多投资的权益价值跌到了 50% 甚至更低。2008～2009 年，破产法院主要忙于私募股权投资组合公司的破产，投资者对是否投资于私募股权投资基金变得更加谨慎。尽管面临着各种困难，私募股权投资基金在 2009 年年中仍有 1 万多亿美元的现金可用于投资。许多基金将此时因全球衰退而造成的估值偏低，并且自持大量现金当成是为未来创造巨大收益的绝佳投资机遇。然而，在 2009 年完成的交易并不多。尽管有可怕的预测，但在 2010～2016 年，该行业经历了一场复苏，分配超过了资本要求，从而产生强劲的净现金流。2013～2015 年，私募股权基金募集资金超过了 5 000 亿美元，截至 2016 年年底，未投资的资金已经超过 1.5 万亿美元。由于持续良性的债务市场可以为大多数交易提供融资，该行业的经济地位十分稳固。然而，高资产价格使交易数量和规模保持在更为适度的水平上。

20.1　私募股权投资上市公司

2008～2009 年，尽管信贷市场萎靡不振，但很多私募股权投资基金将权益价值被严重低估的高质量公司看作投入资金的绝好机遇。因此，投资活动依然持续（虽然是以较慢的速度和较小的规模），很多都采用了对上市公司进行非控股收购投资方式。这类投资方式统称为私募股权投资上市公司（PIPE）。

在大型 PIPE 交易中讨论最多的问题是，如果目标公司在投资完成后以更有利的条款发行新的资本，如何保护先前的投资者。这类保护的期限通常为 2 年。在绝大多数的案例中，获取任命董事的权利需要持有约 10% 的股权。随着 PIPE 投资者寻求目标公司更多的股权，限制额外股份积累和恶意收购的冻结条款（standstill provisions）越来越流行。冻结期一般在投资者拥有少于特定比例（通常为 5%）的发行在外普通股或者投票权时结束。

私募股权投资机构一般会牺牲流动性以换取更多的公司治理权和更好的条款。在美国，大多数（如果不是全部）PIPE 的交易结构是向私募股权投资机构发行附有随后注册权的未注册证券。注册权协议通常要求发行人满足有效暂搁注册的时间表，并赋予私募股权投资者额外但有限的要求登记权和附属登记权。通常还有转让限制，包括长达 3 年的锁定期，在此期间，股份只能转让给特定受让方，包括有限合伙人和现有股东。

20.2 权益收购

和 PIPE 的非控股投资交易不同的是，权益收购通过购买目标公司的绝大多数但不是全部股份以获得控制权。在权益收购中，整个交易没有借入任何资金。但是，当信贷市场允许时，私募股权投资基金希望通过借入资金发放高额股息来降低自身的权益投资风险暴露。如果能够以足够低的成本收购公司，即使没有初始的杠杆，私募股权投资基金也能从权益收购中获得高额收益。权益收购比杠杆收购风险更大，因为私募股权投资机构预先投入了更多的自有资本。除此之外，权益收购还失去债务利息的税盾效应，这提高了整体的资本成本。但是，只要初始收购价格足够低，这些都不是问题。

权益收购的一个优势是私募股权投资基金通过这种交易可以避免触发控制权变动条款，而根据这一条款目标公司需要偿还负债。在大多数的杠杆收购中，私募股权投资基金需要通过债务融资来偿付现有的未偿贷款。不引发债务偿还的权益收购非常有利，因为既节省了再融资费用，又使得即便面临不利的信贷环境时交易也能够顺利进行。

举例来说，通过杠杆收购以 11 倍 EBITDA 的价格收购目标公司，与通过权益收购以 7 倍 EBITDA（在价值低估环境下）收购有可能实现同样的内部收益率，如图 20-1 所示。为了使这个案例的对比更加直观，我们假设权益收购和杠杆收购都实现对目标公司 100% 的控制。

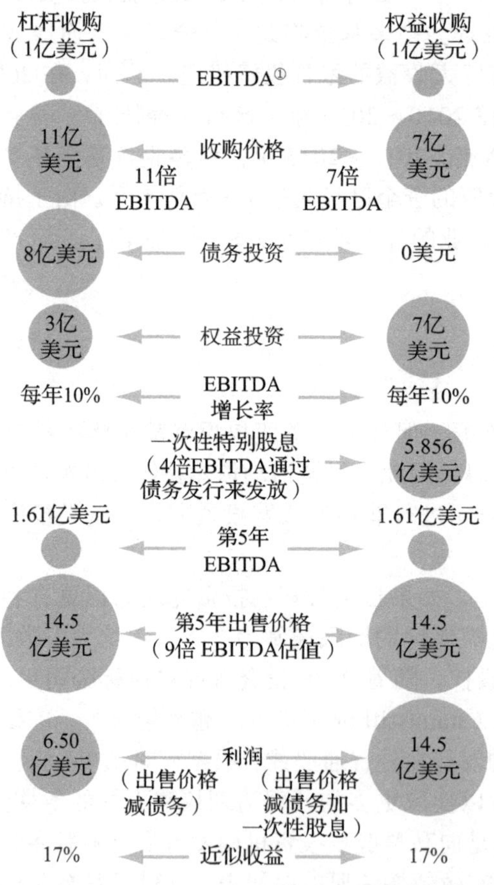

杠杆收购通过借款提高私募股权投资的收益。当借不到钱来支持初始的收购时会发生什么状况呢？通过图中与权益收购的对比发现，结果取决于交易的初始购买价格和未来债务市场的复苏。在此案例中公司所有者在买入的第4年通过债务来发放一次性股息

图 20-1 没有杠杆的杠杆收购

① EBITDA 为息税折旧摊销前利润。

资料来源：Lattman, Peter. "Lacking Leverage, Firms Embrace EBOs." *Wall Street Journal* 12 Mar. 2009.

20.3　困境资产

一些私募股权投资机构对努力避免破产、急需现金流的困境公司提供贷款。另一些机构通过破产法院寻找能够以很大折扣买入的资产。然而，还有些机构专注于基础设施支付项目和困境银行提供资本。一旦市场和经济低迷，掌握大量资本的私募股权投资基金就能以有利的价格广泛地投资于各种类型的困境资产和债务。通过拓展投资工具，将非传统的证券和资产列入投资范围，私募股权投资基金使资金有了更多的投资出路，同时也使良好的内部收益率成为可能。到 2011 年，以不良债务为目标的私募股权基金、扭亏为盈投资（专注于收购陷入困境的公司的股权）和特殊情况投资（这种投资专注于事件驱动或复杂环境）占所有私募股权融资的 10%。

20.4　并购顾问

一些大型的私募股权投资机构试图通过新增并购顾问业务来多样化其投资活动。例如，贝莱德集团积极地为兼并、收购及重组业务提供顾问服务。贝莱德和其他大型私募股权投资机构（比如凯雷集团）曾试图填补因雷曼兄弟破产、美林被美国银行兼并和贝尔斯登被摩根大通兼并而留下的市场空白。然而，在一些初步成功之后，许多投资组合公司的公司所有权的利益冲突问题使这项业务更加困难。贝莱德集团和凯雷集团已经剥离了他们的并购咨询业务。

20.5　资本市场活动

2009 年 6 月，KKR 和富达投资达成协议，由全世界最大的共同基金公司——富达（拥有 1 200 多万经纪客户）独家销售 KKR 组合公司的首次公开发行。这一举措使得 KKR 可以不再需要投资银行，而之前 KKR 的所有首次公开发行都是通过投资银行完成的。

和富达基金的合作为 KKR 刚起步的资本市场活动提供了一个旗下组合公司股票和债券发行的分销渠道。在过去的 33 年中，KKR 支付了几十亿美元的承销费给投资银行，因而 KKR 决定在内部发展资本市场业务以节省大部分的承销费。2008 年，组合公司估值的剧烈下降给 KKR 带来了 12 亿美元的损失，这份合作协议是 KKR 试图多样化其私募股权投资业务的努力之一。

2007 年第一季度，正值杠杆收购繁荣之时，私募股权投资基金支付给投资银行总计 43 亿美元的费用。KKR 发展内部资本市场业务使得公司可以节约可观的承销费，但同时也把公司放在了和投资银行直接竞争的位置上，而这些投资银行往往能给其带来收购机会。2016 年，KKP 的资本市场部拥有大约 45 名员工，提供包括资产支持贷款、高收益债券、循环贷款、夹层资本、杠杆贷款、股权相关证券以及过桥贷款。其他主要的私募股权投资机构并没有采取与 KKR 一样的举措，但它们中的大多数已经开始执行业务多样化的策略，以降低对传统私募股权投资业务的依赖性。

20.6　对冲基金与房地产投资

绝大多数大型私募股权投资机构都运作着对冲基金和房地产投资业务。截至 2016 年年中，凯雷集团通过 9 只基金运作房地产投资业务，在世界范围内投资了 680 处房地产；截至

2016 年，贝莱德集团是全球最大的房地产私募股权公司，管理资产超过 1 050 亿美元。

2007～2009 年金融危机期间，私募股权投资机构的对冲基金投资活动遭受了重大挫折。例如，凯雷集团旗下的对冲基金部门凯雷资本公司在对住房抵押贷款支持证券的投资中遭受了巨大损失，共有超过 160 亿美元的相关贷款违约。KKR 旗下的对冲基金 KKR 金融也在金融危机中因住房抵押贷款类投资业务遭遇困难。这些投资使得评级机构降低了对 KKR 金融的信用评级，随之而来的是公司股价的大幅下跌（KKR 金融 2004 年在纽约证券交易所完成首次公开发行，从而降低了 KKR 在这家公司的所有权比例)。2009 年 3 月，KKR 金融披露了 2008 年第四季度高达 12 亿美元的损失，损失的主要原因是投资于发放给 KKR 组合公司的杠杆贷款发生实际损失和价值减记。2016 年，大多数拥有以前活跃的对冲基金投资组合的私募股权公司都已经缩减了这一业务，将更多精力放在投资其他的对冲基金上，而不是直接投资。KKR 通过 KKR Prisma 为其投资客户提供对冲基金投资机会。KKR Prisma 负责构建和管理定制化的对冲基金投资组合和对冲基金基金中的基金。凯雷集团和贝莱德集团是另外两家在对冲基金投资方面风险暴露最大的私募股权公司。

20.7 繁荣与萧条的周期

在过去的 30 年间，明显能看出信贷市场状况是决定私募股权投资能否成功的首要决定因素。这可能是因为私募股权投资者总试图发现并利用资本市场定价的系统性价格偏差。当债务成本比权益成本低时（如 2002～2007 年的情况)，私募股权投资机构就会试图借入更多的钱，并且是以更有利的条款借款。例如，在 2006 年信贷宽松时，私募股权投资基金能以比 LIBOR 仅高 250 个基点的利差借款。2008 年，随着信贷市场的萎缩，借款利差提高到了 500 个基点。由此来看，可以说 2006 年的信贷市场中存在高达 250 个基点的价格偏差，这刺激了私募股权投资基金做更多和更大的交易。然而，在 2008～2009 年的市场萧条时期，私募股权投资活动陡然下降。

证据表明，私募股权投资基金业繁荣和萧条的周期会一直持续下去。当出现有利的利率环境和长期的高额权益收益时，私募股权投资活动就会增加。繁荣的标志就是充足的信贷和宽松的债务条款。但繁荣过后，就会出现信贷萎缩和公司盈利趋弱。相应地，萧条的标志是债务违约和破产。

20.8 附属基金

2008～2009 年的经济衰退迫使私募股权投资基金对组合公司的持有期限超过了预期，导致许多组合公司的资本短缺，尤其是那些需要后续投资或者在出售前需提高其运营状况的公司。为了解决资本短缺，私募股权投资机构发明了附属基金（annex fund)：一般作为当前基金的平行投资工具，有限合伙人也有机会参与这类基金。附属基金的投资范围一般较小，基金募集时就会明确指定其投资目标，例如用于现有组合公司的后续投资，这些投资通常是专门指定的。稀释是原有限合伙人在接触附属基金时最担忧的问题。因为附属基金将会引入新的投资者，这些投资者可能会以比原来的有限合伙人更低价格投资于组合公司。此外，附属基金的费用和其他条款也都更优惠。当然，如果由原来的有限合伙人投资附属基金，这些问题就能迎刃而解，但是很多有限合伙人并不想提高其对投资组合公司的风险暴露。考虑到如果没有附属基金，对投资组合公司的投资可能不能及时退出，这会延迟原来的有限合伙人的收益。所以，尽管对附属基金仍存有疑虑，有限合伙人通常还是会支持附属基金。

20.9　亚太地区私募股权投资

2015 年是亚太地区的私募股权行业有记录以来最强劲的一年，交易额达到 1 250 亿美元。退出活动达到 880 亿美元，并依然活跃。筹资活动则接近历史平均水平。过去投资而产生的回报在整个亚洲地区都出现了增长，并延续着 2014 年年初的势头。普通合伙人返还资本并提高回报率，使得有限合伙人的现金回报为正。有关该地区行业的情况概览，请参阅图 20-2、图 20-3、图 20-4 以及表 20-1。

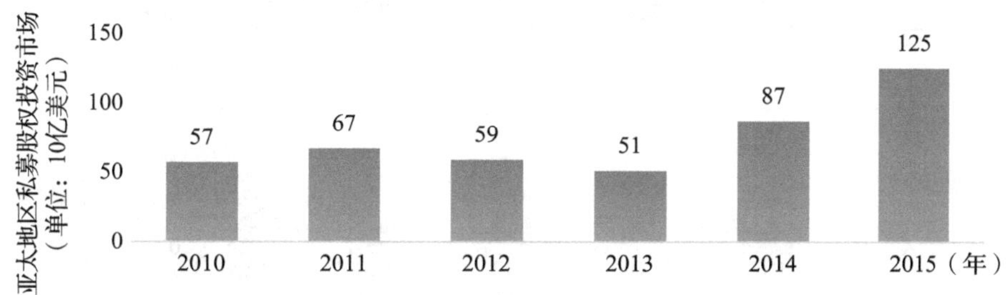

图 20-2　亚太地区私募股权投资

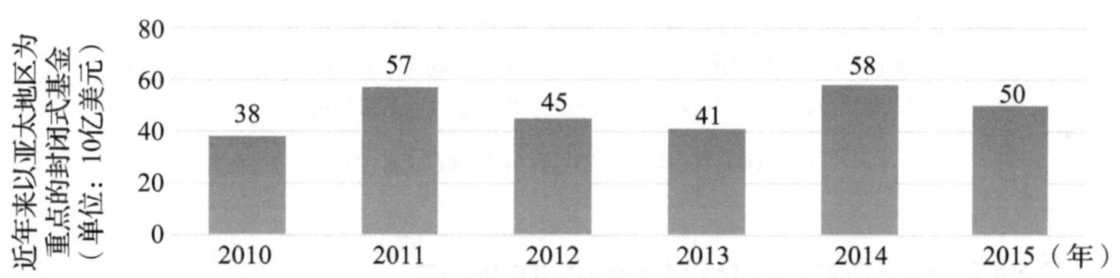

图 20-3　亚太地区私募股权投资

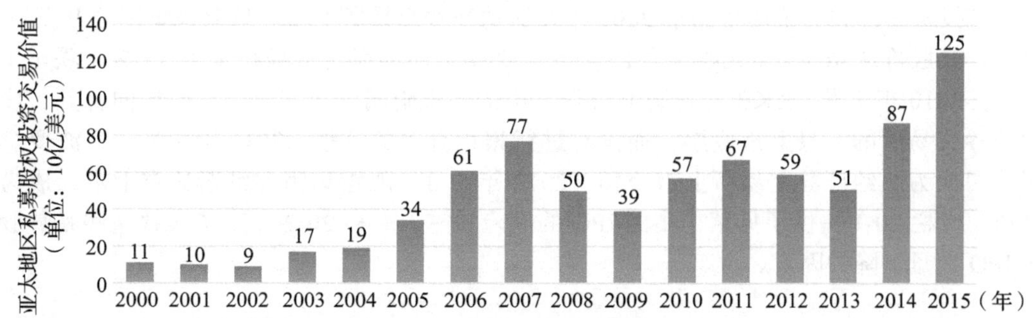

图 20-4　亚太地区私募股权投资

表 20-1　亚太地区私募股权投资

亚太地区平均交易规模（单位：100 万美元）

2010 年	2011 年	2012 年	2013 年	2014 年	2015 年
85	83	100	76	106	131

20.10 欧洲地区私募股权投资

自 2007~2008 年金融危机以来，欧洲私募股权市场已投资近 4 000 亿欧元，涉及 2 800 家投资组合公司。2015 年，融资总额接近 476 亿欧元，几乎达到 2014 年的水平。但募集资金的基金数量下降了 15%，下降 274 只，但仍明显高于 2012 年和 2013 年水平。2015 年，私募股权公司退出了大约 2 500 家欧洲公司。按金额计算，最受欢迎的退出渠道是出售给战略收购方（29%）、出售给财务收购方（27%）以及公开市场股票发行（17%）。有关该地区行业的情况摘要，请参阅图 20-5。

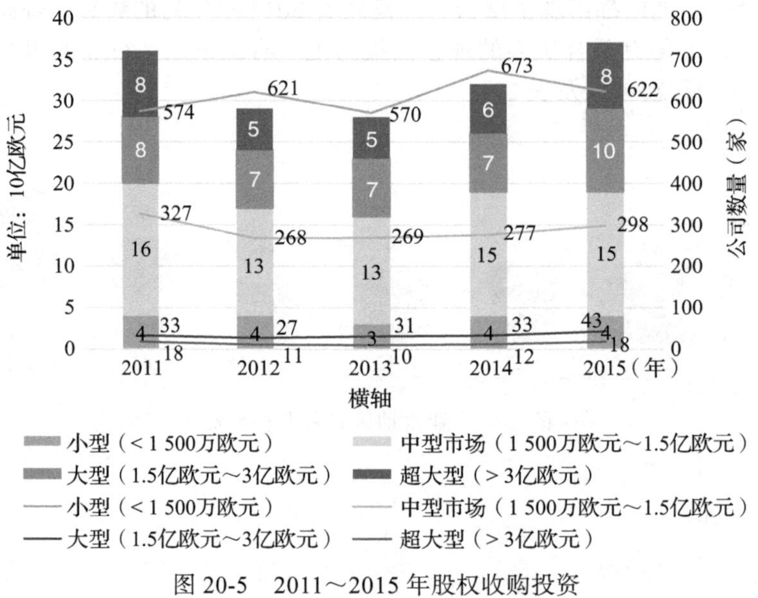

图 20-5 2011～2015 年股权收购投资

20.11 私募股权投资机构首次公开发行

堡垒投资集团和贝莱德集团于 2007 年在纽约证券交易所上市。贝莱德集团公开发行 18 个月后，其股价从 36.45 美元跌至 4.15 美元，堡垒集团的股价从最初定价 35 美元跌至 1 美元以下。2010 年 7 月，KKR 与阿姆斯特丹上市的一家附属公司完成了换股反向合并，成为纽约证券交易所的一只上市股票，而没有进行累积订单的流程。2011 年 3 月，阿波罗全球管理公司成为纽约证券交易所上市公司。2012 年 5 月，凯雷集团在纳斯达克上市，成为上市公司。专栏 20-1 提供了贝莱德集团 IPO 的风险披露，专栏 20-2 显示了导致这些私募股权公司 IPO 数量下降的因素。

专栏 20-1 贝莱德集团首次公开发行的主要风险

- 组合公司：……面临不利的经济环境或者衰退（可能跨越一个或多个行业、部门或地区）时，我们基金所投资的组合公司可能会遭受不利的经营业绩，收入下降、信用评级下调、财务损失、融资困难和资本成本上升等麻烦。
- 之前的俱乐部交易：……财团交易降低了贝莱德集团对投资组合公司的控制

权，因为贝莱德集团需要和其他的私募股权投资者分享公司治理权，据此，我们可能没有能力控制与投资相关的决策，包括管理层决议、公司治理和退出的时间与方式。

- 新的投资和基金：……我们的资金可能会受到以下因素影响……退出机会和从投资中实现价值的机会的减少，预期的投资回报率低于信贷市场恶化之前的预测，以及我们可能无法找到合适的投资机会来有效地部署资金的这种可能性，这些可能会对我们筹集新资金的能力产生不利影响。
- 价值不确定性：……非流动性投资的价值很不稳定，存在极大的不确定性，这些投资的公允价值反映在投资基金的净值里，但是这一公允价值并不一定代表收益实现时基金所能获得的价值。
- 透过过去看未来，未来的收益并没有看起来这么乐观：……我们的投资基金的收益受益于良好的投资机会和市场环境，但这些条件并不一定能够再现……我们当前或未来的投资基金可能无法获得之前那么好的投资机会或市场条件。
- 杠杆的不利影响：……企业发生大量负债可能……加大企业用富余的现金流提前偿还债务的压力，这将限制企业对于变化的行业环境的反应能力……这将限制企业今后为资本开支、运营资本和其他经营目的而筹集资金的能力，或者提高筹集这些资金的成本。
- 退出：……我们的投资基金处理投资的能力很大程度上依赖于公开市场……大量持有的证券只能在相当长的时间周期内处理，这使得投资收益暴露在市场可能走低的风险下。

资料来源：Company Filings.

专栏 20-2　私募股权投资机构公众股价下跌的原因

- 宏观经济状况
  - 高收购倍数和低成本融资的结束对这些机构有着重大影响。
- 模糊的商业模式
  - 复杂的财务账目和主观性的会计导致股份的公允价值难以确定。
  - 投资者难以获得足够的信息和数据来做出明智的投资决定。
- 行业缺乏公开市场的跟踪记录，导致首次公开发行定价过高。
  - 2007 年前期，许多专家建议投资者避开市场中这个炙手可热的投资机会。
  - 贝莱德集团和堡垒投资集团在私募股权投资狂热的顶峰时上市。
  - 私募投资公司是专业的投资者，当它们愿意向你出售公司的一部分股权，本身就很值得怀疑。
- 公司维持其保密文化
  - 贝莱德宣告其管理层将继续保持对公司决策的完全控制，包括如何分配大额薪水。
  - 机构并不会披露足够的关于资金将如何使用的细节信息，并且不会理会公开市场对投资组合公司的决策提出的问题。
- 股东缺乏传统权利
  - 股东没有传统上的投票权，并且不能参加一年一度的股东大会。

20.12 私募股权投资机构比较

表 20-2 展示了 2010～2015 年私募股权投资募集资本排名。排名前 50 名的私募股权投资

机构比后 250 家公司募集的资本还要多（参见图 20-6）。图 20-7 展示了这 300 家最大的私募股权投资机构是如何募集到资金的。最后，图 20-8 比较了前 50 家最大私募股权投资基金的内部收益率和后 250 家私募股权投资基金的内部收益率。

表 20-2 2010～2015 年私募股权投资募集资本排名

排名	机构名称	总 部	募集资本额（单位：100 万美元）
1	The Carlyle Group	华盛顿	31 906.72
2	TPG	沃斯堡（美国田纳西州）	30 332.95
3	Kohlberg Kravls Roberts（KKR）	纽约	29 105.10
4	The Blackstone Group	纽约	25 565.89
5	Apollo Global Management	纽约	22 200.00
6	CVC Capital Partners	伦敦	21 178.40
7	EnCap Investents	休斯敦	21 147.83
8	Advent Intenational	波士顿	15 735.37
9	Warburg Pincus	纽约	15 243.00
10	Bain Capital	波士顿	14 565.47
11	Vista Equity Partners	旧金山	11 814.00
12	Partner Group	巴尔（瑞士楚格州）	11 198.00
13	Silver Lake	门洛帕克（美国）	11 074.50
14	Hellman & Friedman LLC	旧金山	10 900.00
15	Centerbridge Partners	纽约	10 496.78
16	Energy Capital Partners	肖特山（美国）	10 436.35
17	Permlra Advisers	伦敦	10 412.49
18	EQT	斯德哥尔摩（瑞典）	10 382.96
19	NGP Energy Capital Management	达拉斯（美国）	9 832.64
20	Riverstone Holdings	纽约	9 164.31
21	Goldman Sachs Principal Investment	纽约	9 143.32
22	Ares Management	洛杉矶	8 929.00
23	Neuberger Berman Group	纽约	8 844.00
24	Stone Point Capital	格林威治（美国康涅狄格州）	3 759.25
25	American Securities	纽约	8 640.00
26	BC Partners	伦敦	8 600.99
27	Clayton Dubilier&Rice	纽约	3 539.16
28	General Atlantic	纽约	8 510.00
29	Cinven	伦敦	8 248.70
30	Russian Direct Investment Fund（RDIF）	莫斯科	8 159.58
31	Onex	多伦多（加拿大）	8 081.11
32	Thomas Bravo	芝加哥	8 005.59
33	HgCapital	伦敦	7 955.59
34	Apax Partners	伦敦	7 815.29

（续）

排名	机构名称	总　部	募集资本额（单位：100 万美元）
35	Insight Venture Partners	纽约	7 673.96
36	Triton Partners	伦敦	7 673.48
37	Bridgepoint	伦敦	7 300.47
38	BDT Capital Partners	芝加哥	7 275.00
39	GTCR	芝加哥	7 124.23
40	Pamplona Capital Management LLP	伦敦	6 741.57
41	Tiger Global Management	纽约	6 735.00
42	Welsh, Carson, Anderson & Stowe	纽约	6 672.00
43	RRJ Capital	香港（中国）	6 662.00
44	Baring Private Equity Asia	香港（中国）	6 450.00
45	Sequoia Capital	门洛帕克（美国）	6 443.06
47	Leonard Green & Partners	洛杉矶	6 250.00
48	Oaktree Capital Management	洛杉矶	6 076.87
49	The Abraaj Capital	迪拜	6 001.03
50	Georgian Co-investment Fund（GCF）	特比利斯	6 000.00
51	CDH Investments	九龙（中国香港）	5 663.43
52	JP Morgan Asset Management	纽约	5 606.47
53	Brookfield Asser Management	多伦多	5 172.00
54	New Enterprise Associate	门洛帕克（美国）	5 170.00
55	CITIC Private Equity Finds Management	北京	5 122.75
56	American Capital	贝塞斯达（美国）	5 082.00
57	Providence Equity Partners	普罗温斯顿（美国）	5 000.00
58	Francisco Partners	旧金山	4 875.00
59	Ardian	巴黎	4 797.65
60	Cerberus Capital Management	纽约	4 750.00
61	TowerBrook Capital Partners	纽约	4 690.00
62	Nordic Capital	斯德哥尔摩（瑞典）	4 654.27
63	Roark Capital Group	亚特兰大（美国）	4 632.00
64	H.I.G. Capital	迈阿密（美国）	4 616.41
65	Patria Investimentos	圣保罗（巴西）	4 573.00
66	Berkshire Partner	波士顿	4 500.00
67	MBK Partners	首尔	4 413.00
68	Affinity Equity Partners	香港（中国）	4 327.50
69	PAL Partners	巴黎	4 272.98
70	First Reserve Corporation	格林威治（美国康涅狄格州）	4 223.03
71	New Mountain Capital	纽约	4 130.00
72	Madison Dearborn Partners	芝加哥	4 100.00
73	Avista Capital Partners	纽约	4 062.50

（续）

排名	机构名称	总　部	募集资本额（单位：100 万美元）
74	Caixa Economica Federal	巴西利亚（巴西）	4 059.81
75	Hony Capital	北京	3 912.79
76	HitecVision AS	斯塔万格（挪威）	3 870.00
77	Andreessen Horowitz	门洛帕克（美国）	3 852.20
78	CCMP Capital	纽约	3 848.00
79	Equistone PartnersEurope	伦敦	3 758.97
80	Platinum Equity Partners	贝弗利山庄（美国）	3 750.00
81	Denham Capital Management	波士顿	3 665.00
82	Kleiner Perkins Caufield & Byers	门洛帕克（美国）	3 653.58
83	Pine Brook	纽约	3 595.00
84	Sycamore Partners	纽约	3 587.50
85	KPS Capital Partners	纽约	3 571.43
86	Montagu Private Equity	伦敦	3 563.18
87	Accel Partners	帕洛阿尔托（美国）	3 548.62
88	Golden Gate Capital	旧金山	3 500.00
89	ABRY Partners	波士顿	3 500.00
90	China Development Bank	北京	3 497.25
91	Alpinvest Partners	纽约	3 471.73
92	Veritas Capital	纽约	3 440.60
93	KSL Capital Partners	丹佛（美国）	3 340.45
94	Little john & Co	格林威治（美国康涅狄格州）	3 340.00
95	Yorktown Partners	纽约	3 295.53
96	Crestview Partners	纽约	3 250.00
97	Summit Partners	波士顿	3 250.00
98	ARC Financial Corp.	卡尔加里（加拿大）	3 200.98
99	The Jordan Company	纽约	3 200.00
100	Bessemer Venture Partners	拉奇蒙特（美国）	3 200.00
101	Emerging Capital Partners	华盛顿	3 173.60
102	Court Square Capital Partners	纽约	3 170.00
103	Khosla Ventures	门洛帕克（美国）	3 169.00
104	Capital International, Inc.	伦敦	3 169.00
105	Taoshi Equity Investment Management	上海	3 169.00
106	Gávea Investimentos	里约热内卢（巴西）	3 074.20
107	Resource Capital Funds	丹佛（美国）	3 060.00

注：PEL300 统计中采取的私募股权投资的定义为：募集资金并将其直接投资于企业。这一定义涵盖了多样化私募股权投资、并购、成长型权益、风险投资、反转或控制型困境投资。统计排名不包括基金中的基金、私募二级投资、房地产、基础设施、债务投资（包括夹层投资）。

资料来源：www.peimedia.com.

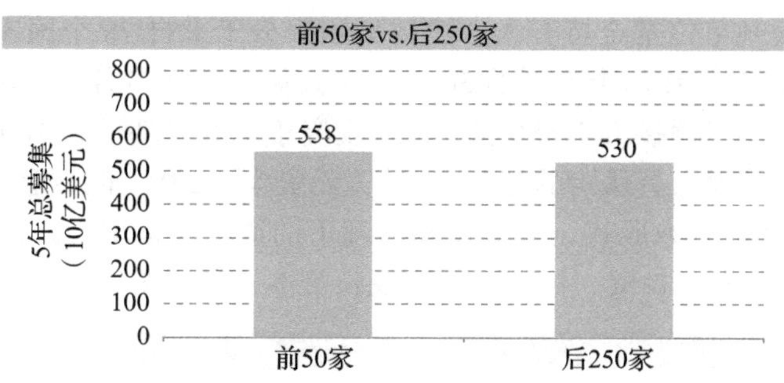

图 20-6　排名前 50 家和后 250 家

资料来源："PEI 300", Private Equity International.

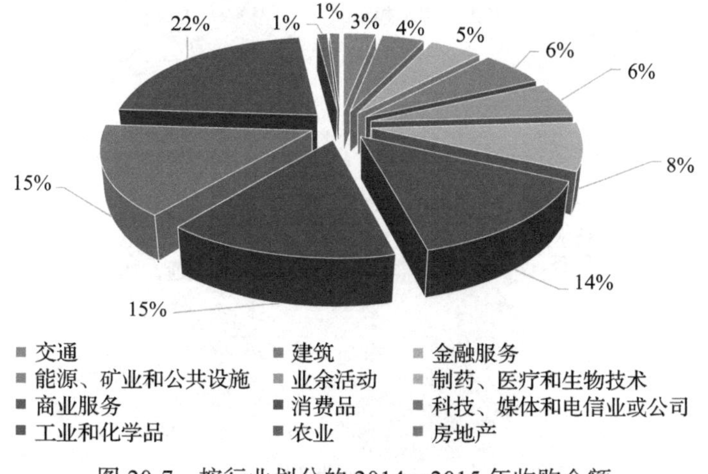

图 20-7　按行业划分的 2014～2015 年收购金额

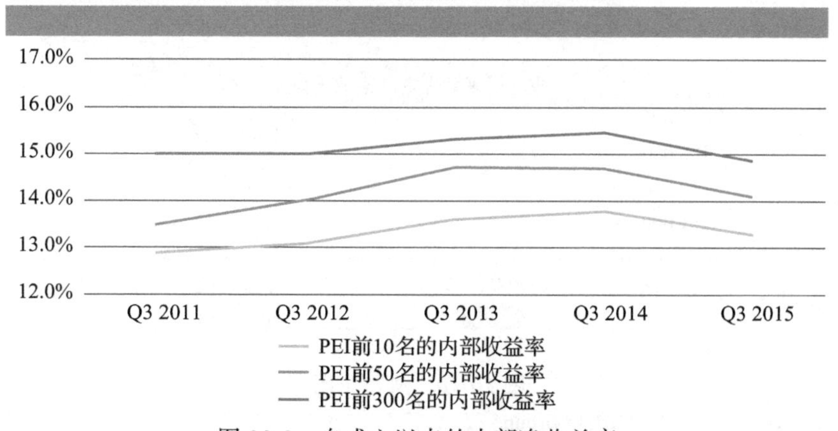

图 20-8　自成立以来的内部净收益率

资料来源：PEI 300, 2016.

20.13　凯雷集团简介

1987 年成立的凯雷集团目前在纳斯达克市场公开上市。凯雷集团拥有三类所有者：员工、战略投资者和公共单位基金持有人。凯雷集团服务于来自 78 个国家的 1 700 多名投资者。截至 2016 年，该公司在六个大洲的 36 个办事处拥有 700 多名专业投资人士和 1 700 多名员工。凯雷管理的资产额接近 1 880 亿美元（投资于 126 只基金和 160 只基金中的基金），其中包括该公司高级管理人员认购的超过 40 亿美元资本。2011 年，凯雷集团收购了私募股权基金公司 AlpInvest 的多数股权，从而使其管理下的资产大幅增长。这些资产包括四类基金家族：杠杆收购、房地产投资、杠杆融资和成长资本。参见图 20-9 和图 20-10。

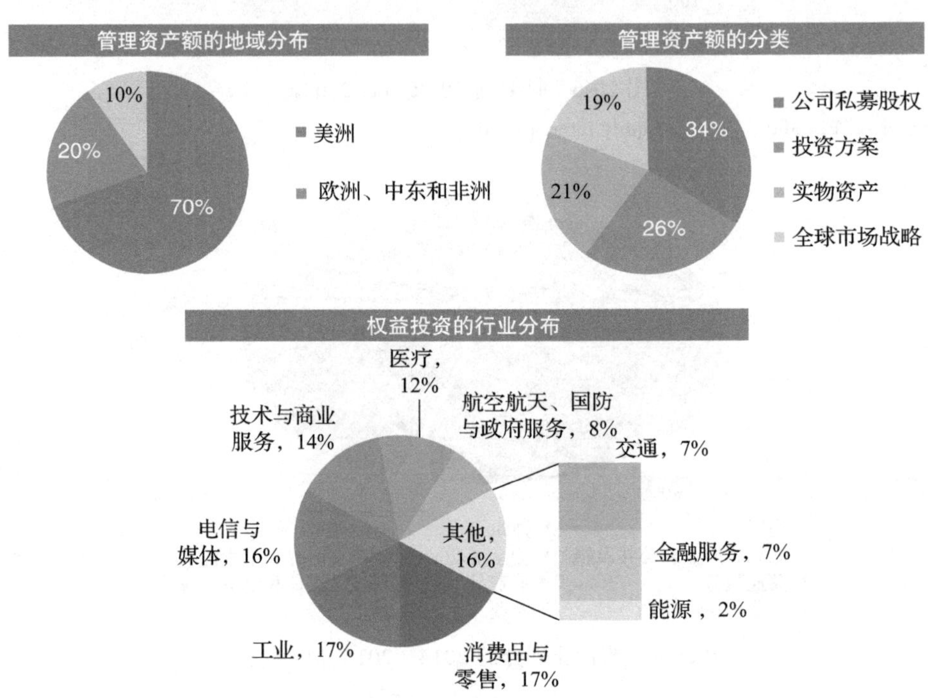

图 20-9　凯雷集团

资料来源：*The Carlyle Group: Asset Under Managemant*. The Carlyle Group. Web.

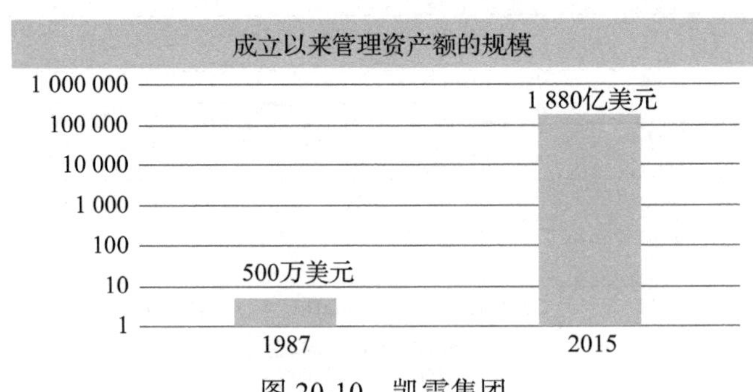

图 20-10　凯雷集团

资料来源：Press reports; The Carlyle Group.

20.14　未来的挑战与机遇[⊖]

普通合伙人与有限合伙人的共同投资正在变得越来越流行。有限合伙人喜好这样的共同

⊖ 部分基于贝恩公司《2016 年全球私募股权公司报告》所表达的观点。

投资，是因为提供额外的资本可以让他们接近更高阶的普通合伙人，却只需向普通合伙人支付较低的费用。2015 年，这些在私募股权领域里“影子资本”的投资总额估计达到 1 610 亿美元，相当于当年所筹集传统资本的 26%。有限合伙人选择参与私募股权投资的另一种新颖方式是，通过积极交易现有私募股权基金中的股份，越来越多地利用二级市场来配置资本。传统上，二级权益的买卖一直是专为此设立的专门基金的业务领域。过去，有限合伙人直接在二级市场上买卖的程度仅限于退出已建立基金的权益，退出原因要么是因为他们需要现金，要么是因为他们对普通合伙人将产生的预期回报失去了信心。而作为二级市场买方的有限合伙人则主要希望获得大幅折扣。然而，现在参与二级市场非常普遍了，接近 60% 的有限合伙人承认在二级市场上买卖过资产。事实上，二级市场的交易已经成为一种强有力的投资组合管理工具。除了使得有限合伙人可以利用未投资的资本来增加他们对私募股权的敞口外，二级市场还使他们能够更好地在多个年份基金里分散他们的资产。

由于投资步伐落后于筹资活动，私募股权投资基金拥有大量未投资资本，在 2016 年这些资本超过了 4 600 亿美元。对于普通合伙人来说，他们将闲置的“干火药”(dry power，指已募集未投资资金）投入新项目的压力越来越大。不把这笔钱用起来就有可能疏远有限合伙人并危及普通合伙人未来筹集新资金的机会。可是，当普通合伙人权衡他们面临的投资选择并考虑投入资金如何度过基金的生命期的时候，他们发现自己陷入了另一个困境。可用于有效投资的“干火药”增加了普通合伙人之间激烈的竞标。实际上，随着每一笔交易的竞争越来越激烈，随着交易引入市场后银行要求的时间限制越来越短，如今的竞购往往让潜在买家别无选择，只能善意地接受卖方关于目标公司市场地位和增长潜力的断言。特别是中小型私募股权公司往往缺乏在交易中竞争的资源和深度，甚至许多最有实力的公司也需要自我克制以避免陷入竞购战，因为他们最终可能会因胜出而后悔。

在美国，私募股权投资收购倍数现在平均超过 EBITDA 的 10 倍，甚至超过了 2007 年高企的倍数。在欧洲，并购倍数略低于 EBITDA 的 10 倍。普通合伙人知道，谨慎的做法是等待交易倍数缓和，但有限合伙人希望他们参与新的投资。然而，普通合伙人认识到，不让有限合伙人失望的最有效的方法就是屈服于压力而仓促地去支付过高的价格买入资产，这些资产可能会在他们的投资组合中被静置很长时间，等待着永远看不到的利润。因为不愿接受任何一种没有吸引力的选择，大多数普通合伙人都试图遵守投资纪律去谨慎投资。但是他们这样的努力却遭遇到了搅扰交易市场的第三个横流：信贷市场恶化。虽然央行将利率维持在接近于零的水平，但债务市场已经变得很不稳定，特别是高收益债券和杠杆贷款。

面对更多不确定的条件，银行越来越不愿意成为承销商。因为它们担心可能会找不到其他投资者组成银团，从而单独承担债务风险，所以它们正在退出私募股权投资交易或完全回避它们。根据《多德 – 弗兰克法案》制定的更严格的监管制度，美国的银行决定避免在其资产负债表上保留卖不出去的高收益债务，以免触发监管机构施加巨额资本费用。

廉价信贷的逐渐枯竭，再加上更高的收购倍数，正在改变交易的计算方法。即使杠杆收购的收购倍数增加了，杠杆倍数也从 EBITDA 的 5.9 倍降至 5.5 倍，其结果是迫使收购基金将更多权益资本置于风险中以完成交易。寻找债务以支持更大的收购已成为特别棘手的问题。对大多数私募股权公司而言，独立完成任何超过 50 亿美元的交易都更具挑战性。由于高收益债券和杠杆贷款的债务成本急剧上升，2015 年并购的债务融资额是 1 330 亿美元，是 6 年内的首次下降。尽管债务市场可能仍然严峻，不过在传统的银行主导的银团融资之外，新的债务来源将在一定程度上提振市场。新的贷款工具越来越受欢迎，其中包括统包融资（unitranche financing）。这种融资是由单一承销商发行的贷款，其中包括了高级债务和次级债务的头寸，也扩展到高级贷款，这种贷款结合了资产支持和现金流两种模式的贷款特征。直接贷款基金（direct-lending funds）是另一种补充资本的来源，在银行越来越不愿意提供资本时使用。2015 年，夹层基金募集资金超过 190 亿美元，是 2014 年募集资金的两倍多，也是自 2008 年以来的最高水平。

"购买和建立"（buy-and-build）策略越来越受欢迎。在通过激烈竞争进行资产拍卖来支付高额收购倍数的压力下，许多普通合伙人正在寻找购买他们熟悉的企业——与已在其投资组合中的公司相似。私募股权投资公司长期采用"购买和建立"策略，使用已建立的投资组合公司作为加速增长的投资平台。通过增加补强收购（bolt-on acquisition）提高了私募股权所有者的灵活性，从而掌控他们的投资平台找到新的方向，使他们能够发展自己的核心业务或打开相关领域的大门。在全球范围内，由私募股权所支持的公司完成的补强收购金额在 2015 年翻了一倍多，创下了 2 670 亿美元的纪录，几乎与当年所有收购的总额 2 820 亿美元相当。大收购占据了收购市场的主导地位，例如卡夫在食品行业收购亨氏，以及戴尔在计算机领域中收购 EMC 等。

通过将相同或相关业务中的企业添加到投资组合中，普通合伙人可以寻找到那些通常规模太小而无法吸引大型企业收购者关注的公司，而且还能够以较低的价格买到。特别是随着经济的放缓，小公司的所有者将越来越愿意接受以较低的价格出售。通过补强一些低成本收购来的业务，普通合伙人既可以降低初始投资平台公司的成本倍数，又可以增强其增长前景。在退出时，"购买和建立"策略还为私募股权投资基金提供更多选择，使得普通合伙人能够部分或全部出售其持股。

普通合伙人越来越多地瞄准中小型企业的收购。更大的私募股权投资公司也在寻求价值 2.5 亿美元或更低的小型企业的机会。在中型市场的下部，普通合伙人喜欢这里相对便宜的资产，企业的较小规模使它们避开了公司收购者的雷达。购买这些低成本的资产也为普通合伙人提供了实施"购买和建立"策略的机会，使他们能够将几家低收购倍数的公司组合成一个更大的实体，并在退出时可以获得更高的收购倍数。以杠杆收购中的企业价值与 EBITDA 倍数来衡量，价值低于 2.5 亿美元的公司的中位数倍数大概只是价值超过 2.5 亿美元公司的一半。

与战略买家合作以降低风险已成为普通合伙人的优先选择。由于认识到在竞标战中战胜战略收购者是徒劳的，许多普通合伙人正在寻找方法去与大公司合伙进行收购，以满足双方的需求。对于私募股权基金而言，拥有战略性的共同投资者可提供内部的退出策略，这使他们能够在时机合适时将其股权出售给公司合作伙伴。公司在与收购基金合作的过程中找到很多喜欢的东西。一些公司正在利用他们的私募股权投资合作伙伴去获取资金，去分担一些已收购但尚未准备并入资产负债表的新资产的风险，以及获取有助于提升业绩的专业知识。例如，帕米拉公司、加拿大退休金计划投资委员会（CPPIB）以及战略合作伙伴美国微软公司和 Salesforce 公司联合以 53 亿美元的价格收购了数据集成软件提供商 Informatica。该交易使 Informatica 公司能够在公共市场监管之外重组为一家私募股权公司。对于新的所有者而言，这种合作关系带来了潜在的财务回报以及竞争优势。另外一些公司则与私募股权公司合作出售业务部门，使其私募股权合伙人成为新子公司的所有者，并在分拆企业中保留了重要的少数股权。这就是沃博联公司通过向私募股权公司麦迪逊 – 迪尔伯恩投资出售其输液服务业务的多数股权时所做的事情。像这样的创新方法将在未来快节奏、高风险的交易环境中变得更加普遍。要取得成功，私募股权投资公司需要机智地估算机会，并准备利用创新的方式来投入资金。

在 2008 年全球金融危机刚过的那段时间，人们对于私募股权是否能够提供超过市场的回报能力而感到焦虑。在崩盘之前，普通合伙人支付峰值价格收购投资组合中持有的资产，之后又极速地将这些资产的标价大幅降低至远低于当时市场价格水平。他们将到期成熟资产的退出计划搁置，并延长持有期限，等待危机过去。即使是表现出色的普通合伙人也没有幸免，因为第一四分位基金的收益率仅接近公开市场收益率。受到深陷低迷的长期经济以及持续低于平均水平的短期业绩的困扰，忧心忡忡的有限合伙人们想知道他们何时能从昂贵的私募股权投资中获利。尽管 2010 年后经济缓慢复苏，但对私募股权回报的疑虑仍然存在。资产的延迟出售造成了巨大的退出过剩，需要数年的时间才能清理完成，这又增加了回报压力。持续存在的不确定性导致人们认识到私募股权是一种非流动性的长期投资，且私募股权投资行业已经成熟。普通合伙人之前通过大量被低估的资产而获得的超高回报已经枯竭了，利用他们的收购来提高股票回报率也不再有效。不过，在经过若干年的经济增长，现在私募股权的收益已经重新站起来了，普通合伙人和有限合伙人重新获得了信心和新的前景。短期和长期业绩都反映出私募股权恢复了荣光，而普通合伙人理直气壮地声称他们曾经是投资者资本的稳健管家。

随着金融危机后续影响逐渐淡去而化为过去，收购基金目前在世界所有主要地区开展业务，私募股权投资应该始终保持高于公开交易股票的收益水平。2005 年和 2006 年的年份基金（vintage fund）受到了经济衰退的冲击，之后，市场复苏导致基金回报率普遍上升，进入成熟期的 2008 年和 2009 年年份基金的回报数据表明，私募股权再次开始超越公开市场的业绩。第一四分位的基金以更大的幅度扩大了它们在回报方面的领先优势。通过比较在 2006 年和 2008 年之间连续收购的年份基金，强化了这样的结论，即基金回报率随着时间的推移呈上升趋势。当从 2007 年年末到 2008 年年末市场陷入困境时，这三个年份的基金公司的已实现和未实现 IRR 中位数都受到了重创，因为普通合伙人减记了投资组合中持有的净资产价值。但是，到 2010 年年底，随着公开股票市场的走强，一切都已修复。不过，他们的反弹轨迹不同。到 2015 年中期，2006 年年份收购基金的内部收益率中位数上升至 9%，而 2007 年年份基金中位数上升至 10%，2008 年则攀升至 12%。第一四分位基金回报率中位数的轨迹也相似——2006 年是 17% 左右，2007 年是 20%，2008 年是 24%。

回报率的反弹已经使有限合伙人重拾热情，并对私募股权投资恢复信心。大多数有限合伙人都认为私募股权投资已经达到或超过了他们的预期，近年来对这类资产的乐观情绪一直在增强。随着人们对私募股权投资重拾信心，人们越来越意识到私募股权投资的周期性以及对经济变化放大的敏感度。尽管最近的私募股权投资回报稳健，行业内在的脆弱性以及私募股权行业已经成熟的清晰事实，应该能够让投资者降低回报的预期，认识到回报不会一直保持如此强劲。随着普通合伙人现在为资产支付高价，并认识到经济衰退总会杀回来、风险依然存在，私募股权投资者将面临一轮向下重新估值的浪潮以及私募股权与公开市场回报趋同的趋势。未来的回报将取决于周期性市场的严重程度和经济的变化。但他们也将依靠普通合伙人的技能和远见来主动管理他们的投资组合，积极抵御未来的动荡。私募股权投资周期中每次波浪的每一个波峰都是普通合伙人展示其超凡能力的机会。普通合伙人将他们从过去经济衰退中学到的许多经验教训纳入了他们新的投资准则中。他们在支付高额倍数收购时以及使用债务时都会谨慎行事，这些谨慎会变成收益并使之更加强悍。

普通合伙人正在全球的各个市场努力工作，并支付更高的价格，去寻找、审查并落实交易。交易团队和运营合作伙伴正在延长持股期限，以帮助他们的投资组合公司实现成功的出售，并实现最优回报。商务状况总体上保持健康，并且私募股权投资的回报率在中长期内继续高于所有其他资产类别。但是，随着竞争格局的变化，前瞻性的私募股权投资公司会从根本上重新评估其业务的各个方面。显然，除了简单地适应当前投资周期中不断变化的新现实外，还有更多的事情要做。正在步入成熟期的私募股权投资行业发现自身处于时代持续变革的阵痛中，随着私募股权公司的创始合伙人步入退休，富有个人魅力的领导风格正在转变为活力型机构风格，同时这些机构还要继承之前的传统。主导该行业的20～30家精英私募股权投资公司正在进行这一转变，但占据大部分中型市场的私募股权投资公司才刚刚开始。它们现在正在寻求将自己重塑为拥有人员、系统和纪律的机构，这些机构可以克服艰巨的新挑战，成为经得起考验的机构。

在私募股权公司应对新的竞争威胁之际，它们还需要充分考虑机构投资者不断变化的偏好。有限合伙人群体一直是一个多元化的群体，代表了许多投资风格、行为和目标。这种异质性从来没有像今天这样明显，而且随着时间的推移几乎肯定会变得更加明显。拥有大型专业团队和长期私募股权投资经验的大型有限合伙人一直在寻找理顺与普通合伙人关系的新方法。另一些有限合伙人则与普通合伙人共同投资，甚至建立和管理自己的私募股权投资组合。还有一些有限合伙人依靠他们的研究能力来寻找新的投资主题，寻找与他们观点相同的普通合伙人，并支持那些他们相信能够带来结果的人。然而有以上各种不同，许多有限合伙人还是坚定地将私募股权投资作为其表现最佳的资产类别。

许多投资者越来越倾向于缩减他们投资于私募股权投资基金的数量，给更少的普通合伙人投入更多的资金。对于加利福尼亚州公务员退休基金（CalPERS）这样的大型有限合伙人，削减普通合伙人的数量可以显著减少他们的行政负担，并且提供谈判更优惠的管理费用的机会，同时腾出时间进行尽职调查和资金跟踪。大牌的普通合伙人比小型竞争对手拥有更强的营销实力，并能带来大量的规模经济、提供选择更多的基金，来吸收更多有限合伙人的资金，而这些有限合伙人则希望将资金投入到更少的私募股权投资公司中去。有限合伙人也知道，他们可以很轻松地从承诺分配中剔除较小的普通合伙人，而不会削弱其投资组合的总体回报。有限合伙人更倾向于投资更大的知名基金，这种趋势在最近的私募股权投资周期中一直在增长。

有限合伙人仍然看到投资于较小的私募股权投资基金的巨大收益。自2009年以来，筹集资金10亿美元的新基金占到所有募集资金的75%甚至更多。较小的基金在很大程度上仍然很受欢迎，因为私募股权投资从根本上说仍然是一个创业企业。一大部分有限合伙人想要与普通合伙人签约，这些普通合伙人可以识别有前景的机会，并证明他们可以提供第一四分位的结果。许多有限合伙人投资者对于如何分配他们的资金都有明确的目标，他们愿意支持那些提供与他们正在寻找的特定风险和行业风险相匹配的基金作为小型或新型普通合伙人。

在下一个投资期限内，许多大型投资者所及之处都会看到GDP增长的放缓。尽管他们预计私募股权投资相对而言将继续超越公开股票市场，但他们认识到不太可能所有资产类别的回报率继续达到近几年来强劲的两位数。在某个时候，这种超常的融资条件下大量资本追逐普通合伙人的模式将转变为更为激烈的争取有限合伙人支持的竞争。

随着有限合伙人对私募股权投资基金的分配开始趋于稳定，该行业将达到现金正流入的新常态，投出资金与筹到资金的比率远低于近年来的峰值。普通合伙人的供给与有限合伙人的需求之间的更紧张的平衡将继续有利于那些最大和表现最出色的普通合伙人。如果目前的资本过剩减少，那些虽大但业绩记录不佳的普通合伙人以及希望增长为特大型基金的中型普通合伙人将会遇到更多来自有限合伙人的阻力。他们将无法再享受到有限合伙人一直以来愿意输送给他们的多余资金。过去市场表现不佳的小型和中型市值基金的发起人仍然可以获得一些资金，但是当融资环境稍微转弱的时候，它们与那些更受关注的同行相比，将处于明显的劣势。

过去的成功历史将永远是至关重要的，但普通合伙人清楚地传达他们的投资方法，如何将他们与同行区分开来的能力对于赢得投资者的信心和财务支持也是至关重要的。事实上，一个健全的、差异化的战略越来越被视为可以建立成功和持久的未来绩效的平台。它将成为许多私募股权公司现在正在努力解决的千载难逢的转型的核心，因为他们的目标是上升到行业的顶级水平。良好战略的基本原则不可能一蹴而就，普通合伙人需要致力于不断完善其战略，将其作为开展业务的关键部分。

由于今天有利的筹款条件在未来几年会放缓，普通合伙人需要能够向有限合伙人证明他们有一个经过严格磨炼和差异化的战略，以实现卓越的表现。有很多方法可以做到这一点，没有哪家公司能够在所有方面都胜过他们。他们会发现对于成功的公司，最好关注它们具有天然优势的领域，并围绕这些领域制定战略。许多私募股权公司正在测试新的差异化途径，这些途径显示出前景，并将在未来几年变得越来越重要。一些公司正全力专注于他们投资的最佳击球点，使他们能够瞄准那些具有公司独特优势、能力和与过去成功模式相匹配的交易。这使他们能够有效地在内部和有限合伙人沟通他们将要达成的交易类型，并建立他们的专业知识以获得资本。其他私募股权投资公司正在制定专题化的投资洞见，根据广泛的宏观趋势投入资本并获得投资优势。他们对关键趋势有深入的了解，以确定和评估将实现长期可持续增长的企业和部门。最后，更多的私募股权投资公司正在动员他们的人才和资源来开发可重复的方法，以便复制到他们的基金投资组合中来创造价值。他们正在运用价值创造模型，模型反映了其公司独特的理念和独特的投资偏好，从而确保他们用以提高其投资组合公司价值的方法是一致的和聚焦的。

20.15　展望

未来，最成功的私募股权投资机构大致可以分为两类：全球化的大型私募股权投资机构，这些机构有规模化和多样化的投资和顾问业务；小型的“精品”私募股权投资机构，这些机构有明确的投资对象和基于运营 / 投资模式或产业知识的差异化投资策略。处于上述两者之间的机构因为没有专业化或差异化的投资领域，将很难募集资金以满足投资目标。

只要信贷紧缩政策持续下去，私募股权投资机构就将更加依赖投资公司的有效管理来实现预期收益率。成功的机构将创建更好的行业专业化能力，并提升在运营资本、销售管理、定价、采购等经营领域的能力。私募股权投资机构的成功要么通过自身积累这些专业能力，要么通过收购获得。如果没有这些经营能力和行业专业化能力，仅仅依靠杠杆和财务工程将很可能走向失败。

有些机构的成功是因为能够识别出资本结构中的不同部分，因而能更好地寻求最高的风险调整后收益。有些机构则学会更好地处理同组合公司管理者之间的关系。这些机构努力通过沟通而非制度将管理者和所有者的利益一致起来，使两者实现通力合作。

杠杆交易的规模将会保持更小，且大额交易的减少将使得一些私募股权投资机构改变其策略，从而更加专注于困境交易、其他形式的债务交易和 PIPE 投资。随着有限合伙人要求私募股权投资活动和经济大环境更加同步，与有限合伙人的关系也将发生变化，包括管理费的降低、更严格的基金文书和对"风格转变"的限制，以作为提高附带权益的交换。展望未来，私募股权投资机构的数量将会减少，收益将会降低，在资本结构中有形式更多的投资活动，而且经营能力将会更强。

第三篇

PART3

案　　例

2008 年的投资银行业（上）：贝尔斯登的兴衰

2008 年的投资银行业（下）：美丽新世界

自由港麦克莫伦铜金矿公司：并购融资

吉列最好的交易：宝洁收购吉列

两只对冲基金的故事：磁星和培洛顿

凯马特、西尔斯和 ESL：从对冲基金到世界顶尖零售商之路

麦当劳、温迪和对冲基金：汉堡对冲？对冲基金股东积极主义行动及对公司治理的影响

保时捷、大众汽车和 CSX：汽车、火车与衍生品

玩具反斗城杠杆收购

博龙和美国汽车工业

亨氏食品公司并购

昆泰 IPO

2008 年的投资银行业（上）：贝尔斯登的兴衰

假设：人们认为银行可能资金紧张。接着：人们开始取回他们的钱。结果：银行很快真的资金紧张。结论：你可以使银行倒闭。

——史尼克（Sneakers，1992）

加里·帕尔，拉扎德公司的副董事长、凯洛格商学院 1980 级学生，简直不能相信自己的耳朵。

"你们不能这样，"他对摩根大通的投资银行业务负责人道格·布朗斯坦为收购贝尔斯登给出的极低出价回应道，贝尔斯登是帕尔的客户，一个具有传奇色彩的投资银行。在创造每股 172.61 美元的最高价位后不到 18 个月，贝尔斯登除了接受摩根大通每股 2 美元的羞辱性出价这一美国联邦储备委员会批准的救助方案之外，几乎别无选择。"我会给你一个答复。"⊖

挂了电话，帕尔靠在椅背上，疲惫不堪地叹了口气。自从次贷危机导致其下属的两个对冲基金崩盘后，谣言就一直弥漫在贝尔斯登的周围。但是随着时间的推移，斗志旺盛的贝尔斯登似乎经受住了风暴。帕尔为找到资本注入所做的努力导致了长时间的讨论和马拉松式的尽职调查，但发现贝尔斯登拥有大规模的住房抵押贷款类资产，而此时华尔街上的每一家银行都在降低该类资产的头寸并大规模减记该类资产，潜在投资者纷纷打了退堂鼓。在过去一周里，当研究员们公开质疑贝尔斯登持续经营的能力并指出其客户大量流失时，谣言达到了顶峰。这是周日的下午，漫长的周末已经过去了，将要迎来的注定还会是一个漫长的夜晚，因为在周一开市之前，由美联储支持的对贝尔斯登的收购需要进行繁重的谈判。到了第二天上午，这家有着 85 年历史，历经大萧条、存贷机构危机、互联网泡沫破裂而幸存下来的投资银行，将不再作为一家独立机构而存在。在给贝尔斯登的首席执行官艾伦·施瓦茨和其他董事会成员打电话前，帕尔停留了片刻，给自己一些反思的时间。

这一切都是怎么发生的？

贝尔斯登

贝尔斯登，由约瑟夫·贝尔、罗伯特·斯登、哈罗德·迈耶于 1923 年共同出资 50 万美元成立。第一个十年仅仅是为了生存的十年，贝尔斯登需要显示其在商场上快速成名的

⊖ Kate Kelly, " Bear Stearns Neared Collapse Twice in Frenzied Last Days, " *Wall Street Journal*, May 29, 2008, http://online.wsj.com/article/SB121202057232127889.html (accessed July 17, 2008).

坚韧和敏捷。尽管起初贝尔斯登被认为是一家权益交易机构，能够利用 20 世纪 20 年代的大牛市获得发展，但实际上贝尔斯登却依靠政府债券的交易度过了大萧条，成功地做到了不仅没有裁员，还继续为员工发放奖金。尽管美国和全球经济低迷，贝尔斯登的员工却由最早的 7 人增加到 1933 年的 75 人，并开始通过收购总部设在芝加哥的斯坦因・布伦南公司进行扩张。[一]

贝尔斯登迅速发展成为纽约投资银行上流阶层文化中的异类。与那些为世界著名大公司服务并以权益承销和并购顾问业务赚钱的明星机构不同，贝尔斯登的文化是一种残酷的、叛逆的文化，源于债券交易这一公司核心业务。在债券交易中，市场的丝毫转变都会带来盈利方和亏损方的转变。首席执行官萨利姆・刘易斯于 1938 年作为贝尔斯登的机构债券交易部门负责人加入后，又进一步巩固了这种交易者文化，以近乎独立利润中心的控股公司方式来运作公司，并大力推进他的主张。刘易斯的大胆无畏、性情急躁的行为，以及严格的工作标准，奠定了贝尔斯登的基调，直到 1978 年，他在纽约城 Harmonie 俱乐部的退休晚会中因中风去世。[二]

与竞争对手自成小圈子形成鲜明对比的是，贝尔斯登设置多样化的标准来评估应聘者的主动性和韧性而不是根据他们的出身。正如刘易斯的继任者阿兰・埃斯・格林伯格所说的那样，"如果一个拥有 MBA 学位的人申请一份工作，我们一定不会反对，但我们真正寻找的是拥有 PSD 学位的人。""PSD" 的意思是贫穷（Poor）、聪明（Smart）、对赚钱有强烈（Deep）愿望。[三]

"贝尔斯登是独一无二的。"穆里尔・西伯特经纪公司的创始人穆里尔・西伯特说："它不关心你的姓氏是什么，各种人都可以在贝尔斯登赚到钱。"在竞争对手采用多样化评判标准很久之前，斗志旺盛、专注于交易的贝尔斯登就已经培养了一大批犹太人、爱尔兰和意大利的雇员，这些雇员都缺乏进入上流阶层文化浓厚的摩根士丹利或雷曼兄弟所必需的常春藤学位。

1985 年上市时，贝尔斯登已经成为一家能够提供多种服务的全能投资银行，其部门包括投资银行、机构权益、固定收益证券、个人投资者服务和住房抵押贷款类产品。[四]贝尔斯登的投资银行部在艰难中起步，20 世纪 80 年代后半段遭受了并购泡沫破灭的打击。贝尔斯登保持了一定的适应性，然而，它的领导者却在历史上最糟糕的交易日——1987 年 10 月 19 日（黑色星期一）突发奇想。由于道琼斯指数下跌了 500 多点，从不打高尔夫球的格林伯格做了一个挥杆的手势向交易员宣布，他将放假休息一天。[五]

1993 年格林伯格的继任者詹姆斯・凯恩担任首席执行官时，贝尔斯登已经排名拉丁美洲权益承销最前面。其研究部门也蓬勃发展，《贝尔斯登早报》成为最流行的市场分析读物。

[一] Bear Stearns Companies, Inc., " CompanyHistory, " http://www.answers.com/topic/the-bear-stearns-companies-inc?cat-biz-fin(accessed July 11, 2008).

[二] Kris Frieswick, " Journey Without Maps, " *CFO Magazine*, March 2005, http://www.cfo.com/article.cfm/3709778/1/c_3710920 (accessed July 11, 2008).

[三] Max Nichols, " One of Our Most Remarkable Leaders, " *Oklahoma City Journal Record*, April 12, 2001, http://findarticles.com/p/articles/mi_qn4182/is_20010412/ai_n10145162 (accessed July 11, 2008).

[四] Bear Stearns, " Company History. "

[五] Kate Kelly, " Fear, Rumors Touched Off Fatal Run on Bear Stearns," *Wall Street Journal*, May 28, 2008, http://online.wsj.com/article/SB121193290927324603.html (accessed July 16, 2008).

长期资本管理公司

长期资本管理公司（LTCM）是一家对冲基金，由约翰·麦瑞威瑟于1994年成立，他是所罗门兄弟的国内固定收益套利部门的前负责人。1991年，麦瑞威瑟已使该套利部门成为所罗门兄弟最赚钱的部门，然而也就是这一年，麦瑞威瑟分管的一名交易员在一次美国国债拍卖中不可思议地虚假竞标，尽管麦瑞威瑟很快将这一交易报告了首席执行官约翰·古德菲瑞德，但由于这一丑闻引起的强烈抗议，麦瑞威瑟被迫辞职。㊀

几年后，随着LTCM的成立，麦瑞威瑟重新开始了职业生涯。在全球市场从未有过的大牛市之初，麦瑞威瑟汇集了一些世界上最受人尊敬的经济学家和所罗门套利部门的离职者。董事会成员包括著名的期权定价模型布莱克－斯科尔斯公式的合作者迈伦·斯科尔斯，以及麻省理工学院斯隆管理学院教授罗伯特·默顿，他们分享了1997年诺贝尔经济学奖。这些被金融界普遍认为是天才的智囊团，开始通过向投资者介绍高深复杂的计算机模型来募集一只10亿美元的基金。他们声称，比起其他竞争者，这些模型可以更准确地根据风险为证券定价，从而“使货币成为别人都看不见的真空货币”。㊁

LTCM的一种典型交易是关注美国长期国债之间的价格偏离。尽管提供基本上是相同的（最小）违约风险，最近发行的被称为“流通国债”的证券比那些仅仅几个月以前发行的“非流通国债”具有更大的交易量。更大的交易量意味着更高的流动性，而这又导致略高的价格。当新一批的国债发行时，“流通国债”又成为“非流通国债”，价格偏离一般会随着时间而消失。LTCM通过卖空价格偏高的“流通国债”而买入“非流通国债”来寻求价格收敛。

到了1998年年初，其董事会成员的智慧力量和曾在所罗门套利部门获得巨大成功的激进交易策略已经让LTCM蓬勃发展起来，其10亿美元的初始投资者权益已增长到了47.2亿美元（见图C1-1）。然而，微乎其微的套利交易赚取的利差无法满足对冲基金投资者所追求的收益。为了使投资者认为这类交易物有所值，LTCM不得不采用极高的杠杆率来扩大收益。最终，权益部分加上超过1 245亿美元的债务，基金的总资产超过了1 290亿美元。这些债务仅仅是冰山一角，LTCM还持有名义价值超过1.25万亿美元的表外衍生品头寸。

该基金的成功开始导致公司自身的问题。市场没有足够的能力消化LTCM庞大的规模，起初能够赚钱的交易在更大规模上变得不可行。此外，大批的套利模仿者进一步限制了LTCM使用的利差交易策略。持续获取收益的压力迫使LTCM寻找新的套利机会，基金开始进入那些理论见解与交易经验无法匹配的领域。不久之后，LTCM在俄罗斯和其他新兴市场、标准普尔期货、收益曲线、垃圾债券、并购以及两地上市证券套利等方面，下了巨额赌注。

风格的转变和该基金超过26倍的杠杆率让LTCM处于岌岌可危的泡沫之中，使该基金陷入流动性危机的各种因素终于导致泡沫的最终破灭。与斯科尔斯“捡起天上掉下的看不见的无风险硬币”的比喻形成鲜明对比的是，金融理论家纳西姆·塔勒布把该基金激进的冒险行为比作“压路机前面捡硬币”，最终，“压路机”真的以1998年市场恐慌的形式到来了。那年夏天，LTCM最大竞争对手所罗门兄弟在套利市场上的离场，给基金的头寸带来下行压力，此外，俄罗斯对政府债券的违约使得国际债券市场螺旋式下降。世界各地恐慌的投资者立即表现出对高质量债券的偏好，纷纷卖出LTCM交易的高风险证券并买入美国国债，这

㊀ Roger Lowenstein, *When Genius Failed: The Rise and Fall of Long-Term Capital Management* (New York: Random House, 2000).

㊁ 同㊀。

进一步抬高了美国国债的价格，LTCM 下了巨额赌注的价格收敛被阻止。

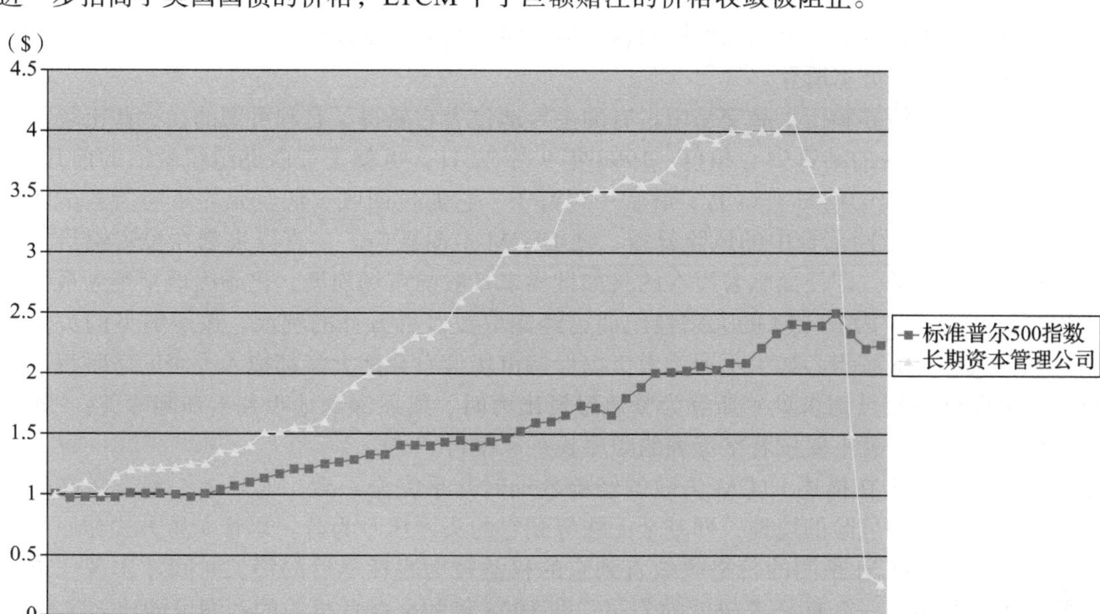

图 C1-1　对 LTCM 与标准普尔 500 指数投资 1 美元的价值

资料来源：Roger Lowenstein, *When Genius Failed: The Rise and Fall of Long-Term Capital Management* (New York: Random House, 2000).

LTCM 那些出色的理论模型都没有预测到这样一个国际性的相关债券市场的崩溃，该基金开始大幅亏损，仅仅在 5 月和 6 月就损失了权益的近 20%。渐渐地，LTCM 参与交易的每一个市场都开始与它作对。无能为力的智囊团惊恐地看着基金的权益在 9 月初减少到 6 亿美元，债务却没有任何减少，这使得杠杆率达到不可思议的 200 倍。察觉到基金的流动性紧缩，贝尔斯登拒绝继续作为该基金的结算机构，LTCM 陷入了恐慌。如果没有能使整个交易业务运作的短期债务，该基金将无法维持，并且其长期证券将变得更缺乏流动性。[⊖]

LTCM 顽固地拒绝放弃仍然认为有利可图的交易，认为这些交易是受到短期市场的不合理重创，因此 LTCM 的合伙人拒绝了高盛、荷兰银行和沃伦・巴菲特的伯克希尔－哈撒韦公司提出的 2.5 亿美元的收购要约。[⊜]但是，LTCM 是全世界数以千计投资公司的衍生品交易对手，如果它破产，将引起国际证券市场更大范围的崩溃，因此，美联储开始介入并维持秩序。为了避免政府救助对冲基金的先例和随之而来的道德风险，美联储邀请所有华尔街的大型投资银行在纽约召开紧急会议，并且宣布了为保持市场流动性的 36.25 亿美元救助金的条款。美联储说服美国信孚银行、巴克莱、大通银行、瑞信第一波士顿、德意志银行、高盛、美林、摩根大通、摩根士丹利、所罗门美邦和瑞银每家出资 3 亿美元，它们中有很多都是这只基金的投资者。另外，1.25 亿美元来自法国兴业银行，1 亿美元来自雷曼兄弟和法国

⊖ Roger Lowenstein, *When Genius Failed*: *The Rise and Fall of Long-Term Capital Management* (New York: Random House, 2000).

⊜ Andrew Garfield et al., "Bear Stearns $500m Call Triggered LTCM Crisis," *London Independent*, September 26,1998, http://findarticles.com/p/articles/mi_qn4158/is_19980926/ai_n14183149 (accessed July 12, 2008).

巴黎银行。最终，市场危机过去了，每家银行变现后都略有盈利。美联储曾经试图说服的银行中只有一家银行以维护市场完整性的名义拒绝加入该辛迪加分担债务。

这家银行就是贝尔斯登。

贝尔斯登在债券和衍生品交易中占有的主导地位为它赢得了有利可图的在这些市场上几乎全部 LTCM 交易的结算中心角色。1998 年 9 月 22 日，也就是美联储组织救助的前几天，贝尔斯登在 LTCM 的棺材上钉上了最后一颗钉子：它通过回收 5 亿美元的短期债务试图控制自己在失败的对冲基金中的风险暴露，使 LTCM 走向破产。一直以来都在投资银行界特立独行的贝尔斯登，即使面临着潜在的犹如世界末日般的市场崩溃，仍顽固地拒绝为最终收购出力，尽管它作为 LTCM 的大宗经纪商已经赚取数以百万计的利润。按照典型的贝尔斯登作风，凯恩对那些担心如果不通过救市以保持市场信心会把大家都拖入火海的怒吼视而不见，当美联储的官员请求贝尔斯登为紧急融资出力时，凯恩深深地吸着雪茄咆哮着："如果你希望达到目的，就不要按着字母表的顺序找每家银行。"㊀

市场分析人士在描述 LTCM 失败的经验教训时几乎完全一致；实际上，基金超高的杠杆率使它处于一种危险的境地，即基金无法等到它的头寸扭亏为盈。尽管交易方式在原则上是合理的，但 LTCM 预测的价格收敛直到它的权益被彻底耗尽后的很长时间才实现。市场分析人士解释道，一个杠杆率较低的公司，在 1998 年的金融危机前的利润可能比 LTCM 的年收益率低 40%，但是一旦市场反转，却可能经受住风暴。用经济学家约翰·梅纳德·凯恩斯的话说，市场持续保持不理性的时间长于 LTCM 偿还债务的时间。这次危机进一步证明了流动性的重要性，还证明了较少受监管的衍生品的重要性。一旦 LTCM 履行其义务的能力受到质疑，它的灭亡就成为必然，因为它可能再也找不到交易对手，也找不到可以维持经营的债务融资渠道。

尽管坚持在实际收购过程中使用民间资金，美联储以稳定市场的名义救助一个过于激进的投资基金时所扮演角色始终是一个争议。虽然这一点在当时尚未预见到，但不到十年后，这个问题将重新受到审视，而且它会困扰贝尔斯登。

因为被指控曾经容忍一位客户的欺诈行为并清算了交易，贝尔斯登与美国证券交易委员会达成了 3 850 万美元和解协议，以及随后 LTCM 的倒闭，但贝尔斯登在凯恩的领导下仍然继续发展，股票价格在他控制的 1993～2008 年这段时间里惊人地增长了 600%。然而，2007 年夏天一系列负面事件的频发把贝尔斯登拖入流动性紧缩，这与击垮 LTCM 的流动性问题出奇的相似。

信贷危机

20 世纪 90 年代后期开始，人们对美国房地产价值的一致肯定助长了 10 年的房地产繁荣。在此期间，住房抵押贷款业务发生了革命性的变革，从传统的由当地银行直接对购房者贷款发展为一个全球性的行业，由银行发放住房抵押贷款，然后将贷款出售给不同的投资者。对于能带来承销费的新产品的渴求，投资银行开始将住房抵押贷款"证券化"，以住房抵押贷款的地理位置、估计的违约风险、证券的购买者能否收到利息以及本金为依据进行区

㊀ Andrew Garfield et al., "Bear Stearns $500m Call Triggered LTCM Crisis," *London Independent*, September 26,1998, http://findarticles.com/p/articles/mi_qn4158/is_19980926/ai_n14183149 (accessed July 12, 2008).

分，把住房抵押贷款分割成各种证券，然后投资银行根据不同投资者群体对风险、利率以及其他各种因素的偏好将这些证券卖给他们。这些担保债务凭证的发行量在 2006 年就增长到 4 216 亿美元的高峰。仅在美国，2007 年上半年，担保债务凭证的发行量就达到了 2 669 亿美元（见图 C1-2）。[㊀]在此过程中，抵押贷款行业结构已经发生了改变（见图 C1-3）。[㊁]

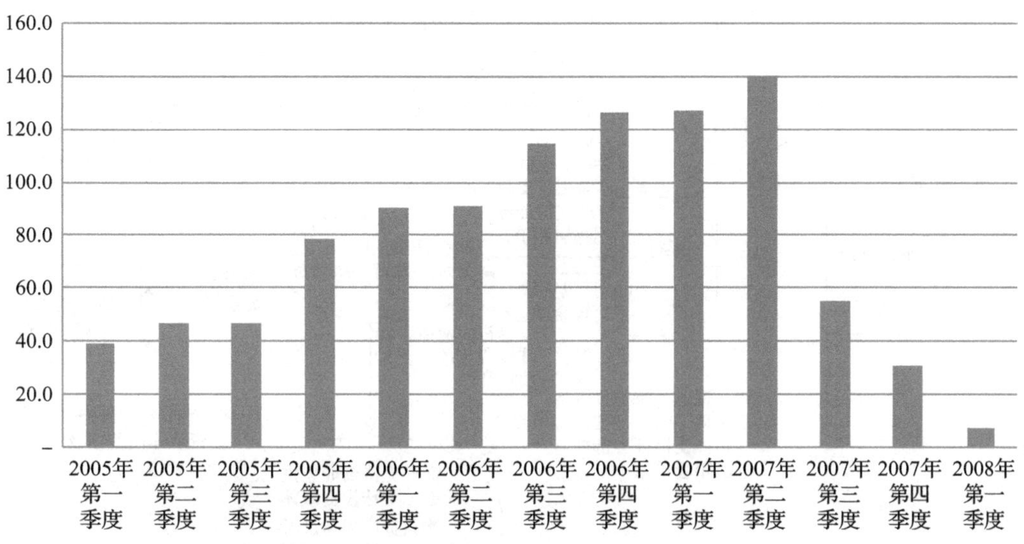

图 C1-2 美国每季度担保债务凭证的发行量（单位：10 亿美元）

资料来源：Securities Industry and Financial Markets Association, " Global CDO Market Issuance Data," http://www.sifma.org/research/pdf/SIFMA_CDOIssuanceData2008.pdf (accessed July 11, 2008).

此前，小规模的、主要是地区性的银行通过零售客户的存款进行住房抵押贷款，这限制了每家银行能放贷的数额。最重要的是，银行必须依赖自己的尽职调查确保住房抵押贷款条款依然合理，也就是购房者有足够的收入和良好的信贷记录保证偿还贷款，或者房产评估能支持贷款的数额。2000 年年初，投资者对担保债务凭证激增的胃口使得贷款人发放住房抵押贷款并立即通过投资银行将其证券化，由投资银行在住房抵押贷款债券市场上出售这些各种档级的证券。人们可以很容易地认识到对贷款人激励措施翻天覆地的变化，没有以银行资产负债表为基础的贷款，提高利润的最佳途径是创造更多而不是更安全的住房抵押贷款，再将它们迅速交付投资银行，由投资银行通过担保债务凭证再发行。由此，发行量激增。

然而，突如其来的回报丰厚的担保债务凭证市场具有以潜在购房者为基础的内在局限性。此外，利息保持了 10 年稳定的历史低位，投资者，尤其是在 2004～2005 年[㊂]进入担保债务凭证市场的对冲基金投资者，开始通过承担额外的风险来寻求更高的收益。投资者寻求更高收益和贷款人试图扩大其市场的双重压力导致了对低信用等级购房者的高风险贷款，即"次级"住房抵押贷款的激增（见图 C1-4）。

㊀ Securities Industry and Financial Markets Association, " Global CDO Market Issuance Data, " http://www.sifma.org/research/pdf/SIFMA_CDOIssuanceData2008.pdf (accessed July 11, 2008).

㊁ IMF Global Financial Stability Report, " Financial Market Turbulence: Causes, Consequences, and Policies," 2007.

㊂ Peter Cockhill and James Bagnall, " Hedge Fund Managers Expand Into CDOs and Private Equity," *Hedgeweek*, October 1, 2005, http://www.hedgeweek.com/articles/detail.jsp?content_id=12879(accessed July 12, 2008).

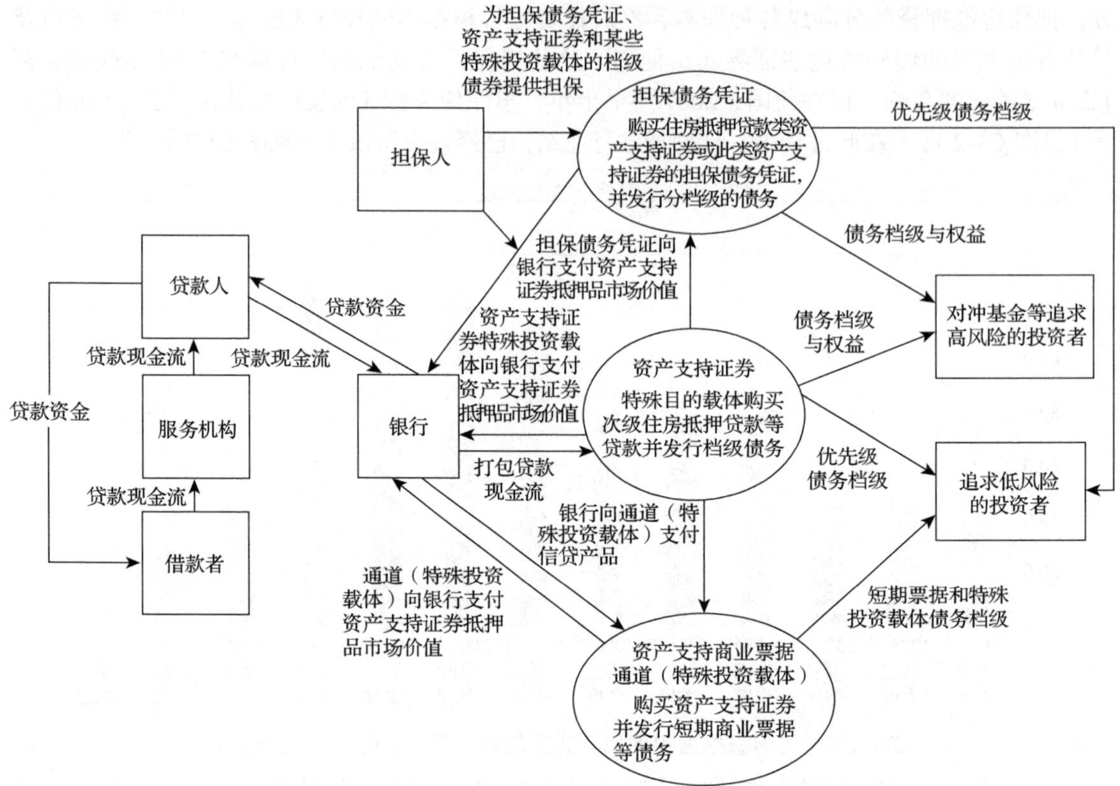

图 C1-3 住房抵押贷款市场的资金流动和风险暴露

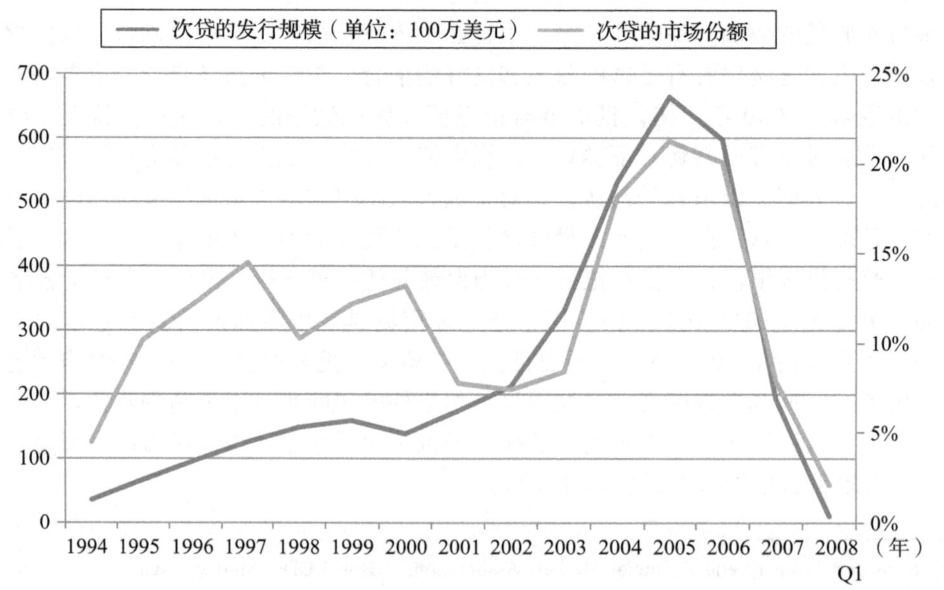

图 C1-4 次贷的发行规模与市场份额

资料来源：Ellen Schloemer et al., “Losing Ground: Foreclosures in the Subprime Market and Their Cost to Homeowners,” Center for Responsible Learning, December 2006, http://www.responsiblelending.org/pdfs/foreclosure-paper-report-2-17.pdf (accessed July 19, 2008).

按官方说法，次级住房抵押贷款是指不符合联邦住房抵押贷款公司（房地美）或美国房地产金融机构联邦全国房贷协会（房利美）更严格准则的贷款，面向高风险的低收入且信用记录有污点的购房者。因此，次级住房抵押贷款通常执行更高的利率，这增加了投资者的收益，但也增加了房主违约的可能性。一个常见的次贷结构是“2/28”可变利率住房抵押贷款（ARM），它的利率是浮动的，特点是前 2 年利率很低，剩下的 28 年，利率会被显著调高，通常比伦敦银行同业拆借利率（LIBOR）高 500 个基点甚至更多。房地产价值上升和信贷市场有效的很长历史潮流使很多人相信，可以在可变利率住房抵押贷款调整到一个较高利率前进行住房抵押贷款再融资，这使他们没有很多的现金支出就可以实现显著的收益。

2006 年夏天，美国住房价格的突然回落改变了这一切（见图 C1-5）。随着住房市场在亚利桑那州、加利福尼亚、佛罗里达和美国东北部走廊的崩溃，不少房主发现自己持有负资产，即房产的价值低于他们未偿还的住房抵押贷款（见图 C1-6）。抵押物赎回权的丧失开始凸显，警觉的贷款人突然停止发放几乎一切贷款。

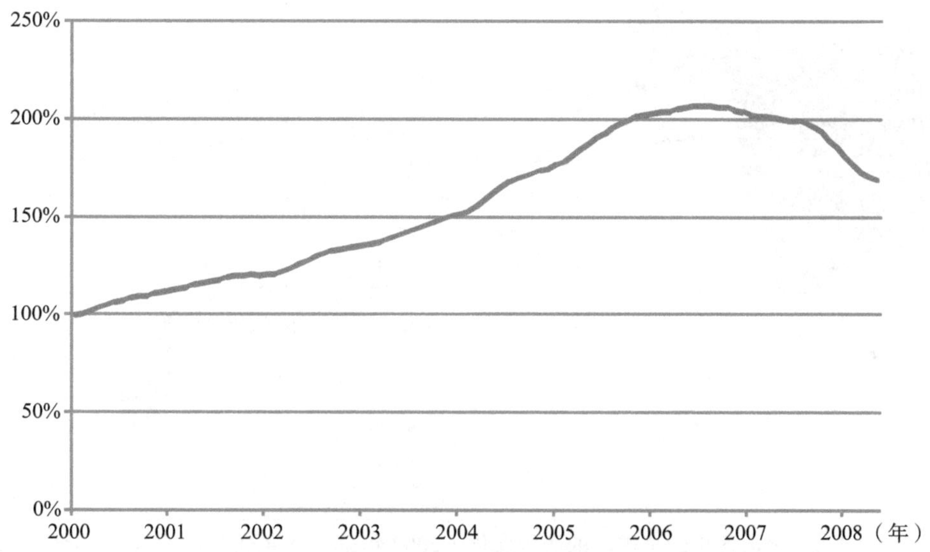

图 C1-5　2000 年以来标准普尔凯斯 – 席勒住房价格指数（SPSC20R）走势

资料来源：Schloemer et al., “Losing Ground: Foreclosures in the Subprime Market and Their Cost to Homeowners.”

贝尔斯登资产管理公司

20 世纪 90 年代，和其竞争者一样，贝尔斯登看到了对冲基金行业的发展前景，开始在贝尔斯登资产管理公司（BSAM）的名下管理外部投资者的资本。与其竞争者不同的是，贝尔斯登完全从内部聘用基金经理，每一名基金经理专职于不同的证券或者资产门类。贝尔斯登一些高管对此持反对意见，比如联合主席艾伦·施瓦茨认为，这种做法集中了风险，增加了不稳定性。但是这些反对声音面对内部如拉尔夫·乔菲的高级结构信用策略基金的高收益也就慢慢沉寂了。

乔菲的基金投资于住房抵押贷款类证券支持的复杂信用衍生品。当 2006 年房地产泡沫破裂时，乔菲的交易不再获利，但像许多其他贝尔斯登交易者一样，他加倍下注，用 100 倍杠杆（原始基金只有35倍杠杆）㊀，成立了全新增强杠杆高级结构信用策略基金。但是，市场还是在攻击他的基金。很快，基金就困于价值数十亿美元的低流动性、无利可图的住房抵押贷款中。乔菲试图挽救现状、及时止损，他成立了一个名叫Everquest Financial的载体，并出售其股份给公众。但是，当记者在《华尔街日报》称Everquest的资产是“有毒的废物”，是“亏损的住房抵押贷款”时，贝尔斯登别无选择，只好取消公开发行。此后，受不了每天大量的亏损，投资者开始试图撤回剩余的资本。为了获得现金用于股份赎回，基金不得不变卖资产，把已经很低的价格继续压低。基金的贷款方开始催缴保证金并威胁要没收12亿美元的抵押品，这导致了一个紧急会议。会上，贝尔斯登交易员和联席总裁沃伦·斯佩克特声称作为贷款方的摩根大通和美林不懂这个基金的运作，并称乔菲会扭转局面。

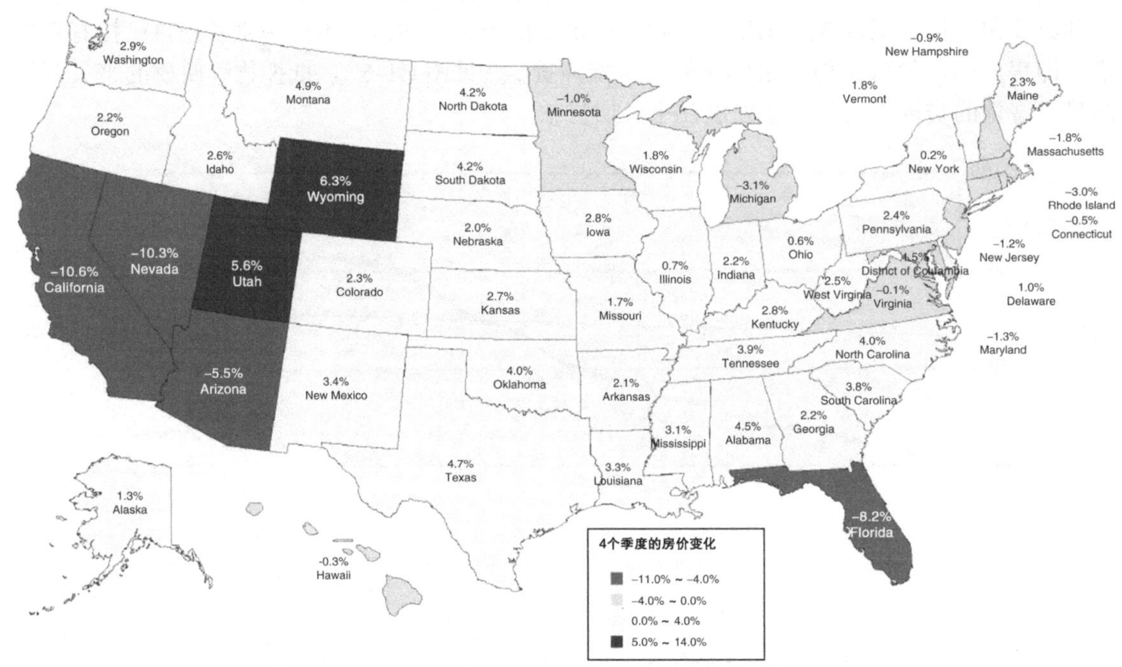

图 C1-6 美国各州四个季度的房价变化（2007年第二季度至2008年第一季度）

资料来源：Office of Federal Housing Enterprise Oversight, “Decline in House Prices Accelerates in First Quarter,” May 22, 2008, http://www.ofheo.gov/media/hpi/1q08hpi.pdf(accessed July 19, 2008).

如果市场没有如此动荡，这次会议可能奏效，但是次贷危机已经上了好几个星期的世界各地财经报纸头版，每家华尔街银行都不顾一切地想要减少自身的风险暴露。由于对贝尔斯登拒绝注入任何的自有资本来拯救基金感到受辱和气愤，摩根大通投资银行主席斯迪夫·布莱克打电话给施瓦茨说：“我们要和你们取消合约。”㊁

美林随后取消合约并没收4亿美元担保品严重损害了贝尔斯登在华尔街的声誉。在美国证券交易委员会检查时，为了拯救贝尔斯登的面子，凯恩做了最后的努力——破天荒地用16亿美元的自有资金来支撑对冲基金。这个行为随后显现出更深层的问题。《华尔街日报》

㊀ Bryan Burrough, “Bringing Down Bear Stearns,” *Vanity Fair*, August 2008, http://www.vanityfair.com/politics/features/2008/08/bear_stearns200808 (accessed July 13, 2008).

㊁ 同上。

头版上发表的文章声称凯恩在这个丑闻中失踪了，他在纳什维尔休假，参加为期 10 天的高尔夫球和桥牌比赛，期间也没带电话和收发邮件的装置。此外，该文亦称凯恩正在吸食大麻，但他否认了 2004 年的事件，却拒绝公开发布以前是否吸食的声明。

2007 年 7 月末，即使贝尔斯登继续支持也没能支撑住乔菲的两个被围攻的基金，并且这两只基金利用其母公司提供的信用也仅仅偿还了 3 亿美元。这两只基金几乎毫无价值，只能申请破产保护。破产的第二天，凯恩从纳什维尔回来，并试图平息股东的恐惧，称贝尔斯登只不过没有坚实的金融背景。斯佩克特也熬不过这个周末。为再一次表明事情尚在控制之中，凯恩迫使斯佩克特离职。具有讽刺意味的是，斯佩克特的离职可能弊大于利。在 8 月 3 日电话会议的开始，凯恩保证公司拥有 114 亿美元现金并将认真对待目前的情况，之后凯恩把电话转到首席财务官塞缪尔·莫利纳罗，然后走了出去，跟一个律师谈关于斯佩克特的辞职问题。当话题转到问答环节时，凯恩不仅没有作答一名股票研究员的问题，而且随后就回到房间，没有告知参加电话会议的人，这又留下了凯恩漠不关心、总是缺席的首席执行官形象。㊀

风暴前的平静

11 月 14 日，在《华尔街日报》故事版质疑凯恩的责任心和领导力仅仅两周后，贝尔斯登被报道将会减记 12 亿美元与住房抵押贷款相关的损失（这个数字随后可能增长至 19 亿美元）。首席财务官莫利纳罗认为最坏的情况已经过去，在外人眼中，该公司看起来至少已经勉强逃脱灾难。

然而在幕后，贝尔斯登管理层已经开始寻找“白衣骑士”，并聘请拉扎德的加里·帕尔评估现金注入的选择。私下里，施瓦茨和帕尔告诉了 KKR 的创始人亨利·克拉维斯，而亨利·克拉维斯在 20 世纪 60 年代作为贝尔斯登的合作伙伴第一个探究了杠杆收购市场。克拉维斯想在价格低迷时寻找进入盈利丰厚的经纪业务的入口，同时贝尔斯登也需要找到一笔超过 20 亿美元的权益资本注入（据报道是公司 20% 的权益）。就像克拉维斯受人尊敬的个性一样，注资将给股东一针强大的镇静剂。最后这笔交易土崩瓦解，主要是管理层担心 KKR 的高比例的股权和克拉维斯加入董事会会削弱公司其他私募股权投资客户，这些客户经常为交易与 KKR 竞争。贝尔斯登整个秋天不断地寻找潜在收购者，在最终方案确定之前，私募股权投资机构弗劳尔斯、摩根大通和伯克希尔－哈撒韦公司首席执行官沃伦·巴菲特都在踢皮球。市场目不转睛地看着贝尔斯登能否把融资转移到海外，凯恩正设法与一家中国国有投资公司——中信集团完成一笔仅为 10 亿美元的交叉投资。

同时，关于如何处置贝尔斯登持有的住房抵押贷款类资产，公司内部不同的派别互相对立，爆发了一场斗争。尽管价格持续下跌，贝尔斯登持有的住房抵押贷款类资产仍然价值 560 亿美元。由于交易员坚持认为要消减任何住房抵押贷款的剩余头寸，住房抵押贷款首席交易员汤姆·玛拉诺提出一个“混沌交易”，本质上是大量做空次贷指数 ABX。同时也做空商业住房抵押贷款指数和存在住房抵押贷款风险暴露的其他金融股票，比如富国银行和美国国家金融服务公司。

2007 年 9 月下旬，在把贝尔斯登 10% 的股权卖给安联保险集团的太平洋投资管理公司的谈判刚刚失败之后，贝尔斯登的高层管理人员和风险管理部门开始审查这些交易。由于凯

㊀ Kate Kelly, “ Bear CEO’s Handling of Crisis Raises Issues,” *Wall Street Journal*, November 1,2007, http://online.wsj.com/public/article_print/SB119387369474078336.html (accessed July 14, 2008).

恩正在传染病的康复过程中，所有的目光都投向了在整个危机中日趋活跃的格林伯格。由于不满意于贝尔斯登剩余的住房抵押贷款类资产规模和混沌交易潜在的波动性，这位资深的交易员坚持认为公司应该降低风险暴露。“我们必须削减！”他大声呐喊，对公司历史激进行为导致的大量无利可图的头寸表态。

不顾对冲已经收益约 5 亿美元的事实，施瓦茨听从了格林伯格的建议，要求去做抵消贝尔斯登组合中特定资产的交易，而不是适用范围更广的、以市场为基础的混沌交易。

秋去冬来，银行家们为大幅减少的奖金争论不休，贝尔斯登的高层也为要求解聘凯恩而争吵，士气降落到令人泄气的低点。贝尔斯登的高层要求施瓦茨驱逐凯恩，否则他们将大批离职。2007 年 12 月 20 日，事情变得更加糟糕，贝尔斯登被曝 85 年前成立以来第 1 个季度亏损。第二天贝尔斯登收到一封来自大型投资管理公司——太平洋投资管理公司债券经理人的电子邮件，表示其对在融资部门的风险暴露不满和想要解除与贝尔斯登价值几十亿美元的交易。贝尔斯登委员会和太平洋投资管理公司董事总经理威廉·鲍威尔之间的紧急电话会议确定，这只基金至少在与贝尔斯登的高管碰面之前不采取任何激烈的举动，但是鲍威尔的训诫响亮而清晰：“你们需要提高权益比例。”⊖

施瓦茨试图阻止骨干雇员逃离的浪潮，他们要逃离这艘正在下沉的船。施瓦茨于 2008 年 1 月 8 日向董事会提出辞退凯恩，经董事会协商后，施瓦茨获得了批准。凯恩保留董事长的职位，施瓦茨进而成为新的首席执行官。施瓦茨立即把目光投向第一季度的数字，不顾一切地保证贝尔斯登能够实现第一季度盈利，希望平息贝尔斯登的股东、雇员、债权人和市场上的交易对手日益增长的不安情绪。

银行逃跑

贝尔斯登在 2008 年的第 1 季度 0.89 美元的每股收益没有缓和财政不稳定所带来的增长低潮（见表 C1-1）。似乎每一天，都会有一个主要的投资银行公布与住房抵押贷款相关的损失，不论出于何种原因，贝尔斯登的名字一直在当时臭名昭著的次贷危机讨论中不断出现。由于贝尔斯登的公共关系问题恶化，美国证券交易委员会发起了一项针对两只崩溃的对冲基金的调查，以及三只对冲基金的重大损失对已经非常不安的市场所带来震动的传言的调查。尽管如此，贝尔斯登的主管们仍认为风暴已经过去，原因是其近 210 亿美元的现金储备已向市场证明了其长期生存能力（见表 C1-2）。

表 C1-1 简明的合并利润表 （单位：100 万美元）

	2008 年 2 月 29 日	2007 年 2 月 28 日
收入		
佣金	330	281
直接交易	515	1 342
投资银行业务	230	350
利息和股息	2 198	2 657
资产管理及其他收入	154	168
总收入	3 427	4 798

⊖ Kate Kelly, “ Lost Opportunities Haunt Final Days of Bear Stearns, ” *Wall Street Journal*, May 27, 2008, http://online.wsj.com/article/SB121184521826521301.html (accessed July 16, 2008).

（续）

	2008 年 2 月 29 日	2007 年 2 月 28 日
利息支出	1 948	2 316
扣除利息支出后的收入	1 479	2 482
非利息支出		
雇员报酬及福利	754	1 204
经纪商、交易所和清算费用	79	56
通信和技术	154	128
（房屋、土地等）占有	73	57
广告和市场拓展	40	37
顾问费	100	72
其他支出	126	93
非利息支出总计	1 326	1 647
减值准备前的应税所得	153	835
应税所得的减值准备	38	281
净收入	115	554
优先股股息	5	6
适用于普通股的收入净额	110	548
每股基本收益（美元）	0.89	4.23
稀释每股收入（美元）	0.86	3.82
加权平均流通在外普通股		
基本（股）	129 128 281	133 094 747
摊薄（股）	138 539 248	149 722 654
宣布的普通股每股现金股息（美元）	0.32	0.32

表 C1-2　简明的合并资产负债表　（单位：100 万美元）

	2008 年 2 月 29 日	2007 年 2 月 28 日
资产		
货币资金	20 786	21 406
存放在结算机构或根据联邦法规隔离的现金及证券	14 910	12 890
抵押品证券	15 371	15 599
抵押协议		
根据转售协议购买的证券	26 888	27 878
借入证券	87 143	82 245
应收账款		
客户	41 990	41 115
经纪人、交易商及其他	10 854	11 622
利息及股息	488	785
可支配的金融工具（公允价值）	118 201	122 518
可支配且作为抵押品的金融工具（公允价值）	22 903	15 724
金融工具总计（公允价值）	141 104	138 242
可变利息载体及特殊目的的载体住房抵押贷款资产	29 991	33 553

（续）

	2008 年 2 月 29 日	2007 年 2 月 28 日
固定资产净值	608	605
其他资产	8 862	9 422
资产总计	398 995	395 362
负债及股东权益		
无担保短期借款	8 538	11 643
抵押证券应付利息	15 371	15 599
抵押融资		
根据回购协议卖出的证券	98 272	102 373
贷出证券贷款	4 874	3 935
其他担保借款	7 778	12 361
应付账款		
客户	91 632	83 204
经纪人、交易商及其他	5 642	4 101
利息及股息	853	1 301
已出售但尚未购入的金融工具（公允价值）	51 544	43 807
利息可变载体及特殊目的载体住房抵押贷款负债	26 739	30 605
应计雇员的薪酬和福利	360	1 651
其他负债及预提费用	3 743	4 451
长期借款（包括 2008 年 2 月 29 日的 90.18 亿美元和 2007 年 11 月 30 日的 85 亿美元）	71 753	68 538
负债总计	387 099	383 569
股东权益		
优先股	352	352
普通股	185	185
实收资本	5 619	4 986
未分配利润	9 419	9 441
员工股票补偿计划	2 164	2 478
累计其他综合损益	25	−8
持有 RSU trust 的股份	−2 955	—
库存股票（成本）	−2 913	−5 641
股东权益合计	11 896	11 793
负债和股东权益合计	398 995	395 362

然而，2008 年 3 月 10 日（星期一），贝尔斯登发行的涉及 15 个交易的 163 个档级的住房抵押贷款类支持债券被穆迪降级。[⊖]研究员强烈批评了该信用评级机构在次贷危机中的角色，它高估了住房抵押贷款支持证券的信用度，未能警觉到危险已随着住房市场的转变而到来。因此，穆迪开始对几乎所有评级结果进行降级，贝尔斯登的股价受此负面影响程度比同

⊖ Sue Chang, " Moody's Downgrades Bear Stearns Alt-A Deals," *Market Watch*, March 10, 2008, http://www.marketwatch. com/news/story/moodys-downgrades-bear-stearns-alt-deals/story.aspx?guid-%7B9989153A-B0F4-43B6-AE11-7B2DBE7E0B9C%7D(accessedJuly19, 2008).

行更大。

华尔街更加复杂通信设备的驱动力已经在世界范围内建立了交易者和银行家的关联网络。平时，互联网聊天和移动的电子邮件设备传递着报酬、主要员工离职甚至体育博彩方面的传言。然而在 3 月 10 日上午，一条消息压过了其他一切传言：贝尔斯登正存在流动性问题。

中午，CNBC 在《巨头午餐会》（*Power Lunch*）节目上向公众发布了这条新闻。为此，贝尔斯登的股价下跌超过 10%，低至每股 63 美元，埃斯·格林伯格疯狂地向各类管理人员发出命令，要求他们站出来，向公众否认这些问题。在谈到自己时，格林伯格告诉 CNBC 的记者，谣言是“完全荒谬的”，这激怒了首席财务官莫利纳罗，他认为否认谣言只会让谣言合法化，并激化进一步恐慌性的抛售，使贝尔斯登的流动性问题最终自发实现。[㊀]然而，仅仅两个小时过后，贝尔斯登似乎就躲过了一劫。纽约州长埃利奥特·斯皮策涉嫌参与高级卖淫集团的新闻就盖过了头条上关于资金的流言，这也导致贝尔斯登的领导层又一次认为最糟糕的时候已经过去了。

谣言在第二天重新爆发，美联储宣布了一个价值 2 000 亿美元的贷款计划，用来帮助金融机构走出信贷危机[㊁]，目标指向贝尔斯登，其股价在每股 62.97 美元的收盘价之前曾跌到每股 55.42 美元（图 C1-7）。与此同时，贝尔斯登的高管们面临一个债务更新请求爆发的新危机，所谓债务更新请求是风险合约的对手方通过向第三方出售以削减风险头寸。瑞信、德意志银行、高盛都报告接到了那些想消除贝尔斯登信用风险头寸的机构蜂拥而至的债务更新请求。债务更新请求爆发的速度和力度意味着在贝尔斯登采取行动前，高盛和瑞信都已通过电子邮件告知交易员，直到信用部门批准，停止任何与贝尔斯登相关的债务更新要求。再一次，网络电子交易平台上的流言蜚语打击了全世界投资者对于贝尔斯登稳定的信心，瑞信的备忘录禁止其交易员参与任何与贝尔斯登有关的交易作为一个不实的谣言广为流传。[㊂]对贝尔斯登流动性信心下降可以通过贝尔斯登债务的信用违约互换的成本上升来量化。这时，贝尔斯登 1 000 万美元债务违约的 5 年期保险，其价格从不足 10 万美元达到 10 月的超过 62.6 万美元，表明一些公司对贝尔斯登会无力偿还债务下了重注。[㊃]

在内部，贝尔斯登讨论是否要公开解释谣言，最终决定安排周三上午由 CNBC 记者大卫·法贝尔采访施瓦茨。施瓦茨不想让谣言蔓延得太快，把采访现场设在贝尔斯登召开年度新闻发布会的棕榈滩。贝尔斯登选择法贝尔是因为他与贝尔斯登广为人知的友谊，然而法贝尔却以一个毁灭性的问题开始采访——他宣称一个交易商的信用部门临时取消了与贝尔斯登的一个交易。在随后的采访中，他承认这次交易最终完成了，但又对贝尔斯登作为一家交易机构的基本能力提出质疑。一位资深交易员后续评论说：“很明显，就在法贝尔提出那个问题的那一刻，贝尔斯登已经死了。一旦你有了这个念头——这个公司不能在一个交易上跟进，它就完了。法贝尔害死了贝尔斯登。”

尽管施瓦茨对流动性不足谣言的驳斥使公司向前迈了很重要的一步，尽管对冲基金投资者也同情贝尔斯登，他们仍然第一时间提取了账户中的资金，使贝尔斯登的现金储备只剩下

㊀ Burrough, “Bringing Down Bear Stearns.”

㊁ Chris Reese, “ Bonds Extend Losses After Fed Announcement,” Reuters News, March 11, 2008, http://www.reuters.com/article/bondsNews/idUSNYD00017820080311 (accessed July 16, 2008).

㊂ Kelly, “Fear, Rumors Touched Off Fatal Run on Bear Stearns.”

㊃ 同㊂。

150 亿美元。此外，给投资银行提供每天都要更新的隔夜贷款的回购贷款机构通知贝尔斯登，第二天将不再更新贷款，这迫使贝尔斯登不得不寻找新的贷款来源。施瓦茨给拉扎德的帕尔打电话，莫利纳罗重新审查了贝尔斯登在这次危机事件中的应急出售计划，贝尔斯登的一名律师呼吁美联储主席解释贝尔斯登的情况，并加速宣布的计划的实施。这个计划允许投资银行可以使用住房抵押贷款类证券作为抵押品从美联储的贴现窗口获得紧急贷款，而贴现窗口通常是美联储预留给商业银行的（见表 C1-3）。⊖

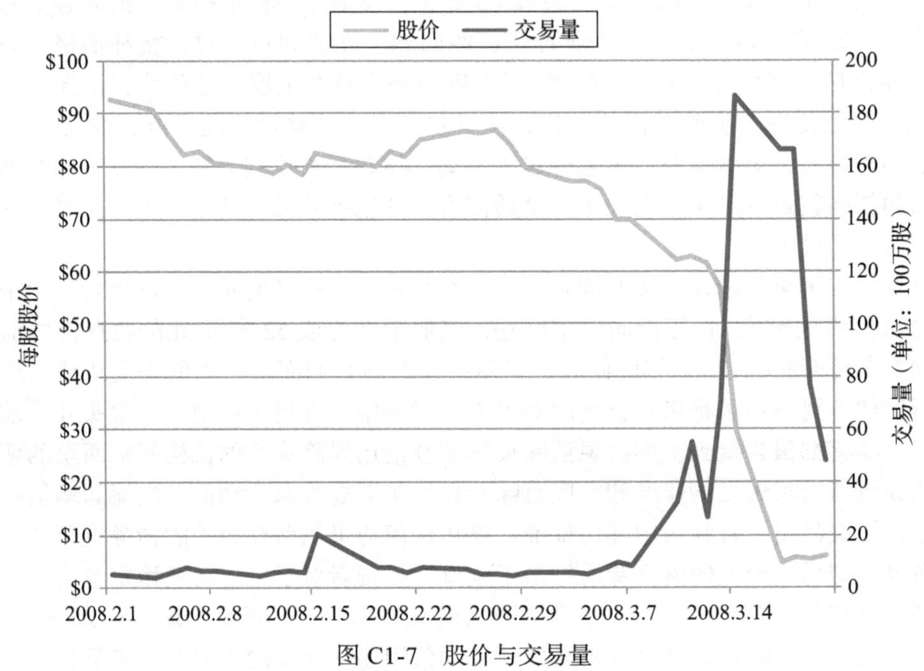

图 C1-7 股价与交易量

表 C1-3 商业银行和投资银行的监管比较

	商业银行	投资银行
通常的业务模式	接受存款，并通过一系列的产品把存款借出，为个人和企业提供金融服务	权益和债务发行承销、股票和债券交易，提供顾问服务（比如并购）
美联储是否提供保障	是	否（2008 年前）
主要风险资产的来源	存款	股东
杠杆的限制	严格：10% 的资本金比例被视为“资本充足”	没有
主要监管部门	美联储	美国证券交易委员会
业务的限制	禁止投资于房地产和大宗商品，开展新业务需要美联储批准	没有

贝尔斯登的高管极力安抚有反叛倾向的员工，权益部门的负责人布鲁斯·利斯曼站在他的办公桌上，恳求交易员继续专心工作，共渡难关，并指出贝尔斯登的历史韧性。格林伯格在交易大厅再次做出一个挥杆动作假装要去高尔夫俱乐部，仿佛暗示着贝尔斯登已经从巨大的危机中生存下来。

无论他们的保证对员工起到了什么影响，对市场都已无济于事。该周早些时候如溪流一

⊖ Burrough, “Bringing Down Bear Stearns.”

般的现金外流到了周四已变成洪水一般。同时，贝尔斯登的股价仍然持续地暴跌了15%，直到一天中的低点——每股50.48美元。午餐时，施瓦茨在吵闹的高管会议中保证说那些谣言都是市场噪声，结果被高级董事总经理迈克尔·米尼克斯打断了。

“你知道到底发生了什么吗？”米尼克斯喊道：“我们的现金全部外流了！我们的客户正在离开我们！”⊖

对冲基金客户成群结队地弃仓而逃，文艺复兴科技公司从交易账户中撤出约50亿美元，德劭公司根据法律程序撤出了同样多的钱。那天晚上，贝尔斯登的高管们聚集在六楼的会议室里调查这次对贝尔斯登的残杀。在不到一周的时间里，贝尔斯登除了剩下183亿美元储备金中的59亿美元以外，一切都耗尽了，还被花旗集团24亿美元的短期债务套住。由于恐慌的市场第二天必定会造成更多的提款，施瓦茨接受了无法避免的额外融资需求提议，并让帕尔再次拜访摩根大通的首席执行官詹姆斯·戴蒙，重新讨论在秋天就已经停止的合并协议。尽管对当天晚上就得达成协议的请求大吃一惊，戴蒙仍然同意派银行家团队到贝尔斯登分析账务。

帕尔的电话打断了戴蒙的52岁生日庆典，庆典所在的希腊餐厅离贝尔斯登的总部只有几个街区之遥。在贝尔斯登的总部，一个方阵的律师已开始准备各种现金注入交易的必要文件和紧急申请破产的文档。面对在未来24小时内几乎可以肯定的破产，施瓦茨在那天深夜匆匆召集了董事会，大多数董事会成员通过电话参会，而凯恩那时在底特律打桥牌锦标赛，错过了大部分的谈话。

贝尔斯登将近400个子公司都准备复杂的破产文件是不可能的，所以施瓦茨仍然希望得到紧急资金注入，使贝尔斯登度过这个周五。摩根大通的银行家查看贝尔斯登的头寸时，对继续要持有的住房抵押贷款类资产的危险性和规模犹豫不决，并坚持认为美联储对贝尔斯登的救助只由摩根大通一家承担风险过大。美联储的官员们已在大厅聚集了几个小时，美联储和摩根大通之间的讨论一直持续到星期五早上。施瓦茨和莫利纳罗吃着冰冷的比萨。现在决定权不在他们手中。

贝尔斯登，作为数万亿美元衍生品合约交易对手的角色，与LTCM有着可怕的相似。如果贝尔斯登被允许自行倒闭，美联储将再次看到潜在的金融大决战。对一家机构资产的紧急清算会给全球证券价格一个下行的压力，加剧本已混乱的市场环境。面对债务市场星期五上午开放日的最后期限，美联储与摩根大通对如何拯救贝尔斯登的问题来回争论。他们连轴工作，最终达成了一致，由摩根大通的律师史蒂芬·卡特勒在最后一分钟口述，在未来的28天内，摩根大通可以利用美联储的贴现窗口为贝尔斯登提供300亿美元的授信额度。当这条消息公布时，贝尔斯登的高管们振臂欢呼，这意味着贝尔斯登将有近一个月的时间来寻求替代性融资。

贝尔斯登的最后一个周末

贝尔斯登看到了一线生机，然而市场看到的却是最后的绝望挣扎。小心翼翼的贝尔斯登高管们也只能怯怯地看着公司的资产不断流失。周五早上，贝尔斯登在几小时之内耗尽了最后的储备。中午的电话会议上，尽管施瓦茨信心十足地向投资者保证贝尔斯登的信用额度可以让贝尔斯登继续“照常营业”，但仍没能阻止资产的流失。更糟糕的是，贝尔斯登的股票

⊖ Kelly, “Fear, Rumors Touched Off Fatal Run on Bear Stearns.”

价格又跌掉了一半，以每股 30 美元的价格收盘。㊀

周五一整天，帕尔绝望地开始着手拯救自己的客户，在金融圈中到处寻找潜在投资者或买主来收购贝尔斯登的部分或全部股份。在如此严重的情况下，无论是出售利润丰厚的大宗经纪部门还是整个公司兼并或出售，他什么都做不了。他天真地希望可以找到自己所称的"有用投资商"，也就是一个深受尊敬的华尔街名人，加入到董事会。这样就可以立刻增加信誉，甚至平息到处都在传的贝尔斯登即将倒闭的流言。不幸的是，只有很少的几个这样的人物有如此的声誉和战略胸怀可以扮演救世主的角色，而且他们中的大多数都已经放弃了贝尔斯登。

尽管如此，施瓦茨在星期五晚上为贝尔斯登总部缓解了不少压力。他说公司可以坚持到周末并保证会有 28 天的周转时间。在开车回格林尼治的路上，施瓦茨接到了一个意想不到的电话，是纽约美联储主席蒂莫西·盖特纳和财政部长亨利·保尔森打来的。施瓦茨惊呆了，这个电话打破了错觉。保尔森告诉他美联储的信用额度周日晚到期，贝尔斯登必须在 48 小时内找到买主或申请破产。28 天条款的终止至今是个谜。周五早上的紧张和摩根大通总法律顾问对条款的解释说明贝尔斯登高管误解了条款，尽管也有人认为保尔森和盖特纳破坏了贝尔斯登的预期安排，以及市场对周五签署的美联储紧急贷款的期望。不管怎样，美联储已经做出了决定，周六早上施瓦茨的申诉也没能动摇盖特纳。

周六一整天，有意向的买家都汇集到了贝尔斯登的总部寻找有利可图的部分，同时帕尔也努力对贝尔斯登进行最后的拯救。场面一片混乱。华尔街各大银行的代表弗劳尔斯、KKR，以及无数对贝尔斯登的处境关心至极的人，都企图弄清贝尔斯登大量非流动性资产的价值，以及美联储如何在财政上予以帮助。一些有意向的买家只想购买这家即将倒闭的银行的一部分，有一些则是想收购整个公司，当然还有一些期望通过更复杂的交易将贝尔斯登解体。但是买家一个接一个退出了，直到弗劳尔斯出了一个报价：收购贝尔斯登 90% 的资产，总价 26 亿美元。这个报价是建立在这家私募股权投资机构能从银行财团筹集到 200 亿美元的可能性之上，而 200 亿美元的风险信贷不可能在一夜之间出现。㊁

接下来就只剩摩根大通了，很明显这是唯一一家前来营救的银行。摩根大通派了不少于 300 位银行家代表 16 个不同的产品小组到贝尔斯登总部为其估价。他们和所有竞标者的关注点一样，就是评估贝尔斯登的住房抵押贷款类资产的价值。尽管做了巨额减值，他们还是不可能为这类低流动性的（并被恶意中伤的）证券来做出精确估价。斯迪夫·布莱克警告施瓦茨和帕尔不要把注意力放在周五每股 32 美元的收盘价上，并表示摩根的报价只能在每股 8～12 美元之间。㊂

在 3 月最终的 10Q 报告中，贝尔斯登列出 3 990 亿美元的资产、3 870 亿的债务、只剩 120 亿美元的权益，以及 32 倍的杠杆率。贝尔斯登最初估计这里面有可能随后将被减值的 1 200 亿美元的"风险加权"资产。日夜工作以弄清贝尔斯登资产负债表的摩根大通的银行家随后估计这个数字会在 2 200 亿美元左右。悲观的估计加上周日早上《纽约时报》再次报道贝尔斯登面临的麻烦的文章扑灭了摩根大通要收购贝尔斯登的想法。后来，一位摩根大通的银行家还激动地回想起这篇文章——"那篇文章确实影响了我的想法，因为《纽约时报》

㊀ Kelly, "Bear Stearns Neared Collapse Twice in Frenzied Last Days."

㊁ Burrough, "Bringing Down Bear Stearns."

㊂ 同㊁。

是很有信誉的报纸，让人不得不信。”[1]

周六早上摩根大通退出了，戴蒙让无比震惊的施瓦茨再想其他的办法。问题是，没有可以替代摩根大通的银行了。得知这个消息，又了解到贝尔斯登清算可能会让世界金融市场陷入混乱，美联储的代表立刻打电话给戴蒙。从 10 年前 LTCM 事件发生时，美联储就开始依靠劝说，或者说是“强烈建议”，长时间地试图通过呼吁理智而不是强制命令来影响市场参与者。摩根大通和美联储的最高层官员玩起了长达数小时的高风险扑克游戏，双方都在虚张声势，贝尔斯登依然命悬一线。美联储想要避免政府史无前例地参与一个私人投资公司的紧急救助，摩根大通也想要避免承担贝尔斯登住房抵押贷款类资产中任何“有毒废物”。“他们不停地说‘我们不会做的’，我们也一直坚持‘我们真的认为你们应该去做。’”一位美联储官员回忆道：“会谈持续了好几个小时，他们还一直说着‘只靠我们是做不来的。’”[2]几个小时过去了，直到纽约时间周一下午 6 点，澳大利亚市场要开盘了，双方必须妥协。

周日下午，施瓦茨从 1 点开始的贝尔斯登董事会紧急会议中中途走出来接戴蒙的电话——对方称报价会在每股 4～5 美元之间。

听到施瓦茨的消息，贝尔斯登董事会愤怒了。凯恩从底特律的同一个桥牌比赛中打来电话，也十分生气，怒吼着说公司宁可根据联邦破产法第十一章申请破产保护，也不会接受这么低的价格。因为这样的价格会将他曾经价值 10 亿美元的 566 万股股票减值为不到 3 000 万美元。然而实际上，破产也是不可能的。如帕尔所解释的，2005 年联邦破产法的修改意味着第十一章文件等于是将贝尔斯登送到了刀尖上。因为申请破产的话，监管机构必须查封贝尔斯登的账户，这样会立刻停止公司的运营并迫使其清算，那就不会有重组了。

尽管凯恩为每股 4 美元的报价恼怒，美联储对美国家庭面临丧失抵押物赎回权时给一家失败的投资银行 300 亿美元贷款的表现的关注，迫使美国财政部部长保尔森在贝尔斯登的伤口上撒盐。据官方消息，美联储自身并未插手对 LTCM 的紧急救助，而是依赖其呼吁的权力以市场稳定的名义让其他银行采取动作。十年后，他们再也找不到任何购买者了。贝尔斯登失败得如此神速，而且在如此受限的时间框架内无法执行真正的尽职调查，更何况控制贝尔斯登有毒的住房抵押贷款类资产存在着不可估量的风险。种种因素都吓跑了所有的买方，这使得美联储从顾问的角色转变成了主角。保尔森担心，所有对贝尔斯登慷慨的报价都可能鼓励投资银行不道德的冒险行为，因为这样等于告诉大家最坏的结果也是很乐观的，联邦紧急救助将陷入灾难。所以他做出了一个既可以挽救公司，也可以对贝尔斯登股东进行惩罚的交易决定——他给戴蒙打了电话，戴蒙重申了标价的范围。

“那个定价对我来说太高了，”保尔森告诉摩根大通的一把手：“我觉得一个很低的价格就可以了。”就在这之后，布朗斯坦打电话给帕尔说：“价格定为每股 2 美元。”

特拉华州法律之下，当一个公司进入“破产边缘”的时候，高管必须以股东和债权人的利益为重。施瓦茨知道贝尔斯登在过去几天中已经飞速向破产靠近了。面对在破产和接受摩根大通报价之间的选择，贝尔斯登别无选择，只能接受窘迫的低价——仅为周五晚上 32 美元收盘价的 3%。施瓦茨说服了疲惫不堪的贝尔斯登董事会成员，“2 美元毕竟比什么都没有要好”。下午 6 点半，这个交易获得董事会一致通过。

在市场上存在了 85 年之后，贝尔斯登消失了。

---

[1] Burrough, “Bringing Down Bear Stearns.”

[2] Burrough, “Bringing Down Bear Stearns.”

2008 年的投资银行业（下）：美丽新世界

贝尔斯登的余波

愤怒的贝尔斯登股东在匆忙制定的兼并文件中发现了一个漏洞。由于急于完成交易，摩根大通在长达 1 年的时间内竟忽略了贝尔斯登股东对该项交易的批准。这个疏忽造成了可怕的后果：摩根大通可能无法收购贝尔斯登，并因疏漏而陷入几十亿美元的潜在损失陷阱中。自从危机爆发以来，贝尔斯登首次拥有了谈判的主动权，刚上任的首席执行官艾伦·施瓦茨逼迫摩根大通首席执行官在 2 美元的基础上提高出价。在接下来长达一周的混乱中，贝尔斯登再次出现了破产的迹象，这将增大全球资产价格下行的压力。在美联储勉强同意下，摩根大通最终将收购价格从每股 2 美元提高至每股 10 美元，交易总价值达 12 亿美元。美联储以贝尔斯登的住房抵押贷款类资产作为抵押品，贷款给摩根大通 300 亿美元。摩根大通只承担任何可能损失的前 10 亿美元，留给美国纳税人 290 亿美元的贝尔斯登资产的风险暴露。由于交易定价困难，加里·帕尔所在的拉扎德公司在一周之内先后对每股 2 美元的交易价格和每股 10 美元的交易价格都出具了公平意见。

随着戴蒙开始将两个业务相互延伸、相互交叉，且文化有深远差异的金融巨头合二为一，市场观察人士试图了解贝尔斯登迅速垮台的原因。一些观察人士认为是因为极高的杠杆率和巨大的次级证券风险暴露。但贝尔斯登许多不愿具名的高管则称贝尔斯登是一大批制造谣言的对冲基金的受害者，这些对冲基金持有大量贝尔斯登空头头寸，试图通过打压贝尔斯登的股价而获利。贝尔斯登高管们曾确信那些“做空”的人是不会达成目的的。住房抵押贷款部门主管汤姆·马拉诺拒绝了城堡投资集团首席执行官肯尼斯·格里芬的帮助并宣称：“很担忧你们的空头头寸，并且我也不会像你们那样去做空。”[⊖]而其他人则指出臭名昭著的贝尔斯登指责别人的卑鄙交易和欺诈行为颇为讽刺。7 月 15 日，作为银行倒闭案调查的一个程序，美国证券交易委员会传讯了 50 多家对冲基金（包括了贝尔斯登的主要客户城堡投资），这使得谣言更加肆虐。此外，美国证券交易委员会史无前例地暂时禁止了对金融机构股票的卖空交易。不幸的是，卖空禁令导致了大部分可转换证券市场的关闭，因为 2008 年前 8 个月发行的可转换证券有 659 只来自金融机构，包括美国银行和花旗集团。对冲基金作为可转换证券的主要投资者，通过卖空可转换证券发行人的股票来对冲其购买的可转换证券或优先股的头寸，以期达到理论上的市场中性。卖空禁令导致对冲基金

⊖ Kate Kelly, “Bear Stearns Neared Collapse Twice in Frenzied Last Days,” *Wall Street Journal*, May 29, 2008, http://online.wsj.com/article/SB121202057232127889.html (accessed July 19, 2008).

遭受巨大损失，并使其无法进行新增投资，同时也使潜在的发行人无法通过该市场获得所需资本。

美国证券交易委员会的应急指令也禁止所谓的裸露卖空，或在没有正式的股票借入协议时就进行卖空。这导致了卖空意愿下降。事实上，受该指令保护的很多金融机构自身就持有大量的空头头寸，金融记者注意到了这一点，他们把这次应急指令称为“股票总是上涨”。[㊀]美国证券交易委员会基于以下两点为该指令辩护：首先，不同寻常的市场环境要求极端的反应；其次，这些金融机构更容易受到谣言损害，这是它们与传统公司的区别。

毁掉贝尔斯登的最关键谣言是债务更新请求，由贝尔斯登的客户向其他投资银行发出的就购买和出售贝尔斯登有关证券达成协议的请求，以换取费用。贝尔斯登的高管宣称请求主要涉及三家银行（高盛、瑞信、德意志银行），这些银行为了给信贷部门提供资金而推迟了清算，这进一步使贝尔斯登信用不好的谣言更加猖狂。如果是这样，谣言确实起了作用。高盛和瑞信均推迟了该要求，谣言以毁灭性的速度反馈到市场。传言，一批对冲基金经理在交易的那个周日的早餐会已经为贝尔斯登的垮台而干杯，并且打算随后对雷曼兄弟发起攻击。[㊁]雷曼兄弟活过了夏天，很大程度上是因为美联储加速了应急贷款计划，使得雷曼兄弟和其他银行能够通过窗口贴现获得贷款，而贝尔斯登却未能。许多人认为，贝尔斯登仅仅是一个星期的流动性不足，如果当初能够将住房抵押贷款类证券作为抵押品获得应急贷款，贝尔斯登可能最终能够作为独立银行存活下来。

最主要的反思围绕救援中美联储的角色和纽约联邦储备银行董事长蒂莫西·盖特纳行事是否得当展开。蒂莫西·盖特纳阻止了一个主要金融市场的崩溃，但美国纳税人为此替贝尔斯登的住房抵押贷款类资产承担了 290 亿美元的潜在损失，这是否为美国纳税人达成了最好的交易呢？ 4 月 3 日，参议院银行委员会对盖特纳的强烈质询，显示了立法者的普遍情绪，认为救援是以牺牲民众利益为代价而有利于华尔街。[㊂]辩护者指出，亨利·保尔森提出一个低股价作为交易价格（尽管这一价格后来有所提升），是为了阻止其他银行冒相似的风险，但是批评者首先质疑的是美联储的干预。

无论如何，银行家和监管者都认为美联储对于困境银行的救助避免了灾难的发生，同时摩根大通为借款优先承担的 10 亿美元的损失也制止了进一步不恰当的冒险行为。事实上，最糟糕的情况尚未发生，2008 年全球金融危机的复杂根源在于上一个 10 年金融与银行业的放松监管。

《格雷姆－里奇－比利雷法案》和《格拉斯－斯蒂格尔法案》的废除

1998 年 4 月 6 日，花旗银行宣布了与旅行者集团合并的计划，这是史上最大的并购案。这个高达 700 亿美元的交易将美国第二大商业银行与提供银行、保险、经纪业务的金融集团

㊀ David Gaffen, “Four at Four: Operation Stocks Go Up Always,” Marketbeat, July 15, 2008, http://blogs.wsj.com/marketbeat/2008/07/15/four-at-four-operation-stocks-go-up-always (accessed July 19, 2008).

㊁ Bryan Burrough, “Bringing Down Bear Stearns,” *Vanity Fair*, August 2008, http://www.vanityfair.com/politics/features/2008/08/bear_stearns200808 (accessed July 19, 2008).

㊂ Gary Weiss, “The Man Who Saved (or Got Suckered by) Wall Street,” *Portfolio.com*, June 2008, http://www.portfolio.com/executives/features/2008/05/12/New-York-Fed-Chief-Tim-Geithner (accessed July 19, 2008).

合为一体。就在一年前，旅行者集团通过收购所罗门兄弟而成为全美第三大证券经纪机构，所罗门兄弟是第一家把传统的顾问服务转型为自营业务的投资银行。由于受到来自技术变革、多样化和银行业国际化的压力，以及个人和公司客户对“一站式”服务的需求，两家公司都在努力游说，以获得并购案的批准。⊖

交易违反了1933年《格拉斯－斯蒂格尔法案》，大萧条后为监管证券业和银行业而制定的法律之一。该法禁止存款类金融机构（例如银行控股公司）和其他金融公司（例如投资银行、证券经纪机构）混业经营。花旗集团成功地获得了临时性的豁免，完成了交易，并强化了市场长达几十年对该法废除的愿望。为使美国的投资银行能够与国外从事存款业务的投资银行（例如瑞银、德意志银行、瑞信第一波士顿）竞争，共和党国会和克林顿总统在1999年通过了《格雷姆－里奇－比利雷法案》，即《金融服务现代化法案》，允许保险公司、投资银行和商业银行在产品和市场上公平竞争。随后的2000年《商品期货现代化法案》，通过对期货合约和信用违约互换的减少控制，进一步放松了行业监管。

放松和变革发生后，银行业开始了长达10年的并购热潮，金融势力越来越集中到少数人手中。投资银行被商业银行收购成为家常便饭。富利收购罗伯逊·斯蒂芬，美国银行收购蒙哥马利证券，美国大通曼哈顿收购摩根大通（合并后的主体摩根大通先后又收购了美国第一银行和贝尔斯登），匹兹堡国民银行收购哈里斯·威廉姆斯，欧力士收购华利安的控制权，富国银行收购巴林顿（见表C2-1）。随着国际银行业限制减少，国际市场越来越一体化，受“综合型银行”模式成功的鼓舞，合并的动力越来越大。

表 C2-1 1997年以来的大型银行并购

年份	收购方	目标公司	并购后主体	交易价值（10亿美元）
1997	U.S. Bancorp	First Bank System, Inc.	U.S. Bancorp	
	NationsBank Corp.	Boatmen's Bancshares	NationsBank Corp.	9.6
	Washington Mutual	Great Western Financial Corp.	Washington Mutual	
	First Union Corp.	Signet Banking Corp.	First Union Corp.	
	National City Corp.	First of America Bank	National City Corp.	
1998	NationsBank Corp.	Barnett Banks, Inc.	NationsBank Corp.	
	First Union Corp.	CoreStates Financial Corp.	First Union Corp.	
	NationsBank Corp.	BankAmerica Corp.	Bank of America Corp.	
	Golden State Bancorp	First Nationwide Holdings, Inc.	Golden State Bancorp	
	Norwest Corp.	Wells Fargo Corp.	Wells Fargo Corp.	
	Star Banc Corp.	Firstar Holdings Corp.	Firstar Corp.	
	Banc One Corp.	First Chicago NBD Corp.	Bank One Corp.	
	Travelers Group	Citicorp	Citigroup	140
	SunTrust Bank	Crestar Financial Corp.	SunTrust Banks, Inc.	
	Washington Mutual	H.F. Ahmanson & Co.	Washington Mutual	
1999	Fleet Financial Corp.	BankBoston Corp.	FleetBoston Financial Corp.	
	Deutsche Bank AG	Bankers Trust Corp.	Deutsche Bank AG	
	HSBC Holdings plc	Republic New York Corp.	HSBC Bank USA	
	Firstar Corp.	Mercantile Bancorp., Inc.	Firstar Corp.	
	AmSouth Bancorp.	First American National Bank	AmSouth Bancorp.	6.3

⊖ "Financial Powerhouse," NewsHour with Jim Lehrer transcript, April 7, 1998, http://www.pbs.org/newshour/bb/business/jan-june98/merger_4-7.html (accessed July 19, 2008).

（续）

年份	收购方	目标公司	并购后主体	交易价值（10 亿美元）
2000	Chase Manhattan Corp.	JP Morgan & Co.	JP Morgan Chase & Co.	
	Washington Mutual	Bank United Corp.	Washington Mutual	1.5
	Wells Fargo & Co.	First Security Corp.	Wells Fargo & Co.	
2001	Firstar Corp.	U.S. Bancorp	U.S. Bancorp	
	First Union Corp.	Wachovia Corp.	Wachovia Corp.	
	Fifth Third Bancorp	Old Kent Financial Corp.	Fifth Third Bancorp	
	Standard Federal Bank	Michigan National Bank	Standard Federal Bank N.A.	
	FleetBoston Financial Corp.	Summit Bancorp	FleetBoston Financial Corp.	
2002	Citigroup Inc.	Golden State Bancorp	Citigroup Inc.	
	Washington Mutual	Dime Bancorp, Inc.	Washington Mutual	
2003	BB&T Corp.	First Virginia Banks, Inc.	BB&T Corp.	
	M&T Bank	Allfirst Bank	M&T Bank	
2004	New Haven Savings Bank	Savings Bank of Manchester, Tolland Bank	NewAlliance Bank	
	Bank of America Corp.	FleetBoston Financial Corp.	Bank of America Corp.	47
	JP Morgan Chase & Co.	Bank One	JPMorgan Chase & Co.	
	Banco Popular	Quaker City Bank	Banco Popular	
	Regions Financial Corp.	Union Planters Corp.	Regions Financial Corp.	5.9
	SunTrust	National Commerce Financial	SunTrust	6.98
	Wachovia	SouthTrust	Wachovia	14.3
2005	PNC Bank	Riggs Bank	PNC Bank	0.78
	Capital One Financial Corp.	Hibernia National Bank	Capital One Financial Corp.	4.9
	Bank of America	MBNA Corp.	Bank of America Card Services	35
2006	Wachovia	Westcorp Inc.	Wachovia	3.91
	NewAlliance Bank	Cornerstone Bank	NewAlliance Bank	
	Capital One Financial Corp.	North Fork Bank	Capital One Financial Corp.	13.2
	Wachovia	Golden West Financial	Wachovia	25
	Regions Financial Corp.	AmSouth Bancorp.	Regions Financial Corp.	10
2007	Citizens Banking Corp.	Republic Bancorp	Citizens Republic Bancorp	1.048
	Banco Bilbao Vizcaya Argentaria	Compass Bancshares	Banco Bilbao Vizcaya Argentaria	9.8
	Bank of America	LaSalle Bank	Bank of America	21
	State Street Corp.	Investors Financial Services Corp.	State Street Corp.	4.2
	Bank of New York	Mellon Financial Corp.	Bank of New York Mellon	18.3
	Wachovia	World Savings Bank	Wachovia	25
	Bank of America	U.S. Trust	Bank of America Private Wealth Management	
2008	JPMorgan Chase	Bear Stearns	JPMorgan Chase	1.1
	Bank of America	Merrill Lynch	Bank of America	50
	JPMorgan Chase	Washington Mutual	JPMorgan Chase	1.9
	Wells Fargo	Wachovia	Wells Fargo	15.1
	5 / 3 Bank	First Charter Bank	5 / 3 Bank	
	PNC Financial Services	National City Corp.	PNC Financial Services	5.08

综合型银行模式的拥护者认为，客户更喜欢在同一个金融机构完成所有的业务，无论是个人客户的人寿保险、零售经纪、养老规划、储蓄存款，还是公司客户的薪酬服务、

并购顾问、承销和商业贷款。尽管有证据表明商业银行和投资银行之间的并购平均而言导致价值下降，㊀同时也有反捆绑立法，例如禁止综合型银行将贷款的批准取决于企业是否同意给银行的投资银行部门更多的高盈利并购业务。但认为传统的单一业务投资银行难以与能够提供全面银行业务的混合金融机构竞争的观点，导致行业中的合并频频发生。

上述合并加剧了华尔街专业型投资银行的竞争，这些投资银行包括：雷曼兄弟、美林、高盛、摩根士丹利、贝尔斯登。作为公众公司，专业型投资银行不但要面对综合型银行在传统业务（例如并购、承销、出售与交易）上的竞争，还需要获得与综合型银行可比的净资产收益率。专业型投资银行只能诉求于非储蓄金融机构的两大优势：无限制、无监管的杠杆率，以及越来越依赖于自营业务以获得高收益率。2004 年，投资银行成功说服美国证券交易委员会废除“净资本”条例，显露了他们对杠杆率的野心。“净资本”条例限制经纪机构可以借贷的数量。㊁这两者的协同效应缓慢但坚定地将专业型投资银行从顾问机构转变为事实上的对冲基金，太平洋投资管理公司高管保罗·麦卡利将此过程称为“影子银行”行业的崛起。㊂ 2008 年冬季，高杠杆率和自营交易摧毁了投资银行业，导致华尔街五大专业型投资银行的垮台、并购或重组。

雷曼兄弟

直到 2007 年年末，有着 150 年历史的雷曼兄弟成为美国前五大投资银行之一，并且一直保持着高速增长，2007 年第一季度和第二季度的盈利分别为 11 亿美元和 13 亿美元。进入 21 世纪以来，雷曼兄弟越来越依赖其固定收益交易和承销部门，该部门是 2001～2005 年其收益增长的主要来源（见表 C2-2）。同时，雷曼兄弟也在不断提高其杠杆率，债务权益比率从 2003 年的 23.7 倍上升到 2007 年的 35.2 倍（见图 C2-1）。随着杠杆率的提高，2007 年夏天住房抵押贷款相关行业的危机也开始对雷曼兄弟造成重大影响。公司的股价从 2007 年 6 月的峰值 81.3 美元下跌到 8 月的低点 51.57 美元。雷曼兄弟关闭了它的次贷业务部门 BNC 住房抵押贷款公司，并在全球范围内解雇了 2 000 多名员工。然而，雷曼兄弟管理层仍保持乐观，其财务总监称：“我认为，信贷最糟糕的时候已经过去了。”㊃

㊀ J.F.Houston and M.Ryngaert, “The Overall Gains from Large Bank Mergers,” *Journal of Banking and Finance* 18(1994): 1155-1176; D. A. Becher, “The Valuation Effects of Bank Mergers,” *Journal of Corporate Finance* 6 (2000): 199-214; and J. F. Houston, C. James, and M. Ryngaert, “Where Do Merger Gains Come From? Bank Mergers from the Perspective of Insiders and Outsiders,” *Journal of Financial Economics* 60 (2001): 285-332.

㊁ Stephen Labaton, “Agency’s ’04 Rule Let Banks Pile Up New Debt,” *New York Times*, October 2, 2008, http://www.nytimes.com/2008/10/03/business/03sec.html (accessed November 3, 2008).

㊂ Paul McCulley, “Global Central Bank Focus,” *PIMCO.com*, August/September 2007, http://www.pimco.com/LeftNav/Featured+Market+Commentary/FF/2007/GCBF+August+September+2007.htm (accessed November 3, 2008).

㊃ Dan Wilchins, “Lehman Earnings Fall Amid $830 Million Writedown,” Reuters News, December 13, 2007, http://www.reuters.com/article/businessNews/idUSWEN294620071214 (accessed November 4, 2008).

表 C2-2 1999 年以来雷曼兄弟的财务情况

年份	收入（100 万美元）	净利润（100 万美元）	净利润率（%）	每股收益（美元）
1999	18 925	1 174	6.2	2.04
2000	26 313	1 831	7.0	3.19
2001	22 340	1 311	5.9	2.19
2002	16 696	1 031	6.2	1.73
2003	17 146	1 771	10.3	3.17
2004	20 456	2 393	11.7	3.95
2005	31 476	3 260	10.4	5.43
2006	45 296	3 960	8.7	6.73
2007	57 264	4 192	7.3	7.26

年份	总资产（100 万美元）	流动负债（100 万美元）	长期负债（100 万美元）	总负债（100 万美元）	股东权益（100 万美元）
1999	222 225	185 251	30 691	215 942	6 283
2000	259 093	216 079	35 233	251 312	7 781
2001	285 407	238 647	38 301	276 948	8 459
2002	298 304	250 684	38 678	289 362	8 942
2003	354 280	297 577	43 529	341 106	13 174
2004	413 654	342 248	56 486	398 734	14 920
2005	463 962	393 269	53 899	447 168	16 794
2006	583 628	484 354	81 178	565 532	18 096
2007	814 213	668 573	123 150	791 723	22 490

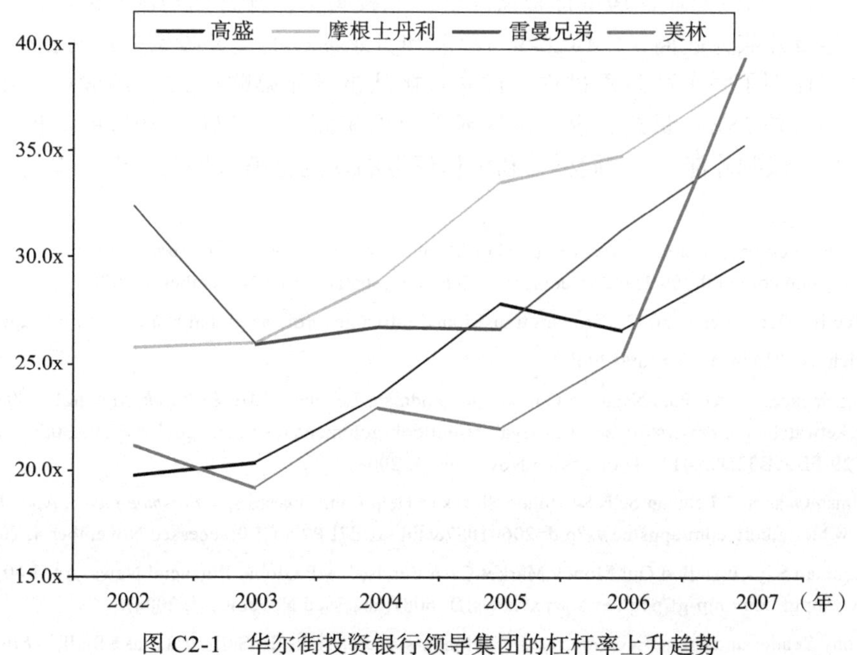

图 C2-1 华尔街投资银行领导集团的杠杆率上升趋势

雷曼兄弟 2007 年年报表明，该银行的前景发生了明显变化。雷曼兄弟秋季又解雇了 6 000

多名员工，第四季度进行了总计 35 亿美元资产组合的减值，其中包括 8.3 亿美元次贷相关的资产减值。㊀雷曼兄弟尽管超过了研究员预测的 1.42 美元的每股收益，但新任命的财务总监艾琳·卡兰㊁暗示了未来潜在的资产减值，她说道："我们并不乐观……情况还没到底部。"㊂

新的一年并没有给公司的创伤带来缓和。2008 年 1 月，雷曼兄弟撤销了大规模住房抵押贷款借贷部门，削减了 1 300 个岗位，但这并不能止住公司由于次贷风险暴露导致的现金流出。随着贝尔斯登在 3 月中旬的倒闭，标准普尔认为雷曼兄弟受资产减值的影响，其利润将下降 20%，并对雷曼兄弟的评级从"维持"下调到"负面"，雷曼兄弟的股票因此暴跌 48%。㊃一周后，雷曼兄弟第一季度 10Q 报告其净利润为 4.89 亿美元，比上一年下降 57%，拥有 300 亿美元现金和 640 亿美元流动性资产。有谣言称当初打垮贝尔斯登的激进卖空方将矛头指向了雷曼兄弟，雷曼兄弟宣布出售 40 亿美元的可转换优先股。雷曼兄弟的股价因此上升 11%，投资者认为，新资本的注入将会使雷曼兄弟免于贝尔斯登的命运。但警报尚未解除，正如奥本海默公司的研究员梅里迪斯·惠特尼所预言的："尽管此次融资成本高于近期历史水平，但未来的融资成本将更高。"㊄

尽管有了现金注入，雷曼兄弟却继续滑向贝尔斯登的老路。雷曼兄弟通过将价值 18 亿美元的 5 只短期债务基金的资产并入自己的报表，救助了这 5 只基金，这使人们联想到一年前贝尔斯登曾经试图支撑其 BSAM 对冲基金却徒劳无功。㊅同时，雷曼宣布将再解雇 1 500 名员工并计划在 2008 年 6 月发行普通股和可转换优先股再筹集 60 亿美元资本，尽管预计在第三季度将由于住房抵押贷款类资产减值带来 30 亿美元的损失。第二周，雷曼兄弟的董事会任命约瑟夫·格雷戈里代替罗伯特·H. 迈克戴德担任首席运营官，并结束了艾琳·卡兰作为财务总监的任期，替换为伊恩·洛维特。

由于 2008 年夏天雷曼兄弟的股价一路下跌，首席执行官理查德·福尔德计划将其私有化，但由于公司无法筹集足够的资金来完成交易，不得不放弃该想法。福尔德无奈之下为 300 亿美元的非流动性商业住房抵押贷款类资产寻找买主，并开始与国有的韩国发展银行和中国中信证券展开兼并磋商，中信证券一年前和贝尔斯登的交叉投资并没有扭转市场情绪。韩国发展银行计划了一个两阶段过程，首先直接从雷曼兄弟购买 25% 的股权，然后再在公开市场上购买另外 25%。最终，由于雷曼兄弟要求账面价值基础上 50% 的溢价，并且不肯在价格上让步，谈判停滞了。㊆同样，和中信证券的谈判也陷入停滞。由于雷曼兄弟流动性

㊀ Jessica Dickler, " Lehman Layoffs, the Tip of the Iceberg, " *CNNMoney.com*, September 21, 2008, http://money.cnn.com/2008/09/15/news/companies/lehman_jobs(accessed November 4, 2008).

㊁ Effective December 1, 2007, O'Meara transitioned into a new role as global head of risk management.

㊂ Wilchins, "Lehman Earnings Fall."

㊃ John Spence, " S&P Puts Negative Outlook on Goldman, Lehman," *MarketWatch*, March21, 2008, http://www.marketwatch.com/news/story/sp-puts-negative-outlook-goldman/story.aspx?guid=%7BE3B0D7FE-7498-48D7-BE29-FB95B33D0A41%7D (accessed November 4, 2008).

㊄ Yalman Onaran, " Lehman Sells $4 Billion Shares to Help Calm Investors, " *Bloomberg.com*, April 1, 2008, http://www.bloomberg.com/apps/news?pid=20601087&sid=aUd7LP996GL0(accessed November 4, 2008).

㊅ "Lehman Says It Bailed Out Money Market,Cash Funds," MP Global Financial News, April 10, 2008, http://www.mpgf.com/ mp-gf/pop/news.aspx?newsID=6081(accessed November4, 2008).

㊆ Henny Sender and Francesco Guerrera, " Lehman's Secret Talks To Sell 50% Stake Stall," *Financial Times*, August 20, 2008,http://www.ft.com/cms/s/0/586ed412-6ee6-11dd-a80a-0000779fd18c.html (accessed November 4, 2008).

紧张问题并未缓解，另一个潜在收购方加拿大皇家银行也退出了。[1]由于没有“白衣骑士”的救助，雷曼兄弟 9 月的财务状况被外界预期会进一步减值 40 亿美元，从而使总的资产减值达到 120 亿美元。

在贝尔斯登倒闭 6 个月后，2008 年 9 月 9 日，雷曼兄弟的股价下跌了 30%，使其资本总市值从 2007 年年初的 547 亿美元下降至 68 亿美元（见图 C2-2）。随着雷曼兄弟公布第三季度损失 39 亿美元，并打算重组，其股价在第二天又继续暴跌。重组主要通过以下措施：第一，将价值 300 亿美元的商业房地产资产剥离给一个独立的公开交易实体；第二，出售投资顾问分支 Neuberger Berman 投资 55% 的股权；第三，将价值 40 亿美元的欧洲房地产资产出售给贝莱德。这些举措将冲减雷曼兄弟 2003 年收购 Neuberger Berman 获得的商誉，提高公司的核心资本比率，[2]并增加账面价值超过 30 亿美元的有形资产。[3]然而，雷曼兄弟的股价却仅收于 3 美元，这些举措仅仅是证实了人们的怀疑：雷曼兄弟需要寻找一个买主了。更致命的是，有谣言盛传其他市场参与者开始不再认可雷曼兄弟的信用，这大大削弱了其在市场上存活的能力。随着美联储承认已与华尔街公司展开会谈，以及美国证券交易委员会下决心要解决雷曼兄弟流动性危机，这种推测更加沸沸扬扬。

图 C2-2　1999 年以来投资银行的股票表现

不幸的是，政治“多米诺”骨牌从对贝尔斯登的救助倒向雷曼兄弟。在史上最具争议总统选举的前一周，公众强烈抗议由于贝尔斯登的交易导致纳税人承担 290 亿美元的潜在损

[1] “Royal Bank of Canada Considered Buying Lehman,” Reuters UK News, September 7, 2008, http://uk.reuters.com/article/asiaPrivateEquityNews/idUKL722941620080907 (accessed November 4, 2008).

[2] The Tier 1 capital ratio is the ratio of a bank’s core equity capital to its total risk-weighted assets, a metric regulators frequently use to evaluate a bank’s financial strength.

[3] “Lehman Plans Sale, Spin-Off of Assets,” Reuters News, September 10, 2008, http://www.reuters.com/article/topNews/idUSN1040161420080910 (accessed November 4, 2008).

失，这使得继续这样的举措在政治上已不可行。第二天开市前是雷曼兄弟的最后期限，它不得不考虑所有可能的竞购提议，于是又出现了潜在购买者在周末纷纷走进投资银行总部来考虑各种并购或剥离方案。这一次，美联储拒绝为失败银行的债务提供支持，而是转向努力说服最后请愿者美国银行、汇丰集团、野村证券和巴克莱，称如果不挽救雷曼兄弟会导致雷曼的交易对手发生毁灭性的情况。同时，雷曼兄弟聘请 Weil, Gotshal & Manges 律师事务所准备应急破产的申请材料，以防谈判失败。

6 个月后，美联储急切安排对雷曼的救助，但由于拒绝为雷曼兄弟有毒的住房抵押贷款类资产的损失提供担保，最终救助宣告失败。更为复杂的是，雷曼兄弟利用短期回购贷款进行融资；类似于贝尔斯登，雷曼兄弟利用回购融得了 25% 以上的资产。[⊖]不幸的是，这种贷款需要交易对手的不断更新，然而其交易对手非常担忧雷曼兄弟的现状。这种观点在华尔街非常普遍，交易最后的出价人巴克莱由于不能获得股东的同意而最终退出。巴克莱放弃之后，雷曼兄弟提出了美国历史上规模最大的破产申请，总资产 6 390 亿美元，总负债 7 680 亿美元。[⊜]

第二块多米诺骨牌已经倒下，但它不会是最后一个。

美林

美林拥有庞大的零售经纪业务，这使得投资银行部门可以将承销的证券直接销售给经纪业务的客户，依靠这个优势，美林在华尔街逐渐凸显出来。1978 年，美林收购了怀特 · 韦尔德公司，巩固了美林的投资银行业务，并在 20 世纪最后 10 年与私人客户业务、销售交易业务一起发展起来。然而，和雷曼兄弟类似，由于对银行业的监管减少，美林也越来越依赖其自营业务，这项业务使得 2000～2006 年美林股票的年收益率超过了 13%（见图 C2-2）。与此同时，美林的杠杆率也在显著提升，从 2003 年的 19.2 倍上升至 2007 年的 39.3 倍（见图 C2-1 和表 C2-3）。

表 C2-3 1999 年以来美林的财务情况

年份	收入（100 万美元）	净利润（100 万美元）	净利润率（%）	每股收益（美元）
1999	34 586	2 887	8.3	3.11
2000	43 885	3 979	9.1	4.11
2001	38 232	−335	−0.9	−0.45
2002	27 368	1 708	6.2	1.77
2003	26 432	3 836	14.5	3.87
2004	31 165	4 436	14.2	4.38
2005	45 000	4 815	10.7	4.86
2006	64 500	7 097	11.0	7.18
2007	64 865	−8 637	−13.3	−10.73

⊖ Prince of Wall Street, " Goldman's Contrarian Move," April 7, 2008, https://www.istockanalyst.com/article/viewarticle+articleid_1692967.html (accessed November 10, 2008).

⊜ Drew G.L.Chapman, " Lehman Brothers Holdings, Inc.'s Bankruptcy Filing Raises Pressing Issues for Hedge Funds, " DLA Piper Alternative Asset Management Alert, September 17, 2008, http://www.dlapiper.com/files/upload/Alternative_Asset_Management_Alert_Sep08.html (accessed November 4, 2008). Given the strict federal regulations for insolvent brokerage houses, Lehman's retail brokerage operations did not file, but continued business as usual while the firm sought an outside buyer.

（续）

年份	总资产（100 万美元）	流动负债（100 万美元）	长期负债（100 万美元）	总负债（100 万美元）	股东权益（100 万美元）
1999	360 966	294 121	54 043	348 164	12 802
2000	474 709	386 182	70 223	456 405	18 304
2001	510 348	412 989	76 572	489 561	20 787
2002	533 021	427 227	81 713	508 940	24 081
2003	582 645	467 259	86 502	553 761	28 884
2004	750 703	596 728	122 605	719 333	31 370
2005	816 516	645 415	135 501	780 916	35 600
2006	1 026 512	802 261	185 213	987 474	39 038
2007	1 286 177	988 118	266 127	1 254 245	31 932

在 2006 年年末信贷扩张的顶峰时候，美林以 13 亿美元收购了第一富兰克林——次级个人住房抵押贷款的最大发起人之一。交易于 2007 年 1 月完成，这给美林带来了高达 700 多亿美元的住房抵押贷款类资产组合。[⊖]研究员对该交易持有不同的观点，有些认为，这将扩展美林的客户群，推动其业务的发展；另一些则认为，美林错过了信贷扩张期，以高价买入第一富兰克林，并且忽视了第一富兰克林带来的整合问题。[⊜]

问题最早出现在 2007 年夏，贝尔斯登的对冲基金宣布违约。作为基金的主要贷款人之一，美林获得了价值 8 亿美元的基金资产，随后开始了拍卖过程。美林成功出售了高级别资产，但是有毒的低级别资产却无人问津。随后，贝尔斯登拯救这些对冲基金的决定终止了资产拍卖过程，但是这次失败凸显出了美林所面对的巨大次贷风险暴露。[⊜]

此后不久，美林对外宣布在担保债务凭证和次级住房抵押贷款支持证券上损失 45 亿美元，后来又修正为 79 亿美元。随着公司信贷资产损失加剧，董事长兼首席执行官斯坦·奥尼尔错误地在未通知董事会的情况下批准与美联银行的可能并购。董事会解聘了奥尼尔，随后在 12 月任命纽约泛欧交易所首席执行官约翰·塞恩接替奥尼尔。美林宣布将对住房抵押贷款支持证券再减值 115 亿美元，担保债务凭证相关的对冲损失 26 亿美元。美林的股价从 2007 年的每股 89.37 美元高点暴跌 46% 至每股 48.57 美元。

由于急于止损，美林在前一年的夏天全球范围内缩减 1 100 个职位之后，又解雇了 2 900 名员工。2008 年第一季度美林又对住房抵押贷款类资产再减值 30.9 亿美元，第一季度季报并不能给已经受到贝尔斯登影响的市场带来一丝安慰。由于预期未来将继续减值 60 亿美元，

⊖ Merrill Lynch press release, " Merrill Lynch Announces Agreement to Acquire First Franklin from National City Corporation, " September 5, 2006, http://www.ml.com/index.asp?id=7695_7696_8149_63464_70786_70780 (accessed November 4, 2008) and Gabriel Madway, " National City Completes First Franklin Sale to Merrill, " *MarketWatch*, January 2, 2007, http://www.marketwatch.com/news/story/national-city-completes-first-franklin/story.aspx?guid=%7BB1E0DE9C- 7FA0-48C3-98FF-6F43EA09D169%7D (accessed November 4, 2008).

⊜ Shaheen Pasha, " Merrill Strategy Threatened by Bad Loan Market, " *CNNMoney.com*, February 21, 2007, http://money.cnn.com/2007/02/21/news/companies/merrill_acquisitions/index.htm (accessed November 4, 2008).

⊜ Ivy Schmerken, " Credit Crisis in Sub-Prime Mortgages Affects Hedge Funds Trading in Other Asset Classes, " September 30, 2007, http://www.advancedtrading.com/ems-oms/showArticle.jhtml?articleID=201805585 (accessed November 4, 2008).

穆迪重新评估美林长期债务以做降级准备。[一]

第二季度，问题仍在继续。美林因美国优先级担保债务凭证损失 35 亿美元，将与对冲有关的信用估值下调 29 亿美元。美林的投资组合也蒙受了 17 亿美元损失，个人住房抵押贷款的相关损失达 13 亿美元。在损失发生期间，塞恩为避免贝尔斯登的命运而选择筹措资金。2008 年 7 月，美林将其持有的彭博有限合伙公司 20% 股权卖给彭博有限责任公司，获得 44.25 亿美元。同时，开始磋商出售金融数据服务公司的控制权，该公司在美林内部为共同基金、零售银行产品和其他财富管理服务提供支持。

在美林累计资产减值超过 520 亿美元时，来自彭博交易的资本注入也不能够保证美林仍能够独立地存活下去。更为麻烦的是，美林持有交易对手为美国国际集团这一陷入麻烦的保险巨头高达几十亿美元的信用违约互换，进一步恶化了美林的财务状况。9 月初，雷曼兄弟已经走投无路，无法安然度过 9 月，美林显然也到了生死关头。为挽救股东的利益，塞恩进行了最后一搏，求助于美国银行首席执行官肯・刘易斯。

在 1997 年收购了总部位于旧金山的专业投资银行蒙哥马利证券，2004 年对富利的收购中又合并了罗伯逊・斯蒂芬的剩余部分，至此，美国银行的投资银行业务也才跻身二流水平。尽管有些业务优势突出，如医疗、房地产、债券承销和私募股权融资产品等，美国银行努力吸引一流人才，与华尔街投资银行领导集团竞争。到了 2008 年，美国银行开始缩减投资银行业务，受住房抵押贷款类资产减值影响，解雇了 1 100 名员工。刘易斯在 2007 年发表评论称他已经“在投资银行获得了所有我能够享受的乐趣”。这番评论使人们认为该银行已经无法实现创立投资银行品牌的承诺，也使得资历较浅的投资银行家对公司前景十分悲观。[二]

然而，美林的出现成了被刘易斯所说的“一生中的战略机遇”。就在雷曼兄弟宣告破产的那个周末，美国银行和美林的会谈加速了。美国银行同意出资 500 亿美元收购美林，虽然出价还不及美林在 2007 年巅峰时市值的一半。这次交易使美国银行投资银行部的规模扩充到以前的 2 倍以上，产生了华尔街最大的零售经纪商，但大大提高了美国银行在住房抵押贷款支持证券上的风险暴露。标准普尔马上将美国银行的长期信用评级由 AA 下调至 AA-，评级展望下调为“负面”。

此时，还有两家投资银行尚未入场。

高盛和摩根士丹利

与其同行不同，高盛避免了对住房抵押贷款类证券的过度风险暴露，并且对个人住房抵押贷款和杠杆贷款进行 20 亿美元的资产减值。观察人士对高盛在史上最具灾难性的市场环境中做到滴水不漏深表怀疑。“我不知道该怎么想，这好到难以置信，”来自特里尼蒂基金的罗伯特说：“我不知道他们是如何避免其他投资银行面临的各种问题的。没有人会那么棒、那么聪明、那么幸运。”[三]

[一] Louise Story, “ At Merrill, Write-Downs and More Layoffs, ” *New York Times*, April 18, 2008, http://www.nytimes.com/2008/04/18/business/18merrill.html (accessed November 4, 2008).

[二] “ Will BofA Retreat From Investment Banking? ” October 18, 2007, http://dealbook.blogs.nytimes.com/2007/10/18/will-bofa-retreat-from-investment-banking (accessed November 9, 2008).

[三] Joseph A. Giannone, “ Goldman Earnings Fall By Half, Yet Beat Views, ” Reuters News, March 18, 2008, http://www.reuters.com/article/businessNews/idUSWNAS527620080318 (accessed November 9, 2008).

2008 年夏天，高盛的杠杆贷款从 6 个月前的 520 亿美元减少到 140 亿美元，同期，个人和商业房地产投资减少了 64 亿美元。然而，公司无法避免利润的缩减。由于自营业务的亏损，2008 年第四季度，高盛出现了历史上的首次亏损（见表 C2-4）。

表 C2-4 1999 年以来高盛的财务情况

年份	收入（100 万美元）	净利润（100 万美元）	净利润率（%）	每股收益（美元）
1999	25 363	2 708	10.7	5.57
2000	33 000	3 067	9.3	6.00
2001	31 138	2 310	7.4	4.26
2002	22 854	2 114	9.3	4.03
2003	23 623	3 005	12.7	5.87
2004	29 839	4 553	15.3	8.92
2005	43 391	5 626	13.0	11.21
2006	69 353	9 537	13.8	19.69
2007	87 968	11 599	13.2	24.73

年份	总资产（100 万美元）	流动负债（100 万美元）	长期负债（100 万美元）	总负债（100 万美元）	股东权益（100 万美元）
1999	271 443	240 346	20 952	261 298	10 145
2000	315 805	267 880	31 395	299 275	16 530
2001	343 234	293 987	31 016	325 003	18 231
2002	394 285	336 571	38 711	375 282	19 003
2003	461 281	382 167	57 482	439 649	21 632
2004	612 075	506 300	80 696	586 996	25 079
2005	806 811	678 802	100 007	778 809	28 002
2006	987 177	802 415	148 976	951 391	35 786
2007	1 317 270	1 076 996	197 474	1 274 470	42 800

与此同时，根据《格拉斯 – 斯蒂格尔法案》于 1938 年从摩根大通剥离出来的投资银行业务而成立的摩根士丹利，由于不断蔓延的信贷危机而陷入麻烦（见表 C2-5）。截至 2007 年第四季度，公司对住房抵押贷款类证券的减值达 103 亿美元，仅次于美林、花旗集团和瑞银。首席执行官麦晋桁称该结果“令人尴尬”，并解雇了联席总裁佐伊 · 克鲁兹。2007 年 12 月，摩根士丹利决定追随花旗集团和瑞银，从外国主权财富基金筹集资本以获得流动性。此前，花旗集团出售价值 75 亿美元的股权给阿布扎比基金，瑞银出售 115 亿美元的股权给新加坡基金。摩根士丹利以 50 亿美元的价格出售了 9% 的付息可转换优先股（大约相当于公司 9.9% 的股权）给中国投资有限责任公司。㊀

㊀ John Spence, “ Morgan Stanley Write-Downs Grow by $5.7 Billion, ” *MarketWatch*, December 19, 2007, http://www.marketwatch.com/news/story/morgan-stanley-sets-57-bln/story.aspx?guid=%7BA49D1DF8-A341-409C-9574-E035AF79EFC9%7D (accessed November 10, 2008).

表 C2-5 1999 年以来摩根士丹利的财务情况

年份	收入（100 万美元）	净利润（100 万美元）	净利润率（%）	每股收益（美元）
1999	34 343	4 791	14.0	4.10
2000	44 593	5 484	12.3	4.73
2001	43 333	3 630	8.4	3.16
2002	32 449	3 086	9.5	2.70
2003	34 550	4 174	12.1	3.66
2004	39 017	4 634	11.9	4.15
2005	46 581	4 532	9.7	4.20
2006	70 151	6 335	9.0	5.99
2007	84 120	2 563	3.0	2.37

年份	总资产（100 万美元）	流动负债（100 万美元）	长期负债（100 万美元）	总负债（100 万美元）	股东权益（100 万美元）
1999	385 240	349 953	29 004	378 957	6 283
2000	452 240	402 008	42 451	444 459	7 781
2001	521 249	461 912	50 878	512 790	8 459
2002	572 927	507 614	56 371	563 985	8 942
2003	659 560	577 976	68 410	646 386	13 174
2004	829 334	719 128	95 286	814 414	14 920
2005	996 600	869 341	110 465	979 806	16 794
2006	1 248 902	1 085 828	144 978	1 230 806	18 096
2007	1 227 254	1 014 140	190 624	1 204 764	22 490

2008 年 9 月雷曼兄弟宣告破产以后，摩根士丹利和高盛都面临巨大压力，因为投资者认为此次信贷危机说明 20 倍以上的杠杆率是不可靠的。雷曼兄弟向美国证券交易委员会提出申请一周后，两家公司都宣布将改组为银行控股公司。这一举措意味着投资银行将首次成为受美联储、联邦存款保险公司以及州或联邦银行监管机构监管的吸收存款机构，并且要详细披露其资产负债表。9 月 23 日，伯克希尔 – 哈撒韦宣布购买高盛 50 亿美元的永久性优先股（价格为 10% 的股息加上执行价格为 115 美元购买 50 亿美元高盛普通股的认股权证）。次日，高盛公开发行 50 亿美元的股票。尽管高盛对回购的依赖度较低（回购仅占其资产负债表融资总额的 14.8%），而且对住房抵押贷款支持证券的风险暴露也有限，但是由于其持有证券的价格下跌和并购活动的减少，迫使高盛也解雇了 3 200 名员工。⊖

与花旗集团和美国银行等竞争对手取得国家银行特许经营权不同，高盛向纽约州申请州银行特许经营权。（同时，摩根士丹利申请国家银行特许经营权。）高盛还获得了联邦政府 2008 年 10 月通过的 7 000 亿美元财政救助中的 100 亿美元（与摩根士丹利等额）。对美国国际集团的救助也使高盛从中受益，因为这家保险公司得以偿还高盛所持有的债券。摩根士丹利获得了三菱日联金融集团 90 亿美元的投资，后者购买了摩根士丹利的普通股和永久性非累计可转换优先股。摩根士丹利和高盛均宣布计划开展存款业务，实质上成为拥有多样化投

⊖ Prince of Wall Street, “Goldman’s Contrarian Move.”

资银行业务的商业银行。

2008 年年末，投资银行业的格局发生了戏剧性的变化。尽管投资银行客户仍然需要顾问服务、承销服务、销售和交易服务，杠杆率曾达 30 倍的专业型投资银行的时代终结了，短短的 6 个月内，贝尔斯登已经成为摩根大通的一部分，雷曼兄弟申请了破产保护，美林被美国银行兼并，高盛和摩根士丹利转型为银行控股公司。由于对杠杆率的限制和监管导致的冒险性减少，高盛和摩根士丹利要保持之前的权益收益率将面临挑战，它们有可能成为与主要竞争对手一样的公司，如摩根大通、花旗集团、美国银行、瑞信、德意志银行和瑞银。

自由港麦克莫伦铜金矿公司：并购融资

2006 年 11 月 19 日的一篇新闻稿宣布了美国自由港麦克莫伦铜金矿公司（纽约证券交易所代码：FCX）对菲尔普斯·道奇公司的收购，这桩交易将造就世界上最大的铜业上市公司。FCX 的首席执行官理查德·艾克森说道："这桩收购在财务方面对股东极具吸引力，交易将带来以下好处：公司会增加大量的现金流、降低资本成本、改善资产和地域的多样化。"㊀新的 FCX 会继续投资于具有高收益率的未来成长机会，并积极运用合并后新企业的自由现金流来减少并购过程中产生的负债。该篇新闻稿还提到"FCX 已经收到了摩根大通和美林的融资承诺"。公开宣布是两家投资银行数周"内部"工作的高潮，不过也是它们的销售与交易部一系列"外部"工作的开始。

金属热潮

在宣布收购时，FCX 将自己描述为"在印度尼西亚进行铜矿、金矿和银矿的勘探、开发、开采和加工，在西班牙和印度尼西亚集中进行铜的冶炼和精炼"。㊁而菲尔普斯·道奇公司则是"世界上领先的铜和钼的生产商之一，而且是世界上最大的钼基化学品和连续浇铸铜杆生产商"。㊂

由于中国等新兴国家对铜的需求快速增长（见图 C3-1），铜价经历了一轮前所未有的上涨，而 FCX 和菲尔普斯·道奇公司的合并正是发生在这个大背景下，并造就了世界上最大的铜业上市公司。

在经历了采矿业的一系列纷杂的并购事件后，两家公司才最终走到一起。就在几个月前，也就是 2006 年 6 月，菲尔普斯·道奇公司宣布了一项价值 560 亿美元的三方合并交易，合并方分别为该公司和另外两家加拿大的矿业公司：英可公司和鹰桥公司。㊃

在当时，这桩合并交易将造就世界上最大的镍生产商和最大的铜业上市公司。菲尔普斯·道奇公司的首席执行官史蒂夫·韦斯勒在宣布合并的时候做了如下声明：

这桩交易代表了在快速整合的行业中建立一个基于北美市场的全球领先生产商的独特机会，北美市场是世界上层次最深且最具有流动性的市场。合并后的公司拥有行业中最优的开发项目群、规模效应和先进的管理经验，这将使新公司朝着更成功的方向迈进。新公司有足

㊀ FCX company press release, November 19, 2006.

㊁㊂ 同㊀。

㊃ Phelps Dodge company press release, June 26, 2006.

够大的规模和多样化，使我们可以进行周期化管理，保持稳定盈利，并增加股东收益。同时，在整个商业周期中，我们将致力于维持公司的投资级信用评级。㊀

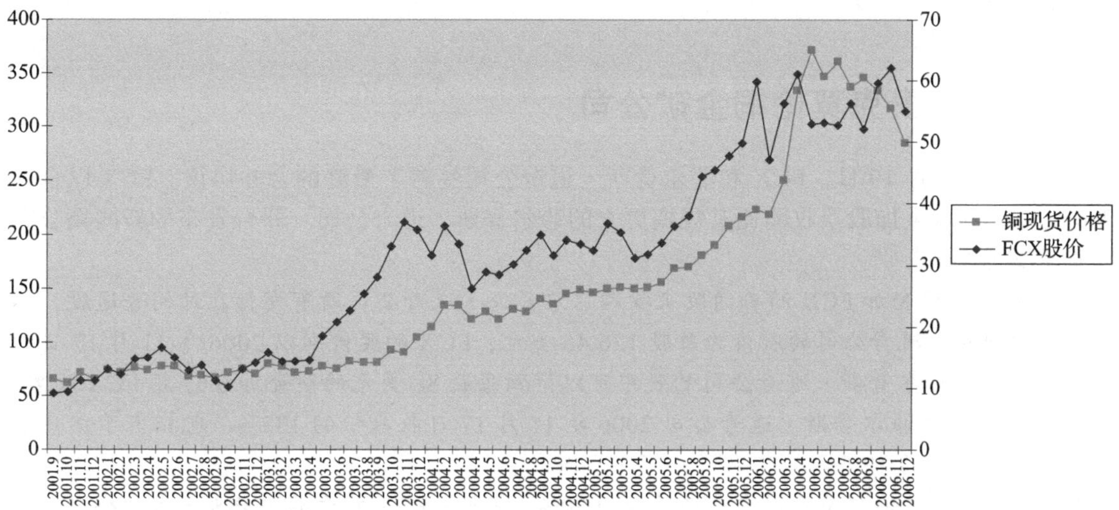

图 C3-1 铜现货价格和 FCX 股价走势（2001 年 9 月～2006 年 12 月）

资料来源：NYMEX COMEX data；FCX historical prices.

菲尔普斯·道奇公司的公告发布几个月后，鹰桥公司实施“毒丸”计划，以阻止瑞士矿业巨头斯特拉塔公司对自己的收购。当时，斯特拉塔公司已累计持有鹰桥公司 20% 以上的股份。㊁

最终，由于斯特拉塔公司提高了收购价格，鹰桥公司的董事会接受了出价，㊂并拒绝了菲尔普斯·道奇和英可公司，三方合并计划宣告终止。㊃

斯特拉塔公司收购鹰桥公司之后，巴西矿业公司淡水河谷公司（CVRD）提出了以每股 86 美元的价格全额现金收购英可公司的要约。而菲尔普斯·道奇公司则提出以每股 86.89 美元，部分股权支付的方式收购英可公司。虽然淡水河谷公司的出价要稍低一些，但是分析人士认为投资者应该更青睐于全额现金收购方案。㊄到 9 月初，菲尔普斯·道奇公司和英可公司决定分道扬镳，不久后，淡水河谷公司宣布成功收购英可公司。㊅两次并购交易失败后，分析人士预测菲尔普斯·道奇公司“在席卷全球采矿业的交易狂潮中，可能很快会由收购方转变为被收购的目标公司”。㊆

菲尔普斯·道奇公司宣布与英可公司的合并终止后，韦斯勒说道：

我们对菲尔普斯·道奇公司的前景是非常乐观的。铜和钼的市场基础非常好，在当前的市场价格下，公司正在创造大量的现金流。在过去的几个月中，管理层把主要精力放在为股东

㊀ Phelps Dodge company press release, June 26, 2006.

㊁ "Falconbridge Protects Against 'Creeping Takeover' by Xstrata," *Metal Bulletin*, September 23, 2005.

㊂ "Falconbridge Gets $52.50-Per-Share Offer from Xstrata," *Stockwatch*, May 17, 2006.

㊃ "Falconbridge Yields to Xstrata," *Steel Business Briefing*, August 11, 2006.

㊄ "In the Battle to Control Inco, CVRD Looks Ready to Rumble," *American Metal Market*, August 11, 2006.

㊅ "Phelps Leaves CVRD as Sole Bidder for Inco," Financial Times, September 6, 2006.

㊆ 同㊅。

创造长期价值上，审慎地管理资产负债表，并在这个周期性的行业中努力维持投资级信用评级。非常遗憾，我们提出的三方合并方案最终没有执行，但是菲尔普斯·道奇公司的前景是十分乐观的。㊀

走进自由港麦克莫伦铜金矿公司

2006年11月19日，FCX和菲尔普斯·道奇公司签署了最终的合并协议。FCX以合计259亿美元的现金加股票收购比其规模更大的菲尔普斯·道奇公司。联合发布的新闻稿公布了如下交易细节：

FCX将以现金加FCX的普通股来收购菲尔普斯·道奇公司所有发行在外的普通股，折合成菲尔普斯·道奇公司的股价为每股126.46美元，FCX的股价则以2006年11月17日的收盘价计算。菲尔普斯·道奇公司的股东可以得到每股88美元的现金加0.67股FCX股票。这个价格相当于菲尔普斯·道奇公司2006年11月17日收盘价的133%，也相当于该日前一个月平均股价的129%。

现金部分为180亿美元，占交易总额的70%。另外，FCX将向菲尔普斯·道奇公司支付1.37亿股股票。在股票稀释后，菲尔普斯·道奇公司的股东将拥有合并后公司38%的股份。

FCX和菲尔普斯·道奇公司的董事会都一致批准了该协议的条款，而且建议所有的股东能够同意该桩交易。这桩交易需要得到FCX和菲尔普斯·道奇公司的股东和监管部门的批准，并且要满足通常的成交条件。该交易预计将在2007年第一季度末完成。

FCX已收到来自摩根大通和美林的融资承诺，将提供完成交易所需的现金。交易生效后，截至2006年12月31日，总负债额约为176亿美元，净现金约为150亿美元。㊁

合并宣布后，华尔街研究员的最初反应各不相同（见图C3-2和图C3-3的股价表现）：

我们认为这桩交易对两家公司都有利。自由港公司基本上是一个单一的矿业公司，主要资产位于印度尼西亚，这些资产具有较长的寿命，但是成长机会有限。菲尔普斯·道奇公司的经营基地在地理上分布广泛，而且具有较好的成长性，目标是到2009年产出增加20%，但是其储备资源的寿命相对于自由港公司要短一些。所以，对于自由港公司来说，这桩交易增加了公司的经营风险，同时也给公司带来了增长机会。我们认为这桩交易也凸显了全球铜储量的稀缺性，行业整合通过一家大的生产商收购另一家生产商来进行，而不是建设更大型的铜矿。㊂

这桩交易有几个积极的方面：①改善成本状况（相对于菲尔普斯·道奇公司单独的状况）；②长期的资源储备；③地理分布的多元化；④具有吸引力的增长模式；⑤增加了管理的深度。而且这桩交易也不涉及反垄断的问题。特别是对菲尔普斯·道奇公司的股东而言，周五收盘价33%的溢价以及首席执行官史蒂夫·韦斯勒从合并后的公司离开是他们乐于接受的结果，因为之前与两大镍生产商合并的计划均以失败告终。对于FCX，我们觉得它更像资产的出售方，而不是资产的收购方。㊃

㊀ Phelps Dodge company press release, September 5, 2006.

㊁ FCX company press release, November 19, 2006.

㊂ Credit Suisse Equity Research, November 20, 2006.

㊃ Bear Stearns Equity Research, November 20, 2006.

图 C3-2 菲尔普斯·道奇公司股价走势（2006 年 1 月 3 日～2007 年 3 月 19 日）

资料来源：Bloomberg.

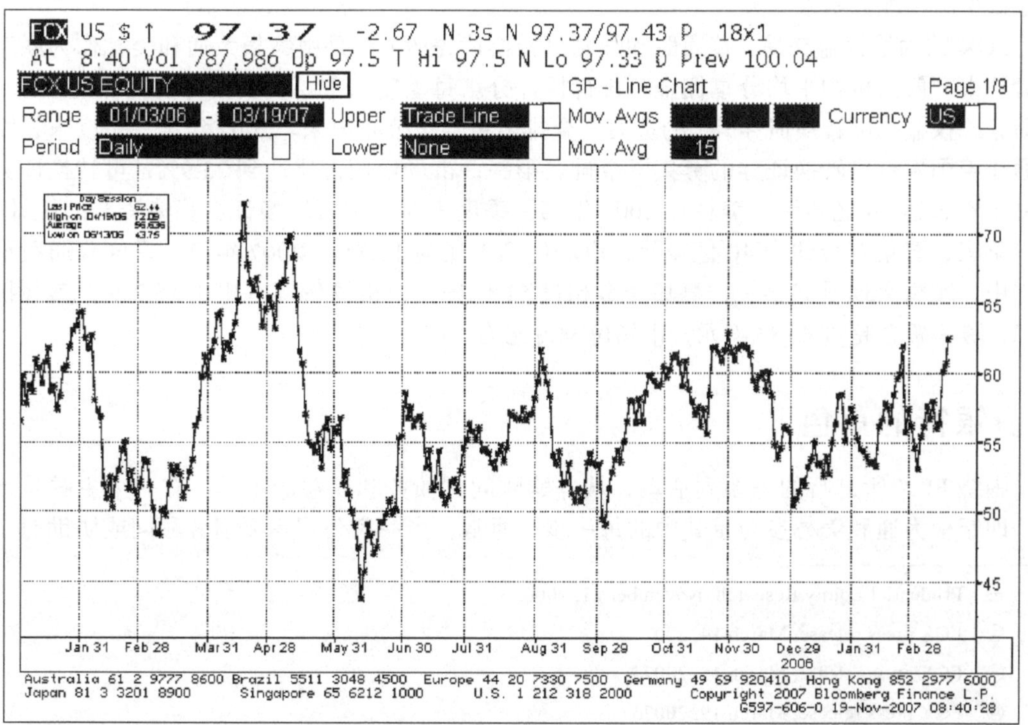

图 C3-3 FCX 的股价走势（2006 年 1 月 3 日～2007 年 3 月 19 日）

资料来源：Bloomberg.

我们认为有1/3的可能性是自由港公司像公告那样收购菲尔普斯·道奇公司。还有2/3的可能性是自由港公司收到7.5亿美元的交易终止费。这桩交易对FCX来说很有利，所以很容易吸引更高的报价。[一]

两家公司公布联合新闻稿后，股东最终于2007年3月14日批准了这桩交易，并批准了公布的协议条款。[二]不过，FCX如果要收购比自己规模更大的菲尔普斯·道奇公司仍须在并购融资方面做大量的工作。此次融资的第一步是，摩根大通和美林在并购批准前联合承诺的60亿美元的过桥贷款。FCX在3月15日宣布，在对菲尔普斯·道奇公司的收购中，债务融资总额为175亿美元，其中包括由公开债务市场提供的60亿美元的高收益优先级票据（只有当公开债务市场发行失败时，过桥贷款才会生效）和100亿美元优先级担保定期贷款。此外，还包括15亿美元优先级担保循环贷款，可以在交易完成前使用。[三]摩根大通和美林联合承销票据的发行，并联合提供定期贷款及循环贷款。最后，3月19日，收购菲尔普斯·道奇公司的交易结束后，FCX宣布公开发行普通股和可转换优先股。最初的新闻稿指出，以每股100美元的价格发行大约3 500万股普通股和1 000万股强制可转换优先股。[四]两笔权益交易的募集资金预计为50亿美元。市场对上述融资活动反应是正面的，所以FCX的股价在一天之内涨了将近3%，而当天标准普尔500指数只涨了1%。至少有一名华尔街研究员把前景描绘得十分乐观：

管理层清楚地传达了其进行权益交易的意图。而且，交易的规模也符合我们之前的预期。虽然稀释现有股东的权益不是很好的做法，但是我们认为这桩交易在减少融资风险方面做得相当不错。我们估计权益交易的组合和以当前铜价计算的自由现金流有可能减少FCX50亿美元债务的负担，也就是这桩交易160亿美元债务总额的31%，随着时间的推移，债务减少的幅度会越来越大。[五]

FCX的两笔权益交易（普通股和强制可转换优先股）都是由摩根大通和美林作为联席账簿管理人。两家机构平均分享佣金和排行榜计分。每季度，主要投资银行承销各类证券（包括债务、权益、可转换债券等）的募集资金排名将会被公布出来。2007年第一季度末，摩根大通在美国发行可转换证券的募集资金排名第一，市场份额占比达到23.9%，可转换证券发行募集资金达60亿美元。美林在2007年第一季度末对美国可转换证券募集资金的统计中，排名第三，募集资金约为40亿美元，市场份额占比为15.8%。2007年第一季度普通股承销排名中，摩根大通排名第一，募集资金超过51亿美元，市场份额占比达16.2%；美林排名第二，募集资金超过43亿美元，市场份额占比为13.7%。[六]

投资银行的角色

围绕FCX所进行的一系列活动，从并购顾问到债务和权益的承销，有一个主题是不变的，即摩根大通和美林参与了其中的每一步。通常，当一家公司需要财务顾问或协助时，会

[一] Prudential Equity Research, November 21, 2006.

[二] FCX press release, March 14, 2007.

[三] FCX press release, March 15, 2007.

[四] FCX press release, March 19, 2007.

[五] Credit Suisse Equity Research, March 19, 2007.

[六] Thomson Equity Capital Markets Review, First Quarter 2007.

在几家投资银行之间进行选择，并让每家机构出示其资质证明、初步的估值和对投资者需求的判断。刚开始公司可能出于种种原因选择一家投资银行，但是随着时间的推移，公司通常会侧重于已有的合作关系，同时还会考虑到一些其他的因素，如执行力、独立研究能力以及排行榜的排名。在这个案例中，FCX 同摩根大通和美林都建立起了很稳固的合作关系，并且对两家机构在并购顾问和承销方面十分信任。

投资银行通常讲到信息“防火墙”的两侧。投资银行的客户关系、并购以及资本市场团队要对尽职调查和估值工作负责，所以他们所接触到的信息具有保密性，他们被看成防火墙内部一侧的人员。通常，投资银行的销售与交易团队则是在防火墙的外部一侧，是站在公开市场这一面，他们为投资者服务，而且拥有的信息也仅限于公开市场上可得到的。如果投资银行要公布一项并购或融资的新闻稿，一般来说，第一时间听到这个消息的会是自己的销售与交易团队人员。

防火墙内部

在关于并购交易的公告公布之前，摩根大通和美林的客户关系团队会积极地协调从并购到融资的各项工作。两家投资银行的金属采矿行业客户关系团队首先负责了解 FCX 的总体需求和优先考虑事项。之后，两家银行的并购团队负责对公司在并购估值、现金和股权比例、并购时机以及股东的可能反应提出建议。杠杆融资团队负责分析向公司做出的过桥融资承诺（已经成功向机构投资者发行高收益票据，则融资承诺可以不必履行）。对于 FCX 来说，过桥贷款具有特别重要的意义，它确保 FCX 有足够的资金来收购菲尔普斯·道奇公司。摩根大通和美林的权益资本市场团队负责权益发行的各项事宜：建议公司确定最优发行结构、发行规模、发行价格和发行时机（基本功能），还要与机构权益销售部门的同事一起确定投资者潜在的兴趣（配售功能）。

投资银行和 FCX 需要根据预期的信用评级确定一个固定的融资结构。实际上，在选择最优融资工具之前，FCX 首先要做的是确定最优资本结构和可接受的权益稀释程度。评级顾问专家来自摩根大通的债务资本市场团队，他们负责对公司在信用评级过程中提出建议，并根据所选的资本结构对评级结果做出预测。关于融资条款和条件，以及定价的所有信息都会反馈到两家投资银行的并购团队那里，之后，并购团队会评估这些信息对每股收益、预期估值和投资者可能反应的影响。

投资银行在对客户进行建议和执行交易时必须考虑到几种形式的风险。资本风险是与银行的并购融资承诺相关的一种财务风险。如果银行承诺提供一笔贷款，它将承担相当大的风险。大银行通常选择将 90% 的贷款转移给由银行和基金组成的银团来分散资本风险。但是，对于无法转移的债务，银行要自留。2007 年上半年，在私募股权投资机构进行并购时，银行向其提供的贷款总额超过 3 500 亿美元。从 2007 年年中开始，住房抵押贷款支持证券市场发生严重错位，银团很难再提供贷款，便产生了庞大的无法预料的风险头寸，导致了数十亿美元损失（见专栏 C3-1）。银行会预留一部分资金（通常是投资于无风险证券），总额与其在承销和贷款承诺中所承担的风险头寸相当。信誉风险则不太容易注意，但是也非常重要。这一风险来源于投资银行所服务的公司，如果该公司发生重大的问题，会导致投资银行的信誉也连带受损。

专栏 C3-1 银行在过桥贷款上是否走得太远？随着杠杆收购风险的上升，投资者开始退却；来自海外的警告

作者：Robin Sidel, Valerie Bauerlein, Carrick Mollenkamp

美国最大的几家金融机构在过去一年中，一直以资本市场获得的丰厚利润来抵消零售银行业务的不景气。而现在，这一滚滚财源可能正在枯竭。

债务市场突遇困境预计会损害美国各大银行的利润，因为债务市场是杠杆收购在全球范围大行其道的主要资金来源。杠杆收购是指私募股权投资机构通过举债来收购上市公司，并由被收购公司承担债务。一些新的融资技术随着杠杆收购应运而生，它们给银行带来了大量财富，但也使银行承担了更大风险。

摩根大通、花旗集团和美国银行这几家提供杠杆贷款的最大机构除面临上述的债务市场吸引力今不如昔外，还遇到了另外一些难题。当前诡谲的利率环境降低了发放贷款的收益，住房抵押贷款和房屋净值贷款增速放缓，各金融机构为吸收存款而展开的竞争进一步加剧，而高风险次贷危机对银行造成的后果目前还未全部显现。

晨星公司驻芝加哥的银行业研究员伽尼什·拉瑟纳姆说，银行倒还不至于“亏损，只是赚的钱不如以前多了”。

由于各银行竞相向杠杆收购提供融资，它们自身承担的风险也不断增加。虽然这些风险通常大部分会转嫁给投资者，但就像美国食品服务公司发行债券未获投资者踊跃认购这件事所反映的，这种情况下银行只能自己承担包袱。

在美国，所谓的“低门槛贷款”在第一季度发放的杠杆贷款中占 26% 左右，而欧洲的这一比例只有 4.6%。不过美国银行的研究显示，欧洲的这一比例今年 3 月份开始大幅上升。美国银行本周早些时候发表的研究报告称，“低门槛贷款”削弱了银行根据协议所享受的融资保护，它是各银行竞相向客户提供杠杆融资所造成的后果，这种局面降低了对借款人的要求，而通常情况下银行是要逐季审核客户的贷款资格的。

监管机构对权益过桥贷款尤感担忧，这是一种私募股权投资机构要求银行为某些交易提供的临时贷款。这种贷款的利率很高，贷款期限从 3 个月到 24 个月不等，一旦私募股权投资机构成功发行了垃圾债券，它们就向银行偿还这笔贷款。

路透提供的数据显示，今年迄今为止，美国的银行共向杠杆收购交易提供了 333.8 亿美元的过桥贷款，比上一年同期的 128.7 亿美元增加了一倍以上。这是 20 年前那轮杠杆收购热潮过后的最高水平，1988 年的过桥贷款发放额曾高达 481.4 亿美元。

在各银行中，花旗集团、德意志银行和摩根大通今年为杠杆收购提供的过桥贷款最多。

政府监管机构希望重新评估其 2001 年制定的杠杆贷款监管原则，以确定它是否已经过时。由于银行那时将大多数杠杆贷款在资产负债表上列为自己的债权，因此监管机构当时的主要任务是提醒银行不仅要考虑借债人的付息能力，还要考虑其还本能力。而银行现在通常将它们的杠杆贷款债权出售给机构投资者，因此监管机构认为或许需要制定新的监管标准。现在对银行而言，对借款人还债能力的关注可能降低了，而对自己出售给投资者的债权成为坏账而使自己承受的“信誉风险”则更关注了，如果发生这种不利情况，银行很可能无法继续将债权销售出去，只能使放出的贷款停留在自己的资产负债表上。

国际清算银行本月发表的一份报告称：“银行向方兴未艾的企业并购交易提供的过桥权益和过桥贷款越来越多不是一个好现象。”该报告还说：“人们有理由担心，不管有意还是无意，银行的资产负债表背上了沉重的信用风险。”

资料来源：Wall Street Journal, June 28, 2007.

防火墙外部

2006 年 11 月 19 日，自由港公司通过新闻专线服务在一篇正式的新闻稿中宣布收购菲尔普斯·道奇公司。

当 FCX 与菲尔普斯·道奇公司的收购协议签订以后，投资银行的重点马上转移到解除过桥贷款，从而融到交易所需的资金。在这个过程中，还要与信用评级机构进行协调，确保为即将发行的债券获得最高评级。2007 年 2 月 28 日，标准普尔将 FCX 已经发行的 2014 年到期的优先级债务的评级从 B+ 级提高至 BB+ 级。4 月 4 日，该评级被提高至 BBB- 级。2 个月后，也就是 6 月 7 日，FCX 的债务评级再次被提高，达到 BBB 级。同样，穆迪在 2006 年 11 月 20 日将 FCX 评为积极关注。之后，在 2007 年 2 月 26 日，穆迪又将其评级从 B1 级调高至 Ba2 级；到 3 月 27 日，又调高至 Baa3 级。信用级别的提高，既因为通过发行普通股和可转换证券筹集了超过 50 亿美元的资金，还因为并购产生的现金流显著提高（见表 C3-1）。[⊖]

表 C3-1 债券评级

日　期	评级机构	评级变化
2006.11.20	穆迪	正面展望
2007.2.26	穆迪	B1～Ba2
2007.2.28	标准普尔	B+～BB+
2007.3.27	穆迪	Ba2～Baa3
2007.4.4	标准普尔	BB+～BBB-
2007.6.7	标准普尔	BBB-～BBB

资料来源：Bloomberg.

当所有的债务相关交易结束后，FCX 和菲尔普斯·道奇公司的并购就宣告完成。之后，权益及权益相关的融资就开始了。

权益及可转换证券的发行

投资银行的机构销售员负责向共同基金、对冲基金、养老金和保险公司这样的大型资产管理机构的研究员和投资组合经理介绍投资机会。他们的投资建议来自于多种途径，包括机构的权益研究员所做的研究。资产管理机构并不为投资银行的投资建议付费，而是为其所执行的大规模交易支付佣金。这个过程既是一门科学也是一门艺术。通常，机构管理人会定期投票对投资银行进行排名，而且会根据这个排名分配下一阶段的佣金。

FCX 发行权益和可转换证券的意向刚一宣布，摩根大通的机构销售团队就到金属采矿行业研究员那里去听取专业意见。由于摩根大通是自由港公司并购交易的顾问，它的权益研究员在提供 FCX 的股票投资意见时会受到限制。不过，他们可以向机构销售团队就权益和可转换证券的发行和资金用途进行概述，而且可以回答销售员对于这方面的相关问题。之后，销售团队有机会听取 FCX 的管理层关于收购菲尔普斯·道奇公司以及融资方案选择的

⊖ Bloomberg.

理由。总之，这些会谈为销售团队与资产管理机构客户沟通发行相关细节提供了所需的足够信息。

FCX 的管理团队也会参与投资者路演：面向机构投资者的一系列会议，说明公司当前的财务状况和经营活动。在首次公开发行中，路演通常持续一到两周，公司在这期间向新投资者介绍公司的情况。在增发（已上市公司继续在资本市场上筹集资金）和可转换证券发行中，路演不是必需的过程，是否进行路演取决于该公司的知名度。在本案例中，FCX 在并购公告后进行过一次非交易性路演，向投资者说明了交易情况，所以在权益和可转换证券发行中仅仅安排了有限的路演。

3 月 20 日（周二），也就是并购完成公告后的第二天，权益和可转换证券发行的联合路演开始进行。3 天内，摩根大通和美林的销售团队在多个城市安排了一系列会议，路演还邀请了投资银行团队的一名成员和公司的几名高管参加。由于时间有限和投资者与会热情高涨，销售团队需要和资本市场承销团队一起决定约见哪些投资者。确定约见的投资者基于若干因素，如投资者的规模大小、与公司的关系如何、之前对此次发行的兴趣大小，目前持股情况当然也是一个重要的考虑因素。

在此期间，销售团队会跟机构投资者就权益和可转换证券的发行进行一系列沟通，然后向承销团队反馈信息，后者会持续关注此次发行的投资者热情和市场敏感度。承销团队会与公司的管理团队就反馈过程中出现的问题进行沟通。这种反馈机制对于发现合理的发行价格是十分重要的，因为承销团队负责制定发行价格。由于股票已经在市场上进行交易，所以价格发现过程是透明的。不过，关键问题在于在进行最后一笔股票交易或确定定价那一天的股票收盘价格基础上，如何确定一个折扣（如果有的话）。一些投资者给出限制性指令，即他们所愿意支付的最高价格，还有一些投资者愿意跟随市场报价，即发行时市场出清的价格。这将影响最终的定价决定，虽然市场报价会更好些，但无论是投资银行还是公司都不愿拒绝大的、重要的投资者的报价。

至于可转换证券的发行，其定价则依据与目标股票相联系的息票价值和转换溢价。与普通股交易类似，权益资本市场承销团队会调查投资者需求，并且对有投资意向的机构进行询价。对于可转换证券的需求一半来自于可转换证券套利对冲基金，另一半来自于传统的共同基金或专门的可转换证券基金。在规模较小的交易和没有强制转换规定的可转换证券中，利益分配往往向可转换证券套利基金倾斜。当具有套利机会时，可转换证券套利基金会购买可转换证券，同时卖空普通股来进行套利。虽然公司会担心投资者大量卖空公司的股票，不过可转换证券套利基金具有以下优点：①来自可转换证券套利基金的增量需求会使公司在发行可转换证券时定价更高一些（即融资成本更低）；②这种增量需求也会使可转换证券更具市场流动性，从而更吸引传统的长线投资者。

强制可转换优先股

FCX 的可转换证券要在 3 年内强制转换为预先规定数量的公司普通股。所以，评级机构评价这笔可转换证券交易具有 90% 的权益内容（见专栏 C3-2 和图 C3-4）。对于传统的具有选择权的可转换证券，评级机构通常不会将其评为权益交易，实际上，可转换证券在转换成普通股之前（当普通股的价值超过原始证券的价值时，投资者会执行转换）更像是债券。

由于FCX采用了强制可转换证券结构，其信用评级迅速增加，正如之前讨论的那样。普通股和可转换证券的共同发行使可转换证券套利基金更易于在市场上借入并卖空FCX的普通股，这增加了可转换证券的需求，也使其定价更高一些。

专栏 C3-2 可转换优先股发行的部分条款

发行人：自由港麦克莫伦铜金矿公司

发行的证券：2 500万股股息率为6.75%的强制可转换优先股（如果承销商充分行使超额配售选择权，则为2 875万股），在本招股书中称之为“强制可转换优先股”。

首次发行价格：每股强制可转换优先股价格为100美元。

强制可转换优先股的超额配售选择权：当承销商销售的强制可转换优先股数量超过2 500万股时，在本招股书公布的30天内，承销商可以选择是否再以初始发行价格、更低的承销折扣和佣金额外购买不超过375万股强制可转换优先股，以满足市场需求。

股息：该强制可转换优先股每年向投资者按6.75%的股息率派发股息。股息从优先股发行之日起累计计算，在法定付息日和公司董事会或公司董事会相关授权委员会宣布发放股息时，公司会在股息支付日向投资者发放现金股息或者具有一定限制的普通股。预计第一个股息发放日时每股将发放2.306 25美元的股息，在随后的每个股息发放日每股发放1.687 5美元的股息。更多细节参见“强制可转换优先股——股息”。

股息支付日：从2007年8月1日开始到强制转换日之前，每年的2月1日、5月1日、8月1日和11月1日，还有强制转换日当日。

赎回：该强制可转换优先股是不可赎回的。

强制转换日：2010年5月1日。

强制转换：在强制转换日，每股强制可转换优先股会自动根据转换率转换为普通股。持有强制可转换优先股的投资者会在强制转换日收到尚未支付的股息，包括所有强制可转换日之前累积应计未支付的股息。不管之前有没有宣布，该支付的股息都会在强制转换日一并付清。

转换率：强制可转换优先股的转换率在每股转换为1.632 7股普通股和每股转换为1.360 5股普通股之间，取决于普通股的适用市场价值。

普通股的适用市场价值是强制可转换日之前的第三个交易日之前的连续20个交易日的普通股收盘价的平均值。

下表说明了适用市场价值和转换率之间的关系。

适用市场价值	转换率
不高于61.25美元	1.632 7
61.25～73.50美元	100美元除以适用市场价值
不低于73.50美元	1.360 5

转换选择：在2010年5月1日之前的任何时间，投资者可以将手中的强制可转换优先股以最低的转换率1.360 5转换为普通股。根据“强制可转换优先股反摊薄调整说明”，转换率可以做一定调整。

顺位：强制可转换优先股的股息权利、清偿权利、清算或解散求偿权排在已发行和以后发行的所有普通股之前，除非在发行时有规定其优先级排在强制可转换优先股之前。

募集资金用途：我们打算用净募集资金来偿还A档定期贷款和B档定期贷款的未偿还债务。

挂牌：强制可转换优先股已经批准在纽约证券交易所挂牌。

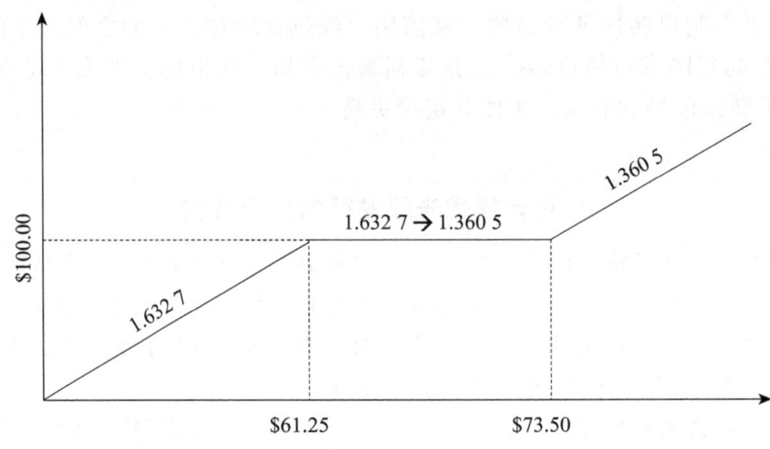

适用市场价值	转换率
不高于 61.25 美元	1.632 7
61.25～73.50 美元	100 美元除以适用市场价值
不低于 73.50 美元	1.360 5

在强制转换日，如果 FCX 当天的股票价格不高于 61.25 美元，投资者购买的每 100 美元的强制可转换优先股可以转换为 1.632 7 股普通股。如果 FCX 的股票价格在 61.25 美元和 73.50 美元之间，转换比例在 1.632 7 和 1.360 5 之间。如果 FCX 的股票价格不低于 73.50 美元，每股可转换优先股可以转换为 1.360 5 股普通股。

图 C3-4 可转换优先股的机制

自由港麦克莫伦铜金矿公司的配售

2007 年 3 月 22 日，FCX 的股票收于每股 61.91 美元。3 月 23 日，公司以每股 61.25 美元的价格发行 4 715 万股普通股（融资总额约 29 亿美元），同时以每股 100 美元的价格发行 2 875 万股 6.3% 的强制可转换优先股（融资总额约 29 亿美元）。扣除承销折扣与成本后，FCX 的净募集资金为 56 亿美元。[⊖] 3 月 23 日交易结束时，FCX 的股价上涨 39 美分，收于 62.30 美元，交易带来的股价上涨达 2%（见图 C3-5）。从多方面看，无论对于公司还是投资者来说，这次发行都十分成功。FCX 对投资者的质量非常重视。通常，如果公司有机会向具有长期投资倾向的投资者配售新发行的股票时，公司会在价格上给予一定的优惠，FCX 在此次发行中就是这样做的。

可转换证券在交易日结束时收于 101.5 美元，发行价格为 100 美元（票面价格）。与权益发行一样，FCX 也通过可转换证券交易融到了大笔资金。同时，FCX 希望所发行的普通股和可转换证券被配售到具有长期投资意愿的投资者手中（交易后的价格走势见图 C3-6 和图 C3-7）。

⊖ FCX press release, March 28, 2007.

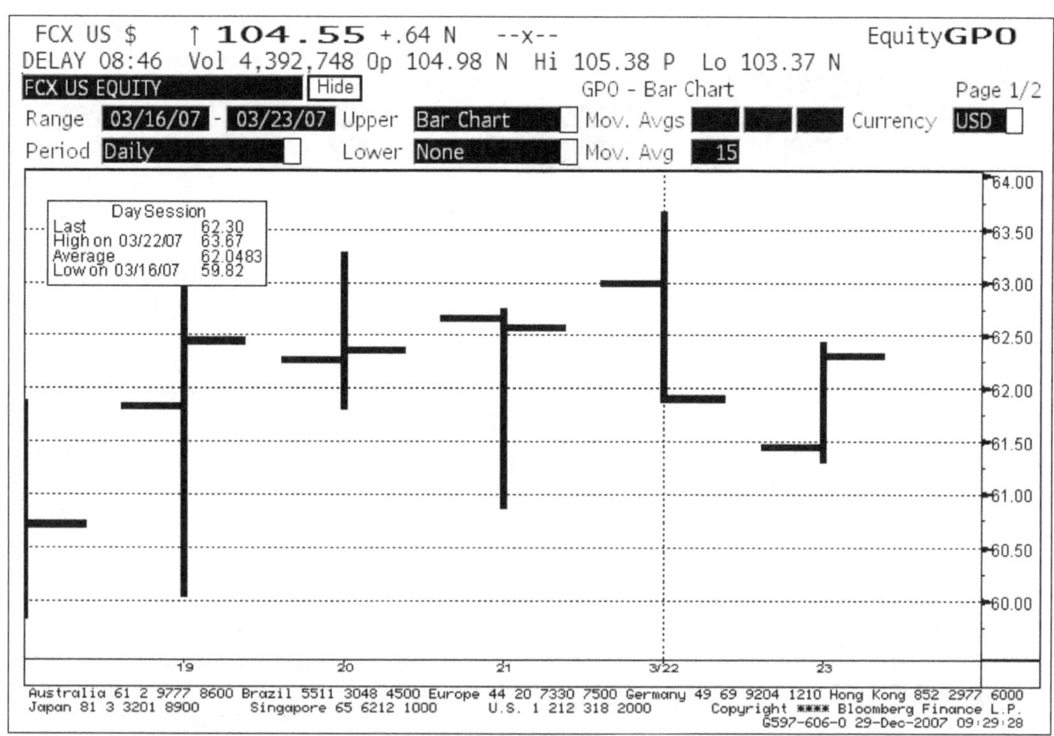

图 C3-5 FCX 的股价走势（2007 年 3 月 16 日～2007 年 3 月 23 日）

资料来源：Bloomberg.

图 C3-6 FCX 的股价走势（2007 年 3 月 1 日～2007 年 12 月 28 日）

资料来源：Bloomberg.

图 C3-7 FCX 可转换优先股的价格走势（2007 年 3 月 23 日～2007 年 12 月 14 日）

资料来源：Bloomberg.

吉列最好的交易：宝洁收购吉列

对于被称为“波士顿剃刀老板”的吉列公司总裁詹姆斯·基尔茨来说，2005 年 1 月 27 日是一个不寻常的日子。基尔茨和宝洁的董事长艾伦·莱弗利一起完成了价值 570 亿美元的宝洁对吉列的收购。这个世界上最大的消费品生产商的产生即将终结基尔茨 4 年的吉列总裁的任职，并且结束了吉列在波士顿地区作为一家独立大公司的 104 年历史。这项交易还结束了基尔茨管理时期其他公司对吉列抛出的各种各样的“橄榄枝”。但是，就在公布交易的时候，宝洁和吉列招来了媒体和马萨诸塞州对于出售条款的批评。这项并购真的能使股东受益吗？还是只不过是基尔茨创造财富的工具呢？

完美交易

宝洁公司以消费品出名，包括香皂、洗发水、洗衣液、食品、饮料以及保健品和美容产品。[㊀]宝洁旗下拥有约 150 个品牌，从 Ace 洗涤剂到激爽香皂，其中包括世界知名品牌，如帮宝适、汰渍、佛吉斯、恰敏、佳洁士、玉兰油和海飞丝[㊁]。吉列的剃须刀享有盛名，不过，公司还控制着另外两个品牌（Oral-B 牙刷和金霸王电池），这两个品牌至少贡献 10 亿美元的年收入（见表 C4-1）。宝洁一直专注于女性市场[㊂]，而吉列的核心客户群是男性（其广告“男人可以得到的最好东西”让人印象深刻）。吉列已经有了女性产品如维纳斯剃刀，而宝洁也针对男性客户推出了一些品牌，如海飞丝去屑洗发水，但是，两家公司的优势还是在各自的性别领域。它们在世界各地的业绩不俗，吉列在印度和巴西经营非常成功，而宝洁在中国市场也是一枝独秀[㊃]。

㊀ Naomi Aoki and Steve Bailey, “ P&G to Buy Gillette for $55B Latest in String of Deals for Old-Line Hub Firms,” *Boston Globe*, January 28, 2005.

㊁ James F.Peltz, “ *P&G-Gillette Union Could Hit Shoppers in Pocketbook*,” Los Angeles Times, January 29, 2005.

㊂ Aoki and Bailey, “*P&G to Buy Gillette for* $55B.”

㊃ Steve Jordon, “ *Billion-Dollar Brands Buffett Says ‘Dream Deal’ Should Make the Most of Magic in Household Names of Products Made by P&G and Gillette*,” Omaha World-Herald, January 29, 2005.

表 C4-1 宝洁和吉列价值 10 亿美元以上品牌

	210 亿美元品牌价值
婴儿与家庭护理	Bounty, Charmin, Pampers
美容护理	Always, Olay, Pantene, Head & Shoulders, Wella
织物与家用护理	Ariel, Downy, Tide
口腔护理	Crest, Oral-B
零食与饮料	Folgers, Pringles
刀片与剃刀	Gillette, Mach 3
电池	Duracell
小家电	Braun
宠物食品	IAMS
健康护理	Actionel

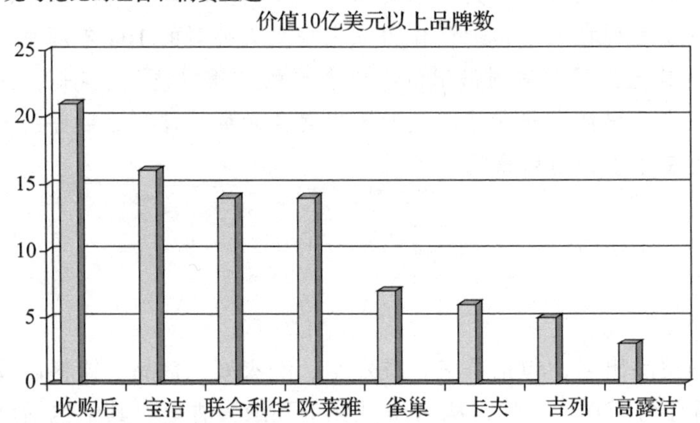

资料来源：公司资料和瑞银的估值。

吉列对于战略投资者和金融投资者的提议并不陌生。公司在 20 世纪 80 年代后期成功地防御了四次收购。其中三次收购来自雷纳德·佩雷尔曼和他的化妆品公司露华浓，另外一次来自克林斯顿投资㊀。然而这次，宝洁承诺和前面几次不同的收购提议。宝洁对吉列感兴趣的主要动力（包括一系列好的品牌）与佩雷尔曼和克林斯顿对吉列的兴趣是相同的，这也是促使宝洁收购吉列的原因，另外，宝洁和吉列也看到了以前并不存在的商机，比如：合并后业务的互补、形成行业老大的机会，这将进一步加强和大型经销商谈判的能力。

合并后的公司将利用两家公司的核心营销能力，能更有效地开拓男女消费世界市场。合并后的公司将更好地和一些大零售商进行谈判，比如沃尔玛和塔吉特百货。自 20 世纪 90 年代以来，无论从地理范围还是客户基础来看，零售业的快速增长迫使更多的消费品集团公司将超级市场作为销售渠道。2003 年吉列在沃尔玛的销售额占其总销售额的 13%，足够在美国证券交易委员会的会计报表里被当作潜在的商业风险了㊁。和沃尔玛保持关系是如此重要，以至于很多成功的大型消费品集团公司在阿肯色的沃尔玛总部附近建立了一个被称为

㊀ Steve Jordon, "*Buffett Calls It a 'Dream Deal'*," Omaha World-Herald, January 28, 2005.

㊁ Mike Hughlett and Becky Yerak, " *P&G, Gillette Deal a Matter of Clout*; *Combined, Firm Can Fight Retail Squeeze*," Chicago Tribune, *January* 29, 2005.

“卖家之城”（Vendorville）的永久性办公区。沃尔玛的市场范围和影响力使得它能在谈判中让消费品集团公司做出很大的价格让步。沃尔玛可以向消费品商户这样说：“如果你想让我们的1.38亿消费者每周接触你，这就是交易”。[⊖]消费品集团公司因而屈服于来自沃尔玛和其他大型零售商的价格压力。宝洁收购吉列可以平衡这种压力，并能够使合并后的公司在全国范围内的超市中更好地控制定价和产品的广告。

早在2002年，基尔茨就兼并的可能性同宝洁进行了接触，并在2004年迟些时候又一次向宝洁示好（参见图C4-1和图C4-2）。2004年11月17日，吉列和宝洁的高管代表会见了美林（代表宝洁）以及瑞银与高盛（代表吉列）的代表，就两家公司之间可能的兼并进行了讨论。第二天，莱弗利会见了麦肯锡的咨询师，咨询了他们对合并后公司的评估问题。在收到银行家和咨询师的良好祝愿后，两家公司看起来就要达成交易。然而，到2004年12月初，由于吉列的领导层认为宝洁给吉列股东的报价（大概每股50美元）太低，交易走向破裂边缘。

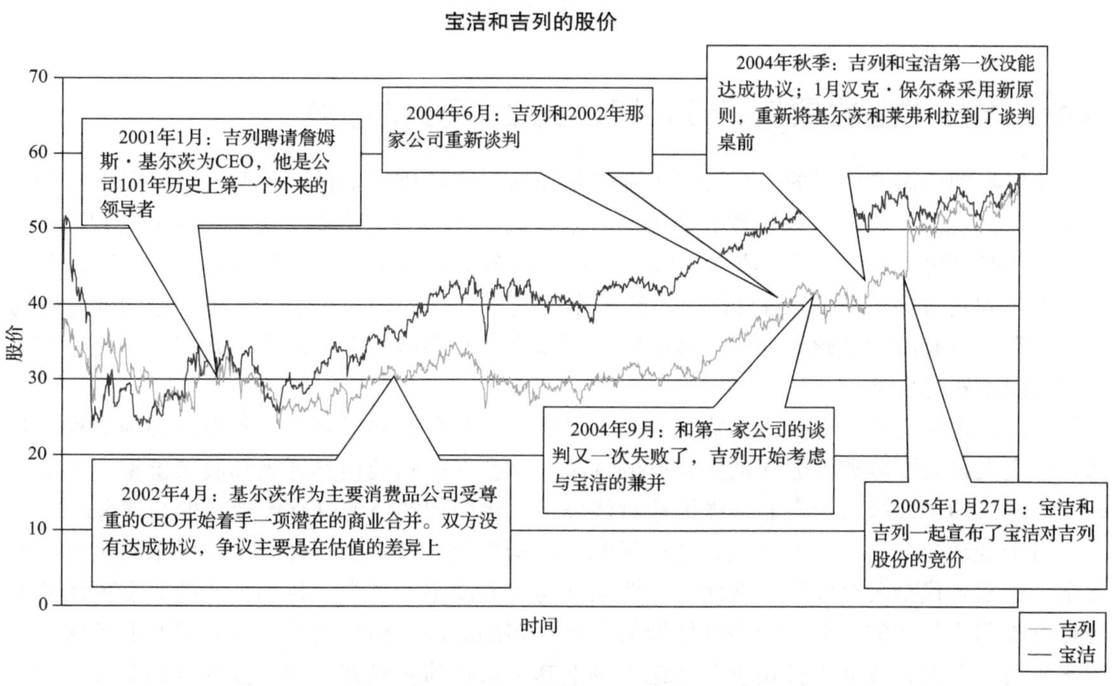

图C4-1 宝洁和吉列关键交易日的股价

但是希望仍然存在，前提是两家公司能够对估值的分歧进行沟通。2005年1月4日，汉克·保尔森（高盛的董事长兼CEO）打电话给莱弗利提醒他考虑兼并的长期战略价值，并要求宝洁重新考虑它的报价。一周之后，宝洁公司董事会授权莱弗利重新开始和吉列谈判。然后，莱弗利让拉加特·古普塔（麦肯锡前总经理）给基尔茨打电话。两天后，也就是2005年1月13日，他们两人见面就两家公司达成协议的可能性进行了磋商[⊜]。保尔森和古普塔成功地消除了莱弗利和基尔茨的分歧。莱弗利提出吉列的每1股可以换宝洁的0.975股，而不是原来的0.915股，这个报价被基尔茨和吉列的董事会接受了。

⊖ Greg Gatlin, “*Deal Is No Blue-Light Special for Wal-Mart*,” Boston Herald, *January* 29, 2005.

⊜ Proxy Statement filed under Section 14A.

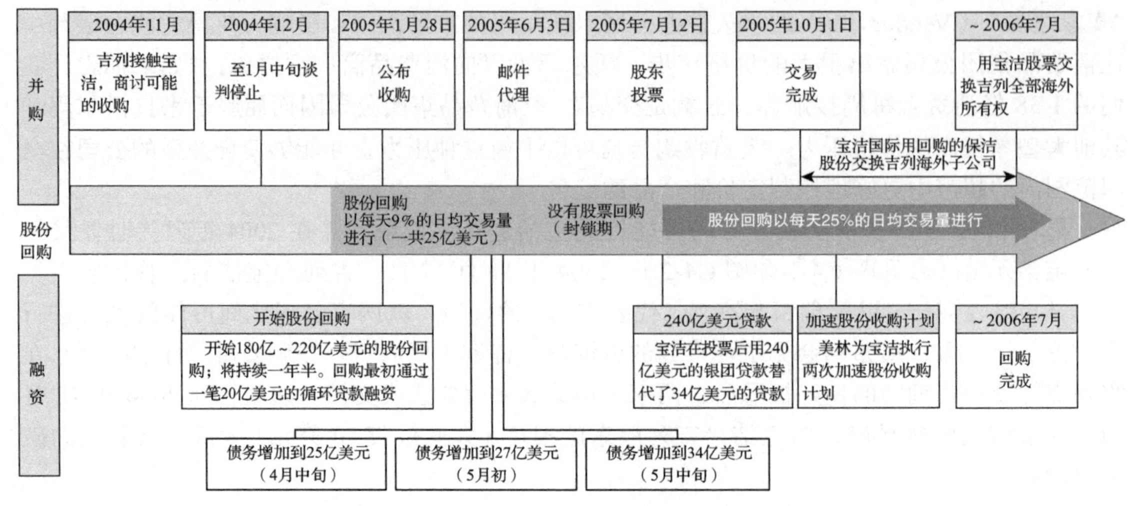

图 C4-2 交易的时间表

交易结构："全股票"、60 / 40、无上下限的收购

任何收购中需要考虑的一个关键因素就是如何对交易进行支付。收购可以用以下三种方式来完成：现金、股票、现金和股票的组合。任何一个选择都会给买方（收购方公司）和目标公司（被收购方公司）带来成本和收益。在全现金支付的交易中，收购方公司一般以现金形式支付固定价格（每股）给目标公司的股东。这样安排的好处在于其效率和透明度。因为公司通常在现有股价基础上加溢价被收购，所以现金交易能马上确认收益并使股东能够容易地重新配置所得现金。

然而，现金交易也有负面影响。首先，目标公司的股东如果有资本利得，必须交税。其次，现金支付需要收购方公司动用自己的现金。这会对公司的债券评级和股票价格产生不利影响，因为信用评级机构会非常谨慎地对待公司大幅增加的债务以及大量减少的现金。

由于全现金交易负面的税收和杠杆影响，收购方公司常常为目标公司的股东提供自己的股票，用来替代全现金收购。然而，全股票交易也有缺陷。首先，目标公司的股东可能并不想持有收购方公司的股票。因为这样做就需要更多的时间和精力去分析新公司的财务状况和未来机遇。其次，收购方公司也会考虑市场上其股票价值被稀释。因为全现金和全股票交易都存在问题，收购方公司有时会创造一种同时包含现金和股票的混合报价。

例如，宝洁对吉列的出价是一种修正的全股票交易（参见表 C4-2 和表 C4-3）。在协议条款中，宝洁将对应于吉列的每 1 股股票发行 0.975 股宝洁的股票。这样吉列的股东就可以避免交税而宝洁将保留更多的现金。另外，宝洁同意在 18 个月内回购 180 亿～220 亿美元的宝洁股票。这个股票回购计划使得吉列的股东在交易中受益。它提供了一个完全免税的交易，如果他们愿意，这个交易为他们提供了加入新公司的机会，或者他们可以卖掉宝洁股票换回现金。[1]宝洁股票的回购将减少股东稀释。在 18 个月的回购期结束后，这个交易将包括 60% 的股票和 40% 的现金。[2]

---

[1] Froxy Statement filed under Section 14A.

[2] Jordon, "*Buffett Calls It a 'Dream Deal'*."

表 C4-2 交易总结

结构	0.975 股宝洁股票换 1 股吉列股票
方式	100% 股票收购
隐含的报价	54.05 美元，以 2005 年 1 月 26 日宝洁股票收盘价 55.04 美元为基础当日吉列 45 美元股价的 20.1% 的溢价
税收处理	免税重组
交易终止费	19 亿美元
完成日期	2005 年 10 月 1 日
股票回购	2006 年 6 月前宝洁回购 180 亿～220 亿美元的宝洁股票
股份稀释	预计 2006 年稀释，2007 年平衡，2008 年增厚
协同效应	在 3 年的时间里将获得超过 10 亿美元的成本协同效应
企业价值	大概 573 亿美元，包括吉列 23 亿美元净债务假设

表 C4-3 条款和交易概述

原　　理	过　　程
• 兼并通过全股票交易完成 • 在 12～18 个月回购 180 亿～220 亿美元股票的后续交易 　◦ 等价于 60%～65% 的股票和 35%～40% 债务收购交易 • 宝洁国际 180 亿～220 亿美元的债务包括所有宝洁和吉列的海外子公司 • 交易使用现金融资 • 同时公告回购计划以支撑宝洁股价 • 海外企业也将分担相应的交易经济成本 　◦ 宝洁国际的未来现金流用来支付海外债务 • 所有国际业务一起提升业务协同效应和经营效率	• 宝洁国际借款购买宝洁股票 • 收购方公司（母公司的子公司）以宝洁公司股份交换吉列股票 • 宝洁国际定期用回购的宝洁股份换吉列海外子公司股份 • 在 2006 年 7 月前，宝洁国际将借入 180 亿～220 亿美元用以回购宝洁股票，全部用来交换吉列海外子公司 • 宝洁国际的债务将得到合并后公司所有海外资金流的支持

然而，这个回购仍然会影响主要评级机构对宝洁的信用评级。在公布收购和回购项目细节后不久，标准普尔、穆迪和惠誉针对宝洁公告说："和公布的股票回购项目相关的借款将导致对宝洁信用的重新审核和可能的信用降级。"㊀然而，当宝洁在 2005 年 8 月开始发行债务完成股票回购项目时，它继续拥有第四高的投资信用级别，穆迪评级为 Aa3，标准普尔为 AA-。㊁

此次收购的另一个关注点是双方公司董事会达成的交易保护，包括大概相当于整个交易价值 3% 即 19 亿美元的交易终止费。按照这个规定，如果吉列董事会收到并接受一个更有竞争力的报价，新的收购者就要支付 19 亿美元给宝洁。虽然两个公司达成了交易终止费，但是并没有对 0.975 股宝洁股票的报价设定一个上下限。这个上下限经常见于并购中，给完成交易的股票价值设定了一个上限和一个下限。设定一个价格范围，在等待股东批准交易的时候（这个过程大概 3～6 个月），这个上下限减缓了股东（双方公司的）对收购方公司股价潜在波动的恐惧感。因为双方公司都将受到"上下限"的保护，它没被采用很令人吃惊。

交易的估值

基于 2005 年 1 月 26 日宝洁股票的收盘价，以 0.975 股宝洁股票换 1 股吉列股票，吉列

㊀ Proxy Statement filed under Section 14A.

㊁ Ed Leefeldt, "*P&G Leads U.S. Borrowers with* $24 *Billion Stock-Buyback Loan*," Bloomberg News, August 5, 2005.

股票价格相当于每股 54.05 美元。这个价格位于投资银行家给出的估值范围（43.25～61.90 美元，见图 C4-3）的中间。估值是基于公开市场参考点来进行的，包括吉列 52 周的交易范围和华尔街价格目标现值，吉列的股价应该在 43.25～45 美元。基于现金流折现法的估值更乐观。在此估值方法下，根据吉列的现金流，估值为每股 47.10 美元。第二种估值方法考虑了吉列和宝洁合并后带来的成本节约，估值为每股 56.60 美元。成本的节约将在采购、制造、物流和行政成本等方面来实现。第三种估值方法考虑了所有的协同效应（既包括成本节约，也包括优势互补），估值为每股 61.90 美元。这个估值不仅包括成本的节约，还包括合并后公司因为协同效应而带来的潜在收益，比如合并后公司会进一步加强与大型零售企业（例如沃尔玛）处理业务的市场力量。最后，分类加总估值法的估值为每股 52.5 美元（见图 C4-4）。

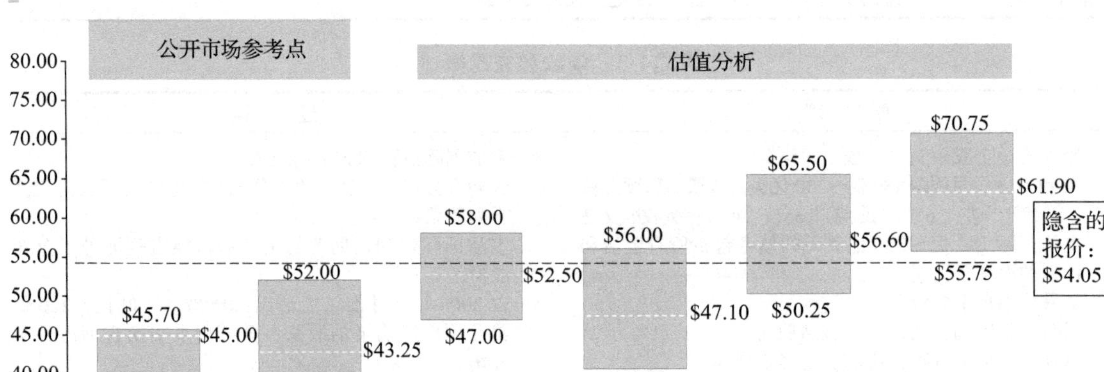

图 C4-3 交易估值

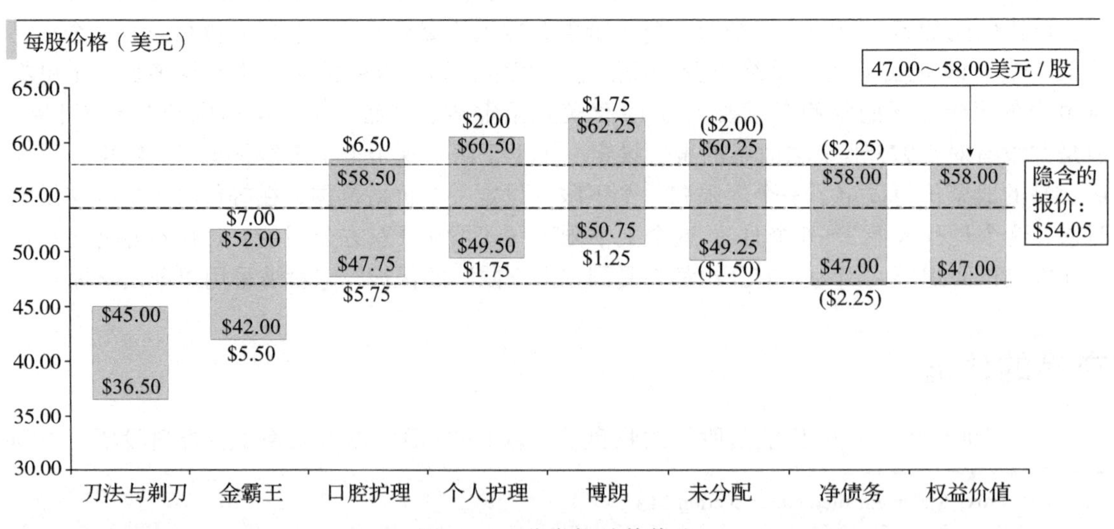

图 C4-4 分类加总估值法

收购的估值还要和最近发生的收购进行比较，包括行业和具有相似规模的公司，确保支付给吉列股东的对价和最近的一些交易一致（见表 C4-4）。以每股 54.05 美元报价计算，整个交易的价值为 571.77 亿美元（见表 C4-5）。

表 C4-4 与其他收购的比较

公告日期	收购方	被收购方	交易价值（10 亿美元）	溢价对股价（%）	
				1 天前	1 周前
2000.6.2	菲利普·莫里斯	纳贝斯克	19.2	69.9	103.2
1994.8.22	强生	露得清	1.0	63.0	76.3
2004.11.3	星座公司	罗伯特·蒙达维	1.4	49.9	52.3
2003.3.18	宝洁	威娜	7.0	44.5	47.3
2003.10.23	奇堡	拜尔斯道夫	13.0	51.2	45.7
2000.6.6	联合利华	顶好调味	23.7	44.4	39.9
2000.12.4	百事可乐	桂格燕麦	15.1	22.2	24.0
平均				49.3	55.5
以 0.975 的比例兑换：2005.1.26	宝洁	吉列	57.2	20.1	20.1

表 C4-5 交易价值和倍数

报价和交易价值

宝洁股价（2005 年 1 月 26 日）	55.44 美元
交换率	0.975x
每股报价	54.05 美元
发行在外的吉列股票 / 期权总和	1 068.379①
报价总价值	57 750①
减项：期权收入	（2 893）①
报价净值	54 857①
加项：净债务	2 321①
交易价值	57 177①

① 单位：100 万美元。

报价溢价

	股价（美元）	54.05 美元报价（%）
现在（2005 年 1 月 26 日）	45.00	20.1
30 天均值	44.58	21.3
90 天均值	44.00	22.8

（续）

交易倍数				
	吉列数值	吉列倍数		宝洁市场倍数
		45 美元市场价格	54.05 美元报价	
收入				
12 / 2004A（最近 12 个月）	10 366[①]	4.6x	5.5x	3.0x
06 / 2005E	10 581[①]	4.5	5.4	2.9
息税折旧摊销前利润				
12 / 2004A（最近 12 个月）	3 013[①]	15.8x	19.0x	13.1x
06 / 2005E	3 149[①]	15.1	18.2	12.4
市盈率				
06 / 2005E	1.78 美元	25.2x	30.3x	21.3x
06 / 2006E	2.01 美元	22.4	26.9	19.3

① 单位 100 万美元。

利益相关者：波士顿、华尔街、哥伦比亚特区和大街

和收购相关联的混乱会产生很多负面的影响，并且负责公司收购的领导者可能面对来自管理层、雇员、政治家、股东和监管者的反对。最高管理层可能由于收购而出局，或者进入低级职位。雇员对合并也是忧心忡忡，包括为了达到节约成本的协同效应所引起的强制裁员（见表 C4-6）。政治家关注的是社区就业率的下降对社会和经济的长期影响。股东担心已谈判好的股票价格未能让他们得到足够的补偿。最后，监管者要对交易的各个方面进行评估，判断合并的或者单独的公司是否违反了相应的州法律和联邦法律，包括反垄断法。这些利益相关者群体的认可非常必要，处理好每个群体的不同利益和管理收购过程中初始的财务和战略利益一样具有挑战性。

表 C4-6 吉列对其雇员的演示报告

宝洁与吉列的交易 整合过程的 5 个指导原则	吉列——宝洁
1. 维持宝洁和吉列的商业势头 2. 聘用最好的团队 3. 尊重雇员和顾客 4. 快速行动、及时决策、客观、公正 5. 公开、积极地沟通 4 / 29 / 2005	宝洁想使用最好的团队……成员来自两个公司 • 将会有人失业 • 失业的总人数大概是合并后公司 140 000 总人数的 4% • 失业的人将来自公司办公室……但是还没任何决定 • 我们将给予特别的遣散费 ○ 控制权变化措施 ○ 股票期权全部执行计划

波士顿剃刀老板：吉列 CEO 詹姆斯·基尔茨

纳贝斯克的前主管詹姆斯·基尔茨，是一名交易员，他于 2000 年促成了菲利普·莫里斯对纳贝斯克的收购。2001 年 1 月他被提名为吉列 CEO，并且立刻着手进行改革。他通过采取“大幅削减实现收入”的政策成功使停滞不前的股价开始上升。在这个政策下，他削减

了间接费用，把节省下来的钱投资于推销剃刀、刀片和电池。[一]这个策略的实施相当成功，吉列的股价在基尔茨的管理下上涨了 50%（见图 C4-1）。据估计，他创造了总计约为 200 亿美元的股东价值。[二]

吉列公司董事会 2001 年搜寻高管的努力终于使公司找到了一位合格的 CEO，他使股东重拾了对公司的信心并且制定了可以增强公司著名品牌价值的战略计划。在这次猎头行动中，吉列公司的董事按惯例给予了基尔茨这个能挽救公司于困境的能力非凡的领导人丰厚报酬。[三]尽管投资者在 2001 年时就没有吝啬向基尔茨支付丰厚的报酬，在 2005 年宝洁并购吉列的消息发布后，他的报酬还是增加了。

基尔茨的薪酬组合使他意识到如果公司能够出售，他将获得巨大的收益。薪酬组合包括股票期权和一次性支付的 1 260 万美元的“控制权变化”报酬。[四]宝洁公司也给予基尔茨期权和 2 400 万美元限制性股票。他的整个报酬组合超过了 1.64 亿美元（见表 C4-7）。对于一些商业领导来说，这个数目并不令人惊奇。[五]毕竟，这个数目还不到他担任吉列 CEO 期间创造的整个价值的百分之一。在收购消息公布后，基尔茨还是受到了波士顿媒体和包括马萨诸塞州州长威廉姆·加尔文和美国国会的巴尼·弗兰克（马萨诸塞州）在内的一些政治领导者的强烈批评。基尔茨对于批评表示很失望，认为自己是波士顿的皮纳塔（pinatap）。[六]这个绰号表达了他对那些有敌意的政客们给予自己负面关注的愤慨，他认为这个交易能够让众多股东从中获利。在一次为这项收购和自己的报酬进行反驳的新闻发布会上，他指出马萨诸塞州将在波士顿南部保留一个主要的制造工厂，减少的就业机会不会超过 5%，吉列的剃刀业务将继续在波士顿地区经营。

表 C4-7 遣散费和控制权变化福利（吉列的领导层） （单位：美元）

姓名和职位	净权益奖励	所有其他的支付和福利	以美元估值总计
詹姆斯·M. 基尔茨 总裁、CEO	125 260 167	39 272 025	164 532 192
爱德华·F. 德格兰 副董事长	29 711 715	15 655 483	45 367 198
查尔斯·W. 克莱姆 高级副总裁	16 258 040	10 174 097	26 432 137
皮特·K. 霍夫曼 副总裁	10 695 578	9 567 625	20 263 203
马克·M. 莱吉 副总裁	9 426 564	7 528 840	16 955 404
其他所有行政人员总计（12 人）	96 073 693	79 795 179	175 868 872

造雨者：投资银行家和实力派经纪人

协助完成这项交易的投资银行（高盛、美林和瑞银）提供了并购顾问服务，因此平分了 9 000 万美元的收购完成费。[七]另外，每家投资银行给其客户提供了公平意见（见专栏 C4-1）。

[一] Greg Gatlin, “Boston Blockbuster; Hub Icon Gillette Sold in $56B Deal,” Boston Herald, January 28, 2005.

[二] Naomi Aoki, “*Kilts' Many Options*,” Boston Globe, February 2, 2005.

[三][四] 同[二]。

[五] Ibid., citing Shawn Kravetz, president of Boston money management firm Esplanade Capital.

[六] Jenn Abelson, “‘*Boston's Pinata*’ *Slams Media, Politicians for P&G Deal Attacks*,” Boston Globe, September 9, 2005.

[七] Brett Arends, “Gillette Shareholders OK P&G Takeover,” *Boston Herald*, July 13, 2005.

公平意见是由投资银行起草的，“为保证参与兼并、收购或者其他交易的公司董事制定的条款对于所有股东是公平的。”[⊖]然而这可能是有问题的，因为“确保交易公平性的银行和提议进行交易的银行经常是同一家，并且如果进展顺利的话，将得到数百万美元的费用。”[⊜]这也是宝洁并购吉列中遇到的一个问题。在2005年，高盛的汉克·保尔森直接负责将双方拉回谈判桌前。他的银行为了支持交易，在给出公平意见并帮助双方公司进行交易后，得到了3 000万美元的费用。美林和瑞银在提供了公平意见，和高盛一样帮助它们后，每家各得到3 000万美元。

专栏 C4-1　高盛给吉列董事会的公平意见节选

女士们，先生们：

你们要求我们从财务角度出发，对持有吉列股份的普通股股东提出公平意见。在宝洁、宝洁的全资子公司 Aquarium Acquisition Corp. 和贵公司之间，依照兼并协议和计划，吉列公司（“公司”）的每股面值1.00美元（“贵公司普通股”）交换比率是0.975，用以交换宝洁公司的无面值股票（“宝洁公司普通股”），日期为2005年1月27日。

……

对贵公司而言，我们扮演的是财务顾问者的角色，联系和参与特定的协商谈判，使交易按兼并协议（交易）的计划顺利进行。我们可能收到联系交易服务的费用，这很大程度上取决于交易是否能圆满完成，贵公司已经同意给我们支付费用，也同意因我们参与而产生的特定责任进行补偿。

……

为了做出我们的公平意见，我们审查了包括但不限于：兼并协议；公司和宝洁公司有关的公开可得的业务和财务信息；特定的研究员所采用的与业务和财务前景有关的公开可得的财务估计和预测；与公司业务和财务前景有关的特定内部财务信息和其他数据，包括管理层所做的财务分析及预测以及由于此项交易而使管理层所创造的特定的成本节约和经营的协同效应，每种情况下我们所需要的信息都是由公司管理层提供并且是不能公开获得的；还有其他一些与宝洁公司的交易有关的数据都是由公司和宝洁公司的管理层提供且也是不能公开获得的。在这种情况下，我们也审查了由研究员所进行的公开可得的特定财务估计和预测，这些财务估计和预测与宝洁公司的业务和财务前景相关，经由公司和宝洁公司管理层讨论加以调整后提供给我们，同时由宝洁公司在宣布交易（宝洁公司调整的预测）的时候公布对公众进行指导。我们已经与公司和宝洁公司的高管就战略的评估、潜在的利益、交易和过去与现在的商业运营、财务状况和未来前景等方面（包括宝洁公司公布交易的同时所公布的重大股票回购的结果）进行了讨论。另外，我们也检查了公司和宝洁公司普通股的价格和交易活动，比较了公司和宝洁公司与类似的上市公司的公开财务和股市信息，特别检查了消费品行业最近公开的商业合并的财务条款和其他行业相应的情况，考虑了交易形式的影响，进行了研究和分析，并且考虑了我们认为适当的其他因素。

……

我们的意见是建立在有效的经济、货币、市场和其他条件，以及截至今日我们能够得到的信息之上的。

基于上述陈述，我们的观点是：截至目前，按照兼并协议所确定的交换率对于贵公司普通股股东是公平的。

真诚的，

高盛公司

⊖ Gretchen Morgenson, “Mirror, Mirror, Who Is the Unfairest?” *New York Times*, May 29, 2005.

⊜ 同⊖。

投资银行家以及宝洁和吉列的高管在对企业发展的考虑方面面临着大量批评。然而，吉列的发言人艾瑞克·克劳斯对那些调查投资银行家在交易中角色的人说道："事实上，任何一个金融专家都会认为这项交易对吉列的股东是完全有利的。"㊀虽然克劳斯的观点表明投资界对这项交易的支持力度，但这并没有平息美国和国外的监管者对其调查的欲望。

来自国际、本国和本地区的监管者

并购通常面临不同层级监管者的审查。上市公司的监管始于美国证券交易委员会。美国证券交易委员会要求公司填制一系列表格来说明兼并计划（或者被收购）。当上市公司有重大事项发生时，需要填制 F8-K，而当上市公司发布一个重要公告时，需要填制 F-425。填制这些表格的作用是使投资者注意到董事会做出了一项重大决策。

一旦一项提议的兼并信息被公开，监管者就开始审查这项交易，目的是确保经济和金融的公平。在一项合并中，有相似业务模式的两家公司常常被要求剥离资产（或整个业务线），用以满足反垄断法的要求以及美国联邦监管者和欧盟监管者保护消费者的考虑。在欧洲，欧盟负责上市公司间交易的审批，并且负责审查并购可能对欧洲消费者和雇员产生的影响。欧盟调查的结果，"宝洁需对其提交的处置方案条款进行改进"，改进范围不仅包括在英国的电动牙刷业务，还包括在欧洲其他地区的其他品牌。㊁

在美国，联邦贸易委员会负责审查并购的影响。联邦贸易委员会的调查权力来自《克雷敦法案》和《联邦贸易委员会法案》。《哈特－斯科特－罗迪诺法案》要求有意向的并购需向联邦贸易委员会报告潜在的交易，并允许 30 天的检查时间。在审查宝洁收购吉列时，联邦贸易委员会发现在国内牙齿美白产品、成人电动牙刷和男士止汗剂／除臭剂等产品市场㊂可能存在反竞争问题。根据联邦贸易委员会的规定，这两家公司开始被迫放弃可能和反竞争法产生冲突的产品线㊃。吉列将伦勃朗牌牙齿美白产品出售给了强生公司，将 Right Guard、Soft & Dri 和 Dry Idea 除臭产品品牌出售给了大雅。宝洁则相应将佳洁士的 SpinBrush 生产线出售给了切迟杜威公司。

计划兼并的公司也要面对来自州政府的审查。马萨诸塞州政府在州长加尔文的领导下试图通过审查吉列的记录和信息来调查吉列的出售是否违反了马萨诸塞州的法律。根据州法律，州长有权禁止与证券报价、销售和购买相关的欺诈行为（并且）被期望禁止任何对证券价值和其买卖提供建议并收取费用的欺诈行为。㊄在支持加尔文试图传唤吉列公司的法律（统一证券法案）㊅中，并购的相关条款已经废止了。因此，马萨诸塞州州法院裁定，尽管加尔文关心收购对马萨诸塞州的雇员和股东产生的影响，但是州政府没有权力就宝洁收购吉列一事对吉列进一步传唤。法院允许加尔文在交易期间可以传唤为吉列和宝洁提供顾问服务的投资银行，因为法律并没有豁免这些公司。2005 年 6 月，高盛的汉克·保尔森被加尔文传唤并向律师提供证词。尽管加尔文针对交易和公平意见提出了一系列的问题，但截至 2006

㊀ Gretchen Morgenson, "Mirror, Mirror, Who Is the Unfairest?" *New York Times*, May 29, 2005.

㊁ Tobias Buck and Jeremy Grant, "*EU Officials Back P&G/Gillette Merger*," Financial Times, *July* 15, 2005.

㊂ *In the Matter of the Procter & Gamble Co.*, Federal Trade Commission Docket No. C-4151 (2005).

㊃ Jenn Abelson, "Gillette Selling Its Deodorants to Dial," *Boston Globe*, *February* 21, 2006.

㊄ *Galvin v.Gillette*, 19 Mass.L.Rep.291(2005).

㊅ 同㊄。

年 4 月，他并没有起诉高盛和参与这项交易的任何其他投资银行。

来自奥马哈的“白衣骑士”：吉列投资者沃伦·巴菲特

为了帮助解决由于收购引起的审查，吉列向其最有名望的投资者沃伦·巴菲特求助。巴菲特参与到宝洁与吉列的交易源于他对吉列的长期投资，其投资可以追溯到 20 世纪 80 年代。虽然吉列在 1986 年和 1989 年成功地防御了几次恶意收购，但防御收购的努力也让吉列置身于财务险境。吉列公司承担了 10 亿美元的债务，但仍然是可能被收购的目标。㊀但是公司仍然拥有可以吸引巴菲特的一系列知名品牌。1989 年，巴菲特同意购买 6 亿美元的可转换证券，这些可转换证券在未来可以转换成 11% 的吉列股票。巴菲特的购买为吉列注入了急需的现金流用以偿还债务，并且使大量的股份放在了一个对吉列董事会友好的投资者手中。由于大部分股份被这位友好的投资者所持有，吉列必须确保任何对公司的收购都要征得这位“白衣骑士”㊁的同意。这成了吉列防御任何恶意收购袭击者的“保险政策”。

巴菲特在一个好时机进入了一个将要繁荣发展的行业。在整个 20 世纪 90 年代，消费品公司深受投资者追捧，巴菲特看到对吉列的投资在过去 10 年中增值超过 10 倍。然而，股票在 20 世纪 90 年代后期失去了活力，投资者对吉列的前 CEO 艾尔·蔡恩和迈克尔·霍利失去了耐心。据报道，巴菲特对霍利的离职起了一定的作用，在 2001 年他发起了猎头行动，最终选择了詹姆斯·基尔茨作为吉列的新任 CEO。

2005 年，吉列又一次向巴菲特求助，不过这一次不是请他向公司投入更多的资金，而是寻求他对吉列出售给宝洁的支持。巴菲特在整个投资界的声望使得吉列董事会很确定他的同意将减少投资者的担心，并且为交易的快速达成铺平道路。巴菲特参加了（远程视频）宣布宝洁和吉列协议的首次新闻发布会，宣称这项交易是“梦幻交易”，将“产生世界上最大的消费品公司”。㊂虽然巴菲特已经持有吉列公司 10% 的股票，但他宣布打算买入更多的宝洁和吉列的股票，因此，在收购后，他将拥有宝洁公司 3.9% 的股票。他在新闻发布会后的评论和承诺似乎是为了让两家公司的投资者放心。

小结

两家企业的互补优势很明显，这也是它们当初合并的动机。虽然管理层不能确保所有利益相关者进行全面合作，但是他们成功地利用了世界上一位最受尊重的投资者的支持来扩大其影响力。另外，宝洁向马萨诸塞州社区示好，表示这次收购不会解雇波士顿附近公司最先进生产设备线上的员工，以减少他们的担心。然而，无论是主要的协同效应、互补优势，还是沃伦·巴菲特的支持，这项交易仍然在大街、华尔街和官员办公室引起了争议。

㊀ Steven Syre, “As Firm’s Chief Shareholder, Buffett Likes What He Sees,” Boston Globe, January 29, 2005.

㊁㊂ 同㊀。

两只对冲基金的故事：磁星和培洛顿

“这是最好的时代，也是最坏的时代……”

——查尔斯·狄更斯

激动人心的一年

磁星资本在 2007 年取得了 25% 的收益，而这仅仅是它成立的第 3 年。磁星获得这一收益的同时，还将风险控制在了标准普尔 500 指数之下。投资者一片欢欣鼓舞，磁星的资产规模已经发展成任何基金管理人管理的最大规模之一，并且还在不断增长。

另一方面，磁星的团队意识到投资者其实很健忘。它必须持续地提出新的想法来满足投资者的期望收益。曾经鼎鼎大名的一些对冲基金，如培洛顿、索恩伯格和凯雷资本，它们都因为缺乏流动性的问题而以创纪录的速度缩减规模。即使是世界上最大的银行，也不能免于危机的肆虐侵袭。贝尔斯登、雷曼兄弟便证明了这一点。磁星的多样化、低杠杆和资本赎回限制带来了额外的稳定性，但是却无法仅仅依靠自身成功。

磁星雇用了大约 200 位世界上最聪明的投资专家。作为磁星的总裁和首席投资专家，亚历克·里托威兹的职责便是向他的团队提供指导，提升团队创意，提出自己想法。即便亚历克·里托威兹更喜欢通过多样化的经营和交易来分散资本，从而降低风险，但也知道磁星 2007 年的收入大部分来源于某种卓越的交易策略。这种策略是基于担保债务凭证的某些特定种类存在系统性价格偏差（见专栏 C5-1）的观点。磁星通过多样化的证券组合而设下许多赌局，期望从价格偏差中大赚一笔。同时，磁星承担的风险也相对较小。根据《华尔街日报》所述，“住房抵押贷款研究员认为磁星的交易策略不全是靠运气，无论次贷市场回升或崩盘，它都能赢利。”⊖

专栏 C5-1　　惨重损失背后的基金（有删减）

一个名不见经传的由天文学家经营的对冲基金，它的交易策略造成了华尔街数以亿计的损失，尽管它自身在次贷危机中成功获利。

它就是磁星，一只拥有大约 90 亿美元资产的对冲基金，促成了担保债务凭证的大量发行而造成了华尔街的巨大损失，自己却获得了

⊖ Serena Ng and Carrick Mollenkamp, "A Fund Behind Astronomical Losses," *Wall Street Journal*, January 14, 2008.

巨额利润。去年，磁星对一系列股票和债务进行对冲而获得了25%的收益。

磁星致力于那些它认为陷入困境但是会有巨大收益的证券。担保债务凭证一定程度上与风险相对应，风险最高的种类收益最高，但是损失价值的可能性也最大。风险较低的种类拥有较低的收益。有一些种类被认为十分安全，所以它们的收益仅仅比国库券稍高。

磁星主要购买的是风险最高的担保债务凭证，因而促成了担保债务凭证的大量发行。据熟悉该交易策略的人透露，这类投资者能够在市场景气的时候获取大约20%的收益。2006年，磁星开始投资，当时市场上这些种类是华尔街认为最难出售的，因为一旦次级贷款违约率上升，这些种类将会首当其冲地发生损失。磁星对这些证券中较低风险的种类和一些其他担保债务凭证做了反向对冲。尽管它在许多高风险的债券种类上存在损失，然而当市场于去年下半年崩溃的时候，它依靠这种对冲策略赚得比损失多得多。

磁星通过购买一种保护形式的信用违约互换（类似于保险策略）来弥补在担保债务凭证上的损失。它对冲了具体哪种担保债务凭证不得而知，但是这些互换在去年担保债务凭证跳水时价值大幅上涨。

住房抵押贷款研究员注意到磁星的交易策略不全是运气，不管次贷市场好或坏，它都能盈利。

资料来源：Serena Ng and Carrick Mollenkamp, "A Fund Behind Astronomical Losses," *Wall Street Journal*, January 14,2008.

最近的市场混乱导致了新的价格偏差，因此孕育了大量新的投资机会，磁星设法找到这些机会，并将它们一一排序。

噩梦

大洋彼岸，罗恩·贝勒正在沉思和亚历克·里托威兹不同的问题。贝勒所在的公司，培洛顿有限责任合伙公司（同样成立于2005年），是2007年业绩最好的对冲基金之一，收益率超过80%。2008年1月贝勒在一个隆重的欧洲对冲基金颁奖礼上获得了两项权威大奖。然而1个月后，他的公司破产了（见专栏C5-2）。

专栏C5-2　　培洛顿的天堂和地狱（有删减）

当培洛顿的总裁罗恩·贝勒在美国住房抵押贷款市场的投资没有朝着他预想的方向发展时，他对华尔街的无情有了深刻的认识。那些和他抢生意的银行家们贪婪地瓜分他的基金资产。一段时间过后，培洛顿有限责任合伙公司，这个曾经属于世界上最好的对冲基金之列的投资公司，损失了170亿美元。在垂直衰退的过程中，培洛顿的灭亡为金融产业脆弱的关系以及这些关系破裂的惊人速度提供了一个很好的例证。

对冲基金行业存在着一个重大缺陷：高高在上的基金经理们有时候会完全陷于风险的漩涡中而彻底失败，比如当问题银行向需要进行投资的基金收回贷款时，就会出现这样的情况。培洛顿在这个方面尤其容易受影响，因为它财务杠杆太高。客户每投资1美元，它至少会借入9美元来购买债券。

2月中旬，由于瑞士联合银行宣称它调低了优先级住房抵押贷款支持证券估值，而这种证券又类似于培洛顿持有的证券。贝勒和格兰特的投资因此遭到了巨大打击。

培洛顿当时拥有7.5亿美元现金并且贝勒和格兰特相信公司在银行的融资是绝对安全的。他们于是感到很放心，认为培洛顿可以满足银行家的需求，当投资价值下降时，公司能够及时补充抵押品来应付追加保证金。

但是到了2月25日，更大的价值下跌使得培洛顿急需现金来满足包括瑞士联合银行和雷曼兄弟在内的债权人的追加保证金。根据知情人透露，当培洛顿的交易员尝试出售证券来筹集资金的时候，经纪人并不愿意出价购买这些证券。

贝勒和他的团队开始忙于提出拯救计划，劝说投资者追加6亿美元的贷款。但是，培洛顿的“财政生命线”取决于25家相关银行能否同意推迟追加保证金。这时，许多银行自身在应付金融危机的风险，根本不愿为这么一个特殊的交易请求签字。2月27日，又一次大幅下跌发生了，培洛顿在住房抵押贷款市场上的投资彻底崩盘，拯救计划失败。此刻，贝勒在沙发中痛苦地几欲崩溃。

贝勒和他的团队做了最后一次努力，就是尝试向其他对冲基金出售培洛顿的投资组合，一直工作到深夜。次日凌晨4点，贝勒精疲力竭地回了家。

第二天，债权人接管了培洛顿的资产，这只基金走到了尽头。贝勒后来把这种情形比作昆汀·塔伦蒂诺的电影《落水狗》的最后一个镜头：几名演员，相互用枪指着对方，最后同归于尽。

资料来源：Carrick Mollenkamp and Gregory Zuckerman, “Peloton Flew High, Fell Fast; Winning Hedge Fund Lost on Bets as Credit Crunch Moved at Breakneck Speed,” *Wall Street Journal*, May 12, 2008.

贝勒在次贷危机来临之前做空了美国房地产市场，并且因为这次豪赌赚得金盆满盈。然而，次贷危机开始之后，他认为恐慌的投资者正在“将孩子和洗澡水一起倒掉”。贝勒认为高级别住房抵押贷款证券被低估，因此，他决定做多由Alt-A住房抵押贷款（介于优质与次级之间）支持的AAA级证券。像培洛顿通常的做法一样，运用了大约9倍的财务杠杆。

2008年2月14日，瑞士联合银行披露其拥有价值212亿美元的优先级Alt-A证券，市场推测瑞士联合银行将会迅速卖掉这些证券。此后，交易便朝着贝勒设想的相反方向不断发展[⊖]。在接下来的两个星期，Alt-A住房抵押贷款支持的AAA证券价格下降了10～15个百分点。贝勒做了其他任何一位基金经理都会做的事：从投资者那里进行了额外的融资，变现了可能增加现金的头寸，并且尝试说服银行延迟追加保证金。不幸的是，银行并未出手购买他的证券，也不愿意延迟追加保证金，因为银行也“泥菩萨过河——自身难保”：它们也在应对由自身持有的住房抵押贷款类证券带来的巨额损失。而投资者只有在银行同意延迟追加保证金的前提下，才会保证提供新的资金。简直是“完美风暴”。公司因此流动性耗尽，损失170亿美元，被迫倒闭。

磁星的结构化金融套利交易

磁星通过发现权益档担保债务凭证和担保债务凭证衍生品之间的对应价格偏差，已经赚了超过10亿美元的利润。它通过买入权益档担保债务凭证和买入保护较低风险档担保债务凭证的信贷违约互换，来利用这一市场异常。

每档证券的风险计算和相互之间的收益比较由磁星自己完成。基于这种分析，投资者可以发现显著的不规则性：两种拥有相似风险的证券，却有差别巨大的收益。更重要的是，这种价格偏差发生在资产支持证券担保债务凭证间。成功的投资者创造了一种多头/空头的交

⊖ Jody Shenn, “Alt-A Mortgage Securities Tumble, Signaling Losses,” Bloomberg News, February 28, 2008.

易策略来利用这种市场异常。通过这种策略，投资者可以在不同的证券中复制相同的交易。此外，虽然运作资金量大，却不会对市场价格产生很大影响，承担的风险又相对较低，并且可以锁定几乎确定的收益。这种交易模式正是对冲基金梦寐以求的。

特别地，敏锐的投资者注意到，资产支持证券担保债务凭证的权益档和夹层档的收益相差很大。这看上去好像没有任何道理。毕竟，资产支持证券担保债务凭证仅仅由一系列资产支持票据的权益档组成，这些票据被打包在一起并且以不同档级出售。如果权益档持有者没有获得偿付，夹层档持有者也不大可能获得偿付。要么两种证券都获得偿付，要么都无法获得支付。因为风险相似，收益也应该相似。然而，由于权益档的非流动性和市场对不同档级之间相关性的误解，权益档收益往往比夹层档高很多。

像磁星这样发现这一现象的成功投资者，通过买入保护夹层档的担保债务凭证信用违约互换，并做多权益档。某些情况下，市场对权益档是如此的恐慌，以至于很少有买家存在，使得整个担保债务凭证都处于无法融资的风险当中。据《华尔街日报》的报道，“总体上，大约 300 亿美元这一档级的担保债务凭证发行于 2006 年年中至 2007 年年中，而磁星是主要的投资者。”㊀

磁星没有必要确定绝对价格，它只需要意识到这两个档级的相对价格偏差即可。磁星可以通过构造交易产生源源不断的现金流，因为权益档多头流入的收益远远高于夹层档空头支付的收益。同时，在高违约率的情况下，夹层档空头的本金要高于权益档多头。因此，如果整体标的抵押品的价格恶化，这种交易策略也能获得巨额收益。只有当权益档完全消失而夹层档保持不变时，这种策略才可能产生损失。磁星推测这种可能性是微乎其微的。

评级机构对担保债务凭证的信用评价主要基于历史数据，历史数据又表明全国范围的房地产衰退是前所未有的。然而，敏锐的投资者认识到，这次的经济周期与以往的任何一次都不同，因此评级机构使用的历史数据不能作为预测未来事件的唯一因素。这种观点成了磁星在资产支持证券担保债务凭证市场利用价格偏差交易的催化剂。它的策略大不同于 2007 年由保尔森公司创造的后来流行的方式，即在房地产市场粗暴式豪赌。保尔森个人曾在市场崩溃时赚了 37 亿美元。㊁保尔森在市场建立头寸，而磁星则专注于找出相对定价的异常，因为一旦找到，不管市场如何都会盈利。磁星的这种策略也符合许多对冲基金的目标：获得独立于市场的收益。

2007～2008 年的金融危机

2001 年年末出现的经济衰退中，美联储由于担心经济紧缩被迫将利率降到了 40 年来的最低水平。低利率又导致房地产泡沫的产生，因为大大降低了借款者的每月房屋支出，使得借款者通常购买超出他们负担之外的房子。较短的初始阶段过后，“诱惑利率”某些时候还会增强。其他贷款是基于可变利率，而传统的房屋贷款是固定利率。消费者常常对利率上升毫无恐惧之感，因为他们认为住房市场只会一路高歌。成千上万的美国人第一次成为房主，美国人拥有房屋的比率达到了历史最高的 70%。㊂此外，房屋市场的繁荣仅仅是持续了 30

㊀ Ng and Mollenkamp, “Fund Behind Astronomical Losses.”

㊁ Andrew Clark, “The $3.7bn King of New York,” *The Guardian*, April 19, 2008.

㊂ Roger M.Showley, “ Working Families See Little Hope For Homes,” *San Diego Union-Tribune*, March 23, 2006, http://www.signonsandiego.com/news/business/20060323-9999-1b23owners.html.

年的经济杠杆升高的一部分（见图 C5-1）。

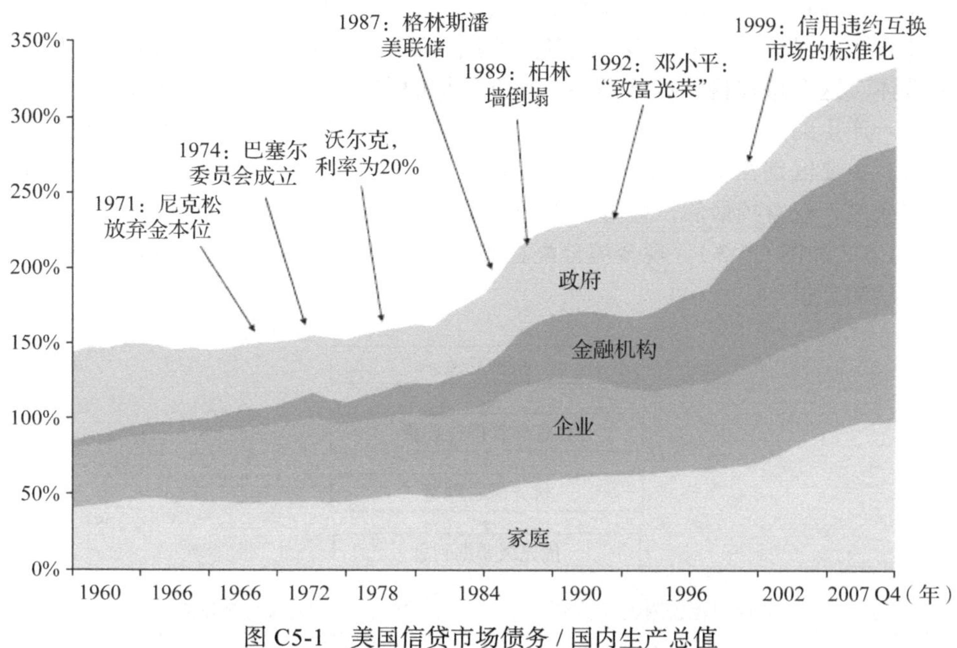

图 C5-1　美国信贷市场债务 / 国内生产总值

资料来源：Neil McLeish (Morgan Stanley), “A Summer Rally, But Still a Bear Market,” July 2008.

除了纯利率影响，借款条件的放松也带来了影响。贷款人在没有首付或没有收入保证的情况下也会同意贷款。这些做法不是因为银行变得慷慨或者消费者信用变得更好，很大程度上归因于担保债务凭证形式的金融创新，尽管担保债务凭证导致了一个委托 - 代理问题。银行是评价一个借款人风险和确定合理利率方面最有实力的机构，然而，当银行能够几个月内证券化它们的贷款并能将大部分风险转移给其他方时，它们的经济动机也就改变了。银行新的焦点变成了尽可能多地发放贷款来获得发起人费用。那些提供初始房屋贷款的银行家们很可能更关注他们的奖金（基于费用收入）而不是贷款的质量。

有些大型投资银行自身会发起一些贷款，而大部分房屋贷款是由小的地区性银行发起的。这些小银行随后将贷款出售给较大的投资银行。投资银行将这些贷款证券化为销售给投资者的担保债务凭证。然而，投资银行基于三个原因会持有大量的贷款和担保债务凭证的存货。第一，证券化过程需要时间，所以正处于证券化过程中的贷款都暂时被银行持有。第二，银行持有存货是因为交易部门需要为证券做市。最后，当一个投资银行创造了一个担保债务凭证时，它往往要保留一个很小数量的“保留”额。这三种形式的风险暴露导致投资银行在 2007 年 7 月至 2008 年 7 月间损失了 3 000 亿美元。有些人预测在“大屠杀”结束以前，总损失将会上升到 1 万亿美元。[⊖]

担保债务凭证市场

担保债务凭证一般用来描述由固定收益资产池支持的证券。这些资产可以是银行贷款（担保贷款凭证）、债券（担保债券凭证）、个人住房抵押贷款（个人住房抵押贷款支持证券）

⊖ Peter Goodman, “Uncomfortable Answers to Questions on the Economy,” *New York Times*, July 22, 2008.

等。担保债务凭证是资产支持证券的一种，资产支持证券是更一般的资产支持的证券，标的资产包括住房抵押贷款、信用卡应收账款、汽车贷款或其他债务。

要创造一个担保债务凭证，银行或者其他机构需要将标的资产（“抵押品”）转移给一个特殊目的载体。这个特殊目的载体是一个独立于标的资产提供者的法律实体，它发行由资产池中标的资产产生的现金流支持的证券。这个一般流程称为证券化。证券化生成的证券被分成很多档级，主要区别在于对资产池产生的现金流的索取权优先次序。优先档拥有第一优先权，夹层档次之，权益档最后。现金流被分配给特定证券的过程称为“现金流分配”（waterfall）（见图 C5-2 和图 C5-3）。现金流分配在担保债务凭证的协议中[⊖]会有详细说明，它包含了本金和利息的支付。

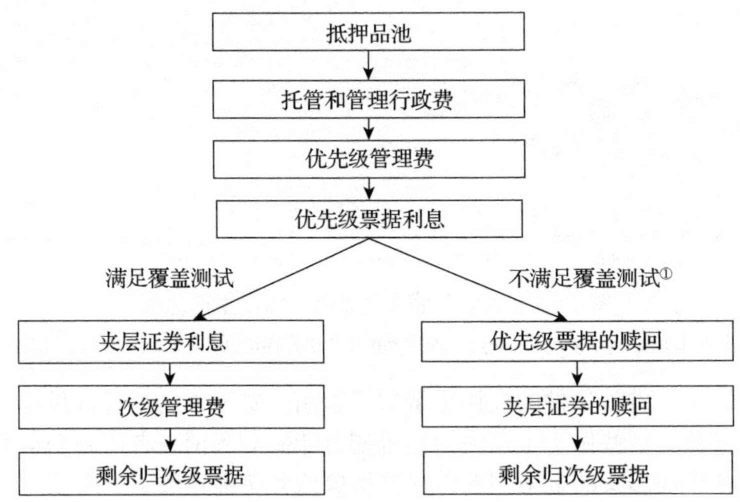

图 C5-2 担保债务凭证的利息分配

① 如果没有满足覆盖测试，并且一定程度上与本金收入无关，剩余的利息收入将会被用来尽可能赎回优先级票据，使得结构重新符合覆盖测试的要求。如果现金流无法支付当前到期利息，夹层证券的利息可能会被推迟支付并且计复利。

资料来源：Sivan Mahadevan (Morgan Stanley), “Structured Credit Insights,” April 30, 2008.

创造担保债务凭证是一个复杂而且耗时耗力的过程。在创造和管理担保债务凭证过程中，所有专业人士，包括银行家、律师、评级机构、会计师、信托公司、基金管理人和保险公司都会收取相应的费用。换句话说，从抵押品中获得的现金流要比支付给所有证券持有者的现金流总和要多，两者的价差由创造和管理担保债务凭证的机构获得。

担保债务凭证的设计是为了向投资者提供符合其风险偏好的资产风险暴露，同时也提供流动性，因为它们每天都会在二级市场上被交易。这种流动性使得其他国家的政府能够获得美国住房抵押贷款市场的风险暴露并且自由买卖这种风险暴露。然而，由于担保债务凭证比公司债券复杂，它们会支付比相应评级的公司债券稍高的利率。

担保债务凭证使得专门从事房屋贷款业务的银行能够创造比其自身资本允许的更多的贷款，因为银行能够将它的贷款出售给第三方。银行因此能够发放更多贷款并且收取发起人费用。消费者也拥有获得更多资本的机会，投资者不但能够进入消费者贷款市场，而且能够准

⊖ An indenture is “the legal agreement between the firm issuing the bond and the bondholders, providing the specific terms of the loan agreement.” http://www.financeglossary.net.

确地在其风险偏好水平上投资。

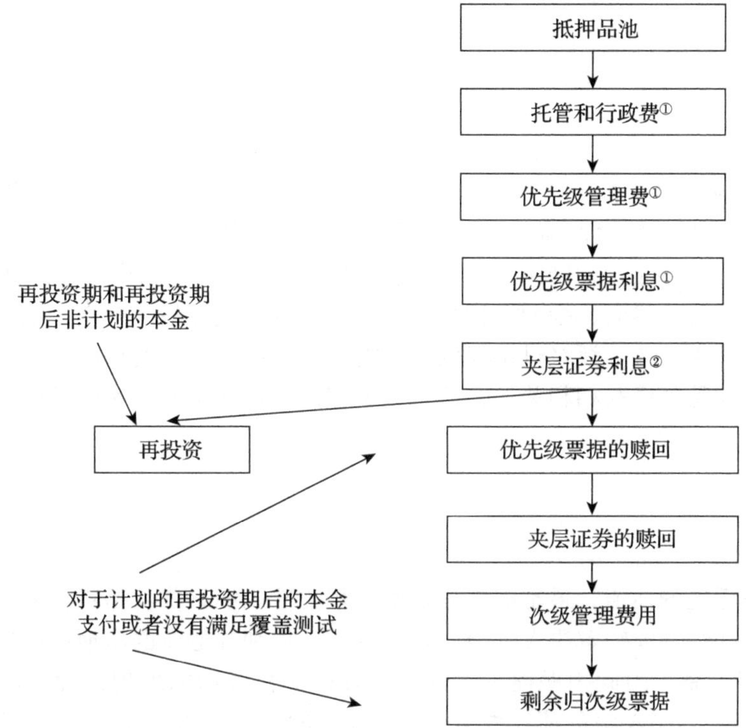

图 C5-3　担保债务凭证的本金分配

① 根据利息收入未支付的程度。

② 根据优先级票据的覆盖测试没有满足的程度以及利息收入未支付的程度。如果没有满足覆盖测试，剩余的本金收入将会被用来尽可能赎回优先级票据，使得结构重新符合覆盖测试的要求。如果现金流无法支付当前到期利息，夹层证券的利息可能会被推迟支付并且计复利。

资料来源：Sivan Mahadevan (Morgan Stanley), "Structured Credit Insights," April 30, 2008.

《结构化信贷手册》提供了投资者对担保债务凭证永不知足般贪婪的解释：

对（固定收益）资产的需求由于都集中在安全范围的两端而被严重分散了。在证券化迅速发展之前，市场上发行的固定收益工具的范围都集中在 BBB 等级左右，既满足不了绝对安全性，也无法提供可观收益。例如，AA 级和 AAA 级公司在债券发行量上相比 B 级或者更低级别的公司小得多。为满足投资者对固定收益资产的可用性需求，结构化信贷技术在不断地改进。通过发行由债券或 A 级、BBB 级和 BB 级贷款等的组合构成的担保债务凭证，金融中介可以创造一个更大的 AAA 级证券池和一个小的、几乎包括所有风险在内的、由无信用等级和低等级证券组成的证券桶。⊖

担保债务凭证的出现已经有 20 年，但是它们的真正流行却始于 20 世纪 90 年代后期。担保债务凭证的发行量在 2005 年和 2006 年都翻番了，甚至在 2006 年破纪录地达到了 5 000 亿美元。大型投资银行（负责发行和管理担保债务凭证的机构）中的“结构化金融”部门成为华尔街发展最快的领域之一。这些部门和投资银行的交易部门一起在担保债务凭证

⊖ Arvind Rajan, Glen McDermott, and Ratul Roy, *The Structured Credit Handbook* (Hoboken, NJ: John Wiley & Sons, 2007), 2.

市场做市，为2003～2007年银行机构的成功做出了巨大贡献。许多担保债务凭证因为它们的规模、投资者广度、评级机构的评级而具有高流动性。

评级机构

评级机构帮助把流动性引入了担保债务凭证市场。它们分析担保债务凭证的每个档级，并且做出相应评级，权益档担保债务凭证通常是不评级的。评级机构的人力有限并需要逐个地度量成百上千种担保债务凭证的风险。评级机构还利用历史模型来预测风险。尽管担保债务凭证已经存在了很长时间，它们直到最近才大规模的出现，因此历史模型不可能完全反映所有情况。然而，标的抵押品仍可以很准确地被评估。毕竟，银行已经从事房屋贷款业务长达几百年之久。评级机构仅仅需要将风险分配给合适的档级，并且理解作为抵押品基础的所有贷款是怎样互相相关的，这是一个理论上很简单但是实际操作中却相当复杂的工作。

相关性

对担保债务凭证的估值，最难的部分是确定相关性。如果贷款是不相关的，违约只随时间发生，资产多样性便能够解决大部分问题。例如，加利福尼亚的房地产危机与纽约的房地产危机没有任何关系，因此担保债务凭证只需要多样化资产的地理位置便可以保证稳定收益。由于低相关性，AAA级的债券种类是十分安全的，相应的利率支付将会接近AAA级公司债券，甚至美国国债。而高相关性则会产生投资无法多样化的风险，在相关性较高时，优先级债券和其他档级一样也可能受到损害。相关性不会影响担保债务凭证的总体价格，因为每一笔单独的贷款期望价值没有改变。而相关性却会影响每一个债券档级的相对价格：优先级债券的任何收益增加（弥补额外的相关性）必须由低档级债券的收益减少来抵消。[⊖]

如果一种与住房市场相关的证券包含地理多样化的抵押品，一般被认为具有低相关性。这是因为近期历史上还没有出现过全国范围内的房地产危机，并且地域性的房地产下跌是被隔离的。正如《华尔街日报》所报道的那样，“住房抵押贷款专家不断强调，房价不会在全国范围内同时降低，美联储会通过调低利率来保护市场。”[⊜]因为市场对这种假设的信心，高档级证券一般会收到很高的评级（通常是AAA级）并相应地支付较低的利率。

担保债务凭证市场的发展

2008年年中，对担保债务凭证发起人而言市场实质上已经死亡，但对冲基金仍在考虑它会不会再次出现。毕竟，担保债务凭证提供了流动性和投资者不断寻求风险的独特机会。银行将会花很长一段时间来处理已经承销但未能出售的杠杆贷款积压，但是它们在过去的一年中已经取得了显著的进展：起初的余额为3 380亿美元，现在已经降到了1 050亿美元（见

⊖ Todd Buys, Karina Hirai, Wendy Kam, Charles Lalanne, and Kazuhiro Shibata, “ Correlation of Risky Assets and the Effect on CDO Pricing in the Credit Crunch of 2007,” student paper, Kellogg School of Management, June 5, 2008.

⊜ Gregory Zuckerman, “Trader Made Billions on Subprime,” Wall Street Journal, January 15, 2008.

表 C5-1）。一旦这些积压的贷款被清算，担保债务凭证的发行会再一次缓慢增加吗？对冲基金应该怎么做才能领先于市场呢？

表 C5-1 杠杆收购相关的杠杆贷款

估计的新发行债务积压从年初开始下降				
	规模（10 亿美元）			
	总计	分配	机构贷款	债券
2007 年 6 月初始额	338.0		227.4	110.6
2007 年完成额	55.0		33.0	22.0
2007 年取消额	51.0		34.9	16.1
2007 年年末额	232.0		159.5	72.5
2008 年完成额	29.4		17.3	12.1
2008 年预计的私募销售额	15.0		15.0	
2008 年取消额和不确定额	35.0		22.2	12.8
剩余额	152.7	35.0	70.0	47.7
除分配外剩余额	117.7			
瀚森 / 亨斯迈	11.9		6.0	6.0
除亨斯迈外余额	105.8	35.0	64.0	41.7
注：所有信息来源于公开新闻或者基于研究员预测				

注：这个债务积压追踪了杠杆收购相关的杠杆贷款，这些贷款已经由大型投资银行承销但尚未完成。

资料来源：Peter Acciavatti (JP Morgan), "Midyear 2008 High Yield and Leveraged Loan Outlook and Strategy," June 28, 2008.

一些基金认为新的担保债务凭证发起人的市场会很快回转，然而另外一些却不这么认为。许多担保债务凭证投资者，尤其是对冲基金，依赖杠杆来赚取目标绝对收益。比如，在2006 年和 2007 年上半年，投资者可能会购买优先级担保债务凭证，尽管它的收益仅仅比伦敦银行同业拆借利率高 50 个基点。然而，投资者会将投资运用 25 倍的杠杆来赚取和权益档相同的收益，或者说比伦敦银行同业拆借利率高出 1 250 个基点的收益。正因为如此，一些投资者担心，担保债务凭证市场直到投资银行向它们的客户提供充足和廉价的债务资金前将不会获得收益，就像 2007 年夏天之前一样，当时的实际情况是市场在很长一段时间内没有获得收益。

银行债务和低门槛热潮

公司银行债务市场与房地产泡沫至少有一个方面很相似：泡沫化的信贷市场和金融创新的发展导致贷款发放严重偏离了传统形式。在杠杆收购盛行的推动下，低门槛的公司银行债务允许公司不经过维持条款[⊖]即经营杠杆率（负债 / EBITDA）和利息保障比率（EBITDA / 现金利息）而运作。发起人（杠杆收购机构）需要作为交易对手的贷款人放松条款，并利用

⊖ 维持协议在贷款契约中有详细说明并且最近 12 个月的基础上每季度计算一次。杠杆协议一般指债务对息税折旧摊销前利润的比率上限以及息税折旧摊销前利润对现金利息的比率下限。大多数银行贷款在 2006 年和 2007 年上半年以前包含这些协议。

银行巨额收入来源来施加影响。2007 年年中，低门槛债务交易量不断膨胀并且交易不断规范（见图 C5-4）。就像在住房抵押贷款市场，证券化也扮演着重要的角色。

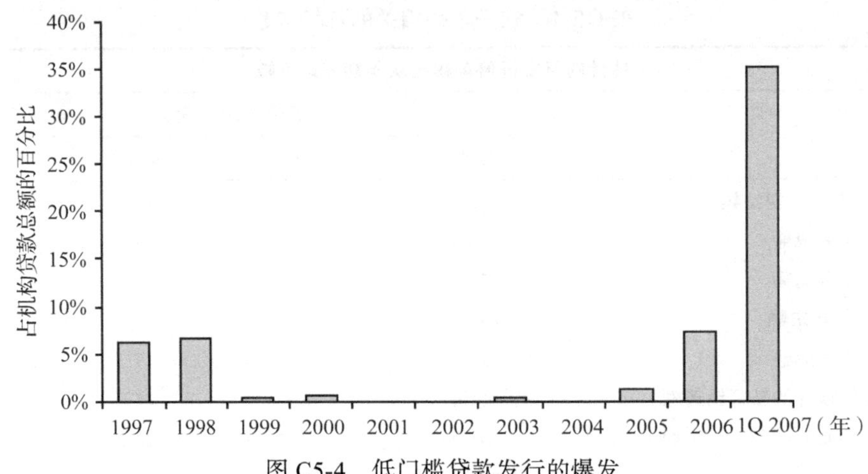

图 C5-4 低门槛贷款发行的爆发

资料来源：Morgan Stanley, "Focusing on Recoveries," April 11, 2007.

贷款人知道通过组合成担保贷款凭证的方式可以转移大部分次级低门槛贷款。这些担保贷款凭证的购买者是第三方。这些第三方不像银行那样困扰，因为它们不必费心地将这些贷款持有至到期。投资者通常只会在总体水平上分析贷款信息，而不会逐笔分析贷款。这掩盖了最差贷款的问题，这些最差贷款大多是杠杆收购支持的低门槛交易。评级机构通常给予投资者一种关于证券的错误感觉，帮助他们很少履行尽职调查而辩护。惠誉的一份研究表明低门槛贷款在担保贷款凭证中的比例比在整个市场中的比例大约高 50%。[一]

更为复杂的是，实物支付规定能使公司仅仅增加额外的债务而不是支付现金利息。"权益消除"也是被允许的，所以万一公司拥有维持协议，技术上的违约将会被小的本应计入银行的 EBITDA[二]的权益消除。正如《华尔街日报》所述，"银行家们开始为那些没有充足现金流公司的债务交易进行营销。这些公司中就包括克莱斯勒，它大量消耗却无法产生现金流。还有第一数据公司，它收购后的现金流几乎无法满足利息支付和资本性支出。"[三]

2007 年年中开始，金融行业开始衰退。这为流动性增加了溢价，并且拉低了一般的杠杆化证券和某些杠杆化贷款的价格。银行贷款遭遇巨大打击，因为投资银行持有大量存货，这些存货需要被清算，以改善资产负债表状况。

银行贷款市场在 2008 年 2 月触底（见图 C5-5），2008 年夏天稍微回调。图 C5-6 显示，投资者为了证明对银行债务估值的合理性，需要假设违约率达到了大萧条后没有出现过的水

[一] Maintenance covenants are specified in a loan indenture and measured quarterly on an LTM (last twelve months) basis.The leverage covenant typically specifies a certain ratio of debt to LTM EBITDA above which the company cannot go.The coverage covenant specifies a certain ratio of LTM EBITDA to LTM cash interest below which the company cannot go.Most bank loans contained covenants such as these before 2006 and the first half of 2007.

[二] 息税折旧摊销前利润不是一个公允的概念，然而，它在度量现金流时常被银行用来确定借款的公司是否满足它的协议。普遍存在的"维持协议"表明总债务不能超过息税折旧摊销前利润的指定倍数。

[三] Greg Ip and Jon Hilsenrath, " Debt Bomb: Inside the ' Subprime ' Mortgage Debacle," *Wall Street Journal*, August 7, 2007.

平，并且在到期前保持不变。根据这个观点，一些投资者增加了他们在银行债务市场上的头寸。非传统的玩家，如私募股权投资机构，常常以直接与银行进行大型私募交易而非在公开市场上购买的方式进入市场。贝莱德集团曾宣称从 2008 年 78 亿美元的杠杆贷款投资中获得了 20% 收益。[⊖]

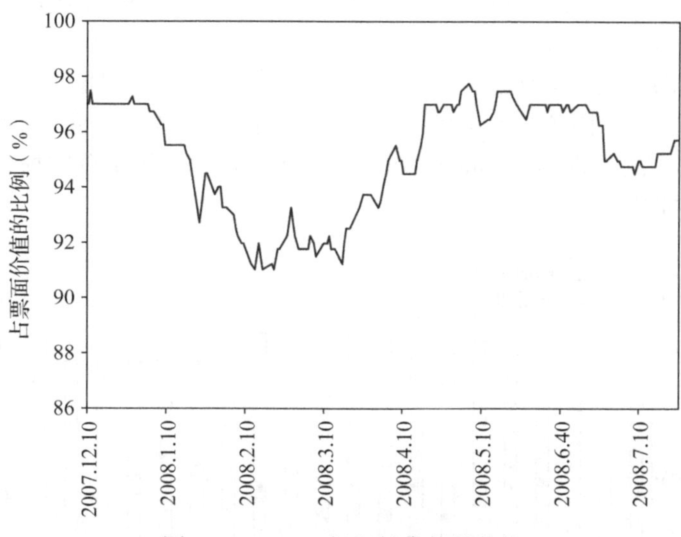

图 C5-5　2008 年银行贷款的价格

注：LCDX 9 是一种标准的、可交易的北美贷款信用违约互换指数。

资料来源：Markit LCDX Analytics, http://www.markit.com/information/products/category/indices/lcdx/analytics.html.

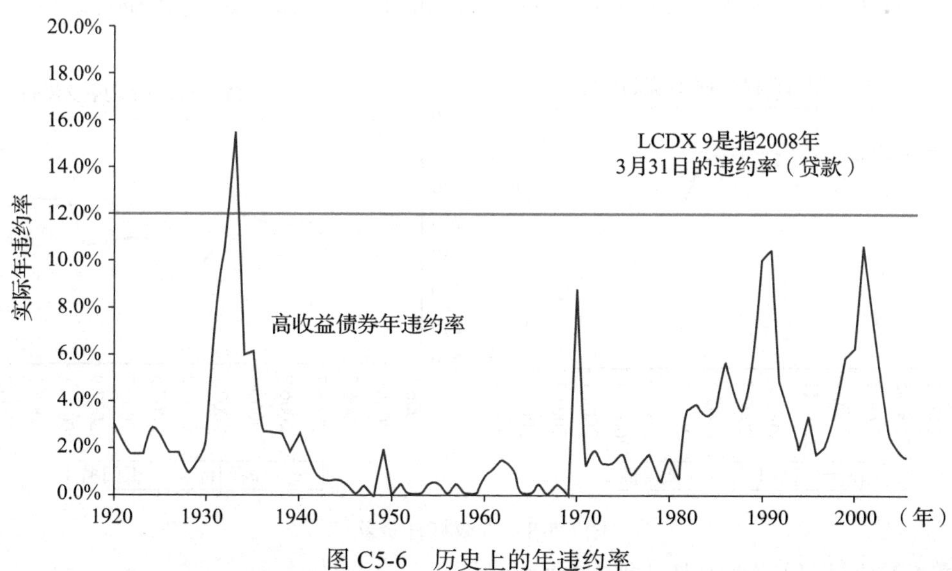

图 C5-6　历史上的年违约率

资料来源：Kellogg student/faculty presentation by Ares Management, Spring 2008.

⊖ Pierre Paulden and Jason Kelly, " Blackstone Gains 20 Percent Buying $7.8 Billion of LBO Loans," *Bloomberg News*, August 6, 2008.

某些对冲基金更倾向于低门槛贷款，而不是投资于整个银行贷款市场。尽管新的低门槛贷款不大可能被引入市场，许多已经存在的低门槛贷款却被疯狂地交易。低门槛贷款被认为具有有限的短期违约率，因为公司一般会保证持续经营，除非现金流断裂。然而，一旦这些违约最终发生了，问题就变成了贷款回收率会不会明显低于 82% 的历史平均水平（见图 C5-7）。因为低门槛贷款在 2005 年之前并没有大量存在，而过去又没有低门槛贷款的违约事件发生，投资者很难确定估值中使用什么收益率才正确。低门槛贷款以高门槛贷款（传统贷款）的折扣交易，并且二者的价差持续地扩大（见图 C5-8）。那些投注低门槛贷款能够保证质量的基金获得了巨大的收益。该图还显示出另一个矛盾：相比高门槛贷款而言，低门槛贷款具有较低的名义票面利率。这是因为，2006～2007 年上半年贷款发放十分宽松，而大部分低门槛贷款都是在这期间完成的。

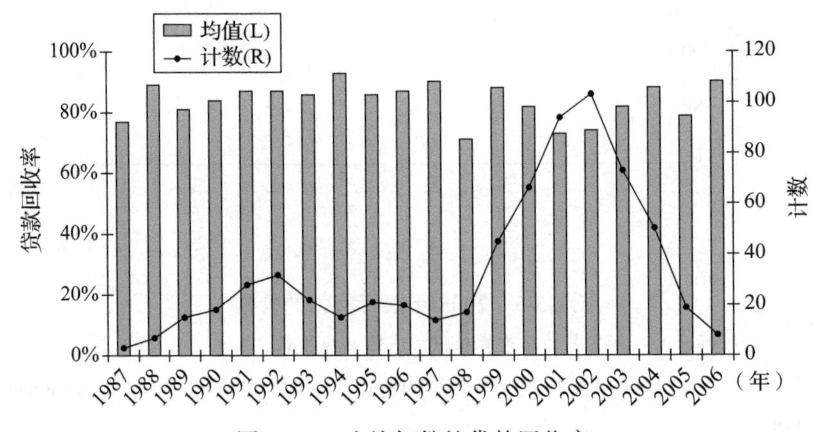

图 C5-7　违约年份的贷款回收率

资料来源：Emery, Cantor,Keisman, and Ou, (Moody's), "Moody's Ultimate Recovery Database," April 2007.

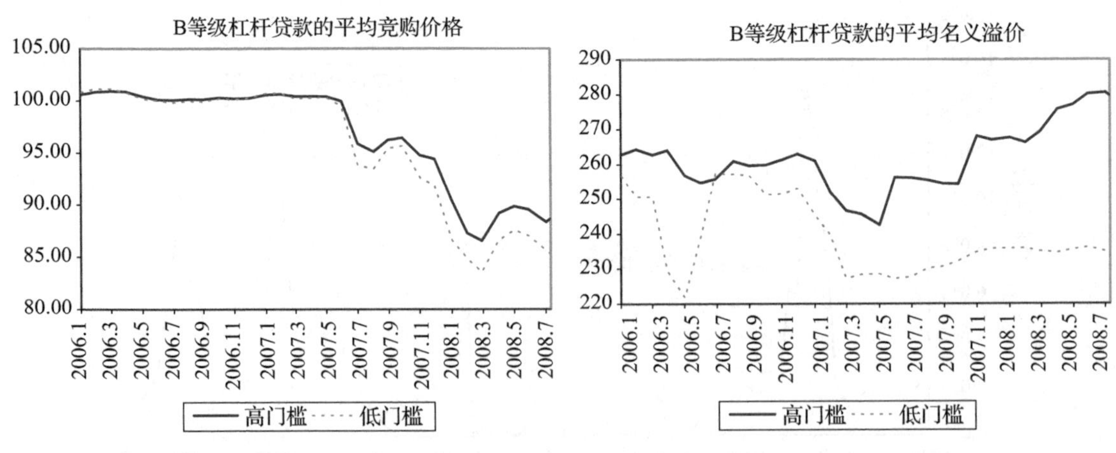

图 C5-8　等级杠杆贷款

资料来源：S&P LCD, August 11, 2008, author analysis.

尽管两种贷款的价差在不断扩大，那些认为价差将会进一步扩大并据此投资的投资者还在继续盈利。2008 年 8 月 11 日，B 等级低门槛贷款的价格比高门槛贷款低 336 个基点。为了分析二者价差是否会扩大，投资者必须对未来的违约率和回收率进行假设（见表 C5-2）。

表 C5-2 低门槛贷款估值时所需的违约率和回收率

回收率差异（%）	年违约率					
	3%	4%	5%	6%	7%	8%
5	244	264	283	303	323	343
10	303	343	383	423	463	503
15	363	423	483	543	603	663
20	423	503	583	663	743	822
25	483	583	683	783	882	982
30	543	663	783	902	1 022	1 142
35	603	743	882	1 022	1 162	1 302
40	663	822	982	1 142	1 302	1 461
45	723	902	1 082	1 262	1 441	1 621
50	783	982	1 182	1 381	1 581	1 781

非低门槛贷款的基点折现
假设：8% 的折现率
5 年的贷款周期
低门槛贷款 46 个基点的平均息票折现

资料来源：Stephen Carlson, " Covenant-Lite Bank Loans: What Will Be Their Implications in a Period of Significant Defaults, and Are Markets Correctly Pricing the Risk? " student paper, Kellogg School of Management, August 2008.

一些基金认为，经营低门槛银行债务的最好方法是通过相对价值交易。投资者可以分析有担保的低门槛银行贷款收益并且将其与相同公司的无担保债券收益做比较。如果二者收益接近，就存在做多有担保的银行贷款 / 做空无担保债券的交易机会，因为银行债务在债务人破产情况下比债券回收的更多。如果公司风险增加，无担保债券和相同公司的有担保银行债务间的利差应该会加大（见图 C5-9）。在这种资本结构套利交易下，投资者在不同证券的回收率差别上下赌注。两种证券的违约率会一致，因为由同一公司发行。

图 C5-9 中所有公司都是：①第一顺位的低门槛银行债务；②无担保债券；③容易接受的价格；④银行债务比债券先到期。斜线右边的公司代表做多银行债务 / 做空债券的机会。这种机会对于同时具有低绝对利率的公司（能源控股和豪客比奇飞机公司）尤其诱人。斜线左边的公司代表相反策略。投资者还可以通过分析同一公司的第二顺位银行债务和无担保债券来采取一个相对策略。破产时，无担保债券只有在第二顺位银行债务收回抵押品价值后才能获得支付（见专栏 C5-3）。在抵押品价值回收后，第二顺位银行债务与无担保债券的债权人拥有同样的权利。因此，通常情况下，第二顺位银行债务比无担保债券的收益率低。

这种异常和其他许多异常都存在，因为大额银行债务的持有者（包括有大型银行业务的许多困境银行）由于监管或者流动性约束被迫将手中持有的银行债务卖掉。银行持有的债券则相对较少，因此债券市场没有感受到有担保银行债务市场面临的出售压力。对冲基金应该如何做才能利用这样的机会？如果它们做出了错误的选择，将会面临什么风险？它们如何才能最好地设置交易来对冲头寸？什么能将市场带回正常的水平？能够准确回答这些问题的对冲基金将会获得巨大利润。

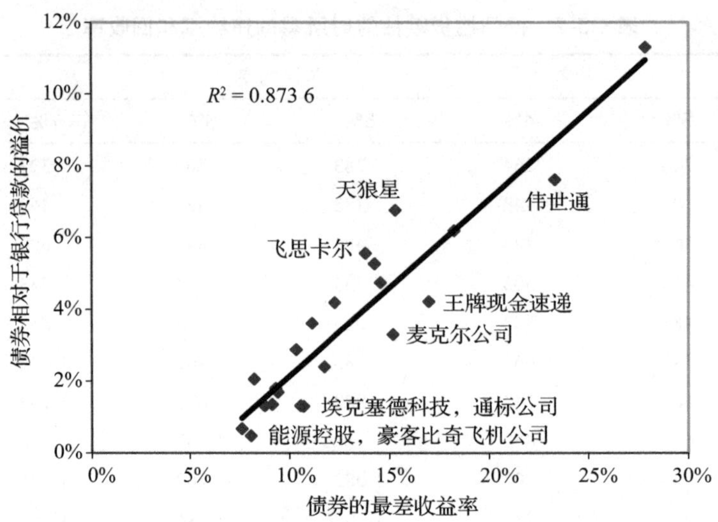

图 C5-9 有低门槛贷款公司银行贷款和债券的溢价

注：最差收益率（yield to worst，YTW），没有发行人违约的债券的最低潜在收益率。当发行人使用提前偿还、赎回、偿债基金等条款时，最差收益率被用来计算假设发行的最坏情况能够获得的收益。它用来度量最坏情况时的收益，即在最坏情况时能帮助投资者控制风险和确保收入要求。

最差收益率在所有可能的赎回日期都会被计算。如果债券有看涨和看跌条款而且发行商能基于当前市场利率提供较低票面利率时，一般认为提前偿还发生。如果市场利率比当前债券收益率高，最差收益率计算就会假设没有提前偿还发生，此时的最差收益率就等于到期收益率。计算过程中当前利率是假设不变的。最差收益率是到期收益率和赎回收益率中的最小值（如果债券有提前偿还条款）；最差收益率可能与到期收益率相同但是不会高于后者。

资料来源：Stephen Carlson, " Covenant-Lite Bank Loans: What Will Be Their Implications in a Period of Significant Defaults, and Are Markets Correctly Pricing the Risk? " student paper, Kellogg School of Management, August 2008.

专栏 C5-3 杠杆贷款和垃圾债券

贷款

此处涉及的银行贷款是杠杆贷款。一份银行贷款在如下情况发生时就会归类为杠杆贷款：[1]

借款公司拥有大量投资级以下的债务，即 Baa3 / BBB 级（来自于穆迪和标准普尔的定义）以下。

借款公司的债务 / EBITDA 的比率大于或等于 3。

贷款能承受比伦敦银行同业拆借利率高大于等于 125 个基点的利率。

杠杆贷款一般规定借款公司应将所有（或大部分）资产作为抵押品。在某些杠杆贷款中，会通过协议将贷款人分成两类：第一顺位和第二顺位。第二顺位相比第一顺位是合同上的次级关系。

有些杠杆贷款可能有传统的完全协议，而另外一些则可能是低门槛协议。

债券（垃圾债券）

垃圾债券是典型的无担保债券，因此在借款公司破产情况下拥有相对较低的对公司资产的索取权。尽管每次破产的情况各不相同、各有特点，破产公司的债券持有者一般比银行债务持有者回收的少得多。银行贷款平均回收率是 82% 而优先级无担保债券（债券的最常见形式）的回收率是 38%。[2]

---

[1] Timothy Aker (Prudential), "Leveraged Loans: Capturing Investor Attention," July 2006.

[2] Emery, Cantor, Keisman, and Ou (Moody's), "Moody's Ultimate Recovery Database," April 2007.

凯马特、西尔斯和 ESL：从对冲基金到世界顶尖零售商之路

非同寻常的周末

2003 年 1 月 11 日，是艾迪·兰伯特所经历的最为离奇的一个周六。躺在廉价汽车旅馆的浴缸里啃着冷鸡肉，这绝非是格林威治大多数百万富翁度周末的方式。不幸的是，当时的情况何止是离奇，它还充满了不详的气息，兰伯特身穿正装、蒙着眼睛、铐着手铐。

时间倒回到 24 小时前，42 岁的兰伯特正坐在他麾下的价值数十亿美元的对冲基金——ESL 投资公司的办公室里，该对冲基金的客户包括精明的机构和声名显赫的人物，如迈克尔·戴尔和大卫·格芬，不过兰伯特本人才是最大的投资者。他在这个周五已经花了大量时间研读凯马特公司破产保护案的相关资料，尽管得到在公司重组方面有着丰富经验的律师、银行家、会计师助阵，他仍力求亲自弄懂违约债券转换为股票的每个细节。经过初步阅读，兰伯特认为他嗅到了其他零售商和私募股权投资机构忽视的巨大商机。他已经以不到面值一半的价格吸纳了数额巨大的凯马特公司违约债券。在放手一搏买入更多份额，成就职业生涯中最大的一笔交易之前，他自然希望能够将上涨的潜力和下跌的防范措施研究到事无巨细的地步。毕竟这场冒险关乎他的荣誉，当然，更重要的是，关乎他的金钱。

而就在数小时之后，当兰伯特意外地面临另一场非比寻常的冒险时，他明白了一个道理：名誉和金钱其实算不上是最贵的赌注，生命才是。当天晚上 7 点半左右，在他离开格林威治的低层办公楼，到车库取车时，四个陌生男人朝他逼近，然后其中一个突然拔出手枪，随后兰伯特被他们塞进了旁边一辆汽车的后备厢里。或许我们可以想象，在他试图判断出这辆疾驰在 95 号州际公路上的汽车行驶方向的前一刻钟，他的脑海中还满是凯马特公司破产保护项目。之后，他将不得不费尽心思进行一场与以前截然不同的谈判。

事件后续：2004 年 11 月

兰伯特一直是某种意义上的神秘人物，他总是避免让 ESL 投资公司在媒体上抛头露面，而在以很小的一笔赎金为代价，说服绑架者放人之后，他变得几乎深居简出了。（事实上，他从未兑现过那笔赎金，而在那帮天真的绑架者用兰伯特的信用卡订购比萨时，很快便被乖乖请到了警察局。）

尽管兰伯特希望自己远离聚光灯的包围圈，但这并不意味着当一项颇具吸引力，同时

也会带来更高媒体曝光率的投资机会摆在他面前时，他会因此而拒绝。绑架事件过去后，兰伯特除了仍然是天才的对冲基金管理人外，同时还兼任了凯马特控股公司（那家老字号的零售企业重组后新成立的公司）的董事长。接着，在2004年11月17日，兰伯特宣布已同西尔斯公司的董事会达成协议，以110亿美元的现金或凯马特公司股票收购该公司。这一消息在金融界引发了不小的地震，从华尔街反馈来的研究报告则表明，他们就这场并购是否明智出现了极大的分歧。尽管兰伯特的对冲基金连网站都没有，但他即将成为美国第三大零售公司董事长的事实，让他保持低调的愿望几乎不可能实现了。美国《商业周刊》发表了好几篇以兰伯特为专题的主流报道，而某一期封面报道的截稿日期显然是在并购消息发布的几个小时甚至是几天前，该文章的标题是一个谄媚色彩十足的问句："下一个沃伦·巴菲特？"㊀

案例重点

仅仅在十年前，如果让一个基金经理来担任凯马特公司和西尔斯公司的董事长还是个异想天开的想法。但资本市场近二十年间发生的显著而迅速的变化，让这件事情从不可能变成了现实。本案例回顾了这些变化，并探讨了金融投资者（主要是私募股权投资基金和对冲基金）是如何在并购领域成为战略投资者（收购行业内其他公司的公司）强劲对手的。案例主要围绕两个问题展开：第一，作为一个谨慎的金融投资者，ESL投资公司在2002年买下凯马特公司违约债券控制性份额的决策是否明智？第二，作为一个战略投资者，ESL旗下的凯马特公司收购西尔斯公司的决策是否明智（2004年11月公告，2005年3月完成）？

凯马特的兴衰

凯马特公司的前身可追溯到1899年创办的Kresge公司。近20年来，它陆续收购了博多思书店、瓦尔登书店、体育运动专营公司以及麦克斯办公用品公司。由于在互联网业务上的经营不善，低效的物流供应链又令它无法做到和竞争对手沃尔玛和塔吉特一样的低价，凯马特面临着重重问题：停滞不前的单店销售额、较低的单位平方英尺销售额、消费者关于店铺环境的混乱和商品陈旧过时的埋怨。这些情况一直到2002年第二季度还未见任何起色。1990年，沃尔玛和凯马特的销售额还同为320亿美元，其后凯马特的销售额就始终停留在这个水平上，而沃尔玛的销售额则不断地增长，并在2002年超过了2 500亿美元。㊁（公司间的比较见图C6-1。）《华尔街日报》一篇描述凯马特陨落的文章揭示了沃尔玛在这几十年期间扮演的角色：

20世纪70年代后期，沃尔玛的销售额尚只有凯马特的5%；当时它仅有150家分店，而凯马特有1 000家左右，且大部分位于市区。随后，沃尔玛大举向美国乡镇地区进军，并逐渐建立了一套借助技术减少库存、最大化货架利用率、维持行业最低价格的体系。这样，当沃尔玛最终迎头赶上凯马特时，它拥有了令凯马特管理层束手无策的巨大价格优势。㊂

㊀ *BusinessWeek*, November 22, 2004.

㊁ COMPUSTAT database.

㊂ "Kmart to Buy Sears for $11.5 Billion," *Wall Street Journal*, November 18, 2004.

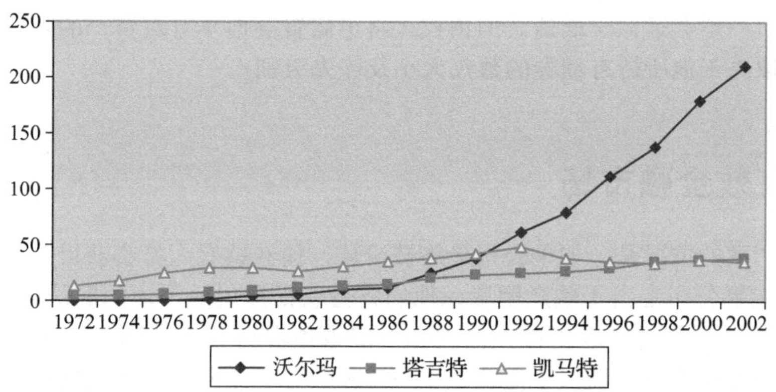

图 C6-1　1972～2001 年凯马特、塔吉特、沃尔玛的销售额（单位：10 亿美元，以 2001 年为基础）

资料来源：COMPUSTAT database; Bureau of Labor Statistics; author's calculations.

2001 年的经济衰退，再加上其后的"9・11"事件，令凯马特的业务遭受了沉重打击。在某个节假日购物季，为了追上沃尔玛，首席执行官查尔斯・科纳韦在拟定某些特定商品的降价措施之后，采用了一项鲁莽的营销策略：凯马特将大额削减广告预算开支，并将省下来的资金用来全力应对沃尔玛的价格战。计划如期执行，结果却惨不忍睹。由于宣传不力，凯马特并没有吸引到多少新顾客。那些去了的顾客则十分惊喜地发现他们捡到了便宜。2001 年 11 月，公司股票的交易价格已不足每股 5 美元（见图 C6-2），于是凯马特不得不卖掉价值数百万美元的亏损项目，以及市场价值已低于账面价值的大量存货。作为错误的假期销售策略带来的后遗症，公司还面临着资金周转不灵的问题。当某家供货商宣布凯马特未能如约付清货款时，这个有着 103 年悠久历史的公司在 2002 年 1 月 22 日依据《破产法》第十一章申请了破产保护。3 月上旬，科纳韦被解聘，公司制定了在 2003 年 6 月前走出破产困境的富有雄心的计划。

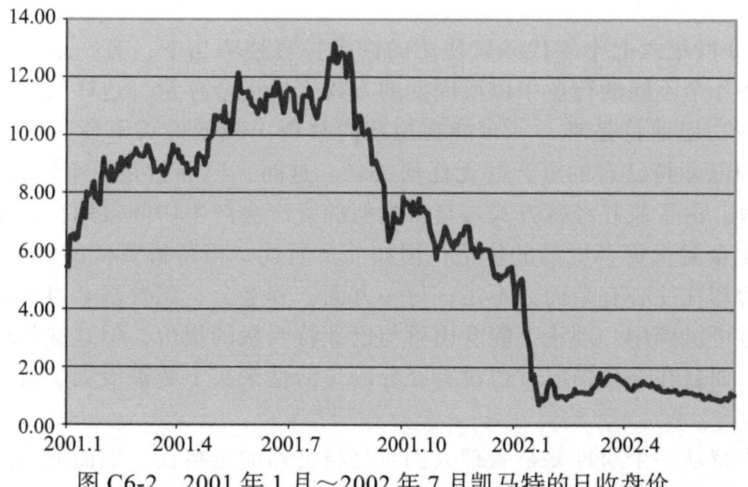

图 C6-2　2001 年 1 月～2002 年 7 月凯马特的日收盘价

资料来源：Bloomberg.

不久后，从事困境债务交易的对冲基金纷纷开始研究凯马特公司的资产状况，但它们都没有能力也没有魄力来买下该公司违约债券的控制性份额。公司的破产意味着股东们全部投资付诸东流。故而凯马特公司的资产现在完全地属于它的债权人，包括债券持有者。当然，债券清偿的数目一定会远低于面值，但债权人将毋庸置疑地享有对资产的索取权，且其享有的索取权份额取决于他所持有债券的数额大小及优先级别。

破产和非有效金融市场

大部分破产案的情况是，如果公司最终被清算，债券持有人将会获得出售资产所得的现金作为补偿；如果公司走出了破产困境，他们将会获得重组后公司的股份。无论哪种情况，破产程序中的每一步都需要取得破产法院和大多数债券持有人的同意。由于该程序烦琐复杂，加上本身的专业背景又局限于传统权益估值和债务利差分析，主流的投资管理人难以评估包含违约债务投资组合的风险和收益。而且，很多养老金和共同基金管理人被规定禁止投资与破产相关的资产，甚至禁止投资于垃圾债券（高收益债券），即那些被标准普尔和穆迪等评级机构定义为发行人有较高破产风险的债券。

资产索取权的分析、与其他债券持有人达成协议以及争取到破产法院许可的种种困难，促进了一个小众行业即破产专家的兴起。在20年前，这些专家主要由律师转型而来，因为他们发现，公司在竞争对手或是邻近市场中具有强势地位的公司面临破产，意欲趁低价抢购该破产公司资产的时候，急需这类专家来帮忙出谋划策。而收购破产资产，被公认为公司并购的策略之一。这类资产往往对公司现有的正常业务发展有推动作用，破产则等于是天赐良机。但因为大部分同行业中的公司处在相同的商业周期中，竞争对手的破产往往意味着该行业中幸存下来的公司状况也同样不佳，从而无心也无力花钱来进行并购。这个时间差的存在激发了金融投资者对破产相关业务的兴趣。

金融投资者与战略投资者

巴菲特在20世纪六七十年代频繁使用的许多投资技巧当中，有一条是“时刻做好万全准备”并同时在几个不同的行业中以反周期的方式安排现金存量。这样的话，当有公司破产或是遭遇困境时，巴菲特是唯一一个能在短期内拿得出钱低价买下资产的人。在很多情况下，这些资产和巴菲特已有的资产并无任何关联。这时，巴菲特是一个纯粹的金融投资者，而非战略投资者。由于兼并经营方式与自身类似的资产会产生协同效用，战略投资者理论上来说愿意支付比金融投资者更高的价格，但如前文所述，当待售资产的价格最具吸引力时，这些战略投资者却往往心有余而力不足；另一方面，养老金、慈善基金以及共同基金的管理人有大笔的资金可供调用，理论上能开出可与巴菲特叫板的报价，但这些管理人没有足够的专业知识背景，而且在许多情况下也没有充分的灵活性来买下数额庞大、流动性低、成分复杂的资产。

艾迪·兰伯特从一个对冲基金管理人到凯马特公司的董事长，继而成为西尔斯公司收购方的过程，是金融投资者过渡为战略投资者的一个实例。在2002年的时候，尽管让一家同是仓储式零售商的企业来兼并凯马特可能会带来诸多的好处，但资金压力加上极低的风险偏好，让那些潜在买家们宁肯在其破产重组过程中选择袖手旁观。尽管ESL投资公司已是数个上市公司的大股东，兰伯特手头仍然有充裕的资金应时而动，且这一点不会受宏观经济和凯马特所处的零售商行业整体状况的影响。

私募股权投资

从定义上来说，私募股权投资通常分为风险投资基金、杠杆收购基金和夹层基金。风险投资基金致力于发掘尚处于创业期的中小型公司，以期它们在数年后能发展成为具备成功上市所要求的规模和业绩的成熟企业。可以预见，大部分的投资项目很可能会走向失败。风险投资基金也清楚地认识到这一点，故而它们倾向于高风险、高收益的投资组合。夹层基金占私募股权投资市场的极少数，主要业务是满足那些希望借入数额较小的次级债的成长型公司的融资需求。

杠杆收购基金与风险投资基金的投资风格大相径庭，它收购成熟的企业并期望获得可观的中期投资收益。杠杆收购基金之所以能拥有良好的投资收益主要是基于市场的以下两点不足。第一，尽管历史上曾做出过种种的努力，上市公司股东和管理层的激励从未有效统一过。公司的所有权越是分散，采取“股东积极主义”就意味着要投入更多的时间精力和建立更为庞大的组织机构，于是股东就越难保证管理层始终为了股东权益最大化而服务。因此，上市公司的管理效率有时未必比非上市公司高，换句话说，上市公司管理层可能追求的目标不是公司利润最大化，而是其他的某些东西。比如，管理层可能最关心的是他们职位的高低，或是薪酬福利的多少，或是政治影响力的大小等。上市公司私有化后，不论是采用直接管理还是严密监督的方式，杠杆收购基金相信，通过实行削减开支和资产变现等举措，公司将证明继续存在的价值。

第二，某些类型的公司即便是管理完善，但仍长期被股票市场低估，而杠杆收购基金可以弥补市场的此类不足。只要是上市公司，有些费用就不可避免，如编制股东要求的定期报告，以及向美国证券交易委员会、全国证券交易商协会、纽约证券交易所及其他的法定机构披露信息的开支。由于监管机构变得更为严苛，加上证券交易所又新规定除采用新的会计准则外，所有上市公司必须执行《萨班斯 - 奥克斯利法案》，这些成本就随之水涨船高了。对于较小的公司，这些费用会分摊到股东头上，且分摊数额与所占股份并不成比例。某个杠杆收购基金管理人曾经说道：“许多中等规模的公司费尽周折也不能引起研究员和投资者的兴趣，它们感到自己被股票市场孤立了。” ⊖

杠杆收购基金近年在并购领域开始明显地活跃起来。自 2001 年的衰退开始，传统的战略收购者就基本不再用并购的方法来推动业绩和效率的提高了，而且因为有了 20 世纪 90 年代后期过度扩张的前车之鉴，他们的股东大致上是认可这种谨慎态度的。而杠杆收购基金则恰恰相反，由于人们越来越信赖机构投资者，它们的资金非常充足。1997～2000 年，杠杆收购基金募集的资金多于同期使用的资金。2001～2002 年的衰退期，新增杠杆收购基金数量的下降要比整个并购市场缓慢得多。这些有利因素综合的结果是，1999～2004 年私募股权投资发起人募集到的资金额，与从该行业存在时起到 1998 年的总和相当（见图 C6-3）。

当一家杠杆收购基金打算收购上市公司，或是买下急需资产剥离的上市公司大的业务单元时，它自己只会出小部分的钱，并通过负债支付其余的大部分交易对价。通常他们在高收益债券市场就能够融到数倍于权益出资并足以完成大额交易的资金。基金还会设立一个独立的法律实体，这样万一所投资的公司最终破产，自己并不负有帮其还债的义务（即仅在出资范围承担有限责任）。而高收益债券的投资者之所以愿意借钱给这些公司，一是因为债券的

⊖ Paul Finnegan presentation at Kellogg Private Equity Conference, March 2005.

利率很高，二是负责收购的杠杆收购基金拥有良好的资金运作记录。而且就算最后业务失败并违约，债券持有人将会成为公司新的所有者，这至少会挽回部分损失。

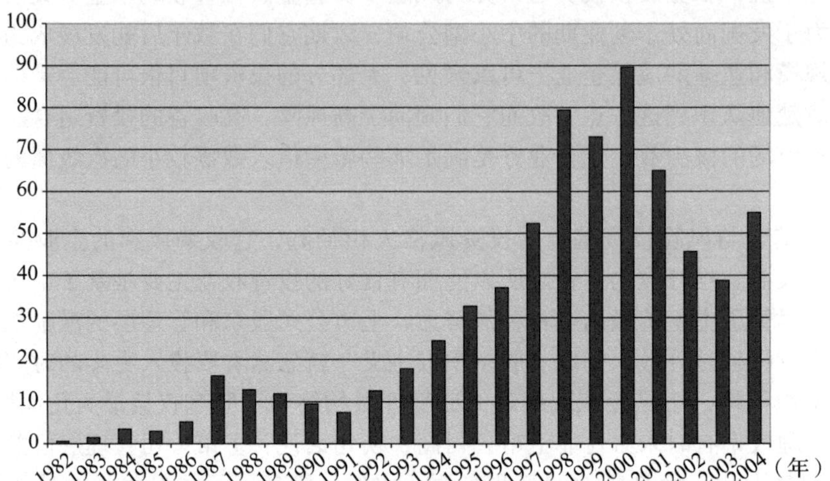

图 C6-3 美国私募股权投资行业每年新成立基金的募集资金（单位：10 亿美元）

资料来源：Venture Economics and *The Private Equity Analyst*, cited in Finnegan presentation.

前文提到过，在 2001～2004 年的衰退期，杠杆收购基金的新增资本下降并不很明显，事实上，在这期间的低利率水平还给这些基金带来了好处。2001～2003 年，短期利率和长期利率都有所降低，表明经济的整体状况不大景气，战略投资者也因此对并购活动望而却步。然而，这种情况对杠杆收购基金却是有利的，因为杠杆收购机构需要通过负债来完成交易规模数倍于自有资金的收购交易（见图 C6-4 和图 C6-5）。利率的下降则意味着在并购活动中杠杆倍数的上升，从而可以产生更大的杠杆效应。

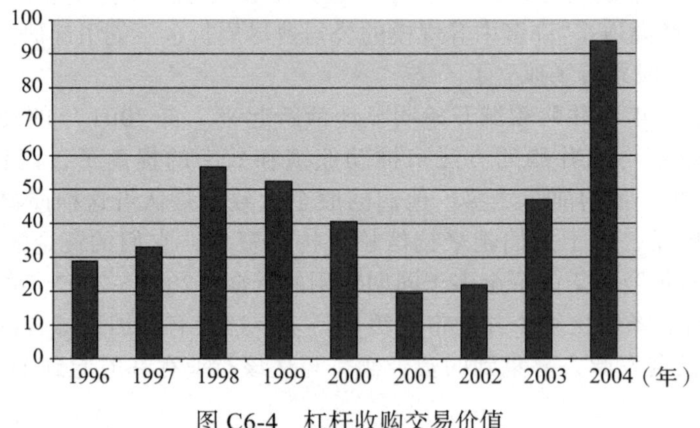

图 C6-4 杠杆收购交易价值

资料来源：Standard & Poor's, cited in Finnegan presentation.

对冲基金

近年来，有些类型的对冲基金和杠杆收购基金之间的界限已经相当模糊了，但大多数对冲基金的投资模式还是和杠杆收购基金大不一样的。对冲基金可看作是不受监管的共同基金。根据监管机构的相关政策，如果对冲基金不公开发售基金份额，并且全部合伙人的投资额和资格都符合条件的话，就可以不受《1940 年投资公司法》的规定。尽管美国证券交易委员会在 2005 年动了制订一套新的行业法规（具体作用范围尚不确知）的念头，但多年以来，除了只能向大型机构投资者和特许个人投资者募集资金这一点外，对冲基金不受任何法规的约束。美国对冲基金业的监管理念是：对于那些富有的且经验丰富的对冲基金投资者，应该尊重他们的意愿，由他们自己来决定管理他们资产的人选以及愿意承担的风险高低；相反，对于投资于共同基金的中小投资者，为保护他们的利益不受损害，应该设置重重的法律条款来规范基金管理人的行为。

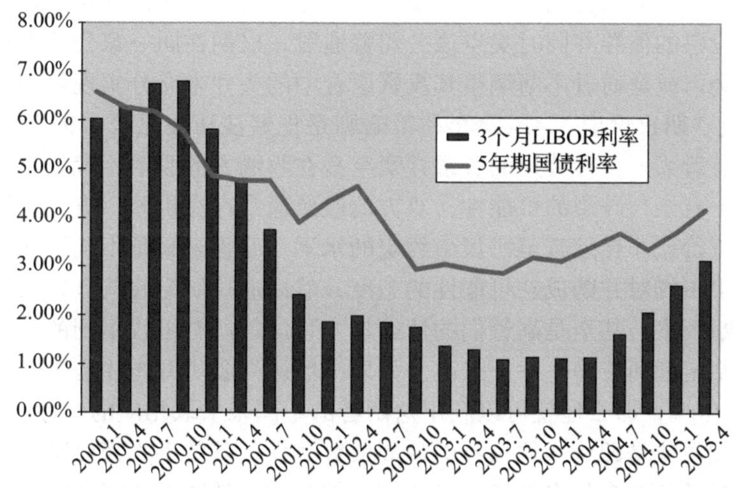

图 C6-5 伦敦银行同业拆借利率（LIBOR）和国债利率

资料来源：Bloomberg.

对冲基金管理人不像传统的基金管理人那样受到只能做多的限制，许多共同基金所没有的投资策略也由此延伸而来。其中最为典型的一种策略是在买入看涨股票的同时卖空看跌股票。一般情况下，应用此投资策略的基金管理人都是持市场风险中性的态度，也就是说，既然他们持有大致相等的多头和空头，组合的收益率就不会受到整个股市波动的较大影响。这种投资策略满足了那些偏好绝对收益而非相对收益的投资者需求。采取多头 - 空头策略的基金管理人的目标是，无论股市处于牛市或熊市，基金每年都将盈利。

对冲基金在其发展早期，即机构投资者大量涌入该行业的 20 世纪 90 年代之前，大多采取的都是这种多头 - 空头策略或其他类似的对冲策略，因此它们被称为“对冲基金”，尽管后来发现这个名字已经并不贴切，但还是被沿用了下来。为此需要强调的是，共同基金和对冲基金的最主要差别并不在于“对冲”二字，因为对冲基金采取的不一定就是对冲策略，而共同基金也不一定就不能对冲其投资风险。事实上，共同基金可以通过购买看跌期权来防范（对冲）股票组合下跌的风险，或是卖掉看涨期权，放弃股票投资组合的一部分潜在收益以换取有保证的收益流。其实把两者区分开来非常简单，就看该基金是否向普通公众开放并由此受到严格监管就可以了。对冲基金的投资风格包括纯粹对冲的低风险策略和非对冲的高杠杆策略以及这两个极端的中间地带，前者的目标是在任何市场状况下都能保证 6%～8% 的收益率，而后者主要进行的是关于外汇、大宗商品，甚至是天气和自然灾害的高风险投机交易。

对冲基金的平均风险水平并不比共同基金高（以标准差为判断标准）。但是共同基金管理人绝不可能像少数对冲基金管理人那样为了潜在的高回报而承担高风险。例如，量子基金负责人乔治·索罗斯，在1992年被媒体称之为“打败英格兰银行的男人”，当时他断定英国不久后将被迫退出欧洲货币体系，并斥资至少100亿美元来卖空英镑并买入德国马克。最终，他的这场豪赌迫使英国当局承认货币政策已经无力为继，英镑汇率随之下跌，量子基金因此获得了10多亿美元的利润。与宣扬历史收益的波动性低于股票市场的大多数对冲基金不同，这类占据报纸头版的风云基金属于少数派。

对冲基金的投资策略中，能够实现与股票市场和债券市场风险基本不相关的策略包括可转换证券套利策略、风险套利策略和困境债务交易策略。可转换证券策略是买入一定条件下可转换为公司股票的债券并同时卖空该公司普通股，以期在同一家公司发行的两种不同证券中寻找套利机会，或是通过不断调整其投资组合中的头寸来充分实现可转换证券中隐含的“波动性价值”或“期权价值”。风险套利策略则是把赌注压在已公告的并购是否能如期进行上面。如果交易者买入目标公司的股票并卖空潜在收购方的股票，就代表其认为并购交易最后会成功。由于有谈判破裂的可能性，双方的股票通常存在价差，直到并购交易成为铁板钉钉的事实时，该价差才会缩减至协议中约定的水平。尽管未来是不确定的，交易者仍可由价差的大小推断出市场对并购成功可能性的态度，然后通过研究收购方以及目标公司的股东表决方式、反垄断因素，甚至是高管们的情绪易变程度等所有可收集到的资料来得出自己的结论，最后据此制定套利策略。举例来说，如果市场认为成功可能性是70%，而交易商认为实际上是50%或90%，那么他就可以利用这两者的不同来采取相应的头寸。

在买下违约债券或是即将违约债券的数周或数月后将其转手卖掉以赚取差价，是那些活跃在困境领域的对冲基金多年来的通用做法。也就是说，精通晦涩复杂的破产知识的对冲基金管理人大多追求的是如下的退出策略：在公司重组后期卖掉升值的困境债券并获利，但是这种策略违背了一部分对冲基金投资者的初衷，他们希望的是在破产重组业务中趁机取得优质资产的控制权。随着一些从事破产交易的对冲基金也开始持有困境投资直到重组完成，从而在行使转换权后成为新公司的大股东，甚至是控股股东时，对冲基金和杠杆收购基金的界限也就不那么明晰了。

ESL 投资公司：难以归类的对冲基金

ESL投资公司的名字由它的管理人埃德华·S.兰伯特姓名的首字母组合而成。它所偏好的投资模式是一次性买入某个公司的大量普通股并持有数年，所以说它是一家与众不同的对冲基金。ESL投资公司基本不会涉足于短期交易策略，而且它的本行也不是困境债务交易。事实上，从倾向于大量买进认为具有较好升值潜力的上市公司股票，但其数目又不至于多到能影响公司控股权的程度这一点来看，兰伯特的投资风格与巴菲特十分相似。但在有些方面他又与巴菲特有所不同。首先，兰伯特所投资的公司经营状况一般较为糟糕，而巴菲特仅仅在他能够获得绝对控股权的情形下，才会买下经营不善的企业，并最终会以之为跳板投资其他的公司。而如果是对上市公司的少数股权投资，巴菲特之所以愿意购买这些公司的股票，必定是因为他认为它们拥有完善的管理模式和良好的长期收益前景，可口可乐公司和吉列公司就是两个很好的例子。

从沃伦·巴菲特两条著名的言论中也可看出兰伯特投资模式与巴菲特的不同，巴菲特曾写道“以平庸的价格买下一个出色的公司，要比以出色的价格买下一个平庸的公司棒得多”，并且不止一次地声称他“最喜欢的持有期是无限期”。至于兰伯特，在辞去了由罗伯特·鲁宾直接负责的高盛风险套利部门的高薪工作之后，就显示出了对平庸公司降价出售的少数股权的兴趣，因为如果这些公司的管理得以改善，他可从中获取巨大的利润。至于股票的持有期，虽然比大部分的对冲基金要长，但是兰伯特并不打算“无限期”地持有下去。在兰伯特所投资的公司中，有很多属于那种发展充满坎坷、既不算太成功也不算太失败的类型，而这类公司的管理层往往能够积极地响应兰伯特的建议。

2002～2003 年 ESL 投资公司获取破产的凯马特的控制权是否明智

作为代表投资者利益的对冲基金，ESL 的目标十分专一：在客户可承受的风险范围内最大化其收益。在 2002 年的凯马特收购案中，ESL 投资公司是一个追求高收益的金融投资者，因为收购并不能与其他投资产生协同效应。

申请破产之前，凯马特在市场竞争中就一直处于下风，论供应链技术远不及沃尔玛，论营销手段和门店设计又比不过塔吉特和老海军等同行。在成本结构明显处于劣势的情况下，公司种种不自量力的竞争行为导致财务杠杆越来越高。到 2001 年经济衰退期时，凯马特的财务体系已经相当脆弱，而管理层的错误决策无疑使问题雪上加霜。

考虑到凯马特有如此多的问题，在将大笔资金投进去之前，兰伯特和他在 ESL 投资公司的助手们需要对投资的风险和收益做出审慎评估，并为此仔细研读了凯马特的资产负债表（见表 C6-1）。他们的结论是，虽然公司的经营状况非常糟糕，但如果清偿大部分的债务，并同时打造一个充满活力的管理团队的话，公司不见得就没有翻身的可能性。而且，尽管从实力上说凯马特无法同沃尔玛相提并论，但它却有一项令沃尔玛艳羡的资产：房地产。

表 C6-1　1999 年 1 月～2003 年 1 月凯马特的资产负债表（单位：100 万美元）

	2003 年 1 月	2002 年 1 月	2001 年 1 月	2000 年 1 月	1999 年 1 月
资产					
现金和短期投资	2 088.00	613.00	1 245.00	401.00	344.0
应收账款	301.00	473.00	0.00	0.00	0.00
存货（总额）	3 238.00	4 825.00	5 822.00	6 412.00	7 101.00
预付账款	27.00	191.00	0.00	0.00	0.00
其他流动资产	157.00	0.00	817.00	811.00	715.00
流动资产总计	5 811.00	6 102.00	7 884.00	7 624.00	8 160.00
固定资产原价	159.00	10 896.00	12 309.00	11 942.00	11 554.00
减：折旧与摊销（累计）	6.00	6 004.00	6 148.00	5 385.00	5 144.00
固定资产净值	153.00	4 892.00	6 161.00	6 557.00	6 410.00
其他资产	120.00	244.00	253.00	449.00	534.00
资产总计	6 084.00	11 238.00	14 298.00	14 630.00	15 104.00
负债					
短期借款（一年内到期）	51.00	68.00	84.00	68.00	66.00
应付账款	820.00	1 287.00	103.00	2 288.00	2 204.00
应交税金	37.00	42.00	40.00	73.00	249.00
预提费用	778.00	504.00	138.00	265.00	337.00
其他流动负债	90.00	219.00	259.00	1 105.00	1 220.00

（续）

	2003 年 1 月	2002 年 1 月	2001 年 1 月	2000 年 1 月	1999 年 1 月
流动负债总计	1 776.00	2 120.00	624.00	3 799.00	4 076.00
长期借款（总额）	477.00	1 269.00	2 076.00	3 914.00	3 759.00
递延所得税	0.00	0.00	0.00	0.00	0.00
投资税收抵免	0.00	0.00	0.00	0.00	0.00
其他非流动负债	1 639.00	8 150.00	8 139.00	834.00	965.00
股东权益					
普通股	1.00	519.00	503.00	487.00	481.00
资本公积	1 943.00	1 922.00	1 695.00	1 578.00	1 555.00
未分配利润	249.00	（2 742.00）	1 261.00	4 018.00	4 268.00
减：库存股（总额）	1.00	0.00	0.00	0.00	0.00
普通股权益合计	2 192.00	（301.00）	3 459.00	6 083.00	6 304.00
股东权益合计	2 192.00	（301.00）	3 459.00	6 083.00	6 304.00
负债及股东权益总计	6 084.00	AG11 238.00	TL14 298.00	TL14 630.00	15 104.00
发行在外普通股	89.59	519.12	503.30	486.51	481.38

资料来源：COMPUSTAT.

至于投资中各种可能的不利因素，ESL 投资公司的团队倒并不是太担心。因为即使竭尽全力也无法令凯马特起死回生的话，公司的房地产仍然有很高的清算价值。凯马特的店面当中只有少数是自有资产，其余的大多数则均是通过长期租赁取得，且其租金远低于市场价位，一旦凯马特将这些店面转租给其他企业（无论是出于自愿还是形势所迫），即可获得不菲的收入。后来华尔街很多研究员就开始猜测说，ESL 极有可能“醉翁之意不在酒”，其实看重的是凯马特和西尔斯的房地产内在价值，所追求的依然是退出策略。针对此项质疑，兰伯特回应道：“于一家零售商公司而言，房地产价值大于其运营价值可从来不是什么值得高兴的事情。”㊀同时他还着重强调了全力振兴凯马特零售业务的决心。然而，在拍板决定买进凯马特违约债务之前，兰伯特无疑是充分考虑了房地产防范风险的“看跌期权”作用的。有些研究员还声称，凯马特公司房地产的价值实际上是 2002～2003 年 ESL 买下该公司花费的好几倍。如德意志银行在 2004 年 7 月发表的一篇长达 25 页的零售商行业报告中就指出，尽管凯马特的股价比重组前翻了两番，但如果把凯马特的净值为正的长期租赁资产算进房地产的话，公司市值仅仅是介于房地产净值的 24%～133%。㊁也就是说，他们认为，即便是关闭公司并停掉一切业务，凯马特的实际价值仍然远远高于当下的股票市值。

兰伯特导演的凯马特之戏

无论是进行与破产程序相关的交易，还是以控股股东的身份管理公司，ESL 投资公司都缺乏相关的经验。但在权衡利弊之后，兰伯特仍做出了投资凯马特破产重组项目的决定。2002 年春，ESL 投资公司开始不动声色地积聚凯马特的违约债券。困境债务的交易是在私

㊀ News conference, November 17, 2004. Transcript available in company’s SEC filings at http://www.sec.gov.

㊁ *Gold in Them Thar Retailers*, Deutsche Bank, July 26, 2004.

下进行的，具体的时间和金额至今仍是个谜。2002 年夏天，ESL 投资公司通知了凯马特（当时由破产受托人和新任的首席执行官共同管理）自己持有面值超过 10 亿美元的公司违约债务这一事实。⊖ 2002 年 9 月，ESL 已经能够在由破产法院依法指定的金融机构委员会中获得一席之位，从而对整件事情有了发言权。兰伯特此时的主张是，重组应该加快进程并提前结束，理由是管理层制定的时间表完全可以变得更为紧凑。瑞银投资银行就此评论：

11 月初，兰伯特会见了凯马特当时的董事长和首席执行官吉姆·亚当森，他特别强调了加快重组的重要性，并明确表示当下的进程开展得过慢。他施压于亚当森，迫使其在感恩节前制定出重组计划，当公司没能按时完成这一要求时，兰伯特的律师提出了让亚当森离职的建议。

2003 年 1 月，在兰伯特的支持下，朱利安·戴被任命为凯马特的新首席执行官，同时破产程序节奏加快了。期间，ESL 投资公司继续以私下交易的方式购买凯马特债务。在 2003 年三四月，项目接近尾声时，已经有许多凯马特的债权人，包括银行和债券投资者，声明他们偏好现金而不是新公司股份的偿债方式。ESL 投资公司利用了银行希望尽可能减少损失的心理，以大约面值 40% 的价格从它们手中买下大量的债权，而凯马特债券持有人的价格可能比这个数字还要低。最终，当凯马特结束破产保护，债务随之转换成股权时，ESL 投资公司控制了凯马特控股公司 51% 的股份。兰伯特随后上任该公司董事长，并可以另外提名三位董事会成员。新公司的股票很快在纳斯达克挂牌上市。当兰伯特卖掉了少许凯马特的房地产租赁合约，并在其零售业务中启用现金结算方式时，市场意识到凯马特现在已经是一个完全摆脱了负债、值得投资的公司，股价因此一路飙升（见图 C6-6）。

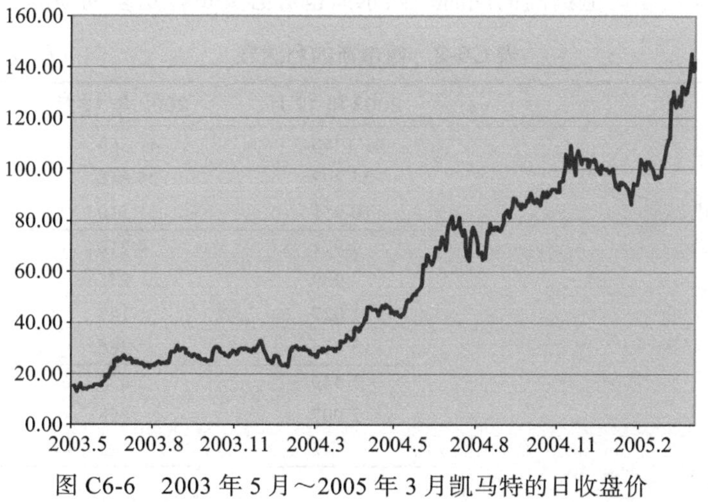

图 C6-6 2003 年 5 月～2005 年 3 月凯马特的日收盘价

资料来源：Bloomberg.

2004 年 11 月凯马特（由 ESL 控股）收购西尔斯的决策是否明智

数十年来，西尔斯百货连锁店的店址基本都会选在大型的购物中心之内，但到了 20 世纪 90 年代，其市场份额受到了独立门店的仓储式超市的不断蚕食，为此，公司管理层决定开设“购物中心之外”的新型商店——西尔斯旗舰店，并在前几年投入试运营。因为试运营

⊖ 2002～2003 年，ESL 在重组项目中所扮演的角色一直游离于公众的视线之外，这份描述主要是参考一些最近发表的文章以及瑞银投资银行提供的时间表。

取得了不错的结果，加上西尔斯发现它那些位于城郊购物中心内的商店的拥趸已经由从前的市镇居民变成了现在的乡村居民，它决心在2004年加速推进新型店铺的扩张。而兰伯特彼时出售凯马特50家店面的想法，刚好迎合了西尔斯在全国范围内快速地铺设这种独立于购物中心之外的西尔斯旗舰店的计划。

兰伯特曾在2002年大量地买入西尔斯的股票，这与他购买被低估公司的少数股权投资倾向是一致的。作为拥有西尔斯10%股份的大股东，他很清楚公司即将面临什么样的挑战，当然，他也非常清楚如果西尔斯不再拘泥于大型购物中心，而是贴近消费者的需求将店址选在街道和社区附近，并利用原有的客户基础重新建立起与消费者良好关系的话，将会带来多么大的机会。2004年，凯马特和西尔斯签订了关于50家店面的转让协议，显示了两家公司的管理层寻求转型和突破的决心。交易似乎给双方都带来了极大的好处。凯马特这家惨淡经营的连锁超市在交易结束后仍拥有1 400多家门店，其中有数百家恰好就坐落在西尔斯认定适合开西尔斯旗舰店的地方。由于西尔斯门店的单位平方英尺销售额比凯马特高出80美元，如果将合乎条件的凯马特门店改造成西尔斯门店的话，将意味着几千万美元的额外收益。

然而，为筹集买下这些店面所需的资金，西尔斯将不得不以风险增加为代价提高其财务杠杆（见表C6-2和表C6-3）。这是西尔斯首次踏入购物中心之外的商店这个领域，明摆着是准备同沃尔玛和塔吉特争夺市场份额。而凯马特之所以走向破产，很大程度上是由于其财务杠杆过高以及在市场低迷的情况下不切实际地同沃尔玛竞争的缘故。因此即便是只买进区区50家店面，所增加的风险也是不可小觑的。如果向凯马特买入更多的店面来建造西尔斯旗舰店的话，在其运营价值提高的同时，西尔斯也势必要负担更多的债务。

表C6-2 西尔斯的利润表 （单位：100万美元）

	2003年12月	2002年12月	2001年12月
销售收入	41 1240	41 366	40 990
销售成本	26 202	25 646	26 234
销售费用和管理费用	10 951	11 510	10 758
折旧前营业利润	3 971	4 210	3 998
折旧和摊销	909	875	863
利息费用	1 027	1 148	1 426
营业外收入（支出）	3 414	266	–486
税前利润	5 449	2 453	1 223
所得税	2 007	858	467
少数股东收益	45	11	21
净利润（损失）	3 397	1 584	735
非经常性项目	0	–208	0
净利润	3 397	1 376	735
每股收益基本——扣除非经常性项目	11.95	4.99	2.25
每股收益基本——包含非经常性项目	11.95	4.34	2.25
普通股股数	284.30	317.40	326.40
完全稀释的每股收益——扣除非经常性项目	11.86	4.94	2.24
完全稀释的每股收益——包含非经常性项目	11.86	4.29	2.24

资料来源：COMPUSTAT.

表 C6-3　西尔斯的资产负债表　（单位：100 万美元）

	2003 年 1 月	2002 年 1 月	2001 年 1 月
资产：			
现金和短期投资	9 057	1 962	1 064
应收账款	2 689	31 622	28 813
存货（总额）	5 335	5 115	4 912
其他流动资产	1 115	1 284	1 316
流动资产合计	18 196	39 983	36 105
固定资产原值	13 124	12 979	13 137
折旧和摊销（累计）	6 336	6 069	6 313
固定资产净值	6 788	6 910	6 824
无形资产	1 653	1 648	C
递延税款借项	24	277	C
其他非流动资产	1 062	1 591	1 388
资产合计	27 723	50 409	44 317
负债：			
短期借款（一年内到期）	2 950	4 808	3 157
应付票据	1 033	4 525	3 557
应付账款	3 106	7 485	7 176
应交税金	1 867	0	0
预提费用	609	C	C
其他流动负债	4 194	1 779	1 694
流动负债合计	13 759	18 597	15 584
长期负债	4 218	21 304	18 921
递延税款贷项	0	0	0
投资税收抵免	0	0	0
其他非流动负债	3 345	3 755	3 693
股东权益：			
普通股	323	323	323
资本公积	3 493	3 463	3 437
未分配利润	10 530	7 441	6 582
减：库存股（总额）	7 945	4 474	4 223
普通股权益合计	6 401	6 753	6 119
股东权益合计	6 401	6 753	6 119
负债及股东权益总计	27 723	50 409	44 317
发行在外普通股	230.38	316.73	320.4

资料来源：COMPUSTAT.

兼具凯马特董事长和西尔斯第二大股东的双重身份，加上最近又曾经促成过一场对双方公司都大有裨益的房地产交易，这一切都让人有理由猜测兰伯特在 2004 年 9 月和 10 月之间一直同西尔斯高层保持着密切的联系。关于这两个公司将要合并的话题究竟是何时被挑起的现在已不得而知，但要说兰伯特当时没有过这种想法，却也是不大可能。不久后，在11月的第一个星期突然发生的一则出人意料的新闻，为整件事情的发展提供了契机。

2004年11月5日，沃那多房地产信托公司在一份提交给监管机构的文件中宣称，它已经持有西尔斯公司4.3%的股份，此举令兰伯特和西尔斯都大感意外。沃那多是一家很大的房地产投资机构，因擅长买下低价的房地产而闻名。消息甫一出来，西尔斯的股价立刻上涨了23%（见图C6-7），大家都纷纷揣测，沃那多或许不久之后就会以溢价买下整个西尔斯公司以获得其房地产（和凯马特不同，西尔斯实际上拥有它的大部分门店，见图C6-7）。

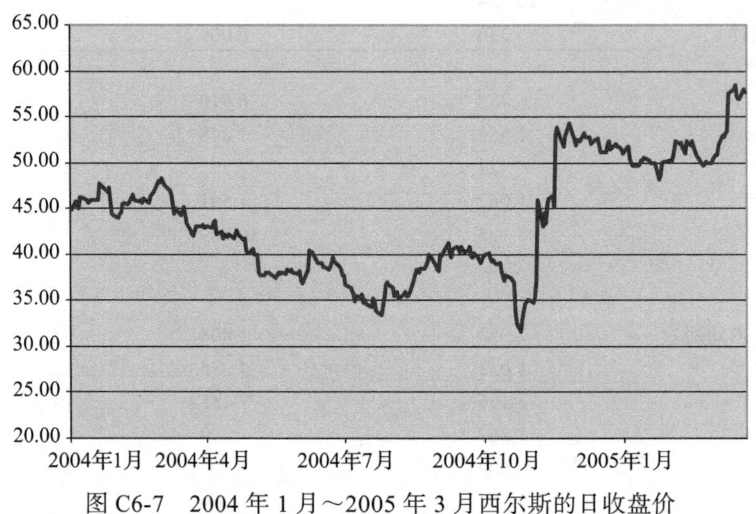

图C6-7 2004年1月～2005年3月西尔斯的日收盘价

资料来源：Bloomberg.

现在，到了兰伯特和西尔斯公司的董事会做出决定的时刻了。两家零售商的竞争对手都是沃尔玛，其房地产都长期地被市场低估，但是就大家关于房地产问题的热烈讨论来看，市场似乎已经醒过神来，此刻，兰伯特他们必须拿定一个主意。如果沃那多或其他的“兀鹫投资者”开价收购公司，西尔斯将如何应对？这两家零售商的每一家都曾是美国零售行业中的翘楚，如果削减成本并提高单位平方英尺销售额，是否意味着就能同它们的竞争对手一决高低？

倘若是以前的兰伯特，作为一个金融投资者，他至多会愿意买进西尔斯10%～15%的股份。但现在，作为一个潜在的战略投资者，他发现其决策开始受到更具有房地产投资经验的金融投资者（沃那多）的左右了（见专栏C6-1和专栏C6-2）。

专栏C6-1 凯马特控股公司总裁爱德华S.兰伯特在2004年11月17日凯马特－西尔斯合并新闻发布会的发言摘录（重点部分已画线）

今天无疑将是历史性的一天，而我们为这一天已经努力了很久。如你所见，凯马特和西尔斯将联合起来，共同缔造一个年收入达550亿美元、门店达3 500家（其中包括约1 500家凯马特门店和约870家位于购物中心的西尔斯商店）的零售商巨擘……并购将通过如下方式进行：原凯马特公司的股票以1:1的比例转换为西尔斯控股公司的股票，而原西尔斯公司股票的55%每股转换成0.5股的新公司股票，另外45%则每股转换成50美元的现金，具体的支付形式取决于股东的自身意愿，但用股份支付的部分可免交所得税。作为并购协议的一部分，ESL及所有的下属机构已经决定，所持股票全部都将转换为新公司的股票。我想这很好地表明了我们对合并后的新公司未来发展前景的信心。

接下来，我们还有许多工作需要完成，我们要将合适的凯马特门店改造成西尔斯门店，还要把部分西尔斯的产品转移到凯马特中销售，届时，不仅是ESL团队中最优秀的人才，凯马特和西尔斯的精英们也将投身到这些工作中去。

鉴于我们在董事会中的影响力，我们完全能够像前几年经营凯马特那样，按照公司的长期发展战略来经营其业务，而不是费尽心思让每个月的单店销售额达到某个目标值，即我们不会设置任何硬性的赢利性指标，而是通过勤勉工作来达成所愿。

至于公司未来的发展战略，我认为规模效应的重要作用是毋庸置疑的……为了在强手如林的行业竞争中立足，我们必须把成本结构维持在一个很低的水平，但这并不代表质量的降低，西尔斯的服务质量和信誉不会因此打任何折扣，至于凯马特，我们也将继续完善我们的服务。

凯马特拥有1 500家坐落于交通发达地区且不在购物中心内的门店，它们对公司的重要性是不言而喻的，西尔斯则拥有最出色的商品，例如工匠牌电动工具、戴哈德牌电池和肯莫尔牌电器，均同西尔斯有着牢不可摧的关系。西尔斯现在所面临的问题是，竞争对手们正在以每年新开几百家门店的速度扩张，尽管创办西尔斯旗舰店是贴近消费者需求的有益尝试，但从时间的紧迫性上来说，事实上还加上资金的影响，前进之路可以说是险象环生。我相信，若能有效地利用凯马特的门店，将其中一部分改造为西尔斯的商店，同时把西尔斯的商品放到凯马特中销售，将会带来巨大的赢利机会。

西尔斯没有像它的竞争对手那样大肆扩张还有另外一个原因：由于每年都要拿出大笔的经费来负担其资本性支出和营销费用，西尔斯的财务状况只能勉强维持收支平衡。这笔经费的数目大概是每年9亿～10亿美元，现在被我们用于凯马特的商店改建和升级，而且其运作方式也从粗放式管理变成了精打细算，无论是购买设备还是装修门面，我们都会争取把每一分钱都花在刀刃上。

从凯马特的角度而言，我们一直致力于让它的商品种类更加丰富，并在之前就为它打造了自有的服装品牌，但除此以外，凯马特显然还需要能将自己同竞争者们区分开来的差异性定位，其实我们之前已经谈论过这个问题，而且是在凯马特申请破产保护之前就开始讨论了，在破产和并购中，讨论仍在继续……

两家公司的销售商品成本加起来大概是400亿美元。我们将会在世界各地采购这些400亿美元的商品。两家公司将会共同合作，以让新公司有最佳的表现；新公司也将会同供货商合作，帮助它们发展业务和削减成本，最终为我们的客户带来切实的利益，所以我想团队协作能力是非常重要的。合并后公司的销售费用和管理费用大概是120亿美元，考虑到这样的金额，协同效应在进货以及费用方面带来的节省应该是惊人的。

西尔斯门店的单位平方英尺的销售额一般要比凯马特高出80美元，而凯马特门店的占地面积有1亿平方英尺，无论将来是打着凯马特还是西尔斯的名号经营，如果它们也能达到这样的盈利水平的话，就会多出80亿美元的额外收益。所以说，公司的财务前景还是非常不错的，它同我们的战略前景很好地融合在了一起。

最后，作为公司的董事会和管理层，我们会将非核心的、非经营性的资产变现，我们有这个打算，也有这个能力。我们希望在我们的经营下，公司的股东能得到实实在在的经济上的好处，同时我们要保证自己把精力放在最具有潜力的投资机会上。

在结束这次讲话前，我想特别强调一个观点，那就是对于一家零售商而言，其房地产价值高于运营价值并不是什么值得高兴的事情。关于公司拥有的房地产的价值究竟是多少，我们将对其采取何种策略已经有了各种版本的猜测。我得先承认，有些零售商的房地产价值的确是要比其运营价值高，而且就暂时而言，凯马特很可能就是其中的一家，但是我们一直都在非常、非常努力地提升每家商店的赢利水平，以让它们作为一家商店而不是一处房地产而存在。运营价值往往是与赢利水平成正比的，我相信新公司将会在这方面有相当良好的表现。

而对于无法达到盈利要求的商店，我们将不得不采取一些非常措施。我认为一个运营良好的零售商企业的息税前利润至少应该能占到其销售收入的10%，可以看到，无论是塔吉特、家得宝还是盖普，它们都符合这项标准。但在这里我还要重复一遍前面的观点——这些都不是我们短期可以实现的目标，然而我们有志于此，我们对未来的期望是，无论从财务指标，还是客户满意度来看，我们都是一流的。

资料来源：Press conference transcript, available in SEC filings at http://www.sec.gov.

专栏 C6-2　关于凯马特收购西尔斯的评论摘录

汤姆·彼得斯，管理学者："你认为他们能够反超沃尔玛？这会让我笑掉大牙。"(《华尔街日报》，2004年11月18日)

伯特·弗利金格，零售商咨询顾问："这为它们的竞争对手提供了举杯相庆的理由。"(《华尔街日报》)

埃姆·柯兹洛夫、桑福德·伯恩斯坦公司，零售行业研究员："现在的情况对沃尔玛相当有利，凯马特在下个年度势必会乱成一团，沃尔玛到时可趁机扩充自己的市场份额，比起挽回流失的顾客，这件事要容易得多。"(《华尔街日报》)

迈克·伊格斯泰恩和雪莉·李，瑞信第一波士顿零售行业研究员："我们认为，从短期来说，成本削减和产业升级应该会起到作用，再加上新公司可能会出售部分的房地产（例如，地段有所重叠的，或是不具备战略价值的店面），基于以上两点理由，我们相信西尔斯的股票将会继续回升。然而，从长期来说，无论从资源整合（例如系统、物流）的角度，还是从实际执行的角度分析，公司都面临巨大的挑战。这场并购规模之大，状况之复杂，在该行业中都是前所未有的。在今天的消息公告之前，许多人对凯马特和西尔斯的印象是两家落伍的、缺乏清晰商业模式的公司，至于这对难兄难弟凑在一起之后，将来到底会走到哪一步，我们也不得而知。"（CSFB Retail Industry Flash，2004年11月17日）

柯兹洛夫·麦格拉纳汉等，桑福德·伯恩斯坦公司零售行业研究小组："对这两家处于困境的零售商来说，西尔斯和凯马特的合并是有其战略理由的：西尔斯需要房地产，凯马特需要品牌。西尔斯所坚守的紧盯购物中心的发展模式不仅要耗费大量的资金，而且早已不符合时代发展的趋势，凯马特的房地产则让公司有了与强硬的对手们逐鹿天下的资本。然而，可以料想得到，其整合过程必将是复杂、艰巨而漫长的：近期的风险显而易见，成功的可能性却扑朔迷离；管理层的执行力是并购成功的关键，但两家公司以往的表现却让人觉得情况不容乐观；供应链、公司体制还有企业文化的整合的工作量都十分庞大。我们预计，那些拥有适宜地理位置的凯马特商店将来会改造成西尔斯的"迷你旗舰店"。尽管决心要稳步推行计划并仔细衡量各阶段的收益，管理层还是判断出大约有数百家商店符合条件，而我们的人口分析报告表明，这样的商店数目大概有300家。至于并购带来的收益、采购以及成本方面的潜在协同效用是很可观的（公司把目标锁定在5亿美元），如果公司能达成所愿，将会创造巨大的经济价值。"（Bernstein Research Weekly Notes, 2004年11月19日）

资料来源：http://www.sec.gov/Archives/edgar/data/319256/000095012304013859/y68947fe425.htm(accessed January 15, 2005).

麦当劳、温迪和对冲基金：汉堡对冲？对冲基金股东积极主义行动及对公司治理的影响

不断发展的对冲基金股东积极主义行动

对冲基金到底是英雄还是反派？百事达公司、时代华纳、Six Flags 公司、报业巨头 Knight-Ridder 以及美国倍力健身公司也许更愿意称其为"反派"，而安然公司、世通公司、泰科及南方保健公司的股东则更可能视公司的管理层为真正的反面人物，而将对冲基金视为重要的手段，使其能够在毫无作为的公司管理层将公司糟蹋的一败涂地或通过欺诈业务从股东手里窃取钱财之前将管理层罢免。积极策略对冲基金施加给目标公司的压力会引致股价上升、管理层责任心的提高以及管理层与股东之间更好地沟通吗？或者，这些压力会导致管理层背离其增加长期股东价值的目标吗？

对冲基金一直被拿来和 20 世纪 80 年代的企业狙击手相比，这些狙击手往往通过大额债务发起敌意收购，从而收购目标公司，进而罢免管理层（通常还解雇成千上万的雇员）。然而，积极策略对冲基金通常仅仅运用自身的权益资本来投资，并没有对目标公司进行举债经营，而且一般它们会运用现有的管理层来实现变革，而不是解雇管理层及员工。而且，如果对冲基金无法获得其他主要股东的支持，它们通常不得不撤销（收购）。企业狙击手与对冲基金的另一个不同点称为"绿票讹诈"（greenmail）：迫使企业以高于市场价格购买敌意股东的股份，从而避免不想要的结果。企业狙击手频繁发起"绿票讹诈"，但对冲基金从不使用。

安然和世通的公司丑闻相继出现之后，很多观察家坚信积极策略对冲基金承担了促使业绩不佳的目标公司投入积极变革的催化剂角色。即使对冲基金并没有得到它们想要的一切，但每当它们发起一桩股东积极主义行动，目标公司常常都被迫进行一些有利于所有股东的变革。也有其他人认为，对冲基金的策略虽然可能在短期内提高公司的股价，但并不总能提高公司的长期能力。证据各式各样。一些研究显示，目标公司的股价在股东积极主义行动之后会有 5% 以上的上涨。其他研究则显示，从长期来看，股东积极主义行动对股价和每股收益的提升作用微乎其微。对冲基金资产中仅有很小的比例被分配到股东积极主义行动中，但这一行动却愈演愈烈，并因为代理权竞争和"敌意 13-D"函件而受到关注。向美国证券交易委员会提交时，这些信函就变成了指责管理层并促成变革的公开载体（见专栏 C7-1）。

专栏 C7-1 作为公开载体的 13-D 信函

美国证券交易委员会的13-D条例要求每个拥有上市公司所有权达到5%的投资者提交一份持股报告，内容包括投资者的背景资料以及未来持有计划。由于对股东持股变化有预警作用，如果目标公司担忧对方是敌意收购的话，这一规则有利于目标公司采取一些可能的防御措施，如股份回购、毒丸以及改变公司战略、并购计划和债务加载等。

13-D报告和附加的信函也可以成为谴责管理层的公开载体。例如丹尼尔·勒布，一名掌管着纽约第三点基金35亿美元资产的对冲基金股东积极主义者，因其提交的13-D报告的直言不讳和对管理层的口无遮拦而闻名，这也为他获得了"华尔街恶贾"的臭名[①]。在一封给美国星辰天然气公司CEO的13-D函件中，勒布这样说道："做你最擅长的事：隐退到汉普顿的海滨别墅去吧。"[②]勒布对另一位CEO则这样说："我也有非常好的新闻，我非常愿意和您以及您的董事会分享：针对承担勤勉义务所必需的承诺和约束力，经过深思熟虑之后，我决定自荐成为贵公司董事会的成员……"[③]他还对另一位CEO这样说："自从您晋升到首席价值破坏官（Chief Value Destroyer）这一职位之后，我们的股价已经跌去了超过45%……"[④]

① Nichola Groom, "McDonald's Investors Unswayed by Activist Proposal," *Reuters*, January 19, 2006.

② James Altucher, "Activist Track: The Softer Side of Loeb," *TheStreet.com, Inc.*, August 23, 2005.

③④ 同②。

2005年，对冲基金管理的资产超过1万亿美元，约为全球金融资产的3%。这些资产被8 000只左右的对冲基金和1750只左右的对冲基金中的基金共同持有。由于对冲基金在股票市场上尤为活跃，它们占据了纽约证券交易所日交易量的近五成。从1990年开始，对冲基金的资产就以每年26%的速度增长，这些资产的约40%集中于前50大对冲基金。这些资产近75%由高净值投资者构成，但从2001年开始，行业中超过50%的增长是由机构投资者贡献的，预计"机构化"会成为未来资产增长的主力军。2006年2月，对冲基金业首次被要求在美国证券交易委员会注册（见专栏C7-2）。

专栏 C7-2 美国证券交易委员会的对冲基金监管

历史上对冲基金并不需要向美国证券交易委员会注册，也很少受到监管。然而，2006年2月美国证券交易委员会要求对冲基金在美国证券交易委员会注册，以防止或提早发现欺诈。2005年，美国证券交易委员会针对管理经验和投资业绩记录的不实陈述这一最为广泛的违规对20只对冲基金采取了一系列措施，这一数量较以前大幅攀升。在其网站上，美国证券交易委员会建议投资者获取对冲基金的募集书、基金资产的估值方法、管理费和业绩费对业绩的影响，赎回份额的限制性条款（时限/锁定期）、管理团队背景和资产配置。

两个股东积极主义者的故事：卡尔·伊坎和威廉·阿克曼

著名的对冲基金股东积极主义者卡尔·伊坎是20世纪80年代令人惶恐的企业狙击手和绿票讹诈分子，而现在是一个管理着25亿美元资产、个人净资产达85亿美元的无所不在的基金管理人。伊坎曾经让人害怕且不受欢迎的企业狙击手形象在一定程度上已经转变成了

“白衣骑士”。他已经在费尔蒙特旅馆、百事达连锁店、科尔－麦吉公司、好莱坞娱乐公司、西贝尔管理系统公司、莱特艾德公司、保险业巨头尤拉－普诚公司以及时代华纳公司推动了变革。2005 年 12 月底，他声称时代华纳出售旗下子公司美国在线（AOL）5% 股份给谷歌公司是一个“灾难性的决定”，这使得美国在线与其他公司如 eBay、雅虎和微软的潜在兼并变得十分艰难㊀。伊坎说“这起合资本质上是目光短浅的行为，它会阻碍那些更能最大化企业价值且更有利于美国在线未来发展的其他选择的发生”㊁。尽管发表了这些言论，他最终还是退出了为获取董事会席位进行的颇具威胁性的代理权之争，这被认为是与该公司“分手”的序曲。随之而来的是时代华纳同意进行股份回购，同时实施一项 10 亿美元的成本缩减计划。他退出该争夺战的最大原因可能在于没有得到其他主要机构投资者的支持。

伊坎的股东积极主义行动主要集中在威胁或者发起代理权之争（号召股东投票支持他倡议的关键提议），迫使公司通过股息或股份回购向投资者派发更多的现金，并降低对 CEO 的报酬。关于代理权，伊坎曾经说过：“我们需要确保公司业务由最优秀的人才所掌控，股东无法信任那些依靠管理咨询师和投资银行家的建议而运行的公司，这些管理咨询师和投资银行家的报酬并不取决于其对业务发展的作用，也不会给公司提供好的建议”㊂。谈到 CEO 报酬问题，他认为：“CEO 报酬将侵吞企业盈余，导致企业产生无形的（资产）稀释的恶性循环，也会浪费公司未来为了防止股权稀释进行回购所需的资金。而最严重的可能结果是导致企业层级结构的出现，由于高薪，这种层级结构将使得 CEO 成为组织里半神半人的人物”㊃。

伊坎的股东积极主义行动本质上表达的观点是：很多企业坐拥太多的现金。标准普尔 500 指数公司在 2005 年年末持有超过 6 150 亿美元的现金，这是 25 年以来的最高水平。这些现金资产相当于长期债务的 40%，这一比例也是 25 年来的最高。伊坎和其他积极策略对冲基金希望公司能通过股份回购（当股价疲软时）或提高股息将现金派发给股东。他们也希望公司冒险借款来提高杠杆率，以使管理层承担更大的压力，从而变得更有效率、更有责任心。

另一个著名的股东积极主义者是威廉·阿克曼，他是 1993 年 Gotham Partners 的联合创立人，26 岁从商学院一毕业他就创立了这只基金。这只既在私募股权投资市场又在公开市场进行投资的基金，在 2004 年初阿克曼开始创立潘兴广场资本管理公司之前停止了运作，寿命接近 10 年。阿克曼用自有的 1 000 万美元和从战略投资者那里获得的 5 000 万美元成立了潘兴广场。在 2005 年之初，潘兴广场向新投资者敞开了大门，使其新增了 2 亿多美元。2006 年年初，得益于出色的业绩（2004 年 42% 的净收益和 2005 年 40% 的净收益），以及 2006 年年初新增的投资，其管理的资产超过了 10 亿美元。潘兴广场在 2004 年秋天西尔斯和凯马特合并之前就在两家公司持有大量头寸。2005 年年中之后，潘兴广场在与麦当劳和温迪的管理层就资产重组和资本重组争吵之前，通过期权建立了这两家公司的权益头寸，这一举动引起了媒体的巨大关注。阿克曼认为两家公司都没有优化其现金和其他资源，因此他持有了大量的股权以期能说服管理层有所改变并提高股东价值。他解释道：“现在已经变成

㊀ Verne Kopytoff, “Icahn Rips into AOL's $1 Billion Google Deal,” *San Francisco Chronicle*, December 20, 2005.

㊁ 同㊀。

㊂ Deborah Solomon, “Fighting for a Fair Share,” *New York Times Magazine*, June 5, 2005.

㊃ 同㊂。

了这样的运营环境，即董事会成员更愿意接受建议，更加明白自己的责任所在。管理层也更愿意倾听了，因为共同基金为价值提升交易争夺代理权，对冲基金则更愿意在公司治理中承担更加积极和重要的责任。”㊀

潘兴广场最早涉足的案例：温迪和麦当劳

温迪

截至 2005 年 4 月中旬，潘兴广场已经持有温迪 10% 股份，潘兴劝说这家餐馆连锁企业剥离旗下的蒂姆霍顿（Tim Hortons）炸面圈连锁餐厅，使其能够脱离温迪独立运营并提升股东价值。那时，蒂姆霍顿是温迪旗下最重要的增长引擎，贡献了温迪将近 50% 的总营业利润。在潘兴广场和其他投资者要求剥离前，很多股东都认为温迪的股价并没有充分反映蒂姆霍顿的贡献。在 2005 年 4 月的收益记录中，雷曼兄弟的餐饮行业研究员杰夫·伯恩斯坦对温迪进行估价，得出温迪（排除蒂姆霍顿）的市盈率为 14 倍，而蒂姆霍顿的市盈率为 24 倍。在阿克曼提议剥离之后的 2 周内，温迪的股价攀升了近 15%。

7 月中旬，潘兴广场向温迪的管理层提交了一份详细的建议书，同时要求温迪剥离蒂姆霍顿，还要求将公司很大一部分餐厅卖给特许经营商、大额的股份回购以及禁止管理层进行任何大的并购活动。然而，尽管阿克曼拥有该公司 10% 的所有权，温迪的管理层还是拒绝与其讨论这些建议。

7 月下旬，温迪宣布将在 2006 年第一季度免税剥离出售蒂姆霍顿 15%～18% 的股份，同时蒂姆霍顿宣布将授权一项 10 亿美元的额外股份回购，增加 25% 的股息分派，并减少 1 亿美元的债务。此外，公司还决定卖掉 200 多个房地产项目，关闭 60 个经营不善的商店以及数以百计的公司旗下的餐馆（这使得公司所有权从 22% 下降到 15%）。

潘兴广场的股东积极主义行动看似推动了管理层的举措，但温迪在 7 月底的战略举措新闻发布会上却这样声明：“董事会和管理层从 2004 年开始赋予其独立的顾问机构高盛对公司的运营和长远的战略计划进行了一项仔细的审查和评估。今天宣布的相应举措是公司在未来进行管理的一个重要手段”㊁。尽管这个声明完全忽视了阿克曼的努力，但很多投资者还是对他促进管理层进行积极重组的口头推动给予了肯定。从阿克曼发起股东积极主义行动要求温迪变革的 2005 年 4 月中旬到 2006 年 3 月初，温迪的股价从 39 美元上升到了 61 美元，上涨了 55%。

麦当劳

2005 年年末，麦当劳是少数几个拥有大量房地产的大型餐饮连锁企业之一。大部分连锁餐厅主要通过经营租赁和资产负债表表外融资方式来支撑其餐厅业务并限制了其对房地产的实际拥有。由于拥有成千上万个地段极佳的房地产，麦当劳的资产负债表上有着相比其他竞争对手更加出色的房地产价值。2005 年年底，这些房地产的账面现行价值接近 200 亿美元（累计折旧和摊销前固定资产价值），这相当于公司 456 亿美元的权益市值的约 2/3。麦当劳 2005 年的资产负债表见表 C7-1。

㊀ William Ackman, Pershing Square Capital Management, interview with the author, December 19, 2005.

㊁ Wendy’s press release, July 29, 2005.

表 C7-1 2005 年麦当劳的资产负债表

（单位：100 万美元，每股数据单位为美元）

	12 月 31 日	
	2005	2004
资产		
流动资产		
货币资金	4 260.40	1 379.80
应收账款和应收票据	795.90	745.50
存货（成本）	147.00	147.50
待摊费用和其他流动资产	646.40	585.00
流动资产合计	5 849.70	2 857.80
其他资产		
投资于和预拨给下属公司的投资	1 035.40	1 109.90
商誉（净值）	1 950.70	1 828.30
杂项资产	1 245.00	1 338.40
其他资产合计	4 231.10	4 276.60
固定资产		
固定资产（成本）	29 897.20	30 507.80
累计折旧和摊销	（9 989.20）	（9 804.70）
固定资产净值	19 908.00	20 703.10
资产总计	29 988.80	27 837.50
负债和所有者权益		
流动负债		
应付票据	544.00	—
应付账款	689.40	714.30
所得税	567.60	331.30
其他应交税金	233.50	245.10
应付利息	158.50	179.40
应付工资和其他负债	1 184.60	1 188.20
一年内到期的长期负债	658.70	862.20
流动负债合计	4 036.30	3 520.50
长期负债	8 937.40	8 357.30
其他长期负债	892.30	976.70
递延所得税	976.70	781.50
股东权益		
优先股，无票面价格；额定股份：1.65 亿股；发行在外的：非普通股，票面价格 0.01 美元；额定股份：35 亿股；发行在外的：16.606 亿股	16.60	16.60
资本公积	2 797.60	2 186.00
未实现职工持股计划补偿款	（77.40）	（82.80）
未分配利润	23 516.00	21 755.80
累计其他综合所得（损失）	（733.10）	（96.00）
库存股票（成本）：3.974 亿股和 3.907 亿股	（10 373.60）	（9 578.10）
股东权益合计	15 146.10	14 201.50
负债和股东权益合计	29 988.80	27 837.50

资料来源：McDonald's Corporation 10-K Filing.

麦当劳一直受益于其拥有的一家墨西哥快餐公司 Chipotle 90% 的所有权，这家公司从 1998 年到 2005 年一直拥有两位数的增长率。然而，即使该项业务表现不俗，就如 2006 年 2 月一样，麦当劳自从 2001 年年初开始股价一直没有突破每股 30～35 美元的范围，而这一范围远低于 1999 年年底每股 48 美元的高点。为了从表现相对欠佳的母公司解脱出来以释放 Chipotle 的价值，麦当劳决定通过首次公开发行股票出售该下属公司 20% 的股份。

2003 年以来，麦当劳就没有提高或者改变其长期年度目标：3%～5% 的销售收入增长，6%～7% 的营业利润增长，以及相同的资本回报率。这引致了研究员的批评言论以及麦当劳管理层关于改变战略选择从而改善生意的讨论。图 C7-1～图 C7-4 显示了麦当劳的历史业绩和相对应的估值情况。

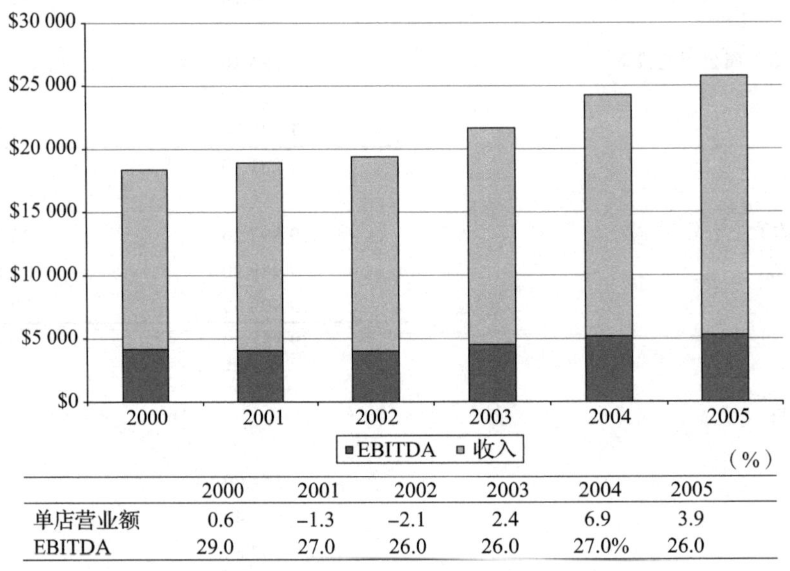

（%）

	2000	2001	2002	2003	2004	2005
单店营业额	0.6	−1.3	−2.1	2.4	6.9	3.9
EBITDA	29.0	27.0	26.0	26.0	27.0%	26.0

图 C7-1 麦当劳的历年收入和 EBITDA（单位：100 万美元）

注：由于 2005 年的 10-K 报告没有包括折旧和摊销，2005 年的 EBITDA 仅是估计值。

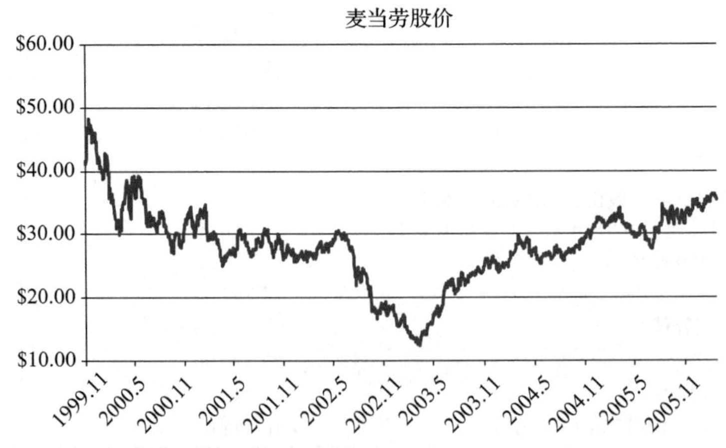

图 C7-2 1999 年 11 月历史最高点后麦当劳的股价表现

图 C7-3 麦当劳和同行业公司 5 年股价走势对比

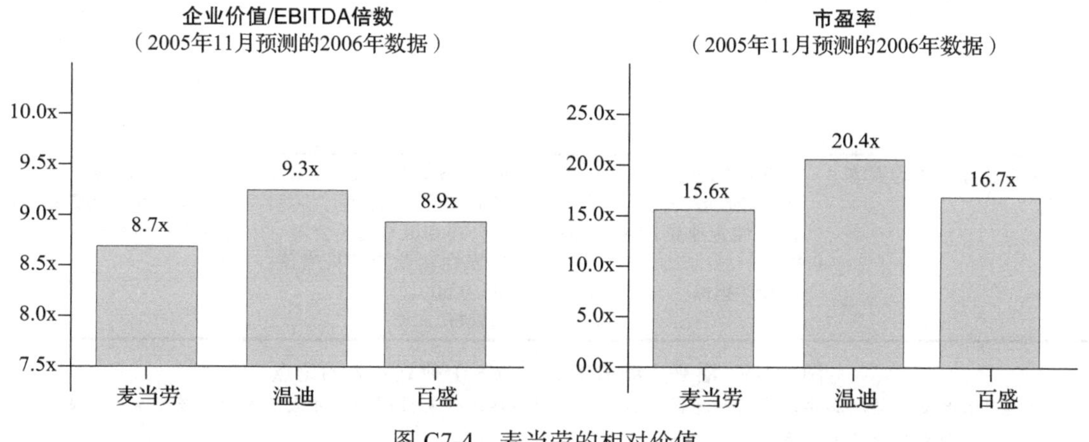

图 C7-4 麦当劳的相对价值

注：麦当劳有着十分雄厚的房地产资产，市场占有率在行业排名第一，也有领先的品牌价值，但麦当劳的相对价值却达不到行业水平（2005 年 11 月）

资料来源：Pershing Square Capital Management, "Presentation: A Value Menu for McDonald's," November 2005.

20 世纪 90 年代后期，阿克曼研究了剥离餐厅和房地产的课题，当时他的 Gothnam Partners 基金在麦当劳中拥有小部分股份。2005 年 9 月底，阿克曼重新将目光转向麦当劳，买入麦当劳 4.9% 股票的看涨期权（行使期权购买的股票价值约 20 亿美元）。在建立权益头寸之后，阿克曼会见了麦当劳的管理层并要求资本重组。他指出，资本重组将使股价上升 15 美元，在当时这是 50% 的股价飙升。

阿克曼将麦当劳视为 3 个独立的实体（见图 C7-5 的概括）：

① 特许经营：占麦当劳 32 000 个餐厅 75% 的比例。

② 餐厅运营：剩余 25% 自有餐厅（"McOpCo"）。

③ 房地产业务：大约 37% 餐厅的土地所有权和 59% 的建筑物。

麦当劳的特许经营收取的费用相当于独立的非公司所有餐厅营业额的 4%。公司的房地产业务每年产生 9%～10% 的租金，在美国以外的地区和像纽约这样的高价地段可能高于这个数字。特许经营费和租金都为公司提供稳定的现金流，这些现金流足够支撑公司的债务偿还要求、股份回购计划以及资本提升计划。

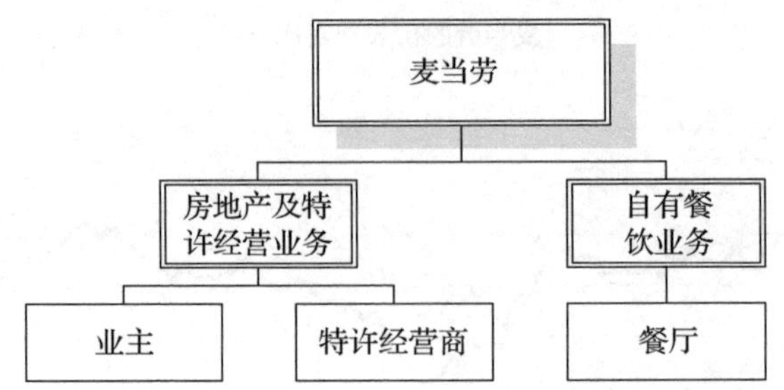

维持资本需求	最低要求：净租金的3倍	中等要求：有限的重建支出以及资本性支出	最高要求：数量巨大的维持资本性支出
风险结构	非常稳定 / 最低风险 能够产生最低限额的租赁费或者是营业收入的百分比（现在平均是0～9%）	稳定 / 低风险 较低的经营杠杆 多元化的和全球客户基础	适中的风险 较高的经营杠杆 对餐饮成本较为敏感
代表性企业的息税折旧摊销前利润率	70%～90% 利润率 部分房地产	30%～50% 利润率	7%～10% 利润率 高昂的餐饮、用纸和劳动力成本 租赁费 特许经营费
代表性企业的平均资本成本	最低：5.75%～6.5% 房地产控股公司 代表性企业资产贝塔值：0.40 硬资产担保	低：6.5%～7.5% 精品国际饭店公司、可口可乐公司和百事可乐公司 代表性企业资产贝塔值：0.50～0.60 高杠杆	适中：8%～9% 具有代表性的成熟快餐业的资产贝塔值：0.80～0.90

图 C7-5 潘兴广场关于麦当劳三个独立实体的论点

注：代表性企业的利润率是餐饮业息税折旧摊销前利润率的代表性例子，并假定支付市场租金以及支付类似于特许加盟商所支付的特许经营费。

代表性企业贝塔值是潘兴广场根据所选公司预测的贝塔值得出的估计值。平均资本成本是根据平均资产贝塔值得出的估计值。

资料来源：Pershing Square Presentation, November 2005.

阿克曼提交给麦当劳的建议书中建议 McOpCo（麦当劳自有餐厅业务）进行大型首次公开发行，McOpCo 的收益率在历史上一直落后于特许经营系统约2个百分点[⊖]。潘兴广场详细的建议书[⊜]包括以下条款：

步骤一：启动 McOpCo（拥有8 000家餐厅）65%股份的首次公开发行，募集税后33亿美元的资金。

步骤二：发行以麦当劳的房地产为担保的价值约147亿美元的债务。

步骤三：首次公开发行和债务的募集资金用途：

① 对麦当劳的"Pro Forma"进行债务更新。Pro Forma 是一个新成立的公司，具体运营房地产业务（Prop Co）和餐厅特许经营业务（Fran Co）（50亿美元）。

② 在每股40美元的价位上回购3.16亿股股票（126亿美元）。

③ 融资交易成本和相关费用（3亿美元）。

⊖ Jeremy Grant, "Pershing Drops Push for McDonald's Shake-Up," *Financial Times*, January 25, 2006.

⊜ Pershing Square Capital Management, "Presentation: A Value Menu for McDonald's," November 2005.

专栏 C7-3 到专栏 C7-7 提供了阿克曼给麦当劳的详细建议书的更多细节。

专栏 C7-3　McOpCo 的首次公开发行过程

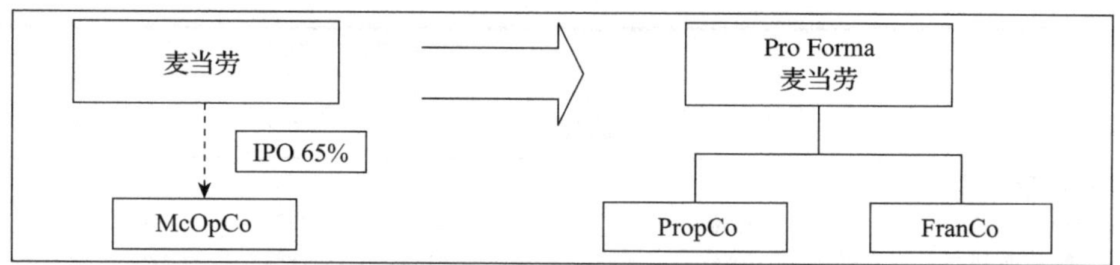

步骤 1：McOpCo 65% 股份的首次公开发行

- McOpCo 65% 股份的首次公开发行。
- 首次公开发行将募集税后 32.7 亿美元的资金。
  - 假定预测的 2006 年的 EV/EBITDA 倍数为 7 倍；
  - 假定分摊到 McOpCo 的净负债为 13.5 亿美元。
- 首次公开发行的同时，McOpCo 和麦当劳 Pro Forma 公司签署市场租赁协议和特许经营协议。

步骤 2：发债并杠杆回购

- 以麦当劳 Pro Forma 公司的房地产为担保发行 147 亿美元的债务。
- 债务融资和首次公开发行的募集资金用途：
  - 对麦当劳 Pro Forma 公司现有 50 亿美元的净债务进行债务更新；
  - 以每股 40 美元回购 3.16 亿股股票；
  - 支付 3 亿美元的费用和交易成本。
- 麦当劳 Pro Forma 公司随之拥有世界一流的房地产和特许经营业务。
  - McOpCo 财务上与麦当劳 Pro Forma 公司独立。
- 仅对 PropCo 采用杠杆。
- FranCo 无杠杆，最大化其信用级别。

资料来源：Pershing Square Presentation, November 2005.

专栏 C7-4　业务转型评估

改善经营和财务指标

- 极大地提高麦当劳 Pro Forma 公司息税折旧摊销前利润率以及自由现金流率。
- 提升资本收益率并改善麦当劳 Pro Forma 公司的总体资本配置。
- 增强麦当劳 Pro Forma 公司支付大额持续股息的能力。

	麦当劳 2006 年预测值	麦当劳 Pro Forma 公司 2006 年预测值	代表性的成熟餐饮企业
收入	20 816	7 393	
息税折旧摊销前利润	5 594	4 464	
利润率	26.9%	60.4%	15%～20%
息税折旧摊销前利润 – 资本性支出	4 335	3 739	
利润率	20.8%	50.6%	7.5%～12.5%
息税折旧摊销前利润 – 维持资本性支出	4 651	4 025	
利润率	22.3%	54.4%	10%～15%
自由现金流	3 059	2 440	
利润率	14.7%	33.0%	5%～10%

注：资本性支出预测值是关闭门店所产生的净收入预测值。单位：100 万美元。

资料来源：Pershing Square Presentation, November 2005.

专栏 C7-5 可比公司

麦当劳 Pro Forma 公司的经营指标相比代表性的餐饮公司，更接近代表性的房地产可比公司或者具有较高品牌价值和知识产权的公司，如百事可乐和可口可乐。

	麦当劳 Pro Forma 公司	代表性的房地产可比公司	具有较高的品牌等无形资产价值			代表性的餐饮企业①
			精品国际饭店公司	百事可乐	可口可乐	
2005 年预测的经营指标						
息税折旧摊销前利润率	60%	70%～80%	66%	23%	31%	15%～20%
息税折旧摊销前利润 – 资本性支出率	50%	65%～75%	61%	18%	27%	7.5%～12.5%
每股收益增长率	9%	N / A	16%	11%	9%	10%～12%
交易倍数						
调整后企业价值②						
2006 年预测的息税折旧摊销前利润	13.0x	13x～16x	15.1x	12.3x	12.6x	8.5x～9.5x
2006 年预测的息税折旧摊销利润 – 资本性支出	15.5x	17x～20x	16.0x	15.5x	14.2x	12x～15x
价格						
2006 年预测的每股收益	21.1x	N / A	24.3x	20.1x	18.8x	15x～19x
2006 年预测的自由现金流量③	20.9x	20x～25x	24.0x	20.8x	18.9x	16x～20x
杠杆倍数						
净负债 / 息税折旧摊销前利润	3.4x	5x～10x	1.7x	0.0x	NM	0.5x～1.8x
总负债 / 企业价值	24%	35%～60%	11%	4%	4%	7.5%～20%

① 代表性的餐饮企业以百胜国际餐饮集团和温迪公司为基础。

② 调整非固定资产。

③ 自由现金流量指净利润加上折旧与摊销减去资本性支出。

注：2005 年 11 月 11 日的股价数据。根据华尔街做出的预测。假定麦当劳 Pro Forma 公司的股价在每股 0～47.50 美元。

专栏 C7-6A McOpCo 估值摘要及可能的首次公开发行募集资金

McOpCo 财务摘要	2006 年度预测值	McOpCo 估值摘要	低	高
公司经营收入	15 429	企业价值 / 2006 年预测的息税折旧摊销前利润倍数范围	6.5x	7.5x
扣除管理费用前息税折旧摊销前利润	1 690	McOpCo 的企业价值	7 343	8 472
扣除管理费用前息税折旧摊销前利润率	11.0%	净负债（2005 年 12 月 31 日）	1 350	1 350
McOpCo 假定的管理费用	560	McOpCo 的权益价值	5 993	7 122
McOpCo 假定的管理费用比率	25.0%	年末发行在外股份	1 274	1 274
扣除管理费用后息税折旧摊销前利润	1 130	每股价格	4.70	5.59
扣除管理费用后息税折旧摊销前利润率	7.3%	预测的税后首次公开发行募集资金	3 042	3 497
净利润	308			
每股收益	0.24			

注：单位为 100 万美元，每股数据单位为美元。

资料来源：Pershing Square Presentation, November 2005.

专栏 C7-6B 麦当劳 Pro Forma 公司估值摘要

根据相关的首次公开发行可比公司的基本信息，包括一些房地产可比公司，麦当劳 Pro Forma 公司预测的 2006 年 EV / EBITDA 倍数在 12.5～13.5 倍。这表示公司股票相对于近期 33 美元的股价将有 37%～52% 的溢价。

麦当劳 Pro Forma 公司财务摘要	2006 年度预测值	麦当劳 Pro Forma 公司估值	低	高
特许经营收入	2 275	EV / EBITDA 倍数范围	12.5x	13.5x
房地产收入	5 118	企业价值	55 799	60 263
收入总计	7 393	减：净负债①（2005 年 12 月 31 日预测）	14 650	14 650
		加：继续持有的 McOpCo 的股权②	2 097	2 493
特许经营业务扣除管理费用前 EBITDA	2 275	权益价值	43 247	48 106
房地产业务扣除管理费用前 EBITDA	3 869	年末发行在外股份③（2005 年 12 月 31 日，估计值）	957.3	957.3
减：分摊的管理费用	1 680	每股价格	45	50
假定管理费用比率	75.0%	相对于现在股价的溢价④	36.9%	52.3%
息税折旧摊销前利润	4 464	潜在的 2006 年市盈率	19.9x	22.2x
息税折旧摊销前利润率	60.4%	潜在的 2006 年自由现金流量倍数⑤	19.8x	21.9x
		内含的自由现金流量 / 股息收益	5.1%	4.6%
净利润	2 141	备忘录：股份回购		
每股收益	2.27	新增债务发行	9 685	
		减交易费用和成本⑥	（300）	
		首次公开发行现金收入	3 270	
税后				
		可供回购的总资金	12 654	
		回购股数（百万股）	316	
		平均回购价格	40	

① 假定分摊到 McOpCo 的净债务为 13.5 亿美元，分摊到麦当劳 Pro Forma 公司的净债务为 50 亿美元。还假定麦当劳 Pro Forma 公司新增债务为 97 亿美元。

② 代表 McOpCo 35% 股份的市场价值。

③ 假定新增的债务和从 McOpCo 首次公开发行获得的税后收入（费用和支出后）全部用来以每股 40 美元的价格回购 3.16 亿股股票。

④ 假设现在股价为 33 美元。

⑤ 2006 年的每股价格 / 每股现金流量调整了麦当劳拥有的 McOpCo 35% 的股份。

⑥ 指与首次公开发行和融资交易相关的费用和支出。

注：单位为 100 万美元，每股数据单位为美元。

资料来源：Dollars in millions, except per share data. Source: Pershing Square Presentation, November 2005.

专栏 C7-7 麦当劳 Pro Forma 公司和房地产公司的对比

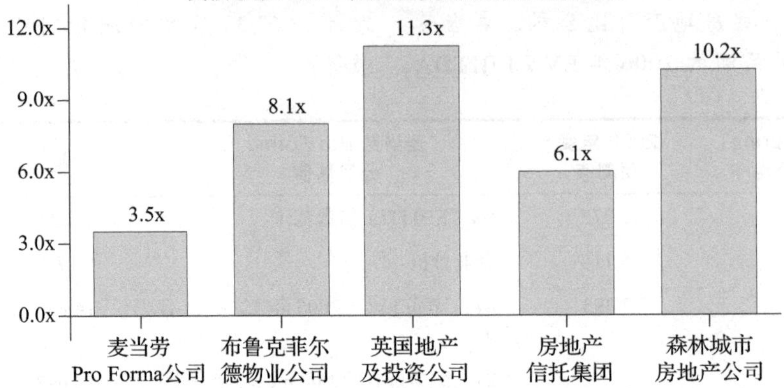

从一些大的房地产投资信托可以看出投资级评级的企业平均处于债务企业价值比为 36% 的水平，相比之下，麦当劳 Pro Forma 公司的债务企业价值比仅为 25%。

公司名称	债务总额 / 企业价值（%）	穆迪的评级	穆迪的评级展望	标准普尔的评级	标准普尔的评级展望
西蒙物业集团	47.2	Baa2	稳定	BBB+	稳定
权益写字楼投资信托	50.9	Baa3	稳定	BBB+	稳定
沃那多房地产信托	37.4	Baa3	稳定	BBB+	稳定
住宅地产公司	38.4	Baa1	稳定	BBB+	稳定
普洛斯公司	31.5	Baa1	稳定	BBB+	稳定
阿克斯顿 - 史密斯信托	33.5	Baa1	稳定	BBB+	稳定
波士顿地产公司	36.0	NR	NR	BBB+	稳定
Kimco 房地产公司	25.2	Baa1	稳定	A−	稳定
AvalonBoy 公寓公司	27.3	Baa1	稳定	BBB+	稳定
负债总额 / 企业价值比中间值	36				
负债总额 / 企业价值比平均值	36				
麦当劳 pro forma 公司负债总额 / 企业价值	25				

注：2001 年 11 月 11 日的股价数据。

麦当劳 Pro Forma 公司的企业价值假定 EV / 预测的 2006 年 EBITDA 倍数为 13 倍。

负债总额包含优先债务。

资料来源：Pershing Square Presentation, November 2005.

麦当劳的管理层和特许加盟商的回应

2005 年 10 月下旬，在潘兴广场团队向麦当劳做陈述报告之后，阿克曼与麦当劳的董事会举行了一系列的会议。为帮助完成这一案例，他引用了类似业务的先例，解释重组将吸引那些专注于股息和利润的投资者和房地产投资者。两家为麦当劳服务的独立投资银行顾问机构就估价和信用影响审查了潘兴广场的建议书，麦当劳的管理团队则分析了摩擦成本（财产税重估、合规性和融资结构）以及监管 / 合规议题。虽然麦当劳的顾问机构对潘兴广场关于 McOpCo 首次公开发行的估值基本认可，但并不认为资本重组可以造就一个新的拥有更高市盈率的 Pro Forma 公司。

11 月，麦当劳的 CFO 反对潘兴广场的提议，他说："这个提议仅是一项金融工程的试验，并没有考虑麦当劳独特的业务模式。我们对一切想法保持开放的态度，但我们不能危及公司的长远健康发展，我们也不能损害与顾客、加盟商以及供应商的关系"[1]。管理层同时声称，他们将通过开展系列计划，在某些业绩不佳的地区（如英国），向特许加盟商出售公司拥有的部分餐厅，以此提高股东价值。麦当劳的 CEO 重申公司"无可比拟"的竞争优势在于其"三脚凳"：公司、特许加盟商及供应商。专栏 C7-8 概括了麦当劳的反对理由。

专栏 C7-8　麦当劳拒绝潘兴广场提议的依据（2005 年和 2006 年）

- 建议书中的预测可能缺乏估值依据，没有考虑到麦当劳独特的模式。
- 将引起母公司和加盟商之间的结盟和冲突问题。
- 增加杠杆率可能导致评级机构调低公司的信用级别，这很可能使得借款利率上升到 150 个基点，将影响特许加盟商的贷款成本。
- 不太可能导致估值倍数的提高。
- 通过首次公开发行将公司剥离出去将带来高昂的摩擦成本。
- 可能造成特许加盟商更高的租金并减少利润。
- 公司已经通过增加股息以及股份回购向股东返还了价值。

很多特许加盟商认为潘兴广场的提议对餐厅的所有者是十分不利的[2]。国内特许加盟商组织的领导人就鼓励成员忽略阿克曼的计划。他在一封 11 月底公开信函中这样说道："表面上看，他鼓吹的部分观点似乎对我们有益，但我们对其提出的方法产生的长期影响以及对我们和整个系统可能产生的不必要后果表示深切忧虑。"麦当劳的 CFO 将该计划形容为对公司和特许加盟商之间关系的一个"威胁"，它将导致"不健康的餐厅现金流"和"特许经营权益的流失"。麦当劳认为特许加盟商更希望企业总部不仅仅是业主，同时也是学识渊博的餐饮导师。

阿克曼坚信尽管他想出售餐厅所在的房地产，但特许加盟商会有他们的新业主。事实上，他希望麦当劳继续当这些餐厅的业主。在公开一个修订版的"特许加盟商 - 友善关系"提议之前，阿克曼已经与一大批特许加盟商进行了对话，以期得到他们的支持并对麦当劳的管理层进行施压。他也提到取消每个特许加盟商拥有店铺数量的限制可以使得特许加盟商因为规模效应而更有效率地经营。阿克曼指出公司自有餐厅的管理层不像特许加盟商，他们由于缺少直接的股权激励而缺乏动力。最后，他提醒特许加盟商由于公司自有餐厅不用缴纳 3%～4% 的特许经营费，所以减少公司自有餐厅数量可以产生更为有利的价格结构。

---

[1] Bethany McLean, "Taking on McDonald's," Fortune, November 15, 2005.

[2] Julie Jargon, "McD's, Ackman Lobby for Franchisee Backing," Crain's Chicago Business, December 1, 2005.

评级机构的担忧

信用评级机构对阿克曼的提议颇为担忧。它们认为增加麦当劳的债务，同时剥离公司自有餐厅以及进行数额巨大的股份回购将导致公司面临严重的新债务偿还要求，从而可能导致公司的信用评级下调至仅仅处于“高收益 / 垃圾债券”的等级水平。自 2003 年以来，麦当劳的优先级无担保债务评级，标准普尔一直维持 A / 稳定，而穆迪为 A2 级。标准普尔评级机构的一位负责人说：“如果麦当劳提高杠杆水平，举债为其股份回购融资，其信用级别状况将面临巨大的压力。信用级别越低，其利率将越高，融资成本将越高”。[㊀]很多研究员也认为阿克曼在其建议书中所提议的不断增加的巨额债务将会严重损害公司收益。据估计，每 1 美元运营利润中将有 20 美分用来支付贷款利息，这将减少公司投资在现有店铺和扩大规模上的现金。[㊁]

释放麦当劳的房地产价值

潘兴广场团队对包括租赁物业在内的麦当劳全部房地产的估值为 460 亿美元，远远超过 300 亿美元的账面价值（折旧和摊销后价值为 200 亿美元）。460 亿美元的估值几乎赶上了 520 亿美元的企业价值（当时的资本市值 460 亿美元加上 60 亿美元的净债务）。这表明投资者看待麦当劳的价值和阿克曼是完全不一样的。问题是市场是否忽视了公司的大部分房地产价值，甚至其品牌价值，而将目光主要集中在公司收益上。

沃那多房地产信托在西尔斯与凯马特合并之前购买了西尔斯 4.3% 的股份，并在玩具反斗城被收购之时购买了其超过 30% 的股份。沃那多拥有 9 000 万平方英尺的办公及零售物业，主要集中在美国东北部。这两起并购事件都是以这样的假设为前提而进行的：股票市场低估了这些零售商的房地产价值。2005 年 11 月初向美国证券交易委员会的一次材料申报中表明，沃那多已经在 2005 年第三季度收购了麦当劳 1.2% 的股份，并表示麦当劳的房地产价值被低估。沃那多运用看涨看跌期权组合获得麦当劳的股权，并在 2005 年第三季度专门通过私下协商来完成交易。沃那多声称，尽管麦当劳拥有账面价值约 300 亿美元的房地产资产，但其真实市场价值在目前的市场条件下并没有得到真正体现[㊂]。一个广泛使用而又简单的评估房地产价值的方法是找到一个适用的资本化率应用于房产的经营净利润。由于资本化率会因为市场、资产的种类（住宅、商业或工业等）以及经济状况的不同而不同，研究员认为 7% 的资本化率比较适合麦当劳的房地产资产组合。运用 7% 的资本化率计算得出麦当劳总的房地产资产价值（包括土地、建筑物和租赁资产）在减去净租赁收入之前接近 640 亿美元（见专栏 C7-9）[㊃]。虽然沃那多并没有公布其准确的估价值，但应该和前面的估值相差无几。

㊀ Julie Jargon, “ Ackman 101: Debt Could Squeeze Growth at McDonald’s,” *Crain’s Chicago Business*, December 12, 2005.

㊁ 同㊀。

㊂ Nicholas Yulico, “McDonald’s REIT Could Be a Sizzler,” TheStreet.com, Inc., November 9, 2005.

㊃ Ibid.(Lou Taylor, Deutsche Bank equity research analyst.)

专栏 C7-9　**麦当劳房地产投资信托估值**

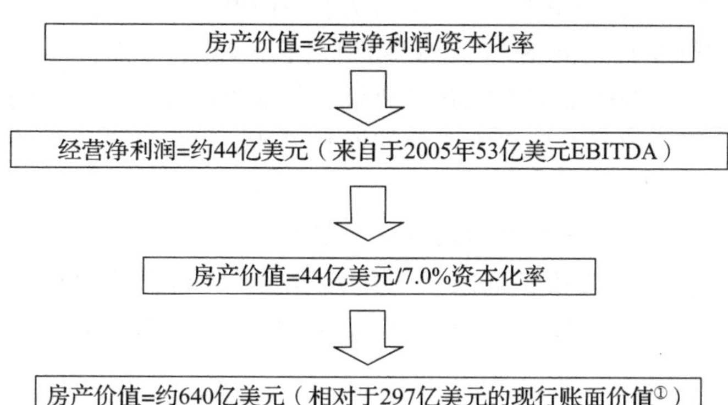

尽管麦当劳 Pro Forma 公司不能被认定为房地产投资信托（REIT），不能享受 REIT 的税收优惠，但其具有以下几个高信用特征：

- REIT 要求通过股息支付 90% 的利润，而麦当劳 Pro Forma 公司具有更强的财务灵活性。
- 麦当劳 Pro Forma 公司巨大的品牌价值能够支撑其现金流和整体信用。

① 第四季度 F10-K 截至 2005 年 12 月 31 日数据。折旧摊销后净账面价值为 199 亿美元。

640 亿美元房产价值包括特许经营的租金收入，这是浮动的房产价值，可能不能反映真实市场价值。资本化率的估计由德意志银行分析师提供。

资料来源：Nicholas Yulico, "McDonald's REIT Could Be a Sizzler," The Street.com, Inc., November 9, 2005.

沃那多致力于将麦当劳的所有或大部分房地产资产转变为房地产投资信托（REIT），这需要公司分配和房地产资产相关的所有未分配收益和利润。德意志银行估计该 REIT 的分配将达到税前 200 亿美元，或者接近税后每股 16 美元（相当于麦当劳 2006 年 2 月股价的 45%）。REIT 是指一种公开交易的、集合投资者资本以购买或管理收入型房产和住房抵押贷款的信托或公司。REIT 更倾向于在可以反映更为宽泛的市场条件的估价基础上进行的交易，也被视为一种流动性很强的房地产投资工具。其利润通常不纳税，股利率至少达到应税利润的 90%，而且也可以设定其他条款。虽然 200 亿美元的特殊 REIT 股息将会吸引公众的注意力并使其产生强烈的兴趣，但同时，对这种新型 REIT 可能带来的巨额成本（包括交易税、财产税、资产重估费以及某些特定资产的资本利得税）的批评也很多。另外，人们最关心的是 REIT 转换过程中控制权的丧失和租赁契约延期的未来价值。

潘兴广场和沃那多两家公司提交的建议书有着显著的区别。潘兴广场认为由于麦当劳运营的餐饮业务是资本密集型的，而利润率又很低，所以 McOpCo 公司的部分股份需要通过首次公开发行出售出去。然而，潘兴广场希望麦当劳保留其所有的房地产资产并发行以此为担保的债务来为股份回购融资。沃那多却致力于将麦当劳的房地产资产转变为 REIT，并不提倡 McOpCo 公司公开发行，也不建议股份回购。

麦当劳抵制的后续进展

在麦当劳管理层拒绝阿克曼提议的接下来一周里，潘兴广场于 2005 年 11 月主持召开了一次麦当劳股东大会，讨论麦当劳未来可能的选择。在报告中，阿克曼赞扬了麦当劳管理层在过去二年里杰出的运营执行力，但也表示公司应该为股东做得更多，他仍然敦促麦当劳进行变革。

雷曼兄弟的餐饮行业研究员杰夫·伯恩斯坦之后解释道："对冲基金对潘兴广场提交给温迪的建议书表示欢迎，的确他们也收获了成果。长期投资者混淆了它的影响，而且温迪当时的股价表现不好，因此很多人应该为股价的攀升感到喜悦。这使得温迪开始进一步考虑之前所计划的一切。麦当劳已经而且将继续采纳阿克曼的部分建议。然而，一些麦当劳的股东则认为潘兴广场和其他基金应该放弃继续向管理层施压，因为麦当劳的基本面仍然很强"。㊀

2006 年 1 月中旬，此时距离阿克曼提交建议书已经过去了 3 个月，距离管理层的拒绝也过去了 2 个月。在和麦当劳超过 1 / 3 的大股东沟通之后，阿克曼根据下面的关键点修订了建议书：

- 通过首次公开发行出售 McOpCo（即公司自有餐厅）20% 的股份，而不是之前的 65%（如果出售 20% 及以下股份将有免税的优惠）。
- 运用首次公开发行获取的资金和公司现有的现金在中国和俄罗斯扩大餐饮规模。
- 将现有的股息扩大 3 倍至 2 美元，清偿所有无担保债务，并回购比公司现有回购目标更多的股份。
- 未来 2～3 年在成熟市场重新特许 1 000 家门店（取消对所有经营不善门店的特许并代之以新的特许）。
- 对麦当劳自有门店的财务信息进行更多的披露。

基本上，阿克曼放弃了之前版本建议书的 2 个最为争议的部分（价值 126 亿美元的股份回购和 147 亿美元以房地产为担保的债务发行），也降低了 McOpCo 首次公开发行的股份比例，同时增加了公司的股息。

麦当劳迅速拒绝了阿克曼的第二份建议书，声称并没有"实质上的新意"。阿克曼回应道："如果不做一些能够提升麦当劳股价的事情，它很可能成为杠杆收购的目标。拥有 500 亿美元可杠杆化的房地产资产，在这样一个十分强劲的商业住房抵押支持证券市场中，如果麦当劳的股价一直在 30 美元左右徘徊，它将很容易被收购"㊁。他仍然十分坚定地敦促麦当劳推进 McOpCo 的首次公开发行，从而建立一个独立的餐厅运营公司，他指出，这样会使其运营更加透明化且更有效率，也会使得公司的市盈率得到大幅的提升。专栏 C7-10 显示外界关于对冲基金股东积极主义行动和潘兴广场提交给麦当劳的建议书的评论和批评。

专栏 C7-10　外界对潘兴广场建议书的批评和驳斥

很明显，阿克曼先生十分热衷于这个公司，我们对其表示尊重。我们也很欣赏他能大方地承认他之前公开提出的想法并不可行。然而事实是，他最新提交的建议书，与我们之前和他讨论的以及我们先前的评估相比，并没有实质上的新意。阿克曼先生的提议并不会产生我们现有的战略所激发出来的价值。①

——玫琳凯·肖，麦当劳投资者关系部门副总裁

一个典型的对冲基金经理的长期计划一般就是盘算着晚上到哪里吃饭。他们的策略就是购买

㊀ Jeff Bernstein, Lehman Brothers restaurant equity research analyst, interview with the author, December 21, 2005.

㊁ Christine Richard, "Pershing Sq Scraps Debt Issuance in McDonald's Plan," *Dow Jones Newswires*, January 18, 2006.

一个拥有被低估资产（如房地产或者现金）的公司股票，这些资产的价值没有被股价充分反映。他们胁迫公司管理层直到公司被迫出售这些资产，换取那些随之分配给他们和其他股东的钱财。然后，他们拿走了这些钱并开始继续寻找猎物。②

——丹·米勒，芝加哥《太阳时报》(评论潘兴广场 / 麦当劳)

阿克曼对麦当劳一直“毫无作为”的指责毫无根据。事实上，这家公司在美国的经营状况一直受到业内的羡慕。毕竟，特许加盟商们希望看到麦当劳自己先得有点投入。③

——皮特·奥克斯和斯科特·沃尔特曼，派杰公司研究员

不管阿克曼施加怎样的压力，这家公司都将达到该盈利水平。到达终点之前会是一个缓慢的过程……作为一个投资者，我觉得没有任何问题。因为我觉得我们终将达到同一个目的地。④

——赫伯·艾克，美国信托公司

若建立一个独立的餐饮公司，你将会产生一些与预期正好相反的反推动力，这些反推动力在长远看来将有害于而不是有利于股东。⑤

——斯科特·罗斯伯特，LakeView 资产管理公司

如果麦当劳提高杠杆水平，举债为其股份回购融资，其信用级别状况将面临巨大的压力。信用级别越低，其利率将越高，融资成本将越高。⑥

——一位标准普尔的主管

我们认为 McOpCo 分立出去的最大长期风险将是其对特许经营—公司这一关系的潜在破坏。拥有着 2 000 多家美国餐厅，麦当劳传递给特许加盟商的信息不仅仅是销售，而是他们的底线。相反，不插手餐厅的经营，正如提议里所建议的那样，麦当劳很可能会辜负特许加盟商对其的信任。总之，分立会威胁到“三脚凳”的稳定。⑦

——马克·威尔塔姆斯和达纳·格林伯格，摩根士丹利

表面上看，这场争论有很多有价值的地方。阿克曼认为市场低估了这家公司的价值，我同意他的观点。这个家伙很会辩论，我也认为公司欠股东一个合理的解释。⑧

——利昂·库珀曼，欧米茄顾问公司

① McDonald’s press release, January 18, 2006.
② Dan Miller, “Greedy Mac Attack Badfor Business,” *Chicago Sun-Times*, December2, 2005.
③ Nichola Groom, “Mc Donald’s Investors Unsway-edby Activist Proposal,” *Reuters*, January 19, 2006.
④ 同③。
⑤ Deepak Gopinath, “Hedge Fund Rabble-Rouser,” *Bloomberg Markets*, October 2005.
⑥ Jargon, “Ackman 101.”
⑦ Mark Wiltamuthand Dana Greenberg,Morgan Stanley Equity Research North America, November 1, 2005.
⑧ “McDonald’s Rejects Shareholder Plan to Restruc-ture,” *Reuters*, January 18, 2006.

停战

在 2006 年 1 月底举办的年终业绩电话会议中，麦当劳的 CEO 说：“我们的制度是公司可靠性的堡垒，这个制度从核心上讲就是特许经营运营。抛弃它或者对它进行重组，就如积极策略对冲基金威廉·阿克曼最近倡导的一样，这是不可能的。”然而，尽管给出了如此坚决的言论，这位 CEO 还是宣布麦当劳将一些经营不善的店面出售给那些更加专注盈利的业主，即未来 3 年内在 15 到 20 个国家里出售约 1 500 个自有餐厅给那些拥有“开发许可所有权”的业主，包括英国的 800 家餐饮店。该 CEO 也承诺提供公司自有餐厅和特许经营餐厅更为透明的信息。在麦当劳同意出售旗下经营不善的自有餐厅以及提供更为透明化的财务信

息的第二天，阿克曼就宣布放弃他的股东积极主义行动，并说："我们支持麦当劳的做法，因为他们在做正确的事。他们几乎已经给了我们想要的一切。我们唯一没有得到的、我们认为能瞬间给公司带来价值的，就是 McOpCo 的真正剥离（即首次公开发行）"⊖。表 C7-2 显示了潘兴广场两份建议书的现金支出差异对比和麦当劳管理层的最终决定。

表 C7-2 潘兴广场建议书与麦当劳管理层计划的区别 （单位：10 亿美元）

	潘兴广场建议书（2005 年 9 月）	修订的潘兴广场建议书（2006 年 1 月）	麦当劳管理层计划
股息	未详细说明	1.7	2006 年与 2007 年的总额为
股份回购	12.6	未详细说明	50 亿～60 亿美元股息和股份回购①
首次公开发行募集资金（税后）	3.3	1.3	无
担保债务发行	14.7	无	无
债务减少	5.0	无	无
交易费用	0.3	未详细说明（少于 3 亿美元）	特许经营更新的最小数额

① 2005 年的总额为 8.5 亿美元的股息和 12 亿美元的回购（共计 20.5 亿美元）。

回顾

2005 年 11 月，在被问起潘兴广场的建议被麦当劳采纳的可能性有多大时，阿克曼这样回应："我是一个立场坚定的人，尤其当我认为自己是对的时候。我认为这不会演变成一场代理权之争，这是一场智慧的较量。我们有能力让别人分享我们的想法。"潘兴广场行使期权后获得的 4.9% 股权使其成为仅次于拥有麦当劳 5.5% 股权的道奇·考克斯基金的第二大股东。不包括潘兴广场在内的前十大股东持有公司已发行股票数的 30%。沃那多和潘兴广场一共持有了稍多于 6% 的股票；然而即使拥有其他投资者的支持，不论是对冲基金还是共同基金，其所有的持股水平加起来都无法起到决定性作用。

12 月阿克曼解释道："如果业务的价值被低估，且如果只需要一些简单的作为，股东会更容易感知到的。麦当劳在 5 年里没有采取任何举措，温迪在夏季前做的也很少。我们说服了温迪进行重组，自从潘兴广场介入之后，温迪的股价在过去的几个月内就上涨了 17 美元。如果麦当劳的管理层愿意积极地考虑我们的建议，我们将看到不一样的结果。"

阿克曼继续说道："我们为寻找一个支付价格和真实价值之间的高折扣做足了功课，我们的途径是在公开之前先和管理层进行商讨。"潘兴广场一般仅考虑公开上市的公司，因为阿克曼认为投资于非上市公司和上市公司需要不同的技巧。他补充道："潘兴广场关注于优质的业务，所以假如你时机选择错了，仍可以通过颇具吸引力的优质业务来弥补，因为随着时间的流逝，公司将越来越有价值。"温迪的股价从潘兴广场第一次持有权益头寸开始上升了 55%；然而麦当劳的股价仅仅上升了 20%。阿克曼仍然认为他最初为麦当劳打造的变革策略可以使其股价上升到 45～50 美元，这与他最初提出建议之时相比有 37% 到 52% 的溢价。

单独来看，2006 年初最令人期待的两起首次公开发行事件是 Chipotle（麦当劳股份）和蒂姆霍顿（温迪股份）。Chipotle 的首次公开发行在 2006 年 1 月打破了 5 年来上市首日收益的历史纪录，价格相对于发行价翻了一番，蒂姆霍顿的股价则在 2006 年 3 月底的上市首日小涨了 42%。

⊖ Nicholas Yulico, "McDonald's Placates Pershing," *TheStreet.com, Inc.*, January 25, 2006.

保时捷、大众汽车和 CSX：汽车、火车与衍生品

当阿道夫·默克尔，这位曾经领导了成功投资从医药到水泥等数十家企业的家族控股公司 VEM 公司的商界巨人，在 2009 年 1 月的一个下午离开家且未返回的时候，其家人意识到他一定出了什么状况。当天晚上，他们的担心变成现实，一位德国铁路工人在慕尼黑以西约 100 英里[⊖]，靠近默克尔家乡布劳博依伦的通勤列车线附近发现了他的尸体。

在他 2008 年向媒体坦承损失之后，众人皆知金融危机对默克尔的投资造成了不良影响。默克尔，这位名贯德国的精明投资者，由于在史无前例的逼空行情中站错了队而损失了数亿欧元。在逼空过程中，做空某个公司的股票或是赌定其股价不会上升的投资者，在面对突如其来的股价上涨时，被迫进入市场买回股票以平仓空头头寸。默克尔此次错误地做空大众汽车股票无疑成为那些最终引发其家族和 30 位债权人之间关于 VEM 公司财务流动性对话的损失中最大的一个。

利用衍生品获取控制权

大众汽车权益衍生品

并非仅有默克尔大举做空大众汽车股票。一些对冲基金，包括绿光资本、SAC 资本、格伦维尤资本、老虎亚洲资产管理公司和派瑞资本，都在 2008 年 10 月 26 日一则“保时捷通过现金结算期权获得大众汽车大量多头合成头寸”的消息公布后的几小时内，因大量的空头头寸而损失了数十亿欧元。保时捷当天发布的消息显示，它已拥有大众汽车 74.1% 的股权，包括已知的 42.6% 的公司股票和额外的占公司 31.5% 股份的现金结算股票期权。对冲基金和其他投资者很快意识到：如果考虑到由德国下萨克森州持有的无法借入的 20% 的股权，市场上只剩 5.9% 的股票可供做空者买入以平仓空头头寸。由于对冲基金对股票的需求远远超过可借股票的供给，在接下来的两天时间，该逼空使得大众汽车的股价上涨了 5 倍。此外，由于该公司股票被纳入在 DAX 指数中（一种市值加权指数），大众汽车的股价也因此承受着上涨的压力，因为随着股价的上涨，指数基金必须购买更多的股票。

保时捷通过衍生品合约获取大众汽车控制权的努力制造了大型公司股价史上最富戏剧性的急速上升。在没有被对冲基金和第三方机构挟持股价上升的情况下，保时捷公司首席财务官霍尔格·哈特利用这一精明战略成功获取了大众汽车的控制权。这一策略也使大举做空大众汽车股票的对冲基金损失惨重。

⊖ 1 英里＝1 609.344 米。

CSX 股票衍生品

仅在几个月前，相似的情形就在海外发生过。2008 年夏天，法院裁决两个总部设在英国的对冲基金，顽童基金（TCI）和 3G 资本在未公开其意图的情况下非法预谋控制美国铁路公司 CSX。另一法院裁定，TCI 和 3G 违反了美国证券交易委员会的公开披露要求，当它们与多家投资银行签订所谓总收益互换合约的权益衍生品时，隐藏了收购 CSX 的意图。[⊖]总收益互换合约是一种一方按预先设定的固定利率或浮动利率支付利息，另一方支付标的资产收益，包括该资产产生的收入和资本利得或损失的合约。条例 13D 强制要求超过 5% 的股权变动必须披露，但是对冲基金却坚称其持有的互换合约头寸并未给予它们对股权的有效控制，因而没有披露的义务。法院针对对冲基金的裁定将权益互换合约推向新的领域。权益互换合约是一种“合成股票”，授予持有者获得股份收益但没有投票权。

但是，CSX 并没有获得完胜。尽管对冲基金因为违反信息披露规则而被束缚住了手脚，但它们最终还是获得了 CSX 董事会席位。法院认为，由于无法否认股东选举董事会的权利，因而逆转对冲基金的所作所为已为时过晚。虽然庭审一直持续到秋季，但联邦上诉法院法官最终还是授予 TCI 和 3G 总计 4 个董事会席位，包括 TCI 的克里斯托弗·霍恩，[⊜]以替代 2 位获 CSX 董事支持的持异议的候选人。

虽然许多美国公司已将权益所有权的定义扩大到股票衍生品的所有人，但这一裁决迫使美国证券交易委员会根据美国法律将所有权定义得更加严格规范。

这两个故事说明了权益衍生品，如现金结算期权和权益互换等，正在变得越来越重要。保时捷和对冲基金为了相似的控股目的使用了权益衍生品，却取得了截然不同的效果。保时捷为控股大众汽车而使用的这些金融衍生品导致公司市值产生大幅波动，并使得做空大众汽车股票的对冲基金损失惨重；而 TCI 和 3G 对 CSX 所有权的争夺引起了法律争端并被联邦法官裁定违法，但当得到 CSX 董事会 4 个席位时，上述对冲基金对公司的控制权无疑也得到了加强。

比较上面的两个故事，可以为我们理解权益衍生品的使用提供一个基本框架：评估与这些工具相关的与日俱增的监管、经济和法律风险；吸取以它们为工具获取公司股票所有权的经验教训。这样的分析自然会引出以下问题：权益衍生品究竟该不该公开披露？CEO 们究竟该不该积极考虑使用衍生品合约？投资银行成为衍生品合约的交易对手时会不会串谋，或者还是只为客户服务？对冲基金在运用权益衍生品时会否公平参与？对冲基金如何会因这些衍生品而引火上身？监管者究竟该不该让这些衍生品的信息披露成为理所应当的事情？

CSX 与 TCI 和 3G 的激烈碰撞

背景

CSX（1 家总部设在杰克逊维尔的铁路和运输集团）的前身是切西系统公司（Chessie System），该公司成立于 1836 年，拥有著名的 C&O 和 B&O 铁路线。CSX 于 1980 年由切西

⊖ 法院认为，鉴于两只对冲基金运用现金结算互换交易不正当地规避业已形成的“受益所有人”的披露义务，其行为已经违反了 1934 年证券交易法 13 章的条款和 13d-3(b) 的规定。

⊜ “CSX Accedes Seats to Dissidents,” *Directorship*, September 17, 2008, http://www.directorship.com/csx-fills-board.

系统公司兼并滨海海岸线公司（Seaboard Coast Line Industries，成立于 1958 年）而来，其后的系列兼并与剥离也不断增强了终端与中转业务以及线路的运输能力。通过其煤炭业务，CSX 在 2007 年向发电站和工厂运送了约 190 万车皮的煤炭、焦炭和铁矿石。其收入几乎百分之百都来自于铁路和联合运输业务。

CSX 主要通过其主运营公司 CSX 运输公司（CSXT）经营其北美的运输网络，在大约 21 000 英里[㊀]的铁路线网上提供货物、煤炭和汽车运输服务。CSX 运输公司作为美国东部最大的铁路网之一，通过遍及 23 个州的 230 多条短线和区域铁路为数以千计的生产和配送机构提供服务。[㊁] CSX 的首席执行官迈克尔・沃德，被盛誉为运输领域的创新者和领导者，在最近经济衰退前的 5 年内提供的收益远远超过标准普尔指数。此外，他还被《铁道时代》（*Railway Age*）杂志评选为 2008 年度铁道人物。

自从 2003 年，基金经理克里斯托弗・霍恩以期初资产规模 30 亿美元创立 TCI 起，TCI 就采取了与德意志交易所、荷兰银行、韩国烟草制作商 KT&G 管理层相悖的公共立场。它激进的运作方式在 2005 年获得了收益，那时它成功地替换了德意志交易所的领导层。但在 2007 年，这种激进策略没有成功，日本政府以国家安全为由迫使 TCI 放弃其在电力公司日本电源开发公司的头寸。被迫出售头寸给 TCI 造成了 125 亿日元（1.273 亿美元）的损失。

霍恩最初以基金经理的身份成名于英国伦敦的对冲基金佩瑞资本，在那里他耳濡目染了欧洲的投资活动。自从创立 TCI 以来，他主要通过在欧洲和亚洲的一次性、大规模权益投资获得了丰厚收益。2006 年，标准普尔对冲基金指数仅上涨了 3.9 个百分点，而 TCI 的收益率却高达 40%，并获得了一家伦敦杂志 *EuroHedge* 评选的欧洲最佳对冲基金的最高奖。但就像其追随者和批评者所言，霍恩有一些"性格上的粗糙面"。[㊂]他以苛刻的为人态度、给目标公司充满挑衅的邮件和断断续续而又轻蔑的发言著称。

2004 年，帕维尔・贝根和克里・贝利共同创立了 3G，该基金着眼于不超过 10 项投资标的的长期投资。公司名称来源于公司愿景中的 3 个 G：投资好的业务（Good Business）、由好的管理团队运营（Good Management）和在好的价格上成交（Good Price）。

TCI 和 3G 建立头寸

2007 年，TCI 和 3G 积极呼吁 CSX 改革，通过变革高级管理层结构，包括分离董事长和首席执行官角色（这两个职位都由迈克尔・沃德执掌），来提高业绩。并且他们试图增加 5 名独立董事进入董事会，并将管理层报酬与绩效挂钩。作为回应，CSX 发表声明宣称，自己是唯一已经建立百分之百以绩效为基础的年度和长期激励计划[㊃]的大型铁路公司。

2008 年 2 月，CSX 在写给 TCI 的信中提到，TCI 呼吁投资者推进公司变革"并不是出于完善公司治理结构的目的，而是为了更有效地控制 CSX"。CSX 已经修改其章程，只有当公司收到来自 15% 以上具有投票权的股东的书面要求时，才会召集特别会议。

㊀ 1 英里＝1 609.344 米。

㊁ CSX Company Report, Datamonitor 2008.

㊂ Laura Cohn, " A Little Fund With Big Demands, " *BusinessWeek*, May 23, 2005, http://www.businessweek.com/magazine/content/05_21/b3934161_mz035.htm.

㊃ 与业绩挂钩的薪资，不包括时间度量的股票期权和限制性股票。

接下来的 1 个月，CSX 提出法律诉讼，控告 TCI 和 3G 违反了《证券交易法》的条例 13D，该条例要求对目标公司 5% 以上的所有权头寸需要公开披露。CSX 获悉，这些对冲基金最初已与各方达成总收益互换合约，这些互换合约将给予 TCI 和 3G 超过 14% 的 CSX 股票头寸的经济收益，其总账面价值超过 25 亿美元。据称，就算不是全部，绝大部分的总收益互换合约的交易对手也累积了等量的 CSX 股票头寸，以对冲上述合约。图 C8-1 是法律诉讼时间表。

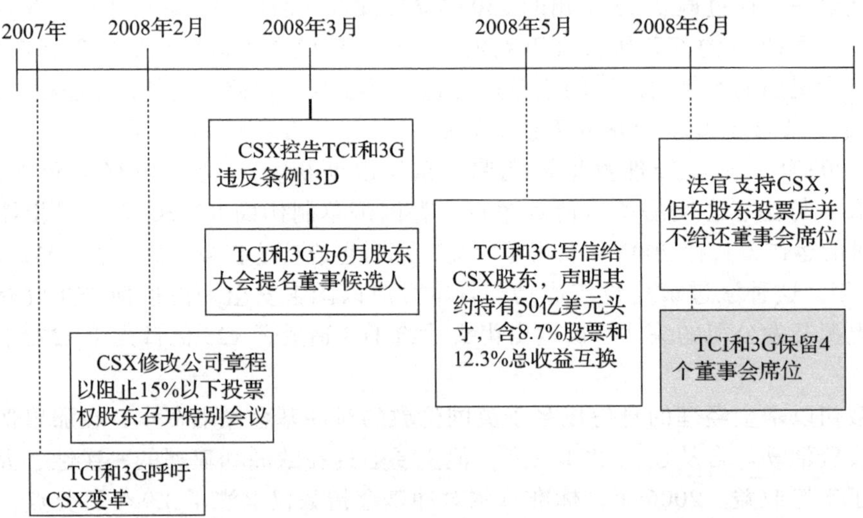

图 C8-1 法律诉讼时间表

同时，TCI 和 3G 成立了一个提名董事会候选人的小组，以在 2008 年 6 月的 CSX 年度股东大会上参选。在 5 月底，这两个投资者继续对 CSX 股东保持攻势，在信中声称其头寸已增至 21%，包括 20 亿美元持股（8.7% 的 CSX 股票）和账面价值高达 28 亿美元的总收益互换合约（12.3% 的 CSX 股票）[㊀]。他们的既定目标是说服股东在下次竞选中投票选举其提名的候选人进入董事会并接受它们的建议（据他们所言，此举可以帮助 CSX 在 5 年内实现 22 亿美元的年生产率提高收益）。[㊁]

在 CSX 总收益互换合约中，标的资产，或者说参考资产，是接受协议利率支付[㊂]的合约参与方所持有的 CSX 普通股股票。在交易期限内，总收益互换合约中参考资产收益的接受者，在承担标的资产市场风险的同时，拥有了该资产合成多头头寸。

在 CSX 总收益互换合约中，TCI 和 3G 向 8 家投资银行支付利息，这 8 家投资银行向 TCI 和 3G 支付 CSX 股票收益。总收益互换合约对于 TCI 和 3G 的关键好处是：它们并未实际拥有 CSX 股票便获得了 CSX 的权益暴露。对冲基金青睐这些互换协议，因为可以以最小的现金支出获得大量的风险暴露，并且直到 2008 年的法院宣判，才由于法律要求而不得不公开披露。图 C8-2 是 CSX 总收益互换合约。

㊀ Dan Slater, " Judge Kaplan Reprimands Hedge Funds in Takeover Battle with CSX," June 12, 2008, http://blogs.wsj.com/law/2008/06/12/judge-kaplan-reprimands-hedge-funds-in-takeover-battle-with-csx.

㊁ Lisa LaMotta, " CSX Tells Activists To Get Off The Tracks," *Forbes.com*, May 20, 2008, http://www.forbes.com/equities/2008/05/20/csx-tci-update-markets-equities-cx_lal_0520markets41.html.

㊂ Barron's Dictionary of Financial Terms.

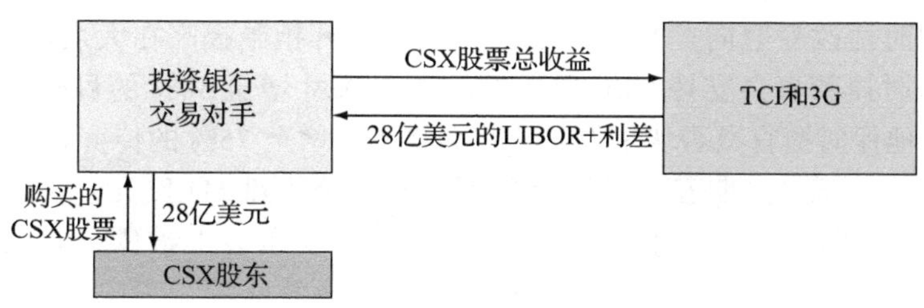

图 C8-2 CSX 总收益互换合约

保时捷和大众汽车：兄弟重聚

继 2008 年美国法院勉强授予 TCI 和 3G 两方 CSX 董事会席位的裁定后，保时捷运用权益衍生品获取大众汽车控股权的策略也被德国所接受。当然这种温馨的感觉一部分原因是出自两家公司长期的历史渊源。

费迪南德·保时捷在 1931 年设计了大众甲壳虫汽车，它也是豪华车制造商保时捷的创始人。作为公司的第一个产品，保时捷 64 内置了许多与甲壳虫相同的部件。费迪南德·保时捷也是保时捷和大众汽车董事长的祖父。

保时捷主要生产一系列的豪华车，其中包括著名的 911、Boxster 和更具现代感的卡宴 SUV，年产约 10 万辆。

与保时捷不同，大众汽车年产超过 600 万辆，主要市场是欧洲、美洲、亚太和非洲。其品牌范围从面向中端市场的自主品牌、面向家庭的斯堪尼亚到奥迪、兰博基尼和宾利。

近年来，德国的政治家开始公开诋毁外国投资者（自 1990 年以来，这些外国投资者购买了 5 000 多家德国公司），并呼吁将更多的企业所有权留在德国人自己手里。保时捷首席执行官温德林·维德金在 2005 年宣布，该公司有意购买大众汽车 20% 的股票，以支持“德国方式”解决收购困境，匹配下萨克森州持有的 20% 大众汽车股份。[⊖]到 2007 年，公司增加其持股比例至 30%，促使德国立法者修改证券法，根据该法保时捷将面临要约收购的压力。手脚被缚难以施展，保时捷公开否认其绝对控股大众汽车的意图，并只收购了法律规定的最低额外股份，只增加了微小的 0.6% 的股份。图 C8-3 为保时捷持有大众汽车股票头寸时间表。

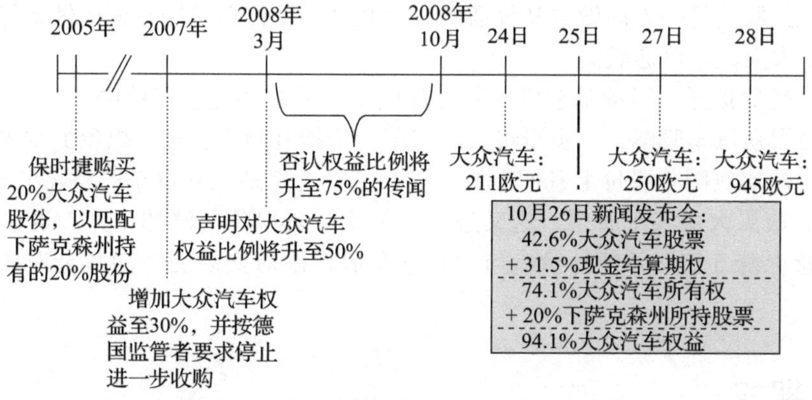

图 C8-3 保时捷持有大众汽车头寸时间表

⊖ Mike Esterl et al., “As Giant Rivals Stall, Porsche Engineers a Financial Windfall,” *Wall Street Journal.com*, November 10, 2008, http://online.wsj.com/article/SB122610533132510217.html.

突然间，保时捷改变航向。2008 年 3 月，在其公开拒绝提高在大众汽车所有权比例不到 1 年时间，保时捷董事会支持 CEO 将大众汽车净头寸增至 50% 的目标。在 3 月和 10 月间，维德金及其他保时捷官员否认了保时捷将会将头寸增至 75% 的传言。

2008 年 10 月 24 日（星期五），大众汽车股票收盘价达到 211 欧元。

10 月 26 日，保时捷投下一枚重磅炸弹，在新闻发布会上披露，它已获得大众汽车 42.6% 的权益和 31.5% 权益的现金结算期权。这则消息意味着，考虑到下萨克森州持有的 20% 大众汽车权益，市场上流通的大众汽车权益只有 5.9%，这缔造了一个完美的逼空。

截至 10 月 28 日，大众汽车股价盘中一度超过 1 000 欧元（1 125 美元），其公司总市值达到 3 240 亿欧元（3 640 亿美元），并暂时成为世界上最有价值的公司（见图 C8-4）。若不是披露之前与投资银行签订的期权合约，保时捷很难从别人手中获得大众汽车股份。

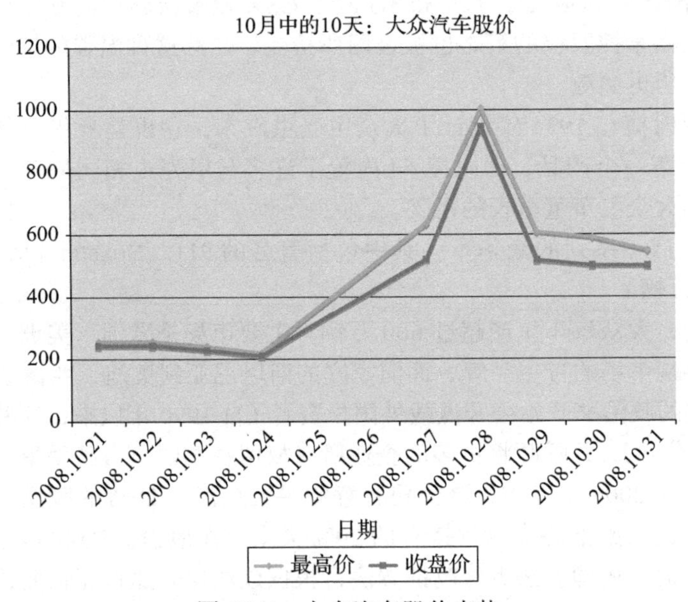

图 C8-4 大众汽车股价走势

在保时捷披露之前，许多对冲基金参与了涉及大众汽车股票的配对交易。他们一方面做多大众汽车优先股，另一方面做空其普通股。除此之外，许多对冲基金也做多保时捷公司普通股，而做空大众汽车普通股。

随着保时捷的披露，对冲基金发现其已深陷史无前例的逼空行情中。为平仓空头头寸，他们四处抢夺大众汽车股票，一步步将大众汽车股价抬升到之前难以想象的水平。由于大众汽车在指数中的比例随着股价上升而上升，指数基金为保持大众汽车股票在 DAX 指数中适当权重，不断购买大众汽车股票，这又进一步加剧了其股价上涨的压力。这些巨大的需求使得大众股价上涨 5 倍，并预计给参与大众汽车股票配对交易的对冲基金造成 150 亿美元损失。

现金结算期权

现金结算期权，是一种以现金作为结算方式的期权合约。支付的现金等于期权有效期内或到期日时市值与合约执行值之间的差额。与此不同的是，实物结算期权要求标的证券实物的交割。

保时捷签订的以大众汽车股票为标的的现金结算期权是看涨期权价差，如果在期权有效期内大众汽车股价上涨，保时捷有权得到预先设定的最大现金支付额（见图 C8-5 和图 C8-6）。在期权有效期内或到期日，大众汽车股价超过期权的执行价时，购买大众汽车股票现金结算期权的保时捷有权获得一份未来的现金收益。现金收益有由初始状态决定的上限，通常会设定较高的执行价格。上限越高，期权费越高。投资银行通过购买"得耳塔"数量的大众汽车股票来对冲其现金支付风险暴露，这一数量由股价超过执行价格的概率决定。

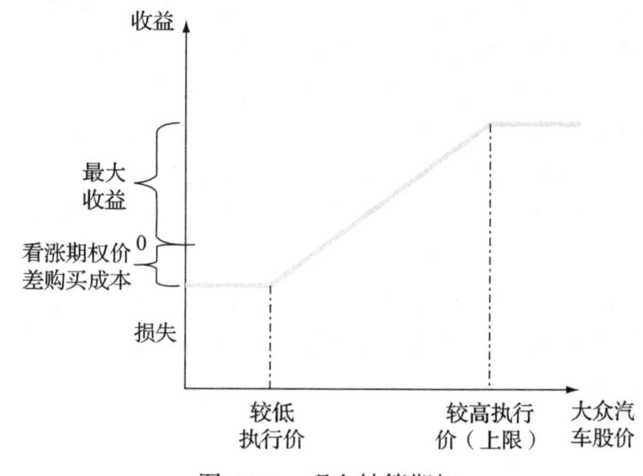

图 C8-5　现金结算期权

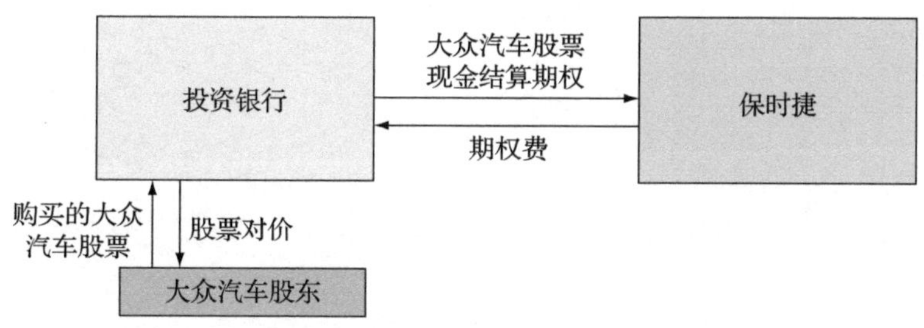

图 C8-6　现金结算期权：保时捷和投资银行

保时捷从 2005 年开始买入以大众汽车股票为标的的现金结算期权，那时大众汽车股价不到 100 欧元。如果股价上涨，保时捷可以行使期权获得较高股价和较低执行价格之间的差额（收到的现金会有一个上限）。然后保时捷可以使用现金购买大众汽车股票。保时捷可以采取另外一种方式，要求交易对手投资银行按照期权执行时的价值交割同等价值的股票（尽管投资银行可能拒绝按这种方式更改合约）。

德国法律不要求投资者披露任何规模的现金结算期权头寸，这就为保时捷在公众毫不知情的情况下建立庞大的大众汽车股票头寸大开方便之门。

作为保时捷交易对手的投资银行，为对冲风险暴露而持有大众汽车股票，由此减少了其在市场上的流通量。

互换的隐秘行动

正如运用总收益互换合约以增强对 CSX 影响力的对冲基金一样，保时捷的衍生品创造了一种合成所有权。在以上两种情况中，衍生品合约的交易对手都持有普通股作为对冲，而衍生品合约的支付方则承担相应的经济风险并享有所有权收益。这种通过衍生品悄无声息的收购方式正变得越来越普遍，因为公司和投资者都试图在不披露任何信息的情况下获得目标公司的控制权。

进退维谷

保时捷试图控股大众汽车的后续故事是，德国政治家们首先解除了对保时捷运用现金结算期权逃避公开披露进行公开调查的呼吁。他们的意见符合大多数德国民众的观点：这一并购注定会发生，对冲基金和其高昂的损失根本不值得同情。随后，德国证券监管机构——德国联邦金融服务监管局（BaFin）发现“没有任何证据显示存在不法行为。”⊖即使德国联邦金融服务监管局发现保时捷打破了它的规则，也只是因不披露信息而对保时捷处以不超过20万欧元的罚款和违反要约收购条例处以100万欧元的罚款。

现在看来，保时捷CEO做了一笔严谨、精明的买卖，就像TCI和3G在争夺CSX股东代理席位时做的一样，收益远远超过了成本。

这些事都发生在2009年1月5日之前，而在当天，阿道夫·默克尔在德国的铁轨上自杀身亡，据推测是由于大举做空大众汽车股票造成公司巨额亏损而深受打击、不堪重负所致。

⊖ Chris Reiter, “Porsche May Delay VW Stake Increase as Debts Mount,” *Bloomberg.com*, March 31, 2009, http://www.bloomberg.com/apps/news?pid?newsarchive&sid?aI48e1cKDQog.

玩具反斗城杠杆收购

“我不想长大，我是一个玩具反斗城的小孩”，这是玩具反斗城公司（Toys“R”Us）著名的营销口号，玩具反斗城是20世纪八九十年代世界领先的专业玩具零售商。资深的私募股权投资人士对其所在行业的发展可能抱着类似“不想长大”的心态。私募股权投资业的发展初期，只有相对较少的机构以及远远超出行业资本量的报酬丰厚的投资机会。然而，到2005年，史无前例的巨量资本涌入私募股权投资业，行业的交易总值达到了一个新的高点。私募股权投资业成了一个竞争非常激烈的行业，好的投资机会被过多的资本追逐，这种情况使得投资者很难获得与过去相媲美的高收益。私募股权投资的管理人应该会希望这一行业永远不要发展成熟，这样他们就可以继续获得能够为自己及有限合伙人带来满意收益的投资机会。

2006年，2 520亿美元的资本进入私募股权投资业，与2000年的900亿美元相比，整整增长了181%（见图C9-1）。随着投入资本量的不断增加，对投资机会的需求也不断增加。2006年，私募股权投资交易总值超过了2 330亿美元，与2000年的410亿美元相比，整整增长了475%（见图C9-2）。不断加剧的供给需求失衡导致了杠杆收购平均交易价格倍数（总交易价格/EBITDA）的增长，这一倍数在2006年达到了史无前例的最高点8.6倍（见图C9-3）。

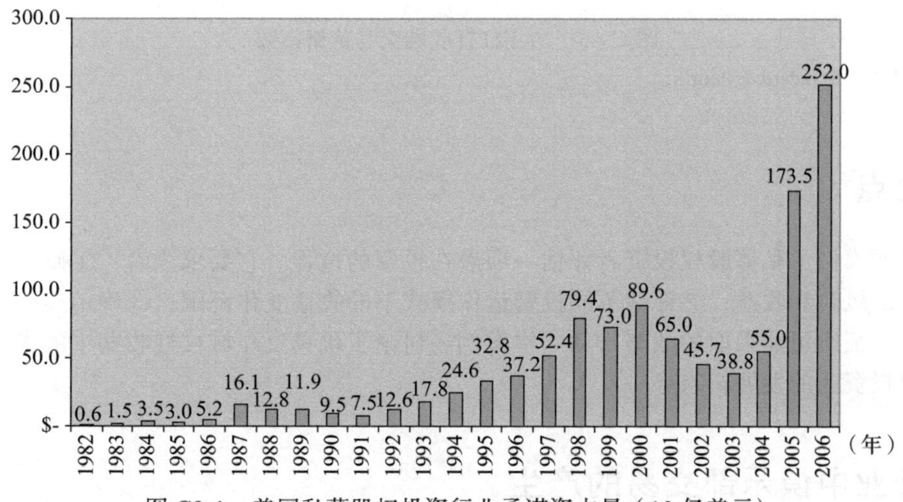

图C9-1 美国私募股权投资行业承诺资本量（10亿美元）

资料来源：Standard & Poor's.

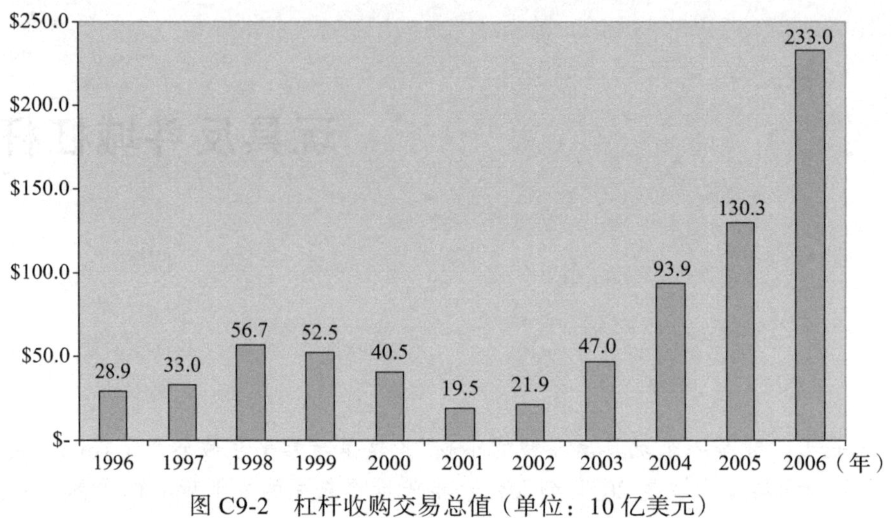

图 C9-2 杠杆收购交易总值（单位：10 亿美元）

资料来源：Standard & Poor's.

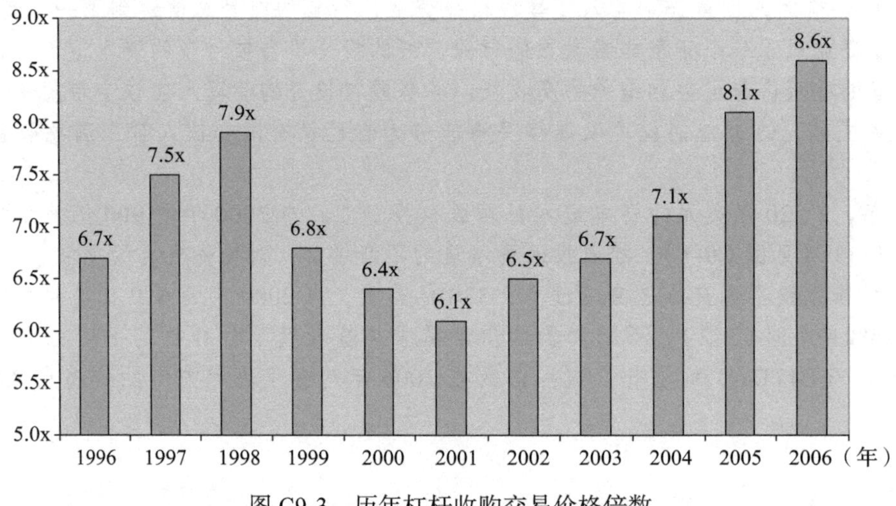

图 C9-3 历年杠杆收购交易价格倍数

资料来源：Standard & Poor's.

案例要点

本案例模拟了私募股权投资者评估一项潜在投资的过程。它要求读者：①确定对玩具反斗城投资的风险和收益；②评估不同投资运作模式下的收益变化范围；③确定能够改善投资风险收益特征所可能采取的战略行动。本案例还讨论了玩具反斗城杠杠收购中的参与方以及私募股权投资业的发展新趋势。

成熟行业中俱乐部交易的产生

在过去，超大型的私募股权投资基金能够凭借其基金规模上的明显优势，将与小型基金之间的竞争程度降到最低。2004 年 11 月，当时最大的单个私募股权投资基金是“摩根大通全球 2001 基金”，大约募集了 65 亿美元。[㊀]然而这一数字相对于几年后的基金募集规模则相形见绌。例如，2007 年 1 月，KKR 和贝莱德都为各自的私募股权投资基金募集到了大约 160 亿美元的承诺资本。[㊁] 2007 年 1 月，“摩根大通全球 2001 基金”已被排除在基金募集规模前十名之外。[㊂]

从历史来看，私募股权投资机构为保证对被收购公司的完全控制权，偏好于在没有其他金融合作伙伴的情况下独立完成收购。因为在一个需要精准的策略以创造价值的行业，合作相关的事宜（如需要在战略决策、资本结构以及投资退出等问题上达成共识）可能会带来麻烦。然而，随着资产类别的增加以及传统私募股权投资交易的竞争加剧，私募股权投资机构开始转向俱乐部交易。

俱乐部交易是由两个或两个以上的私募股权投资机构联合进行的收购，这使得它们可以收购单个私募股权投资机构没能力收购的大型企业。许多基金对可以投入单个资产的承诺资本的比例设置了集中限制。俱乐部交易将多个私募股权投资机构的资本集中起来，从而扩大了潜在的收购范围，使大规模的收购成为可能。俱乐部交易使得大型私募股权投资基金可以将小型基金力所不及的公司作为收购目标，从而减少竞争，提高潜在投资收益。

尽管在俱乐部联盟之间也存在竞争（例如多个俱乐部对某一项资产的竞争），但这种竞争的程度要低于传统的中小型私募股权投资市场的竞争程度。通过俱乐部交易来追逐更大的投资目标，使得超大型基金可以在投资的过程中更加有效地分配时间（该行业最为宝贵的资源）。

俱乐部交易具有以下优势：

- 有限的竞争；
- 允许调度更大规模的资本；
- 在尽职调查和投资评估时能够充分利用来自多个渠道的专业知识；
- 分摊评估投资时所发生的费用并降低“失败”交易成本。

俱乐部交易的劣势是：

- 有限的投资控制力——存在战略分歧的可能；
- 与有限合伙人风险分散的意愿不符，因为这些合伙人通过参与投资多个基金成了同一种资产的所有者；
- 在反竞争行为方面产生了潜在的监管问题。

具体的竞价包括两种：一种是提交各自的竞价来确定一个竞争价格，协议约定未来的集资价格，另一种是在过程开始的时候就确定一个集资价格来缩减潜在购买者的范围。2006 年 10 月，美国司法部展开了一项针对私募股权投资机构潜在反竞争行为的调查。司法部官员向 KKR、银湖以及其他机构发函，以获取这些机构在交易以及竞购方面的信息。[㊃]

根据 *Buyouts* 杂志的调查，在 2005 年完成的 845 项私募股权投资交易中，有 125 项属于俱乐部交易，占比达到近 15%。[㊄]近期备受瞩目的俱乐部交易案例包括美国胜科国际系统公司、赫兹租车公司和美国医院公司。除非监管环境出现较大的改变或者现行的俱乐部交易出现问题，否则俱乐部交易很有可能继续发展。

㊀ “The New Kings of Capitalism,” *The Economist*, November 25, 2004.

㊁ “The Uneasy Crown,” *The Economist*, February 8, 2007.

㊂ 同㊁。

㊃ “Justice Department Probing Buyout Funds,” *MSNBC.com*, October 10, 2006.

㊄ Mark L. Mandel, “Wielding a Club,” *New York Law Journal*, June 29, 2006.

支付给私募股权投资机构的股息和费用

私募股权投资业另外一个日益普遍的趋势是，在完成一笔交易之后，被收购公司马上进入资本市场募集资金以向私募股权投资所有者支付巨额股息。一种典型做法是公司通过债务市场来为这些股息融资，以致出现了更多高杠杆、高风险的公司。某些案例中，在初始投资后的一年内，支付给私募股权投资机构的股息就等于其初始权益出资。在赫兹租车公司杠杆收购交易中，克莱顿、杜比利埃与赖斯公司、凯雷集团和美林在以150亿美元联合收购赫兹公司后的6个月，就获得了由银行贷款提供的10亿美元股息。[⊖]大约4个月之后，赫兹公司通过首次公开发行偿还债务并为再次的股息募集资金，以致最终支付给私募股权投资所有者的股息总额达到了其23亿美元初始投资额的54%（它们仍然持有赫兹公司71%的所有权）。

另外，私募股权投资基金还会从所投资的企业中拿出资金来向自己支付大额的顾问费。大型交易的这项费用在收购阶段往往超出了5 000万美元，同时在所有权存续期间一般还会每年向企业收取费用。

2005年美国玩具零售业

2005年，美国玩具零售业的销售总额为213亿美元，相对于2004年的221亿美元下降了4个百分点。[⊜]尽管有些大类的玩具（如毛绒玩具、车辆玩具、游戏玩具以及拼图玩具）在2005年的销售额出现大幅下滑，但在某些子类的玩具上销售额出现了增长。由于对玩具大类和子类的定义千差万别，所以很难通过各种途径来得到连续一致的数据。然而，值得注意的是，总体来说，玩具零售业的美元销售额已经是第三个下滑年度了。各类玩具的销售变动情况请见表C9-1。

表C9-1 美国玩具零售业

类 别	2004年（10亿美元）	2005年（10亿美元）	增长率（%）
可动人偶玩具及配件	1.25	1.30	4.0
工艺品	2.50	2.40	-4.0
积木组合玩具	0.60	0.70	16.0
洋娃娃	2.76	2.70	-2.0
游戏/拼图	2.64	2.40	-9.0
婴儿/学龄前儿童玩具	3.13	3.10	-1.0
学习探索类玩具	0.37	0.39	5.0
户外及运动类玩具	2.78	2.70	-3.0
毛绒玩具	1.53	1.30	-15.0
车辆类玩具	1.96	1.80	-8.0
其他	2.60	2.50	-4.0
传统玩具合计	22.12	21.29	-3.8
电子游戏合计	9.91	10.50	6.0

资料来源：NPD Group Press Release, February 2006.

⊖ "Gluttons at the Gate," *BusinessWeek*, October 30, 2006.

⊜ NPD Group Press Release, February 13, 2006.

相对于传统玩具，低龄儿童越来越偏爱电子游戏，因此2005年电子游戏的销售业绩仍然好于传统玩具。同时，电子游戏也被越来越多的成年人所接受，这也促进了电子游戏市场的发展。2004年电子游戏玩家的平均年龄为29岁。[⊖]电子游戏的销售额预期将继续超过传统玩具市场。

经过20世纪90年代的强劲增长期后，2005年，研究员和业内专家预计，传统玩具和游戏市场在未来3～5年的增长为0到2%，这种态势的出现部分是基于对行业中将出现价格竞争的最糟糕状况以及持续的兼并将提高行业竞争活力的预期。此外，有利的人口趋势预计将有助于该行业的发展。按年龄分组的人口增长情况见表C9-2。

表C9-2 预计人口增长 （单位：100万）

年龄分组	2005年	2010年预计	总增长率（%）	隐含复合增长率（%）
5岁及以下	20 311	21 426	5.5	1.1
6～8岁	11 782	12 228	3.8	0.7
9～12岁	15 744	15 986	1.5	0.3

资料来源：NPD Group, October 2006.

根据NPD集团的研究数据，2005年大型卖场和折扣店渠道商继续从其他玩具零售商手中抢夺市场份额，其销售额在整个玩具销售总额中的占比达到54%，而玩具专卖店占比仅为20%（其中玩具反斗城占据了绝大部分）。很显然，大型卖场和折扣店渠道商（特别是沃尔玛连锁超市和塔吉特百货）正在蚕食专业玩具零售商的市场份额（见表C9-3）。[⊜]玩具反斗城是业内最大的专业玩具零售商，尽管它也在一个艰难的运营环境中苦苦挣扎，但相对于其他同行来说，已经算是能够同大型卖场和折扣店渠道商进行竞争的实力公司了。例如，另外两家领先的专业玩具零售商，KB玩具以及FAO施瓦茨玩具公司都已于2004年提出了破产保护申请。同时，在线玩具销售也持续增长，2005年销售额超过了13亿美元，相对于上一年度增长了2.6%，在整年的销售总额中占比大约为6%。[⊜]

表C9-3 美国玩具零售业市场份额 （%）

	2003年	2005年
大型卖场和折扣店	48.6	54.0
专业玩具零售商	25.1	20.0

资料来源：NPD Group Press Release, February 2006, and Doug Desjardins, "Toy Market Still Full of Surprises," *DSN RetailingToday*, September 6, 2004.

玩具零售业竞争非常激烈。竞争者包括折扣店和大型卖场、电子产品零售商、国家和地区性连锁店以及本地零售商。各方之间的竞争主要是基于价格、店面位置、广告和促销、产品选择、质量以及服务等方面。为了保持和得到更多的市场份额，企业在资金来源、商品采购成本、营业成本等方面的优势所带来的收益通常最终会传递到顾客手中。在节假日采购

⊖ Citigroup Equity Research, "Toy Industry Outlook," September 22, 2004.

⊜ JP Morgan Equity Research, "Toy Retailing: The Shakeout Goes On," May 5, 2003.

⊜ NPD Group Press Release, February 13, 2006.

季，折扣店和大型卖场开始越来越多地采用激进的定价政策并扩大玩具销售区域以提升其他部门的销售情况（例如，玩具亏本出售以招揽顾客）。

一家公司能否在玩具零售行业取得成功，取决于其识别、发起和定义产品发展潮流的能力，以及能否及时地对变幻莫测的消费者需求进行预见、评估并做出反应。如果某个零售商对产品市场做出了错误估计，那么它的有些产品可能出现大量库存，与此同时也将失去在其他产品上的销售机会。玩具和其他一些产品的销售取决于消费者的随意性支出，因此受到整体经济环境、消费者信心以及其他宏观经济因素的影响。消费者支出的缩减将对玩具行业的销售造成负面影响，导致过量库存，进而需要通过打折的方式对旧的库存商品进行清理。

电子产品零售商通过利用“年龄压缩”的手段使其变成了玩具零售商越来越重要的竞争对手。低龄儿童抛弃传统玩具而追求更复杂产品的趋势不断加剧，这些产品包括手机、DVD 播放机、CD 播放器、MP3 以及其他电子产品。年龄压缩模式会降低消费者对于传统玩具的消费需求或者至少会增强电子产品在 5～12 岁这一年龄段儿童中的竞争力。

《DSN 今日零售业》的一篇文章㊀研究了 2003～2004 年玩具行业的竞争环境：

玩具零售商们无法承受 2003 年节假日购物季噩梦的重演，当时经济发展缓慢，同时沃尔玛和塔吉特之间展开了价格战。玩具反斗城出具的报告显示其第四季度的相同店面销售额下降了 5%，KB 玩具的报告显示其 2003 年的全年销售额下降了 10%。

这场噩梦之后，玩具反斗城关闭了旗下的小鬼反斗城玩具连锁店以及儿童玩具品牌益美智两个分部。KB 玩具则申请了破产保护并关闭了将近 500 家店面。FAO 施瓦茨玩具公司的境况最为糟糕，它处理掉了 89 家 Zany Brainy 连锁店店面并出售了在纽约和拉斯维加斯的旗舰店。

玩具行业研究员克里斯·伯恩并不认为玩具专卖店的境况在即将到来的 2004 年节假日购物季会有所好转。“玩具零售业的商业模式确实正在发生变化。我们可能将目睹玩具专卖店的终结。”伯恩说道。

他认为专卖店不仅仅受到了大型卖场的重创，其他如视频游戏以及可动人偶玩具连锁店也在从玩具专卖店的手中蚕食市场份额。“我们现在看到了越来越多的分类专卖店，”伯恩说：“像百思买以及游戏驿站这样的地方已经成为很棒的购买玩具的场所。”

欧洲玩具零售行业

2005 年，欧洲市场的传统玩具销售额（不包括电子游戏）由 129 亿英镑增长到了 133 亿英镑，增长了 3%。㊁该市场在过去的几年中表现比较平稳，而且在大部分欧洲国家，对于婴儿和学龄前儿童玩具、积木组合玩具以及可动人偶玩具的需求出现了增长。㊂分析人员及业内专家预计欧洲市场的传统玩具销售额将超越美国市场。如果将电子游戏包含在内，销售

㊀ Doug Desjardins, “Toy Market Still Full of Surprises,” *DSN Retailing Today*, September 6, 2004.

㊁ Toy Industries of Europe, Facts & Figures, July 2006.

㊂ 同㊁。

额的增长率预期在3%～6%。欧洲各个国家传统玩具销售的市场份额情况见表C9-4。

表 C9-4 欧洲各国传统玩具销售的市场份额 (%)

国家	2004年	2005年
英国	22.8	24.0
法国	19.6	19.6
德国	18.1	17.0
意大利	8.0	7.9
西班牙	6.3	6.5
波兰	2.0	2.0
匈牙利	0.6	0.6
捷克共和国	0.5	0.5
其他国家	22.1	21.9
总计	100.0	100.0

资料来源：Toy Industries of Europe, Facts & Figures, July 2006.

尽管欧洲市场的行业驱动因素以及需求趋势与美国类似，但是竞争格局并不相同。平均而言，相对于美国市场，欧洲市场的专业玩具零售商占据了更大的市场份额。欧洲市场上各种销售渠道的市场份额情况见表C9-5。

表 C9-5 各国的销售渠道 (%)

	法国	德国	西班牙	意大利	英国	欧洲
专业玩具零售商	44.3	40.8	46.0	34.0	26.9	36.2
大型卖场和折扣店	42.9	14.2	30.8	39.0	10.6	24.0
杂货店	3.3	5.5	5.8	13.2	27.0	13.2
百货公司	1.9	15.7	11.8	7.6	3.3	6.5
邮购	3.5	6.7	0.0		3.5	3.9
其他	4.1	17.1	5.6	6.2	28.7	16.2
总计	100.0	100.0	100.0	100.0	100.0	100.0

资料来源：Toy Industries of Europe, Facts & Figures, July 2006.

婴儿、幼儿以及学龄前儿童市场

2005年，美国婴儿和学龄前儿童产品的市场总额大约为340亿美元，主要包括以下领域：家具用品和配件（80亿美元）、服装（170亿美元）、婴儿护理用品（60亿美元）以及传统玩具（30亿美元）。[⊖]这一细分市场中的传统玩具领域与更大的美国传统玩具销售市场相重叠。大型卖场和折扣店零售商以及宝宝反斗城（玩具反斗城公司旗下的婴幼儿用品专卖店）很显然是该细分领域市场份额的领导者，剩余的市场份额高度多样化的分布于一些专业零售

⊖ Data compiled from various packaged facts industry reports.

商以及百货商场和杂货店。在过去几年时间里这一市场平稳发展，分析人员以及业内专家估计它将以 3%～6% 的速度继续增长。增长预计将来源于可预见的婴儿人口数量的增加以及每个儿童消费支出的增加。

随着传统玩具市场竞争的加剧，这一细分市场领域对零售商的吸引力越来越大。同时由于该市场以非常年幼的儿童为目标群体，所以不会受到“年龄压缩”策略的不利影响。另外，该市场不存在类似于传统玩具市场的价格竞争情况，因为零售商能够基于产品质量以及购物体验更好地进行差异化。

玩具反斗城概况

玩具反斗城是一家经营玩具、婴儿产品以及儿童服装的全球专业零售商。截至 2005 年 1 月 29 日，它在全世界开办了 1 499 家零售商店。[⊖]这些商店中有 898 家位于美国，其中有 681 家玩具专卖店以及 217 家宝宝反斗城商店。在国外，玩具反斗城以自营、特许经营或授权经营的方式开办了 601 家商店（包括 299 家自营商店，其中有 2 家宝宝反斗城商店，以及 302 家特许经营或授权经营商店，其中有 7 家为宝宝反斗城商店）。自有店铺以及租赁店铺的分项数字见表 C9-6。同时公司也通过自己的网站销售商品。

表 C9-6 玩具反斗城物业资产汇总

	自有（家）	占比（%）	租赁地产（家）	占比（%）	租赁店铺（家）	占比（%）	总量（家）
商店							
玩具反斗城	315	46.3	155	22.8	211	31.0	681
国际[①]	80	26.8	23	7.7	196	65.6	299
宝宝反斗城	31	14.3	76	35.0	110	50.7	217
总计	426	35.6	254	21.2	517	43.2	1 197
分销中心							
美国	9	75.0	0	0.0	3	25.0	12
国际	5	62.5	0	0.0	3	37.5	8
总计	14	70.0	0	0.0	6	30.0	20
商店以及分销中心	440	36.2	254	20.9	523	43.0	1 217

① 国外市场上的 302 家特许或授权经营商店未包含在内。

资料来源：Toys “R” Us FYE 2005 10-K Filing.

该公司的零售业务开始于 1948 年，当时玩具反斗城的创始人查尔斯·拉扎勒斯在华盛顿开办了一家称为儿童平价商品城的婴儿家具用品店。1957 年，公司更名为玩具反斗城。第一家宝宝反斗城商店于 1996 年开业，同时将公司业务拓展到了专业婴幼儿市场。在大部分有其零售商店的大规模市场，如美国、英国以及日本，玩具反斗城的市场份额都名列前茅。该公司的合并以及分项财务结果见表 C9-7 至表 C9-10。

⊖ Toys “R” Us FYE 2005 10-K Filing. Note all financial data related to the Company is from the 2005 10-K Filing.

表 C9-7 合并财务结果 （单位：100 万美元）

	会计年度		
	2003 年 2 月 1 日	2004 年 1 月 31 日	2005 年 1 月 29 日
销售收入	11 305	11 320	11 100
增长率		0.1%	-1.9%
销售成本	（7 799）	（7 646）	（7 506）
销售毛利	3 506	3 674	3 594
增长率		4.8%	-2.2%
利润率	31.0%	32.5%	32.4%
管理费用	（2 724）	（3 026）	（2 932）
增长率		11.1%	-3.1%
利润率	-24.1%	-26.7%	-26.4%
息税折旧及摊销前利润	782	648	662
增长率		-17.1%	2.2%
利润率	6.9%	5.7%	6.0%
折旧与摊销	（339）	（368）	（354）
重组及其他费用	0	（63）	（4）
息税前利润	443	217	304
增长率		-51.0%	40.1%
利润率	3.9%	1.9%	2.7%
利息支出	（119）	（142）	（130）
利息及其他收入	9	18	19
税前利润	333	93	193
增长率		-72.1%	107.5%
利润率	2.9%	0.8%	1.7%
所得税	（120）	（30）	59
净利润	213	63	252
增长率		-70.4%	300.0%
利润率	1.9%	0.6%	2.3%
稀释每股收益	1.02	0.29	1.16
增长率		-71.6%	300.0%
调整后合并息税折旧及摊销前利润			
重整前息税折旧及摊销前利润（调整前）	782	648	662
加回 Toy R Us 美国市场①	0	0	118
调整后合并息税折旧及摊销前利润	782	648	780
增长率		-17.1%	20.4%
利润率	6.9%	5.7%	7.0%

① 2005 年会计年度 EBITDA 通过加回 13 200 万美元存货减值损失并扣除与解决诉讼纠纷相关的 1 400 万美元收益进行了调整，即 2005 年会计年度调整 EBITDA 的净加回金额为 11 800 万美元。

资料来源：Toys "R" Us FYE 2005 10-K Filing.

表 C9-8 合并资产负债表 （单位：100 万美元）

	会计年度末	
	2004 年 1 月 31 日	2005 年 1 月 29 日
资产		
货币资金	1 432	1 250
短期投资	571	953
其他应收款	146	153
库存商品	2 094	1 884
交易性金融资产	163	7
一年内到期的非流动资产	162	1
预付款项	161	159
流动资产合计	4 729	4 407
固定资产		
不动产	2 165	2 393
其他固定资产	2 274	1 946
固定资产合计	4 439	4 339
商誉	348	353
可供出售的金融资产	77	43
递延所得税资产	399	426
其他非流动资产	273	200
资产合计	10 265	9 768
负债及所有者权益（或股东权益）		
短期借款	0	0
应付账款	1 022	1 023
预提费用和其他流动负债	866	881
应交税费	319	245
一年内到期的非流动负债	657	452
流动负债合计	2 864	2 601
长期借款	2 349	1 860
递延所得税负债	538	485
应付债券	26	16
长期应付款	280	269
其他负债	225	212
Toysrus.com 少数股东权益	9	0
负债合计	6 291	5 443
股东权益		
普通股	30	30
资本公积	407	405
留存收益	5 308	5 560
累积其他综合损失	（64）	（7）
受限股	0	（5）
库存股，以成本计	（1 707）	（1 658）
股东权益合计	3 974	4 325
负债与股东权益合计	10 265	9 768

资料来源：Toys“R”Us FYE 2005 10-K Filing.

表 C9-9 合并现金流量表 （单位：100 万美元）

	会计年度		
	2003 年 2 月 1 日	2004 年 1 月 31 日	2005 年 1 月 29 日
经营活动产生的现金流量			
净利润	213	63	252
将净利润调整为经营活动净现金流量			
折旧与摊销	339	368	354
受限股票摊销	0	0	7
递延税款	99	27	（40）
Toysrus.com 少数股东权益	（14）	（8）	（6）
其他非现金项目	（9）	1	2
重组及其他非现金费用	0	63	4
经营性资产与债务变动			
应收账款与其他应收账款	8	62	（5）
存货	（100）	133	221
待摊费用和其他经营性资产	（118）	28	76
应付账款、预提费用及其他债务	109	11 7	（45）
应交税金	48	（53）	（74）
经营活动产生的现金流流量净额	575	801	746
投资活动产生的现金流量			
资本性支出	（395）	（262）	（269）
出售固定资产所得	0	0	216
购买 SB 玩具公司	0	0	（42）
购买短期投资及其他	0	（572）	（382）
投资活动产生的现金流量净额	（395）	（834）	（477）
筹资活动产生的现金流量			
短期借款	0	0	0
长期借款	548	792	0
长期债务偿还	（141）	（370）	（503）
库存现金的增加或减少	（60）	60	0
股票和认股协议发行收入	266	0	0
行使股票期权收入	0	0	27
筹资活动产生的现金流量净额	613	482（476）	
汇率变动对货币资金的影响	（53）	（40）	25
货币资金			
期间的增减	740	409（182）	
期初	283	1 023	1 432
期末	1 023	1 432	1 250

资料来源：Toys “R” Us FYE 2005 10-K Filing.

表 C9-10　各业务单元的财务数据　　（单位：100 万美元）

	会计年度						会计年度		
	2003 年 2 月 1 日	占总额比例 %	2004 年 1 月 31 日	占总额比例 %	2005 年 1 月 29 日	占总额比例 %	2003 年 2 月 1 日	2004 年 1 月 31 日	2005 年 1 月 29 日
各业务单元的销售收入							各业务单元增长率（%）		
玩具反斗城（美国）	6 755	59. 8	6 326	55.9	6 104	55. 0		−6.4	−3.5
玩具反斗城（国际）	2 161	19.1	2 470	21.8	2 739	24.7		14.3	10.9
宝宝反斗城	1 595	14.1	1 738	15.4	1 863	16. 8		9.0	7.2
Toysrus.com	340	3.0	371	3.3	366	3.3		9.1	−1.3
小鬼反斗城	454	4. 0	415	3.7	28	0.3		−8.6	−93.3
销售额合计	11 305	100.0	11 320	100.0	11 100	100.0		0.1	−1.9
各业务单元的经营利润							各业务单元利润率（%）		
玩具反斗城（美国）	256	49.4	70	20.4	4	0.9	3.8	1.1	0.1
玩具反斗城（国际）	158	30.5	166	48.4	220	51.9	7.3	6.7	8.0
宝宝反斗城	169	32. 6	192	56.0	224	52. 8	10.6	11.0	12.0
Toyrus.com	（37）	−7.1	（18）	−5.2	1	0.2	−10.9	−4.9	0.3
小鬼反斗城①	（28）	−5.4	（67）	−19.5	（25）	−5.9	−6.2	−16.1	−89.3
经营利润合计	518	100.0	343	100.0	424	100.0	4.6	3.0	3.8
公司成本②	（75）		（63）		（116）				
重组费用	0		（63）		（4）				
报告期经营利润	443		217		304		3.9	1.9	2.7
各业务单元调整后 EBITDA							各业务单元利润率（%）		
玩具反斗城（美国）③	447	55.1	264	39.3	322	37.4	6.6	4.2	5.3
玩具反斗城（国际）	210	25.9	227	33.8	295	34.3	9.7	9.2	10.8
宝宝反斗城	197	24.3	223	33.2	262	30. 5	12.4	12.8	14.1
Toyrus.com	（33）	−4.1	（16）	−2.4	1	0. 1	−9.7	−4.3	0.3
小鬼反斗城①	（10）	−1.2	（27）	−4.0	（20）	−2.3	−2.2	−6.5	−71.4
调整后业务单元 EBITDA 合计	811	100.0	671	100.0	860	100.0	7.2	5.9	7.7
公司成本②	（75）		（63）		（116）				
加回：其他折旧与摊销	46		40		36				
合并调整后业务单元 EBITDA 总计	782		648		780		6.9	5.7	7.0

① 包含 2003 年因所有店铺关闭而导致的 4 900 万美元减值和 2 400 万美元加速折旧。

② 包含 Toy Box 公司的费用和经营结果，以及玩具反斗城日本公司的净权益收入。因我们的战略观点和《萨班斯 – 奥克斯利法案》第 404 节的规定，增长了 2 900 万美元。另外，我们增加了因 2004 年公司总部经营调整而产生的 800 万美元和因弹性报酬支出而增加的 1 900 万美元。

③ 2005 财年的 EBITDA 根据加回 1.32 亿美元存货减值和减去诉讼和解 1.18 亿美元的 0.14 亿美元调整得出。

资料来源：Toys “R” Us FYE 2005 10-K Filing.

该公司的全球玩具业务具有很强的季节性，净销售额和利润在第四季度最高，因为这一时间段中包含了非常重要的 11 月以及 12 月的节假日销售。公司全球玩具业务销售收入、营业利润和现金流的 40% 以上都来自于第四季度。到 2005 年 1 月 29 日会计年度结束时的季度财务数据见表 C9-11。

表 C9-11　季度财务数据　　（单位：100 万美元）

	季度末								FYE
	2004 年 5 月 1 日	占比 (%)	2004 年 7 月 31 日	占比 (%)	2004 年 10 月 30 日	占比 (%)	2005 年 1 月 29 日	占比 (%)	2005 年 1 月 29 日
销售收入	2 058	18.5	2 022	18.2	2 214	19.9	4 806	43.3	11 100
销售成本	（1 330）	17.7	（1 441）	19.2	（1 475）	19.7	（3 260）	43.4	（7 506）
销售毛利	728	20.3	581	16.2	739	20.6	1 546	43.0	3 594
管理费用	（643）	21.9	（661）	22.5	（682）	23.3	（946）	32.3	（2 932）
折旧与摊销	（86）	24.3	（86）	24.3	（88）	24.9	（94）	26.6	（354）
重组费用 / 收益	（14）	NM	（31）	NM	26	NM	15	NM	（4）
营业利润	（15）	−4.9	（197）	−64.8	（5）	−1.6	521	171.4	304
报告期内 EBITDA（包含一次性项目）	85	12.8	（80）	−12.1	57	8.6	600	90.6	662

注：EBITDA 被定义为营业利润加回折旧与摊销以及重组费用（包含一次性项目）之后所得到的金额。

资料来源：Toys“R”Us FYE 2005 10-K Filing.

玩具反斗城（美国）

该公司出售玩偶、毛绒玩具、游戏、脚踏车、体育用品、录影带、DVD 光盘、电子视频游戏、婴儿用小游泳池、书籍、教育以及益智类产品、服装、婴幼儿家具以及电子产品，同时还提供为儿童设计的教育性娱乐性电脑软件。公司旗下的玩具店每年提供大约 8 000～10 000 种不同的商品，是其他出售玩具的折扣店或专卖店所提供种类的 2 倍还多。公司力求在几个关键领域实现同竞争对手的差异化，这些领域包括产品选择、产品展示、服务、店内客户体验以及营销。随着来自折扣零售店以及其他专业零售商竞争的加剧，这种差异化变得越来越重要。

玩具反斗城（国际）

玩具反斗城（国际）以自营、特许经营以及授权经营的方式在美国以外的 30 个国家开设了玩具专卖店。这些商店通常遵照美国的玩具反斗城商店所使用的典型设计。正如上文中所提到的，截至 2005 年 1 月 29 日，公司以自营的方式在国外开设了 299 商店，其中 2 家为宝宝反斗城商店，同时以特许或授权经营的方式在国外开设了 302 家商店，其中有 7 家为宝宝反斗城。玩具反斗城（国际）在 2004 年度新开了 33 家店铺，包括 26 家特许或授权经营商店，同时关闭了 10 家店铺，其中有 5 家为特许或授权经营商店。玩具反斗城（国际）拟在 2005 年增加 41 个新的玩具专卖店，包括 31 家特许或授权商店。2005 年 1 月 29 日，该公司的 1 家特许经营商——玩具反斗城日本股份有限公司，经营了 153 家店铺，这些店铺包含在 302 家特许或授权经营的国外店铺当中。玩具反斗城拥有该公司普通股所有权份额的 48%。

宝宝反斗城

1996 年玩具反斗城开办了第 1 家宝宝反斗城婴儿用品商店。1997 年公司收购了婴儿超级市场有限公司为宝宝反斗城带来了 76 个新增店面。同时这一品牌的持续扩张推动宝宝反斗城成为专业婴幼儿用品市场上的领军者。宝宝反斗城通过出售幼儿家具诸如围栏婴儿床、婴儿橱柜，以及床上用品将目标定位于产前以及婴儿市场。此外，公司还提供婴儿用品诸如四面围栏的游戏小床、防护座椅、(小孩吃饭时用的）高脚椅、宝宝推车、汽车安全座椅、婴幼儿毛绒玩具以及护理设备等。截至 2005 年 1 月 29 日，宝宝反斗城经营着 217 家婴幼儿用品专卖店，都位于美国。基于市场进入决策时所参考的人口数据，公司在 2004 年新开设了 19 家宝宝反斗城商店。作为长期发展计划的一部分，公司准备在 2005 年继续扩展宝宝反斗城的店铺规模。

玩具反斗城网上商城：Toysrus.com 公司

Toysrus.com 公司通过互联网在旗下的 www.toysrus.com，www.babiesrus.com，www.imaginarium.com，www.sportsrus.com 以及 www.personalizedbyrus.com 五个网站上将商品销售给顾客。玩具反斗城于 1998 年创建了自己的电子商务网站。为了提升客户服务水平以及订单执行水平，公司同亚马逊订立了战略联盟，并在 2000 年联名创办了一家在线玩具商店。

玩具反斗城的困境

2003 年到 2004 年间，公司的业绩和发展前景都受到了玩具零售业发展的不利影响。资金来源更加广泛、运营成本更低的折扣店和大型卖场挤占了玩具零售行业中其他参与者的定价和盈利空间。同时，客户消费习惯的改变，包括年龄压缩政策，也使得公司玩具销售额出现下滑。2003 年 11 月 17 日，公司宣布关闭全部 146 家小鬼反斗城专卖店的计划，至 2005 年 1 月 29 日该关闭计划最终完成。

公司的合并销售收入下降了 1.9%，由 2003 年 2 月 1 日会计年度末的 113 亿美元以及 2004 年 1 月 31 日会计年度末的 113 亿美元下降至 2005 年 1 月 29 日会计年度末的 111 亿美元。销售收入的下降主要是由玩具反斗城（美国）商店的可比店面销售额下降引起的，报告显示在 2003 年、2004 年的会计年度末可比店面销售额分别下降 1.3%、3.6% 之后，2005 年会计年度末可比店面销售额又下滑了 3.7%（见表 C9-12）。

表 C9-12 可比店面销售业绩 (%)

	会计年度末		
	2003 年 2 月 1 日	2004 年 1 月 31 日	2005 年 1 月 29 日
玩具反斗城（美国）	−1.3	−3.6	−3.7
玩具反斗城（国际）	5.9	2.1	0.6
宝宝反斗城	2.7	2.8	2.2

注：该表未反映新开张店面或关闭店面的销售情况，即可比店面同比于前一年的销售情况。

资料来源：Toys “R” Us FYE 2005 10-K Filing.

宝宝反斗城以及玩具反斗城（国际）销售收入的增长部分弥补了玩具反斗城销售收入的

下跌。宝宝反斗城2005年会计年度末销售收入达到了19亿美元，增长率为7.2%。同时玩具反斗城（国际）2005年会计年度末的销售收入达到了27亿美元，增长率为10.9%（这些数据包含了货币换算的影响）。这些增长主要源自2004年美国地区新增的19家宝宝反斗城商店以及在国外新增的7家自营专卖店。此外，宝宝反斗城以及玩具反斗城（国际）的可比店面销售额也表现出了良好的增长势头。

玩具反斗城战略评估以及拍卖

面对艰难的行业环境以及2003年假期购物季期间美国玩具商店的疲软表现，玩具反斗城决定对自己在全球范围内的资产以及运营情况进行战略评估。公司聘请瑞信第一波士顿作为自己的财务顾问。公司以及瑞信第一波士顿考虑了几种备选方案，包括：

- 维持现状并将管理的重点重新放到振兴玩具反斗城的国内业绩上来。
- 通过出售玩具反斗城全球业务或者分拆宝宝反斗城来释放更高增速资产的价值。
- 玩具反斗城整体出售。

公司以及瑞信第一波士顿最初决定通过玩具零售业务整体出售来实现美国地区玩具零售业务和宝宝反斗城业务的分拆。然而拍卖竞价方认为业务分拆难以实现。“这就好像是把你的厨房出售给一个买家，同时把你的餐厅出售给另外一个买家一样。”一个竞买者评论道。[㊀]由于在很长一段时间内对于任何一项单独的业务都没有出现有吸引力的竞价，玩具反斗城将所有业务打包出售的压力与日俱增。

最终，由博龙、高盛和金科房地产公司组成的财团提交了对整体业务的竞价。随后KKR伙同贝恩资本以及沃那多房产信托（贝恩和沃那多最初对玩具零售业务进行了联合投标）进行了竞争性投标。2005年3月17日，玩具反斗城宣布已经达成了最终协议，同意以67亿美元的总价将整个全球业务出售给由KKR、贝恩资本和沃那多组成的投资联盟，每股价格为26.75美元。[㊁]这一收购价格较2004年1月7日（即战略评估宣布前1天）的股价溢价122.5%，较2004年8月10日（即公司宣布计划剥离玩具零售业务前1天）的股价溢价62.9%。

收购玩具反斗城的获胜竞价为每股26.75美元，包括所有的交易费用在内，收购总价高达67亿美元。有一点需要特别注意，即作为交易的一部分，收购财团承担了公司交易中未使用的债务和现金。表C9-13总结了交易过程中资金的来源和使用情况。基于2005年1月29日会计年度末的7.8亿美元调整后EBITDA，表C9-14显示了玩具反斗城交易的潜在交易价格以及杠杆倍数（包括所有承担的债务和现金）。

表C9-13　资金来源及用途　　（单位：100万美元）

来　源		用　途	
资产负债表上现金	956	购买普通股	5 900
优先级担保贷款	700	购买股票期权和限制股	227
无担保过桥贷款	1 900	权益证券股息支付	114
担保欧洲过桥债券	1 000	购买股票权证	17
住房抵押贷款协议	800	交易费用	362
发起人权益	1 300	支付股息	36
合计	6 656	合计	6 656

㊀ “Toys ‘R’ Us Narrows Suitors to Four,” *Wall Street Journal*, March 1, 2005.

㊁ Toys “R” Us Company Press Release, March 17, 2005.

（续）

各项费用汇总	
顾问费用和成本	78
融资费用	135
发起人费用	81
其他费用	68
合计	362

表 C9-14 企业价值和杠杆概述 （单位：100 万美元）

	金 额	2005 年调整后 EBITDA 倍数
交易支付（不含费用）	6 294	
收购财团承担的已有债务	2 312	
资产负债表上留存的现金和短期投资	（1 247）	
企业价值	7 359	9.4x
交易费用	362	
总交易价值	7 721	9.9x
2005 年调整后 EBITDA	780	
杠杆分析		累计倍数
已有债务	2 312	3.0x
20 亿优先级担保贷款	700	3.9x
无担保过桥贷款	1 900	6.3x
担保欧洲过桥贷款	1 000	7.6x
住房抵押贷款协议	800	8.6x
合计	6 712	8.6x
资产负债表上留存的现金和短期投资	（1 247）	
净杠杆	5 465	7.0x

作为交易的一部分，小约翰・H. 艾勒（玩具反斗城的董事长、首席执行官兼总裁）和克里斯多夫・K. 凯（执行副总裁兼首席运营官）将会离职。收购财团任命理查德・L. 马基（公司的一位资深管理者）为临时首席执行官，并预期通过一段时间逐步对管理团队进行扩充。这一做法有些非同一般，因为收购方一般倾向于保留现有的管理团队以领导整个公司度过杠杆收购后的初始阶段。面对着在一个艰难的行业中用大量新杠杆开展业务的压力，这种行为显得尤为瞩目。

马基从 2004 年 8 月开始担任宝宝反斗城公司的总裁。在这之前，他还曾经担任过玩具反斗城副董事长、玩具反斗城国内分部总裁、特殊业务以及国际运营部总裁、宝宝反斗城总裁以及小鬼反斗城董事长。

玩具反斗城收购俱乐部

玩具反斗城收购俱乐部以两家世界一流的私募股权投资机构以及一家行业领先的房地产投资信托为主。这两家私募股权投资机构（KKR 和贝恩资本）之前已合作参与一些交易，其中包括2005年8月完成对胜科国际系统公司114亿美元的收购。将玩具反斗城收购案包含在内，KKR已经成为俱乐部交易中最活跃的参与者，在过去2年间，该机构已经参与了10宗已公告的俱乐部交易，总价值达953亿美元。[一]

由于俱乐部中的每个成员拥有不同的核心能力，玩具反斗城收购俱乐部特别引人注目。KKR以熟练运用金融工程技术来组织高度复杂的交易而著称，考虑到玩具反斗城目前的绩效问题，这一技术尤为重要。贝恩资本也同样精通金融工程技术，同时在深度行业研究方面的能力也声誉卓著，特别是在零售行业领域。收购财团利用贝恩资本的资源对行业不景气的实质进行了理解和分析，并对该公司以及该行业未来的发展能力进行了预测。沃那多的加入使俱乐部更加重视对于玩具反斗城公司房地产资产组合价值的认识。尽管过去房地产投资信托很少参与到典型的私募股权投资交易中来，但是随着私募股权投资机构开始把目标对准一些拥有大量房地产资产组合的公司，对于房地产估值的专业需求也与日俱增。

KKR

该机构成立于1976年，由两个联合创始人亨利·克拉维斯和乔治·罗伯茨共同领导。KKR已经完成了140多宗交易，总值高达约2 150亿美元[二]，并利用260亿美元的投入资本创造了680亿美元的价值，达到了投入资本的2.5倍。[三] KKR过去也曾参与过一些私募股权投资行业最引人注目、最大规模的交易，包括雷诺兹－纳贝斯克收购案、胜科国际系统公司收购案以及美国医院公司收购案。

贝恩资本

贝恩资本成立于1984年，是世界一流的私募股权投资机构之一，管理资产额约为400亿美元。自创立初期开始，贝恩资本已经完成了200多宗股权投资交易，累计总交易价值超过了170亿美元。[四]贝恩资本由三位前贝恩管理咨询公司合伙人米特·罗尼姆、T. 科尔曼·安德鲁斯以及艾里克·克里斯创立。在收购玩具反斗城之前不到1年，它已经完成了对另一个专业零售商——加拿大1元连锁店多乐玛（Dollarama）的收购。

沃那多房地产信托

沃那多房地产信托是一个全方位集成的房地产投资信托基金。该机构是美国最大的房地产所有者兼管理者之一，在它的主要经营领域拥有约6 000万平方英尺的房地产资产组合，主要位于纽约以及华盛顿城区。[五]

作业

KKR、贝恩资本以及沃纳多方面已经就你公司加入收购财团的问题同你所在的私募股

[一] "KKR Tops 'Club' Buyout Deals," *CNN Money.com*, October 17, 2006.

[二] KKR, http://www.kkr.com.

[三] 同[二]。

[四] Bain Capital, http://www.baincapital.com.

[五] Vornado Realty Trust, http://www.vno.com.

权投资机构进行了接触。机构的一位高级成员要求你准备一个报告对玩具反斗城的投资机会进行概括总结。你应该：

- 使用所提供的运营模型模板来提出驱动基础案例运营模型的假设，并对收购财团的投资收益进行分析。
  - 使用运营模型来为杠杆收购模型生成输入变量，模型将计算相关收益、财务数据以及信贷统计数据。
  - 重点在于提出一系列合理预测，基于这些预测提出你的投资建议。

报告应该包含以下内容（提供了一份模板作为完成报告的指南）：

- 交易的风险和收益；
- 对于行业动态的概述，包括存在的主要问题以及能够促进改善的潜在因素；
- 你想要向公司询问的一系列尽职调查的关键问题和要求；
- 交易中的债务情况总结：指出你认为收购财团所建议的资本结构是否合适；
- 列举不利情况，即在各种困难的运营情境下对该项投资进行压力测试：对交易的风险收益情况进行量化及评估；
- 此项投资的潜在退出备选方案；
- 对于是否应该加入收购财团提出建议。

为了方便评估，假设你无法改变收购财团所建议的资本结构。

博龙和美国汽车工业

前言

2005 年 8 月，通用汽车金融服务公司（GMAC）宣布向以私募股权投资巨头 KKR 为首的财团出售其所拥有的信贷子公司 GMAC 商业地产控股公司（GMACCH）60% 的股权。KKR 领导的财团在第二年 3 月加大了其在 GMACCH 上的投资，共投资 90 亿美元购买其住房抵押贷款业务 78% 的股权。但不到 2 周后，博龙资本——由斯蒂芬·范博格领导的 1 家规模约 220 亿美元的纽约对冲基金，发布公告并迅速取代 KKR 财团登上各大报刊的头条。博龙联合花旗集团私募股权投资部门和 1 家日本大型银行同意购买 GMAC 51% 的控股权，使面临现金危机的通用汽车在未来 3 年内可获得 140 亿美元的资金。

2007 年 5 月，博龙以 78 亿美元的价格从戴姆勒 - 奔驰公司购得克莱斯勒 80.1% 的股份。此时，博龙被称为拯救美国汽车业的私募英雄。但是 2 年后，博龙的美梦变成了梦魇，通用汽车和克莱斯勒双双宣布破产，这给博龙及其联合投资人（包括主权财富基金阿布扎比投资局、对冲基金 York 资本及 Eaton Park 等）带来了巨大损失。

“什么是对通用有利的？”

通用的实力

1953 年，当查尔斯·威尔逊获悉自己成为新任国防部长时，这位通用汽车的前任 CEO 兼董事长说了一段日后经常被错误引用的大胆而狂妄的声明：“只要对通用汽车有利的便是对国家有利的。”（在被问及如何处理美国与通用汽车之间的潜在利益冲突时，威尔逊回答：“凡是对美国有利的就是对通用汽车有利的，反之亦然。”）当然这只是一个文字游戏。在 20 世纪中期，通用汽车在美国经济中起主导地位。半个世纪以前，“唯一可以阻碍通用汽车盈利的只有劳动力市场的动荡。”历史学家戴维·哈伯斯塔姆如是说⊖。通用汽车是第一家宣布盈利超过 10 亿美元的美国公司（1955 年），在 20 世纪的大部分时间里，通用汽车都是世界上最大的雇主之一。1978 年，通用汽车在美国汽车市场的占有率达到了 47.7%。

通用的艰难时期

时过境迁。2006 年，通用汽车财报显示其销售额为 2 073 亿美元，较上一年上涨 6.5%。

⊖ David Halberstam, “The Fifties” (New York: History Channel: A&E Home Video, 1994).

虽然通用汽车的运营损失较2005年减少了100多亿美元，但其运营仍维持在警戒线以下，2006年运营损失约为20亿美元。1995年，通用汽车的营业毛利率为5.2%，而到了2004年其营业毛利润率已经跌到1.7%（见表C10-1和表C10-2）。在庞大的雇员负担、市场份额急剧下降及宏观经济环境恶化等因素的影响下，通用汽车的业绩在过去10年逐步下滑。2006年的前5个月，通用汽车在美国本土的市场份额已经降至23.8%。2006年2月是其历史上的低谷，通用汽车，美国曾引以为傲的经济巨人，大幅削减了其年度股息，从20美元减少为10美元。通用汽车在过去几年内因相关的结构调整而关闭制造厂、裁员和剥离相关资产的头条新闻一直络绎不绝。雇员的老龄化带来的巨额养老金、医疗保险费用及其他员工福利严重影响了公司的净利润。此外，与国外汽车制造商日益激烈的竞争以及与本国交易伙伴劳务合同及养老金义务谈判的破裂，严重削弱了通用汽车在美国市场的强势地位（见图C10-1，通用汽车2年间的股票走势图）。

表C10-1 通用汽车资产负债表，2004～2006年（单位：100万美元）

	2004	2005	2006
资产			
货币资金	13 148	15 187	23 774
短期投资	6 655	1 416	138
应收账款	6 713	7 758	8 216
存货	11 717	13 851	13 921
贷款和租赁的短期孳息	220 712	203 821	0
其他流动资产的孳息	26 390	19 436	349
递延税款借项	8 883	7 073	10 293
其他流动资产	8 399	8 797	7 789
流动资产合计	302 617	277 339	64 480
固定资产	76 575	80 020	85 374
累积折旧	（39 405）	（41 554）	（43 440）
固定资产净值	37 170	38 466	41 934
长期投资	7 126	3 726	1 969
商誉	600	757	799
其他无形资产	234	362	319
贷款和租赁的长期孳息	1 763	1 873	—
其他长期资产的孳息	73 939	93 747	21 774
长期递延税款借项	17 639	22 849	32 967
其他长期资产	41 259	41 411	21 950
资产合计	482 347	480 530	186 192
负债			
应付账款	24 257	26 182	26 931
应计费用	46 202	42 665	35 225
短期借款	1 478	955	3 325
长期负债的流动组合	584	564	2 341
流动负债利息	91 043	82 054	4 423
其他流动负债利息	4 573	3 731	1 214
其他流动负债	2 426	4 452	—
流动负债合计	170 563	160 603	73 459
长期负债	30 460	31 014	33 067
少数股东权益	397	1 039	1 190
非流动负债利息	176 714	171 163	5 015

（续）

	2004	2005	2006
其他非流动负债利息	27 799	39 887	925
养老金及其他退休后福利	32 848	40 204	62 020
其他非流动负债	16 206	22 023	15 957
负债合计	454 987	465 933	191 633
普通股	942	943	943
资本公积	15 241	15 285	15 336
未分配利润	14 062	2 361	406
库存股	—	—	—
综合收益	（2 885）	（3 992）	（22 126）
普通权益合计	27 360	14 597	（5 441）
负债和权益合计	482 347	480 530	186 192

资料来源：Capital IQ.

表 C10-2 通用汽车利润表，2004～2006 年 （单位：100 万美元）

	2004	2005	2006
收入	161 545	158 221	172 927
股息收入	31 972	34 383	34 422
投资利得（损失）	—	—	—
收入合计	193 517	192 604	207 349
销售成本	150 224	162 173	157 782
股息营业费用	17 991	17 875	1 350
利息费用——股息	9 500	12 895	14 301
毛利润	15 802	（339）	33 916
管理费用	11 863	13 222	25 081
其他营业费用	273	497	500
营业利润	3 666	（14 058）	8 335
利息费用	（2 480）	（2 873）	（2 644）
附属企业利润（损失）	702	595	184
其他非营业利润	—	—	—
排除非经常项目的税前利润	1 888	（16 336）	5 875
包括非经常项目的税前利润	1 888	（16 336）	（15 461）
所得税	（916）	（5 878）	（5 882）
			（6 200）
重组费用			（828）
商誉减值			（2 910）
资产减值			（700）
持续营业利润	2 804	（10 458）	（1 978）
非经常损益以及会计费用	—	（109）	—
净利润	2 804	（10 567）	（1 978）
基本每股收益	4.96	（18.70）	（3.50）

资料来源：Capital IQ.

图 C10-1 通用汽车股票走势，2006 年 5 月～2007 年 4 月 18 日

资料来源：BigCharts.com.

对供应商的影响

劳动成本、医疗保险费用、不断上涨的原材料和运输费用使通用汽车的许多主要供应商面临财务困境。与此同时，通用汽车和其他美国主要汽车公司因业务重组而减少产量不断膨胀的成本结构使美国一些大型汽车供应商申请破产保护，包括著名汽车零配件供应商德尔福汽车公司（它曾是通用汽车的子公司，是美国最大的汽车零配件供应商）和德纳汽车公司。供应商状况的不景气对通用汽车影响巨大。因零配件供应商自身现金拮据而且大都处于重组过程中，所以经常采取与员工谈判降薪的方式来缓解企业困境，其中最典型的是德尔福汽车公司。供应商员工罢工或停产都会对通用汽车公司带来严重的影响。为了保证自身生产线的运转，通用汽车不得不向其主要零配件供应商额外提供数几十亿美元的援助以保证它们的正常生产。

CEO 瓦格纳艰苦的改造任务

理查德·瓦格纳 1977 年加入通用汽车，其最初的岗位是会计部的研究员，随后一路升迁，直至 2003 年 5 月成为通用汽车的 CEO。瓦格纳以面对困境时果敢决断而著称，传奇般的职业生涯让他肩负起扭转这个昔日汽车业巨头困境的任务。“对于我的工作，我感受到了一种强大的责任感和使命感。”⊖瓦格纳在 2006 年 9 月接受《底特律自由新闻报》采访时这样告诉记者。根据他以往的工作表现，我们相信他可以带领通用汽车走出困境。然而在上任后不久，瓦格纳就必须面对通用汽车历史上最艰难的挑战。

国际原油价格的不断上涨、汽车销售刺激计划实施效果不佳、德尔福等主要零配件供应商破产以及数量庞大的长期债务压力导致通用汽车的信用评级不断下调。这反过来也影响了其旗下最成功的子公司也是其金融部门的 GMAC。

⊖ “Interview with Rick Wagoner,” *Detroit Free Press*, September 10, 2006.

博龙拯救通用汽车……也许

当通用汽车的汽车部门面临困境的时候，GMAC报告显示其在2005年的营业额达到340亿美元，息税折旧摊销前利润200亿美元，净利润24亿美元。从1919年开始，GMAC便是通用汽车的全资子公司，GMAC的经营范围包括汽车和商业金融服务、保险及住房抵押贷款服务、房地产服务。尽管GMAC是通用汽车商业王国皇冠上的明珠，也是整个集团最赚钱的部门，但因其是通用汽车的子公司，GMAC的信用评级在2005年春季被下调至垃圾级。随着GMAC信用评级的下调，对通用汽车出售GMAC的广泛猜测成为新闻舆论及华尔街广泛关注的焦点，通用汽车如何处置（全部出售或部分出售）其金融部门是通用汽车重组过程最重要的环节。如果GMAC被出售，信用评级机构便可以对其单独进行信用评级（据推测信用级别应为投资级）。毕竟GMAC不仅仅只是1家汽车金融服务公司，其超过50%的业务为非汽车类业务。公司发言人西蒙纳提对外界的猜测回应道："我们正在努力探索如何对GMAC单独进行信用评级，我们将关注并评估任何可行的方案"。[一] GMAC将其房地产服务公司GMACCH公司78%的股权卖给KKR为首的财团验证了研究员们的猜测。此次出售的房地产业务的利润占GMAC 2005年全部净利润的11%，此交易为出售GMAC拉开了序幕。在交易完成后的新闻发布会上，通用汽车宣称："结合股权出售，GMACCH寻求获得单独的信用评级以增强其在新的平台上的融资能力。"[二]不久之后，通用汽车宣布向博龙为首的财团出售GMAC余下资产51%的股权，该财团包括博龙、花旗集团及日本青空银行（博龙持有其62%的股权）。

博龙：新的资本大鳄

博龙是一家来自纽约的非常低调的私募股权投资机构，据称其管理资产额已超过220亿美元。在创始人兼管理人斯蒂芬·范博格的领导下，博龙从20世纪90年代的一家边缘的兀鹫基金成长为多策略的投资巨头，业务范围涉及私募股权投资、风险投资及对冲基金投资。在管理资产额达到100亿美元时，博龙的业务开始涉及困境债务。博龙很快便以投资果断获得公众赞誉，但机构和其创始人一样低调，很少出现在媒体的聚光灯下。随着管理资产额不断增加，于20世纪90年代末达到数十亿美元，公司很难像从前一样继续保持低调，逐渐被公众所熟知。博龙在希腊神话中是一只有三个头的地狱守护犬，截至2006年，范博格领导机构持有45家不同行业公司的控股权，这些公司的营业收入超过600亿美元。[三]博龙的宣传材料上称其1998年至2005年的投资平均年收益率达到22%。博龙成功的投资项目包括SSA Global软件公司、通信服务提供商Teleglobe、美国先锋租车公司[四]；博龙还持有食品和药品零售商Albertson's和加拿大航空的股份。从投资的历史数据来看，博龙采取温和的手段来管理旗下的资产组合，并且更喜欢使用善意收购和交易的方式投资目标公司，包括与公司现有股东共同探讨决定公司未来的发展战略。虽然博龙将近一半的投资项目为制造业和服

[一] "Will GM Part with GMAC?" CNNMoney.com, May 25, 2006, http://money.cnn.com/2005/05/25/news/fortune500/gm_gmac/index.htm.

[二] KKR press release, August 3, 2005.

[三] Charles Duhigg, "Can Private Equity Build a Public Face?" *New York Times*, December 24, 2006 and Cerberus-Web site.

[四] "What's Bigger than Cisco, Coke or McDonald's?" BusinessWeek Online, October 3, 2005.

务业，但其旗下的资产组合还涉及医疗保健、零售、金融服务及交通运输行业（见图 C10-2）。

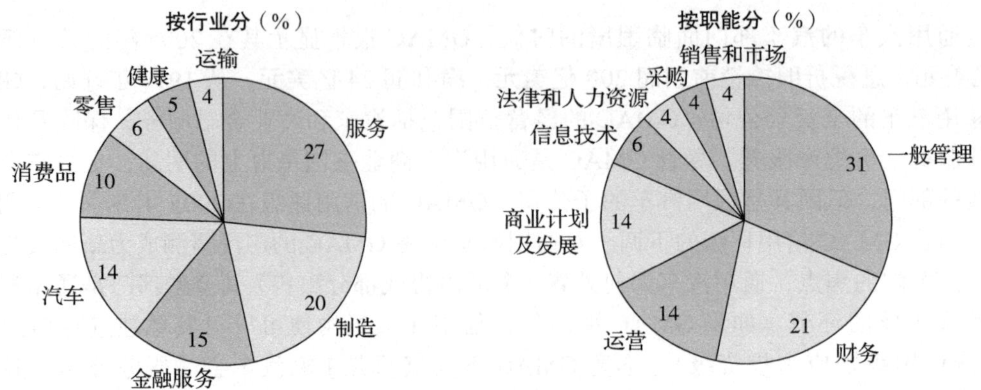

图 C10-2 博龙投资项目领域

资料来源：Cerberus Capital Web Site.

交易及交易细节

在击败竞争对手 KKR 为首的财团取得 GMAC 的控股权后，博龙完成了从幕后到台前的角色转变。博龙用未来 3 年内向通用汽车支付 140 亿美元现金的代价接管 GMAC 价值超过 3 000 亿美元的租赁合约、贷款以及保单[⊖]，以下为部分交易条款（见专栏 C10-1）。

专栏 C10-1 GMAC 交易事件（2006 年 4 月 2 日新闻）

通用汽车达成出售 GMAC 控制权协议

博龙为首的财团购买 GMAC 51% 股权

通用汽车将在未来 3 年得到 140 亿美元现金

发自底特律：通用汽车（纽交所交易代码：GM）今天宣布公司将其子公司 GMAC 51% 的股权出售给私募股权投资机构博龙为首的联合财团。联合财团包括博龙、花旗集团以及日本青空银行。通用汽车因此次交易将在未来 3 年得到 140 亿美元现金，包括交易结束后 GMAC 将支付给通用汽车的 100 亿美元。

此次交易加强了 GMAC 支持通用汽车的汽车业务的实力，使 GMAC 能够以更低的成本融资，改善了通用汽车的资产流动性并且通用汽车因仍持有 GMAC 49% 的股权而继续分享其带来的收益。

“我们期待与博龙合作拓展 GMAC 的传统优势业务，继续为集团服务。”通用汽车董事长兼 CEO 里克·瓦格纳表示，“这次交易是通用汽车业务重整中的一座里程碑。它将使 GMAC 变得更加强大，并且保持了通用汽车和 GMAC 之间良好的互利关系。同时，此次交易为通用汽车提供大量流动资金以发展其在北美的重整计划，为通用汽车未来发展提供金融支持，并缓解了通用汽车的资金压力使公司可以投资其他优质资产。”

“在过去 9 个月里，我们一直在大力实施我们的北美重整计划，”瓦格纳说，“我们已经采取了一些重大举措，比如和汽车工会签订医疗保健协议、制造能力计划、改变我们的工薪医疗计划和养老金计划、加快对小时工的裁减和全面修改我们的营销策略。这些大胆积极的举措将在短时间内提升公司的竞争力并保持通用汽车长期的成功，今天的交易是为实现以上目标而采取的进一步举措。”

⊖ “Cerberus to KKR: Eat Our Dust,” BusinessWeek Online, April 24, 2006.

经过几个月不同交易方案衡量后，通用汽车的董事会在周日的一次特别会议上批准了这次出售。通用汽车的发言人、主持董事乔治·费舍尔表示："此项交易和公司为其重整计划所采取的举措是一座重要的里程碑，但公司仍有很多工作需要做。公司董事会相信，在里克·瓦格纳先生及其管理团队的带领下，通用汽车会很快恢复盈利。"

交易正在等待美国和国际监管机构以及其他部门的审批。公司希望在2006年第4季度完成交易。

通用汽车将得到140亿美元现金

总价值140亿美元的现金交易包括：交易结束后，通用汽车从博龙为首的财团处获得74亿美元现金；从GMAC及其美国子公司变更的有限公司获得约27亿美元现金分红；此外，通用汽车在未来3年还将从GMAC接管账面价值约200亿美元的汽车租赁、零售贷款及相关资产，预计这些资产在未来3年给通用汽车带来约40亿美元的变现。

在交易完成前，通用汽车仍将收到GMAC派发的股息，这部分资金将主要用于偿还从GMAC处获得的各种公司间贷款。这样，GMAC对通用汽车的未偿付无担保贷款将降至4亿美元，今后的无担保贷款最高额度为15亿美元。

通用汽车和以博龙为首的联合财团将投资19亿美元现金来购买重组后的GMAC的优先股(通用汽车出资14亿美元，联合财团出资5亿美元)。通用汽车继续享有所持GMAC 49%股份所带来的股息及其他收益。

通用汽车将承担在2006年第二季度因出售GMAC 51%股权而产生的11亿～13亿美元的税前非现金费用。

花旗集团提供250亿美元的银团贷款

花旗集团将为GMAC提供两笔总值高达250亿美元的资产抵押银团贷款，用以支持GMAC持续经营的业务和加强GMAC已有的较高流动性。花旗集团已经为该两笔贷款承诺125亿美元，该贷款独立于花旗集团之前对GMAC的权益投资。

"花旗集团与通用汽车有90年的合作历史，这次交易对双方来说，都是一次可以保证公司长期成功的机会，也是一次有吸引力的投资机会。我们很高兴能够作为其中一员，和以博龙为首的机构一起，加入到这个独特而强大的合作关系中。"花旗集团公司与投资银行部全球银行业务CEO迈克尔·克莱因表示。

GMAC未来的董事会将有13名成员：6名董事由联合财团任命，4名董事由通用汽车任命，其余3名为独立董事。GMAC将留任现在的管理层。

通用汽车希望通过引入新的控股投资人增加GMAC的权益投资，从而大幅减少通用汽车对GMAC的无担保信贷的信赖，增强GMAC资本实力以提升公司的信用评级。通用汽车和GMAC希望通过此次交易使GMAC的信用评级独立于通用汽车。

总价值140亿美元的现金交易包括：交易结束后，通用汽车从博龙为首的财团处获得74亿美元现金；从GMAC及其美国子公司变更的有限公司处获得约27亿美元现金股利；通用汽车还将从GMAC接管账面价值约200亿美元的汽车租赁、零售贷款及相关资产，预计这些资产在未来3年给通用汽车带来约40亿美元的变现。

除此之外，通用汽车和以博龙为首的联合财团将投资19亿美元现金购买重组后GMAC的优先股(通用汽车出资14亿美元，联合财团出资5亿美元)。对双方来说，此次交易的一个重要目的是减少GMAC对通用汽车的无担保风险暴露，花旗集团将为GMAC提供总价值达250亿美元的资产抵押银团贷款。通用汽车将继续享有所持GMAC 49%股份所带来的股息及其他收益。2006 年第二季度因出售产生的约 12 亿美元的税前费用由通用汽车承担。最后，通用汽车还保有一份期权，即在交易结束后 10 年内，在达到某些条件后可以重新获得 GMAC 的汽车金融服务业务，这些条件包括通用汽车的信用评级为投资级（见专栏 C10-2 和专栏 C10-3）。

专栏 C10-2 通用汽车的看涨期权概述

- 通用汽车的看涨期权期限为 10 年，关于全球汽车金融业务
  - 不包括住房抵押贷款业务及保险业务
- 执行期权的条件是通用汽车的信用评级为“投资级”或信用评级高于 GMAC 的评级
- 执行价格（二者中较高者）：
  - 合理的市场价格
  - 全球汽车金融业务净利润的 9.5 倍

资料来源：GMAC Financial Services Fixed Income Investor Presentation, December 1, 2006.

专栏 C10-3 GMAC 信用情况、收入种类及 5 年期债券利差

增强的信用情况：

- 新增 21 亿美元优先股。
- 2007 年 3 月向通用汽车支付 10 亿美元的现金股利。
- 2007～2008 年的税后收益将会被留存在 GMAC。
- 2009～2010 年归属博龙的税后利润分配将被留存在公司，用以认购公司的优先股。
- 确定对通用汽车的无担保风险暴露上限为 15 亿美元。
- 消除与通用汽车养老金有关的潜在风险。
- 已经承诺的贷款：
  - 花旗集团提供 100 亿美元的担保贷款；
  - 60 亿美元的过桥贷款。
- 可以较低成本进行融资。

总收入——业务种类

- 在各项收入方面都有显著增长，其中 50% 的收入是由住房抵押贷款和保险业务贡献的。

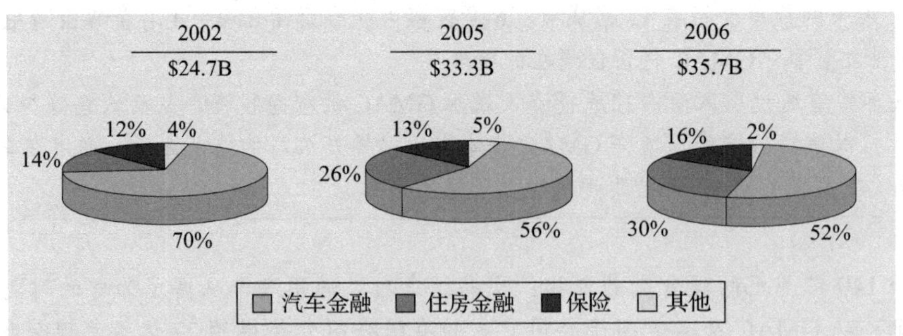

总收入反映了总财务收入加保险溢价，服务收入加住房抵押贷款账户利润、投资利润以及其他利润。总收入不等于净利息扣减折旧费用和信用损失。

GMAC 5 年期无担保债券利差

- GMAC 债券的利差已经收窄到 2004 年年初以来的最低水平。
  - 市场承认信用与通用汽车脱钩。
  - 尽管如此，GMAC 的 5 年期债券利差依然比 BBB- 级债券高 90 个基点。

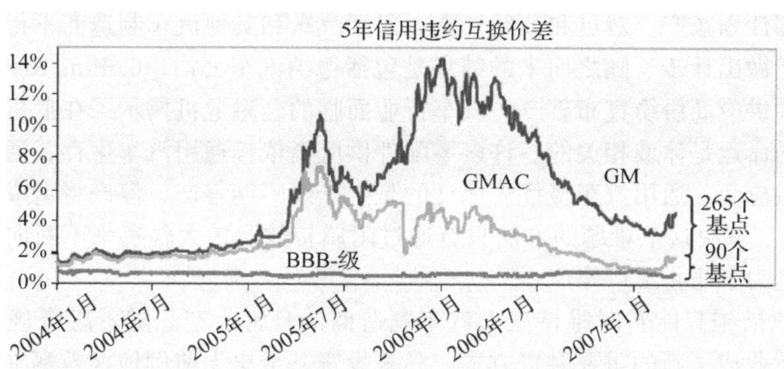

资料来源：GMAC Financial Services, 2007 Investor Forum.

重重障碍

除了正常的州政府及美国联邦政府的监管之外，其他阻碍也可能影响交易的完成。2006年7月，在养老金担保公司（PBGC）称不会将通用汽车的养老金义务强加给GMAC的买家后，通用汽车解决了出售交易中第一个大难题。在提交给美国证券交易委员会的文件中，通用汽车宣布养老金担保公司保证博龙无须承担汽车工厂员工的养老金。政府监管部门也通过发言人表示他们确信通用汽车虽然出售了GMAC的大部分股份，但此举绝不是在试图逃避交纳员工的养老金。

博龙选择投资GMAC的一个主要驱动因素是可以将GMAC的产业贷款机构执照过户给博龙为首的财团。人们普遍认为（交易双方的发言人也确认）如果2006年年底产业贷款机构执照过户失败将成为阻碍此次交易成功的潜在威胁。2006年夏天，美国联邦存款保险公司决定暂停受理产业贷款机构执照的申请，为期6个月（主要是为应对零售业巨头沃尔玛成立产业贷款机构的申请）。此项决定在当时极可能阻碍交易的正常进行。2006年11月中旬，美国联邦存款保险公司投票通过允许通用汽车将其产业贷款机构执照过户给博龙为首的联合财团，清除了影响交易的另一大障碍。

交易过程中的另一个难题还没有被完全解决。2006年11月下旬，信用评级机构惠誉及标准普尔都将GMAC的信用评级上调一级至BB+级。标准普尔还自2005年10月以来首次将GMAC从“观望”中移除。但与此同时，穆迪维持其对GMAC的评级，仍停留在垃圾级Ba1级，并确定未来评级展望为负面。穆迪解释称通用汽车持有的回购期权代表了GMAC评级的上限。穆迪公司同时表示，如果GMAC可以加强资产的流动性，其未来评级展望可提升至稳定。虽然政府机构曾正式声明GMAC的信用级别不与通用汽车直接相关，但作为GMAC的主要客户，通用汽车仍将影响GMAC的信用级别。GMAC在2006年年底的信用评级仍低于公司的预期水平。

通用汽车的供应商关系

在过去20年里，汽车行业与其供应商之间的复杂关系和双方间的互不认同超过了美国绝大多数行业。在美国汽车行业不景气时，供应商的业绩也直接受到严重影响。因底特律三大汽车制造商都计划减产、裁员和节约开支，通用汽车和其他汽车制造商不得不进一步要求供应商在价格上做出让步。随之而来的结果是包括德纳汽车公司，Collins & Aikman 和德尔福在内的零配件供应商纷纷宣布破产。汽车行业面临的金融危机揭示了在危机面前汽车制造商和其供应商的命运是休戚相关的。许多零配件供应商依赖通用汽车生存，通用汽车也同样需要依赖这些供应商。通用汽车最优先保证的是生产线不能停产，停产将造成大约每周数十亿美元的损失。[㊀]解决这个难题的方法只有通过附属贷款及扩大融资来不断向供应商投入资金，这一切都是为了防止工厂停产。

以上的紧急措施只能暂时维持三大汽车制造商的日常生产。随着融资规模突破万亿美元，对冲基金行业成了新的重要融资方式。私募投资基金史无前例地挽救濒临破产的汽车零配件供应商，通过购买其债务并为其发行债务进行融资，包括第二顺位贷款。

因“不受内部信用风险评级”影响，[㊁]第二顺位贷款比其他类型的债务更安全，而其收益率只略低于其他债务。第二顺位贷款与银行贷款具有同样的权利和条款，以及第二顺位的债务偿还优先权。[㊂]与高收益但缺少保障的夹层债务和低收益的银行贷款相比，第二顺位贷款的收益率一般为 10%～15%。第二顺位贷款条约中通常以其他的抵押物或与抵押物等额的额外现金保障债权人权益。例如，第一顺位贷款以流动资产（如应收账款、存货等）为抵押物，而第二顺位贷款则以固定资产（如房地产、厂房和生产设备等）为抵押物（见表 C10-3）。[㊃]

表 C10-3 第二顺位贷款概览

第二顺位贷款	资产基础	现金流基础
优先级	优先级贷款人之后的第二顺位	优先级贷款人之后的第二顺位
结构	资产用于抵押，如应收账款、存货、生产设备、房地产以及知识产权	融资以公司持续经营价值为基础，而不是其清算价值为基础
期限	3～5 年	3～7 年
定价	LIBOR 加 5%～12% 定价是资产质量和增长率支持性的函数	LIBOR 加 5%～15% 定价是公司规模、信用评级的可获得性及金融发起人支持的函数 可接受风险档级的二级市场流动性提高了融资份额（超过 5 000 万美元）。B3（穆迪）、B-（标准普尔）以上的信用评级以及权益发起人支持将推动产生更有竞争力的定价。财务杠杆过高和公司总价值较低将增加融资成本
优势	增加融资来源，不会稀释权益或增加额外条款 提供贷款偿还时间表的灵活性	增加融资来源，不会稀释权益或增加额外条款 提供贷款偿还时间表的灵活性

资料来源：GE Commercial Finance.

对冲基金为汽车零配件供应商提供大量急需的资金，也为供应商传统的债权人设定了不同的偿还优先权。因为有雄厚的资金支持，阿帕卢萨资产管理公司、维森·肯普纳、传奇并购投资人卡尔·伊坎和威尔伯·罗斯为陷入困境的美国汽车零配件供应商提供大笔资

㊀ “GM Boosts Profit But Not Recovery,” *Boston Globe*, October 25, 2006.

㊁ “ Capital Eyes: Completing the Capital Structure with a Second-Lien Loan,” Bank of America e-newsletter, April 2003.

㊂㊃ 同㊁。

金。他们对陷入困境的汽车零配件供应商的投资也引来了传统债权人的争议。阿帕卢萨资产管理公司的大卫·泰伯是最活跃的投资人之一。2005 年底德尔福汽车公司宣布破产后，阿帕卢萨立即收购了其大约 10% 的权益，还领导了一个权益委员会以参与德尔福汽车公司的重组，成为供应商破产程序的一个活跃分子。[㊀]以阿帕卢萨为首的委员会（由几家投资者组成，包括博龙）2006 年 12 月与德尔福达成协议，为其投资 34 亿美元并参与其重组工作。[㊁]

博龙建立一个更大的汽车金融服务平台

2007 年 5 月，博龙又参与了一项汽车工业投资。博龙以 78 亿美元的价格从戴姆勒 - 奔驰公司手中买下克莱斯勒 80.1% 的股份，10 年间奔驰公司已为克莱斯勒投入了近 360 亿美元。在这次惊人的大交易中，博龙不仅得到了一家大型的标志性汽车生产商，还收购了克莱斯勒金融服务公司，为克莱斯勒金融服务公司和 GMAC 的合并做好了准备。这笔交易使博龙获得了美国汽车贷款市场 11% 的市场份额，约为美国第二大汽车信贷公司福特汽车信贷公司市场份额的 2 倍。因此，博龙希望通过其市场占有率、显著的成本和运营协同效应获得综合效应。博龙希望可以从对 GMAC 的投资中获得更高的收益。

美梦变为梦魇

在收购克莱斯勒以后，博龙增加了大约 200 亿美元的债务，博龙为这些债务抵押了所有可抵押的资产。2008 年油价突破每加仑 4 美元时，消费者开始购买小型车和混合动力车。不幸的是，克莱斯勒的生产线以生产高油耗的卡车、SUV 和小型货车为主。同时，因为次贷危机恶化及信贷收紧，消费者很难支付买小轿车这样高昂的开销。此外，在母公司财务困境越来越严重的情况下，克莱斯勒金融服务公司也难以获取足够资金以维持汽车贷款业务。2008 年夏天，博龙将克莱斯勒金融服务公司变为高盈利金融机构的计划彻底破灭。银行要求克莱斯勒金融服务公司停止向信用评级低的客户发放贷款，此举影响克莱斯勒的销售情况。2008 年 8 月，克莱斯勒的销售额下降了 35%。同年 9 月，雷曼兄弟宣布破产，华尔街陷入一片恐慌。客户对购车持观望态度，克莱斯勒削减产量，收入下降，公司每天都蒙受巨大损失。

11 月，克莱斯勒的销售量直线下降，与此同时克莱斯勒金融服务公司基本停止提供贷款，这导致经销商失去了资金来源。此时，博龙终于意识到汽车金融服务只有与业绩良好的汽车公司合作才能取得成功。2009 年 3 月底，美国政府要求克莱斯勒在 30 天内完成菲亚特对其的收购，此项交易需要与汽车工会达成协议以实现成本削减。4 月中旬，收购交易唯一的障碍是克莱斯勒高达 69 亿美元的债务。美国财政部希望提供 22.5 亿美元用以冲销这些债务，但 45 家银行及对冲基金债权人拒绝此项提议，这将使克莱斯勒进入破产程序并使博龙与其伙伴所有的剩余价值都化为乌有。

银行和对冲基金的做法令奥巴马总统十分愤怒，他表示："这些债权人仍在期待克莱斯

㊀ Micheline Maynard, " Equity Firms to Invest up to $3.4 Billion in Delphi, " *International Herald Tribune*, December 18, 2006.

㊁ David Welch, "Bankruptcy Becomes Delphi," *BusinessWeek Online*, January 15, 2007.

勒得到更多的援助，这对纳税人是不公平的”。[⊖]密歇根的民主党人约翰·丁格尔称这些债权人是“卑鄙的对冲基金”和“贪婪的秃鹫”，应该被送上法庭。[⊜]奥巴马政府授权的破产法院准备将50%以上的援助及克莱斯勒大部分所有权判给汽车工会下属的养老金，同时各对冲基金和银行最多只能得到20亿美元的欠款但不会得到克莱斯勒的股份（尽管进入破产法院前，债权人要求的索赔高于汽车工会）。债权人表示将上诉，因为破产法院的判决意味着美国政府凌驾于合同法、破产法和美国宪法对私有财产神圣不可侵犯的规定之上。

2009年6月，公司主要债权人拒绝总值达270亿美元的债转股计划后，通用汽车继克莱斯勒之后申请破产保护。在此之前，GMAC努力摆脱破产的命运。GMAC通过接受联邦政府70亿美元的援助而转为银行控股公司并将其在线银行更名为Ally Bank。银行新任首席营销官桑贾伊·古普塔表示银行新名字的寓意为Ally Bank是可以信赖的伙伴[⊜]。通用汽车的破产涉及了GMAC，使通用汽车和博龙不得不减持GMAC的股份，以便财政部可以控股GMAC。

GMAC脱离通用汽车的最初设想是尝试令GMAC可以独立经营，提高GMAC的信用评级从而可以以较低的利率募集资金。尽管公司与克莱斯勒金融服务公司合并后努力扩大经营范围和提升赢利能力，但事实证明这次尝试是失败的。博龙对美国汽车工业的梦幻投资变成了一场噩梦。

⊖ White House press release, “ Remarks By the President on the Auto Industry,” April 30, 2009, http://www.whitehouse.gov/the_press_office/remarks-by-the-president-on-the-Auto-Industry.

⊜ Neil King Jr. and Jeffrey McCracken, “Chrysler Pushed Into Fiat’s Arms,” *Wall Street Journal.com*, May 1, 2009.

⊜ Aparajita Saha-Bubna, “GMAC Will Change the Name of Its Bank,” *Wall Street Journal.com*, May 15, 2009.

亨氏食品公司并购

2012年12月，乔治·保罗·雷曼，3G资本的共同创始人和合伙人，向沃伦·巴菲特提议由3G和伯克希尔－哈撒韦一起来收购亨氏食品公司（H. J. Heinz Company）。经过对收购价格协商后，亨氏食品同意继续探讨收购的可能性。尽管该食品公司已经非常成熟了，3G和伯克希尔－哈撒韦还是看到了亨氏在新兴市场扩展业务并在生产方面提高营运效率的机会。代表双方利益的投资银行家都觉得收购价格估值合理。但这是否意味着本次收购确实是一项公平交易？对于股东、管理层、雇员以及长久以来亨氏食品总部所在地的匹兹堡市民们，未来会怎样？而把亨氏食品引入并购的激进投资者们，他们的作用又如何？

代理权之争

这场并购发生的6年前，也就是2006年，市场非常繁荣：各家公司获得了创纪录的利润；并购活动强劲；市场显示出种种从2000年初期互联网泡沫破裂中复苏的迹象。但亨氏食品公司却是另一番景象：一季又一季的亏损，投资者要求立刻变革。投资者要求改善业绩的压力巨大，尤其来自于尼尔森·佩尔茨，他是个口无遮拦的激进投资者，刚通过他的Trian基金管理公司买入了5.4%的亨氏的股份。佩尔茨要求要么整体出售公司，要么出售一些非核心资产，并大力回购股票，削减亨氏食品首席执行官威廉姆·约翰逊掌控下的奢靡开支。佩尔茨要求获得董事会6个席位来对疲弱的公司施加真实的监督压力。2006年6月，亨氏食品宣布了一项大幅重振计划，削减了2 700名员工，关闭了15家工厂，并发起了10亿美元的回购。亨氏希望通过运作这项翻身计划而保留对公司的控制权，但只是获得部分成功。佩尔茨最终在董事会12个席位中获得了2个席位。此事奠定了未来出售亨氏公司的基础。

市场状况

2008～2009年的金融危机拖垮了全球经济，之后美国经济缓慢复苏。GDP增长率在2%左右摇摇摆摆，许多经济学家预测GDP将会有一个小反弹到3%。随着消费者信心的上升，消费支出温和增长，存货数量有所增加。尽管存在意见分歧，许多经济学家的说法和经济指标都指向了一个事实，即美国经济正走在复苏的路上。

在食品饮料行业，许多公司开始看到消费者购买力的回升。一些管理者通过扩展客户基数到新的市场（包括中国、俄罗斯、印度和拉美地区），从而发现了增长机会，另一些则通过对生产线固定资产加大杠杆投入而获得发展规模经济的机会。并购活动由 2008 年的低点涨起，因为投资者不断地给管理层施压，要求出售非核心的生产线以寻求更有效的业务，并期待通过并购活动使得公司业绩增长和毛利润提升。

并购过程

乔治·保罗·雷曼和沃伦·巴菲特相识已有多年，他们一致认为由佩尔茨搅动的亨氏回升是成功的，而且尚有较大的全球扩张潜力。3G 告知亨氏的首席执行官约翰逊，3G 和伯克希尔 – 哈撒韦有意共同收购亨氏食品。之后，约翰逊将收购方普通股 70 美元每股的报价呈报给董事会。在 2013 年 1 月 15 日的董事会议上，董事会成立了交易委员会，并表决决定聘用 Centerview 合伙公司和美银美林作为财务顾问。亨氏的董事会和财务顾问讨论了可能对亨氏不利的市场环境，包括全球较低的 GDP 增长率。他们还讨论了出售亨氏的替代方案，包括继续作为一家独立公司而存在以及寻求出售给另一家食品饮料行业的公司。在更新了策略计划和财务预测之后，亨氏通知 3G 如果没有更好的报价条件的话，他们不会继续讨论并购的可行性。两天之后，3G 和伯克希尔 – 哈撒韦递交了修改后的价格，即每股 72.50 美元，整体报价是 20 亿美元（包括亨氏现存的债务）。新报价一周之后，亨氏同意继续就收购进行谈判。

在 40 天“货比三家”的“go-shop”期[⊖]（给亨氏一些时间去寻找其他投资者）后，亨氏、3G、伯克希尔 – 哈撒韦同意在 2013 年 2 月 13 日签署协议。那天，美银美林和 Centerview 向亨氏董事会报告，认为从财务角度看收购报价是公平的。董事会的交易委员会在收到美驰公司（Moelis）出具的公平意见书之后，也批准了收购交易，并允许签署合并协议和召开新闻发布会。

关键时点[⊜]

2012 年 12 月 12 日　3G 资本的合伙人乔治·保罗·雷曼向巴菲特提议由伯克希尔 – 哈撒韦和 3G 一同收购亨氏食品，巴菲特给予了积极回应。

2012 年 12 月 18 日　亨氏的首席执行官威廉姆·约翰逊与雷曼、亚历山大·博赫林会谈，后者是 3G 的执行合伙人。他们讨论了食品饮料行业，但并没有提出收购建议。

2013 年 1 月 10 日　博赫林告诉约翰逊，3G 资本和伯克希尔 – 哈撒韦有兴趣共同收购亨氏。约翰逊回应道：如果博赫林提供一份书面的收购建议，他会告知董事会，但亨氏不会被贱卖。

⊖ 并购中的“货比三家”条款允许目标公司在与一家初始买方签署确定性协议之后的一段有限时间内（一般是 2 个月之内）可以打探潜在买方的购买兴趣。招揽权允许卖方在遵守保密协议的基础上，可以与潜在买方交换目标公司机密信息。如果“货比三家”过程中出现了更好的报价，目标公司董事会可以行使“受托人退出”，并终止与最初买方的收购协议。这可能需要支付分手费。

⊜ 亨氏的股东投票征集说明书，http://www.sec.gov/Archives/edgar/data/46640/000119312513089866/d491866-dprem14a.htm.

2013 年 1 月 14 日	3G 资本和伯克希尔 – 哈撒韦出具了一份非强制性的（nonbinding）的收购建议，对亨氏现有普通股的收购报价是 70 美元每股。
2013 年 1 月 15 日	亨氏董事会开会讨论收购建议，之后设立了交易委员会并投票确定聘用财务顾问（Centerview 合伙公司和美银美林）。
2013 年 1 月 20 日	亨氏更新了它的财务预测和战略计划。
2013 年 1 月 22 日	亨氏通知 3G：如果不进一步提高财务条件，亨氏将不会推进并购方面的谈判。
2013 年 1 月 24 日	3G 和伯克希尔 – 哈撒韦提交了修改的非强制性收购建议，对现有普通股的出价为每股 72.5 美元，全部现金交付。
2013 年 1 月 30 日	亨氏董事会认为收购建议具有吸引力，认可继续谈判。
2013 年 2 月 1 日	3G 和伯克希尔 – 哈撒韦发给 Centerview 一份建议的投资意向书。
2013 年 2 月 7 日	新文本的投资意向书出台，包含 40 天“货比三家”期。
2013 年 2 月 8 日	参与各方同意在 2 月 13 日签字。
2013 年 2 月 13 日	美驰公司向交易委员会提交了公平意见书，该报告建议亨氏董事会出售公司。另两家财务顾问也出具了公平意见书，董事会批准了出售。
2013 年 2 月 14 日	亨氏、3G 和伯克希尔 – 哈撒韦召开了新闻发布会，宣布这起并购交易。
2013 年 3 月 30 日	亨氏宣布股东批准了并购交易。

亨氏的历史

H. J. 亨氏公司成立于 1869 年，创始人亨利 · J. 亨氏起先是在宾夕法尼亚的夏普斯堡卖瓶装的山葵。该公司 1900 年成为股份有限公司，自此之后总部即坐落于宾夕法尼亚的匹兹堡。1896 年，亨氏公司销售包括番茄酱在内的 60 多种产品，基于此，该公司提出了“57 种”的宣传口号。作为美国第一批食品加工企业，亨氏使那些过去习惯于自己制作食品的顾客开始购买加工并包装好的食品，比如豆类、汤、泡菜和调料。亨氏于 1946 年开始在纽约证券交易所上市。1978 年，它收购了国际瘦身公司（Weight Watchers International），由此开始并购其他公司。一直以来，亨氏非常重视它的总部所在地匹兹堡，对那里的员工表示了诚意。亨氏的愿景是：“作为营养与健康行业值得信赖的领导者，作为纯净食品公司的鼻祖，亨氏全力维护全人类、全星球和本公司永续健康发展。”

威廉姆 · 约翰逊是亨氏被收购时的 CEO，他 1982 年开始在亨氏工作，并于 2000 年替代托尼 · 欧莱利成为公司 CEO，托尼 · 欧莱利是公司首位亨氏家族以外的 CEO。亨氏宣布收购完成后，伯纳德 · 希斯将成为新的 CEO，此人之前在 3G 资本所投资的汉堡王担任 CEO。

产品概览

大多数顾客熟悉亨氏是因为那个无所不在的贴着“57”的番茄酱瓶子，其实亨氏的在售产品有好几百种。它的产品包括调料、速冻食品、汤、婴儿营养品等。它的某些产品在美国非常有名，包括 Classico 意大利面酱、Bagel Bites 以及星期五餐厅的冷冻开胃食品。尽管亨氏的产品被认为主要在美国销售，但实际上公司销售收入的 60% 来自于美国以外的市场。[㊀]亨氏将其业务划分为北美、美国食品服务、欧洲、亚太地区以及“全球其他地区”。亨氏已经能够适应全球各种市场的不同文化氛围。比如，在意大利，亨氏因婴儿食品品牌 Plasmon 而闻名；在英国，则因亨氏豆类而闻名。在这么多地区销售产品带来的一个难题是亨氏的收益对汇率变动非常敏感。2012 年，亨氏在主要是发展中国家的“全球其他地区”的销售收入增长迅速，达到了 108.3%（详见表 C11-1）。[㊁]

表 C11-1 亨氏按地区的销售收入 （单位：10 亿美元）

地区市场	2011 年销售收入	2012 年销售收入
欧洲	3.25	3.44
亚太	2.32	2.57
北美	3.27	3.24
美国食品服务	1.41	1.42
全球其他地区	0.47	0.98

资料来源：亨氏 2012 年 10-K 年度报表。

增长机会

尽管食品行业已经成熟，但投资者对亨氏挺进新兴市场非常感兴趣，哪怕这些市场仅占公司销售收入 9% 不到。[㊂]新兴市场的竞争尚处于群雄逐鹿时期，传统的竞争对手都已经与亨氏差不多同步进入，但是市场的龙头企业还没有清晰可见。根据一些经济学家的估计，到 2027 年，金砖国家（巴西、俄罗斯、印度和中国）的经济增长会超过七国集团（美国、英国、法国、德国、意大利、加拿大和日本），这为产品销售注入了强劲的增长潜力。

亨氏希望依托提升技术和供应链管理来实现盈利增长。公司计划在产品研发方面减少投资，而更关注于优化生产流程，从而最大化工厂的产能利用率，减少浪费或者变废为宝。原料供应商和营销渠道预计会继续整合，从而为包括亨氏在内的主流食品生产商带来成本降低的机会。

买方概况

3G 资本是一家投资公司，在纽约和里约热内卢都有办公室。3G 资本的专长在于零售和消费者行业。共同创始人乔治·保罗·雷曼、卡洛斯·阿尔伯托·斯库皮拉、马塞尔·赫曼·泰利斯和罗伯特·汤普森·莫塔都是巴西人，他们是董事会的董事。3G 在 2010 年 9 月以 40 亿美元收购了汉堡王，并派出两位共同创始人担任汉堡王的董事。3G 之前投资过 Jack in the Box 和温迪，但是在收购汉堡王之前将这些股份出售了。

伯克希尔－哈撒韦公司是一家控股公司，由沃伦·巴菲特在 1955 年成立，总部在内布

㊀ 亨氏 2012 年 10-K 年度报表。

㊁㊂ 同㊀。

拉斯加州的奥马哈。在《福布斯》最大公众公司排行中位列第九。伯克希尔 – 哈撒韦在众多行业拥有公司，包括保险、铁路以及零售，其所投资的公司中包括一些食品饮料类公司，如奶品皇后 DQ、The Pampered Chef 和喜诗糖果。伯克希尔 – 哈撒韦持有可口可乐 18% 的股份，还有玛氏的一些股份。

投资银行

买方方面：3G 和伯克希尔 – 哈撒韦聘用了摩根大通、拉扎德和富国银行来为交易提供咨询并出具公平意见书。

亨氏方面：亨氏董事会聘用了美银美林、Centerview 合伙公司和美驰公司为交易提供咨询并出具公平意见书。

交易动态

结构设计

伯克希尔 – 哈撒韦和 3G 考虑了各种法律上的所有权形式，最终决定采用反三角并购方式：由伯克希尔 – 哈撒韦和 3G 控制的霍克收购控股公司（Hawk Acquisition Holding）全资持有霍克收购子公司（Hawk Acquisition Sub)，霍克收购子公司将与亨氏实现合并。合并结束后，霍克收购子公司将立即更名为亨氏，并作为留存实体。这个结构有助于避免引发控制权重大变动和亨氏已有合同中的债务立即到期条款。

分手费

如果合并协议由亨氏单方面终结，或者合并没有在 2013 年 11 月 13 日之前完成，再或者亨氏的股东没有批准合并，亨氏同意为此支付 7.5 亿美元现金的分手费。买方同意向卖方提供 14 亿美元的反向分手费来保护亨氏股东，以防止买方没有完成交易。

对匹兹堡的承诺

2000 年年初的时候，亨氏计划收购好时食品公司（Hershey Food Company）时，许多好时的股东表达了对可能需要从宾夕法尼亚州的赫希镇搬迁的担忧，而亨氏对该种可能未做回应，这次收购因此作罢。亨氏董事会由此事件得到教训，考虑到亨氏在公司出售后有可能搬迁出匹兹堡所带来的影响（还包括对亨氏足球场命名权的影响），在合并谈判中，CEO 约翰逊坚称不会将业务搬迁到公司原总部匹兹堡以外。

协同效应

很多并购交易都会产生较大的合并协同价值，交易不同而协同效应也各有不同。表 C11-2 大致列出了不同行业典型的协同效应。

表 C11-2 公布的协同效应相对于交易标的出售值的比例的中位数

健康	9.9%	服务业	4.9%	食品	3.2%
金融	8.6%	建筑	4.4%	零售	3.0%
化工	8.0%	通信	4.4%	汽车	2.9%
采矿	7.3%	啤酒	4.2%	石油	2.4%
家居	5.1%	技术	4.0%	批发	2.0%
平均	5.0%				

资料来源：综合自 FactSet 和 Jens Kengelbach、Dennis Ulzerath、Christoph Kaserer 和 Sebastian Schatt，波士顿咨询集团以及德国慕尼黑工业大学的"分而治之：成功的并购交易是如何拆分协同效应的？"2013 年 3 月，http://www.bcg.de/documents/file130658.pdf（此网站需注册登录）。

在亨氏的交易中，两家买方都在相关行业中有投资：伯克希尔－哈撒韦拥有喜诗糖果、The Pampered Chef、玛氏和 DQ，而 3G 则拥有汉堡王。除了这些补充性的组合公司，两家买方都估计收购亨氏不会产生任何实质性的协同效应。亨氏管理层和买方都反复申明亨氏将会继续作为一家独立的组合公司运营。

收购溢价

图 C11-1 描述了历史收购溢价水平，即收购价格与并购交易宣布前一天目标公司的股价的比较。出于比较的目的，亨氏的收购价格大概比前一天的收盘价高 20%。

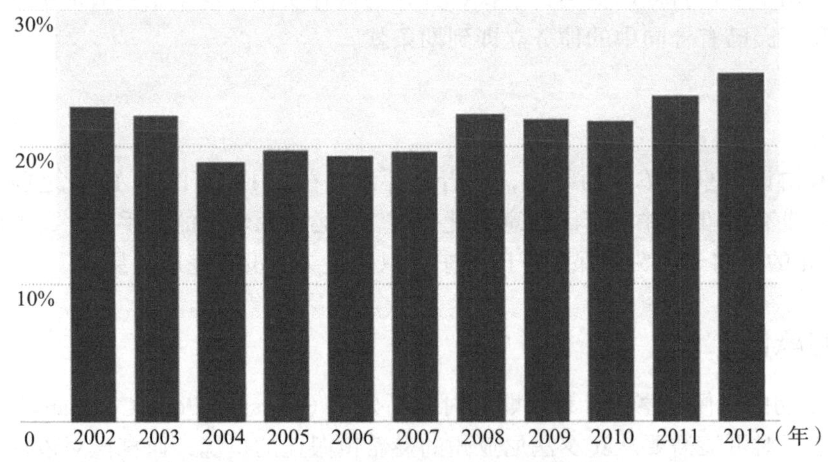

图 C11-1 历史收购溢价率（来自 Dealogic 2013）

注：溢价率指的是买家出价与交易宣布前一天目标公司收盘价的差额。

股票分析师对收购的评论

包装食品行业增值交易的机会已经成熟了一段时间了——不论对结婚还是对离婚而言。为此，亨氏宣布将被伯克希尔－哈撒韦和巴西的一家私募股权企业 3G 资本以 280 亿美元（72.5 美元 / 股）的价格收购。我们的直接看法是这对于亨氏公司的股东而言是一桩好交易，这个价格相对于我们每股 56 美元的正常估值高出了 30%，也比宣告日之前的收盘价高出了 20%。

基于对收购价格的估计而提高亨氏的公允价格，我们不认为此项交易完成过程会遇到阻碍。

——艾琳·拉西

CFA，晨星股权研究，H. J. 亨氏公司，2013 年 2 月 14 日

显然，沃伦·巴菲特非常……喜欢番茄酱。伯克希尔－哈撒韦和 3G 宣布按 72.5 美元每股收购亨氏（HNZ），相对于昨日收盘价溢价 20%。我们认为此项交易有利于亨氏股东，考虑到以下这些因素，我们相信该交易隐含着价值提升：①所支付的价格（倍数很高，尤其对于财务收购交易）；②买家是伯克希尔－哈撒韦；③亨氏最近的基本面数据表现严峻（过去 12 个月 EBIT 增长率录得最低）。

——爱德华·艾伦

CFA，RBC 资本市场部，修改标的收购价的评论，2013 年 2 月 14 日

亨氏符合伯克希尔对收购公司的要求：强大的品牌、现金流要求以及好的管理。它还具有潜力提升三年来的利润率水平，因为该公司的信息系统大调整已经临近结束，而且它已经开始从新兴市场收获规模效益。该报价对于其基本估值空间具有提升之意。低的融资成本为私募股权提供了弹药，它们喜欢这种具有强大并且稳定现金流的公司，因为可以利用较高的财务杠杆来收购。在过去，坎贝尔公司、联合利华、雀巢和卡夫食品曾经被认为是亨氏的合并对象，不过这些公司中要是试图给出超过伯克希尔和 3G 的报价，我们会感到非常惊奇。与卡夫和坎贝尔合并的话，理论上会在美国产生较高的成本节约，但在国际上不行。联合利华和雀巢虽强于国际化，但均未见战略上的兴趣。我们认为考虑到交易的规模以及伯克希尔－哈撒韦的财务实力，其他私募股权若要加价会非常难受。

——罗伯特·莫斯科

瑞信，H. J. 亨氏公司研究报告，2013 年 2 月 14 日

竞争对手概览

亨氏是一家全球领先的食品公司，在很多条线上与诸多公司竞争。尽管很少有对手能提供完全与亨氏相同的丰富的产品，但下列公司仍可以对亨氏的市场份额构成持续的威胁。

坎贝尔公司

坎贝尔公司（Campbell）成立于 1922 年，与它那些强劲的子公司一起，生产销售方便食品。[⊖]该公司的总部位于新泽西州的卡姆登镇。按照产品种类地理位置划分，坎贝尔公司一共有 11 个经营分部，并按以下部类汇报经营成果：美国简餐、全球烘焙和零食、国际简餐和饮料、美国饮料、北美食品服务。

康尼格拉食品公司

康尼格拉公司（ConAgra Foods）是北美最大的包装食品公司之一[⊜]。它的产品所代表的消费品牌能在 97% 的美国家庭中找到。公司拥有北美最大的自有品牌包装食品业务，以及

⊖ 本段内容改编自坎贝尔公司的 2012 年 10-K 表。

⊜ 本段内容改编自康尼格拉公司的情况说明书。

强大的商务餐饮和食品服务业务。消费者可以在食品店、便利店、大卖场、会员店、杂货店等地方发现诸多的知名品牌，如 Banquet、Chef Boyardee、Egg Beaters、Healthy Choice、Hebrew National、Hunt's、Marie Callender's、Odom's Tennessee Pride、Orville Redenbacher's、PAM、Peter Pan、Reddiwip、Slim Jim、Snack Pack 以及其他许多康尼格拉公司的食品品牌和产品。此外，康尼格拉食品公司出售的食品采用了自有品牌的方式在上述那些地方出售。该公司还有强大的商务食品供应，为很多知名的大饭店、食品加工商以及商务客户提供冷冻土豆、甜土豆产品以及蔬菜、调料、烘焙品和谷类产品。该公司近期收购了 Banquet、Chef Boyardee、PAM、Marie Callender's 和 Alexia 这几家公司。

雀巢

按照销售收入排名，雀巢（Nestle）是全球第一的食品饮料公司。雀巢咖啡（NesCafe）也是全球咖啡行业的领导者。[⊖]该公司也为家庭冲泡提供 Nespresso 品牌咖啡。雀巢是全球最大的瓶装水制造商之一（Nestle Water）、最大的冷冻比萨生产商之一（DiGiorno），也是宠物食品的一大制造商（Friskies，Purina）。该公司全球知名的食品品牌有 Buitoni、Dreyer's、Maggi、Milkmaid、Carnation 和 Kit Kat。公司还拥有 Gerber Products 和 Jenny Craig 这两家公司。北美是雀巢最重要的市场。

卡夫食品

卡夫食品（Kraft Food）集团是北美最大的消费类包装食品和饮料公司之一，也是全球最大的公开上市的消费类包装食品和饮料公司，2012 年它的净营收为 183 亿美元，经常性业务的税前盈利是 25 亿美元。[⊜]这家公司生产和出售食品和饮料类产品，包括冷冻食品、提神饮料、咖啡、奶酪以及其他食品杂货店产品，其主要市场在美国和加拿大，旗下有一大堆品牌。它的品牌家族中有很多是北美极其知名的品牌，其中两个品牌的年净营收都超过 10 亿美元——卡夫奶酪、卡夫正餐和卡夫调料以及奥斯卡美（Oscar Mayer）肉类，以及超过 25 个品牌的净营收在 1 亿美元和 10 亿美元之间。

通用磨坊

通用磨坊（General Mills）公司成立于 1928 年，是一家全球领先的消费类食品生产商和销售商，它的产品通过零售店销售。[⊜]该公司也是领先的有品牌和无品牌食品的供应商，为食品服务业和商用烘焙业提供原料。它在 16 个国家生产产品并在 100 多个国家销售。它的合资公司在全球 130 多个国家生产和销售产品。在美国的产品系列包括即食麦片、冷藏酸奶、即食汤、干制食品、耐储存食品和冷冻蔬菜、冷藏和冷冻面团、甜点和烘焙系列、冷冻比萨和比萨零食、谷物、水果、美味零食，还有大量的有机食品包括格兰诺拉能量棒、麦片和汤。在加拿大，它提供的产品系列包括即食麦片、耐储存食品和冷冻蔬菜、干制食品、冷藏和冷冻面团、甜点和烘焙系列、冷冻比萨零食、冷藏酸奶、谷物、水果和零食。在美国和加拿大以外的市场，它的产品包括高等级的冰淇淋、冷冻甜点、冷藏酸奶、零食、耐储存食

⊖ 此处信息改编自雀巢公司的介绍。

⊜ 此处信息改编自卡夫的 2012 年 10-K 报告。

⊜ 此处信息改编自通用磨坊 2013 年 10-K 报告。

品和冷冻蔬菜、冷藏和冷冻面团以及干制食品。

斯马克公司

斯马克公司（Smucker）于 1897 年在俄亥俄州成立，并于 1921 年改为股份有限公司。㊀该公司在全球生产和销售各类品牌的食品，不过其主要销售在美国。根据 2013 年的合并净营收，美国以外的营收大约占 9%。公司报告有三大经营分部：美国零售咖啡；美国消费类食品；国际、食品服务和生态食品。两大美国零售市场分部占其 2013 年净营收的 75% 以上，同时也代表其主要的战略聚焦点。国际、食品服务和生态食品分部是美国以外的销售，该部分近期的增长主要是因为 2012 年 1 月收购了 Sara Lee 公司的北美食品服务、咖啡以及热饮业务。公司的主营业务是咖啡、花生酱、果酱、起酥油、烘焙类以及糖霜、听装牛奶、面粉和烘焙配料、果汁与饮料、冷冻三明治、浇汁浇料、糖浆、泡菜和佐料。

凯洛格公司

凯洛格公司（Kellogg Company）位于特拉华州，成立于 1906 年，并于 1922 年变更为股份有限公司。该公司从事即食麦片和方便食品的生产和销售。㊁它的主要产品是即食麦片和方便食品，比如饼干、薄脆饼干、开胃零食、烘烤的糕点、燕麦棒、水果口味的零食、冷冻华夫饼以及蔬菜食品。这些产品主要在 18 个国家生产，并销售到超过 180 个国家。它的燕麦产品主要在凯洛格品牌下销售，采用直销的方式销售给杂货店经销商，他们再销售给顾客。凯洛格公司还销售饼干、薯片以及其他方便食品，这些产品采用的品牌包括凯洛格、Keebler、Cheez-It、Murray、Austin 以及 Famous Amos，它们直接销售到美国的超市。

好时公司

好时公司（The Hershey Company）于 1927 年 10 月 24 日依照特拉华州的法律注册为公司，它继承了 1894 年由米尔顿·S. 好时先生所开创的生意。㊂该公司是北美最大的优质巧克力生产商，是全球巧克力和糖果行业的领导。它的主要产品包括：巧克力和糖果；诸如烘焙原料、浇汁浇料这些厨房用品；饮料；还有口香糖和薄荷之类的提神产品。公司在全球大约 70 多个国家销售产品。它的运营采用矩阵报告结构，该结构用于保证业务继续聚焦北美，而同时又继续向全球化公司转变。该公司的业务按照地理区域和战略业务来划分，设计这种结构的目的在于确保公司建立合理流程而在全球市场实现可重复的成功。

达能集团

达能集团（Groupe Danone）是法国的一家 SA 公司，该类公司是根据法国的法律而设立的有限责任公司。㊃该公司成立于 1899 年 2 月 2 日。根据达能集团 1941 年修改的章程，该公司的存续期是 141 年，也就是到 2040 年 12 月 13 日终止，除非提前解散或者延续。1997

㊀ 此处信息改编自斯马克 2010 年 10-K 报告。

㊁ 此处信息改编自凯洛格公司的简介。

㊂ 此处信息改编自好时公司的简介。

㊃ 此处信息改编自达能集团 2007 年 4 月 2 日提交证券交易委员会的 20-F 表。

年集团管理层决定在全球范围内聚焦于三项核心业务（新鲜的牛奶制品、饮料、饼干及谷物产品）。集团在那之后完成了一系列重要的剥离，主要在法国、比利时、意大利、德国和西班牙剥离出了杂货店、意大利面酱、快餐食品、糖果等业务。

百事公司

百事公司（PepsiCo, Inc.）1919年在特拉华州注册成立，1986年在北卡罗来纳州重新注册。[㊀]该公司是全球领先的食品与饮料公司，很多品牌家喻户晓。通过它自身的经营、授权灌装商、协议生产商以及其他合作伙伴，该公司生产、营销、出售、分销品种繁多的方便好吃的食品和饮料，顾客和消费者遍布全球200多个国家和地区。它的产品通过对店直销、客户仓储以及分销网络推向市场。它拥有诸多知名品牌，包括Aquafina、Aunt Jemima、Cap'n Crunch、Cheetos、Cracker Jack、Doritos、Duyvis、Frito-Lay、Fritos、Gatorade、Izze、Mother's、Montain Dew、Muller、Naked、Pepsi、Propel、Quaker、Rice-A-Roni、Ruffles、7UP、Sierra Mist、SoBe、Stacy's、SunChips、Tostitos和Tropicana。它还有一些合资公司，因其参与而可以拥有或者有权使用某些品牌，如Lipton、Muller、Starbucks和Sabra。

联合利华公司

联合利华（Unilever plc）是世界上领先的食品、家庭用品和个人护理用品供应商，在全球190多个国家销售产品。[㊁]该公司的产品在全球，每10户人家中就有7户使用，每天会有20亿人使用联合利华的产品。2012年，它的年销售总额达到500多亿欧元。该公司一半以上的足迹是在迅速增长的新兴市场（2012年是55%）。它的产品系列包括一些全球知名品牌，包括Knoee、Persil / Omo、Dove、Sunsilk、Hellmann's、Lipton、Rexona / Sure、Wall's、Lux、Rama、Pond's和Axe。

亿滋国际

亿滋国际（Mondelēz International, Inc.）是全球最大的零食公司之一，2012年全球净营收为350亿美元，来自于主营业务的利润是16亿美元。[㊂]2012年10月1日开始，随着北美杂货业务分拆给了卡夫的股东，亿滋国际成为一家在名称和战略上“全新”的公司，尽管它还是会继续发挥遗留下来的组织价值以及继承的那些标志性品牌。该公司在全球大概165个国家生产和销售食品饮料。它的饼干、巧克力、糖果和固体粉状饮料都在全球排名第一，而口香糖和咖啡排名第二。它的产品系列中有九个品牌的年销售均超过10亿美元，这些品牌包括Oreo、Nabisco和LU饼干；Milka、Cadbury Dairy Milk和Cadbury巧克力；Trident口香糖和Tang固体饮料。该公司自2012年10月2日完成分拆后，就将公司名字由卡夫食品更改为亿滋国际。

亨氏的相关信息见图C11-2以及表C11-3～表C11-6。

㊀ 此处信息改编自百事公司2012年的10-K表。

㊁ 此处信息改编自2013年10月1日的新闻发布“联合利完成了向Pinnacle foods出售Wish-Bone、Westerbrands”。

㊂ 此处信息改编自亿滋国际2012年的10-K报表。

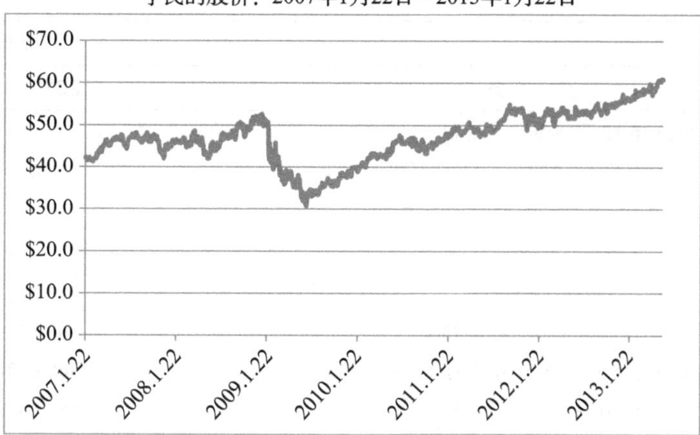

资料来源：雅虎财经。

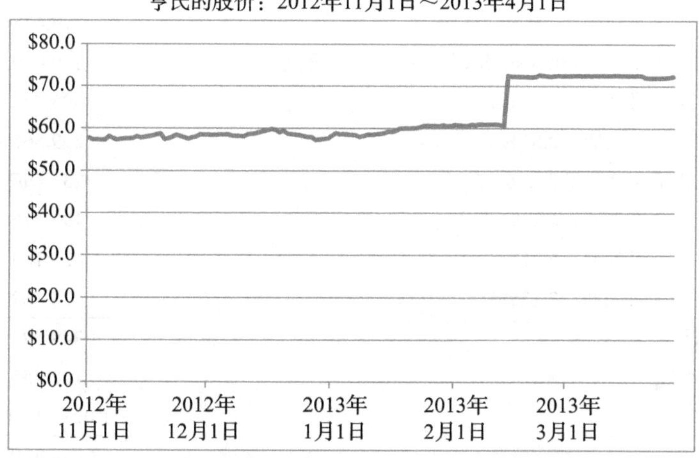

资料来源：雅虎财经。

图 C11-2 亨氏的财务与市场信息

表 C11-3 现金流折现分析[⊖]

亨氏以及竞争对手的股权成本

公司	贝塔	公司	贝塔
坎贝尔	0.848	百事	0.657
康尼格拉	0.677	联合利华	0.772
通用磨坊	0.688	斯马克	0.817
达能	0.736		
好时	0.780	平均	0.782
凯洛格	0.665	中位数	0.776
卡夫	0.897		
亿滋	1.030	亨氏	0.651
雀巢	0.821		

数　据	利率（%）
10 年期国债收益率	1.8
市场风险溢酬	6.0

注：采用含负债的贝塔系数。

资料来源：FactSet.

⊖ 请注意当时市场利率处于历史低位。实际该公司使用的资本成本比账面债务隐含的利率要高。读者根据专栏 C11-2 中的信息得到的 WACC 应当看作 WACC 的低限，然后根据真实的长期利率的估算来进行敏感性分析，同时也要考虑公司向伯克希尔 – 哈撒韦发行的 80 亿美元年息 9% 的优先股。

（续）

亨氏的债务成本 （单位：1 000 美元）

债 务	2013	2012
日元信贷协议 2012 年 10 月到期（浮动利率）	—	186 869
其他美元债务 2013 年 5 月～2034 年 11 月到期（0.94%～7.96%）	25 688	43 164
其他非美元债务 2013 年 5 月～2023 年 5 月到期（3.5%～11%）	56 293	64 060
美元票据 2013 年 7 月到期，5.35%	499 993	499 958
亨氏优先股 2013 年 7 月到期，8%	350 000	350 000
日元信贷协议 2013 年 12 月到期（浮动利率）	163 182	199 327
美元私募票据 2014 年 5 月～2021 年 5 月（2.11%～4.23%）	500 000	500 000
日元信贷协议 2015 年 10 月到期（浮动利率）	152 983	—
美元私募票据 2016 年 7 月～2018 年 7 月（2.86%～3.55%）	100 000	100 000
美元票据 2016 年 9 月到期，2%	299 933	299 913
美元票据 2017 年 3 月到期，1.5%	299 648	299 556
美元可再售证券（remarketable securities）2020 年 12 月到期	119 000	119 000
美元票据 2021 年 9 月到期，3.125%	395 772	395 268
美元票据 2022 年 3 月到期，2.85%	299 565	299 516
美元公司债券 2028 年 7 月到期，6.375%	231 396	231 137
英镑票据 2030 年 2 月到期，6.25%	192 376	202 158
美元票据 2032 年 3 月到期，6.75%	435 185	435 112
美元票据 2039 年 8 月到期，7.125%	628 082	626 747
长期债务总计：	4 749 096	4 851 785
套期保值会计调整	122 455	128 444
减去一年内到期的债务	（1 023 212）	（200 248）
长期债务总计：	3 848 339	4 779 981
长期债务的加权平均利率	4.70%	4.28%

资料来源：亨氏 2012 年的 10-K 表。

亨氏税务

历史税率	2013	2012	2011
美国联邦法定税率	35.0%	35.0%	35.0%
实际有效税率	18.0%	19.8%	26.2%

资料来源：亨氏 2012 年的 10-K 表。

亨氏的财务预测 （单位：100 万美元）

财务年度截至 4 月份	2013 预测	2014 预测	2015 预测	2016 预测	2017 预测	2018 预测
营业收入	11 675	12 141	12 657	13 112	13 744	14 446
EBITDA	2 057	2 195	2 340	2 453	2 613	2 789
EBIT	1 705	1 834	1 965	2 061	2 202	2 355
完全稀释后的每股收益（美元）	3.58	3.78	3.83	4.00	4.29	4.60

资料来源：亨氏 2012 年的 10-K 表。

表 C11-4 亨氏的历史财务报表

合并利润表

（单位：100 万美元）

	报告期为 12 个月		
	2013 年 4 月 28 日	2012 年 4 月 29 日	2011 年 4 月 27 日
销售收入	11 675	11 508	10 559
销售成本	7 333	7 513	6 614
毛利	4 195	3 995	3 944
销售及一般管理费用	2 534	2 492	2 257
营业利润	1 662	1 502	1 688
利息收入	28	35	23
利息费用	284	293	273
其他费用净值	（62）	（8）	（21）
税前持续经营业务亏损	1 344	1 236	1 416
备付所得税款	242	245	371
来自持续经营业务的利润	1 102	991	1 046
非连续经营业务的亏损（除税净额）	（75）	（51）	（40）
净利润	1 027	940	1 006
减去：归属非控制性	14	17	16
权益的净利润	1 013	923	990
发行在外普通股的平均数—基本（百万股）	321	321	320
发行在外普通股的平均数—稀释（百万股）	323	323	323
息税折旧摊销前利润	2 057	1 947	1 862

资料来源：亨氏 2012 年的 10-K 表。

合并资产负债表

（单位：100 万美元）

	报告期为 12 个月	
	2013 年 4 月 28 日	2012 年 4 月 29 日
现金和现金等价物	2 477	1 330
应收账款（扣除折让）	1 074	994
存货	1 333	1 329
预付费用	252	229
流动资产总额	5 136	3 882
固定资产，净值	2 459	2 484
商誉和无形资产	4 495	4 684
其他非流动资产	850	933
总资产	12 939	11 983
短期债务和长期债务到期部分	2 160	247
应付账款	1 493	1 349
应计负债	1 019	951
所得税	114	102
流动负债总额	4 787	2 648
长期债务	3 848	4 780
递延所得税	679	818
养老金以外的退休后福利	240	231
其他非流动负债	507	581
长期债务和其他非流动性负债总额	5 274	6 411
非控制性权益	77	166
股本	108	108
资本公积	609	595
留存收益	7 907	7 567
库存股	（4 647）	（4 666）
累积的其他综合损失	（1 175）	（845）
权益总额	2 849	2 811
总负债和权益	12 939	11 983

资料来源：亨氏 2012 年的 10-K 表。

（续）

合并现金流量表			
	报告期为 12 个月		
	2013 年 4 月 28 日	2012 年 4 月 29 日	2011 年 4 月 27 日
经营活动：			
净利润	1 027	940	1 006
净利润调节为经营活动产生的现金流：			
折旧	302	296	255
摊销	47	47	43
递延所得税（收益）/ 提取准备	（87）	（95）	154
养老金缴费	（69）	（23）	（22）
资产减记 / 减值	56	59	0
其他项目，净额	85	75	98
流动资产和负债的变化，不包含并购的影响：			
应收账款（包括证券化所得现金）	（166）	172	（91）
存货	（49）	61	（81）
预付费用和其他流动资产	14	（12）	（2）
应付账款	169	（72）	233
应计负债	72	（20）	（61）
利润所得税	（9）	66	51
经营活动产生的现金流	1 390	1 493	1 584
投资活动：			
资本支出	（399）	（419）	（336）
处置固定资产所得现金	19	7	（605）
分拆获得的现金	17	4	2
出售短期投资	0	57	0
受限现金的变动	4	（39）	（5）
其他项目，净额	（14）	（11）	（6）
投资活动产生的现金流	（373）	（402）	（950）
融资活动：			
短期债务所得现金 /（支付现金）	1 090	（43）	（193）
股息	（666）	（619）	（580）
股利支付	（139）	（202）	（70）
股票行权	113	83	155
从非控制性权益方收购附属公司的股份	（80）	（55）	（6）
对赌结算	（45）	0	0
其他项目，净额	2	1	28
融资活动所用 / 所得资金	257	（363）	（483）
汇率变动对现金和现金等价物的影响	（128）	（122）	90
现金和现金等价物的净变动	1 146	606	241
年初的现金和现金等价物	1 330	724	483
年末的现金和现金等价物	2 477	1 330	724

资料来源：亨氏 2012 年的 10-K 表。

表 C11-5 可比公司的指标

成长性分析

	营收增长（%）				EBITDA 增长（%）				每股收益增长（%）			
	2011 年	2012 年	2013 年（预测）	2014 年（预测）	2011 年	2012 年	2013 年（预测）	2014 年（预测）	2011 年	2012 年	2013 年（预测）	2014 年（预测）
坎贝尔	（0.2）	4.5	5.1	2.1	（7.8）	9.9	1.4	3.3	（4.3）	8.6	（1.7）	5.5
康尼格拉	7.8	16.8	13.4	0.3	3.0	19.0	18.0	5.6	5.1	17.4	7.7	10.9
通用磨坊	11.9	6.7	3.2	3.7	5.3	4.4	5.3	5.2	3.2	5.1	8.2	7.8
达能	13.6	8.0	3.3	4.5	9.7	4.3	（2.5）	7.2	6.6	4.2	（4.2）	6.9
好时	7.2	9.3	6.7	6.2	8.5	10.4	9.9	8.6	10.6	14.9	14.6	10.7
凯洛格	6.5	7.6	4.5	2.7	（1.6）	5.0	7.5	4.8	2.4	（0.3）	11.8	7.6
卡夫	—	—	（0.4）	2.4	—	—	9.8	12.3	—	—	1.7	14.0
亿滋	10.5	（35.6）	1.2	4.3	9.3	（37.6）	（0.1）	10.2	13.4	（39.3）	12.0	9.3
雀巢	（23.8）	10.2	1.7	4.3	（9.3）	9.9	2.7	5.8	（4.8）	9.6	1.8	6.7
百事	15.0	（1.5）	1.4	4.2	8.3	（5.6）	3.5	6.8	6.5	（6.8）	5.6	8.5
联合利华	1.6	12.2	1.2	1.6	（2.0）	12.4	4.6	3.7	（6.1）	12.6	1.2	5.7
斯马克	14.5	6.7	（0.5）	3.0	1.5	8.5	4.4	4.7	0.9	13.5	8.6	8.5
平均数	5.9	4.1	3.4	3.3	2.3	3.7	5.4	6.5	3.0	3.6	5.6	8.5
中位数	7.8	7.6	2.4	3.3	3.0	8.5	4.5	5.7	3.2	8.6	6.7	8.1
亨氏	8.6	8.8	1.9	4.4	2.9	1.7	7.4	6.4	9.5	8.1	4.0	5.2

盈利性分析

	毛利率（%）				EBITDA 比率（%）				净利率（%）			
	2011 年	2012 年	2013 年（预测）	2014 年（预测）	2011 年	2012 年	2013 年（预测）	2014 年（预测）	2011 年	2012 年	2013 年（预测）	2014 年（预测）
坎贝尔	38.8	37.3	37.5	37.6	19.3	20.3	19.5	19.8	10.0	10.4	9.6	9.8
康尼格拉	22.2	22.9	22.3	22.9	12.9	13.1	13.6	14.4	5.8	5.0	5.6	6.3
通用磨坊	36.9	36.1	36.2	36.5	19.9	19.5	19.9	20.2	9.4	10.4	10.3	10.5
达能	52.5	50.8	49.8	49.8	18.0	17.4	16.4	16.8	8.7	8.0	7.2	7.9
好时	42.4	43.8	46.2	47.0	21.4	21.7	22.3	22.8	10.3	9.9	11.8	12.3
凯洛格	41.3	40.1	38.6	39.2	17.8	17.3	17.8	18.2	9.3	6.8	9.2	9.6
卡夫	—	31.8	32.8	32.8	—	16.9	18.6	20.4	—	9.0	9.2	10.2
亿滋	35.1	37.4	37.5	38.2	16.0	15.5	15.3	16.2	7.5	8.6	7.9	8.0
雀巢	47.4	47.6	47.9	48.0	18.7	18.6	18.8	19.1	11.3	11.5	11.4	11.7
百事	52.0	52.2	53.0	53.3	19.7	18.9	19.3	19.8	10.6	9.9	10.1	10.4
联合利华	39.9	41.2	42.8	42.8	16.1	16.1	16.6	17.0	9.2	8.8	9.1	9.4
斯马克	34.2	34.6	36.4	36.7	20.2	20.6	21.6	21.9	8.3	9.2	10.4	10.8
平均数	40.2	39.7	40.1	40.4	18.2	18.0	18.3	18.9	9.1	9.0	9.3	9.7
中位数	39.9	38.8	38.0	38.7	18.7	18.0	18.7	19.4	9.3	9.1	9.4	10.0
亨氏	35.5	34.3	35.8	36.0	17.3	17.3	17.9	18.2	7.9	9.5	9.6	9.7

（续）

收益分析

	总资产收益率（%）				净资产收益率（%）				每股股利（%）			
	2011年	2012年	2013年（预测）	2014年（预测）	2011年	2012年	2013年（预测）	2014年（预测）	2011年	2012年	2013年（预测）	2014年（预测）
坎贝尔	11.5	11.2	9.7	10.1	67.4	69.3	60.4	51.9	1.16	1.16	1.25	1.34
康尼格拉	6.7	4.9	4.6	4.8	16.7	15.6	15.9	14.5	0.95	0.99	1.00	1.02
通用磨坊	7.9	8.5	8.3	8.6	23.9	26.0	24.7	24.6	1.22	1.32	1.52	1.71
达能	5.9	5.8	5.2	5.8	13.6	13.6	12.4	13.7	1.39	1.45	1.45	1.55
好时	14.5	14.4	16.6	16.6	69.5	68.8	64.2	53.6	1.38	1.54	1.81	2.03
凯洛格	10.4	7.1	8.9	9.2	62.8	45.6	46.1	39.6	1.67	1.74	1.79	1.89
卡夫	—	7.0	7.2	8.2	—	46.0	45.0	47.0	—	0.50	2.03	2.12
亿滋	4.3	3.6	3.7	4.0	11.4	8.8	7.8	7.5	1.16	0.52	0.54	0.58
雀巢	8.4	8.8	8.3	8.6	15.9	18.0	17.0	17.0	1.95	2.05	2.13	2.25
百事	10.0	8.8	8.9	9.4	33.2	29.8	29.8	30.9	2.03	2.13	2.24	2.40
联合利华	10.4	10.2	10.2	10.0	29.1	30.0	28.6	28.1	1.17	1.27	1.43	1.50
斯马克	5.3	6.0	6.7	7.0	8.8	10.6	11.8	12.6	1.89	2.05	2.31	2.54
平均数	8.7	8.0	8.2	8.5	32.0	31.8	30.3	28.4	1.45	1.39	1.62	1.74
中位数	8.4	7.8	8.3	8.6	23.9	27.9	26.7	26.3	1.38	1.39	1.65	1.80
亨氏	7.6	7.6	9.5	9.9	29.4	31.5	39.2	37.4	1.92	2.06	2.22	2.39

杠杆分析

	净负债 / EBITDA				债务 / 权益				总资产 / 权益			
	2011年	2012年	2013年（预测）	2014年（预测）	2011年	2012年	2013年（预测）	2014年（预测）	2011年	2012年	2013年（预测）	2014年（预测）
坎贝尔	0.6x	0.5x	0.4x	0.5x	0.4x	0.5x	0.6x	0.5x	5.5x	6.9x	5.7x	4.7x
康尼格拉	0.7x	0.3x	0.3x	0.3x	0.8x	1.0x	1.3x	1.2x	2.5x	3.8x	3.2x	2.9x
通用磨坊	0.5x	0.5x	0.5x	0.5x	1.1x	1.3x	1.4x	1.8x	3.2x	3.0x	3.0x	2.7x
达能	0.5x	0.5x	0.5x	0.5x	1.7x	1.9x	2.7x	2.1x	2.3x	2.4x	2.4x	2.3x
好时	1.2x	1.2x	1.5x	1.8x	1.6x	2.1x	6.1x	—	5.1x	4.5x	3.4x	3.1x
凯洛格	0.4x	0.4x	0.4x	0.4x	0.5x	0.6x	0.6x	0.6x	6.8x	6.2x	4.4x	4.1x
卡夫	—	0.4x	0.4x	0.4x	0.4x	0.5x	0.5x	—	—	6.5x	6.0x	5.8x
亿滋	0.3x	0.3x	0.4x	0.4x	2.7x	2.8x	2.9x	2.1x	2.7x	2.3x	1.9x	1.9x
雀巢	1.7x	1.1x	1.0x	1.3x	4.1x	5.0x	6.5x	4.7x	2.0x	2.1x	2.0x	1.9x
百事	0.6x	0.6x	0.6x	0.6x	1.1x	1.1x	1.1x	0.9x	3.5x	3.3x	3.3x	3.2x
联合利华	1.0x	1.0x	1.1x	1.1x	2.1x	2.3x	2.4x	3.9x	3.2x	2.7x	2.9x	2.7x
斯马克	0.8x	0.7x	0.7x	0.8x	3.0x	3.2x	3.6x	2.5x	1.8x	1.8x	1.8x	1.8x
平均数	0.8x	0.6x	0.6x	0.7x	1.6x	1.9x	2.5x	2.0x	3.5x	3.8x	3.3x	3.1x
中位数	0.6x	0.5x	0.5x	0.5x	1.3x	1.6x	1.9x	1.9x	3.2x	3.2x	3.1x	2.8x
亨氏	0.5x	0.5x	0.6x	0.7x	1.8x	1.8x	1.6x	1.3x	3.9x	4.3x	3.9x	3.6x

资料来源：FactSet.

（续）

估值分析 1

	市净率				市销率				PEG（市盈率除以增长率）			
	2011 年	2012 年	2013 年（预测）	2014 年（预测）	2011 年	2012 年	2013 年（预测）	2014 年（预测）	2011 年	2012 年	2013 年（预测）	2014 年（预测）
坎贝尔	9.8x	9.0x	11.6x	8.5x	1.4x	1.4x	1.8x	1.6x	9.8x	9.0x	11.6x	8.5x
康尼格拉	2.3x	2.1x	2.6x	2.4x	0.8x	0.8x	0.9x	0.8x	2.3x	2.1x	2.6x	2.4x
通用磨坊	4.0x	3.5x	4.7x	4.7x	1.7x	1.5x	1.7x	1.8x	4.0x	3.5x	4.7x	4.7x
达能	2.1x	2.4x	2.4x	2.7x	1.8x	1.6x	1.5x	1.6x	2.1x	2.4x	2.4x	2.7x
好时	11.5x	16.2x	15.7x	16.5x	1.9x	2.3x	2.4x	3.1x	11.5x	16.2x	15.7x	16.5x
凯洛格	8.7x	10.3x	8.3x	6.3x	1.5x	1.4x	1.4x	1.5x	8.7x	10.3x	8.3x	6.3x
卡夫	—	—	7.6x	8.6x	—	—	1.5x	1.7x	—	—	7.6x	8.6x
亿滋	1.0x	1.2x	1.4x	1.8x	1.1x	1.2x	1.3x	1.7x	1.0x	1.2x	1.4x	1.8x
雀巢	3.0x	3.0x	3.1x	3.4x	1.7x	2.1x	2.1x	2.3x	3.0x	3.0x	3.1x	3.4x
百事	4.9x	5.1x	4.8x	5.7x	1.8x	1.6x	1.6x	2.0x	4.9x	5.1x	4.8x	5.7x
联合利华	4.5x	5.0x	5.5x	5.5x	1.6x	1.7x	1.7x	1.7x	4.5x	5.0x	5.5x	5.5x
斯马克	—	—	2.2x	2.2x	1.8x	1.6x	1.9x	2.0x	—	—	2.2x	2.2x
平均数	5.2x	5.8x	5.8x	5.7x	1.6x	1.6x	1.7x	1.8x	5.2x	5.8x	5.8x	5.7x
中位数	4.2x	4.3x	4.8x	5.1x	1.7x	1.6x	1.7x	1.7x	4.2x	4.3x	4.8x	5.1x
亨氏	5.1x	5.5x	7.6x	6.9x	1.5x	1.5x	2.0x	1.9x	5.1x	5.5x	5.6x	5.5x

资料来源：FactSet.

估值分析 2

	市盈率				企业价值 /EBITDA				企业价值 / 自由现金流			
	2011 年	2012 年	2013 年（预测）	2014 年（预测）	2011 年	2012 年	2013 年（预测）	2014 年（预测）	2011 年	2012 年	2013 年（预测）	2014 年（预测）
坎贝尔	13.0x	13.6x	17.7x	16.3x	8.2x	8.7x	11.5x	10.2x	15.3x	18.4x	47.4x	21.2x
康尼格拉	14.5x	13.7x	15.6x	14.2x	7.6x	7.8x	11.6x	9.4x	14.3x	18.6x	24.6x	22.4x
通用磨坊	16.0x	15.0x	17.5x	17.6x	10.0x	9.6x	10.8x	10.9x	36.1x	18.4x	16.3x	20.3x
达能	17.3x	16.8x	16.6x	19.1x	11.8x	10.9x	10.7x	11.9x	22.3x	20.6x	19.1x	31.0x
好时	18.5x	21.9x	22.3x	26.5x	9.7x	11.6x	12.0x	14.6x	17.7x	38.1x	20.1x	36.8x
凯洛格	15.5x	15.0x	16.6x	16.6x	10.2x	10.1x	11.2x	11.3x	20.7x	23.7x	22.6x	32.5x
卡夫	—	—	16.5x	19.0x	—	—	11.5x	11.9x	—	—	13.7x	39.9x
亿滋	10.2x	10.7x	18.3x	21.9x	10.2x	10.4x	11.2x	13.6x	38.9x	33.1x	36.8x	35.3x
雀巢	17.0x	17.6x	17.7x	19.5x	11.2x	12.3x	12.3x	13.1x	23.2x	37.8x	20.9x	28.4x
百事	15.8x	15.1x	16.7x	19.9x	10.1x	9.6x	10.3x	12.0x	23.4x	22.6x	22.2x	29.5x
联合利华	15.8x	18.2x	18.7x	19.1x	10.3x	11.7x	11.4x	11.3x	22.1x	28.5x	22.0x	25.0x
斯马克	16.0x	16.8x	19.2x	18.8x	8.8x	9.6x	10.6x	10.4x	45.9x	14.3x	19.8x	20.8x
平均数	15.4x	15.8x	17.8x	19.0x	9.8x	10.2x	11.3x	11.7x	25.5x	24.9x	23.8x	28.6x
中位数	15.8x	15.1x	17.6x	19.0x	10.1x	10.1x	11.3x	11.6x	22.3x	22.6x	21.5x	29.0x
亨氏	16.7x	15.6x	20.5x	19.2x	10.4x	10.4x	12.8x	12.0x	17.0x	20.2x	24.7x	22.2x

资料来源：FactSet.

表 C11-6 可比交易的指标

（单位：100 万美元）

下表列出了包装食品、饮料以及相关行业的一些交易。表中对用于估值分析的可比交易标的有所选择，因为某些目标公司会比其他一些更适合。

公告日	目标公司	收购方	企业价值（单位：10 亿美元）	企业价值 / 最近一年 EBITDA	营业收入	EBITDA	净利润	资本支出	现金	债务	总资产
2012 年 12 月	晨星食品公司	萨普托	1.45	9.3x	1 626	156	—	—	—	—	—
2012 年 11 月	莱尔控股	康尼格拉	6.78	12.1x	4 322	560	73	—	352	2 022	4 539
2012 年 7 月	皮氏咖啡与茶	德国 Joh A. Benckiser 公司	0.95	23.2x	383	40	15	—	32	—	230
2012 年 2 月	宝洁的品客业务	凯洛格	2.70	11.1x	1 456	243	153	（41）	—	—	581
2011 年 12 月	全国牛肉包装公司	卢卡迪亚公司	0.87	3.7x	5 808	300	248	—	20	—	913
2011 年 8 月	普乐维美	嘉吉	1.83	8.1x	2 296	224	93	—	304	—	2 162
2011 年 6 月	福斯特集团	英国南非米勒酿酒公司	13.12	−122.9x	4 547	（107）	（554）	—	238	4 731	6 908
2010 年 11 月	德尔蒙食品公司	KKR 与其他资本下属基金	5.30	8.8x	3 713	603					
2010 年 6 月	美国意大利面条公司	莱尔控股	1.26	8.3x	590	151	80	（11）	36	45	508
2010 年 1 月	卡夫的冷冻比萨业务部	雀巢	3.70	12.5x	2 100	296	—	—	—	—	—
2009 年 11 月	鸟眼食品	品尼可食品集团	1.37	9.5x	921	144	52	（21）	44	750	747
2009 年 9 月	吉百利	卡夫	21.40	13.3x	5 975	1 609	509	（408）	313	1 618	8 129
2008 年 9 月	UST 公司	奥驰亚集团	11.50	11.9x	1 991	971	560	—	48	1 280	1 417
2008 年 6 月	福爵咖啡	斯马克公司	3.40	8.8x	1 754	386	227	（23）	—	8	629
2008 年 4 月	箭牌糖类有限公司	玛氏公司	23.02	18.4x	5 780	1 251	682	（240）	383	1 130	5 517
2007 年 11 月	Post 食品	Ralcorp 公司	2.64	11.3x	1 103	234	117	（21）	—	—	919
2007 年 2 月	尖锋食品	贝莱德集团	2.14	8.9x	1 809	241	（109）	—	—	—	1 765
2006 年 8 月	联合利华欧洲冷冻食品公司	璞米咨询	2.20	9.9x	15 200	222	—	—	—	—	—
2006 年 8 月	美国厨师公司	雀巢	2.60	14.5x	22	179	—	—	—	—	—
2001 年 10 月	皮尔斯伯里公司	通用磨坊	10.40	10.1x	6 067	1 005	（114）	（156）	51	230	9 262
2000 年 12 月	桂格燕麦公司	百事公司	14.01	15.6x	5 096	928	468	（269）	161	774	2 494
2000 年 10 月	家乐氏食品公司	凯洛格公司	4.47	10.7x	2 757	449	176	（93）	34	583	1 773
2000 年 6 月	纳贝斯克控股公司	菲利普·莫里斯公司	19.02	13.7x	8 913	1 394	378	（222）	140	4 014	11 610
2000 年 6 月	国际家庭食品公司	康尼格拉公司	2.91	8.5x	2 210	342	1 000	（44）	14	1 150	1 527

资料来源：FactSet.

昆泰 IPO

昆泰国际控股有限公司是全球最大的生物制药研发和商业外包服务的供应商。公司的营业收入主要来源于为药物研发进行诊断测试并进行后续的数据分析，它也为制药商提供批准后的销售、营销和商务支持。截至 2012 年 12 月，公司已经为市场上最畅销的前 50 名生物医药产品和最畅销的前 20 名生物产品提供过研发服务或者产品商业化服务。

2012 年底，该公司的大部分股份由创始人丹尼斯·吉林斯和四家私募股权投资公司持有（贝恩资本、TPG 资本、3i 资本和淡马锡生命科技公司）。这个所有权结构成型于 2003 年管理层主导的股份买断和之后 2008 年的资本结构调整。现在私募股权机构正在考虑通过不同的策略来兑现它们的股权，包括寻找战略投资方或者财务投资者并购、IPO 或者通过特别分发股利的方法调整资本结构。

2013 年 1 月，昆泰聘请了一家知名的投资银行来分析上述各项选择。你和你的银行经理被分派来分析这些潜在战略选择的任务，同时也研究由献售股东发售 1.06 亿股公众股和公司发行 1 310 万新股的可能性。请根据当前宏观经济趋势，以及某项选择对其他退出选择的潜在利弊关系而研究此时进行潜在 IPO 的合理性。

昆泰国际的历史㊀

1982 年 2 月　丹尼斯·吉林斯，北卡罗来纳大学（UNC）的教授，签署了他的第一份咨询协议。他在北卡罗来纳大学校园一辆拖车里的兼职团队为制药商客户提供统计和数据管理的咨询服务。昆泰正式在北卡罗来纳注册成为公司，由吉林斯和盖里·科氏共同创立。

1987 年 1 月　昆泰开始了它的全球扩张，为了服务欧洲顾客而设立了英国业务。

1992 年 11 月　在佐治亚州的亚特兰大设立了昆泰实验室公司，该公司由一间提供安全测试的小实验室发展为一家提供全面服务的全球性公司，从事从生物标志物到秘方评估的各项业务。

1993 年 8 月　昆泰在亚洲开设业务，在东京设置营业点，向日本客户提供服务。

1994 年 4 月　昆泰成为公众公司，昆泰股票完成了 IPO。

1996 年 5 月　昆泰通过收购一家全球知名的健康政策研究及管理咨询公司而开设了咨询业务。

㊀ 昆泰公司的历史改编自昆泰的 Facebook 页面。

1996 年 11 月 昆泰与诺韦有限公司合并，这是英国的一家为大制药厂商提供销售和营销服务的合同制药公司。诺韦的加入，使得昆泰成为全球最大的全业务生物制药服务公司，使得昆泰能够提供产品全周期的各项服务。

1999 年 1 月 昆泰收购了罗素公司（Hoechst Marion Roussel，HMR）在堪萨斯城的药物研发机构并雇用了该机构 500 名员工。此外，昆泰与 HMR 的合作超过 5 年，支持着 HMR 所开展的项目。

2002 年 7 月 昆泰与礼来公司（Eli Lilly）签署了具有里程碑意义的合作协议来推广欣百达。昆泰投资了 1.1 亿美元，并精心组建了包括 500 名医药代表、50 名经理、4 名地区内部培训师和一位全国内部培训师在内的基本团队。

2003 年 4 月 昆泰通过由创始人及董事会主席丹尼斯·吉林斯发起管理层收购而成为一家私人股权公司，股权资金由吉林斯和第一股权合伙基金提供，债务资金由花旗银行提供。

交易过程中，吉林斯说道："我觉得华尔街给我们公司的估值太低了，证券分析师缺少对我们公司的了解，造成股价受到影响，这打击了公司员工的士气。私有化是有益的，因为我们不需要关注股价的短期波动，也不需要为季度业绩而承担压力。"

2008 年 1 月 昆泰进行了重组，公司出售给了吉林斯和另一组私募股权公司，包括贝恩资本、TPG 资本、3i 资本和淡马锡（一家新加坡的基金），以及其他一些股东和管理层成员。

2011 年 11 月 昆泰收购了奥德康科学公司（Outcome Sciences），使得昆泰在后期研究和现实世界研究方面成为行业龙头。

2012 年 12 月 由于公司最大的股东希望兑现投资，昆泰的管理层和董事会开始研究各种不同的策略（请见表 C12-1）。

表 C12-1 昆泰普通股的内部持股情况，截至 2012 年 12 月

	持股数量	普通股占比（%）
丹尼斯·吉林斯	27 681 669	23.9
贝恩资本	26 481 659	22.9
TPG 基金	26 481 658	22.9
3i 的附属公司	17 497 087	15.1
淡马锡生命科学	11 271 069	9.7
董事和经理		
约翰·拉特利夫	1 055 000	0.9
迈克尔·莫泰蒙	750 000	0.6
德里克·温斯坦利	619 500	0.5
凯文·戈登	120 000	0.1
其他	3 807 748	3.3
内部持股总计：	115 765 390	100.0

资料来源：FactSet.

收入流量

昆泰所在的行业与医药合同研发组织（Contract Research Organization，CRO）有一定合作。生物医药公司会将研发功能外包给医药合同研发组织，这么做的原因包括：①临床试验的复杂性以及监管要求；②利用第三方进入全球的某些地区征募病人并为初始研究选址，可以提高效率；③复杂的数据管理和生物学统计的支持；④进入实验室和诊断方面的基础设施，结合生物标志物和基因组学进入测试；⑤获得治疗经验。像昆泰这样大的 CRO，能够提供各种服务并降低测试失败的频率和成本，从而为生物制药创造价值。

在 2004 年至 2011 年新批准的生物药品申请中，昆泰通过新分子实体帮助研发或者商业化了 85% 的中枢神经系统药物、76% 的肿瘤药物和 72% 的心血管药物。㊀该公司提供了一份相当多样化的服务范围，主要业务板块有以下两个：

- 产品研发（PDEV），这是 CRO 业务的核心部分，主要集中于对后期（阶段 IIb-IV）临床试验。
- 综合健康服务（IHS），这个方面会提供包括销售、商业化、营销策略、针对结果的研究以及付款人和供货商服务。

正如图 C12-1 所示，昆泰 74% 的收入来自于产品研发板块，26% 则来自于综合健康服务板块。㊁

在图 C12-1 中还可以看到，昆泰的收入在地域分布上也很多元，40% 的收入来自于美洲，39% 的收入来自于欧洲和非洲，还有 21% 的收入来自于亚太地区（其中大约 14% 来自于日本）。

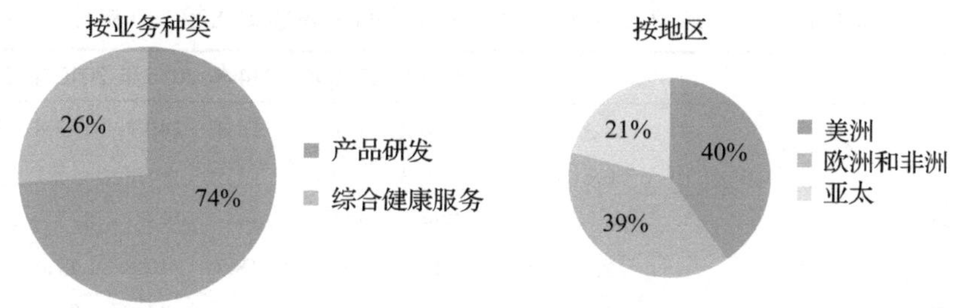

图 C12-1　昆泰的营业收入

产品研发板块概览

产品研发板块所服务的市场主要是生物制药公司，包括医疗设备公司和诊断公司，这些公司寻求外包测试和其他产品研发业务。昆泰的管理层估计 2011 年整个生物制药行业用于药品研发的开支达到 910 亿美元，其中大约 480 亿美元是潜在市场（临床研发的开支不包含临床之前的开支）。㊂

产品研发板块可以分为：

- 前期研发（阶段 I 和阶段 IIa）
- 后期研发（阶段 IIb-IV）

昆泰并不去竞争临床之前的那部分市场，该市场属于前期研发中的临床试验的一部分。昆泰的规模和服务的宽度使其在临床试验管理、实验室服务、数据分析和报告、生物统计以

㊀ 资料来源于 2013 年 4 月 26 日昆泰向证券交易委员会提交的招股意向书。

㊁㊂ 同㊀。

及咨询方面的竞争更加有效。

从 2004 年到 2010 年，全球生物医药研发开支年复合增长率为 6.5%，预计还会以 1.5% 的年复合增长速度持续到 2018 年。㊀2009 年到 2010 年的研发支出因为金融危机而下降，2011 年生物制药研发则出现了稳步的回升，预计在下一个十年都会持续增长，因为：

- 生物医药渠道的稳定回升；
- 生物科技的资金增加了，它将引起渠道未来的增长；
- 宏观经济环境稳定。

由于 2011～2012 年一大批重量级的知名药品的专利即将到期，会出现所谓的“专利悬崖”，这形成了提高研发预算的趋势，用于研制盈利性更强的复合药物，从而在“专利悬崖”之前提高研发效率。“专利悬崖”所包括的药物有辉瑞的立普妥、百时美施贵宝公司的波立维、阿斯利康制药公司的思瑞康、诺华制药的代文、默克的顺尔宁、森林制药的依地普仑，还有武田制药的艾可拓，这些药物将引起类似于 2012 年 700 亿美元的销售风险（将近全球生物药品销售额的 9%）。㊁不过，全球药品销售预计将会在专利悬崖后反弹。

根据艾美仕（IMS）的健康情报研究所，全球在生物药品上的支出将会按 3%～6% 的速度增长到 2015 年。㊂全球生物药品销售的恢复很重要，因为这个行业正处于研发销售的历史低潮阶段，较高的销售增长会激发研发开支方面的信心（参考表 C12-2）。

表 C12-2 全球研发支出与全球生物药品销售额的比较 （单位：10 亿美元）

	2010 年	2011 年	2012 年	2013 年	2014 年	2015 年	2016 年	2017 年	2018 年
药品研发支出	128.3	134.6	134.2	136.1	138.4	140.9	143.8	146.7	149.4
年增长率（%）	0.8	4.9	0.3	1.4	1.7	1.8	2.1	2.0	1.8
全球处方药销售额	676	716	709	732	760	793	827	857	885
研发支出 / 处方药销售额（%）	19.0	18.8	18.9	18.6	18.2	17.8	17.4	17.1	16.9
无品牌药物销售额	59	65	70	74	78	83	88	92	96
处方药减去无品牌销售额	616	651	639	659	681	710	739	765	788
研发支出 / 处方药减去无品牌销售额（%）	20.8	20.7	21.0	20.7	20.3	19.8	19.5	19.2	19.0

资料来源：*EvaluatePharma, “World Preview 2018: Embracing the Patent Cliff,” June* 2012.

通过一些实证数据可以发现生物医药研发市场所处的良好状态：新分子实体（New Molecular Entity，NME）获批数量在增加、提交的新药申请（New Drug Applications，NDAs）数在增加、生物管线医药在增加。2012 年美国批准的 NME 数量达到 39 个，这个数目是自 1997 年以来的最高值。㊃除了批准的 39 个 NME 之外，2012 年批准的罕见病用药达到 13 个，比 2006 年以来批准数量的两倍还多㊄。2009 年 NDA 数量达到了最高峰，并在 2011

㊀ Tao Guo, “Transforming Biopharma Innovation via Global Collaboration,” Chapter 17 in *Vision 2025: How To Succeed in the Global Chemistry Enterprise* (American Chemical Society, January 1, 2014).

㊁ EvaluatePharma, “World Preview 2018: Embracing the Patent Cliff,” June 2012.

㊂ IMS Institute for Healthcare Informatics, “The Global Use of Medicines: Outlook Through 2015,” May 2011.

㊃ 昆泰 S-1 文件。

㊄ US Food and Drug Administration, “FY 2012 Innovative Drug Approvals: Bringing Life-Saving Drugs to Patients Quickly and Efficiently,” December 2012.

年稳定在 105 个的水平。[㊀] 2009 年后，获批失败的成本使得 NDA 数量减少，但是较高的研发生产率和研发管线增长使得 NDA 的获批情况在 2012 年收获了成功。临床试验支出上升的一个主要推动力来自于生物科技投资的增长，持有现金的生物科技公司被要求承担药品研发中的高成本。生物科技投资在 2012 年达到近 800 亿美元，相比 2010 年的 600 亿美元有了大幅度的增长。[㊁]

正如图 C12-2 所示，大约一半管线药物候选药都处于临床前的研发中。昆泰的前期市场（阶段 II 和阶段 III）里管线药物候选药数量在 2012 年到 2013 年没有改变，而早期阶段的候选药数量则略微有些下降。正如图 C12-3 所示，截至 2013 年 1 月，大约有 10 500 种药物正在积极研发中。

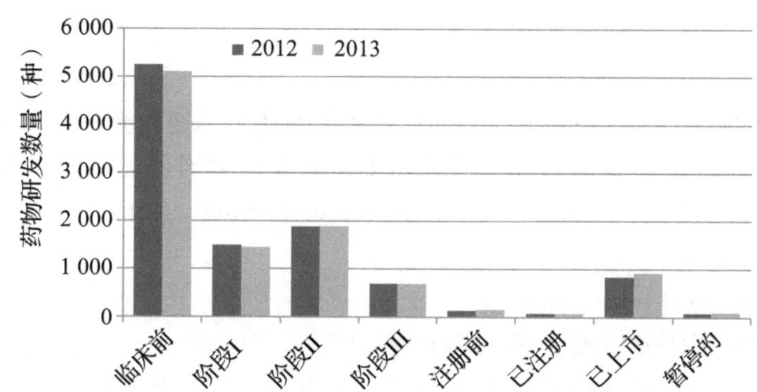

图 C12-2　2012 年与 2013 年按研发阶段划分的全球生物药品研发管线数量

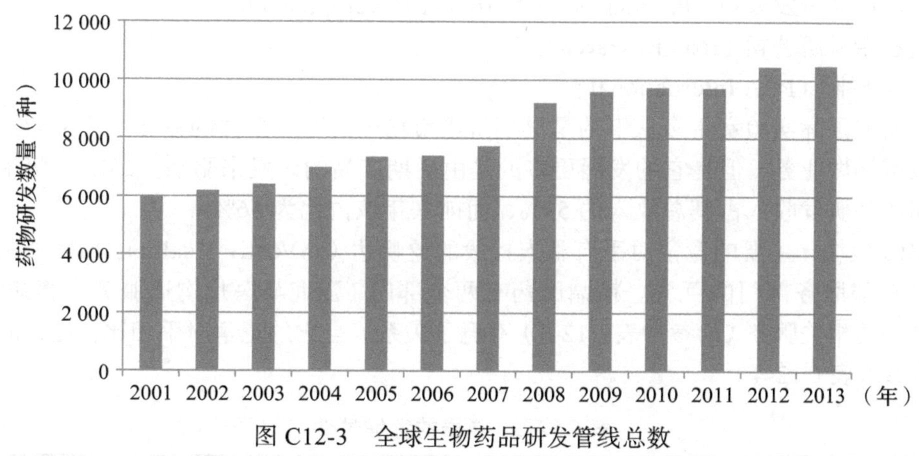

图 C12-3　全球生物药品研发管线总数

综合健康服务业务板块概览

昆泰的综合健康服务（IHS）板块提供了药物批准后市场中非常广泛的服务。HIS 所提供的最大的服务是商业化服务，包括销售人员的招募、培训 / 提拔和部署、病患教育、市场

㊀ US Food and Drug Administration, " Summary of NDA Approvals & Receipts, 1938 to the Present," http://www.fda.gov/AboutFDA/WhatWeDo/History/ProductRegulation/SummaryofNDAApprovalsReceipts1938tothepresent/default.htm.

㊁ "2012 a Banner Year for New Drugs," *The Burrill Report* 3, no. 2, February 2013.

准入咨询、品牌沟通和医学教育。IHS 还在成果有效性比较研究、疾病注册以及市场准入等方面向生物制药厂商、付款方、供货商等客户提供很多其他的咨询服务。全球医疗健康系统所处的成本压力以及不断上升的对药物疗效和适当性的关注，为昆泰提供了许多提升收入、扩展服务的机会。

HIS 收入的增长主要归因于近年来大制药企业所发生的销售人员大幅调整。历史上，制药企业大约会花费处方药销售收入的 9%～10% 来销售药品，因此，全球处方药销售额预计为 7 000 亿美元，那么就将有 600 亿到 700 亿美元用于药物销售支出。[⊖]逐渐地，这些销售大部分都会被外包出去。HIS 其他方面的业务难以预测，因为市场正在发展、变化，而其中又有很多细分市场的咨询公司和推销商。

竞争领域

CRO 行业竞争激烈、公司林立，不过这个行业正处于迅速整合中。2013 年，最大的 10 家公司所占市场份额超过了 50%。在上市公司中，有 4 家美国公司是该行业的领先企业：

- 查尔斯河国际实验室（Charles River Laboratories International）
- 科文斯（Covance）
- 精鼎医药（Parexel International）
- 爱尔兰生物医药研究发展公司（ICON plc）

竞争对手还包括一家较具规模的中国公司：无锡药明康德新药研发公司。此外，还有一些非上市公司包括：

- 医药产品研发公司（Pharmaceutical Product Development）
- 爱恩希科研公司（INC Research）
- PRA 国际（PRA International）

查尔斯河国际实验室更多从事的是早期阶段市场中的专业公司的业务。科文斯虽然也在早期阶段市场做业务，但是它的发展更多的是由后期产品的研发来驱动。2012 年年末，科文斯的后期产品研发收入占其总收入的 59%，而前一年该占比为 56%。

在 HIS 板块，主要的竞争对手有私人控股的盈帆达（inVentiv Health）、PDI 公司和其他一些具有销售服务部门的巨头。精鼎医药有两个部门（咨询与医疗沟通服务、感知信息学）与昆泰提供的相关服务（请参考表 C12-3）有竞争关系。与它的竞争对手相比，昆泰的规模非常大（请参考表 C12-4）。

表 C12-3 昆泰的竞争对手

产品研发	股票简称 / 私有股东
查尔斯河实验室	CRL
科文斯	CVD
精鼎医药	PRXL
爱尔兰生物医药研究发展公司	ICLR
医药产品研发公司	凯雷集团 / 赫尔曼和弗里德曼私募公司
无锡药明康德	WX
爱恩希科研	阿维斯塔资本 / 教师私募股权
PRA 国际	Genstar 资本

⊖ EvaluatePharma, "World Preview 2018: Embracing the Patent Cliff," June 2012.

（续）

综合健康服务	股票简称 / 私有股东
美国	
盈帆达	托马斯 – 李合伙企业
PDI	PDII
美国以外	
联合制药	UDG-GB
盈帆达	托马斯 – 李合伙企业
EPS 公司	4282-JP
公共销售解决公司	PUB-PAR

资料来源：德意志银行的研究报告。

表 C12-4　昆泰与 CRO 主要对手的规模比较

公　　司	雇员总数（人）	开展业务的国家数（个）
昆泰	27 000	100
精鼎医药	12 700	51
医药产品研发公司	12 500	46
科文斯	11 500	100
爱尔兰生物医药研究发展公司	10 000	37
查尔斯河实验室	7 000	15
无锡药明康德	7 000	2
PRA 国际	5 000	30

资料来源：公司文件和网站。

结论

昆泰比它的竞争对手要大，在 CRO 行业内有广阔的市场。我们的问题是：私募股权投资者若要退出他们股权，最优选择是什么？更加具体一点就是：2013 年 1 月的 IPO 对于公司而言到底意味着什么？作为一个投资银行家，你被告知 IPO 募集的资金将会有以下几个用途：

- 大约 3.06 亿美元将会用于偿还所有目前余下的定期贷款。
- 大约 5 000 万美元将会用于偿付优先级担保信贷的负债。
- 2 500 万美元用于管理协议一次性终止费，支付给丹尼斯 · 吉林斯以及贝恩资本、TPG 资本、3i 公司这几家私募股权投资公司。

筹资净额的剩余部分将会用于公司的一般用途，包括战略性发展机会。

根据以上所提供的信息，以及专栏 C12-1 到专栏 C12-6，及表 C12-5 到表 C12-9、图 C12-4 到图 C12-5，你需要完成昆泰普通股的 IPO 估值，并回答相关的问题。

专栏 C12-1 昆泰的财务健康状况

• 昆泰的订单出货比（book-to-bill ratio）

订单出货比指的是：在一段时期内，获得的新业务净额除以这段时期的总收入的比值。昆泰的订单出货比近年来一直保持稳定，尽管整体市场出现了较大的波动，而且昆泰服务收入的基数比那些公开上市的竞争对手要高得多。过去5年，昆泰的订单出货比平均是1.23倍，而到2012年年底，该比率达到了1.30倍。[⊖]最近几个季度，昆泰的竞争对手也报告了非常高的订单出货比。尽管这些订单出货比数据预示着未来收入强劲增长，但由于需要为战略合作伙伴提供员工，好些高增长未必带来高利润。

• 昆泰披露的未交付订单

昆泰会保持一些未交付订单，并且随着时间推移，未交付订单还会不断增加，但是近年来昆泰显露出强劲的迹象。2012年年末，昆泰的未交付订单将近90亿美元，比对手科文斯高出了36%，而科文斯是CRO行业最大的上市公司。昆泰的未交付订单增长来源于强劲的已签单新业务，而所处业务环境中，商议中订单的整体增幅预计是20%～30%。这归功于生物医药客户越来越多地希望外包研发开支，而且大型和中等生物医药客户出现了合并CRO伙伴的趋势。

昆泰的新业务在2012年增长了11%达到45亿美元，这其中产品研发是增长的主要驱动力。[⊜]昆泰披露未交付订单的数据，用以说明在某一时点已签合同但尚未执行的未来服务收入。未交付订单项下的新的业务会遭遇更改订单（增加或者减少工作范围）以及/或者终止。综合医疗保健服务（HIS）部门的销售周期比较短、资金消耗比较快，这使得HIS的收入难以预测。

昆泰的未交付订单

	2008年	2009年	2010年	2011年	2012年
未交付订单（单位：100万美元）	5 882	6 599	7 153	7 973	8 704
年增长率		12.2%	8.4%	11.5%	9.2%
未交付订单相对于预期收入	201%	220%	217%	216%	228%

未交付订单的比较 （单位：100万美元）

	2008年	2009年	2010年	2011年	2012年
爱尔兰生物医药研究发展公司	1 748	1 844	1 927	2 300	2 800
年增长率		5.5%	4.5%	19.4%	21.7%
精鼎医药	2 000	2 310	3 000	3 740	4 540
年增长率		15.5%	29.9%	24.7%	21.4%
科文斯	4 333	4 866	6 194	6 138	6 643
年增长率		12.3%	27.3%	(0.9%)	8.2%
查尔斯河实验室	311	274	220	203	214
年增长率	(119%)	(19.7%)	(7.9%)	5.6%	
对手组合计：	8 392	9 294	11 341	12 381	14 197
年增长率		10.7%	22.0%	9.2%	14.7%

资料来源：昆泰的S-1注册表，P.F-14。

⊖ FactSet, other company filings, Quintiles Preliminary Prospectus.

⊜ Quintiles Preliminary Prospectus, as filed with the Securities and Exchange Commission on April 26, 2013, p. 2.

专栏 C12-2 首次公开发行的流程概览

“上市”（首次出售可以公开交易的股票）的过程，是一项艰巨的任务，通常需要 3 个月时间。

（1）在启动股票发行流程之前，该私人公司需要创建一项商业计划；设立一个外部董事会；准备审计过的财务报表和财务预测；建立与投资银行、律师和会计师的联系。

（2）公司一般会与很多投资银行家举行“选秀”会，讨论股票发行过程，然后选出主承销商来进行首次公开发行。在挑选过程中，一些重要的因素包括：全套报价、过往业绩、股票研究支持、分销能力以及发行后的做市支持。

（3）整个股票发行流程的正式启动是召开一次主要参与方都参加的全体大会，参加者包括管理层、承销商、会计师，以及发行人和承销商双方的律师。此次会议的目的在于启动程序，并就某些关键条款达成协议。

（4）在证券交易委员会注册过程中，需要提交招股说明书（或者称为 S-1 表）。“注册表”包括对公司一些特定问题的回答、承销协议的副本、公司章程和规定、即将出售的证券的样本、财务信息、风险披露以及 SEC 所要求的其他信息。

（5）在提交注册表之后，SEC 禁止该公司发布招股说明书以外的信息。公司可以继续已有的正常的宣传活动，但是任何旨在提高公司名称、产品或者地理存在认知度而增加的公开活动，会被认为是营造有利于公司证券出售的气氛，从而可能被认为是非法的。这个要求的期间被称为“静默期”。

（6）注册过程的一个重要特征是履行“尽职调查”，这个流程旨在提供合理理由使投资者相信注册表没有不真实或者误导的陈述。尽职调查非常重要，因为注册表中的各方当事人都将为任何重要的错误陈述或者遗漏承担责任。尽职调查流程包括审查公司文件、合同、报税表、走访公司办公室和营业设施等；从公司的审计师那里获得“安慰函”；并采访公司人员和业界人士。

（7）在这个阶段，主承销商组成承销“辛迪加”，辛迪加由一些投资银行参加，它们同意按照发行价减去承销折扣后的价格购买一部分发行的股票。在辛迪加成员以外，交易商也会被加入，他们会采用代销方式销售一定数量的股份。交易商销售股票会获得折扣返还，或者减价。

（8）作为证券交易委员会审查程序的一部分，注册表会被提交给会计师、律师、分析师以及行业专家 就“跨州出售的证券性质提供全面和公正披露”，这是根据《证券法》的要求。在此规定之下，注册表提交 20 天后即生效。如果证券交易委员会发现注册表中存在任何被视为实质性虚假、不完全或者误导信息，会向注册人发送一封“意见函”，详细指出不足之处。

（9）证券交易委员会审查注册表之时，承销商开始“累积订单”，它会调查潜在投资者并构建投资者对新发行证券的需求表。为了激发投资者兴趣，会印发招股意向书或者称之为“红鲱鱼”并提供给潜在投资者。承销商一般会安排一次 1 周或 2 周的“路演”，路演中，管理层可以讨论其投资计划并回答财务分析师、经纪商以及机构投资者的问题。

（10）当注册表即将可以由证券交易委员会宣布生效时，承销商和发行人的管理层会讨论最终的发行价和承销折扣。商讨所定的价格需要依据感知到的投资者需求和市场氛围。一旦承销商和管理层就发行价和折扣达成一致意见，承销协议就可以签署了，最终的补充注册表将提交给证券交易委员会。此时，发行将面向公开市场。

专栏 C12-3 宏观经济现状

股权市场受益于2013年的恢复性增长，市场参与者对最后一刻达成的短期财政悬崖协议反应积极，该协议阻止了新的一年中可能因此而发生的一系列增税和减支措施。美国就业数据和房地产市场数据的向好，也提振了投资者在本月的信心，但是欧元区陷入衰退和美国即将爆发的预算大战这些潜在的不利因素依然存在。尽管存在这些担忧，全球所有主要股指都以乐观状态而开启了2013年。本月，标准普尔500指数、罗素1000指数、罗素2000指数、MSCI EAFE指数和MSCI新兴市场指数分别增长了5.18%、5.42%、6.26%、5.27%和1.38%。价值型股票在当月表现明显优于成长型股票，在罗素1000指数中，能源、医疗保健和金融类是表现最好的板块，而信息技术、电信服务和材料板块涨幅滞后。

要点

- 2012年年底达成了美国财政悬崖协议之后，美国国会在1月份批准了债务上限临时延期，这促成了1月份市场的恢复性增长。不过，这些政策措施并未缓解几大信用评级机构的忧虑，它们认为美国需要采取更多的措施来解决预算赤字问题。
- 经济数据继续显示出美国劳动力市场逐步改善的迹象，这个月，初次申请失业金的人数降到了5年来的新低。然而，尽管私人部门的薪酬温和增长，且前两个月新增就业人数大幅上升，1月份的失业率仍然小幅上升至7.9%。
- 四季度GDP意外下降到年率0.1%，这是美国3年来第一次出现萎缩。经济产出的下降源于政府开支的大幅下降，这抵消了住宅投资和资本开支的强劲增长，以及2.2%的消费支出增长。
- 美联储在1月份联邦公开市场委员会的会议中确认了保持现有的资产购买计划，日本发起了旨在对抗通缩的大规模宽松计划，这使得全球宽松周期得以继续。
- 欧洲国家继续与衰退压力对抗。英国、德国、西班牙和比利时报告了第四季度的经济衰退，而欧元区制造业PMI指数仍处于紧缩区间。
- 与此同时，中国经济继续呈现稳定迹象，实际GDP四季度上涨至增长7.9%，出口增速12月份为14%，大大超过了预期。

资料来源：Adapted from Natalie Trunow, " January 2013 Equity Market Review," *Calvert News & Commentary*, February 18, 2013, http://www.calvert.com/newsarticle.html? article=20284.

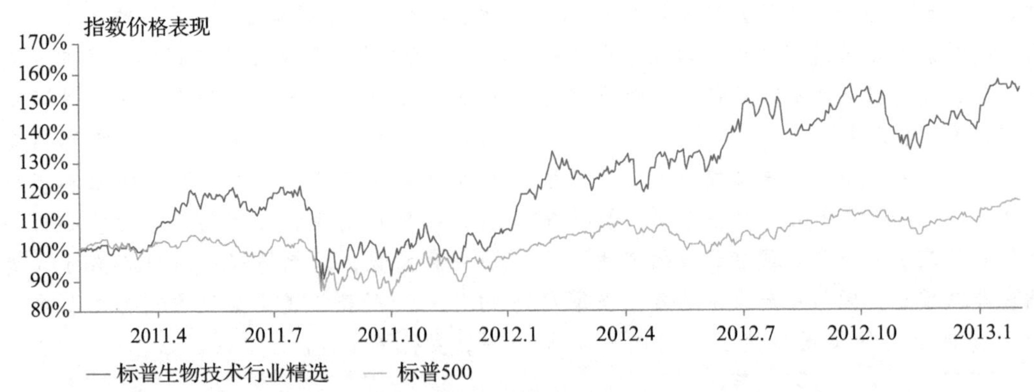

图 C12-4 标普生物技术指数与标普500指数的相对表现

资料来源：FactSet prices.

表 C12-5 昆泰的损益表 （单位：1 000 美元）

	截至 12 月 31 日		
	2010 年	2011 年	2012 年
服务收入	3 321 131	3 591 513	4 061 528
产品研发部门	2 462 313	2 657 393	3 002 142
综合健康服务部门	858 818	934 120	1 059 386
费用补偿	936 431	1 125 732	1 290 537
总收入	4 257 562	4 717 245	5 352 064
成本、费用及其他：			
成本	3 235 747	3 679 451	4 228 131
销售费用、管理费用	553 483	566 069	642 248
重组成本	24 877	24 106	20 615
减值损失	3 086	13 402	—
主营业务收入	443 455	447 618	461 071
利息收入	（4 122）	（4 294）	（3 374）
利息费用	153 452	118 881	147 808
债务清偿损失	—	50 551	1 403
其他（收入）费用的净值	16 977	9 890	（3 929）
所得税、联营公司净损益中的权益前的利润	277 148	272 590	319 163
所得税	88 950	22 296	111 423
联营公司净损益中的权益前利润	188 198	250 294	207 740
联营公司净损益中的权益	1 110	70 757	2 567
净利润	187 088	179 537	205 173
少数股东权益的净盈利（亏损）	（4 659）	1 445	915
归属于昆泰国际控股的净利润	191 747	178 092	204 258
归属于普通股股东的每股收益			
基本	1.65	1.53	1.77
稀释	1.62	1.51	1.73
加权平均的普通股股数（股）			
基本	116 418	116 232	115 710
稀释	118 000	117 936	117 796

资料来源：昆泰于 2013 年 4 月 26 日提交给证券交易委员会的招股意向书。

表 C12-6 昆泰的现金流量表 （单位：1 000 美元）

	截至 12 月 31 日		
	2010 年	2011 年	2012 年
经营活动			
净利润	191 747	178 092	204 258
将净利润调整为经营活动净现金流：			
折旧与摊销	84 217	92 004	98 288
债务发行成本与折扣的摊销	9 589	30 016	9 237
商业权利和特许权使用费资产	8 977	0	0
基于股权的薪酬	17 329	14 130	25 926

（续）

	截至 12 月 31 日		
	2010 年	2011 年	2012 年
出售业务、房产和设备的净所得	（725）	（1 113）	（541）
长期资产残损	—	12 150	—
来自非合并联营公司的收益	（1 110）	（70 757）	（2 567）
投资净损失	589	161	70
递延所得税的拨备 / 收益	（9 005）	（73 216）	16 595
股票期权行权的额外所得税收益	（283）	（41）	（465）
经营性资产和负债的变动：			
应收账款和未开票服务	2 751	（115 748）	（60 255）
预付费用和其他资产	（11 541）	（22 079）	（27 013）
应付账款和应计费用	38 914	67 382	58 345
未取得利润	82 334	（52 425）	54 502
应付所得税和其他负债	（9 158）	40 162	（13 120）
经营活动产生现金流净额	404 625	98 719	363 260
投资活动：			
购买房产、设备和软件	（80 236）	（75 679）	（71 336）
购买业务的现金净额	—	（227 115）	（43 197）
处置房产和设备获得现金	2 554	2 976	2 729
终止利率互换而支付的现金	—	（11 630）	—
一年内到期的持有至到期证券	1 931	—	—
买入权益证券	（7 056）	（16 054）	（13 204）
出售权益证券	11 264	252	70
生物制药研发公司撤股的现金余额	（100 357）	—	—
对非合并联营公司的投资及垫款，减去已收支付后的净额	（1 354）	（17 846）	（3 646）
（投资支付）出售获得非合并联营公司投资款项	（163）	109 140	（577）
购买其他投资	—	（5 000）	（161）
其他投资所得	8 500	48	—
受限现金的变动，净额	26 963	19 152	231
其他	（3 480）	（3 082）	（3 142）
投资活动使用的现金净额	（141 434）	（224 838）	（132 233）

资料来源：昆泰于 2013 年 4 月 26 日提交给证券交易委员会的招股意向书。

表 C12-7 昆泰的资产负债表 （单位：1 000 美元）

	截至 12 月 31 日	
	2011 年	2012 年
资产		
流动资产：		
现金及现金等价物	458 188	597 631
受限现金	2 998	2 822

（续）

	截至 12 月 31 日	
	2011 年	2012 年
应收账款和未开票服务的净额	691 038	745 373
预付费用	31 328	33 354
递延所得税	46 708	69 038
应收所得税	25 452	17 597
其他流动资产和应收款	51 655	74 082
流动资产合计	1 307 367	1 539 897
房产与设备的净额	185 772	193 999
无形资产与其他资产：		
对债务、股权及其他证券的投资	22 106	35 951
对非合并联营公司的投资和垫款	11 782	19 148
商誉	278 041	302 429
其他可辨认无形资产的净额	269 413	272 813
递延所得税	78 177	37 313
定金和其他资产	112 148	127 506
无形资产和其他资产合计	771 667	795 160
总资产	2 264 806	2 529 056
负债与股东负权益		
流动负债：		
应付账款	70 028	84 712
应计费用	616 890	667 086
未获利润	398 471	456 587
应付所得税	47 039	9 639
资本租赁项下长期负债中的当前部分	20 147	55 710
其他流动负债	39 558	44 230
流动负债合计	1 192 133	1 317 964
长期负债：		
资本租赁项下长期负债，减去当前部分	1 951 708	2 366 268
递延所得税	9 866	11 616
其他负债	138 806	162 349
负债合计	3 292 513	3 858 197
股东负权益：		
普通股及资本公积，授权 150 000 股，面值 0.01 美元，2011 年 12 月 31 日和 2012 年 12 月 31 日账面余额分别为 115 764 股和 115 966 股	1 160	4 554
累积亏损	（1 052 526）	（1 341 869）
累积的其他利润	22 871	7 695
归属于昆泰国际控股股东的负权益	（1 028 495）	（1 329 620）
归属于非控股股东的权益	788	479
股东负权益合计	（1 027 707）	（1 329 141）
总负债和股东负权益	2 264 806	2 529 056

资料来源：昆泰于 2013 年 4 月 26 日提交给证券交易委员会的招股意向书。

专栏 C12-4　财务信息附注

员工股权激励

公司说明了对基于股权的激励政策采用了公允价值估值，公司对其员工和非执行董事授予了可收回的受限股权奖励，所授期权估值使用了布莱克－斯科尔斯－莫顿模型，假设条件详见附表。预期的波动率是根据参照组在预期期限内的历史波动率，因为公司认为预期波动率将与参照组的历史波动率大致一致。股利的期望值基于公司历史上所支付红利，并从中扣除公司认为是一次性业务的股利。期限的期望值采用赠予预计到期的时间。无风险利率是以与行权期期限相同的美国国债的收益率曲线为基础。

在 2010 年、2011 年和 2012 年的 12 月 31 日，公司分别发生了 2 590 万美元、1 410 万美元和 1 730 万美元作为股权激励的费用。股权激励的费用包含在了合并损益表中的销售和一般行政费用项下，这是因为股权激励的对象是公司雇员。2010 年、2011 年和 2012 年的年底，与此相关的未来所得税收益经确认分别为 690 万美元、420 万美元和 540 万美元。根据现有的未解禁的股权激励计划，截至 2012 年 12 月 31 日大约有 2 260 万美元未实现的股权激励费用，这些费用公司预计会在加权平均 1.98 年内发生。

期望波动率：	33%～53%
期望股利：	4.82%
期望期限：	2.0～7.0 年
无风险利率：	0.29%～1.31%

账面债务

截至 2012 年 12 月 31 日，我们对以下债务工具负有偿付责任（单位：1 000 美元）：

定期贷款 B-1，2018 年到期	174 563
定期贷款 B-2，2018 年到期	1 970 000
持有的定期贷款，2017 年到期	43
其他应付票据	2 444 606
减：未摊销的折扣	（22 908）
减：当前份额截至 2012 年 12 月 31 日，长期债务的协议	（55 594）
	2 366 104

期限如下（单位：1 000 美元）：

2013 年	55 594
2014 年	21 756
2015 年	21 750
2016 年	21 750
2017 年	321 750
之后	2 002 006
总计	2 444 606

资料来源：昆泰于 2013 年 4 月 26 日提交给证券交易委员会的招股意向书。

表 C12-8 昆泰的折现现金流假设

公司名称	股票代码	账面净资产（单位：100 万美元㊀）	股份数	股价（单位：美元）	债务（单位：100 万美元㊁）	现金（单位：100 万美元㊂）	估计的贝塔值
查尔斯河实验室	CRL	600.8	48.406	41.32	666.5	116.7	1.62
科文斯	CVD	1 307.2	56.290	66.71	320.0	492.8	1.27
精鼎医药	PRXL	609.7	60.426	33.85	220.0	213.6	1.60
爱尔兰生物医药研究发展公司	ICLR	754.6	60.451	29.31	0.0	190.2	1.22
无锡药明康德	WX	578.2	72.797	16.18	64.8	229.8	0.95
平均		810.2	59.486	38.38	262.8	248.6	1.27

资料来源：FactSet (accessed February 1, 2013).

估计昆泰的税前债务成本为 5.9%。

固定期限的国债收益率（%）

3 个月	0.07	10 年	2.02
1 年	0.15	20 年	2.79
2 年	0.27	30 年	3.17
5 年	0.88		

资料来源：U.S. Department of the Treasury, Daily Treasury Yield Curve Rates hp://www.treasury.gov/resource-center/data-chartcenter/interest-rates/Pages/TextView.aspx?data=yieldYear&year=2013 (accessed January 31, 2013).

对市场风险溢价的估计：

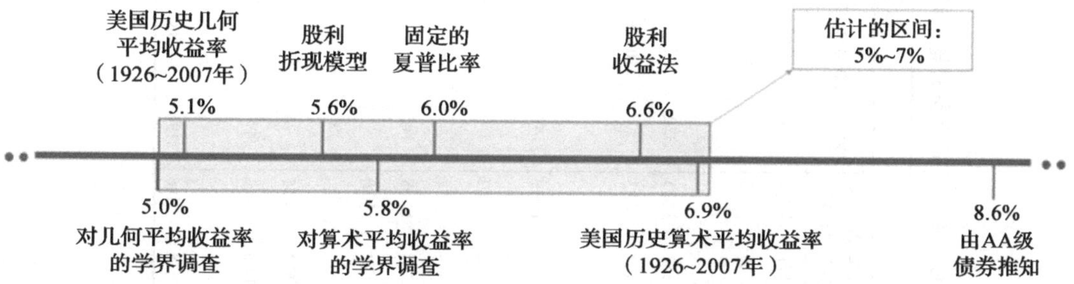

资料来源：摩根大通的报告。

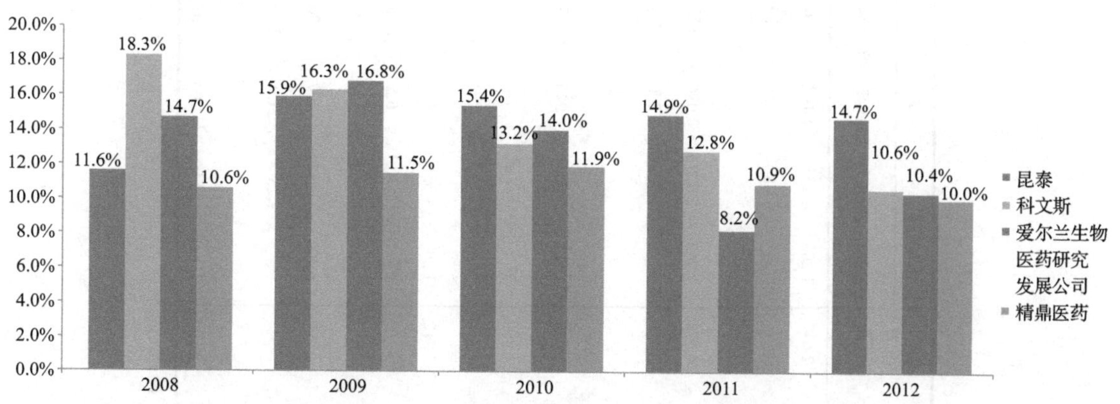

图 C12-5 昆泰与对手的调整后 EBITDA 利润率比较

资料来源：由 FactSet 生成。

㊀ 原书中单位为“1 000 美元”，似应为“100 万美元”。——译者注

㊁㊂ 同㊀。

表 C12-9 公开交易的竞争对手的财务情况

（单位：100 万美元）

公司名称	企业价值	收入						息税折旧摊销前利润						每股收益					
		2009 年	2010 年	2011 年	2012 年	2013 年（预测）	2014 年（预测）	2009 年	2010 年	2011 年	2012 年	2013 年（预测）	2014 年（预测）	2009 年	2010 年	2011 年	2012 年	2013 年（预测）	2014 年（预测）
查尔斯河实验室	2 637	1 203	1 133	1 143	1 130	1 171	1 212	290	253	265	261	270	286	2.38	1.99	2.56	2.74	2.81	3.06
年增长率（%）			（5.8）	0.9	（1.1）	3.6	3.5		（12.8）	4.7	（1.5）	3.4	5.9		（16.4）	28.6	7.0	2.6	8.9
科文斯	4 278	1 963	2 038	2 096	2 172	2 362	2 535	320	288	319	310	353	400	2.60	2.15	2.70	2.70	3.13	3.71
年增长率（%）			3.8	2.8	3.6	8.7	7.3		（10.0）	10.8	（2.8）	13.9	13.3		（17.3）	25.6	0.0	15.9	18.5
爱尔兰生物医药研究发展公司	1 975	888	900	946	1 115	1 300	1 419	149	126	78	116	163	187	1.53	1.44	0.52	1.00	1.57	1.88
年增长率（%）			1.4	5.1	17.9	16.6	9.2		（15.4）	（38.1）	48.7	40.5	14.7		（5.9）	（63.9）	92.3	57.0	19.7
精鼎医药	1 712	1 247	1 336	1 422	1 618	1 734	1 908	145	163	156	162	212	266	0.68	0.71	0.81	1.05	1.61	2.02
年增长率（%）			7.1	6.5	13.8	7.2	10.0		12.7	（4.7）	4.0	31.0	25.5		4.4	14.1	29.6	53.3	25.5
无锡药明康德	1 297	270	334	407	500	573	655	76	12.7	（4.7）	4.0	31.0	25.5	0.78	1.09	1.24	1.40	1.53	1.68
年增长率（%）			23.7	21.9	22.9	14.6	14.3		44.7	17.3	9.3	8.5	10.5		39.7	13.8	12.9	9.3	9.8
平均	2 380	1 114	1 148	1 203	1 307	1 428	1 546	196	188	189	198	230	262	1.59	1.48	1.57	1.78	2.13	2.47

资料来源：FactSet.

专栏 C12-5 2003 年管理层收购相关的一系列事件

在 2002 年 8 月 1 日的一次秘密会议中，丹尼斯·吉林斯要求董事会允许他向某些买家透露机密信息，因为他认为昆泰的股价没有反映公司的内在价值，而且可能也不会很快反映出来。为了解决利益冲突问题，董事会成立了由独立董事组成的特别委员会，该委员会负责控制如何向选定的买家透露公司的财务信息。他们完成了尽职调查程序，维护了中小股东的利益。有意向的买家包括 GF 管理公司（吉林斯控制的一家公司）、花旗集团和一家私募合伙机构。

2002 年 10 月，由吉林斯成立的医药服务公司（Pharma Services Company，PSC）和第一股本（One Equity）联合发出了每股 11.25 美元的收购报价。昆泰随后聘请了摩根士丹利作为其财务顾问。

2002 年 11 月 7 日，管理层对行业趋势和昆泰增长预测做了陈述，在与主要高管沟通之后，摩根士丹利认为报价偏低，建议昆泰启动正式的投标程序。

11 月 27 日，摩根士丹利通知董事会，它收到了一份收购昆泰的意向，报价是 14.50 美元，45 天的排他期，董事会拒绝了这个报价。

12 月 6 日，特别委员会提交并批准了一项特别奖励计划，该计划改变了现有的管理层激励计划。先前的计划包含有高额的改变控制权支付条款，这会使得管理层倾向于出售公司而不是维持现状或采用其他战略措施。

2003 年 1 月 6 日，特别委员会收到了来自 13 家投标者的初步收购意向，报价从 12 美元到 16.50 美元每股，其中包括 PSC 和第一股本的 13 美元的报价。摩根士丹利根据昆泰可能的其他战略选择也给出了昆泰的每股内在价值，介于 9.75 美元到 12.75 美元之间。

2 月 6 日，特别委员会邀请了六家竞标者，其中包括：PSC 和第一股本、两家战略竞标者（其中一家是昆泰的重要竞争对手）以及一家与昆泰结盟的金融公司。特别委员会对这些竞标者启动了广泛的尽职调查程序，包括后续的管理层交流和公司资料访问。

3 月 10 日，特别委员会收到了这六家竞标者的新报价，每股从 13.25 美元到 14 美元，其中包括医药服务公司（PSC 与第一股本的联合体）13.25 美元的报价。

3 月 26 日，医药服务公司将其报价提高到 14.50 美元，而其他竞标者要求提供进一步的信息或者排他性，董事会拒绝了这一要求。

4 月份，摩根士丹利指出，没有一家竞标者愿意将价格提高到 14.50 美元以上，并且另有一家竞标者提出不确定能否维持其 14.50 美元的报价（14.50 美元相对于 10 月 11 日的收盘价是 75% 的溢价）。最终，昆泰与医药服务公司达成收购协议，并于 4 月 10 日签署执行。

资料来源：SEC filing, p. 2–16, http://www.sec.gov/ Archives/edgar/data/919623/000095014403006347/g82646pprem-14a.htm.

专栏 C12-6 昆泰首次公开发行招股说明书的首页

本初步招股说明书所含内容并不完整，可能会有更改。在向证券交易委员会提交的注册表生效之前，这些证券不可出售。本初步招股说明书并不构成这些证券的出售要约，无论我们还是售股股东都不寻求在任何不允许出售的司法管辖地区出售股份。2013 年 4 月 26 日生效。

19 736 842股

QUINTILES®

普通股

昆泰国际控股公司，出售 13 815 789 股普通股。本招股说明书所确定的股东将另外出售 5 921 053 股普通股。这是我们的首次公开发行，当前我们的普通股并未进入公开市场。我们预计首次公开发行的股价将位于 36 美元到 40 美元之间。我们不会从售股股东方面获得任何售股所获资金。

我们已经申请将我们的普通股在纽约证券交易所挂牌，证券代码为“Q”。

	对公众的价格	承销折扣和佣金	昆泰获得的资金	售股股东获得的资金
每股（$）				
合计（$）				

自本招股说明书起 30 天内，承销商有向售股股东购买最高 2 960 526 股额外普通股的选择权，价格按公开发行价减去承销折扣。

美国证券交易委员会以及任何州的证券交易委员会、任何其他监管机构均未批准或者不批准这些证券，或者认可本招股说明书的准确性或者充分性。任何与此相反的陈述都是犯罪行为。

承销商预计将在 2013 年 ＿＿＿＿＿＿ 向买方交割所述的普通股。

摩根士丹利　　巴克莱　　摩根大通

花旗集团　　高盛　　富国证券

美银美林　　德意志银行

贝尔德　　威廉·布莱尔　　杰富瑞

派杰　　瑞银投资银行

资料来源：昆泰 2013 年 4 月 26 日提交给证券交易委员会的初步招股书。

推荐阅读

	中文书名	原作者	中文书号	定价
1	货币金融学(美国商学院版，原书第5版)	弗雷德里克·S. 米什金 哥伦比亚大学	978-7-111-65608-1	119.00
2	货币金融学(英文版·美国商学院版，原书第5版)	弗雷德里克·S. 米什金 哥伦比亚大学	978-7-111-69244-7	119.00
3	《货币金融学(原书第5版）》习题集	弗雷德里克·S. 米什金 哥伦比亚大学	978-7-111-73491-8	69.00
4	投资学（原书第10版）	滋维·博迪 波士顿大学	978-7-111-56823-0	129.00
5	投资学（英文版·原书第10版）	滋维·博迪 波士顿大学	978-7-111-58160-4	149.00
6	投资学（原书第10版）习题集	滋维·博迪 波士顿大学	978-7-111-60620-8	69.00
7	投资学（原书第9版·精要版）	滋维·博迪 波士顿大学	978-7-111-48772-2	55.00
8	投资学（原书第9版·精要版·英文版）	滋维·博迪 波士顿大学	978-7-111-48760-9	75.00
9	公司金融(原书第12版·基础篇)	理查德·A. 布雷利 伦敦商学院	978-7-111-57059-2	79.00
10	公司金融(原书第12版·基础篇·英文版)	理查德·A. 布雷利 伦敦商学院	978-7-111-58124-6	79.00
11	公司金融(原书第12版·进阶篇)	理查德·A. 布雷利 伦敦商学院	978-7-111-57058-5	79.00
12	公司金融(原书第12版·进阶篇·英文版)	理查德·A. 布雷利 伦敦商学院	978-7-111-58053-9	79.00
13	《公司金融（原书第12版）》学习指导及习题解析	理查德·A. 布雷利 伦敦商学院	978-7-111-62558-2	79.00
14	国际金融（原书第5版）	迈克尔·H. 莫菲特 雷鸟国际管理商学院	978-7-111-66424-6	89.00
15	国际金融（英文版·原书第5版）	迈克尔·H. 莫菲特 雷鸟国际管理商学院	978-7-111-67041-4	89.00
16	期权、期货及其他衍生产品（原书第11版）	约翰·赫尔 多伦多大学	978-7-111-71644-0	199.00
17	期权、期货及其他衍生产品（英文版·原书第10版）	约翰·赫尔 多伦多大学	978-7-111-70875-9	169.00
18	金融市场与金融机构（原书第9版）	弗雷德里克·S. 米什金 哥伦比亚大学	978-7-111-66713-1	119.00

推荐阅读

	中文书名	原作者	中文书号	定价
1	金融市场与机构(原书第6版)	安东尼·桑德斯 纽约大学	978-7-111-57420-0	119.00
2	金融市场与机构(原书第6版·英文版)	安东尼·桑德斯 纽约大学	978-7-111-59409-3	119.00
3	商业银行管理（第9版）	彼得·S. 罗斯 得克萨斯A&M大学	978-7-111-43750-5	85.00
4	商业银行管理(第9版·中国版)	彼得·S. 罗斯 得克萨斯A&M大学 戴国强 上海财经大学	978-7-111-54085-4	69.00
5	投资银行、对冲基金和私募股权投资（原书第3版）	戴维·斯托厄尔 西北大学凯洛格商学院	978-7-111-62106-5	129.00
6	收购、兼并和重组：过程、工具、案例与解决方案（原书第7版）	唐纳德·德帕姆菲利斯 洛杉矶洛约拉马利蒙特大学	978-7-111-50771-0	99.00
7	风险管理与金融机构（原书第5版）	约翰·赫尔 多伦多大学	978-7-111-67127-5	99.00
8	现代投资组合理论与投资分析（原书第9版）	埃德温·J. 埃尔顿 纽约大学	978-7-111-56612-0	129.00
9	债券市场：分析与策略（原书第8版）	弗兰克·法博齐 耶鲁大学	978-7-111-55502-5	129.00
10	固定收益证券（第3版）	布鲁斯·塔克曼 纽约大学	978-7-111-44457-2	79.00
11	固定收益证券	彼得罗·韦罗内西 芝加哥大学	978-7-111-62508-7	159.00
12	财务报表分析与证券估值（第5版·英文版）	斯蒂芬·H. 佩因曼 哥伦比亚大学	978-7-111-52486-1	99.00
13	财务报表分析与证券估值（第5版）	斯蒂芬·H. 佩因曼 哥伦比亚大学	978-7-111-55288-8	129.00
14	金融计量：金融市场统计分析（第4版）	于尔根·弗兰克 凯撒斯劳滕工业大学	978-7-111-54938-3	75.00
15	金融计量经济学基础：工具，概念和资产管理应用	弗兰克·J. 法博齐 耶鲁大学	978-7-111-63458-4	79.00
16	行为金融：心理、决策和市场	露西·F. 阿科特 肯尼索州立大学	978-7-111-39995-7	59.00
17	行为公司金融（第2版）	赫什·舍夫林 加州圣塔克拉大学	978-7-111-62011-2	79.00
18	行为公司金融（第2版·英文版）	赫什·舍夫林 加州圣塔克拉大学	978-7-111-62572-8	79.00
19	财务分析：以Excel为分析工具（原书第8版）	蒂莫西·R. 梅斯 丹佛大都会州立学院	978-7-111-67254-8	79.00
20	金融经济学	弗兰克·J. 法博齐 耶鲁大学	978-7-111-50557-0	99.00